譯註 禮記集說大全
雜記 下

編　陳澔(元)

附　正義・訓纂・集解

譯註 禮記集說大全

雜記 下

編　陳澔（元）

附　正義・訓纂・集解

鄭秉燮　譯

學古房

역자서문

　『예기』「잡기하(雜記下)」편은 「잡기상」편을 이어서, 상례와 관련된 잡다한 규정들을 기술하고 있다. 「잡기상」편의 기록들이 대체로 상례에 집중된 반면, 「잡기하」편에는 상례와 관련 없는 기록들이 많이 수록되어 있다. 여기에는 특별한 의미가 있는 것은 아니다. 「잡기」편은 『예기』 이전의 고대기록들 중에서 상례와 관련된 내용들을 수집하여 편찬한 편인데, 관련 내용을 수집하는 도중 상례와 큰 관련이 없는 기록들을 후반부에 수록해서, 「잡기하」편에 이러한 기록들이 집중되어 있는 것이다.

　「잡기하」편의 기술 체계 또한 「잡기상」편과 마찬가지로 통일적이지 못하다. 단순히 규정을 소개한 기록도 있고, 관련된 일화를 기록하여 규범의 적용과 비례(非禮)의 유래를 설명하는 기록들도 있으며, 각종 변칙 상황에 적용시키는 변례(變禮)의 규정 등도 수록되어 있다. 이것은 앞서 설명한 것처럼 『예기』 이전의 기록들을 수집하여 하나의 편으로 편집했기 때문이다. 또 「잡기하」편에는 『의례』의 「사상례」편이 지어진 유래를 기술하고 있고, 「찬대행(贊大行)」이라는 문헌이 인용되고 있다. 이 기록을 바탕으로 「사상례」편의 성립 시기를 유추하기도 하고, 또 「찬대행」편은 『주례』의 「대행인(大行人)」편을 해설한 문헌이라고 추정하여, 『주례』의 성립시기를 전한(前漢) 이전으로 끌어올리기도 한다. 그러나 이 문제는 보다 심도 있는 분

석이 요구된다. 『예기』의 전신인 『기(記)』 중에는 『의례』의 경사(經師)들
이 해설한 부분이 많이 포함되었을 것으로 추정되는데, 그 과정에서 「사상
례」편의 유래를 추정한 경사의 해설이 『예기』의 기록으로 포함되었을 가
능성이 높기 때문이다. 따라서 「사상례」편의 유래를 기술한 『예기』의 기록
은 정확한 사실을 기재한 것이라기보다는 후대 경사들의 추정에 불과할
수 있다. 또 「찬대행」편이 실제로 「대행인」편을 해설한 문헌이라는 증거는
없다. 다만 정현은 『주례』를 삼례(三禮) 중에서도 가장 중요한 문헌이라고
여겼고, 또 『주례』가 후대의 위서가 아닌, 실제로 주나라의 전장제도를 기
록한 문헌이라고 여겼기 때문에, 「찬대행」을 「대행인」편에 대한 해설로
여긴 것이다. 「찬대행」의 기록이 어떤 경로를 통해 『예기』의 기록으로 편
입되었는지 불분명하므로, 이 문제에 대해서는 삼례에 대한 체계적인 연구
를 통해서 밝혀야 한다.

그러나 「잡기」편에는 『의례』 「사상례(士喪禮)」편이나 『예기』 중 상례를
기술하고 있는 다른 문헌들에서 다루고 있지 않은 다양한 분야의 상례 규
정들을 수록하고 있다. 따라서 이 문헌은 고대 유가의 상례를 연구하는데
매우 중요한 기록이다.

「잡기하」편의 번역을 끝내고 나니, 앞으로 총 28편의 번역이 남았다. 내
년까지 완역을 계획하고 있는 터라, 속도를 더 내보려고 하는데 여간 힘든
일이 아니다. 번역을 하기 위해서는 더 많은 일을 해서 돈을 벌어야 하고,
돈을 벌기 위해서는 또 더 많은 시간을 들여 일을 해야 하는데, 그렇다보니
번역할 시간을 짜내기가 여간 어려운 게 아니다. 결국 잠자는 시간이나 여
가시간을 줄여서 시간을 산출하는 수밖에 없는데, 현재도 여가 자체가 거
의 없는 터라 도무지 답이 나오지 않는다. 상황이 이렇다보니 왜 좀 더 꼼꼼
하게 번역하지 못했냐는 후회와 자책만 늘어나는 것 같다. 그러나 다시 생
각해보면, 참 멋쩍은 변명이다. 오역은 결국 역자의 책임이며, 실력이 부족
해서 생긴 것이니, 변명꺼리가 못되기 때문이다.

본 역서가 완벽하지 않은 것은 역자의 실력이 부족하기 때문이니, 이 책

을 발판으로 삼아 더 좋은 번역서와 연구서가 나왔으면 하는 바람이다. 혹여 오역과 역자의 부족함에 대해 일갈을 해주실 분들이 있다면, bbaja@nate.com 으로 연락을 주시거나 출판사에 제 연락처를 문의하셔서 가르침을 주신다면, 부족한 실력이지만 가르침을 받도록 최선을 다할 것이다.

역자는 성균관 대학교에서 유교철학(儒敎哲學)을 전공했으며, 예악학(禮樂學) 전공으로 박사논문을 작성했다. 이 자리를 통해, 대학원에 진학하여 경학사상(經學思想)을 전공할 수 있도록 지도해주신 서경요 선생님과 논문을 지도해주신 오석원 선생님, 이기동 선생님, 이상은 선생님, 조남욱 선생님께 감사를 드린다. 또 경서연구회(經書硏究會)를 만들어 후배들에게 경전에 대한 이해를 넓혀주신 임옥균 선생님, 경서연구회 역대 회장님인 김동민, 원용준, 김종석, 길훈섭 선배님께도 감사를 드리고, 함께 경서연구회를 하고 있는 김회숙, 손정민, 김동숙, 김아랑, 임용균 회원님께도 감사를 드린다. 끝으로 「잡기하」편을 출판할 수 있도록 허락해주신 학고방의 하운근 사장님께도 감사를 전한다.

일러두기 ≫

1. 본 책은 역주서(譯註書)로써, 『예기집설대전(禮記集說大全)』의 「잡기하(雜記下)」편을 완역하고, 자세한 주석을 첨부했다. 송대(宋代) 이전의 주석을 포함하고자 하여, 『예기정의(禮記正義)』를 함께 수록하였다. 그리고 송대 이후의 주석인 청대(淸代)의 주석을 포함하고자 하여 『예기훈찬(禮記訓纂)』과 『예기집해(禮記集解)』를 함께 수록하였다.

2. 『예기』 경문(經文)의 경우, 의역으로만 번역하면 문장을 번역한 방식을 확인하기 어렵고, 보충 설명 없이 직역으로만 번역하면 내용을 이해하기 힘들다. 따라서 경문에 한하여 직역과 의역을 함께 수록하였다. 나머지 주석들에 대해서는 의역을 위주로 번역하였다.

3. 『예기』 경문에 대한 해석은 진호의 『예기집설』 주석에 근거하였다. 경문 해석에 있어서, 『예기정의』, 『예기훈찬』, 『예기집해』마다 이견(異見)이 많다. 『예기집섭대전』의 소주(小註) 또한 진호의 주장과 이견을 보이는 곳이 있고, 소주 사이에도 이견이 많다. 따라서 『예기』 경문 해석의 표준은 진호의 『예기집설』 주석에 근거했으며, 진호가 설명하지 않은 부분들은 『대전』의 소주를 참고하였다. 또한 경문 해석에 있어서 『예기정의』, 『예기훈찬』, 『예기집해』에 나타나는 이견들은 특별한 경우를 제외하고는 각각의 문장을 읽어보면, 경문에 대한 이견을 알 수 있기 때문에, 이러한 경우에는 주석처리를 하지 않았다.

4. 본 역서가 저본으로 삼은 책은 다음과 같다.

『禮記』, 서울 : 保景文化社, 초판 1984 (5판 1995)

『禮記正義』1~4(전4권,『十三經注疏 整理本』12~15), 北京 : 北京大學出版社, 초판 2000

朱彬 撰,『禮記訓纂』上・下(전2권), 北京 : 中華書局, 초판 1996 (2쇄 1998)

孫希旦 撰,『禮記集解』上・中・下(전3권), 北京 : 中華書局, 초판 1989 (4쇄 2007)

5. 본 책은『예기』의 경문, 진호의『집설』, 호광 등이 찬정한『대전』의 세주, 정현의 주, 육덕명의『경전석문』, 공영달의 소, 주빈(朱彬)의『훈찬』, 손희단(孫希旦)의『집해』 순으로 번역하였다.

6. 본래『예기』「잡기하」편은 목차가 없으며, 내용 구분에 있어서도 학자들마다 의견차이가 있다. 또한 내용의 연관성으로 인하여, 장과 절을 나누기가 애매한 부분이 많다. 본 책의 목차는 역자가 임의대로 나눈 것이며, 세세하게 분절하여, 독자들이 관련내용들을 찾아보기 쉽게 하였다.

7. 본 책의 뒷부분에는 ≪雜記下 人名 및 用語 辭典≫을 수록하였다. 본문에 처음으로 등장하는 용어 및 인명에 대해서는 주석처리를 하였다. 이후에 같은 용어가 등장할 때마다 동일한 주석처리를 할 수 없어서, 뒷부분에 사전으로 수록한 것이다. 가나다순으로 기록하여, 번역문을 읽는 도중 앞부분에서 설명했던 고유명사나 인명 등에 대해서 쉽게 찾아볼 수 있도록 하였다.

【507a】

有父之喪, 如未沒喪而母死, 其除父之喪也, 服其除服, 卒事, 反喪服.

　　【507a】 등과 같이 【 】 안에 숫자가 기입되어 있는 것은 『예기』의 '경문'을 뜻한다. '507'은 보경문화사(保景文化社)판본의 페이지를 말한다. 'a'는 a단에 기록되어 있다는 표시이다. 밑의 그림은 보경문화사판본의 한 페이지 단락을 구분한 표시이다.

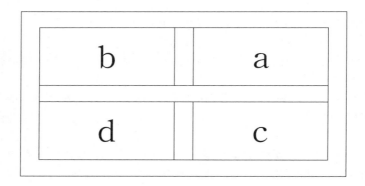

◆ 集說 沒, 猶終也, 除也. 父喪在小祥後大祥前, 是未沒父喪也.

　"集說"로 표시된 것은 진호(陳澔)의 『예기집설(禮記集說)』 주석을 뜻한다.

◆ 大全 嚴陵方氏曰: 除服, 謂祥祭之服.

　"大全"으로 표시된 것은 호광(胡廣) 등이 찬정(撰定)한 『예기집설대전』의 세주(細註)를 뜻한다.

◆ **鄭注** 沒, 猶竟也. 除服, 謂祥祭之服也.

"**鄭注**"로 표시된 것은 『예기정의(禮記正義)』에 수록된 정현(鄭玄)의 주(注)를 뜻한다.

◆ **釋文** 爲, 于僞反, 下"乃爲"同. 期音基.

"**釋文**"으로 표시된 것은 『예기정의』에 수록된 육덕명(陸德明)의 『경전석문(經典釋文)』을 뜻한다. 『경전석문』의 내용은 글자들의 음을 설명하고, 간략한 풀이를 한 것인데, 육덕명 당시의 음가로 기록이 되었기 때문에, 현재의 음과는 맞지 않는 부분이 많다. 단순히 참고만 하기 바란다.

◆ **孔疏** ●"諸侯行而死於館"者, 謂五等諸侯朝覲天子, 及自相朝會之屬而死者.

"**孔疏**"로 표시된 것은 『예기정의』에 수록된 공영달(孔穎達)의 소(疏)를 뜻한다. 공영달의 주석은 경문과 정현의 주에 대해서 세분화하여 기록되어 있다. 따라서 '●'으로 표시된 부분은 공영달이 경문에 대해 주석을 한 부분이고, '◎'으로 표시된 부분은 정현의 주에 대해 주석을 한 부분이다. 한편 'O'으로 표시된 부분은 공영달의 주석 부분이다.

◆ **訓纂** 金氏榜曰: 古者三年喪畢, 然後祭於廟.

"**訓纂**"으로 표시된 것은 『예기훈찬(禮記訓纂)』에 수록된 주석이다. 『예기훈찬』 또한 기존 주석들을 종합한 책이므로, 『예기집설대전』 및 『예기정의』와 중복되는 부분은 생략하였다.

◆ **集解** 愚謂: 喪旣卒哭而祔, 祔畢還祭於寢, 至練而後壞廟.

"**集解**"로 표시된 것은 『예기집해(禮記集解)』에 수록된 주석이다. 『예기집해』 또한 기존 주석들을 종합한 책이므로, 『예기집설대전』 및 『예기정의』와 중복되는 부분은 생략하였다.

◆ 원문 및 번역문 중 '▼'로 표시된 부분은 한글로 표기할 수 없는 한자를 기록한 부분이다. 예를 들어 '▼(囧/皿)'의 경우 맹(盟)자의 이체자인데, '明'자 대신 '囧'자가 들어간 한자를 프로그램상 삽입할 수가 없어서, '▼(囧/皿)'으로 표시한 것이다. 즉 '▼(A/B)'의 형식으로 기록된 경우, A에 해당하는 글자가 한 글자의 상단 부분에 해당하고, B에 해당하는 글자가 한 글자의 하단 부분에 해당한다는 표시이다. 또한 '▼(A+B)'의 형식으로 기록된 경우, A에 해당하는 글자가 한 글자의 좌측 부분에 해당하고, B에 해당하는 글자가 한 글자의 우측 부분에 해당한다는 표시이다. 또한 '▼((A-B)/C)'의 형식으로 기록된 경우, A에 해당하는 글자에서 B 부분을 뺀 글자가 한 글자의 상단 부분에 해당하고, C에 해당하는 글자가 한 글자의 하단 부분에 해당한다는 표시이다.

목차

그림목차

경문목차

【507a】

禮記集說大全卷之二十 / 『예기집설대전』 제20권
雜記下 第二十一 / 「잡기하」 제21편

大全 嚴陵方氏曰: 此篇固以所記不一爲雜. 然有生必有死, 人道之正也, 死於外, 則變矣. 有樂必有憂, 人情之常也, 重有憂, 則變矣. 變而不一而雜, 謂之雜者, 又在乎此, 故上篇諸侯行而死於館爲首, 自未沒父喪而母死, 分爲下篇之首.

번역 엄릉방씨[1]가 말하길, 「잡기」편은 기록한 것이 동일한 주제가 아니며 잡되다. 그러나 삶이 있으면 반드시 죽음도 있게 되는 것이 인도의 올바름이니, 외지에서 죽게 되면 변례가 발생한다. 즐거움이 있으면 반드시 근심도 있게 되는 것이 인정의 항상됨이니, 근심스러운 일이 거듭되면 변례가 발생한다. 변례가 일어나면 일률적이지 않고 잡되므로, 이것을 '잡(雜)'이라고 부른 것이며, 또 이곳에 위치하기 때문에 「잡기상」편에서는 제후가 길을 떠났다가 숙소에서 죽게 되는 사안을 처음 부분에 수록하고,[2] 부친의 상을 다 끝내지 않았는데 모친이 돌아가신 상황부터 구분하여 「잡기하」편의 처음에 수록했다.

---

1) 엄릉방씨(嚴陵方氏, ?~?) : =방각(方慤)·방씨(方氏)·방성부(方性夫). 송대(宋代)의 유학자이다. 이름은 각(慤)이다. 자(字)는 성부(性夫)이다. 『예기집해(禮記集解)』를 지었고, 『예기집설대전(禮記集說大全)』에는 그의 주장이 많이 인용되고 있다.
2) 『예기』「잡기상(雜記上)」【491a】: 諸侯行而死於館, 則其復如於其國; 如於道, 則升其乘車之左轂以其綏復.

• 제 1 절 •

부모의 상이 겹쳤을 때

> 有父之喪, 如未沒喪而母死, 其除父之喪也, 服其除服, 卒事,
> 反喪服.

직역 父의 喪이 有한데, 如히 喪을 未沒이나 母가 死하면, 그 父의 喪을 除함에는 그 除服을 服하고, 事를 卒하면, 喪服으로 反한다.

의역 부친의 상을 치르고 있는데, 그 시기가 소상(小祥)을 치렀지만 아직 대상(大祥)을 치르지 않은 시기이다. 그런데 이때 모친이 돌아가시게 되면, 부친에 대해 제상(除喪)을 할 때에는 제상 때의 복장을 착용하고, 그 일이 끝나면 다시 모친에 대한 상복을 착용한다.

集說 沒, 猶終也, 除也. 父喪在小祥後大祥前, 是未沒父喪也. 又遭母喪, 則當除父喪之時, 自服除喪之服, 以行大祥之禮. 此禮事畢, 卽服喪母之服. 若母喪未葬, 而值父之二祥, 則不得服祥服者, 以祥祭爲吉, 未葬爲凶, 不忍於凶時行吉禮也.

번역 '몰(沒)'자는 "마치다[終]."는 뜻이며, "제거한다[除]."는 뜻이다. 부친의 상을 치르며 소상(小祥)[1]을 한 이후로부터 대상(大祥)[2]을 치르기 이

---

1) 소상(小祥)은 본래 부모 및 군주의 상(喪)에서, 부모가 죽은 지 만 1년 만에 지내는 제사이다. 이 제사가 끝나면, 자식은 3년상을 지낼 때의 복장과 생활 방식을 조금씩 덜어내게 된다. 또한 '소상'은 친족 및 타인의 상에서 1년이 지났을 때를 가리키기도 한다.

전에 있는 경우가 바로 아직 부친의 상을 끝내지 못한 것이다. 또 모친의 상을 당하게 된다면 부친의 상에 대해서 상복을 제거할 때, 스스로 제상(除喪)3)할 때의 복장을 착용하여, 대상의 의례를 시행한다. 이러한 예법과 그 사안이 끝나게 되면, 모친의 상을 치르며 착용하는 복장을 입는다. 만약 모친의 상에 대해서 아직 장례를 치르지 않았는데, 부친에 대해 소상과 대상을 치러야 할 시기에 해당한다면, 소상이나 대상 때의 복장을 착용할 수 없으니, 그 이유는 소상과 대상의 제사는 길사(吉事)에 해당하지만, 아직 장례를 치르지 않은 상황은 흉사(凶事)에 해당하여, 차마 흉한 시기에 길례를 시행할 수 없기 때문이다.

大全 嚴陵方氏曰: 除服, 謂祥祭之服. 服其除服而後, 反喪服, 以示於前喪有終也.

번역 엄릉방씨가 말하길, '제복(除服)'은 상제(祥祭)4)를 치를 때 착용하는 복장을 뜻한다. 제복을 착용한 이후에 다시 상복을 착용하는 것은 이전 상에 대해서 종결을 맺는다는 뜻을 드러내기 위해서이다.

鄭注 沒, 猶竟也. 除服, 謂祥祭之服也. 卒事, 旣祭. 反喪服, 服後死者之服.

---

2) 대상(大祥)은 부모의 상(喪) 및 삼년상 등을 치를 때 그 대상이 죽은 후 만 2년 만에 탈상을 하며 지내는 제사이다.
3) 제상(除喪)은 상(喪)을 끝낸다는 뜻이다. 상을 치르는 일정한 기간을 끝내게 되면, 상중에 입고 있었던 상복(喪服)을 벗고, 평소에 입던 길복(吉服)으로 복장을 바꾸게 된다. 따라서 상복을 제거한다는 뜻에서, 상을 끝내는 것을 '제상'이라고 부르는 것이다. 또한 '제상'은 상복의 수위가 변화되는 것을 가리키는 용어로도 사용된다. 상복은 일정한 기간마다 그 수위가 낮아지게 되는데, 그 수위를 덜어낸다는 뜻에서 이러한 일련의 변화를 '제상'이라고 부르는 것이다.
4) 상제(祥祭)는 대상(大祥)과 소상(小祥) 때의 제사를 뜻한다. '소상'에서의 제사는 부모가 죽은 지 만 1년 만에 지내는 제사이고, 대상(大祥)에서의 제사는 만 2년 만에 지내는 제사이다.

번역 '몰(沒)'자는 "마치다[竟]."는 뜻이다. '제복(除服)'은 상제(祥祭)를 치를 때 착용하는 복장을 뜻한다. '졸사(卒事)'는 제사를 끝냈다는 뜻이다. '반상복(反喪服)'은 뒤에 죽은 자에 대한 상복을 입는다는 뜻이다.

孔疏 ●"有父"至"父也". ○正義曰: 此一節明前後兩服之中, 有變除喪祭之節, 今各隨文解之. 此一經明先有父喪, 而後遭母死, 爲父變除之節. 如"未沒喪"者, 謂父喪小祥後, 在大祥之前, 未竟之時也, 于時又遭母喪, 故云"而母死"也.

번역 ●經文: "有父"~"父也". ○『정의』[5]에서 말하길, 이곳 문단은 앞뒤로 발생한 두 상(喪)을 치르고 있는 도중 상복을 바꾸거나 제거하며 상제(喪祭)[6]를 치르는 절차를 나타내고 있으니, 현재 각각의 문장에 따라서 풀이하겠다. 이곳 경문은 먼저 부친의 상이 발생했고 이후에 모친이 돌아가셔서, 부친을 위해 상복을 바꾸거나 제거하는 절차를 시행하는 일을 나타내고 있다. 예를 들어 "아직 상을 끝내지 못했다."라고 한 말은 부친의 상에서 소상(小祥)을 치른 이후로부터 대상(大祥)을 치르기 이전의 시기를 뜻하니, 아직 완전히 끝내지 못한 시기를 의미하며, 이 시기에 모친의 상을 당한 것이다. 그렇기 때문에 "모친이 돌아가셨다."라고 했다.

孔疏 ●"其除父之喪也, 服其除服"者, 謂母死旣葬後, 值父應大祥, 除服以行祥事, 故云"服其除服"也.

번역 ●經文: "其除父之喪也, 服其除服". ○모친이 돌아가셔서 이미 장

---

5) 『정의(正義)』는 『예기정의(禮記正義)』 또는 『예기주소(禮記注疏)』를 뜻한다. 당(唐)나라 때에는 태종(太宗)이 공영달(孔穎達) 등을 시켜서 『오경정의(五經正義)』를 편찬하였는데, 이때 『예기정의』에는 정현(鄭玄)의 주(注)와 공영달의 소(疏)가 수록되었다. 송대(宋代)에는 『오경정의』와 다른 경전(經典)에 대한 주석서를 포함한 『십삼경주소(十三經注疏)』가 편찬되어, 『예기주소』라는 명칭이 되었다.
6) 상제(喪祭)는 장례(葬禮)를 치른 이후에 지내는 제사들을 지칭하는 말이다.

례를 치른 이후 부친에 대해 대상(大祥)을 치러야 하는 때라면, 제복(除服)을 착용하고서 대상의 의례를 시행한다. 그렇기 때문에 "제복을 착용한다." 라고 말한 것이다.

孔疏 ●"卒事, 反喪服"者, 卒事謂父祥竟, 更還服母服也. 故云"卒事, 反喪服". 若母喪未葬, 而値父二祥, 則不得服其祥服也. 所以爾者, 二祥之祭爲吉, 未葬爲凶, 故不忍凶時行吉禮也.

번역 ●經文: "卒事, 反喪服". ○'졸사(卒事)'는 부친에 대한 대상(大祥)을 끝냈다는 뜻이니, 다시금 모친에 대한 상복을 착용하게 된다. 그렇기 때문에 "일을 끝내면 다시 상복을 착용한다."라고 말했다. 만약 모친의 상에서 아직 장례를 치르지 않았는데, 부친에 대한 소상(小祥)이나 대상을 치르게 된다면, 소상이나 대상 때의 복장을 착용할 수 없다. 그 이유는 소상이나 대상 때의 제사는 길사에 해당하는데, 아직 장례를 치르지 않은 상황은 흉사에 해당한다. 그렇기 때문에 차마 흉한 시기에 길례를 시행할 수 없는 것이다.

集解 愚謂: 父喪小祥後遭母喪, 則應服母之服, 而爲父祥·禫, 則必服父除喪之服, 以明遭母喪以後, 服雖主於新死者, 而於舊喪之哀亦未嘗不兼隆焉, 故服其除服, 以明哀之至此而除也. 若母喪未沒而有父喪, 亦如之.

번역 내가 생각하기에, 부친에 대한 상에서 소상(小祥)을 치른 이후 모친의 상을 당하게 된다면, 모친에 대한 상복을 착용해야 하지만, 부친을 위해 대상(大祥)과 담제(禫祭)[7]를 치르게 된다면, 반드시 부친에 대한 제상(除喪)의 복장을 착용하니, 이를 통해 모친의 상을 당한 이후 상복은 비록 최근에 죽은 자에 대한 것이 위주가 되지만, 이전에 죽은 자에 대해 애도하는 마음에는 또한 일찍이 함께 높이지 않은 적이 없음을 드러낸다. 그렇기

---

7) 담제(禫祭)는 상복(喪服)을 벗을 때 지내는 제사이다.

때문에 상복을 제거하는 제사 때의 복장을 착용하여, 슬픔이 이 시기에 이르게 되어 제거하게 되었음을 나타낸다. 만약 모친의 상에 대해서 아직 끝내지 않았는데 부친의 상이 발생한다면, 이러한 경우에도 이처럼 하게 된다.

集解 愚謂: 母喪未葬, 則練·祥之祭不行, 旣葬而祭, 而亦服其服也.

번역 내가 생각하기에, 모친의 상에 대해서 아직 장례를 끝내지 않았다면, 소상(小祥)과 대상(大祥)의 제사를 시행하지 않고, 장례를 치른 뒤에 제사를 지내며, 이러한 경우에도 또한 해당 복장을 착용하게 된다.

그림 1-1 ◾ 참최복(斬衰服) 착용 모습

※ **출처:**『삼재도회(三才圖會)』「의복(衣服)」3권

그림 1-2 ▣ 참최복(斬衰服) 각부 명칭

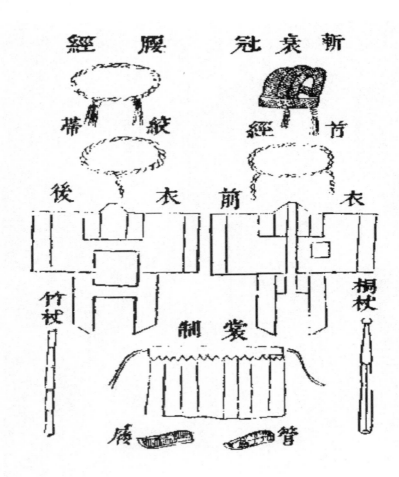

※ 출처: 『삼재도회(三才圖會)』「의복(衣服)」 3권

• 제 2 절 •

친족과 부모의 상이 겹쳤을 때

【507b】

> 雖諸父昆弟之喪, 如當父母之喪, 其除諸父昆弟之喪也, 皆服
> 其除喪之服, 卒事, 反喪服.

직역 雖히 諸父나 昆弟의 喪이라도, 如히 父母의 喪을 當하면, 그 諸父나 昆弟
의 喪을 除함에는 皆히 그 除喪의 服을 服하고, 事를 卒하면, 喪服으로 反한다.

의역 비록 백부나 숙부 및 형제들의 상을 치르고 있더라도, 부모의 상을 당하게
된다면, 백부나 숙부 및 형제들에 대해 상복을 제거하게 되면, 모두 제상(除喪)
때의 복장을 착용하고, 그 사안이 끝나면 다시 부모에 대한 상복을 착용한다.

集說 諸父昆弟之喪, 自始死至除服, 皆在父母服內, 輕重雖殊, 而除喪之
服不廢者, 篤親愛之義也. 若遭君喪, 則不得自除私服, 曾子問言之矣.

번역 백부나 숙부 및 형제들의 상에 있어서, 그 자들이 이제 막 죽었을
때부터 제복(除服)[1]을 할 때까지는 모두 부모에 대해 복상(服喪)하는 기간
에 포함되는데, 경중에 따른 차이가 비록 있더라도, 제상(除喪) 때의 복장
은 폐지할 수 없으니, 친애의 뜻을 돈독하게 하기 위해서이다. 만약 군주의
상을 당하게 된다면, 본인은 개인적인 상복을 착용할 수 없으므로, 그 상복

---

1) 제복(除服)은 소상(小祥)과 대상(大祥)을 지낼 때 입는 상복(喪服)을 뜻한다.
   또는 상복을 벗는다는 뜻이다. 소상과 대상을 치르면서 상복의 수위가 낮아
   지게 되며, 대상까지 지내게 되면 실제적으로 복상(服喪) 기간이 끝나게 된
   다. 따라서 '제복'은 상복을 벗는다는 뜻이 되며, 소상과 대상을 지내면서 입
   게 되는 변화된 상복을 지칭하기도 하는 것이다.

을 제거할 수 없으니, 『예기』「증자문(曾子問)」편에서 그 내용을 언급했
다.2)

鄭注 雖有親之大喪, 猶爲輕服者除, 骨肉之恩也. 唯君之喪不除私服. 言
當者, 期大功之喪, 或終始皆在三年之中. 小功・總麻則不除. 殤長・中乃除.

번역 비록 부모에 대한 중대한 상이 발생했더라도, 여전히 수위가 낮은
상복 대상에 대해서 제상(除喪)을 하게 되니, 골육지친에 대한 은정 때문이
다. 오직 군주의 상에서만 개인적인 상복을 착용하지 못하여 제복(除服)을
할 수 없다. '당(當)'이라고 말한 것은 기년복(期年服)3)과 대공복(大功服)4)
의 상을 치르고 있는데, 간혹 그 상을 끝내는 시기가 모두 삼년상을 치르는
기간에 포함된 것을 뜻한다. 소공복(小功服)5)과 시마복(總麻服)6)의 경우

---

2) 『예기』「증자문(曾子問)」【238b】에는 "曾子問曰: 大夫・士有私喪, 可以除之
矣, 而有君服焉, 其除之也, 如之何. 孔子曰: 有君喪服於身, 不敢私服, 又何除
焉. 於是乎, 有過時而弗除也, 君之喪服除而后, 殷祭, 禮也."라는 기록이 있다.
즉 "증자가 질문하기를, '대부(大夫)와 사(士)의 경우 본인이 상(喪)을 치르
는 중에, 이제 곧 탈상(脫喪)을 하게 되어, 상복(喪服)을 벗을 수가 있게 되었
는데, 만약 이때 군주가 죽어서 군주를 위한 상복을 입게 된다면, 본인의 탈
상은 어떻게 해야 합니까?' 공자가 대답해주기를, '죽은 군주를 위해 본인이
상복을 입게 되었다면, 감히 개개인의 상복을 입을 수가 없게 되는데, 또한
어찌 탈상을 하겠는가? 그래서 탈상할 시기를 지나치게 되더라도 탈상을 하
지 않는 것이다. 그러나 군주의 상이 끝나서 군주를 위해 입었던 상복을 벗
은 이후에는 개인적으로 탈상을 못하였으므로, 성대한 제사를 지내서 탈
상을 대신하는 것이 올바른 예법(禮法)이다.'"라는 뜻이다.
3) 기년복(期年服)은 1년 동안 상복(喪服)을 입는다는 뜻이다. 또는 그 기간 동
안 입게 되는 상복을 뜻하기도 하는데, 일반적으로 자최복(齊衰服)을 가리키
는 용어로 사용된다. '기년복'이라고 할 때의 '기년(期年)'은 1년을 뜻하는데,
'자최복'은 일반적으로 1년 동안 입게 되는 상복이 되기 때문이다.
4) 대공복(大功服)은 상복(喪服) 중 하나로, 오복(五服)에 속한다. 조밀한 삼베
를 사용해서 만들지만, 소공복(小功服)에 비해서는 삼베의 재질이 거칠기 때
문에, '대공복'이라고 부른다. 이 복장을 입게 되는 기간은 상황에 따라 차이
가 생기지만, 일반적으로 9개월이다. 당형제(堂兄弟) 및 미혼인 당자매(堂姉
妹), 또는 혼인을 한 자매(姉妹) 등을 위해서 입는다.
5) 소공복(小功服)은 상복(喪服) 중 하나로, 오복(五服)에 속한다. 조밀한 삼베

라면 제상(除喪)을 하지 않는다. 장상(長殤)[7]과 중상(中殤)[8]에 대해서는 곧 제상(除喪)을 한다.

釋文 爲, 于僞反, 下"乃爲"同. 期音基. 長, 丁丈反, 下云"長子"同.

번역 '爲'자는 '于(우)'자와 '僞(위)'자의 반절음이며, 아래문장에 나오는 '乃爲'에서의 '爲'자도 그 음이 이와 같다. '期'자의 음은 '基(기)'이다. '長'자는 '丁(정)'자와 '丈(장)'자의 반절음이며, 아래문장에서 말한 '長子'에서의 '長'자도 그 음이 이와 같다.

孔疏 ●"雖諸"至"喪服". 此一經明諸父兄弟之喪, 當父母服內變除之節.

번역 ●經文: "雖諸"~"喪服". ○이곳 경문은 백부나 숙부 및 형제의 상을 치르고 있는데, 그 기간이 부모에 대해 복상(服喪)하는 기간 내에 해당하여, 상복을 변경하고 제거하는 절차를 나타내고 있다.

孔疏 ●"如當"者, 言此諸親自始死至除服, 皆在父母服內, 故云如當也.

번역 ●經文: "如當". ○여기에서 말한 여러 친족들에 대해서, 그들이

를 사용해서 만들며, 대공복(大功服)에 비해서 삼베의 재질이 조밀하기 때문에, '소공복'이라고 부른다. 이 복장을 입게 되는 기간은 상황에 따라 차이가 생기지만, 일반적으로 5개월이 된다. 백숙(伯叔)의 조부모나 당백숙(堂伯叔)의 조부모, 혼인하지 않은 당(堂)의 자매(姊妹), 형제(兄弟)의 처 등을 위해서 입는다.

6) 시마복(緦麻服)은 상복(喪服) 중 하나로, 오복(五服)에 속한다. 가장 조밀한 삼베를 사용해서 만든다. 이 복장을 입게 되는 기간은 상황에 따라서 차이가 있지만, 일반적으로 3개월이 된다. 친족의 백숙부모(伯叔父母)나 친족의 형제(兄弟)들 및 혼인하지 않은 친족의 자매(姊妹) 등을 위해서 입는다.

7) 장상(長殤)은 16~19세 사이에 요절한 자를 뜻한다. 『의례』「상복(喪服)」편에 "年十九至十六爲長殤."이라는 기록이 있다.

8) 중상(中殤)은 12~15세 사이에 요절한 자를 뜻한다. 『의례』「상복(喪服)」편에 "十五至十二爲中殤."이라는 기록이 있다.

이제 막 죽었을 때로부터 제복(除服)을 할 때까지의 기간이 모두 부모에 대해 복상(服喪)하는 기간 내에 포함된다는 뜻이다. 그렇기 때문에 "만일 ~에 해당한다[如當]."라고 말했다.

孔疏 ●"其除諸父昆弟之喪也, 皆服其除喪之服. 卒事, 反喪服"者, 亦爲服除服, 而除竟亦反先服也. 此亦謂重喪葬後之時也. 何以知然? 旣始末在重喪中, 則其除自然知在重喪之葬後也. 上文爲父祥尙待母葬後乃除, 則輕親可知也. 然但擧此輕, 足明前之重. 而在前文云: 言母喪得爲父變除者, 庾氏云: "蓋以變除事大故也."

번역 ●經文: "其除諸父昆弟之喪也, 皆服其除喪之服. 卒事, 反喪服". ○ 이러한 경우에도 또한 제복(除服)의 복장을 착용하고, 제상(除喪)이 끝나면 또한 다시 이전에 착용했던 상복을 착용한다. 이것은 또한 중대한 상이 발생하여 장례를 치른 이후의 시기를 의미한다. 어떻게 이러한 사실을 알 수 있는가? 이미 상의 시작과 끝이 중대한 상의 복상 기간 중에 포함되었다면, 상에 대해 제상(除喪)을 하는 것은 자연히 중대한 상에 대해 장례를 치른 이후가 됨을 알 수 있기 때문이다. 앞 문장에서는 부친에 대해 대상(大祥)을 치를 때에도 오히려 모친에 대해 장례를 치를 때까지 기다린 뒤에야 제상(除喪)을 한다고 했으니,9) 관계가 상대적으로 낮은 친족에 대해서 어떻게 해야 하는지도 알 수 있다. 다만 이곳 경문은 관계가 낮은 친족의 경우를 제시했지만, 앞서 말한 중대한 상에 대한 경우까지도 나타내기에 충분하다. 그런데 앞 문장에서 언급한 내용은 모친의 상을 치르고 있는 중에 부친을 위해 상복을 변경하거나 제거하는 제사를 지낼 수 있음을 의미한다. 그 이유에 대해서 유울10)은 "무릇 상복을 변경하거나 제거하는 일은 중대

---

9) 『예기』「잡기하」【507a】: 有父之喪, 如未沒喪而母死, 其除父之喪也, 服其除服, 卒事, 反喪服.

10) 유울(庾蔚, ?~?) : =유씨(庾氏). 남조(南朝) 때 송(宋)나라 학자이다. 저서로는 『예기약해(禮記略解)』, 『예론초(禮論鈔)』, 『상복(喪服)』, 『상복세요(喪服世要)』, 『상복요기주(喪服要記注)』 등을 남겼다.

한 사안이기 때문이다."라고 했다.

孔疏 ◎注"雖有"至"乃除". ○正義曰: "雖有親之大喪, 猶爲輕服者, 除骨肉之恩也"者,　鄭釋所以輕服在大喪之中得爲輕服除者,　乃輕服是骨肉恩親, 故得除之. 若君之大喪, 不得自除私服, 故曾子問曰: "大夫·士有私喪, 可以除之矣. 而有君服焉, 其除之也如之何?"孔子曰: "有君喪服於身, 不敢私服, 又何除焉?"是有君服不得除己私服. 其私, 謂父母以下及諸父昆弟, 皆不得除也. 云"小功·緦麻則不除"者,　按服問云"緦之麻不變小功之葛, 小功之麻不變大功之葛",　據此言之,　是尋常小功·緦麻不得易大功以上之服, 故知有大功以上之服,　不得爲小功·緦麻除服也. 云"殤長·中乃除"者, 以服問云: "殤長·中,　變三年之葛."　旣變三年之葛,　明在大功以上服中, 爲殤長·中著服, 而又爲之除也.

번역 ◎鄭注: "雖有"~"乃除". ○정현이 "비록 부모에 대한 중대한 상이 발생했더라도, 여전히 수위가 낮은 상복 대상에 대해서 제상(除喪)을 하게 되니, 골육지친에 대한 은정 때문이다."라고 했는데, 정현은 수위가 낮은 상복을 착용한 것이 중대한 상을 치르는 기간에 포함되었더라도, 수위가 낮은 상복의 대상을 위해서 제상(除喪)을 할 수 있는 이유를 풀이한 것이니, 곧 수위가 낮은 상복의 대상은 골육지친으로 은정이 두터운 친족이기 때문에, 그들에 대해서 제상을 할 수 있는 것이다. 만약 군주에 대한 대상(大喪)11)이 발생한 경우라면, 본인은 개인의 상에 대한 상복을 착용할 수

---

11) 대상(大喪)은 천자(天子)·왕후(王后)·세자(世子) 등의 상(喪)을 가리킨다. 이들은 가장 존귀한 자들에 해당하기 때문에, 그들에 대한 상(喪) 또한 '대(大)'자를 붙여서, '대상'이라고 부르는 것이다. 『주례』「천관(天官)·재부(宰夫)」편에는 "大喪小喪, 掌小官之戒令, 帥執事而治之."라는 기록이 있는데, 이에 대한 정현의 주에서는 "大喪, 王·后·世子之喪也."라고 풀이했다. 한편 '대상'은 부모의 상(喪)을 가리키기도 한다. 부모는 자식의 입장에서 가장 중대한 대상에 해당하기 때문에, 부모의 상(喪)을 '대상'이라고 부르는 것이다. 『춘추공양전』「선공(宣公) 1년」편에는 "古者臣有大喪, 則君三年不呼其門."이라는 용례가 있다.

없으므로, 그들에 대한 제상(除喪)을 할 수 없다. 그렇기 때문에 증자는 "대부와 사의 경우 본인이 상을 치르는 중에, 이제 곧 탈상(脫喪)을 하게 되어, 상복을 벗을 수 있게 되었는데, 만약 이때 군주가 죽어서 군주를 위한 상복을 입게 된다면, 본인의 탈상은 어떻게 해야 합니까?"라고 물었고, 공자는 "죽은 군주를 위해 본인이 상복을 입게 되었다면, 감히 개개인의 상복을 입을 수가 없게 되는데, 또한 어찌 탈상을 하겠는가?"라고 대답했다. 즉 군주에 대한 상복을 착용하고 있다면, 개인이 착용한 상복에 대해서는 제상(除喪)을 할 수 없다는 뜻이다. 개인의 상은 곧 부모로부터 그 이하로 백부나 숙부 및 곤제 등의 상을 뜻하니, 이들에 대해서 모두 제상을 할 수 없다는 의미이다. 정현이 "소공복(小功服)과 시마복(緦麻服)의 경우라면 제상(除喪)을 하지 않는다."라고 했는데, 『예기』「복문(服問)」편을 살펴보면, "시마복에 착용하는 마(麻)로 만든 질(絰)로는 소공복에 착용하는 갈(葛)로 만든 질을 변경시키지 않고, 소공복에 착용하는 마로 만든 질로는 대공복(大功服)에 착용하는 갈로 만든 질을 변경시키지 않는다."[12]라고 했다. 이것에 근거해서 말을 해보자면, 일반적으로 착용하는 소공복과 시마복으로는 대공복으로부터 그 이상의 상복에 대해 변경을 시킬 수 없다. 그렇기 때문에 대공복으로부터 그 이상의 상복을 착용하는 경우라면, 소공복과 시마복을 착용하는 대상을 위해 제복(除服)을 할 수 없다. 정현이 "장상(長殤)과 중상(中殤)에 대해서는 곧 제상(除喪)을 한다."라고 했는데, 「복문」편에서는 "장상과 중상의 경우 삼년상에서 착용하는 갈로 만든 질을 바꾸게 한다."[13]라고 했다. 이미 삼년상에 착용하는 갈로 만든 질을 바꾼다고 했으니, 이것은 대공복으로부터 그 이상의 상복을 착용하고 있는 도중에도 장상과 중상을 당한 자를 위해 상복을 착용하며, 또 그들을 위해서 제상을 치른다는 사실을 나타낸다.

---

12) 『예기』「복문(服問)」【663a】: 小功不易喪之練冠, 如免, 則絰其緦小功之絰, 因其初葛帶. 緦之麻不變小功之葛, 小功之麻不變大功之葛, 以有本爲稅.

13) 『예기』「복문(服問)」【663b】: 殤長中變三年之葛, 終殤之月算而反三年之葛. 是非重麻, 爲其無卒哭之稅. 下殤則否.

集解 愚謂: 此謂時而並遭期與三年之喪者也. 一時而並有此二喪, 則當爲重喪服, 而當輕喪之除, 則必服其服, 以明哀雖隆於重喪, 而亦未嘗不兼有焉, 故以除喪之服表之也. 除, 謂卒哭變麻服葛, 及於主人之練而釋服也. 若諸父昆弟無三年者, 則至期已爲之祭而除服. 若父母之喪旣葬而有期喪, 則變服期服, 於期喪卒哭而反重服, 於親喪旣練而反期服, 於期服除而反練服. 若旣練而有期喪, 則爲期喪服, 其除父母之喪也, 服父母之服. 此雖但言"諸父昆弟", 然喪服大功以上爲親, 則從父昆弟之服亦當然. 蓋三年之喪, 齊衰變, 旣葬大功變, 旣練, 旣於三年之喪而並爲之服, 則必於三年之喪而並爲之除矣. 三年之喪, 雖旣練, 不爲小功・緦變服, 故不除, 惟於哭之也, 則服其服而往.

번역 내가 생각하기에, 이 내용은 때때로 기년상과 삼년상을 함께 당한 경우를 뜻한다. 일시에 이러한 두 가지 상을 모두 당하게 되면, 마땅히 중대한 상을 치러야 하는 대상에 대해서 상복을 착용하고, 상대적으로 가벼운 상을 치러야 하는 대상에 대해서 상복을 제거해야 할 때가 되면, 반드시 그에 해당하는 상복을 착용하니, 이를 통해 애통함이 비록 중대한 상을 치르는 자에 대해서 융성하게 나타나지만, 또한 일찍이 그에 대해 애통한 마음을 가지고 있지 않은 적이 없음을 드러낸다. 그렇기 때문에 제상(除喪) 때의 복장으로 애통한 마음을 나타내는 것이다. '제(除)'자는 졸곡(卒哭)[14]을 하여 마(麻)로 된 것을 바꿔 갈(葛)로 된 것을 착용하고, 상주의 소상(小祥) 때가 되면 해당 복장을 벗게 된다는 뜻이다. 만약 백부나 숙부 및 형제들의 상을 치르고 있는데 삼년상이 발생하지 않은 경우라면, 1년의 주기가 되면 이미 그에 대해 제사를 지내며 제복(除服)을 하게 된다. 만약 부모의 상에서 이미 장례를 치른 이후에 기년상이 발생한 경우라면, 기년복에 대한 상복으로 복장을 바꾸고, 기년상에서 졸곡을 치른 뒤에 다시 중대한 상복을 착용하며, 부모의 상에서 소상을 치른 뒤에는 다시 기년복을 착용하고, 기년상에서 상복을 제거한 뒤에는 다시 소상 이후 착용하는 복장을 입

---

14) 졸곡(卒哭)은 우제(虞祭)를 지낸 뒤에 지내는 제사이다. 이 제사를 지내게 되면, 수시로 곡(哭)하던 것을 멈추고, 아침과 저녁때에만 한 번씩 곡을 하게 된다. 그렇기 때문에 '졸곡'이라고 부르게 된 것이다.

는다. 만약 이미 소상을 치렀는데 기년상이 발생한 경우라면, 기년상을 치르는 대상을 위해 그 복장을 착용하며, 부모의 상에 대해서 제상을 하게 되면, 부모에 대한 상복을 착용한다. 이곳에서는 비록 '백부나 숙부 및 형제들'이라고만 말했지만 상복에 있어서 대공복(大功服)으로부터 그 이상의 상복을 착용하는 경우에는 친근한 친족으로 여기니, 종부와 곤제에 대한 상복을 착용할 때에도 또한 마땅히 이처럼 하게 된다. 무릇 삼년상을 치를 때 자최복(齊衰服)에 대해 바꾸고, 이미 장례를 치른 뒤에 대공복에 대해 바꾸며, 소상을 치른 뒤에 이미 삼년상에 대해 모두 그들의 복장을 착용한다고 했으니, 반드시 삼년상을 치르는 도중이라도 모두 그들을 위해 제상을 한다. 삼년상에서 비록 소상을 치른 뒤라도 소공복과 시마복을 착용하는 대상을 위해 상복을 착용하지 않는다. 그렇기 때문에 제복을 하지 않고, 오직 그에 대해서 곡을 할 때에만 해당 복장을 착용하고서 찾아가는 것이다.

그림 2-1　■ 자최복(齊衰服) 착용 모습

※ **출처:** 『삼재도회(三才圖會)』「의복(衣服)」 3권

● 그림 2-2   ▣ 자최복(齊衰服) 각부 명칭

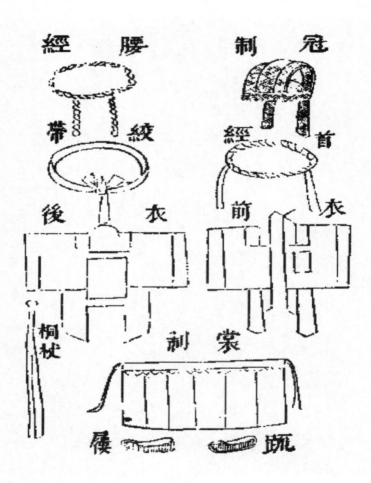

※ 출처: 『삼재도회(三才圖會)』「의복(衣服)」 3권

그림 2-3 ▣ 대공복(大功服) 착용 모습

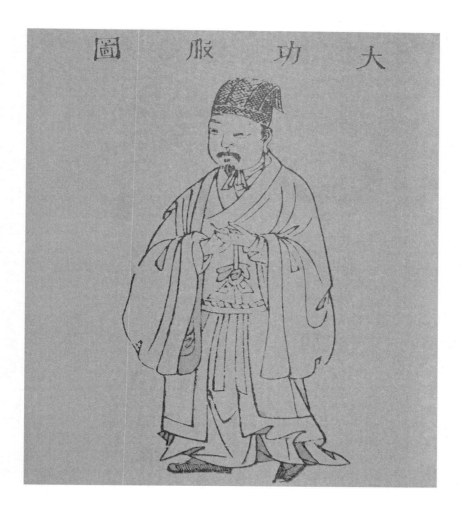

※ 출처: 『삼재도회(三才圖會)』「의복(衣服)」 3권

그림 2-4   ▣ 대공복(大功服) 각부 명칭

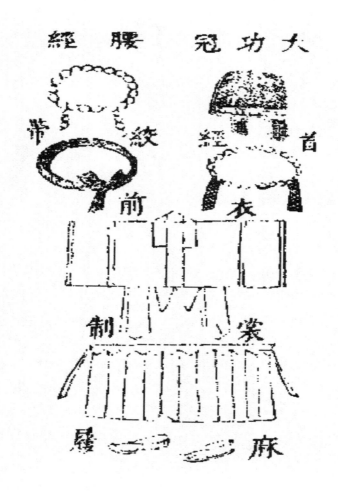

※ 출처:『삼재도회(三才圖會)』「의복(衣服)」 3권

그림 2-5 ▣ 소공복(小功服) 착용 모습

※ **출처:** 『삼재도회(三才圖會)』「의복(衣服)」 3권

● 그림 2-6 ▣ 소공복(小功服) 각부 명칭

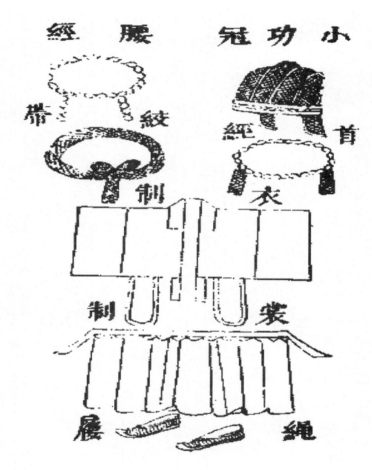

※ **출처:**『삼재도회(三才圖會)』「의복(衣服)」3권

그림 2-7 ▣ 시마복(緦麻服) 착용 모습

※ **출처:** 『삼재도회(三才圖會)』「의복(衣服)」 3권

그림 2-8 ◼ 시마복(緦麻服) 각부 명칭

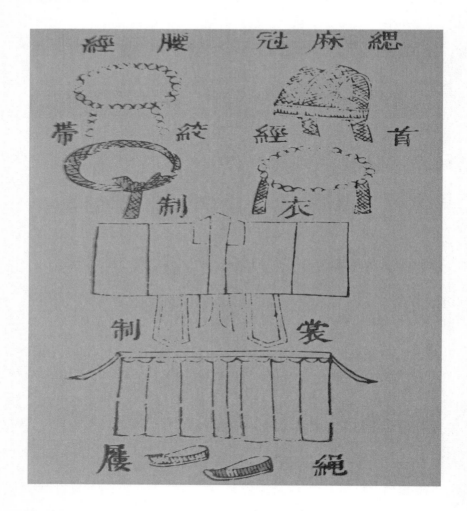

※ **출처:** 『삼재도회(三才圖會)』「의복(衣服)」3권

삼년상이 겹쳤을 때

【507c】

如三年之喪, 則旣穎, 其練祥皆行.

직역 如히 三年의 喪이라면, 旣히 穎하고, 그 練·祥을 皆히 行한다.

의역 만약 삼년상이 겹치게 된다면, 갈(葛)로 만든 질(絰)로 허리에 차고 있던 마(痲)로 만든 질을 바꾸게 되면, 이전에 발생한 상에 대해서 소상(小祥)과 대상(大祥)의 제사를 모두 시행한다.

集說 前喪後喪, 俱是三年之服, 其後喪旣受葛之後, 得爲前喪行練祥之禮也. 旣穎者, 旣虞受服之時, 以葛絰易要之痲絰也. 穎, 草名. 無葛之鄕以穎代.

번역 앞서 발생한 상과 뒤에 발생한 상이 모두 삼년복을 착용해야 하는 상인데, 뒤에 발생한 상에 있어서 이미 갈(葛)로 만든 상복을 받은 이후라면, 이전 상에 대해서 연상(練祥)[1]의 의례를 시행할 수 없다. '기경(旣穎)'이라는 것은 이미 우제(虞祭)[2]를 치르고서 새로운 상복을 받았을 때, 갈로

---

1) 연상(練祥)은 소상(小祥)과 대상(大祥)을 뜻한다. '연상'에서의 '연(練)'자는 연제(練祭)를 뜻하며, '연제'는 곧 '소상'을 가리킨다. '연상'에서의 '상(祥)'자는 '대상'을 뜻한다. 소상은 죽은 지 13개월만에 지내는 제사이며, 대상은 25개월만에 지내는 제사이고, 대상을 지내게 되면 상복과 지팡이를 제거하게 된다. 『주례』「춘관(春官)·대축(大祝)」편에는 "言甸人讀禱, 付練祥, 掌國事."라는 기록이 있고, 이에 대해 가공언(賈公彦)의 소(疏)에서는 "練, 謂十三月小祥, 練祭. 祥, 謂二十五月大祥, 除衰杖."이라고 풀이했다.
2) 우제(虞祭)는 장례(葬禮)를 치르고 난 뒤에 지내는 제사를 뜻한다.

만든 질(経)로 허리에 차고 있던 마(麻)로 만든 질을 바꾼다는 뜻이다. '경(類)'은 풀이름이다. 갈이 생산되지 않는 지역에서는 경으로 대체하게 된다.

大全　山陰陸氏曰: 凡喪服皆麻, 練而葛, 蓋禫而後類, 類, 吉服也. 知然者, 類繡衣錦尙絅, 知之也. 三年重服, 故雖當旣類, 其練祥猶行. 鄭氏謂未沒喪者, 已練祥矣. 鄕當父母之喪, 未練祥也, 然則旣類, 在禫之後明矣.

번역　산음육씨[3]가 말하길, 무릇 상복은 모두 마(麻)로 만드는데, 소상(小祥)을 치르게 되면 갈(葛)로 된 것으로 바꾸고, 아마도 담제(禫祭)를 치른 뒤에는 경(類)으로 된 것으로 바꾸었을 것이니, 경(類)으로 만든 것은 길복(吉服)에 해당한다. 이러한 사실을 알 수 있는 이유는 수를 놓은 홑옷,[4] 비단 옷을 입고 홑옷을 덧입는다[5]고 했으므로, 이러한 사실을 알 수 있다. 삼년상이 겹쳤기 때문에[6] 비록 마땅히 길복으로 갈아입어야 하지만, 소상과 대상(大祥)에 대해서는 여전히 시행하는 것이다. 정현은 아직 상을 끝내지 못한 것은 이미 소상과 대상의 제사를 치렀다는 뜻이라고 했다. 이전에 부모의 상을 당했는데, 아직 소상과 대상을 치르지 않았으므로, 길복으로 바꾸게 된다는 것은 담제를 치른 이후가 됨이 분명하다.

鄭注　言今之喪旣服類, 乃爲前三年者變除而練·祥祭也. 此主謂先有父母之服, 今又喪長子者. 其先有長子之服, 今又喪父母, 其禮亦然. 然則言未沒喪者, 已練·祥矣. 類, 草名, 無葛之鄕, 去麻則用類.

---

3) 산음육씨(山陰陸氏, A.D.1042~A.D.1102): =육농사(陸農師)·육전(陸佃). 북송(北宋) 때의 유학자이다. 자(字)는 농사(農師)이며, 호(號)는 도산(陶山)이다. 어려서 집안이 매우 가난했다고 전해지며, 왕안석(王安石)에게 수학하였으나 왕안석의 신법에 대해서는 반대하였다. 저서로는 『비아(埤雅)』, 『춘추후전(春秋後傳)』, 『도산집(陶山集)』 등이 있다.
4) 『의례』「사혼례(士昏禮)」: 女從者畢袗玄, 纚·笄·被類繡, 在其後.
5) 『중용』「33장」: 詩曰, "衣錦尙絅." 惡其文之著也. 故君子之道, 闇然而日章.
6) 중복(重服)은 복상(服喪) 중에 상(喪)이 겹치는 일 등이 발생하여, 본래의 상복(喪服) 위에 다른 상복을 겹쳐 입는 일을 뜻한다.

번역 현재 상을 치르며 이미 경(穎)으로 된 것을 착용했다면, 이전에 발생한 삼년상의 대상을 위해서 복장을 바꾸고 제거하여 소상(小祥)과 대상(大祥)의 제사를 지낸다는 뜻이다. 이 내용은 먼저 부모의 상이 발생을 했는데, 현재 재차 장자의 상을 당한 경우를 위주로 한 말이다. 먼저 장자에 대한 상복을 착용하고 있는데, 현재 또 부모의 상을 당하게 되었을 때에도 그 예법이 이와 같다. 그러므로 아직 상을 끝내지 못했다고 한 말은 이미 소상과 대상의 제사를 치른 것을 뜻한다. '경(穎)'은 풀이름이니, 갈(葛)이 생산되지 않는 지역에서는 마(麻)로 된 것을 제거하게 되면 경(穎)으로 만든 것을 사용한다.

釋文 穎, 口迥反, 徐孔穎反, 沈苦頂反, 草也, 注同. 又喪, 如字, 又息浪反, 下"又喪"同. 去, 起呂反.

번역 '穎'자는 '口(구)'자와 '迥(형)'자의 반절음이며, 서음(徐音)은 '孔(공)'자와 '穎(영)'자의 반절음이며, 심음(沈音)은 '苦(고)'자와 '頂(정)'자의 반절음이고, 풀을 뜻하며, 정현의 주에 나오는 글자도 그 음이 이와 같다. '又喪'에서의 '喪'자는 글자대로 읽으며, 또한 '息(식)'자와 '浪(랑)'자의 반절음도 되는데, 아래문장에 나오는 '又喪'에서의 '喪'자도 그 음이 이와 같다. '去'자는 '起(기)'자와 '呂(려)'자의 반절음이다.

孔疏 ●"如三年之喪, 則旣穎. 其練祥皆行"者, 此明前後俱遭三年之喪, 後喪旣受葛之後, 得爲前喪. 練·祥旣穎者, 謂後喪旣虞卒哭, 合以變麻爲葛, 無葛之鄉則用穎也. 後喪旣穎之後, 其前喪須練祭·祥祭皆擧行之.

번역 ●經文: "如三年之喪, 則旣穎. 其練祥皆行". ○이 내용은 앞뒤로 모두 삼년상을 당했는데, 뒤에 당한 상에서 이미 갈(葛)로 된 질(絰)을 받은 이후에는 전에 당한 상을 위해 제사를 치를 수 있다는 뜻을 나타내고 있다. "소상(小祥)·대상(大祥)을 치르고 이미 경(穎)을 했다."는 말은 뒤에 당한 상에서 이미 우제(虞祭)와 졸곡(卒哭)을 치른 뒤이므로, 마땅히 마(麻)로 된 질을 갈로 된 질로 바꿔야 하는데, 갈이 생산되지 않는 지역이라면 경 (穎)을 사용한다는 뜻이다. 뒤에 당한 상에서 이미 경(穎)으로 된 질로 바꾼 뒤라면, 전에 당한 상에 대해서는 소상과 대상의 제사를 모두 치를 수 있다.

孔疏 ◎注"言今"至"用穎". ○正義曰: 云"此主謂先有父母之服, 今又喪長子"者, 以前文皆據先有父喪, 後有母喪. 此又先有父母之喪, 後有諸父·昆弟死者, 皆以重喪在前, 輕喪在後, 此亦類上文, 故云"先有父母之服, 今又喪長子". 云"其先有長子之服, 今又喪父母, 其禮亦然"者, 以經不云長子之喪, 而云"三年之喪, 旣穎", 明三年之文互包父母, 故知先有長子之喪, 旣穎也. 依禮, 父在不爲長子三年. 今云"先有長子之服, 今又喪父母"者, 庾氏及熊氏並云"有父者, 誤也, 當應云又喪母, 不得幷稱父也". 庾氏又云: "後喪旣穎, 又前喪練·祥皆行, 若後喪旣殯, 得爲前喪虞祔." 未知然否, 且7)依錄之. 云"未沒喪者, 已練祥矣"者, 以此經云"三年之喪, 旣穎", 不云"未沒喪", 則知旣穎與未沒喪者別也. 旣穎是旣虞受服之時, 明未沒喪是旣練之後稱, 言未沒, 是將沒之文, 故知練後也. 若先有父喪, 而後母死, 練·祥亦然, 以前文 "父死, 爲母三年"也. 故喪服齊衰三年章云"父卒則爲母", 是也. 若先有母喪, 而後父卒, 母喪雖有期, 父喪旣穎, 母之練·祥亦皆行也.

번역 ◎鄭注: "言今"~"用穎". ○정현이 "이 내용은 먼저 부모의 상이 발생을 했는데, 현재 재차 장자의 상을 당한 경우를 위주로 한 말이다."라고 했는데, 앞 문장에서는 모두 먼저 부친의 상을 당하고 이후에 모친의 상을 당한 경우를 기준으로 말했는데, 이곳에서는 또한 먼저 부모의 상이 발생하고 이후에 백부 및 숙부와 형제들이 죽은 경우를 언급했으니, 이것은 모두 중대한 상이 먼저 발상하고 상대적으로 덜 중요한 상이 뒤에 발생한 것이니, 이곳의 문장 또한 앞 문장과 비슷한 부류가 된다. 그렇기 때문에 "먼저 부모에 대한 상복을 착용하고 있는데, 현재 재차 장자의 상을 당했

---

7) '차(且)'자에 대하여. '차'자는 본래 '자(自)'자로 기록되어 있었는데, 완원(阮元)의 『교감기(校勘記)』에서는 "혜동(惠棟)의 『교송본(校宋本)』에는 '자'자가 '차'자로 기록되어 있다."라고 했다.

다."라고 말한 것이다. 정현이 "먼저 장자에 대한 상복을 착용하고 있는데, 현재 또 부모의 상을 당하게 되었을 때에도 그 예법이 이와 같다."라고 했는데, 경문에서는 장자의 상에 대해서는 언급하지 않았지만, "삼년상에서 이미 경(穎)을 했다."라고 했으니, 이것은 삼년상이라는 문장이 부모에 대한 경우를 포괄한다는 사실을 나타낸다. 그렇기 때문에 우선적으로 장자의 상이 발생했고, 이미 경(穎)으로 된 질(絰)을 착용했다는 사실을 알 수 있다. 예법에 따르면 부친이 생존해 계실 때 장자를 위해서는 삼년상을 치르지 않는다. 현재 "먼저 장자에 대한 상복을 착용하고 있는데, 현재 또 부모에 대한 상을 당했다."라고 한 이유에 대해, 유울 및 웅안생[8]은 "'부(父)'자가 기록된 것은 잘못된 기록이다. 마땅히 '또한 모친의 상을 당했다.'라고 말해야 하니, 부친까지 함께 병렬해서 기록할 수 없다."라고 했다. 유울은 또한 "뒤에 당한 상에 대해서 이미 경(穎)으로 된 질을 찼고, 또 이전 상에 대해서 소상(小祥)과 대상(大祥)을 모두 시행하며, 만약 뒤에 당한 상에서 이미 빈소를 차린 뒤라면, 전에 당한 상에 대해서 우제(虞祭)와 부제(祔祭)[9]를 치를 수 있다."라고 했다. 과연 그러한지 아닌지는 잘 모르겠지만, 그 주장들에 따라 기록을 해둔다. 정현이 "아직 상을 끝내지 못했다고 한 말은 이미 소상과 대상의 제사를 치른 것을 뜻한다."라고 했는데, 이곳 경문에서는 "삼년상에서 이미 경(穎)을 했다."라고 했고, "아직 상을 끝내지 못했다."라고는 말하지 않았으니, 이미 경(穎)을 했다는 것과 상을 끝내지 못했다는 것은 구별된다. 이미 경(穎)을 했다는 것은 우제를 치르고 새로운 상복을 받게 되는 시기를 뜻하니, 아직 상을 끝내지 못했다는 것이 이미

---

8) 웅안생(熊安生, ?~A.D.578) : =웅씨(熊氏). 북조(北朝) 때의 경학자이다. 자(字)는 식지(植之)이다. 『주례(周禮)』, 『예기(禮記)』, 『효경(孝經)』 등 많은 전적에 의소(義疏)를 남겼지만, 모두 산일되어 남아 있지 않다. 현재 마국한(馬國翰)의 『옥함산방집일서(玉函山房輯佚書)』에 『예기웅씨의소(禮記熊氏義疏)』 4권이 남아 있다.

9) 부제(祔祭)는 '부(祔)'라고도 한다. 새로이 죽은 자가 있으면, 선조(先祖)에게 '부제'를 올리면서, 신주(神主)를 합사(合祀)하는 것을 말한다. 『주례』「춘관(春官)·대축(大祝)」편에는 "付練祥, 掌國事."라는 기록이 있고, 이에 대한 정현의 주에서는 "付當爲祔. 祭於先王以祔後死者."라고 풀이하였다.

소상을 치른 이후에 대해 지칭하는 말임을 나타낸다. 즉 '미몰(未沒)'이라는 말은 앞으로 끝내게 된다는 말이다. 그렇기 때문에 소상을 치른 이후임을 알 수 있다. 만약 먼저 부친의 상을 당하고 이후에 모친의 상을 당하게 되면, 소상과 대상 또한 이처럼 하니, 앞 문장에서 "부친이 돌아가셨는데, 모친에 대해 삼년상을 치른다."라고 했기 때문이다. 그러므로 『의례』「상복(喪服)」편 '자최삼년장(齊衰三年章)'에서는 "부친이 돌아가셨다면 모친을 위해서 착용한다."[10]라고 한 것이다. 만약 먼저 모친의 상이 발생했고, 이후에 부친의 상이 발생했다면, 모친의 상에 대해서 비록 기년상을 치르지만, 부친의 상에서 이미 경(頸)으로 된 질을 착용했다면, 모친에 대한 소상과 대상 또한 모두 시행하게 된다.

---

10) 『의례』「상복(喪服)」: 父卒則爲母. 繼母如母. 傳曰, 繼母何以如母? 繼母之配父, 與因母同, 故孝子不敢殊也.

• 제 4 절 •

조부가 죽고 이후 손자가 죽었을 때

【507c】

王父死, 未練祥而孫又死, 猶是附於王父也.

직역 王父가 死하고, 練祥을 未한데 孫이 又히 死하면, 是와 猶하여 王父에게 附한다.

의역 조부가 돌아가셨고, 아직 소상(小祥)과 대상(大祥)의 제사를 치르지 않았는데, 손자가 죽게 된다면, 이러한 경우에도 손자는 조부에게 부제(祔祭)를 치른다.

集說 孫之祔祖, 禮在必然, 故祖死雖未練祥, 而孫又死, 亦必祔於祖.

번역 손자는 조부에게 부제(祔祭)를 치르니, 예법에 있어서 반드시 이처럼 하게 된다. 그렇기 때문에 조부가 돌아가셨는데, 아직 소상(小祥)과 대상(大祥)을 치르지 않은 상태에서 손자가 죽게 되면, 이러한 경우에도 또한 반드시 조부에게 부제를 치른다.

大全 嚴陵方氏曰: 王父雖未練祥, 而孫得祔者, 以昭穆同也.

번역 엄릉방씨가 말하길, 조부에 대해서 아직 소상(小祥)과 대상(大祥)을 치르지 않았는데도 손자를 조부에게 부제(祔祭)를 치를 수 있는 이유는 소목(昭穆)의 항렬이 동일하기 때문이다.

鄭注 未練·祥, 嫌未祫祭序於昭穆爾. 王父旣祔, 則孫可祔焉. 猶, 當爲由,由, 用也. 附, 皆當作祔.

번역 아직 소상(小祥)과 대상(大祥)을 치르지 않았다고 한 것은 아직 협제(祫祭)[1]를 치러서 소목(昭穆)의 서열에 따라 신주를 모시지 못했다고 오해할 것을 염려했기 때문이다. 조부에 대해 이미 합사를 할 수 있다면, 손자 또한 합사할 수 있다. '유(猶)'자는 마땅히 '유(由)'자가 되어야 하니, '유(由)'자는 "~에 따른다[用]."는 뜻이다. '부(附)'자는 모두 '부(祔)'자로 기록해야 한다.

釋文 附, 義作祔, 出注. 祫音洽.

번역 '附'자는 그 의미에 따라 '祔'자로 기록해야 하니, 정현의 주에 따른 것이다. '祫'자의 음은 '洽(흡)'이다.

孔疏 ●"王父死, 未練祥, 而孫又死, 猶是祔於王父也", 猶爲由, 由, 用也. 禮, 孫死祔祖. 今此明若祖喪雖未二祥, 而孫死, 則孫亦得用是祔禮祔於祖也.

번역 ●經文: "王父死, 未練祥, 而孫又死, 猶是祔於王父也". ○'유(猶)'자는 '유(由)'자이니, '유(由)'자는 "~에 따른다[用]."는 뜻이다. 예법에 따르면 손자가 죽게 되면 조부에게 부제(祔祭)를 치른다. 현재 이곳 문장은 조부의 상에서 비록 이상(二祥)[2]을 치르지 않았더라도 손자가 죽게 된다면, 손자에 대해서는 또한 이러한 부제의 예법에 따라서 조부에게 부제를 치를 수 있다는 뜻을 나타내고 있다.

---

1) 협제(祫祭)는 협(祫)이라고도 부른다. 신주(神主)들을 태조(太祖)의 묘(廟)에 모두 모셔놓고 지내는 제사이다. 『춘추공양전』「문공(文公) 2년」에 "八月, 丁卯, 大事于大廟, 躋僖公, 大事者何. 大祫也. 大祫者何. 合祭也, 其合祭奈何. 毀廟之主, 陳于大祖."라는 기록이 있다.
2) 이상(二祥)은 대상(大祥)과 소상(小祥)을 뜻한다. '연상(練祥)'이라고도 부른다. '소상'은 죽은 지 13개월 만에 지내는 제사이며, '대상'은 25개월 만에 지내는 제사이다.

孔疏 ◎注“未練”至“祔焉”. ○正義曰: 禮: 祔在練前. 若祔後未練之前則得祔. 直云未練足矣, 兼言祥者, 按文二年穀梁傳云: “作主壞廟有時日, 於練焉壞廟, 壞廟之道, 易檐可也, 改塗可也.” 注云: “親過高祖, 則毀其廟, 以次而遷, 將納新神, 故示有所加.” 以此言之, 則練時壞祖與高祖之廟, 改塗易檐, 未有壞意. 其以先祖入於太祖之廟, 其祖傳入高祖廟, 其新死者入祖廟, 是練時遷廟也. 入三年喪畢, 祫於太祖廟, 是祥後祫也. 故云“未練祥, 嫌未祫祭序於昭穆爾”. 兼言祥者, 恐未祫故也, 故練·祥兼言. 但祖祔祭之後, 卽得祔新死之孫. 故云“王父旣附, 則孫可祔焉”. 然王父雖祔未練, 無廟, 孫得祔於祖, 其孫就王父所祔祖廟之中而祔祭王父焉.

번역 ◎鄭注: “未練”~“祔焉”. ○예법에 따르면 부제(祔祭)는 소상(小祥) 이전에 치른다. 만약 부제를 치른 이후 아직 소상을 치르기 이전이라면 부제를 치를 수 있다. 단지 “아직 소상을 치르지 않았다.”라고만 말해도 충분한데, ‘대상[祥]’까지도 함께 언급했다. 문공(文公) 2년에 대한 『곡량전』의 기록을 살펴보면, “새로운 신주를 만들고 체천된 옛 묘(廟)를 헐 때에는 정해진 때가 있으니, 소상 때 묘(廟)를 허무는데, 묘(廟)를 허무는 방법에 있어서는 처마를 바꾸는 것도 괜찮고, 복토를 해도 괜찮다.”[3]라고 했으며, 주에서는 “조상의 대수(代數)가 고조(高祖)를 넘게 되면, 그 묘(廟)를 허물게 되고, 서열에 따라 체천을 하며, 새로 만든 신주를 들이게 된다. 그렇기 때문에 새롭게 더한 점이 있음을 드러내는 것이다.”라고 했다. 이를 통해 말을 해본다면, 소상을 치를 때에는 조부와 고조의 묘(廟)를 허물게 되는데, 이때에는 복토를 하거나 처마를 바꾸며, 실제로 묘(廟) 전체를 허문다는 뜻은 없다. 선조의 신주가 태조의 묘(廟)로 들어가기 때문에, 조부의 신주는 소목의 서열에 따라 고조의 묘(廟)로 들어가고, 이제 막 죽은 자의 신주는 조부의 묘(廟)로 들어가게 된다. 이것이 소상 때 천묘(遷廟)[4]를 한다는 뜻

---

3) 『춘추곡량전』「문공(文公) 2년」: 丁丑, 作僖公主, 作, 爲也, 爲僖公主也, 立主, 喪主於虞, 吉主於練, 作僖公主, 譏其後也, <u>作主壞廟, 有時日於練焉, 壞廟, 壞廟之道, 易檐可也, 改塗可也</u>.
4) 천묘(遷廟)는 대수(代數)가 다한 신주(神主)를 모시는 묘(廟)를 뜻한다. 예를

이다. 삼년상을 끝내고 신주를 들이게 되면, 태조의 묘(廟)에서 협(祫)제사를 지내니, 이것이 대상을 치른 이후 협제사를 치른다는 뜻이다. 그렇기 때문에 "아직 소상과 대상을 치르지 않았다고 한 것은 아직 협제(祫祭)를 치러서 소목(昭穆)의 서열에 따라 신주를 모시지 못했다고 오해할 것을 염려했기 때문이다."라고 말한 것이다. 따라서 '대상[祥]'까지 함께 언급한 것은 협제사를 아직 치르지 못했다고 오해할 것을 염려했기 때문이다. 그러므로 소상과 대상을 함께 언급한 것이다. 다만 조부에 대해 부제를 치른 이후라면 곧 이제 막 죽은 자인 손자에 대해서 부제를 치를 수 있다. 그렇기 때문에 "조부에 대해 이미 부제(祔祭)를 치렀다면, 손자에 대해서도 부제를 치를 수 있다."라고 말한 것이다. 그러나 조부에 대해 비록 부제를 치르고 아직 소상을 치르지 않아서 해당하는 묘(廟)가 없더라도, 손자에 대해서는 조부에게 부제를 치를 수 있는데, 손자에 대해서는 조부가 부제를 치르게 된 조상의 묘(廟)에 함께 합사하고, 부제를 치르며 조부까지도 제사를 지낸다.

訓纂 金氏榜曰: 古者三年喪畢, 然後祭於廟. 此未練祥而祔於王父, 則於殯宮祔.

번역 금방5)이 말하길, 고대에는 삼년상이 끝난 뒤에야 묘(廟)에서 제사

들어 천자의 경우, 7개의 묘(廟)를 설치하는데, 가운데의 묘에는 시조(始祖) 혹은 태조(太祖)의 신주(神主)를 모시며, 이곳의 신주는 다른 곳으로 옮기지 않는 불천위(不遷位)에 해당한다. 그리고 좌우에는 각각 3개의 묘(廟)를 설치하여, 소목(昭穆)의 순서에 따라 6대(代)의 신주를 모신다. 현재의 천자가 죽게 되어, 그의 신주를 묘에 모실 때에는 소목의 순서에 따라 가장 끝 부분에 있는 묘로 신주가 들어가게 된다. 만약 소(昭) 계열의 가장 끝 묘에 새로운 신주가 들어서게 되면, 밀려나게 된 신주는 바로 위의 소 계열 묘로 들어가게 되고, 최종적으로 밀려나서 더 이상 갈 곳이 없는 신주는 '천묘'로 들어가게 된다. 또한 '천묘'는 위에서 서술한 것처럼 신구(新舊)의 신주가 옮겨지게 되는 의식 자체를 지칭하기도 하며, '천묘'된 신주 자체를 가리키기도 한다.
5) 금방(金榜, A.D.1735~A.D.1801): 청(淸)나라 때의 학자이다. 자(字)는 예중(蕊中)・보지(輔之)이다. 한림원수찬(翰林院修撰) 등을 지냈으며, 외조부(外祖父)가 죽자 복상(服喪)을 하고, 이후 두문불출하며 오로지 독서와 저술에만 전념하였다. 대진(戴震)과 동학(同學)했으며, 『예전(禮箋)』 등을 저술하였다.

를 지냈다. 이곳에서 아직 소상(小祥)과 대상(大祥)을 치르지 않았는데, 조부에게 부제(祔祭)를 치른다고 했다면, 빈소에서 부제를 치르는 것이다.

集解 愚謂: 喪旣卒哭而祔, 祔畢還祭於寢, 至練而後壞廟. 天子諸侯則於練後祫祭之時以次遷其廟, 大夫士雖無祫, 亦於練後將大祥時遷毀其廟, 至除喪乃奉新死者入廟而吉祭焉. 今祖未練而孫死, 則高祖之廟尚未遷, 未祥而孫死, 則高祖雖或已遷, 而祖尚未入廟, 皆疑於孫之無可祔, 嫌當如王父在而祔於高祖之禮, 故言"猶是祔於王父", 猶如字, 言猶祔於王父而不祔於高祖也. 祔於王父者, 王父練·祥祭於寢, 蓋於寢祭王父而祔其孫與.

번역 내가 생각하기에, 상사(喪事)에서는 졸곡(卒哭)을 치른 뒤 부제(祔祭)를 치르고, 부제를 끝낸 뒤에는 다시 침(寢)에서 제사를 지내며, 소상(小祥)을 치른 뒤에야 묘(廟)를 허물게 된다. 천자와 제후의 경우에는 소상을 치른 뒤 협제(祫祭)를 치를 때, 순차에 따라 그 묘(廟)를 체천시킨다. 대부와 사에게는 비록 협제라는 것이 없지만, 또한 소상을 치른 뒤 장차 대상(大祥)을 치르게 될 때, 묘(廟)를 체천시키고 허물게 되며, 제상(除喪)을 하게 되어 새로 죽은 자의 신주를 받들어 묘(廟)로 들인 뒤에 길제(吉祭)를 지낸다. 현재 조부에 대해서 아직 소상을 치르지 않았는데 손자가 죽었다면, 고조의 묘(廟)는 여전히 체천되지 않은 상태이고, 대상을 치르지 않았는데 손자가 죽게 되면, 고조에 대해서 비록 그 묘(廟)를 체천시켰다고 하더라도 조부의 신주는 여전히 묘(廟)로 들이지 않은 상태이니, 두 경우에는 모두 손자에게 있어서 부제를 치를 수 있는 대상이 없다는 의혹이 생겨, 마땅히 조부가 생존해 계실 때, 손자가 죽어서 고조의 묘(廟)에서 부제를 치르는 예법처럼 해야 한다는 오해를 할 수 있다. 그렇기 때문에 "여전히 조부에게 부제를 치른다."라고 한 것이니, '유(猶)'자는 글자대로 읽어서, 여전히 조부에게 부제를 치르며, 고조에게 부제를 치르지 않는다는 뜻이다. "조부에게 부제를 지낸다."라고 했는데, 조부에 대해서는 침(寢)에서 소상과 대상을 지내니, 아마도 침(寢)에서 조부에 대한 제사를 지내며, 그의 손자에 대해 부제를 지냈을 것이다.

• 제 5 절 •

부모의 빈소가 있는데 외상(外喪)을 당했을 때

【507d】

有殯聞外喪, 哭之他室. 入奠, 卒奠出, 改服卽位, 如始卽位
之禮.

직역 殯이 有한데 外喪이 聞하면, 他室에서 哭한다. 入하여 奠하고, 奠이 卒하면 出하여, 服을 改하고 位에 卽하니, 始히 位에 卽한 禮와 如한다.

의역 부모에 대한 빈소가 차려진 상태인데, 멀리 떨어져 살고 있는 형제의 상소식을 접하게 되면, 다른 실(室)로 가서 곡(哭)을 한다. 다음날 아침에는 부모에 대한 상복을 착용하고 빈소로 들어가서 전(奠)제사를 지내며, 전제사가 끝나면 밖으로 나와서, 형제에 대한 상복으로 갈아입은 뒤, 어제 형제를 위해 곡을 했던 장소로 나아가고, 처음 그 자리로 나아갔을 때의 예법처럼 시행한다.

集說 有殯, 謂父母喪未葬也. 外喪, 兄弟之喪在遠者也. 哭不於殯宮而於他室, 明非哭殯也. 入奠者, 哭之明日之朝, 著己本喪之服, 入奠殯宮, 奠畢而出, 乃脫己本喪服, 著新死者未成服之服, 而卽昨日他室所哭之位. 如始卽位之禮者, 謂今日之卽哭位, 如昨日始聞喪而卽位之禮也.

번역 "빈소가 있다."는 말은 부모의 상에 대해서 아직 장례를 치르지 못한 상황을 뜻한다. '외상(外喪)'[1]은 멀리 떨어져 있는 형제의 상을 뜻한다. 그들에 대한 곡(哭)은 빈소에서 할 수 없으므로 다른 실(室)에서 하니,

---

1) 외상(外喪)은 대문(大門) 밖에서 발생한 상(喪)을 뜻한다. 즉 자신과 같은 집에서 살고 있지 않은 친인척에 대한 상(喪)을 뜻한다.

빈소에서 부모를 위해 곡(哭)하는 것이 아님을 나타내기 위해서이다. '입전
(入奠)'은 형제를 위해 곡(哭)을 한 다음날 아침에 자신이 치르고 있는 본래
의 상에 대한 상복을 착용하고, 빈소에 들어가서 전제(奠祭)2)를 치르며,
전제사가 끝나면 밖으로 나오고, 곧 자신이 본래 착용하고 있던 상복을 벗
고, 이제 막 죽은 자에 대해 아직 성복(成服)3)을 하지 않았을 때의 복장을
착용하며, 어제 다른 실(室)에서 곡(哭)을 했던 자리로 나아간다는 뜻이다.
"처음 자리로 나아갔을 때의 예법처럼 한다."는 말은 오늘 곡(哭)하는 자리
로 나아갔을 때, 어제 처음 상에 대한 소식을 접하고 자리로 나아가서 곡
(哭)을 했던 예법처럼 한다는 뜻이다.

鄭注 明所哭者異也, 哭之爲位. 謂後日之哭朝, 入奠於其殯. 旣乃更卽位,
就他室, 如始哭之時.

번역 곡(哭)하는 장소가 다르다는 사실을 나타내니, 상대에게 곡(哭)을
하기 위해 자리를 마련하는 것이다. 다음날 부모에 대해 곡(哭)을 해야 하
는 아침에는 부모의 빈소로 들어가서 전(奠)제사를 지낸다는 뜻이다. 그
일이 끝나면 다시 다른 자리로 나아가니, 형제를 위해 곡을 했던 다른 실
(室)로 나아가서, 처음 그에 대해 곡을 했을 때처럼 한다.

孔疏 ●"有殯"至"之禮". ○正義曰: 有殯謂父母喪未葬, 喪柩在殯宮者也.
外喪謂兄弟喪在遠者也. 他室, 別室也. 若聞外喪, 猶哭於殯宮, 然則嫌是哭
殯, 則於別室哭之, 明所哭者爲新喪也.

번역 ●經文: "有殯"~"之禮". ○"빈소가 있다."는 말은 부모의 상에서

---

2) 전제(奠祭)는 죽은 자 및 귀신들에게 음식을 헌상하는 제사이다. 상례(喪禮)
를 치를 때, 빈소를 차리고 나면, 매일 아침과 저녁에 음식을 바치며 제사를
지내게 되는데, '전제'는 주로 이러한 제사를 뜻한다.
3) 성복(成服)은 상례(喪禮)에서 대렴(大斂) 이후, 죽은 자와의 관계에 따라, 각
각 규정에 맞는 상복(喪服)을 갖춰 입는다는 뜻이다.

아직 장례를 치르지 않아서, 영구가 빈소에 있는 상황을 뜻한다. '외상(外喪)'은 멀리 떨어져 있는 형제의 상을 뜻한다. '타실(他室)'은 별실(別室)을 뜻한다. 만약 외상에 대한 소식을 듣게 되었는데, 여전히 부모의 빈소에서 곡(哭)을 하는 상황이다. 그렇다면 부모의 빈소에서 때에 맞지 않는 곡을 한다고 오해를 사게 될까 염려되므로, 별실에서 곡을 하여 곡을 하는 것이 새롭게 죽은 자를 위해 하는 것임을 밝히는 것이다.

孔疏 ●"入奠"者, 謂明日之朝, 著己重喪之服入奠殯宮及下室.

번역 ●經文: "入奠". ○다음날 아침 자신에게 발생한 중대한 상의 상복을 착용하고, 빈소 및 하실(下室)[4]에 전(奠)제사를 지낸다는 뜻이다.

孔疏 ●"卒奠出"者, 謂卒終己奠而出.

번역 ●經文: "卒奠出". ○본인이 치러야 하는 전(奠)제사를 끝내고 밖으로 나온다는 뜻이다.

孔疏 ●"改服卽位"者, 謂改己重喪服, 著新死未成服之服. 卽位謂卽昨日他室之位.

번역 ●經文: "改服卽位". ○자신에게 발생한 중대한 상의 상복을 바꿔서, 이제 막 죽은 자에 대해 아직 성복(成服)을 하지 않았을 때의 복장을 착용한다는 뜻이다. '즉위(卽位)'는 어제 형제를 위해 곡(哭)을 했던 다른 실(室)의 자리로 나아간다는 뜻이다.

孔疏 ●"如始卽位之禮"者, 謂今日卽哭位之時, 如昨日始聞喪卽位之時.

---

4) 하실(下室)은 건물에 대한 명칭으로, 내실(內室) 또는 내당(內堂)을 뜻한다. 『의례』「기석례(旣夕禮)」편에는 "朔月, 若薦新, 則不饋于下室."이라는 기록이 있고, 이에 대한 정현의 주에서는 "下室, 如今之內堂."이라고 풀이했다.

번역 ●經文: "如始卽位之禮". ○오늘 곡(哭)을 하는 자리로 나아갔을 때, 어제 처음 상에 대한 소식을 접하고 곡(哭)을 하는 자리로 나아갔을 때처럼 한다는 뜻이다.

訓纂 王瓚曰: 哭他室者, 爲外兄弟. 明當先哭乃行耳. 異國則不往也.

번역 왕찬이 말하길, "다른 실(室)에서 곡(哭)을 한다."는 말은 외형제5)를 위해서 한다는 뜻이다. 이것은 마땅히 먼저 자신에게 발생한 상에 대해서 곡(哭)을 한 뒤에 외형제에 대한 곡을 시행한다는 사실을 나타낼 따름이다. 다른 나라에 거주하는 경우라면 직접 찾아가지 않는다.

訓纂 江氏永曰: 外喪在遠得聞, 己在成服之後, 而猶服未成服之服者, 謂如奔喪禮"免経卽位", "三日五哭", 而後成服也.

번역 강영6)이 말하길, 멀리 떨어져 사는 친족의 외상(外喪)을 듣게 되었는데, 본인은 이미 자신의 상에서 성복(成服)을 한 이후이다. 그런데도 친족을 위해 아직 성복(成服)을 하지 않았을 때의 복장을 착용하는 것은 『예기』「분상(奔喪)」편의 예법에서 "면(免)7)과 질(経)을 착용하고 자리로 나아간다."라고 말하고, "3일 동안 5차례 곡(哭)을 한다."라고 말한 것8)처럼 한 뒤에야 성복을 한다는 뜻이다.

---

5) 외형제(外兄弟)는 성(姓)이 다르지만 서로를 위해 상복(喪服)을 착용해야 하는 자를 뜻한다. 또 멀리 떨어져 살고 있는 형제를 뜻하기도 하고, 부친은 다르지만 모친이 같은 형제를 뜻하기도 한다.

6) 강영(江永, A.D.1681~A.D.1762): 청(淸)나라 때의 경학자이다. 자(字)는 신수(愼修)이다. 『십삼경주소(十三經注疏)』에 대한 연구를 했으며, 특히 삼례(三禮)에 대해 해박했다.

7) 면(免)은 면포(免布)나 면복(免服)과 같은 뜻이다.

8) 『예기』「분상(奔喪)」【655d】: 凡爲位, 非親喪, 齊衰以下皆卽位, 哭盡哀, 而東免経, 卽位, 袒成踊, 襲, 拜賓, 反位, 哭, 成踊, 送賓, 反位. 相者告就次. 三日五哭, 卒. 主人出送賓, 衆主人兄弟皆出門哭止, 相者告事畢, 成服, 拜賓. 若所爲位家遠, 則成服而往.

集解 愚謂: 外喪, 謂兄弟不同國者之喪也. 他室, 側室也. 哭同姓有服之喪, 宜於阼階下西面, 今乃哭於別室者, 殯宮朝夕哭之位在阼階下, 若哭外喪於此, 則有哭殯之嫌也. "入奠, 卒奠出"以下, 謂聞喪之明日又哭之禮也. 凡哭者, 三日而畢. 檀弓曰, "有殯, 聞遠兄弟之喪, 哭於側室, 無側室, 哭於門內之右. 同國則往哭之."

번역 내가 생각하기에, '외상(外喪)'은 형제 중 같은 나라에 살고 있지 않은 자의 상을 뜻한다. '타실(他室)'은 측실(側室)9)을 뜻한다. 동성(同姓)의 친족 중 상복을 착용해야 하는 자의 상에 대해 곡(哭)을 하게 되면, 마땅히 동쪽 계단 아래에서 서쪽을 바라보면서 해야 한다. 그런데 현재는 별실(別室)에서 곡을 한다고 했으니, 빈소에서 아침저녁으로 곡을 하는 자리가 동쪽 계단 아래에 마련되어 있으므로, 만약 이곳에서 외상에 대해 곡을 한다면, 빈소에서 곡을 한다는 혐의를 받게 된다. "들어가서 전(奠)제사를 지내고 전제사를 끝내고 밖으로 나온다."는 말로부터 그 이하의 내용은 상에 대한 소식을 들은 다음날에 재차 곡을 하는 예법을 뜻한다. 무릇 곡을 할 때에는 3일 동안 시행하고 마친다. 『예기』「단궁(檀弓)」편에서는 "집에 빈소가 차려져 있을 때, 멀리 떨어져 살고 있는 형제에 대한 상 소식을 접하게 된다면, 측실에서 곡을 한다. 만약 측실이 없는 경우라면, 대문 안에서도 오른쪽에서 곡을 한다. 그리고 죽은 자가 같은 나라에서 살고 있는 경우라면, 그의 집에 찾아가서 곡을 한다."라고 했다.10)

---

9) 측실(側室)은 연침(燕寢)의 측면에 붙어 있는 실(室)이다.
10) 『예기』「단궁하(檀弓下)」【110b】: 有殯, 聞遠兄弟之喪, 哭于側室; 無側室, 哭于門內之右. 同國則往哭之.

■ 그림 5-1 ◼ 면(免)과 괄발(括髮)

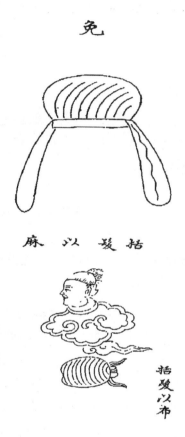

※ 출처: 『삼례도(三禮圖)』 3권

• 제 6 절 •

군주의 제사를 돕는데 부모가 돌아가셨을 때

【508a】

大夫士將與祭於公, 旣視濯而父母死, 則猶是與祭也. 次於異宮, 旣祭, 釋服出公門外, 哭而歸, 其他如奔喪之禮. 如未視濯, 則使人告, 告者反而后哭.

직역 大夫와 士가 將히 公에게 祭함에 與한데, 旣히 濯을 視이나 父母가 死하면, 是와 猶하여 祭에 與한다. 異宮에 次하고, 旣히 祭하면, 服을 釋하고 公門의 外로 出하여, 哭하고 歸하며, 그 他는 奔喪의 禮와 如한다. 如히 濯을 未視라면, 人을 使하여 告하고, 告者가 反한 后에 哭한다.

의역 대부와 사가 군주의 제사에 참여하게 되어, 제사에 사용되는 기물들의 세척상태를 감독하고 살펴보았는데, 부모가 돌아가셨다면, 그대로 남아서 군주의 제사에 참여한다. 그러나 이러한 경우에는 다른 장소에 머물게 되고, 제사가 끝나면 그 복장을 벗고서 공문(公門)[1] 밖으로 나가고, 그곳에서 곡(哭)을 한 뒤 자신의 집으로 되돌아가는데, 다른 사안들은 부모에 대해 분상(奔喪)[2]을 할 때의 예법처럼 한다. 만약 아직 기물들의 세척상태를 감독하지 않은 상황이라면, 다른 사람을 시켜서 자신의 부모가 돌아가신 사정을 아뢰게 하고, 아뢰러 갔던 자가 되돌아온 이후에 자신의 부모에 대해서 곡을 한다.

---

1) 공문(公門)은 군주가 사는 궁(宮)의 대문(大門)을 뜻한다. '공(公)'자는 군주를 뜻하는 글자이다.
2) 분상(奔喪)은 타지에 있다가 상(喪)에 대한 소식을 듣고, 급히 되돌아오는 예법(禮法)을 말한다. 『예기』「분상(奔喪)」편에 대해, 공영달(孔穎達)은 "案鄭目錄云, 名曰奔喪者, 以其居他國, 聞喪奔歸之禮."라고 풀이했다.

集說 視濯, 監視器用之滌濯也. 猶是與祭者, 猶是在吉禮之中, 不得不與祭, 但居次於異宮耳, 以吉凶不可同處也. 如未視濯而父母死, 則使人告於君, 俟告者反而後哭父母也.

번역 ‘시탁(視濯)’은 제사에 사용되는 기물들의 세척상태를 확인하고 감독한다는 뜻이다. ‘유시여제(猶是與祭)’라는 말은 길제(吉祭)를 치르는 도중과 같다는 뜻으로, 제사에 참여하지 않을 수 없지만, 다른 장소에 머물 따름이니, 길례와 흉례에서는 거처하는 곳을 동일하게 할 수 없기 때문이다. 만약 아직 세척상태를 확인하지 않았는데 부모가 돌아가신 경우라면, 다른 사람을 시켜 그 사실을 군주에게 아뢰고, 아뢰러 갔던 자가 되돌아오기를 기다린 이후 부모에 대해 곡(哭)을 한다.

大全 山陰陸氏曰: 禮, 大夫死, 雖當祭, 猶告. 春秋傳曰, 大夫國體也, 古之人重死, 君命無所不通. 鄭氏謂宿則與祭, 出門乃解祭服, 皆爲差緩也. 然則歸而後哭, 亦以此.

번역 산음육씨가 말하길, 예법에 따르면 대부가 죽었을 때, 그 시기가 비록 군주가 제사를 지내야 할 때라도, 여전히 대부가 죽은 사실을 아뢰게 된다. 『춘추전』에서는 “대부는 나라의 몸체이고, 고대인은 죽음을 중시 여겼기 때문으로, 군주의 명령이 통하지 않은 곳이 없다.”[3]고 했다. 정현은 숙소에 머물게 된다면 제사에 참여하고, 문밖으로 나서게 되면 제복을 벗으니, 이 모두는 차등적으로 늦추기 때문이라고 했다. 그러므로 되돌아간 이후에 곡(哭)을 하는 것 또한 바로 이러한 이유 때문일 것이다.

鄭注 猶, 亦當爲由. 次於異宮, 不可以吉與凶同處也. 使者反而后哭, 不敢專己於君命也.

---

3) 『춘추곡량전』「소공(昭公) 15년」: 二月, 癸酉, 有事于武宮, 籥入, 叔弓卒, 去樂卒事, 君在祭樂之中, 聞大夫之喪, 則去樂卒事, 禮也. 君在祭樂之中, 大夫有變, 以聞, 可乎, <u>大夫國體也, 古之人重死, 君命無所不通</u>.

번역 '유(猶)'자 또한 마땅히 '유(由)'자가 된다. 다른 숙소에 머물게 되는 것은 길례와 흉례를 같은 장소에서 치를 수 없기 때문이다. 심부름을 보낸 자가 되돌아온 이후에 곡(哭)을 하는 것은 군주가 명령한 일에 대해서 자기 마음대로 할 수 없기 때문이다.

釋文 與音預, 下同. 濯, 大角反. 它音他. 處, 昌慮反, 下"之處"同. 使, 色吏反.

번역 '與'자의 음은 '預(예)'이며, 아래문장에 나오는 글자도 그 음이 이와 같다. '濯'자는 '大(대)'자와 '角(각)'자의 반절음이다. '它'자의 음은 '他(타)'이다. '處'자는 '昌(창)'자와 '慮(려)'자의 반절음이며, 아래에 나오는 '之處'에서의 '處'자도 그 음이 이와 같다. '使'자는 '色(색)'자와 '吏(리)'자의 반절음이다.

孔疏 ●"大夫"至"異宮". ○正義曰: 此一節明大夫・士與祭於公, 而有私喪之禮.

번역 ●經文: "大夫"~"異宮". ○이곳 경문은 대부와 사가 군주의 제사에 참여하게 되었는데, 개인적인 상례가 발생했을 경우를 나타내고 있다.

孔疏 ●"則猶是與祭也"者, 旣與祭於公祭日前・旣視濯之後而遭父母之喪, 則猶是吉禮, 而與於祭也.

번역 ●經文: "則猶是與祭也". ○이미 군주의 제사를 위해서 제사 전날 참여를 하였고, 이미 제사에 사용되는 기물들의 세척상태를 확인한 이후인데, 부모의 상을 당하게 되었다면, 길례에 따라서 제사에 참여한다.

孔疏 ●"次於異宮"者, 其時止次異宮, 不可以吉與凶同處也.

번역 ●經文: "次於異宮". ○이러한 시기에는 단지 다른 숙소에 머물게 되는데, 길례와 흉례를 같은 장소에서 치를 수 없기 때문이다.

孔疏 ●"如未視濯, 則使人告"者, 謂未視濯之前遭父母之喪, 則使人告君.

번역 ●經文: "如未視濯, 則使人告". ○아직 제사에 사용되는 기물들의 세척상태를 확인하기 이전인데, 부모의 상을 당하게 되었다면, 다른 사람을 시켜 군주에게 그 사실을 아뢴다는 뜻이다.

孔疏 ●"告者反而后哭"者, 必待告君者反, 而后哭父母也.

번역 ●經文: "告者反而后哭". ○군주에게 아뢰러 갔던 자가 되돌아오기를 반드시 기다린 뒤에야 부모에 대해서 곡(哭)을 한다.

訓纂 胡邦衡曰: 猶是, 言自若也.

번역 호방형4)이 말하길, '유시(猶是)'는 "침착하다[自若]."는 뜻이다.

集解 愚謂: 旣視濯, 謂祭之前夕, 旣視滌濯祭器及甑‧甗之屬也. 猶亦當如字. 祭事始於視濯, 旣視濯, 則不可以中輟, 故雖父母死而猶與祭也. 然臣將與君祭而父母疾病將死, 則固當以情告於君而使人攝之矣. 今乃猶與於視濯者, 蓋謂猝然遇疾, 若魯叔弓涖事而卒者也.

번역 내가 생각하기에, "이미 세척상태를 살펴보았다."는 말은 제사 전날 저녁에 제기들 및 증(甑)‧언(甗) 등의 세척상태를 확인하는 일이 끝났다는 뜻이다. '유(猶)'자 또한 마땅히 글자대로 해석한다. 제사는 제기들의 세척상태를 확인하는 일에서부터 시작하니, 세척상태 확인하는 일이 끝났다면, 중도에 그만둘 수 없다. 그렇기 때문에 비록 부모가 돌아가셨더라도 여전히 군주의 제사에 참여한다. 그러나 신하가 장차 군주의 제사에 참여하려고 하는데, 부모에게 질병이 있어 돌아가실 것 같다면, 마땅히 정감에

---

4) 호전(胡銓, A.D.1102~A.D.1180)：=여릉호씨(廬陵胡氏)‧호방형(胡邦衡). 남송(南宋) 때의 정치가이자 문학가이다. 자(字)는 방형(邦衡)이고, 호(號)는 담암(澹庵)이다. 충신으로 명성이 높았다.

근거하여 군주에게 그 사실을 아뢰고, 다른 사람을 시켜서 그 일을 대신하
도록 해야 한다. 그런데 현재 여전히 세척상태를 확인하는 일에 참여한 것
은 아마도 갑작스럽게 상태가 악화되어 돌아가신 경우이니, 마치 노(魯)나
라 숙궁이 제사에 참여했다가 갑작스럽게 죽은 경우와 같다.5)

　그림 6-1　▣ 언(甗)과 증(甑)

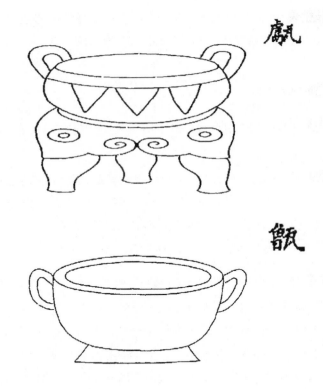

※ 출처: 『삼례도(三禮圖)』 4권

---

5) 『춘추좌씨전』「소공(昭公) 15년」: 二月癸酉, 禘. 叔弓涖事, 籥入而卒. 去樂,
卒事, 禮也.

• 제 7 절 •

군주의 제사를 돕는데 친족이 죽었을 때

【508b】

> 如諸父昆弟姑姉妹之喪, 則旣宿則與祭, 卒事出公門, 釋服而
> 后歸. 其他如奔喪之禮. 如同宮, 則次于異宮.

직역 如히 諸父昆弟姑姉妹의 喪이라면, 旣히 宿이라면 祭에 與하고, 事를 卒하
고 公門을 出하면, 服을 釋한 后에 歸한다. 그 他는 奔喪의 禮와 如한다. 如히 同宮
이라면, 異宮에 次한다.

의역 만약 백부나 숙부 및 형제와 고모, 자매 등의 상이 발생했는데, 그 시기가
이미 숙계(宿戒)를 한 상황이라면, 군주의 제사에 참여하며, 제사가 끝난 뒤 공문
(公門) 밖으로 나와서, 제복을 벗은 후 되돌아간다. 다른 사안은 분상(奔喪)의 예법
처럼 따른다. 만약 죽은 자가 자신과 같은 집에 살고 있는 자라면, 다른 숙소에
머물게 된다.

集說 旣宿謂祭前三日. 將致祭之時, 旣受宿戒, 必與公家之祭, 以期以下
之喪服輕故也. 如同宮則次於異宮者, 謂此死者是己同宮之人, 則旣宿之後,
出次異宮, 亦以吉凶不可同處也.

번역 '기숙(旣宿)'은 제사 3일전을 뜻한다. 장차 제사를 치르려고 할 때
이미 숙계(宿戒)[1]를 받았다면, 반드시 군주의 제사에 참여하니, 기년복(期

---

1) 숙계(宿戒)는 제사에 참여하기 전 재계를 하는 것을 뜻한다. 고대에는 제사
를 시행할 때, 1차적으로 10일 전에 재계를 하고, 2차적으로 3일 전에 재계를
하는데, 2차적으로 실시하는 재계를 '숙계'라고 부른다.

年服)으로부터 그 이하의 상복은 수위가 낮기 때문이다. "만약 같은 집에 살고 있는 자의 상이 발생했다면, 다른 숙소에 머문다."고 했는데, 이때 죽은 자가 자신과 같은 집에 살고 있는 사람이라면, 이미 숙계를 한 뒤라도 밖으로 나와서 다른 숙소에 머물게 된다는 뜻이니, 이 또한 길례와 흉례를 같은 장소에서 치를 수 없기 때문이다.

集說 鄭氏曰: 古者昆弟異居同財, 有東宮, 有西宮, 有南宮, 有北宮.

번역 정현이 말하길, 고대에 형제들은 다른 건물에 살며 재산을 함께 공유하였으니, 집에는 동궁(東宮)이 있었고, 서궁(西宮)이 있었으며, 남궁(南宮)이 있었고, 북궁(北宮)이 있었다.

鄭注 宿則與祭, 出門乃解祭服, 皆爲差緩也.

번역 숙계(宿戒)를 했다면 제사에 참여하고, 문밖으로 나온 뒤에 제복을 벗으니, 이 모두는 차등적으로 늦추기 때문이다.

釋文 差, 初賣反, 又初佳反.

번역 '差'자는 '初(초)'자와 '賣(매)'자의 반절음이며, 또한 '初(초)'자와 '佳(추)'자의 반절음도 된다.

孔疏 ●"旣宿則與祭"者, 宿謂祭前三日, 將致齊之時. 旣受宿戒, 雖有期喪, 則與公家之祭.

번역 ●經文: "旣宿則與祭". ○'숙(宿)'은 제사를 지내기 3일전에, 치제(致齊)2)를 치르려고 하는 때를 뜻한다. 이미 숙계(宿戒)를 받은 상태라면,

2) 치제(致齊)는 치재(致齋)라고도 부른다. '치제'는 제사를 지내기 이전 3일 동안 몸과 마음을 정숙하게 재계하는 의식이다. '치제' 이전에는 '산제(散齊)'를

비록 기년상(期年喪)이 발생하더라도, 군주의 제사에 참여한다.

孔疏 ●"如同宮, 則次於異宮"者, 若諸父·昆弟·姑·姉妹等, 先是同宮而死, 則旣宿之後, 出次異宮, 不可以吉凶雜處故也.

번역 ●經文: "如同宮, 則次於異宮". ○만약 백부나 숙부 및 형제, 고모, 자매 등에 있어서 그들이 자신과 같은 집에 살고 있는데 죽은 경우라면, 이미 숙계(宿戒)를 한 이후라 하더라도, 밖으로 나가서 다른 숙소에 머무니, 길례와 흉례를 같은 장소에서 치를 수 없기 때문이다.

孔疏 ◎注"宿則"至"緩也". ○正義曰: 按前遭父母之喪, 旣視濯而與祭, 此遭期喪, 宿則與祭. 又前遭父母之喪, 旣祭, 釋祭服乃出公門, 此者期喪, 出門乃解祭服, 以其期喪緩於父母, 故云"皆爲差緩".

번역 ◎鄭注: "宿則"~"緩也". ○살펴보면, 앞에서는 부모의 상을 당했을 경우, 이미 제기들의 세척상태를 살핀 뒤라면 제사에 참여한다고 했고, 이곳에서 기년상(期年喪)을 당했을 경우, 이미 숙계(宿戒)를 했다면 제사에 참여한다고 했다. 또 앞에서는 부모의 상을 당했을 경우, 제사를 끝내고, 제복을 벗은 뒤에 공문을 빠져나간다고 했는데, 이곳에서는 기년상을 당했을 경우, 문밖으로 나간 뒤에 제복을 벗는다고 했다. 이것은 기년상은 부모에 대한 상보다도 느리게 대처하는 것이다. 그렇기 때문에 "이 모두는 차등적으로 늦추기 때문이다."라고 말한 것이다.

하여 7일 동안 정숙하게 한다. '치제'는 그 이후 3일 동안 몸과 마음을 더욱 정숙하게 재계하여, 신과 소통할 수 있도록 준비하는 것이다. 『예기』「제통(祭統)」편에는 "故散齊七日以定之, 致齊三日以齊之. 定之之謂齊, 齊者精明之至也, 然後可以交于神明也."라는 기록이 있다.

• 제 8 절 •

시동이 되었는데 상이 발생했을 때

【508b~c】

> 曾子問曰, "卿大夫將爲尸於公, 受宿矣, 而有齊衰內喪, 則如之何?" 孔子曰, "出舍乎公宮以待事, 禮也." 孔子曰, "尸弁冕而出, 卿大夫士皆下之. 尸必式, 必有前驅."

직역 曾子가 問하여 曰, "卿·大夫가 將히 公에게 尸가 爲하여, 受宿한데, 齊衰인 內喪이 有하면, 어찌합니까?" 孔子가 曰, "出하여 公宮에 舍하여 事를 待함이 禮이다." 孔子가 曰, "尸가 弁冕하고 出하면, 卿·大夫·士가 皆히 下한다. 尸는 必히 式하며, 必히 前驅가 有한다."

의역 증자가 "경과 대부가 장차 제후가 지내는 제사에서 시동의 임무를 맡게 되어, 군주의 명령을 받아 집안에 머물며 재계를 하고 있는데, 갑작스럽게 자최복(齊衰服)을 입어야 하는 내상(內喪)이 발생하게 된다면, 어떻게 해야 합니까?"라고 물었다. 그러자 공자는 "집을 나와서 공관(公館)에 머물며, 군주의 제사가 다 끝나기를 기다렸다가 그 이후에 집으로 돌아가서 상을 치르는 것이 올바른 예법이다."라고 대답했다. 공자는 증자에게 계속하여 알려주기를, "시동으로 선택된 자가 변관(弁冠)이나 면관(冕冠) 같은 예모(禮帽)를 쓰고 길을 나서게 되었는데, 경·대부·사가 만약 시동을 보게 된다면, 모두 수레에서 내려서 예의를 표한다. 시동은 자신의 수레에 있는 가로대를 잡고서 답례를 표한다.[1] 그리고 이처럼 시동이 된

---

1) 이 문장에서 '식(式)'자은 수레에 있는 가로대를 가리키며, 시동은 이 가로대를 잡고서 머리를 숙여 답례를 한다는 뜻이다. 이것과 관련된 문장으로 『예기』「곡례하(曲禮上)」【35a】에 "爲君尸者, 大夫士見之, 則下之, 君知所以爲尸者, 則自下之. <u>尸必式</u>, 乘必以几. 齊者不樂不弔."라는 기록에 있다.

자가 길을 나설 때에는 반드시 시동의 수레 앞에서 행인(行人)들이 길을 피해주도
록 알리는 사람이 따라가게 된다."라고 했다.

集說 說見曾子問篇.

번역 설명은 『예기』「증자문(曾子問)」편에 보인다.2)

鄭注 尸重受宿, 則不得哭. 內喪, 同宮也. 冕兼言弁者, 君之尸, 或服士大
夫之服也. 諸臣見尸而下車, 敬也. 尸式以禮.

번역 시동은 중대한 역할이고 군주의 명령을 받아서 집에 머물며 재계
를 했다면, 자신에게 발생한 상에 대해서 곡(哭)을 할 수 없다. '내상(內喪)'
은 같은 집에 머물고 있는 자가 죽었다는 뜻이다. 면류관[冕]에 대해 '변

---

2) 『예기』「증자문(曾子問)」【245a】에는 "曾子問曰: 卿大夫將爲尸於公, 受宿矣,
而有齊衰內喪, 則如之何. 孔子曰: 出舍於公館, 以待事, 禮也."라는 기록이 있
고, 이에 대한 진호(陳澔)의 『집설(集說)』에서는 "受宿, 受君命而宿齊戒也.
齊衰內喪, 大門內齊衰服之喪也. 待事, 待祭事畢, 然後歸哭也."라고 풀이했다.
즉 "'수숙(受宿)'은 군주의 명령을 받아서, 집에 머물며 재계를 한다는 뜻이
다. '자최내상(齊衰內喪)'은 집안에서 치르는 상(喪) 중에도 자최복(齊衰服)
을 입는 상을 뜻한다. '대사(待事)'는 제사가 다 끝나기를 기다렸다가, 그런
연후에 집에 돌아가서 곡(哭)을 한다는 뜻이다."라는 뜻이다. 또 『예기』「증
자문」【245b】에는 "孔子曰: 尸弁冕而出, 卿大夫士皆下之, 尸必式. 必有前
驅."라는 기록이 있고, 이에 대한 진호의 『집설』에서는 "尸服死者之上服. 今
爲君尸而弁冕者, 弁, 士之爵弁也, 以君之先世或有爲大夫士者, 故尸亦當弁或
冕也. 出而卿大夫士遇之則下車, 尸式以答之. 必有前驅者, 尸出則先驅, 辟開行
人也."라고 했다. 즉 "시동은 죽은 자가 생전에 착용했던 제복(祭服) 중에서
도 상등의 복장을 착용한다. 지금 이 문장에서는 군주의 시동이 된 자가 변
면(弁冕)을 착용한다고 하였는데, '변(弁)'은 사(士)가 착용하는 작변(爵弁)이
므로, 군주의 선대에 혹여 대부(大夫)나 사의 신분이었던 자가 있었기 때문
이다. 그래서 시동 또한 마땅히 변이나 면을 착용하는 것이다. 시동이 길을
나서게 되었는데, 경(卿)·대부·사가 그와 마주치게 된다면 수레에서 내리
며, 시동은 식(式)을 잡고서 답례를 한다. '필유전구(必有前驅)'라는 말은 시
동이 길을 나서게 되면, 수행하는 자가 시동보다 앞서서 말을 몰며, 행인(行
人)들을 피하게 하여, 길을 터주게 된다는 뜻이다."라는 뜻이다.

(弁)'까지도 함께 말한 것은 군주의 시동이 된 자는 간혹 사나 대부의 복장을 착용하는 경우도 있기 때문이다. 여러 신하들이 시동을 보고서 자신의 수레에서 내리는 것은 시동에게 공경의 뜻을 표하기 때문이다. 시동은 식(式)을 잡고서 예의를 표한다.

孔疏 ◎注"內喪, 同宮也3)". ○正義曰: 按上文不爲尸之時, 未視濯之前·受宿之後父母喪, 使人告, 告者反而后哭. 今此齊衰內喪, 亦謂諸父·昆弟·姑·姊妹也. 與前與後祭同, 但尸尊, 故出舍公之公館, 以待君之祭事, 不在己之異宮耳.

번역 ◎鄭注: "內喪, 同宮也". ○앞의 문장을 살펴보면, 시동이 되지 않았을 때 아직 제기의 세척상태를 점검하지 않았거나 군주의 명령을 받아 집에 머물며 재계를 한 이후에 부모의 상을 당했을 때에는 사람을 시켜서 그 사실을 아뢰고, 아뢰러 갔던 자가 되돌아온 이후에 곡(哭)을 한다고 했다. 현재 이곳 문장에서는 자최복(齊衰服)을 입게 되는 내상(內喪)이라고 했으니, 이 또한 백부나 숙부, 형제, 고모, 자매 등에 대한 상을 뜻한다. 이전에 발생했거나 이후에 발생하더라도 제사는 동일하게 치르지만, 시동은 존귀하기 때문에 집밖으로 나와서 군주의 공관(公館)에 머물며, 군주의 제사가 끝날 때까지 기다리니, 자신의 집에 마련한 별도의 숙소에 머물지 않을 따름이다.

---

3) '야(也)'자에 대하여. '야'자는 본래 없던 글자인데, 완원(阮元)의 『교감기(校勘記)』에서는 "혜동(惠棟)의 『교송본(校宋本)』에는 '야'자가 기록되어 있으니, 이곳 판본에는 '야'자가 누락된 것이며, 『민본(閩本)』·『감본(監本)』·『모본(毛本)』에도 동일하게 누락되어 있다."라고 했다.

그림 8-1 ◼ 면관[冕]과 변관[弁]

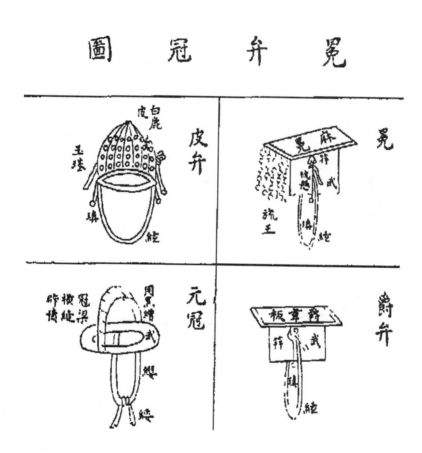

※ 출처: 『향당도고(鄕黨圖考)』1권

그림 8-2 ◙ 수레의 식(式)

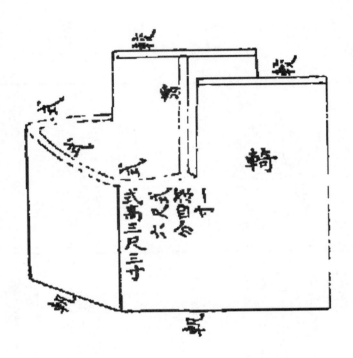

※ 출처: 『향당도고(鄕黨圖考)』1권

그림 8-3 ◾ 증자(曾子)

※ **출처:**『삼재도회(三才圖會)』「인물(人物)」 4권

• 제 9 절 •

부모의 연상(練祥)을 지내려고 하는데 형제가 죽었을 때

【508c】

父母之喪, 將祭而昆弟死, 旣殯而祭. 如同宮, 則雖臣妾葬而
后祭.

직역 父母의 喪에, 將히 祭이나 昆弟가 死하면, 旣히 殯하고 祭한다. 如히 同宮
이라면, 雖히 臣妾이라도 葬한 后에 祭한다.

의역 부모의 상을 치르며 소상(小祥)이나 대상(大祥)의 제사를 지내려고 하는
데, 다른 집에 사는 형제가 죽었다면, 그에 대해 빈소를 마련한 뒤에 제사를 지낸다.
만약 같은 집에 살고 있는 자라면, 비록 신첩처럼 미천한 자일지라도 그에 대한
장례를 마친 뒤에 제사를 지낸다.

集說 將祭, 將行小祥或大祥之祭也. 適有兄弟之喪, 則待殯訖乃祭. 然此
死者乃是異宮之兄弟耳, 若是同宮, 則雖臣妾之卑賤, 亦必待葬後乃祭, 以吉
凶不可相干也. 故喪服傳云, "有死於宮中者, 則爲之三月不擧祭."

번역 '장제(將祭)'는 장차 소상(小祥)이나 대상(大祥)의 제사를 지내려
고 한다는 뜻이다. 때마침 형제의 상이 발생한다면, 빈소를 마련하는 일이
끝나기를 기다린 뒤에 제사를 지낸다. 그러나 여기에서 죽었다고 말하는
자는 다른 집에 거주하는 형제일 따름이니, 만약 같은 집에 살고 있는 자라
면, 비록 신첩(臣妾)처럼 미천한 자일지라도 또한 반드시 장례를 끝낼 때까
지 기다린 뒤에 제사를 지내니, 길례와 흉례는 서로 간여할 수 없기 때문이
다.[1] 그렇기 때문에 『의례』「상복(喪服)」편의 전문(傳文)에서는 "집안에 죽

은 자가 발생한 경우라면 그를 위해 3개월 동안 제사를 시행하지 않는다."2)
라고 말한 것이다.

大全 淸江劉氏曰: 按喪不宜有異居, 然則昆當作兄, 兄弟或不同居矣. 喪服曰, 小功以下爲兄弟.

번역 청강유씨3)가 말하길, 내가 생각하기에 상을 치르는 중에 다른 곳에 거주하는 곤제(昆弟)를 위해 상을 치르는 일은 마땅히 있을 수 없다. 따라서 '곤(昆)'자는 마땅히 '형(兄)'자로 기록해야 하니, 형제 중 간혹 같은 집에 살고 있지 않은 자에 해당한다. 『의례』「상복(喪服)」편에서는 "소공복(小功服)으로부터 그 이하의 상복을 착용하는 관계는 형제(兄弟)가 된다."4)
라고 했다.

鄭注 將祭, 謂練·祥也. 言若同宮, 則是昆弟異宮也. 古者昆弟異居同財, 有東宮, 有西宮, 有南宮, 有北宮. 有父母之喪, 當在殯宮, 而在異宮者, 疾病或歸者.

번역 '장제(將祭)'는 소상(小祥)이나 대상(大祥)을 치르는 경우를 뜻한다. 같은 집에 살고 있는 자가 죽은 경우를 언급했으니, 여기에서 말한 '곤제(昆弟)'는 다른 곳에 거주하는 자에 해당한다. 고대의 곤제들은 다른 곳

---

1) 『예기』「상복사제(喪服四制)」【720c】: 凡禮之大體, 體天地, 法四時, 則陰陽, 順人情, 故謂之禮. 訾之者, 是不知禮之所由生也. 夫禮吉凶異道, 不得相干, 取之陰陽也. 喪有四制, 變而從宜, 取之四時也. 有恩, 有理, 有節, 有權, 取之人情也. 恩者仁也, 理者義也, 節者禮也, 權者知也. 仁義禮知, 人道具矣.
2) 『의례』「상복(喪服)」: 然則何以服緦也? 有死於宮中者, 則爲之三月不擧祭, 因是以服緦也.
3) 유창(劉敞, A.D.1019~A.D.1068): =공시선생(公是先生)·유원보(劉原父)·청강유씨(淸江劉氏). 북송(北宋) 때의 경학자이다. 자(字)는 원보(原父)이다. 유학뿐만 아니라 불교와 도교에 대해서도 연구하였고, 천문(天文), 지리(地理) 등의 방면에도 조예가 깊었다.
4) 『의례』「상복(喪服)」: 傳曰, 小功以下爲兄弟. 朋友皆在他邦, 袒免, 歸則已.

에 거주하지만 재산은 공유했으니, 집에서도 동궁(東宮)이 있었고, 서궁(西宮)이 있었으며, 남궁(南宮)이 있었고, 북궁(北宮)이 있었다. 부모의 상이 발생했다면, 마땅히 빈소에 머물러야 하는데, 다른 곳에 거주하는 이유는 질병이 발생했거나 시집을 갔다가 되돌아온 경우에 해당한다.

孔疏 ●"父母"至"亦然". ○正義曰: "將祭", 謂將行大小祥祭也.

번역 ●經文: "父母"~"亦然". ○'장제(將祭)'는 장차 소상(小祥)이나 대상(大祥)의 제사를 지내려고 하는 때를 뜻한다.

孔疏 ●"而昆弟死, 旣殯而祭"者, 若將祭而有兄弟死, 則待殯後乃祭也. 今不待葬後者, 兄弟輕, 故始殯後, 便可行吉事也.

번역 ●經文: "而昆弟死, 旣殯而祭". ○만약 장차 제사를 지내려고 하는데 형제가 죽게 된다면, 빈소를 마련할 때까지 기다린 뒤에 제사를 지낸다. 현재 장례를 치를 때까지 기다리지 않는 것은 형제에 대한 경우는 상대적으로 가볍기 때문에, 최초 빈소를 마련한 뒤에는 다시금 길사를 시행할 수 있기 때문이다.

孔疏 ●"如同宮, 則雖臣妾, 葬而后祭"者, 兄弟旣殯後, 而行父母之喪, 謂異宮者耳. 若同宮, 雖臣妾之輕卑, 死, 猶待葬後乃行父母祭也. 所以爾者, 吉凶不相干, 故喪服傳云"有死於宮中者, 則爲之三月不擧祭". 庾氏云: "小祥之祭, 已涉於吉, 尸柩至凶, 故不可以相干. 其虞·祔則得爲之矣. 若喪柩卽去者, 則亦祭, 不待於三月, 可知矣."

번역 ●經文: "如同宮, 則雖臣妾, 葬而后祭". ○형제에 대해서 이미 빈소를 마련한 뒤까지 기다리고, 그 이후 부모의 상을 치른다고 했으니, 이것은 다른 곳에 거주하는 자들에 대한 내용일 따름이다. 만약 같은 집에 거주하는 경우라면, 비록 신첩(臣妾)처럼 미천한 자일지라도, 그가 죽게 되면 오히려 장례를 치를 때까지 기다린 뒤에 부모의 제사를 시행한다. 이처럼 하는 이유는 길례와 흉례는 서로 간여할 수 없기 때문이다. 그래서 『의례』「상복(喪服)」편의 전문(傳文)에서는 "집안에 죽은 자가 발생한 경우라면 그를 위해 3개월 동안 제사를 시행하지 않는다."라고 말한 것이다. 유울은 "소상(小祥)의 제사는 이미 길례로 접어든 것이며, 시신을 실은 영구가 있는 것은 지극히 흉한 일에 해당한다. 그렇기 때문에 서로 간여하게 할 수 없다. 우제(虞祭)와 부제(祔祭)의 경우라면 치를 수 있다. 만약 상에서 영구가 즉시 장지로 떠나게 된 경우라면 또한 제사를 지낼 수 있으니, 3개월까지 기다리지 않음을 알 수 있다."라고 했다.

訓纂 王氏懋竑曰: 曾子問"緦不祭", 熊氏謂"身有緦服, 則不得自爲父母虞·祔·卒哭祭. 此謂同宮緦, 則士爲妾有子, 大夫爲貴妾也." 據此, 則士大夫乃以妾之緦服而廢父母虞·祔·卒哭之祭, 此悖禮之甚者. 按熊氏是誤解雜記. 雜記云, "父母之喪, 將祭而昆弟死, 旣殯而祭. 如同宮, 則雖臣妾, 葬而后祭. 雖虞祔亦然." 鄭注, "將祭, 謂練祥也." 孔疏, "祥祭已涉於吉, 尸柩至凶, 不可相干, 虞祔則得爲之. 若喪柩卽去, 其祭不待三月也." 又云, "主人至昆弟虞祔而行父母二祥祭, 執事者亦栗階." 按祭謂練祥之祭, 故可至殯後·葬後, 若虞·祔·卒哭則不待葬後. 至本文虞祔亦祭, 則指昆弟之虞祔言, 故疏云"主人至昆弟虞祔而行父母二祥", 句自分明. 熊氏以本文之"虞祔"爲父母之虞祔, 故有不得爲父母虞·祔·卒哭之祭, 其實非也.

번역 왕무횡[5]이 말하길, 『예기』「증자문(曾子問)」편에서는 "본인이 시마복(緦麻服)을 입게 되어, 가장 가벼운 상중에 있다고 하더라도, 본인의 종묘에서 그 옷을 입고 제사를 지내지 않는다."[6]라고 했고, 웅안생은 "본인이 다른 사람을 위해 시마복을 입고 있다면, 본인 스스로 부모에 대한 우제(虞祭)와 부제(祔祭) 및 졸곡(卒哭)의 제사를 지낼 수 없다는 뜻이다. 이곳

---

5) 왕무횡(王懋竑, A.D.1668~A.D.1741) : 청(淸)나라 때의 경학자이다. 자(字)는 여중(予中)·여중(與中)이며, 호(號)는 백전(白田)이다.

6) 『예기』「증자문(曾子問)」 **【230d】** : 曾子問曰: 相識, 有喪服, 可以與於祭乎. 孔子曰: <u>緦, 不祭</u>, 又何助於人.

경문에서 말하고 있는 시마복은 같은 집에 거처하는 자들이 죽었을 경우에
입는 시마복을 뜻하니, 사의 경우는 첩의 자식들, 대부의 경우는 귀첩(貴
妾)7)인 자들이다."라고 했다. 이러한 기록에 근거해보면, 사와 대부는 첩에
대해 착용하는 시마복을 통해서 부모에 대한 우제와 부제 및 졸곡에 대한
제사를 폐지할 수 있게 되니, 이것은 매우 심하게 예법을 어그러트리는 것
이다. 내가 생각하기에 웅안생은 「잡기」편에 대한 기록을 잘못 해석했기
때문이다. 「잡기」편에서는 "부모의 상에서 장차 제사를 지내려고 하는데,
곤제가 죽었을 경우, 그들에 대해 빈소를 마련한 이후에 제사를 지낸다.
만약 같은 집에 거주하는 자라면 비록 신첩이라도 장례를 치른 뒤에 제사
를 지낸다. 비록 우제와 부제 또한 이와 같다."라고 했고, 정현의 주에서는
"'장제(將祭)'는 소상(小祥)이나 대상(大祥)을 치르는 경우를 뜻한다."라고
했으며, 공영달의 소에서는 "소상의 제사는 이미 길례로 접어든 것이며,
시신을 실은 영구가 있는 것은 지극히 흉한 일에 해당한다. 그렇기 때문에
서로 간여하게 할 수 없다. 우제와 부제의 경우라면 치를 수 있다. 만약
상에서 영구가 즉시 장지로 떠나게 된 경우라면 또한 제사를 지낼 수 있으
니, 3개월까지 기다리지 않음을 알 수 있다."라고 했고, 또 "상주가 곤제들
의 우제와 부제를 치른 뒤에 부모에 대한 소상과 대상의 제사를 지내게
되었을 때, 상주 및 일을 맡아보는 자 또한 율계(栗階)를 한다는 뜻이다."라
고 했다. 살펴보니 '제(祭)'자는 소상과 대상의 제사를 뜻한다. 그렇기 때문
에 빈소를 마련한 뒤와 장례를 치른 뒤에 지낼 수 있다. 만약 우제·부제
·졸곡의 경우라면, 장례를 치를 때까지 기다릴 수 없다. 본문에서 "우제와
부제에서도 제사를 지낸다."라고 한 말은 곤제에 대한 우제와 부제를 가리
켜서 한 말이다. 그렇기 때문에 공영달의 소에서는 "상주가 곤제들의 우제
와 부제를 치른 뒤에 부모에 대한 소상과 대상의 제사를 지낸다."라고 한
것이니, 그 구문이 매우 분명하게 그 사실을 나타낸다. 그런데도 웅안생은
본문에 나온 '우제와 부제'를 부모에 대한 우제와 부제로 여겼기 때문에,

---

7) 귀첩(貴妾)은 처(妻)가 시집을 오면서 함께 데려왔던 일가붙이가 되는 여자
와 자식의 첩(妾) 등을 지칭하는 말이다.

부모에 대해 우제·부제·졸곡의 제사를 지내지 못하는 경우가 있다고 한 것이니, 실제로는 잘못된 해석이다.

【508d】

祭, 主人之升降散等, 執事者亦散等. 雖虞附亦然.

직역 祭에서, 主人이 升降함에는 散等하며, 事를 執한 者도 亦히 散等한다. 雖히 虞附라도 亦히 然한다.

의역 형제의 상이 발생했을 때, 부모에 대한 소상(小祥) 및 대상(大祥)을 지내게 되면, 상주는 당(堂)에 오르고 내리며 계단을 한 칸씩 밟고, 한 칸마다 양발을 모으지 않으며, 일을 맡아보는 자 또한 이처럼 계단을 오르고 내린다. 비록 형제에 대한 우제(虞祭)와 부제(祔祭)를 치르고 난 뒤 부모에 대한 제사를 지내게 된 때라도 또한 이처럼 계단을 오르고 내린다.

集說 散, 栗也. 等, 階也. 吉祭則涉級聚足, 喪祭則栗階, 二祥之祭, 吉禮宜涉級聚足, 而栗階者, 以有兄弟之喪, 故略威儀也. 燕禮云, "栗階不過二等." 蓋始升猶聚足, 連步至二等, 則左右足各一發而升堂也. 雖虞祔亦然者, 謂主人至昆弟虞祔時而行父母祥祭, 則與執事者亦皆散等也.

번역 '산(散)'자는 율(栗)자의 뜻이다. '등(等)'자는 계(階)자의 뜻이다. 길제(吉祭)의 경우라면 계단에 오를 때 한 칸을 오르게 되면 양발을 모으게 되는데, 상제(喪祭)를 치르게 되면 율계(栗階)[8]를 한다. 소상(小祥)과 대상

---

8) 율계(栗階)는 계단을 오르는 방법 중 하나이다. 두 발을 모으지 않고, 좌우의 발을 교차하며 한 칸씩 성큼 성큼 올라가는 것이다. 『의례』「연례(燕禮)」편에는 "凡公所辭皆栗階. 凡栗階, 不過二等"이라는 기록이 있는데, 이에 대해 정현의 주에서는 "其始升, 猶聚足連步; 越二等, 左右足各一發而升堂."이라고 풀이했다.

(大祥) 때의 제사는 길례에 따라 마땅히 계단을 오르며 한 칸마다 양발을
모아야 하는데도 율계를 하는 것은 형제의 상이 발생했기 때문에, 예법에
따른 행동거지를 간략히 하는 것이다. 『의례』「연례(燕禮)」편에서는 "율계
에서는 계단의 두 칸을 오르지 않는다."9)라고 했다. 무릇 처음 계단에 오를
때에는 여전히 발을 모으지만, 연속하여 두 번째 칸에 오르게 되면 좌측과
우측발이 각각 한 칸씩을 밟으며 당(堂)에 오르게 된다. "비록 우제(虞祭)
와 부제(祔祭)의 경우라도 이처럼 한다."는 말은 상주가 곤제의 우제와 부
제를 치른 뒤에 부모에 대한 소상 및 대상의 제사를 지내게 된다면, 일을
맡아보는 자와 함께 모두들 율계를 한다는 뜻이다.

鄭注 主人, 適子. 散等, 栗階, 爲新喪略威儀.

번역 '주인(主人)'은 부모의 상을 치르는 적장자를 뜻한다. '산등(散等)'
은 율계(栗階)이니, 이제 막 죽은 자를 위해서 예법에 따른 행동거지를 간
략히 하는 것이다.

孔疏 ●"祭, 主人之升降散等"者, 祭猶謂二祥祭. 散, 栗也. 等, 階也. 吉
祭則涉級聚足, 喪祭則栗階, 故云散等也. 如此祥祭, 宜涉級. 於時爲有兄弟
喪, 故少威儀, 作散等也.

번역 ●經文: "祭, 主人之升降散等". ○'제(祭)'는 여전히 소상(小祥)과
대상(大祥)의 제사를 뜻한다. '산(散)'자는 율(栗)자의 뜻이다. '등(等)'자는
계(階)자의 뜻이다. 길제(吉祭)를 치르는 경우라면 계단에 오르며 양발을
모으게 되지만, 상제(喪祭)의 경우라면 율계(栗階)를 한다. 그렇기 때문에
'산등(散等)'이라고 말한 것이다. 만약 일반적으로 대상의 제사를 지내게
된다면, 마땅히 계단을 오르며 양발을 모아야 하지만, 이 시기에 형제의
상이 발생했기 때문에, 예법에 따른 행동거지를 약소하게 하여, 율계를 하

---

9) 『의례』「연례(燕禮)」 : 凡公所辭皆栗階. 凡栗階不過二等. 凡公所酬, 旣拜, 請
旅侍臣. 凡薦與羞者, 小膳宰也, 有內羞.

는 것이다.

孔疏 ●"執事者亦散等"者, 助執祭者亦栗階也.

번역 ●經文: "執事者亦散等". ○제사를 돕는 자 또한 율계(栗階)를 한다는 뜻이다.

孔疏 ●"雖虞祔亦然"者, 謂主人至昆弟虞·祔而行父母二祥祭, 而執事者亦散等.

번역 ●經文: "雖虞祔亦然". ○부모의 상을 치르고 있는 상주가 곤제들의 우제(虞祭)와 부제(祔祭)를 치른 뒤 부모에 대한 소상(小祥)과 대상(大祥)의 제사를 지내게 되었을 때, 상주 및 일을 맡아보는 자 또한 율계(栗階)를 한다는 뜻이다.

孔疏 ◎注"將祭"至"威儀". ○正義曰: 知"將祭, 謂練祥也"者, 以經云: 昆弟死, 既殯而祭, 故知非吉祭也. 前經云"三年之喪既穎, 練祥皆行", 故知此祭謂練·祥也. 但前文主論變除, 故委曲言練祥; 以前文既具, 故此經略言祭也. 云"言若同宮, 則是昆弟異宮也"者, 以經云: 如同宮則葬而后祭, 明上"昆弟既殯而祭"者, 是異宮也. 云"有父母之喪, 當在殯宮"者, 既遭父母之喪, 兄弟悉應同在殯宮, 不得有在異宮而死之. 所以在異宮死者, 以其疾病或有歸者, 故得異宮而死. 云"散等栗階"者, 謂升一等, 而後散升不連步也. 故燕禮記云"栗階不過二等", 注云: "其始升, 猶聚足連步, 趨二等, 左右足各一發而升堂." 以此知散等·栗階是一也.

번역 ◎鄭注: "將祭"~"威儀". ○정현이 "'장제(將祭)'는 소상(小祥)이나 대상(大祥)을 치르는 경우를 뜻한다."라고 했는데, 경문에서 곤제가 죽었을 때, 빈소를 차린 뒤 부모에 대한 제사를 지낸다고 했다. 그렇기 때문에 이것이 길제를 뜻하지 않는다는 사실을 알 수 있다. 앞의 경문에서는 "만약 삼년상이 겹쳤는데 갈(葛)로 만든 질(絰)로 허리에 차고 있던 마(麻)로 만든 질을 바꾸게 되면, 이전에 발생한 상에 대해서 소상과 대상의 제사를 모두 시행한다."10)라고 했다. 그렇기 때문에 이곳의 제사가 소상과 대상을 뜻한 다는 사실을 알 수 있다. 다만 앞의 문장에서는 상복을 바꾸거나 제거하는 것을 위주로 논의했다. 그렇기 때문에 자세히 설명하여 소상과 대상을 언 급한 것이다. 그리고 앞의 문장에서 이미 자세히 설명했기 때문에, 이곳 경문에서는 간략히 제사라고만 말한 것이다. 정현이 "만약 같은 집에 살고 있는 자라고 했다면, 여기에서 말한 '곤제(昆弟)'는 다른 곳에 거주하는 자 에 해당한다."라고 했는데, 경문에서 같은 집에 거주하는 자가 죽었다면, 장례를 치른 뒤에 부모에 대한 제사를 지낸다고 했으니, 그 앞에서 "곤제에 대해서 빈소를 마련한 뒤에 부모에 대한 제사를 지낸다."라고 한 말은 다른 곳에 거주하는 자가 죽은 경우를 뜻한다는 사실을 나타낸다. 정현이 "부모 의 상이 발생했다면, 마땅히 빈소에 머물러야 한다."라고 했는데, 이미 부모 의 상을 당했다면, 형제들은 모두 빈소에 머물게 되므로, 다른 곳에 거주하 고 있다가 죽은 경우가 발생할 수 없다. 다른 곳에 거주하다가 죽는 자가 발생하는 이유는 그에게 질병이 생겼거나 혹은 시집을 갔다가 되돌아온 경우이기 때문에, 다른 곳에 거주하다가 죽는 경우가 발생할 수 있다. 정현 이 "'산등(散等)'은 율계(栗階)이다."라고 했는데, 계단을 오를 때 한 칸을 오른 뒤에는 한 발로 한 칸씩 올라가며 발을 모으지 않는다는 뜻이다. 그렇 기 때문에『의례』「연례(燕禮)」편의 기문(記文)에서는 "율계에서는 계단의 두 칸을 오르지 않는다."라고 한 것이고, 정현의 주에서는 "처음 계단에 오 를 때에는 여전히 양발을 모아서 발이 나란히 정돈되도록 하며, 두 번째 칸에 오를 때에는 좌측과 우측 발로 각각 한 칸씩 내딛으며 당(堂)에 올라 간다."라고 말한 것이다. 이러한 기록을 통해서 '산등(散等)'과 '율계(栗階)' 가 동일하다는 사실을 알 수 있다.

集解 愚謂: 同宮, 謂新死者在殯宮也. 如同宮, 則雖臣妾, 葬而後祭, 擧輕 以明重也. 臣妾且然, 兄弟可知. 凡命士以上, 父子皆異宮, 則不命之士, 兄弟

固有在父母之殯宮而死者矣. 若本非同宮, 雖在喪次而死, 自當還殯於其寢,
亦旣殯而祭, 非徒疾病而歸者爲異宮也. 祭, 主人之升降散等, 謂兄弟旣殯·
旣葬, 而爲父母二祥, 其禮皆然也. 二祥吉祭, 不當栗階, 爲新有兄弟之喪故
也. 雖虞·祔亦然者, 謂爲父母將虞·祔, 而有兄弟死, 亦如此旣殯而祭, 旣葬
而祭也. 殯宮有死者, 則輟虞·祔之祭, 故小記有"旣葬不赴虞"之事. 庾氏謂
"虞·祔得爲", 非也. 若旣葬而祭, 則葬畢當先爲父母練·祥, 然後爲兄弟虞·
祔. 孔氏云"雖虞·祔亦然者, 謂主人至昆弟虞·祔而行父母二祥祭, 執事亦散
等", 亦非也.

번역 내가 생각하기에, '동궁(同宮)'은 이제 막 죽은 자가 빈소에 머물러
있던 자임을 뜻한다. 만약 같이 빈소에 머물던 자가 죽은 경우라면 비록
신첩일지라도 장례를 치른 뒤에 제사를 지낸다고 했으니, 이것은 관계가
덜 중요한 경우를 제시하여 관계가 중요한 경우까지도 나타낸 것이다. 신첩
에 대해서도 이처럼 한다고 했으니, 형제에 대해서도 동일하게 따른다는
사실을 알 수 있다. 무릇 명사(命士)11)로부터 그 이상의 계급은 부모와 자식
이 모두 다른 건물에 거주하니, 명(命)의 등급을 받지 못한 사의 경우, 형제
중에는 진실로 함께 부모의 빈소에 머물러 있다가 죽은 경우가 발생한다.
만약 본래부터 같은 곳에 머물러 있지 않은 경우라면, 비록 상을 치르며
임시 숙소에 머물다가 죽었더라도, 마땅히 되돌아와서 그의 침(寢)에 빈소
를 마련해야 하며, 이러한 경우에도 또한 빈소를 차린 뒤에 제사를 지내니,
단지 질병에 걸렸거나 시집을 갔다가 되돌아온 경우만을 다른 곳에 거주하
는 경우로 삼을 수 없다. 제사를 지낼 때 상주가 당(堂)에 오르고 내림에
산등(散等)을 한다고 했는데, 이것은 형제에 대해서 빈소를 마련하고 장례
를 치른 뒤 부모에 대해 소상(小祥)과 대상(大祥)을 치를 때, 그 예법이 모두
이와 같다는 뜻이다. 소상과 대상은 길제(吉祭)에 해당하므로 마땅히 율계
(栗階)를 해서는 안 되지만, 이제 막 죽은 형제의 상이 발생했기 때문에

---

11) 명사(命士)는 사(士) 중에서도 작명(爵命)을 받은 자를 뜻한다. 『예기』「내칙
(內則)」편에는 "由命士以上, 父子皆異官, 昧爽而朝, 慈以旨甘."이라는 용례가
나온다.

이처럼 따르는 것이다. "비록 우제(虞祭)와 부제(祔祭)라도 또한 이처럼 한다."라고 했는데, 부모에 대해 장차 우제와 부제를 치르려고 할 때, 형제중 죽은 자가 발생한 경우에도 이처럼 빈소를 차린 뒤에 제사를 지내고, 장례를 치른 뒤에 제사를 지낸다는 뜻이다. 빈소에 죽은 자의 시신이 있다면, 우제와 부제의 제사를 그만둔다. 그렇기 때문에 『예기』「상복소기(喪服小記)」편에는 '이미 장례를 치렀지만, 특별한 사정 때문에 신속히 우제를 치르지 못하는 경우'[12])가 수록된 것이다. 유울은 "우제와 부제를 치를 수있다."라고 했는데 잘못된 주장이다. 만약 장례를 치른 뒤 제사를 지내게된다면, 장례를 치른 뒤에는 마땅히 우선적으로 부모에 대한 소상과 대상을 치르고, 그런 뒤에 형제를 위해서 우제와 부제를 치러야 한다. 공영달은 "비록 우제와 부제 또한 이처럼 한다고 한 말은 상주가 곤제의 우제와 부제를 치르고서 부모에 대한 소상과 대상의 제사를 치르며 일을 맡아보는 자또한 산등(散等)을 한다."라고 했는데, 이 또한 잘못된 주장이다.

---

12) 『예기』「상복소기(喪服小記)」【422a】: <u>旣葬而不報虞</u>, 則雖主人皆冠, 及虞則皆免.

• 제 10 절 •

연상(練祥) 때 술과 음식을 먹는 방법

【509a】

自諸侯達諸士, 小祥之祭, 主人之酢也嚌之, 衆賓兄弟則皆啐之. 大祥主人啐之, 衆賓兄弟皆飮之可也.

직역 諸侯로 自하여 士에게 達함에, 小祥의 祭에는 主人의 酢함에 嚌하고, 衆賓과 兄弟라면 皆히 啐한다. 大祥의 主人이 啐하면, 衆賓과 兄弟는 皆히 飮이라도 可하다.

의역 제후로부터 사에 이르기까지 소상(小祥)의 제사를 지낼 때, 상주가 돌린 술잔을 받게 되면 입에 대고, 빈객 무리들과 형제들은 모두 술을 마신다. 대상(大祥)의 제사에서 상주가 술을 마신다면, 빈객 무리들과 형제들은 모두 술을 마셔도 괜찮다.

集說 至齒爲嚌, 入口爲啐. 主人之酢嚌之, 謂正祭之後, 主人獻賓長, 賓長酢主人, 主人受酢則嚌之也. 衆賓兄弟啐之, 謂祭末受獻之時則啐之也.

번역 술을 입에 대는 것을 '제(嚌)'라고 부르고, 입으로 넘기는 것을 '쵀(啐)'라고 부른다. "상주가 잔을 돌렸을 때에는 입에 댄다."는 말은 정규 제사를 지낸 이후 상주가 빈객들의 수장에게 술을 따라서 주면, 빈객들의 수장은 주인에게 술잔을 돌리고, 상주가 돌린 술잔을 받으면 입에 대기만 한다는 뜻이다. "여러 빈객 무리들과 형제들은 술을 마신다."는 말은 제사 말미에 술잔을 받을 때라면 술을 마신다는 뜻이다.

大全 山陰陸氏曰: 自諸侯達諸士, 此蓋蒙上言練祥虞祔之祭, 升降皆散等. 升降如此, 則小祥之酢嚌之啐之, 大祥啐之飮之, 皆達, 亦可知.

번역 산음육씨가 말하길, '제후로부터 사에 이르기까지'라고 했는데, 이 것은 아마도 앞 문장에서 소상(小祥)·대상(大祥)·우제(虞祭)·부제(祔祭)의 제사에서, 당(堂)에 오르고 내릴 때 모두 산등(散等)을 한다고 한 말에 연결해서 한 것 같다. 오르고 내릴 때 이처럼 한다면, 소상에서 돌린 술잔에 대해 입에 대고 넘기며, 대상의 제사에서 술을 넘기고 마시는 것도 모두 통용된다는 사실 또한 알 수 있다.

鄭注 嚌·啐, 皆嘗也. 嚌至齒, 啐入口.

번역 '제(嚌)'자와 '쵀(啐)'자는 모두 "맛본다[嘗]."는 뜻이다. 제(嚌)는 입까지만 대는 것이고, 쵀(啐)는 입으로 넘기는 것이다.

釋文 酢音胙. 嚌, 才細反. 啐, 七內反, 徐蒼快反.

번역 '酢'자의 음은 '胙(조)'이다. '嚌'자는 '才(재)'자와 '細(세)'자의 반절음이다. '啐'자는 '七(칠)'자와 '內(내)'자의 반절음이며, 서음(徐音)은 '蒼(창)'자와 '快(앙)'자의 반절음이다.

孔疏 ●"自諸"至"可也". ○正義曰: 此一經明喪祭飮酒之儀.

번역 ●經文: "自諸"~"可也". ○이곳 경문은 상제(喪祭)에서 술을 마시는 의례를 나타내고 있다.

孔疏 ●"主人之酢也嚌之"者, 謂正祭之後, 主人獻賓長, 賓長酢主人, 主人受賓長酢則嚌之也.

번역 ●經文: "主人之酢也嚌之". ○정규 제사를 치른 뒤 상주는 빈객들의 수장에게 술을 따라서 바치고, 빈객들의 수장이 주인에게 술잔을 돌리며, 주인이 빈객들의 수장이 돌린 술잔을 받게 되면 술을 입에 댄다는 뜻이다.

孔疏 ●"衆賓·兄弟則皆啐之"者, 亦謂衆賓及兄弟祭末受獻之時啐之也, 以其差輕故也.

번역 ●經文: "衆賓·兄弟則皆啐之". ○이 또한 빈객 무리들 및 형제들이 제사 말미에 따라준 술잔을 받을 때, 그것들을 입으로 넘긴다는 뜻이니, 차등적으로 관계가 낮아지기 때문이다.

孔疏 ●"大祥, 主人啐之"者, 謂主人受賓酢之時, 主人啐之.

번역 ●經文: "大祥, 主人啐之". ○빈객이 따라서 돌린 술잔을 주인이 받을 때, 주인 또한 술을 입으로 넘긴다는 뜻이다.

孔疏 ●"衆賓兄弟皆飮之可也"者, 必知此主人之酢, 非受尸酢者, 以士虞禮主人·主婦獻尸受酢之時, 皆卒爵. 虞祭比小祥爲重, 尙卒爵. 今大祥祭, 主人受尸之酢, 何得唯嚌之而已? 故知受賓酢也. 受尸酢, 神惠爲重, 雖在喪, 亦卒爵; 賓禮爲輕, 受賓之酢, 但嚌之. 知喪祭有受賓酢者, 鄭注曾子問云"虞不致爵, 小祥不旅酬, 大祥無無算爵", 故知小祥之祭, 旅酬之前皆爲之也. 皇氏云"主人之酢謂受尸之酢", 與士虞禮文違, 其義非也.

번역 ●經文: "衆賓兄弟皆飮之可也". ○이것이 주인이 돌린 술잔을 받았던 것이며, 시동이 돌린 술잔을 받았던 것이 아님을 알 수 있는 이유는 『의례』「사우례(士虞禮)」편에서 주인과 주부는 시동에게 술을 바치고 돌린 술잔을 받았을 때, 모두 술을 마셔서 술잔을 비운다고 했기 때문이다. 우제(虞祭)는 소상(小祥)의 제사에 비해서 중대한데도 여전히 술잔을 비워서 마신다고 했다. 현재 대상(大祥)의 제사를 치르며 주인이 시동에게 받은 술잔에 대해 어떻게 단지 입에 대기만 할 수 있겠는가? 그렇기 때문에 이것이 주인이 돌린 술잔을 받았던 것임을 알 수 있다. 시동이 돌린 술잔을 받았을 때에는 신령의 은혜는 중대하니, 비록 상중에 있더라도 또한 술잔을 비우게 된다. 그러나 빈객에 대한 예법은 상대적으로 덜 중요하니, 빈객이 돌린 술잔을 받았을 때에는 단지 입에 대기만 한다. 상제(喪祭)에서 빈객이 돌린 술잔을 받는 경우가 있다는 사실을 알 수 있는 이유는 『예기』「증자문(曾子問)」편에 대한 정현의 주에서 "우제에는 술잔에 술을 따라서 건네주는 절차인 치작(致爵)을 하지 않으며, 소상에는 여수(旅酬)1)를 하지 않고, 대상에는 술잔 따르는 수를 셈하지 않는 절차2)가 없다."3)라고 했기 때문이다. 그러므로 소상의 제사 때 여수를 하기 이전에는 모두 이처럼 하게 됨을 알 수 있다. 황간4)은 "주인의 초(酢)라는 것은 시동이 돌린 술잔을 받은 것이다."라고 했는데, 이것은 「사우례」편의 기록과 위배되므로, 그 주장은 잘못되었다.

---

1) 여수(旅酬)는 제사가 끝난 후에, 제사에 참가했던 친족 및 빈객(賓客)들이 술잔을 들어 술을 마시고, 서로 공경의 예(禮)를 표하며, 잔을 권하는 의례(儀禮)이다.

2) 무산작(無筭爵)은 술잔의 수를 헤아리지 않는다는 뜻이다. 여수(旅酬)를 한 이후에, 빈객들의 제자들과 형제들의 자제들은 각각 그들의 수장에게 술을 따르고, 잔을 들어 올리는 것도 각각 그들의 수장에게 한다. 그리고 빈객들이 잔을 가져다가, 형제들 집단에 술을 권하고, 장형제(長兄弟)들은 잔을 가져다가 빈객의 무리들에게 술을 권하게 된다. 이처럼 여러 차례 술을 따르고 권하기 때문에, 이러한 절차를 '무산작'이라고 부르는 것이다.

3) 이 문장은 『예기』「증자문(曾子問)」【229c】의 "曾子問曰: 祭如之何, 則不行旅酬之事矣. 孔子曰: 聞之, 小祥者, 主人練祭而不旅, 奠酬於賓, 賓弗擧, 禮也. 昔者, 魯昭公, 練而擧酬行旅, 非禮也. 孝公, 大祥, 奠酬弗擧, 亦非禮也."라는 기록에 대한 정현의 주이다.

4) 황간(皇侃, A.D.488~A.D.545) : =황씨(皇氏). 남조(南朝) 때 양(梁)나라의 경학자이다. 『주례(周禮)』, 『의례(儀禮)』, 『예기(禮記)』 등에 해박하여, 『상복문구의소(喪服文句義疏)』, 『예기의소(禮記義疏)』, 『예기강소(禮記講疏)』 등을 지었지만, 현재는 전해지지 않는다. 그 일부가 마국한(馬國翰)의 『옥함산방집일서(玉函山房輯佚書)』에 수록되어 있다.

【509a】

凡侍祭喪者, 告賓祭薦而不食.

직역 凡히 祭喪을 侍하는 者는 賓에게 薦을 祭하라고 告하되 不食한다.

의역 무릇 소상(小祥)이나 대상(大祥)의 제사를 돕는 자들은 빈객에게 육포나 젓갈로 제사를 지내라고 아뢸 따름이며, 빈객은 제사를 마치고 그것들을 먹지 않는다.

集說 侍祭喪, 謂相喪祭禮之人也. 薦, 謂脯醢也. 相禮者但告賓祭此脯醢而已, 賓不食之也. 若吉祭, 賓祭畢則食之. 此亦謂練祥之祭, 主人獻賓賓受獻, 主人設薦時也. 虞祔無獻賓之禮.

번역 '시제상(侍祭喪)'은 상제(喪祭)의 의례를 돕는 사람들을 뜻한다. '천(薦)'은 육포나 젓갈 등을 뜻한다. 의례를 돕는 자는 단지 빈객에게 이러한 육포와 젓갈 등으로 제사를 지내라는 말만 아뢸 따름이며, 빈객은 그것들을 먹지 않는다. 만약 길제(吉祭)의 경우에는 빈객이 제사를 끝내게 되면 그것들을 먹게 된다. 따라서 이곳에서 말한 내용 또한 소상(小祥)과 대상(大祥) 때의 제사를 뜻하니, 상주가 빈객에게 술을 따라서 바쳐 빈객이 따라준 술잔을 받고, 주인이 육포나 젓갈 등을 진설한 시기에 해당한다. 우제(虞祭)와 부제(祔祭)에는 빈객에게 술을 따라주는 예법 자체가 없다.

大全 嚴陵方氏曰: 祭之而不食者, 哀而不忍故也.

번역 엄릉방씨가 말하길, 제사를 지내기만 하고 먹지 않는 것은 애통한 마음에 차마 먹을 수 없기 때문이다.

鄭注 薦, 脯·醢也. 吉祭, 告賓祭薦, 賓既祭而食之, 喪祭賓不食.

번역 '천(薦)'은 육포나 젓갈 등을 뜻한다. 길제(吉祭)의 경우 빈객에게 육포나 젓갈로 제사를 지내라고 아뢰고, 빈객이 제사를 마치면 그것들을 먹게 되는데, 상제(喪祭)의 경우에는 빈객이 먹지 않는다.

孔疏 ●"凡祭"至"不食". ○正義曰: 侍祭喪, 謂相於喪祭禮者. 薦謂脯·醢也. 吉時祭, 相者則告賓祭薦, 賓祭竟而食之. 喪禮旣不主飮食, 故相者告賓, 但祭其薦而已, 遂不食之也. 此亦謂喪之正祭之後, 主人獻賓之時, 賓受獻, 主人設薦, 賓祭而不食, 謂練·祥祭也. 其虞·祔, 不獻賓也.

번역 ●經文: "凡祭"~"不食". ○'시제상(侍祭喪)'은 상제(喪祭)의 의례를 돕는 자들을 뜻한다. '천(薦)'은 육포와 젓갈을 뜻한다. 길한 시기에 지내는 제사에서 의례를 돕는 자는 빈객에게 육포나 젓갈 등으로 제사를 지내라고 아뢰고, 빈객은 제사를 마치고서 그것들을 먹는다. 상례에서는 이미 음식을 위주로 하지 않는다. 그렇기 때문에 의례를 돕는 자는 빈객에게 아뢰어, 단지 육포와 젓갈 등으로 제사만 지낼 따름이며, 결국 그것들을 먹지 않는다. 이 내용 또한 상을 치르며 정규 제사를 지낸 이후 주인이 빈객에게 술을 따라서 바칠 때, 빈객이 따라준 술잔을 받고, 주인이 육포나 젓갈을 진설하여, 빈객이 그것들로 제사를 지내고 먹지 않는다는 뜻이니, 소상(小祥)과 대상(大祥)의 제사를 가리킨다. 우제(虞祭)와 부제(祔祭)의 경우에는 빈객에게 술을 따라주지 않는다.

• 제11절 •

부모의 상을 치르는 방법

【509b】

子貢問喪. 子曰, "敬爲上, 哀次之, 瘠爲下. 顏色稱其情, 戚
容稱其服."

직역 子貢이 喪을 問했다. 子가 曰, "敬이 上이 爲하고, 哀가 次하며, 瘠이 下가
爲한다. 顏色은 그 情에 稱하고, 戚容은 그 服에 稱한다."

의역 자공이 부모의 상을 치르는 일에 대해서 물어보았다. 그러자 공자는 "공
경함에 따르는 것이 상등이고, 슬픔에 따르는 것이 그 다음이며, 몸을 해치는 것이
하등이다. 안색은 해당하는 정감에 알맞게 해야 하고, 수척해진 모습은 해당하는
상복에 알맞게 해야 한다."라고 했다.

集說 問喪, 問居父母之喪也. 附於身, 附於棺者, 皆欲其必誠必信, 故曰敬
爲上. 子游言喪致乎哀而止, 先儒謂而止二字, 微有過於高遠而簡略細微之弊.
此言哀次之可見矣. 毀瘠不形, 不勝喪, 乃比於不慈不孝, 故曰瘠爲下也. 齊斬
之服固有重輕, 稱其情, 稱其服, 則中於禮矣.

번역 '문상(問喪)'은 부모의 상을 치르는 일에 대해서 물어보았다는 뜻
이다. 시신의 몸에 직접 닿고 관에 직접 닿는 것들에 대해서는 모두 성심과
신의를 다하고자 하기 때문에 "공경이 상등이 된다."라고 말한 것이다. 자
유는 "상을 치를 때에는 슬픔을 지극히 할 따름이다."[1]라고 했는데, 선대
학자들은 '이지(而止)'라는 두 글자에 대해서, 너무 고원하여 간략하고 자질

---

1) 『논어』「자장(子張)」: 子游曰, "喪致乎哀而止."

구레한 폐단이 있는 것 같다고 했다. 이곳에서 "슬픔이 그 다음이다."라고
한 말을 통해서 확인할 수 있다. 몸이 수척해지고 훼손되어 더 이상 지탱할
수 없어 상을 치를 수 없게 되면, 자애롭지 못하고 효도를 하지 못한 것과
비견되기 때문에, "몸을 해치는 것이 하등이 된다."라고 말한 것이다. 자최
복(齊衰服)과 참최복(斬衰服)에는 진실로 경중의 차이가 있으니, 해당하는
정감에 알맞게 하고 해당하는 상복을 착용한다면, 예법에 알맞게 된다.

大全 嚴陵方氏曰: 敬足以盡禮, 故爲上. 哀足以盡情, 故次之. 瘠足以盡容,
故爲下. 顔色在乎面目, 而面目者, 情之所見也, 故顔色稱其情. 戚容兼乎四體
者, 服之所被也, 故戚容稱其服.

번역 엄릉방씨가 말하길, 공경함으로는 예법을 다할 수 있기 때문에 상
등이 된다. 슬픔은 정감을 다할 수 있기 때문에 그 다음이 된다. 수척해진
것으로는 알맞은 용모를 다할 수 있기 때문에 하등이 된다. 안색은 얼굴을
통해 나타나는데, 얼굴이라는 것은 정감이 드러나는 곳이다. 그렇기 때문에
안색은 해당하는 정감에 알맞게 한다. 수척해진 모습은 얼굴뿐만 아니라
온몸을 포함하고 있으니, 상복을 착용하는 곳이다. 그렇기 때문에 수척해진
모습은 해당하는 상복에 알맞게 한다.

鄭注 問喪, 問居父母之喪也. 喪尙哀, 言敬爲上者, 疾時尙不能敬也. 容,
威儀也. 孝經曰: "容止可觀."

번역 '문상(問喪)'은 부모의 상을 치르는 일에 대해서 물어보았다는 뜻
이다. 상에서는 슬픔을 숭상하는데도, "공경함이 상등이 된다."라고 말한
것은 아플 때에는 오히려 공경함을 제대로 시행할 수 없기 때문이다. '용
(容)'은 예법에 맞는 행동거지이다. 『효경』에서는 "용모와 행동거지를 귀감
이 될 만하도록 한다."[2]라고 했다.

---

2)『효경』「성치장(聖治章)」: 容止可觀, 進退可度.

釋文 瘠, 徐在益反. 稱, 尺證反, 下同.

번역 '瘠'자의 서음(徐音)은 '在(재)'자와 '益(익)'자의 반절음이다. '稱'자
는 '尺(척)'자와 '證(증)'자의 반절음이며, 아래문장에 나오는 글자도 그 음
이 이와 같다.

孔疏 ●"子貢"至"喪也". ○正義曰: 此一節明居父母兄弟喪禮.

번역 ●經文: "子貢"~"喪也". ○이곳 문단은 부모와 형제의 상을 치르
는 예법을 나타내고 있다.

訓纂 張子曰: 持喪敬則必哀, 哀則必瘠, 不敬則忘哀矣. 以敬爲上, 敬則一
於禮也.

번역 장자3)가 말하길, 상을 치르며 공경함을 지닌다면 반드시 슬퍼하게
되고, 슬퍼하면 반드시 수척해지는데, 공경스럽지 않다면 슬픔을 잊게 된
다. 따라서 공경함을 상등으로 삼으니, 공경스럽다면 한결같이 예법에 따르
게 된다.

集解 愚謂: 敬者, 哀·禮之兼盡, 而附身·附棺一無所悔者也. 哀則感有
餘, 而禮或有未盡者也. 哀者無不瘠, 瘠則勉爲瘠, 而情有所未至者也. 極乎情
之哀, 而見於顏色者, 足以稱乎其情, 備乎服之重, 而見於戚容者, 足以稱乎其
服, 此能哀之實也.

번역 내가 생각하기에, 공경함은 슬픔과 예법을 모두 다하는 것이니, 시
신의 몸에 닿는 것과 관에 닿는 것에 대해 한결같이 후회할 것이 없도록

---

3) 장재(張載, A.D.1020~A.D.1077) : =장자(張子)·장횡거(張橫渠). 북송(北宋)
때의 유학자이다. 북송오자(北宋五子) 중 한 사람으로 칭해진다. 자(字)는 자
후(子厚)이다. 횡거진(橫渠鎭) 출신으로, 이곳에서 장기간 강학을 했기 때문
에 횡거선생(橫渠先生)으로 일컬어지기도 한다.

하는 것이다. 슬퍼하게 되면 슬퍼함이 넘치지만 예법에 대해서는 간혹 미진한 점이 있을 수 있다. 슬퍼하게 되면 수척해지지 않는 경우가 없지만, 수척하게 되면 억지로 수척하게 만들어서 정감에 미진한 점이 있을 수 있다. 정감에 따른 슬픔을 지극히 하여 안색에 드러나는 것은 정감에 알맞도록 할 수 있고, 수위에 따른 복장을 갖춰서 수척해진 몸으로 나타나는 것은 해당하는 상복에 알맞도록 할 수 있으니, 이것이 슬픔을 다하는 실질에 해당한다.

集解 方氏慤曰: 顔色在乎面目, 顔色稱其情, 以外稱內也. 戚容兼乎四體, 戚容稱其服, 以本稱末也. 外不稱其內, 則色爲僞; 本不稱其末, 則服爲虛.

번역 방각이 말하길, 안색은 얼굴을 통해 나타나는데, 안색은 정감에 알맞도록 해서 외적인 면이 내적인 면에 알맞도록 한다. 수척해진 모습은 온몸을 포함하고 있는데, 수척해진 모습은 해당하는 상복에 알맞도록 해서 본질적인 것이 말단적인 것에 알맞도록 한다. 외적인 면이 내적인 면에 알맞지 않다면 안색은 거짓된 것이며, 본질이 말단에 알맞지 않다면 해당 복장은 허망된 것이다.

● 그림 11-1   ◼ 자공(子貢)

※ 출처: 『성현상찬(聖賢像贊)』

• 제 12절 •

형제의 상을 치르는 방법

> "請問兄弟之喪." 子曰, "兄弟之喪, 則存乎書策矣."

직역 "請컨대 兄弟의 喪을 問합니다." 子가 曰, "兄弟의 喪이라면, 書策에 存한다."

의역 자공이 계속하여 "청컨대 형제의 상을 치르는 것에 대해서 묻고자 합니다."라고 했다. 그러자 공자는 "형제의 상을 치르는 것에 대해서는 『예경』에 수록되어 있으니, 그에 따라서 시행할 따름이다."라고 했다.

集說 存乎書策者, 言依禮經所載而行之, 非若父母之喪, 哀容體狀之不可名言, 而經不能備言也.

번역 "서책에 있다."는 말은 『예경』에 수록된 내용에 따라서 시행한다는 뜻이니, 부모의 상에 대해서 애통함과 용모 및 행동거지 등을 구체적으로 명명하여 말하지 못해서, 『예경』에 제대로 기술하지 못함과는 같지 않다는 의미이다.

大全 山陰陸氏曰: 凡居親之喪, 哀瘠常浮於敬, 故哭泣之哀顔色之戚, 有圖不能畫, 書不能載者矣, 故孔子言之如此. 兄弟之喪, 存乎書策, 若親之喪, 求情於言意之表, 可也.

번역 산음육씨가 말하길, 무릇 부모의 상을 치를 때, 애통함과 몸이 수척해지는 것은 항상 공경함보다는 진실되지 않다. 그렇기 때문에 곡을 하며 눈물을 흘릴 때의 애통함과 안색에 나타나는 근심스러움은 그림에 있어서 제대로 그릴 수가 없는 것이고 기록에 있어서도 제대로 수록할 수 없는 점이 있다. 그렇기 때문에 공자가 이처럼 말한 것이다. 형제의 상에 있어서는 서책에 기록되어 있으니, 부모의 상을 치르는 경우라면, 말의 의표에서 정감을 찾아야 옳다.

鄭注 言疏者如禮行之, 未有加也. 齊・斬之喪, 哀容之體, 經不能載矣.

번역 관계가 상대적으로 소원한 자에 대해서는 예법에 따라 시행하며, 더할 것이 없다는 뜻이다. 자최복(齊衰服)과 참최복(斬衰服)을 입고 치르는 상에 있어서 애통함과 수척해진 용모에 대해서는 경문에 제대로 수록할 수 없다.

孔疏 ◎注"言疏"至"載矣". ○正義曰: "言疏者如禮行之, 未有加也"者, 以疏者禮文具載, 故云"存其書策", 其"齊斬之喪", 謂父母喪也. 父母至親, 哀容體狀不可名言, 故經不能載. 上文云"顏色稱其情", 當須毀瘠也. "戚容稱其服", 當須憔悴也.

번역 ◎鄭注: "言疏"~"載矣". ○정현이 "관계가 상대적으로 소원한 자에 대해서는 예법에 따라 시행하며, 더할 것이 없다는 뜻이다."라고 했는데, 관계가 소원한 자에 대해서는 『예경』에 관련 기록이 모두 수록되어 있다. 그렇기 때문에 "서책에 있다."라고 말한 것이다. 정현이 '자최복(齊衰服)과 참최복(斬衰服)을 입고 치르는 상'이라고 했는데, 이것은 부모에 대한 상을 뜻한다. 부모는 지극히 친근한 자이니, 애통함과 수척해진 용모에 대해서는 뚜렷하게 명칭을 정해서 말할 수 없다. 그렇기 때문에 경문에 제대로 수록하지 못하는 것이다. 앞에서는 "안색은 해당하는 정감에 알맞게 한다."라고 했으니, 마땅히 몸이 수척해지게 된다. 또 "수척해진 용모는 해당하는 상복에 알맞게 한다."라고 했으니, 마땅히 몸이 초췌해지게 된다.

• 제 13절 •

남의 상에 대한 군자의 자세

【509d】

君子不奪人之喪, 亦不可奪喪也.

직역 君子는 人의 喪을 不奪하며, 亦히 喪을 奪함도 不可하다.

의역 군자는 남의 상에 대해서 그 정감을 빼앗을 수 없고, 또한 다른 일로 하여금 상을 치르지 못하도록 할 수 없다.

集說 君子不奪廢他人居喪之情, 而君子居喪之情, 亦不可爲他事所奪廢, 要使各得盡其禮耳.

번역 군자는 다른 사람이 상을 치를 때의 정감을 빼앗을 수 없고, 군자는 상을 치를 때의 정감 또한 다른 일 때문에 없앨 수가 없으니, 요컨대 그들로 하여금 해당하는 예법을 다하도록 할 따름이다.

集說 疏曰: 不奪人喪, 恕也. 不奪己喪, 孝也.

번역 공영달의 소에서 말하길, "남의 상을 빼앗지 않는다."는 말은 서(恕)에 해당한다. "자신의 상을 없애지 않는다."는 말은 효(孝)에 해당한다.

鄭注 重喪禮也. 不可以輕之於己也.

번역 상례를 중시하기 때문이다. 자신의 경우보다 가볍게 대할 수 없기 때문이다.

孔疏 ●“君子不奪人之喪”者, 謂不奪他人居喪之禮, 謂他人居喪, 任其行禮, 不可抑奪.

번역 ●經文: “君子不奪人之喪”. ○남이 상을 치르는 예법에 대해서 빼앗을 수 없다는 뜻이니, 다른 사람이 상을 치르고 있을 때, 해당하는 상례를 치르도록 해야 하며, 억지로 그 일을 그만두게 할 수 없다는 의미이다.

孔疏 ●“亦不可奪喪也”者, 不可自奪己喪, 謂己之居喪當須依禮, 不可自奪其喪, 使不如法. 不奪人喪, 恕也. 不奪己喪, 孝也.

번역 ●經文: “亦不可奪喪也”. ○제 스스로 자신의 상을 그만둘 수 없으니, 자신이 상을 치르고 있을 때에도 마땅히 예법에 따라야만 하며, 스스로 상을 그만두어서 예법대로 치르지 못하도록 해서는 안 된다는 뜻이다. “남의 상을 빼앗지 않는다.”는 말은 서(恕)에 해당한다. “자신의 상을 없애지 않는다.”는 말은 효(孝)에 해당한다.

集解 愚謂: 此上有闕文.

번역 내가 생각하기에, 이곳 문장 앞에는 누락된 문장이 있다.

• 제14절 •

소련(少連)과 대련(大連)이 상을 치른 일화

【509d】

孔子曰, "少連·大連善居喪, 三日不怠, 三月不解, 期悲哀, 三年憂, 東夷之子也."

직역 孔子가 曰, "少連과 大連은 善히 喪에 居하니, 三日에 不怠하고, 三月에 不解하며, 期에 悲哀하고, 三年에 憂하니, 東夷의 子이다."

의역 공자가 말하길, "소련과 대련은 상을 잘 치렀으니, 3일 동안은 나타해지지 않았고, 3개월 동안은 게을러지지 않았으며, 1년 동안은 비통하고 애통한 마음이 나타났고, 3년 동안은 근심하여 초췌해졌으니, 역시 동이(東夷)의 자손이라 할만하다."라고 했다.

集說 少連, 見論語. 三日, 親始死時也. 不怠, 謂哀痛之切, 雖不食而能自力以致其禮也. 三月, 親喪在殯時也. 解, 與懈同, 倦也. 或讀如本字, 謂寢不脫絰帶也. 憂, 謂憂戚憔悴.

번역 '소련(少連)'에 대해서는 『논어』에 나온다.[1] '삼일(三日)'은 부모가 이제 막 죽었을 때를 뜻한다. "태만하지 않았다."는 말은 애통한 마음이 간절하여, 비록 음식을 먹지 않았더라도 스스로 힘을 다해 예법대로 치를 수

---

1) 『논어』「미자(微子)」: 逸民, 伯夷, 叔齊·虞仲·夷逸·朱張·柳下惠·少連. 子曰, "不降其志, 不辱其身, 伯夷·叔齊與!" 謂柳下惠少連, 降志辱身矣, 言中倫, 行中慮, 其斯而已矣. 謂虞仲夷逸, 隱居放言, 身中淸, 廢中權. 我則異於是, 無可無不可.

있다는 뜻이다. '삼개월[三月]'은 부모의 시신이 빈소에 있는 때를 뜻한다. '해(解)'자는 해(懈)자와 같으니, "게으르다[倦]."는 뜻이다. 혹은 글자 그대로 읽어서 침소에서 질(絰)과 대(帶)를 벗지 않는 뜻이라고도 한다. '우(憂)'는 근심하여 초췌해진다는 뜻이다.

大全 馬氏曰: 聖人之作春秋於中國, 則尊之於蠻夷, 則檳之者, 以明中國者, 禮義之所在, 而蠻夷者, 不可以禮義責也. 然而少連大連之善居喪, 三日不怠, 三月不解, 期悲哀, 三年憂, 則雖孔子之高弟曾閔之至孝, 亦不過如是, 此孔子稱之曰東夷之子也. 蓋非特美其能行是禮, 又美其能變是俗也. 雖然孟子之言舜生於諸馮, 遷於負夏, 卒於鳴條, 東夷之人也. 文王生於岐周, 卒於畢郢, 西夷之人也. 彼舜文王爲東西夷之人, 則二連以東夷之子, 而合於禮, 豈足怪哉? 論語謂柳下惠少連, 降志辱身矣, 言中倫, 行中慮, 少連之行可與柳下惠爲徒, 豈特如孟獻子之流加於人一等而已哉?

번역 마씨[2]가 말하길, 성인은 중국에 대해서 『춘추』를 지었으니, 오랑캐에 비해서 존귀하게 높인 것인데, 그들에 대해서 물리친 것은 중국이 예의가 존재하는 곳이고, 오랑캐는 예의에 따라 책망할 수 없다는 뜻을 나타내기 위해서이다. 그러나 소련과 대련이 상을 잘 치른 것에 대해서는 3일 동안은 나태해지지 않았고, 3개월 동안은 게을러지지 않았으며, 1년 동안은 비통하고 애통한 마음이 나타났고, 3년 동안은 근심하여 초췌해졌다고 했으니, 비록 공자의 고제인 증자와 민자건처럼 지극히 효성스러운 자라 할지라도 또한 이처럼 한 것에 불과할 따름이므로, 이것이 바로 공자가 그들을 칭찬하며, "역시 동이(東夷)의 자손이라 할만하다."라고 말한 이유이다. 아마도 이것은 단지 그들이 이러한 예법대로 따를 수 있다는 사실만 칭찬한 것이 아니며, 또한 그들이 풍속을 좋은 쪽으로 바꿀 수 있었음을 칭찬한 것이다. 비록 그렇다고 하더라도 맹자는 "순임금은 제풍(諸馮)에서 태어났

---

2) 마희맹(馬晞孟, ?~?) : =마씨(馬氏)·마언순(馬彦醇). 자(字)는 언순(彦醇)이다. 『예기해(禮記解)』를 찬술했다.

고 부하(負夏)로 옮기셨는데, 이후 명조(鳴條)에서 돌아가셨으니, 동이(東夷)의 자손이시다.”라고 했고, “문왕은 기주(岐周)에서 태났고 필영(畢郢)에서 돌아가셨으니, 서이(西夷)의 자손이시다.”라고 했다.3) 『맹자』에서는 순임금과 문왕을 동이와 서이 출신의 사람이라고 했으니, 소련과 대련이 동이의 자손이라고 하더라도, 예법에 맞게 행동함을 어찌 괴이하게 여길 수 있겠는가? 『논어』에서는 유하혜와 소련에 대해서 뜻을 굽히고 몸을 욕되게 했지만, 말이 법도에 맞았고, 행실이 사려에 맞았다고 했으니, 소련의 행실은 유하혜와 같은 부류라고 할 수 있는데, 어떻게 단지 맹헌자 등의 부류가 남보다 한 등급이 높은 경우4)와 같을 따름이겠는가?

鄭注 言其生於夷狄而知禮也. 怠, 惰也. 解, 倦也.

번역 오랑캐의 땅에서 태어났으면서도 예법을 알았다는 뜻이다. ‘태(怠)’자는 “태만하다[惰].”는 뜻이다. ‘해(解)’자는 “게으르다[倦].”는 뜻이다.

釋文 少, 詩召反. 解, 佳買反, 注同. 期音基. 惰, 徒臥反. 倦, 其眷反.

번역 ‘少’자는 ‘詩(시)’자와 ‘召(소)’자의 반절음이다. ‘解’자는 ‘佳(가)’자와 ‘買(매)’자의 반절음이며, 정현의 주에 나오는 글자도 그 음이 이와 같다. ‘期’자의 음은 ‘基(기)’이다. ‘惰’자는 ‘徒(도)’자와 ‘臥(와)’자의 반절음이다. ‘倦’자는 ‘其(기)’자와 ‘眷(권)’자의 반절음이다.

孔疏 ●“孔子”至“子也”. ○正義曰: 此明居喪得禮之事.

번역 ●經文: “孔子”~“子也”. ○이곳 문단은 상을 치르며 예법에 맞았

---

3) 『맹자』「이루하(離婁下)」: 孟子曰, 舜生於諸馮, 遷於負夏, 卒於鳴條, 東夷之人也. 文王生於岐周, 卒於畢郢, 西夷之人也.

4) 『예기』「단궁상(檀弓上)」【77b】: 孟獻子禫, 縣而不樂, 比御而不入. 夫子曰: “獻子加於人一等矣.”

던 사안을 나타내고 있다.

孔疏 ●“三日不怠”者, 親之初喪三日之內, 禮不怠, 謂水漿不入口之屬.

번역 ●經文: “三日不怠”. ○부모의 초상에서 3일 이내의 기간에는 예법에 대해서 태만하게 굴 수 없으니, 미음조차 먹지 않는 부류에 해당한다.5)

孔疏 ●“三月不解”者, 以其未葬之前, 朝奠·夕奠, 及哀至則哭之屬.

번역 ●經文: “三月不解”. ○아직 장례를 치르기 이전에 아침과 저녁에 지내는 전제(奠祭) 및 애통함이 지극해져서 곡(哭)을 하는 부류를 뜻한다.

孔疏 ●“期悲哀”者, 謂練以來, 常悲哀, 朝哭·夕哭之屬.

번역 ●經文: “期悲哀”. ○소상(小祥)을 치른 이후 여전히 비통하고 애통한 마음이 들어서 아침저녁으로 곡(哭)을 하는 부류 등을 뜻한다.

孔疏 ●“三年憂”者, 以服未除, 憔悴憂戚.

번역 ●經文: “三年憂”. ○상복에 대해서 아직 제거를 하지 않아서, 몸이 초췌해지고 근심스럽게 됨을 뜻한다.

---

5) 『예기』「단궁상(檀弓上)」【80d~81a】: 曾子謂子思曰: “伋! 吾執親之喪也, 水漿不入於口者七日.” 子思曰: “先王之制禮也, 過之者, 俯而就之; 不至焉者, 跂而及之. 故君子之執親之喪也, 水漿不入於口者三日, 杖而後能起.”

• 제15절 •

삼년상의 행동거지

【510a~b】

三年之喪, 言而不語, 對而不問. 廬堊室之中, 不與人坐焉.
在堊室之中, 非時見乎母也不入門.

직역 三年의 喪에서는 言이나 不語하고, 對나 不問한다. 廬나 堊室의 中이라면,
人과 與하여 坐하길 不한다. 堊室의 中에 在에는, 時히 母를 見함이 非라면 門에
不入한다.

의역 삼년상을 치를 때에는 자기 스스로 자신이 처리해야 할 일을 말하지만,
남과 함께 논의하지는 않고, 대답은 하지만 스스로 묻지는 않는다. 의려(倚廬)와
악실(堊室)에 있을 때에는 남과 함께 앉지 않는다. 악실에 있을 때에는 때에 따라
모친을 뵙는 일이 아니라면, 중문(中門)으로 들어가지 않는다.

集說 言, 自言己事也. 語, 爲人論語也. 倚廬及堊室, 說見前篇. 時見乎母,
謂有事行禮之時而入見母也. 非此則不入中門.

번역 '언(言)'은 자신이 처리해야 할 일을 스스로 말한다는 뜻이다. '어
(語)'는 남과 논의를 한다는 뜻이다. 의려(倚廬)와 악실(堊室)에 대한 설명
은 앞에 나온다.[1] "때때로 모친을 뵙는다."는 말은 어떤 사안에 따라 관련

---

1) 『예기』「잡기상(雜記上)」【492c】에는 "大夫次於公館以終喪, 士練而歸, 士次
於公館. 大夫居廬, 士居堊室."이라는 기록이 있다. 즉 "제후가 죽었을 때, 대
부는 공관(公館)에 머물며 군주의 상을 끝내고, 읍재인 사는 연제를 끝내면
되돌아가며, 조정에 속한 사는 공관에 머물며 군주의 상을 끝낸다. 임시숙소
에 머물 때 대부는 여(廬)에 머물고, 사는 악실(堊室)에 머문다."는 뜻이다.

의례를 시행할 때 들어가서 모친을 뵙는다는 뜻이다. 이러한 경우가 아니라면 중문(中門)[2]으로 들어가지 않는다.

大全 嚴陵方氏曰: 言略而語詳, 對應而問倡, 言而不語, 對而不問, 以居憂有所不暇故也. 廬堊室之中, 不與人坐, 亦憂之所獨也. 在堊室, 非時見乎母不入門, 則在廬之中, 非時亦有所不見也.

번역 엄릉방씨가 말하길, 언(言)은 간략하지만 어(語)는 상세하며, 대(對)는 응답하는 말이지만 문(問)은 자기가 먼저 묻는 것이니, 자기 혼자서 말은 하지만 남과 얘기는 하지 않고 대답은 하지만 묻지 않는 것은 상에 처하여 그와 같은 일을 할 겨를이 없기 때문이다. 여(廬)와 악실(堊室) 안에

또 이에 대한 진호(陳澔)의 『집설(集說)』에서는 "此言君喪, 則大夫居喪之次, 在公館之中, 終喪乃得還家. 若邑宰之士, 至小祥得還其所治之邑. 其朝廷之士, 亦留次公館以待終喪. 廬, 在中門外東壁, 倚木爲之, 故云倚廬. 堊室, 在中門外屋下, 壘墼爲之, 不塗墍."라고 풀이했다. 즉 "이 내용은 군주의 상이 발생하면, 대부는 상중에 머무는 임시 숙소에 머물게 되니, 공관(公館)에 있게 되며, 상을 끝내면 집으로 돌아갈 수 있다. 만약 읍재(邑宰)인 사람이라면, 소상(小祥)을 끝내면 자신이 다스리는 읍으로 되돌아갈 수 있다. 조정에 속한 사는 또한 공관에 머물며 상이 끝날 때까지 대기한다. '여(廬)'는 중문(中門) 밖 동쪽 벽에 있는 것으로 나무를 기대어 만들기 때문에, '의려(倚廬)'라고 부른다. '악실(堊室)'은 중문 밖 지붕 밑에 있으며, 흙을 쌓아 만들게 되며, 일반 건물처럼 벽에 칠을 하여 꾸미지 않는다."라는 뜻이다.

2) 중문(中門)은 내(內)와 외(外) 사이에 있는 문을 뜻한다. 궁(宮)에 있어서는 혼문(閽門)을 뜻하기도 한다. 또 천자(天子)의 궁성(宮城)에는 다섯 개의 문이 있었다고 전해지는데, 가장 밖에 있는 문부터 순차적으로 나열해보면, 고문(皐門), 치문(雉門), 고문(庫門), 응문(應門), 노문(路門)이다. 이러한 다섯 개의 문들 중 노문(路門)은 가장 안쪽에 있으므로, 내문(內門)으로 여기고, 고문(皐門)은 가장 밖에 있으므로, 외문(外門)으로 여긴다. 따라서 나머지 치문(雉門), 고문(庫門), 응문(應門)은 내외(內外)의 사이에 있으므로, 이 세 개의 문을 '중문'으로 여기기도 한다. 『주례』「천관(天官)·혼인(閽人)」편에는 "掌守王宮之中門之禁."이라는 기록이 있는데, 이에 대한 손이양(孫詒讓)의 『정의(正義)』에서는 "此中門實不專屬雉門. 當兼庫·雉·應三門言之. 蓋五門以路門爲內門, 皐門爲外門, 餘三門處內外之間, 故通謂之中門."이라고 풀이했다. 한편 정중앙에 있는 문을 '중문'이라고도 부른다.

서 남과 함께 앉지 않는 것 또한 근심이 가득하기 때문이다. 악실에 있을 때 때때로 모친을 뵙는 일이 아니라면 문으로 들어가지 않는다고 했으니, 여(廬)에 있을 때에는 특정한 때가 아니면 또한 찾아뵙지 못하는 점이 있다.

鄭注 言, 言己事也. 爲人說爲語. 在堊室之中, 以時事見乎母, 乃後入門, 則居廬時不入門.

번역 '언(言)'은 자신이 처리해야 할 일을 말한다는 뜻이다. 남과 함께 말하는 것을 '어(語)'라고 한다. 악실(堊室) 안에 있을 때에는 때때로 모친을 찾아뵙게 된 이후에야 문으로 들어가니, 여(廬)에 있을 때에는 특정한 때라고 하더라도 문으로 들어가지 않는다.

釋文 堊, 烏各反, 字亦作惡, 同. 見, 賢遍反, 注同.

번역 '堊'자는 '烏(오)'자와 '各(각)'자의 반절음이며, 그 글자를 또한 '惡'자로도 기록하는데, 두 글자의 음은 동일하다. '見'자는 '賢(현)'자와 '遍(편)'자의 반절음이며, 정현의 주에 나오는 글자도 그 음이 이와 같다.

孔疏 ●"三年"至"入門". ○正義曰: 皇氏云: 上云"少連大連", 及此經云 "三年之喪", 幷下"疏衰"之等, 皆是總結上文, 敬爲上, 哀次之, 及"顔色稱其 情, 戚容稱其服". 今按別稱孔子是時之語, 不連子貢之問, 此"三年之喪"以 下, 自是記者之言, 非孔子之語. 前文"顔色稱其情", 謂據父母之喪. 此下文 "疏衰", 謂期親以下. 何得將此結上"顔色稱其情"? 皇說非也.

번역 ●經文: "三年"~"入門". ○황간은 앞 문장에서 '소련과 대련'[3] 이라고 말했고, 이곳 경문에서는 '삼년상'이라고 말했으며, 아울러 '소최(疏 衰)'[4] 등을 언급했으니, 이 모두는 앞 문장에서 공경함이 상등이 되고 애통

---

3) 『예기』 「잡기하」 【509d】 : 孔子曰, "<u>少連·大連</u>善居喪, 三日不怠, 三月不解, 期悲哀, 三年憂, 東夷之子也."

함이 그 다음이라고 말하고, "안색은 그 정감에 알맞게 하고, 수척해진 모습
은 해당하는 상복에 알맞게 한다."라고 했던 말들5)에 대해 총괄적으로 결
론을 맺은 것이라고 했다. 그런데 현재 그 내용들을 살펴보니, '공자(孔子)'
라고 별도로 지칭한 것은 당시에 공자가 했던 말을 뜻하니, 자공의 질문과
는 관련되지 않고, 이곳에서 '삼년상'이라고 한 문장으로부터 그 이하의 내
용은 『예기』를 기록한 자가 스스로 기록한 말이지, 공자의 말이 아니다.
그리고 앞에서 "안색은 해당하는 정감에 알맞게 한다."라는 말은 부모의
상에 기준을 둔 내용이다. 이곳 아래에서 '소최(疏衰)'라고 한 말은 부모에
대해서 기년상(期年喪)을 치르는 것으로부터 그 이하의 경우를 뜻한다. 따
라서 어떻게 이러한 기록들이 앞에서 "안색은 해당하는 정감에 알맞게 한
다."라고 했던 말을 결론 맺을 수 있겠는가? 그러므로 황간의 주장은 잘못
되었다.

孔疏 ●"三年之喪, 言而不語"者, 謂大夫·士言而後事行者, 故得言己事,
不得爲人語說也.

번역 ●經文: "三年之喪, 言而不語". ○대부와 사는 말을 한 이후에 일을
시행한다는 뜻이다. 그렇기 때문에 자기 스스로 처리해야 할 일에 대해서
는 말을 할 수 있지만, 남과 얘기를 할 수는 없다.

孔疏 ●"對而不問"者, 謂有問者得對, 而不得自問於人. 此謂與有服之親
者行事之時, 若與賓客疏遠者言, 則間傳云"斬衰唯而不對, 齊衰對而不言",
是也.

번역 ●經文: "對而不問". ○어떤 것을 묻는 자가 있다면 대답을 할 수
있지만, 스스로 남에게 질문을 할 수 없다는 뜻이다. 이 내용은 상복관계에

---
4) 『예기』「잡기하」【510b】: 疏衰皆居堊室不廬. 廬嚴者也.
5) 『예기』「잡기하」【509b】: 子貢問喪. 子曰, "敬爲上, 哀次之, 瘠爲下. 顔色稱其
情, 戚容稱其服."

있는 친족과 어떤 일을 시행할 때, 빈객 중 관계가 소원한 자와 말을 하는 경우를 뜻하니, 『예기』「간전(間傳)」편에서는 "참최복(斬衰服)을 착용하는 경우에는 응답만 하고 대답을 하지 않고, 자최복(齊衰服)을 착용하는 경우에는 대답은 하지만 얘기를 나누지 않는다."6)라고 했다.

孔疏 ●"廬堊室之中不與人坐"者, 按喪大記云"練, 居堊室, 不與人居", 居卽坐也, 與此同.

번역 ●經文: "廬堊室之中不與人坐". ○『예기』「상대기(喪大記)」편을 살펴보면, "소상(小祥)을 치르고 난 뒤에는 악실(堊室)에 머물며, 다른 사람과 함께 거(居)하지 않는다."7)라고 했는데, 여기에서의 '거(居)'자는 곧 앉는다는 뜻이니, 이곳의 내용과 동일하다.

訓纂 方氏苞曰: 旣練居堊室, 悲憂漸殺, 設以見母而時與內接, 哀敬之心弛焉, 則衰麻哭泣皆僞也. 故見母亦有時, 所以責人子哀敬之誠而大爲之防也.

번역 방포8)가 말하길, 소상(小祥)을 치른 뒤 악실(堊室)에 머무는 이유는 비통함과 근심스러움이 점차 줄어들기 때문인데, 모친을 뵙기 위해서 수시로 안으로 들어가 만나 뵙게 된다면, 애통하고 공경스러운 마음이 풀어져서, 상복을 입고 곡을 하며 눈물을 흘리는 일들이 모두 거짓된 행동이 된다. 그렇기 때문에 모친을 찾아뵐 때에도 또한 정해진 시기를 두었으니, 자식의 애통하고 공경스러운 진실된 마음에 대해 문책하고 너무 커지는 것을 방지하기 위한 것이다.

---

6) 『예기』「간전(間傳)」【665d】: 斬衰唯而不對, 齊衰對而不言, 大功言而不議, 小功緦麻議而不及樂. 此哀之發於言語者也.
7) 『예기』「상대기(喪大記)」【539a】: 旣練, 居堊室, 不與人居. 君謀國政, 大夫士謀家事. 旣祥, 黝堊, 祥而外無哭者, 禫而內無哭者, 樂作矣故也.
8) 방포(方苞, A.D.1668~A.D.1749): 청대(淸代)의 학자이다. 자(字)는 영고(靈皐)이고, 호(號)는 망계(望溪)이다. 송대(宋代)의 학문과 고문(古文)을 추종하였다.

集解 愚謂: 三年之喪, 立不群, 行不旅, 坐不與人俱, 皆爲其狎處忘哀也.

번역 내가 생각하기에, 삼년상을 치를 때에는 사람들이 모여 있는 장소에 가서 뭇 사람들과 자리를 함께 하지 않고, 뭇 사람들과 무리를 지어 다니지 않으며,[9] 앉을 때에도 남과 함께 앉지 않으니, 이 모두는 너무 친숙한 곳에서는 애통한 마음을 잊어버리기 때문이다.

---

9) 『예기』「증자문(曾子問)」【238a】: 曾子問曰: 三年之喪, 弔乎. 孔子曰: <u>三年之喪, 練, 不群立, 不旅行</u>, 君子禮以節情, 三年之喪而弔哭, 不亦虛乎.

그림 15-1   ▣ 의려(倚廬)

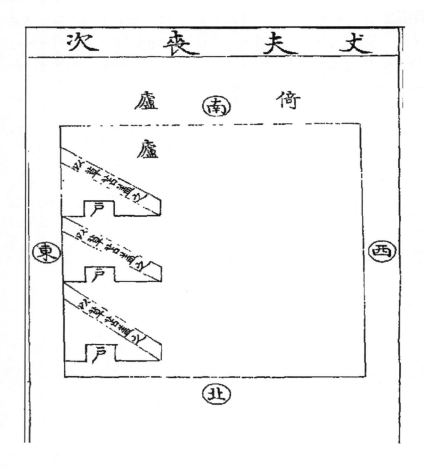

※ 출처: 『가산도서(家山圖書)』

● 그림 15-2 ■ 의려(倚廬)

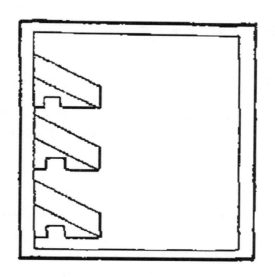

倚廬

※ **출처:**『삼례도집주(三禮圖集注)』15권

• 제 16 절 •

자최복(齊衰服)의 상과 악실(堊室)

【510b】

> 疏衰皆居堊室不廬. 廬嚴者也.

직역 疏衰는 皆히 堊室에 居하며 不廬한다. 廬는 嚴者이다.

의역 자최복(齊衰服)을 입고 치르는 상에서는 모든 경우 악실(堊室)에 머물며 의려(倚廬)에 머물지 않는다. 의려라는 곳은 매우 엄숙한 장소이기 때문이다.

集說 疏衰, 齊衰也. 齊衰有三年者, 有期者, 有三月者. 凡喪次, 斬衰居倚廬, 齊衰居堊室. 大功有帷帳, 小功緦麻有牀第. 廬嚴者, 謂倚廬乃哀敬嚴肅之所, 服輕者不得居.

번역 '소최(疏衰)'는 자최복(齊衰服)[1]이다. 자최복을 입는 경우에는 삼년상을 치를 때가 있고, 기년상을 치를 때가 있으며, 삼개월상을 치를 때가 있다. 무릇 상을 치르며 머무는 임시 숙소에 있어서, 참최복(斬衰服)[2]을

---

1) 자최복(齊衰服)은 상복(喪服) 중 하나로, 오복(五服)에 속한다. 거친 삼베를 사용해서 만들며, 자른 부위를 꿰매어 가지런하게 정리하기 때문에, '자최복'이라고 부른다. 이 복장을 입게 되는 기간에도 여러 종류가 있는데, 3년 동안 입는 경우는 죽은 계모(繼母)나 자모(慈母)를 위한 경우이고, 1년 동안 입는 경우는 손자가 죽은 조부모를 위해 입는 경우와 남편이 죽은 아내를 입는 경우 등이다. 그리고 1년 동안 '자최복'을 입는 경우, 그 기간을 자최기(齊衰期)라고도 부른다. 또 5개월 동안 입는 경우는 죽은 증조부나 증조모를 위한 경우이며, 3개월 동안 입는 경우는 죽은 고조부나 고조모를 위한 경우 등이다.

2) 참최복(斬衰服)은 상복(喪服) 중 하나로, 오복(五服)에 속한다. 상복 중에서도 가장 수위가 높은 상복이다. 거친 삼베를 사용해서 만들며, 자른 부위를

착용했을 때에는 의려(倚廬)에 머물고, 자최복을 착용했을 때에는 악실(堊室)에 머문다. 대공복(大功服)을 착용했을 때에는 휘장과 장막을 치며, 소공복(小功服)과 시마복(緦麻服)을 착용했을 때에는 평상과 대자리가 있게 된다. '여엄자(廬嚴者)'는 의려는 애통함과 공경함을 나타내어 엄숙해야 할 장소이니, 수위가 낮은 상복을 착용한 경우에는 거처할 수 없다는 뜻이다.

鄭注 言廬, 哀敬之處, 非有其實則不居.

번역 여(廬)는 애통함과 공경함을 나타내는 장소이니, 그에 해당하는 실질적인 마음을 갖추지 않았다면, 거처해서는 안 된다는 뜻이다.

꿰매지 않기 때문에 참최(斬衰)라고 부른다. 이 복장을 입게 되는 기간은 일반적으로 3년에 해당하며, 죽은 부모를 위해 입거나, 처 또는 첩이 죽은 남편을 위해 입는다.

• 제 17절 •

상을 치를 때 나타나는 슬픔의 수위

【510c】

妻視叔父母, 姑姊妹視兄弟, 長中下殤視成人.

직역 妻는 叔父母에 視하고, 姑와 **姊妹**는 兄弟에 視하며, 長中下殤은 成人에 視한다.

의역 처의 상을 치르며 나타내는 슬픔은 숙부나 숙모의 상을 치를 때에 준하고, 고모 및 자매의 상을 치를 때에는 형제의 상을 치를 때에 준하며, 장상(長殤)·중상(中殤)·하상(下殤)[1]의 상을 치를 때에는 성인(成人)이 죽었을 때에 준한다.

集說 哀戚輕重之等, 各有所比, 殤服皆降, 而哀之如成人, 以本親重故也.

번역 애통함과 슬픔에는 경중의 차등이 있으니, 각각 비견되는 점이 있고, 요절한 자의 상복에 대해서는 모두 등급을 낮추지만, 슬픔에 있어서는 성인(成人)인 자가 죽었을 경우와 같으니, 본래의 친족관계가 두텁기 때문이다.

大全 嚴陵方氏曰: 此言輕重雖稍異, 而哀戚略同也.

번역 엄릉방씨가 말하길, 이 내용은 경중에 따라 비록 작은 차이점들이 있지만, 애통함과 슬픔에 있어서는 대체적으로 동일하다는 뜻이다.

---

1) 하상(下殤)은 8~11세 사이에 요절한 자를 뜻한다. 『의례』「상복(喪服)」편에 "十一至八歲爲下殤."이라는 기록이 있다.

鄭注 視, 猶比也, 所比者, 哀容居處也.

번역 '시(視)'자는 "견준다[比]."는 뜻이니, 견주는 것은 애통함과 수척해지는 용모 및 머무는 곳을 뜻한다.

釋文 長, 丁丈反.

번역 '長'자는 '丁(정)'자와 '丈(장)'자의 반절음이다.

孔疏 ●"妻視"至"成人". ○正義曰: 此一經明此等之親, 服雖有異, 其哀戚輕重各視所正之親: 妻居廬而杖, 抑之視叔父母; 姑·姊妹出適, 服輕, 進之視兄弟; 長·中·下殤服輕, 上從本親, 視其成人也.

번역 ●經文: "妻視"~"成人". ○이곳 경문은 이러한 차등적 관계에 있는 친족에 대해서, 그들에 대한 상복에는 차이점이 있지만, 그들을 위해 애통함과 슬퍼함을 나타낼 때의 차이는 각각 가까운 친족에 대한 경우에 견준다는 뜻을 나타내고 있다. 따라서 처를 위해 상을 치를 때에는 여(廬)에 머물며 지팡이를 잡게 되니, 그녀에 대한 규정을 억눌러서 숙부모에 대한 경우에 준하도록 하는 것이며, 고모와 자매 중 다른 집으로 시집을 간 경우에는 상복의 수위가 낮으므로, 그녀들에 대한 규정을 진작시켜서 형제에 대한 경우에 준하도록 하는 것이고, 장상(長殤)·중상(中殤)·하상(下殤)을 한 자에 대해서는 상복의 수위가 낮으므로, 위로 본래의 친족 관계에 따르게 되어, 성인에 대한 경우에 준하도록 하는 것이다.

【510c】

親喪外除, 兄弟之喪內除.

직역 親喪에서는 外除하고, 兄弟의 喪에서는 內除한다.

의역   부모의 상을 치를 때에는 그 기한이 끝났더라도 슬픔을 잊지 못하는 것이고, 형제의 상을 치를 때에는 그 기한이 아직 끝나지 않았더라도 슬픔이 줄어들게 된다.

集說   鄭氏曰: 外除, 日月已竟而哀未忘. 內除, 日月未竟而哀已殺.

번역   정현이 말하길, '외제(外除)'는 그 기한이 이미 끝났지만 슬픔을 아직 잊지 못한다는 뜻이다. '내제(內除)'는 그 기한이 아직 끝나지 않았는데도 슬픔이 이미 줄어들었다는 뜻이다.

大全   長樂黃氏曰: 內除外除, 皆言日月已竟, 服重者, 則外雖除, 而內未除, 服輕者, 則不唯外除, 而內亦除也, 所以不同.

번역   장락황씨2)가 말하길, '내제(內除)'와 '외제(外除)'는 모두 기한이 이미 끝난 경우를 뜻하니, 수위가 높은 상복을 착용한 경우 외적으로 비록 상복을 제거하더라도, 내적으로 그 마음을 거두지 못한 것이며, 수위가 낮은 상복을 착용한 경우 단지 외적으로만 상복을 제거하는 것이 아니라, 내적으로도 그 마음 또한 거두는 것이다. 이것이 바로 그 차이점이다.

鄭注   日月已竟, 而哀未忘. 日月未竟, 而哀已殺.

번역   외제(外除)는 기한이 이미 끝났음에도 슬픔을 아직 잊지 못하는 것이다. 내제(內除)는 기한이 아직 끝나지 않았는데도 슬픔이 이미 줄어든 것이다.

---

2) 황간(黃幹, A.D.1152~A.D.1221) : =면재황씨(勉齋黃氏)·삼산황씨(三山黃氏)·장락황씨(長樂黃氏)·황면재(黃勉齋)·황직경(黃直卿). 남송(南宋) 때의 학자이다. 자(字)는 직경(直卿)이고, 호(號)는 면재(勉齋)이다. 주자(朱子)에게서 수학하였으며, 주자의 사위였다. 저서로는 『오경통의(五經通義)』 등이 있다.

釋文 已殺, 已或作以. 殺, 色界反, 徐所例反.

번역 '已殺'에서의 '已'자를 다른 판본에서는 '以'자로 기록하기도 한다. '殺'자는 '色(색)'자와 '界(계)'자의 반절음이며, 서음(徐音)은 '所(소)'자와 '例(례)'자의 반절음이다.

孔疏 ●"親喪"至"內除". ○正義曰: "親喪外除"者, 謂父母之喪. 外謂服也. 服猶外, 隨日月漸除, 而深心哀未忘.

번역 ●經文: "親喪"~"內除". ○경문의 "親喪外除"에 대하여. 부모의 상을 치르는 경우를 뜻한다. '외(外)'자은 상복을 뜻한다. 상복은 겉에 착용하여, 기한에 따라 점차 제거하게 되지만, 마음에 있는 슬픔은 잊지 못하는 것이다.

孔疏 ●"兄弟之喪內除"者, 兄弟謂期服以下及小功・緦也. 內, 心也. 服制未釋, 而心哀先殺, 由輕故也.

번역 ●經文: "兄弟之喪內除". ○'형제(兄弟)'는 기년복(期年服)으로부터 그 이하로 소공복(小功服)과 시마복(緦麻服)의 관계에 있는 자들을 뜻한다. '내(內)'자는 마음을 뜻한다. 상복제도에 있어서 아직 상복을 벗지 않았지만, 마음에 있는 슬픔이 먼저 줄어들게 되니, 수위가 낮은 상복을 착용했기 때문이다.

訓纂 黃勉齋曰: 若日月未竟, 而哀先殺, 是不終喪也. 內除外除, 皆言日月已竟, 服重者外雖除而內未除, 服輕者不唯外除而內亦除也.

번역 황면재가 말하길, 만약 기한이 아직 끝나지 않았는데도 슬픔이 먼저 줄어들게 된다면, 이것은 상을 제대로 끝내지 못한 것이다. 따라서 '내제(內除)'와 '외제(外除)'는 모두 기한이 이미 끝난 경우를 뜻하니, 수위가 높은 상복을 착용한 경우 외적으로 비록 상복을 제거하더라도 내적으로 그 마음을 거두지 못한 것이며, 수위가 낮은 상복을 착용한 경우 단지 외적으로만 상복을 제거하는 것이 아니라, 내적으로도 그 마음 또한 거두는 것이다.

集解 兄弟之喪, 自期以下之喪也.

번역 형제의 상은 기년복(期年服)으로부터 그 이하의 관계에 있는 자의 상이다.

【510c~d】

> 視君之母與君之妻3), 比之兄弟, 發諸顔色者亦不飮食也.

직역 君의 母와 君의 妻에 視함에는 兄弟에 比하고, 顔色에 發하는 者는 亦히 飮食을 不한다.

의역 군주의 모친 및 군주의 처에 대해 슬픔을 나타낼 때에는 자기 형제의 상에 준하고, 그 효과가 안색으로 나타날 수 있는 음식들은 또한 마시거나 먹지 않는다.

集說 君母·君妻, 小君也. 服輕, 哀之比兄弟之喪. 然於酒肴之珍醇, 可以發見顔色者, 亦不飮之食之也.

번역 군주의 모친과 군주의 처는 모두 소군(小君)4)이다. 상복의 수위가

---

3) '처(妻)'자에 대하여. 『십삼경주소(十三經注疏)』 북경대 출판본에서는 "'처'자를 혜동(惠棟)의 『교송본(校宋本)』, 『석경(石經)』·『송감본(宋監本)』·『악본(岳本)』·『가정본(嘉靖本)』 및 위씨(衛氏)의 『집설(集說)』에는 동일하게 기록되어 있고, 『고문(考文)』에서 인용하고 있는 『고본(古本)』과 『족리본(足利本)』에도 동일하게 기록되어 있다. 『민본(閩本)』·『감본(監本)』·『모본(毛本)』에는 '처'자 앞에 '군지(君之)'라는 두 글자가 기록되어 있다. 『석경고문제요(石經考文提要)』에서는 "『송대자본(宋大字本)』·『송본구경(宋本九經)』·『남송건상본(南宋巾箱本)』·『여인중본(余仁仲本)』·『유숙강본(劉叔剛本)』에는 모두 군지(君之)라는 두 글자가 없다.'"라고 했다.

가볍지만, 그녀들에 대한 애통함은 형제의 상에 준한다. 그러므로 술과 안주 중의 값진 음식과 진한 술에 있어서는 안색으로 나타날 수 있는 것이니, 또한 마시거나 먹지 않는다.

鄭注 言小君服輕, 亦內除也. 發於顔色, 謂醲美酒食, 使人醉飽.

번역 소군(小君)에 대한 상복은 수위가 낮으니, 또한 내제(內除)에 해당한다는 뜻이다. "안색으로 나타난다."는 것은 진하고 맛있는 술과 음식은 사람들을 취하게 만들고 배가 부르도록 만든다는 뜻이다.

釋文 醲, 女龍反.

번역 '醲'자는 '女(녀)'자와 '龍(룡)'자의 반절음이다.

孔疏 ●"視君"至"食也". ○正義曰: "視君之母與妻"者, 視, 比也, 謂比視君之母與君之妻, 輕重之宜, 比於己之兄弟.

번역 ●經文: "視君"~"食也". ○경문의 "視君之母與妻"에 대하여. '시(視)'자는 "견준다[比]."는 뜻이니, 군주의 모친과 군주의 처에 대해서 견주게 된다면, 경중에 따른 마땅함이 있으니, 자신의 형제에게 견준다는 의미이다.

孔疏 ●"發諸顔色者, 亦不飮食也"者, 若其酒食不發見於顔色者, 則得飮食之; 若發見於顔色者, 亦不得飮食也.

번역 ●經文: "發諸顔色者, 亦不飮食也". ○만약 술과 음식 중 안색으로 나타나지 않는 것들이라면 마시거나 먹을 수 있다. 만약 안색으로 표가 나

---

4) 소군(小君)은 주대(周代)에 제후의 부인을 지칭하던 용어이다. 『춘추』「희공(僖公) 2년」편에는 "夏五月辛巳, 葬我小君哀姜."이라는 용례가 있다.

는 것들이라면 마시거나 먹을 수 없다.

【510d】

免喪之外行於道路, 見似目瞿, 聞名心瞿, 弔死而問疾, 顔色
戚容必有以異於人也. 如此而后可以服三年之喪, 其餘則直道
而行之是也.

직역 喪을 免한 外에 道路에서 行함에, 似를 見하면 目瞿하고, 名을 聞하면 心
瞿하며, 死를 弔하고 疾을 問함에, 顔色과 戚容에 必히 人과 異함이 有하다. 此와
如한 后에 可히 三年의 喪을 服하니, 그 餘는 道에 直하여 行함이 是하다.

의역 부모에 대한 삼년상을 끝낸 이후라도, 길을 가다 부모와 비슷한 자를 보게
되면 눈을 동그랗게 뜨며 놀라서 허둥대고, 어떤 자가 이름을 부르는 것을 들었는
데, 그것이 자신의 부모 이름과 같다면, 마음이 깜짝 놀라 허둥대며, 죽은 자를
조문하고 병든 자를 위문함에, 부모에 대한 생각이 들어서 안색과 슬퍼하는 모습에
반드시 다른 자들과 차이가 나게 된다. 이처럼 된 이후에야 삼년상을 치를 수 있으
며, 나머지 수위가 낮은 상에 있어서는 상례의 규정에 따라 시행하는 것이 옳다.

集說 見人貌有類其親者, 則目爲之瞿然驚變; 聞人所稱名與吾親同, 則心
爲之瞿然驚變. 喪服雖除, 而餘哀未忘, 故於弔死問疾之時, 戚容有加異於無
憂之人也. 如此而後可以服三年之喪, 言其哀心誠實無僞也. 其餘服輕者, 直
道而行, 則不過循喪禮而已.

번역 남의 모습을 보았을 때 부모와 비슷한 점이 있다면, 눈은 놀라게
되어 마치 깜짝 놀라 허둥대는 것처럼 되고, 남이 부르는 이름을 들었을
때 자신의 부모와 이름이 같다면, 마음은 놀라게 되어 마치 깜짝 놀라 허둥
대는 것처럼 된다. 상복에 있어서 비록 제거를 했더라도, 남아 있는 슬픔은
잊을 수가 없기 때문에, 죽은 자를 조문하고 병든 자를 문병할 때에도 근심

스러워하는 모습은 근심이 없는 자들과 차이가 난다. 이와 같이 된 이후에
야 삼년상을 치를 수 있으니, 애통한 마음과 진실됨에 거짓이 없다는 뜻이
다. 그 외 수위가 낮은 상복을 착용하는 경우라면, 단지 법도에 따라서 시행
하니, 상례의 규정에 따라 지내는데 불과할 따름이다.

大全 盧陵胡氏曰: 路隋父死母告以貌類父, 終身不引鏡, 近於目瞿. 劉溫
叟父名岳, 終身不聽絲竹, 近於心瞿. 弔問, 哀痛之處, 戚容應甚.

번역 여릉호씨가 말하길, 노수의 부친이 돌아가셨는데, 노수가 부친의
모습과 비슷하다고 모친이 말하자, 종신토록 거울을 가까이 하지 않았다고
했으니, 이것은 "눈으로 놀란다."고 한 말과 가깝다. 유온수의 부친은 이름
이 악(岳)이어서, 종신토록 현악기 및 피리 등의 음악을 듣지 않았다고 했
으니, "마음으로 놀란다."고 한 말과 가깝다. 조문을 하거나 문병을 하는
것은 애통함이 극심한 곳에서 하게 되니, 슬픔에 찬 모습이 나타나는 것이
매우 마땅하다.

鄭注 惻隱之心能如是, 則其餘齊衰以下直道而行, 盡自得也. 似, 謂容貌
似其父母也. 名, 與親同.

번역 측은한 마음이 이와 같을 수 있어야만 나머지 자최복(齊衰服)으로
부터 그 이하의 상에 대해서 상례의 규정에 따라 시행하더라도 그 자체로
마땅하게 할 수 있다. '사(似)'자는 모습이 부모와 유사하다는 뜻이다. '명
(名)'은 부친과 이름이 같다는 뜻이다.

釋文 瞿, 九遇反, 下同.

번역 '瞿'자는 '九(구)'자와 '遇(우)'자의 반절음이며, 아래문장에 나오는
글자도 그 음이 이와 같다.

孔疏 ●"免喪"至"是也". ○正義曰: "見似目瞿"者, 謂旣除喪之後, 若見他人形狀似於其親, 則目瞿然.

번역 ●經文: "免喪"~"是也". ○경문의 "見似目瞿"에 대하여. 이미 상을 끝낸 뒤라 하더라도 만약 자신의 부모와 모습이 같은 남을 보게 된다면, 눈을 동그랗게 뜨며 놀라게 된다는 뜻이다.

孔疏 ●"聞名心瞿"者, 聞他人所稱名與父名同, 則心中瞿瞿然. 上云"目瞿", 此應云"耳瞿", 而云"心瞿"者, 但耳狀難明, 因心至重, 惻隱之慘, 本瞿於心, 故直云"心瞿".

번역 ●經文: "聞名心瞿". ○다른 사람이 부른 이름을 들었는데, 자신의 부모 이름과 같다면, 마음이 화들짝 놀라게 된다. 앞에서 "눈이 놀란다."라고 했으니, 이곳에서는 마땅히 "귀가 놀란다."라고 해야 하는데, "마음이 놀란다."라고 했다. 그 이유는 귀는 놀란 모습이 나타나기 어렵고, 마음은 지극히 중대하며, 측은한 마음을 통해 나타나는 놀람은 본래 마음에서 놀라는 것에 따르기 때문에, 직접적으로 "마음이 놀란다."라고 말한 것이다.

孔疏 ●"必有以異於人也"者, 謂免喪之後, 弔死問疾, 其顏色戚容必有殊異於無喪之人, 餘行皆應如此. 獨云"弔死問疾"者, 以弔死問疾是哀痛之處. 身又除喪, 戚容應甚, 故舉弔死問疾言也.

번역 ●經文: "必有以異於人也". ○상을 끝낸 뒤, 죽은 자에 대해 조문을 하고 병이 든 자에 대해 문병을 하게 되면, 그때의 안색과 슬픔에 찬 모습은 반드시 상이 없던 자와는 다른 점이 나타나니, 다른 행실도 모두 이와 같게 된다. 유독 "죽은 자에 대해 조문을 하고 병이 든 자에 대해 문병을 한다."라고 말한 것은 죽은 자에게 조문을 하고 병이 든 자에게 문병을 하는 것은 애통함이 지극한 곳에서 하기 때문이다. 자신은 또한 제상(除喪)을 했음에도 슬퍼하는 모습이 매우 심하게 나타나게 된다. 그렇기 때문에 죽은 자에 대해 조문하고 질병이 든 자에게 문병하는 것을 기준으로 말한 것이다.

孔疏　●"其餘則直道而行之是也"者, 其餘謂期親以下也, 則直依喪之道理而行之, 於義是也. 父在爲母, 雖期年, 亦從上三年之內也.

번역　●經文: "其餘則直道而行之是也". ○'기여(其餘)'는 친족에 대한 기년상(期年喪)으로부터 그 이하의 경우를 뜻하니, 단지 상례의 도리에 따라서만 시행하는 것이 도의상 옳다는 의미이다. 부친이 생존해 계실 때 돌아가신 모친을 위해서는 비록 기년상을 치르지만, 이러한 경우에는 또한 상위의 규정에 따라서 삼년상의 범주로 여긴다.

集解　愚謂: 瞿者, 瞿瞿然, 驚貌. 蓋親喪外除, 故雖免喪而餘哀未忘若此, 其餘期喪以下, 則直道而行之, 服旣除而哀亦與之俱除可也.

번역　내가 생각하기에, '구(瞿)'자는 놀라서 불안하게 된다는 뜻으로, 놀란 모습을 뜻한다. 무릇 부모의 상에 대해서는 외제(外除)를 하기 때문에, 비록 상의 기간을 끝냈다고 하더라도 남은 슬픔에 대해서는 이처럼 잊을 수가 없는 것이며, 나머지 기년상(期年喪)으로부터 그 이하의 경우라면, 상례의 규정에 따라 시행하니, 상복을 이미 제거하면 애통함 또한 그와 함께 모두 덜어내는 것이 옳다.

• 제 18 절 •

대상(大祥)의 절차와 복장

【511a】

> 祥, 主人之除也, 於夕爲期, 朝服. 祥因其故服.

직역 祥은 主人의 除이니, 夕에 期를 爲하고, 朝服한다. 祥에서는 그 故服에 因한다.

의역 대상(大祥)의 제사는 상주가 상복을 제거하는 절차이니, 대상의 제사를 치르기 전날 저녁에 제사를 지내겠다는 계획을 알리고, 조복(朝服)을 착용한다. 대상의 제사 때에는 그 전날 저녁에 입고 있었던 복장에 따라서 조복을 착용한다.

集說 祥, 大祥也.

번역 '상(祥)'은 대상(大祥)을 뜻한다.

集說 疏曰: 祥祭之時, 主人除服之節, 於夕爲期, 謂於祥祭前夕, 預告明日祭期也. 朝服, 謂主人著朝服, 緇衣素裳, 其冠, 則縞冠也. 祥因其故服者, 謂明旦祥祭時, 主人因著其前夕故朝服也. 又曰: 此據諸侯卿大夫言之, 從祥至吉, 凡服有六: 祥祭, 朝服縞冠, 一也. 祥訖, 素縞麻衣, 二也. 禫祭, 玄冠黃裳, 三也. 禫訖, 朝服綅冠, 四也. 踰月吉祭, 玄冠朝服, 五也. 旣祭, 玄端而居, 六也.

번역 공영달[1]의 소에서 말하길, 대상(大祥)의 제사를 지내게 될 때 상

---

1) 공영달(孔穎達, A.D.574~A.D.648) : =공씨(孔氏). 당대(唐代)의 경학자이다. 자(字)는 중달(仲達)이고, 시호(諡號)는 헌공(憲公)이다. 『오경정의(五經正

주가 복장을 제거하는 규범에서는 저녁에 기약을 하니, 대상의 제사를 지내기 전날 저녁에 미리 다음날 제사를 지낼 계획에 대해서 미리 알린다는 뜻이다. '조복(朝服)'[2]은 상주가 조복을 착용한다는 뜻으로, 치의(緇衣)에 흰색의 하의를 착용하며, 그때 착용하는 관(冠)은 호관(縞冠)[3]이다. "대상에서는 옛 복장에 따른다."라고 했는데, 다음날 아침 대상의 제사를 지낼 때, 상주는 그 전날 저녁에 착용했던 옛 복장인 조복에 따른다는 뜻이다. 또 말하길, 이것은 제후에게 소속된 경과 대부를 기준으로 한 말이니, 대상으로부터 길제(吉祭)를 치를 때까지, 그 복장에는 모두 여섯 가지가 있다. 대상의 제사에서는 조복에 호관을 착용하니, 이것이 첫 번째 복장이다. 대상의 제사를 끝내면 소호(素縞)에 마의(麻衣)를 착용하니, 이것이 두 번째 복장이다. 담제(禫祭)를 치를 때에는 현관(玄冠)과 황색의 하의를 착용하니, 이것이 세 번째 복장이다. 담제를 끝내면 조복에 침관(綅冠)을 착용하니, 이것이 네 번째 복장이다. 그 달을 건너서 길제를 치르며 현관에 조복을 착용하니, 이것이 다섯 번째 복장이다. 제사를 끝내면 현단(玄端)을 착용하고 거처하니, 이것이 여섯 번째 복장이다.

集說 陸氏曰: 綅, 息廉反. 黑經白緯曰綅.

번역 육덕명[4]이 말하길, '綅'자는 '息(식)'자와 '廉(렴)'자의 반절음이다. 흑색의 날줄과 백색의 씨줄로 직조한 것을 '綅'이라고 부른다.

鄭注 爲期, 爲祭期也. 朝服以期, 至明日而祥祭, 亦朝服, 始卽吉, 正祭服

義)』를 찬정(撰定)하는데 중심적인 역할을 했다.
2) 조복(朝服)은 군주와 신하가 조회를 열 때 착용하는 복장을 뜻한다. 중요한 의식을 치를 때 착용하는 예복(禮服)을 가리키기도 한다.
3) 호관(縞冠)은 백색의 명주로 만든 관(冠)이다. 상제(祥祭)나 흉사(凶事) 때 착용했다.
4) 육덕명(陸德明, A.D.550~A.D.630) : =육원랑(陸元朗). 당대(唐代)의 경학자이다. 이름은 원랑(元朗)이고, 자(字)는 덕명(德明)이다. 훈고학에 뛰어났으며, 『경전석문(經典釋文)』등을 남겼다.

也. 喪服小記曰"除成喪者, 其祭也, 朝服縞冠", 是也. 祭猶縞冠, 未純吉也. 旣
祭, 乃服大祥素縞麻衣. 釋禫之禮云"玄衣黃裳", 則是禫祭, 玄冠矣. 黃裳者,
未大吉也. 旣祭, 乃服禫服朝服·綅冠. 踰月吉祭, 乃玄冠, 朝服. 旣祭, 玄端而
居, 復平常也.

번역 '위기(爲期)'는 제사에 대해서 기약을 한다는 뜻이다. 조복(朝服)을
착용하고 기약을 하며, 그 다음날이 되어서 대상(大祥)의 제사를 지내며
또한 조복을 착용하니, 처음으로 길한 시기로 접어들어, 정규 제사의 복장
을 착용하는 것이다. 『예기』「상복소기(喪服小記)」편에서는 "성인(成人)의
상을 끝낼 때, 그 제사에서는 조복과 호관(縞冠)을 착용한다."5)라고 했다.
제사를 치르며 여전히 호관을 착용하는 것은 아직까지 완전히 길한 시기가
되지 않았기 때문이다. 제사를 끝내면 곧 대상 이후 착용하는 소호(素縞)와
마의(麻衣)를 입는다. 「석담지례」편에서는 "현의(玄衣)에 황색 하의를 착
용한다."라고 했는데, 이것은 담제(禫祭)를 치르며 현관(玄冠)을 착용한다
는 사실을 나타낸다. 황색 하의를 착용하는 이유는 아직까지 크게 길한 시
기가 되지 않았기 때문이다. 제사를 끝내고 담제 이후 착용하는 조복과 침
관(綅冠)을 착용한다. 그 달을 건너서 길제를 치르게 되면 현관(玄冠)을 쓰
고 조복을 착용한다. 제사를 끝내면 현단(玄端)을 착용하고 거처하니, 평상
시의 복장으로 되돌리는 것이다.

釋文 朝, 直遙反, 及下"武叔朝"皆同. 禫, 大感反. 綅, 息廉反, 黑經白緯曰綅.

번역 '朝'자는 '直(직)'자와 '遙(요)'자의 반절음이며, 아래문장에서 '武叔
朝'라고 했을 때의 '朝'자도 모두 그 음이 이와 같다. '禫'자는 '大(대)'자와
'感(감)'자의 반절음이다. '綅'자는 '息(식)'자와 '廉(렴)'자의 반절음이며, 흑
색의 날줄과 백색의 씨줄로 직조한 것을 '綅'이라고 부른다.

---

5) 『예기』「상복소기(喪服小記)」【422c】: 除殤之喪者, 其祭也必玄. 除成喪者, 其
祭也朝服縞冠.

孔疏 ●"祥主"至"故服". ○正義曰: "祥, 主人之除也"者, 言祥謂祥祭之時, 主人除服之節.

번역 ●經文: "祥主"~"故服". ○경문의 "祥, 主人之除也"에 대하여. '상(祥)'이라고 한 말은 대상(大祥)의 제사를 지내는 시기를 뜻하니, 주인이 상복을 제거하는 절차를 의미한다.

孔疏 ●"於夕爲期"者, 謂於祥祭前夕, 豫告明日祥祭之期.

번역 ●經文: "於夕爲期". ○대상(大祥)의 제사를 지내기 전날 저녁에 미리 다음날 대상의 제사를 지내겠다는 기약을 알린다는 뜻이다.

孔疏 ●"朝服"者, 於此爲期之時, 主人著朝服, 謂緇衣素裳, 其冠則縞冠也.

번역 ●經文: "朝服". ○이처럼 기약을 할 때 상주는 조복(朝服)을 착용하니, 치의(緇衣)에 흰색 하의를 착용하고, 관(冠)은 호관(縞冠)을 쓴다는 뜻이다.

孔疏 ●"祥因其故服"者, 謂明旦祥之時, 主人因著其前夕故朝服也.

번역 ●經文: "祥因其故服". ○다음날 아침 대상(大祥)을 치를 때, 상주는 그 전날 저녁에 착용했던 조복(朝服)에 따른다는 뜻이다.

孔疏 ◎注"爲期"至"常也". ○正義曰: "始卽吉, 正祭服也"者, 以其往前居喪, 今將除服, 故云"始卽吉". 於練祭之時, 不著祭服. 於此祥時, 正著祭服, 故云"正祭服". 此朝服謂之正祭服者, 以諸侯卿大夫朝服而祭, 故少牢禮云"主人朝服", 是也. 按上雜記端衰‧喪車皆無等, 則祥後幷禫服, 尊卑上下無別, 皆服此緇衣素裳也. 此據諸侯卿大夫言之, 故云"正祭服". 引喪服小記者, 證此經中"朝服", 是除成喪之服. 云"祭猶縞冠, 未純吉也"者, 以純吉朝服玄冠. 今著縞冠, 故云"未純吉". 云"旣祭, 乃服大祥素縞麻衣"者, 間傳文.

以祥祭奪情, 故朝服縞冠. 祥祭雖訖, 哀情未忘, 其服稍重, 故著縞冠素紕麻衣. 引釋禪之禮者, 是變除禮也. 其禮云玄衣黃裳, 旣著玄衣, 應著玄冠, 故云 "則是禪祭, 玄冠"矣. 云"黃裳者, 未大吉也"者, 以大吉當玄衣素裳. 今用黃裳, 故云"未大吉". 云"旣祭, 乃服禪服朝服・緇冠"者, 亦變除禮文. 以祥祭之後乃著大祥素縞麻衣, 故知禪祭之後亦著禪服・朝服・緇冠也. 云"踰月吉祭, 乃玄冠朝服"者, 以少牢吉祭朝服故也. 若天子諸侯以下, 各依本官吉祭之服也. 云"旣祭, 玄端而居, 復平常也"者, 謂旣祭之後, 同平常無事之時故也. 從祥至吉, 凡服有六. 祥祭, 朝服縞冠, 一也. 祥訖, 素縞麻衣, 二也. 禪祭, 玄冠黃裳, 三也. 禪訖, 朝服緇冠, 四也. 踰月吉祭, 玄冠朝服, 五也. 旣祭, 玄端而居, 六也.

번역 ◎鄭注: "爲期"~"常也". ○정현이 "처음으로 길한 시기로 접어들어, 정규 제사의 복장을 착용하는 것이다."라고 했는데, 이전에는 상을 치르고 있었고 현재 상복을 제거하려고 하기 때문에, "처음으로 길한 시기로 접어들었다."라고 말했다. 소상(小祥)의 제사를 치를 때에는 제사 복장을 착용하지 않는다. 이처럼 대상(大祥)의 제사를 치를 때 바로 제사 복장을 착용하기 때문에 "바로 제사 복장을 착용한다."라고 말했다. 여기에서 말한 '조복(朝服)'에 대해서 정규 제사의 복장이라고 한 이유는 제후에게 소속된 경과 대부는 조복을 착용하고 제사를 지내기 때문이다. 그래서 『의례』「소뢰궤식례(少牢饋食禮)」편에서는 "주인은 조복을 착용한다."[6]라고 말한 것이다. 『예기』「잡기상(雜記上)」편을 살펴보면 단최(端衰)[7]와 상거(喪車)[8]

---

6) 『의례』「소뢰궤식례(少牢饋食禮)」: 主人朝服, 西面于門東. 史朝服, 左執筮, 右抽上韇, 兼與筮執之, 東面受命于主人.

7) 단최(端衰)는 상복의 상의를 뜻하는데, 6촌(寸)으로 만든 상복을 가슴 앞에 달기 때문에, 그 상의를 또한 '최(衰)'라고 부른다. '단(端)'자는 장폭을 뜻한다. 길한 시기에 착용하는 현단복(玄端服)의 경우, 몸통과 소매 부분의 너비는 모두 2척(尺) 2촌(寸)의 것을 정폭으로 삼고, 상복의 상의 또한 이처럼 만든다. 그런데 현제 상복 부분을 가슴 앞에 단 것을 사용하기 때문에, '단최(端衰)'라고 부른 것이다.

8) 상거(喪車)는 악거(惡車)라고도 부른다. 장례(葬禮)를 치를 때 사용되는 수레이다. 다만 시신의 관을 싣는 용도로 사용되는 것이 아니라, 그의 자식이 타

제18절 大祥(대상)의 절차와 복장 111

는 모두 귀천에 따른 차등이 없다고 했으니,9) 대상을 치른 이후 담제(禫祭)
를 치를 때의 복장에 있어서 각 신분 및 상하 계층에 있어서 차별이 없으므
로, 모두 여기에서 말한 치의와 흰색의 하의를 착용하게 된다. 이 내용은
제후에게 소속된 경과 대부를 기준으로 말한 것이다. 그렇기 때문에 "정규
제사 복장이다."라고 말했다. 정현이 『예기』「상복소기」편의 내용을 인용했
는데, 이것은 경문에 나오는 '조복(朝服)'이 성인(成人)의 상을 치르며 상복
을 제거할 때 입는 옷임을 증명하기 위해서이다. 정현이 "제사를 치르며
여전히 호관(縞冠)을 착용하는 것은 아직까지 완전히 길한 시기가 되지 않
았기 때문이다."라고 했는데, 순전히 길한 시기에 착용하는 조복에는 현관
(玄冠)을 착용한다. 그런데 현재는 호관을 착용한다고 했다. 그렇기 때문에
"완전히 길한 시기가 되지 않았기 때문이다."라고 말한 것이다. 정현이 "제
사를 끝내면 곧 대상 이후 착용하는 소호(素縞)와 마의(麻衣)를 입는다."라
고 했는데, 이것은 『예기』「간전(間傳)」편의 기록이다.10) 대상의 제사에서
는 정감을 떨쳐내기 때문에 조복에 호관을 착용한다. 대상의 제사가 비록
끝났다고 하더라도 애통한 정감을 아직 잊을 수 없으니, 그 복장에 있어서
도 조금 무겁게 된다. 그렇기 때문에 호관에 소비(素紕)11)를 하고 마의(麻
衣)를 착용한다. 정현이 「석담지례」편의 기록을 인용했는데, 이것은 『변제
례』의 기록이다. 그 예법에 대해서 현의(玄衣)와 황색 하의를 착용한다고
했는데, 이미 현의를 착용한다고 했다면, 마땅히 현관(玄冠)을 착용하게 된
다. 그렇기 때문에 "이것은 담제(禫祭)를 치르며 현관을 착용한다는 사실을
나타낸다."라고 말한 것이다. 정현이 "황색 하의를 착용하는 이유는 아직까
지 크게 길한 시기가 되지 않았기 때문이다."라고 했는데, 크게 길한 시기에

게 되는 수레이다. 『예기』「잡기상(雜記上)」편에는 "端衰·喪車皆無等."이라
는 기록이 있는데, 이에 대한 공영달(孔穎達)의 소(疏)에서는 "喪車者, 孝子
所乘惡車也."라고 풀이했다.

9) 『예기』「잡기상(雜記上)」 【500a】: 祭稱"孝子"·"孝孫", 喪稱"哀子"·"哀孫".
   <u>端衰喪車皆無等.</u>

10) 『예기』「간전(間傳)」 【668a】: 又期而大祥素縞麻衣. 中月而禫禫而纖, 無所不佩.

11) 소비(素紕)는 관(冠)의 양쪽 측면 과 테두리 밑의 경계지점에 흰색의 명주로
    가선을 댄 것을 뜻한다.

는 마땅히 현의에 흰색의 하의를 착용하기 때문이다. 현재 황색의 하의를
착용하기 때문에, "아직까지 크게 길한 시기가 되지 않았기 때문이다."라고
말했다. 정현이 "제사를 끝내고 담제 이후 착용하는 조복과 침관(緇冠)을
착용한다."라고 했는데, 이 또한『변제례』의 기록이다. 대상의 제사를 치른
이후라면 대상 이후 착용하는 소호(素縞)와 마의(麻衣)를 착용한다. 그렇기
때문에 담제를 치른 이후에도 또한 담제를 치른 이후의 복장인 조복과 침
관을 착용한다는 사실을 알 수 있다. 정현이 "그 달을 건너서 길제를 치르
게 되면 현관(玄冠)을 쓰고 조복을 착용한다."라고 했는데,『의례』「소뢰궤
식례(少牢饋食禮)」편에서는 길제를 치르며 조복을 착용한다고 했기 때문
이다. 만약 천자와 제후로부터 그 이하의 계층이라면 각각 본래의 관직 등
급에 따라 길제에 착용하는 복장에 따른다. 정현이 "제사를 끝내면 현단(玄
端)을 착용하고 거처를 하니, 평상시의 복장으로 되돌리는 것이다."라고 했
는데, 제사를 끝낸 이후에는 평상시 특별한 일이 없을 때와 동일하기 때문
이다. 대상으로부터 길제를 치르는 시기까지는 착용하는 복장에 총 여섯
종류가 있다. 대상의 제사를 치를 때에는 조복에 호관을 착용하니, 이것이
첫 번째 복장이다. 대상의 제사를 끝내면 소호에 마의를 착용하니, 이것이
두 번째 복장이다. 담제를 치를 때에는 현관과 황색의 하의를 착용하니,
이것이 세 번째 복장이다. 담제를 끝내면 조복에 침관을 착용하니, 이것이
네 번째 복장이다. 그 달을 건너서 길제를 치르며 현관에 조복을 착용하니,
이것이 다섯 번째 복장이다. 제사를 끝내면 현단을 착용하고 거처하니, 이
것이 여섯 번째 복장이다.

集解　愚謂: 凡祭皆前夕爲期, 特牲禮"請期曰羹飪", 是也. 吉時朝服玄冠·
緇布衣·素裳, 大祥朝服用朝服之衣·裳, 其冠則縞冠也. 士祭服玄端, 而祥·
禫之祭乃服朝服者, 玄端, 純吉服也, 朝服素裳, 與喪服之色相似, 故祥祭服
之, 旣祭則服麻衣以居, 其冠無變也. 間傳曰, "大祥素縞·麻衣", "禫而纖". 祥
祭縞冠·朝服, 則禫祭纖冠·玄端與. 大夫以上之祥祭, 其服蓋與此同, 其首
服則用縞而如弁之制爲之與.

번역 내가 생각하기에, 무릇 제사를 지낼 때에는 모두 그 전날 저녁에 기약을 하니, 『의례』「특생궤식례(特牲饋食禮)」편에서 "기약을 하고 찾아오기를 청하며, '고깃국과 고기를 익혀 두었습니다.'"12)라고 한 말이 바로 이러한 사실을 나타낸다. 길한 시기에 조복(朝服)을 착용할 때에는 현관(玄冠)과 치포(緇布)로 만든 상의 및 흰색의 하의를 착용하며, 대상(大祥)을 치르며 조복을 착용할 때에는 조복에 착용하는 상의와 하의를 사용하지만, 관(冠)은 호관(縞冠)을 착용한다. 사가 제사를 지낼 때에는 현단(玄端)을 착용하지만, 대상과 담제(禫祭)를 치를 때에는 조복을 착용한다. 그 이유는 현단은 순전히 길한 복장에 해당하며, 조복에 흰색의 하의를 착용하는 것은 상복의 색깔과 서로 비슷하기 때문에 대상의 제사에서는 그 복장을 착용하고, 제사가 끝나게 되면 마의(麻衣)를 착용하고 거처하며, 관(冠)에 있어서는 변화가 없다. 『예기』「간전(間傳)」편에서는 "대상을 치르고 소호(素縞)에 마의를 착용한다."라고 했고, "담제를 치르고서 침(綅)을 한다."라고 했다.13) 대상의 제사에서 호관과 조복을 착용한다면, 담제를 치를 때에는 침관(綅冠)과 현단을 착용했을 것이다. 대부로부터 그 이상의 계층이 대상의 제사를 지내게 된다면, 그때의 복장은 아마도 이와 같았을 것이며, 머리에 착용하는 것은 흰색의 천을 사용하여 변(弁)을 만드는 제도에 따라 만들었을 것이다.

集解 愚謂: 註疏所言大祥後變除之服, 皆本於變除禮, 而變除禮實未足據也. 大祥素縞 · 麻衣, 此自祥祭服之, 以至於禫而除者也. 禫而玄端 · 綅冠, 此自禫祭服之, 以至於吉祭而除者也. <說詳玉藻.> 旣禫則纖冠 · 深衣以居, 以旣祥縞冠 · 麻衣推之可知也. 深衣者, 燕居之所常服也. 麻衣卽深衣, 但其緣異耳. 至吉祭玄冠 · 玄端. 特牲禮主人祭玄端, 除喪吉祭, 當用平時吉祭之服也. 旣祭則朝玄端, 夕深衣, 復其常也.

---

12) 『의례』「특생궤식례(特牲饋食禮)」 : 請期, 曰"羹飪." 告事畢. 賓出, 主人拜送.
13) 『예기』「간전(間傳)」 **【668a】** : 又期而大祥素縞麻衣. 中月而禫禫而纖, 無所不佩.

번역 내가 생각하기에, 정현의 주와 공영달의 소에서는 대상(大祥)을 치른 이후 복장을 바꾸고 제거할 때에 대해서는 모두 「변제례」에 근거하고 있는데, 「변제례」는 진실로 근거로 삼기에는 부족한 기록이다. 대상을 치르고 소호(素縞)와 마의(麻衣)를 착용한다고 했는데, 이것은 대상의 제사로부터 이 복장을 착용하고, 담제를 치르게 되면 제거하는 것이다. 담제를 치르고서 현단(玄端)과 침관(綅冠)을 착용한다고 했는데, 이것은 담제로부터 이 복장을 착용하여, 길제를 치르게 되면 제거하는 것이다. <자세한 설명은 『예기』「옥조(玉藻)」편에 나온다.> 이미 담제를 치렀다면 섬관(纖冠)과 심의(深衣)를 착용하고 거처하니, 대상의 제사를 끝내고 호관(縞冠)과 마의를 착용한다는 사실을 통해 추론해보면 이러한 사실을 알 수 있다. '심의(深衣)'[14]라는 것은 한가롭게 거처할 때 일상적으로 착용하는 복장이다. '마의(麻衣)'라는 것은 곧 심의에 해당하지만, 가선에 차이가 있을 따름이다. 길제를 치르게 되면 현관과 현단을 착용한다. 『의례』「특생궤식례(特牲饋食禮)」편에서 주인은 제사를 지내며 현단복을 착용한다고 했는데, 상을 끝내고 길제를 치르게 되면, 마땅히 평상시 길제를 치를 때의 복장을 사용해야 한다. 제사를 끝냈다면 아침에는 현단을 착용하고 저녁에는 심의를 착용하니, 일상적인 경우로 되돌아가기 때문이다.

---

14) 심의(深衣)는 일반적으로 상의와 하의가 서로 연결된 옷을 뜻한다. 제후, 대부(大夫), 사(士)들이 평상시 집안에 거처할 때 착용하던 복장이기도 하며, 서인(庶人)에게는 길복(吉服)에 해당하기도 한다. 순색에 채색을 가미하기도 했다.

● 그림 18-1 ▣ 제후의 조복(朝服)

※ **출처:**『삼례도집주(三禮圖集注)』1권

그림 18-2 ◼ 사의 현단복(玄端服)

※ **출처:**『삼례도집주(三禮圖集注)』1권

■ 그림 18-3 ▣ 심의(深衣)

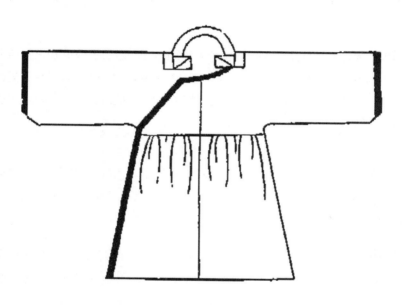

深衣即中衣麻衣長衣註見本章

※ 출처: 『삼례도집주(三禮圖集注)』 3권

【511b】

子游曰, "旣祥, 雖不當縞者, 必縞然後反服."

직역 子游가 曰, "旣히 祥이면, 雖히 縞에 不當한 者라도, 必히 縞한 然後에 服을 反한다."

의역 자유가 말하길, "대상(大祥)을 치른 이후 찾아온 조문객이 있다면, 비록 호관(縞冠)을 착용하는 때가 아니더라도, 반드시 호관을 착용한 뒤에 조문을 받는다. 그런 뒤에는 대상 이후 착용하는 소호(素縞)와 마의(麻衣)로 다시 갈아입는다." 라고 했다.

集說 疏曰: 旣祥, 謂大祥後有來弔者, 雖不當縞, 謂不正當祥祭縞冠之時也. 必縞然後反服者, 主人必須著此祥祭縞冠以受弔者之禮, 然後反服大祥後素縞麻衣之服也.

번역 공영달의 소에서 말하길, '기상(旣祥)'은 대상(大祥)을 치른 이후 찾아온 조문객이 있는 경우를 뜻하며, "비록 호관(縞冠)을 착용하는 경우에 해당하지 않는다."라는 말은 대상의 제사에서 호관을 착용해야 하는 때에 해당하지 않는다는 말이다. "반드시 호관을 착용한 뒤에야 복장을 되돌린다."라는 말은 주인은 반드시 대상의 제사 때 쓰는 호관을 착용하고서 조문을 받는 예법에 따라야 하며, 그런 뒤에는 대상 이후 착용하는 소호(素縞)와 마의(麻衣)의 복장으로 다시 갈아입는다는 뜻이다.

大全 山陰陸氏曰: 一說親喪雖旣祥, 猶有他喪未除, 今以祥故無所不用縞, 縞旣祥之服也. 然後反服, 然後反他喪之服.

번역 산음육씨가 말하길, 일설에는 부모의 상에서 비록 이미 대상(大祥)을 치렀지만, 여전히 다른 상을 치르며 아직 제복(除服)을 하지 않았는데, 현재 대상을 치러야 하므로, 일부러 호관(縞冠)을 사용하지 않는 경우가 없는 것은 호관은 대상을 끝낸 뒤에 착용하는 복장이기 때문이다. "그런 뒤에 복장을 되돌린다."는 말은 그런 뒤에 다른 상에 대한 상복으로 다시 갈아입는다는 뜻이다.

鄭注 謂有以喪事贈賵來者, 雖不及時, 猶變服, 服祥祭之服以受之, 重其禮也. 其於此時始弔者, 則衛將軍文子之爲之是矣. 反服, 反素縞麻衣也.

번역 상사를 치르며 증(贈)15)이나 봉(賵)16) 등을 가지고 찾아온 조문객이 있을 때, 비록 해당 시기에 도착하지 못했지만, 여전히 복장을 바꾸니, 대상(大祥)의 제사 때 착용하는 복장을 입고서 조문을 받는 것은 그 예법을 중시여기기 때문이라는 뜻이다. 이 시기에 처음으로 조문을 받는 경우라면, 위(衛)나라 장군이었던 문자에 대해 했던 행동처럼 해야 한다.17) '반복(反

---

15) 증(贈)은 상사의 일을 돕도록 부의로 보내온 물건을 뜻한다. 죽은 자를 위해 보내온 물건으로, 외관(外棺) 안에 함께 부장하는 것을 뜻하기도 하며, 부의를 범칭하는 용어로도 사용된다.

16) 봉(賵)은 부의를 보낸다는 뜻이며, 또한 부의로 보내는 특정 물건을 가리키기도 한다. '봉'은 상사(喪事)에 사용될 수레나 말을 부의로 보내는 것이다. 『예기』「문왕세자(文王世子)」편에는 "族之相爲也, 宜弔不弔, 宜免不免, 有司罰之. 至于賵賻承含, 皆有正焉."이라는 기록이 있는데, 이에 대한 진호(陳澔)의 『집설(集說)』에서는 "賵以車馬."라고 풀이했다.

17) 『예기』「단궁상(檀弓上)」【89d~90a】에는 "將軍文子之喪, 旣除喪而後越人來弔, 主人深衣·練冠, 待於廟, 垂涕洟. 子游觀之, 曰: '將軍文氏之子, 其庶幾乎! 亡於禮者之禮也. 其動也中.'"이라는 기록이 있다. 즉 "장군(將軍)인 문자(文子)의 상(喪)에, 그의 아들은 이미 상(喪)을 끝냈는데, 그 이후에 월(越)나라 사람이 찾아와서 조문을 하였다. 그러자 문자의 아들은 심의(深衣)를 입고, 연관(練冠)을 착용하고서, 신주(神主)가 있는 묘(廟)에서 기다렸으며, 조문객이 오자 곡(哭)은 하지 않고 눈물만 흘렸다. 자유(子游)가 그 모습을 관찰하고 말하길, '장군인 문씨의 아들은 그 행동이 예법에 가깝구나! 본래 상(喪)을 끝낸 뒤에 조문을 받는 예(禮)의 규정이 없는데도, 이러한 상황에 처해서 적절한 예(禮)를 시행했으니, 그의 행동은 모두 절도에 맞는구나.'라고 했다."라는 뜻이다. 이에 대한 정현의 주에서는 "主人, 文子之子簡子瑕也. 深衣練冠, 凶服變也. 待于廟, 受弔不迎賓也. 中禮之變."이라고 풀이했다. 즉 "'주인(主人)'은 문자(文子)의 아들인 간자(簡子) 하(瑕)이다. 심의(深衣)와 연관(練冠)을 착용하는 것은 흉복(凶服)에 변화를 준 것이다. 묘(廟)에서 대기를 하

服)’은 소호(素縞)와 마의(麻衣)로 다시 갈아입는다는 뜻이다.

孔疏 ●“子游”至“反服”. ○正義曰: “旣祥”, 謂大祥之後有人以喪事來弔者.

번역 ●經文: “子游”~“反服”. ○‘기상(旣祥)’은 대상(大祥)을 치른 이후 상사에 조문을 하기 위해 찾아온 자가 있는 경우를 뜻한다.

孔疏 ●“雖不當縞者”, 謂來弔者旣晚, 不正當祥祭縞冠之時.

번역 ●經文: “雖不當縞者”. ○찾아와 조문하는 자가 이미 늦게 도착한 것으로, 이 시기는 대상(大祥)의 제사 때 착용해야 하는 호관(縞冠)을 쓰는 시기에 해당하지 않는다는 뜻이다.

孔疏 ●“必縞, 然後反服”者, 主人必須反著此祥服縞冠受來弔者之禮, 然後反服大祥素縞麻衣之服.

번역 ●經文: “必縞, 然後反服”. ○상주는 반드시 대상(大祥) 때 착용하는 호관(縞冠)으로 갈아입고서 조문을 받는 예법을 시행해야만 하고, 그런 뒤에는 다시 대상 이후 착용하는 소호(素縞)와 마의(麻衣)의 복장으로 갈아입어야 한다.

孔疏 ◎注“謂有”至“麻衣”. ○正義曰: 知此“以喪事贈賵來”者, 若其由未來, 今始弔者, 雖禫祭除喪之後, 猶練冠而受弔, 則衛將軍文子之子是也. 練重, 於此禫祭之前, 主人尙吉而受禮. 明此來者, 是於前先已來, 今重至, 故主人著縞冠, 輕於練冠也. 云“其於此時始弔者, 則衛將軍文子之爲之”者, 鄭云此者, 證其來雖在後, 其實事不同, 衛將軍文子之子是除喪服之後始來弔. 此據於先已來弔之, 後始來贈賵也. 云“反服, 反素縞麻衣”者, 鄭恐反服, 反18)

며, 조문을 받았지만, 조문객을 맞이하지는 않았다. 자유(子游)가 칭찬한 이유는 예(禮) 중의 변례(變禮)에 맞았기 때문이다.”라는 뜻이다.

吉服之服, 此謂禪祭之前, 故知反服素縞麻衣也.

번역 ◎鄭注: "謂有"~"麻衣". ○정현이 "상사를 치르며 증(贈)이나 봉(賵) 등을 가지고 찾아온 조문객이 있기 때문이다."라고 했는데, 이러한 사실을 알 수 있는 이유는 만약 그가 그 이전까지 찾아오지 않아서, 현재 처음으로 조문을 받는 경우라면, 비록 담제(禪祭)를 치르고서 상을 끝낸 뒤라 하더라도, 여전히 연관(練冠)을 착용하고서 조문을 받으니, 위(衛)나라 장군이었던 문자의 자식이 행동했던 경우와 같다. 소상(小祥)은 중대한 절차이며, 담제를 치르기 이전이 되는데, 상주는 오히려 길복을 착용하고서 조문 받는 예법을 시행한다. 이것은 찾아온 자가 그 이전에 이미 왔었던 자임을 나타내며, 현재 거듭 찾아온 것이기 때문에 상주가 호관(縞冠)을 착용하는 것이니, 연관보다는 덜 중요한 복장이기 때문이다. 정현이 "이 시기에 처음으로 조문을 받는 경우라면, 위(衛)나라 장군이었던 문자에 대해 했던 행동처럼 해야 한다."라고 했는데, 정현이 이처럼 말한 것은 찾아온 자가 비록 해당하는 시기보다 늦게 도착하여, 실제의 상황은 동일하지 않지만, 위나라 장군 문자의 자식은 상복을 제거한 이후에 처음으로 찾아와 조문을 받은 경우에 해당한다. 이곳의 내용은 그 이전에 이미 찾아와서 조문을 했고, 그 이후에 찾아와서 증(贈)이나 봉(賵)을 전달한 경우에 기준을 두고 있다. 정현이 "'반복(反服)'은 소호(素縞)와 마의(麻衣)로 다시 갈아입는다는 뜻이다."라고 했는데, 정현은 '반복(反服)'이라는 말이 길복의 복장으로 갈아입는다고 오해할 것을 염려했기 때문이니, 이 내용은 아직 담제를 치르기 이전에 해당한다. 그렇기 때문에 '반복(反服)'이라는 말이 소호와 마의로 갈아입는다는 뜻임을 알 수 있다.

集解 愚謂: 此謂親喪旣練而有大功以上之喪者也. 前言"有父之喪, 未沒

---

18) '반(反)'자에 대하여. '반'자는 본래 '석(夕)'자로 기록되어 있었는데, 완원(阮元)의 『교감기(校勘記)』에서는 "포당은 '석'자가 '습(襲)'자의 오자라고 의심을 했다. 내가 살펴보니, '석'자는 마땅히 '반'자가 되어야 하니, 자형이 비슷해서 생긴 오류이다."라고 했다.

喪而母死, 則其除父之喪也, 服其除服", 義與此同. 但前專言父喪將沒而遭母喪, 此廣言親喪將沒而遭他喪耳. 蓋三年之葛, 大功以上之麻, 皆得變之, 至大祥之祭, 則必還服重喪之縞, 所謂"服其除服"也.

번역 내가 생각하기에, 이 내용은 부모의 상에 대해서 이미 소상(小祥)을 치렀고, 이후 대공복(大功服)으로부터 그 이상의 관계에 있는 자가 죽은 경우에 해당한다. 앞에서는 "부친의 상을 치르고 있는데, 그 시기가 소상을 치렀지만 아직 대상(大祥)을 치르지 않은 시기이다. 그런데 이때 모친이 돌아가시게 되면, 부친에 대해 제상(除喪)을 할 때 제상 때의 복장을 착용한다."[19]라고 했으니, 그 의미가 이곳과 동일하다. 다만 앞에서는 전적으로 부친의 상을 끝내려고 하는데 모친의 상을 당한 경우만을 언급한 것이고, 이곳에서는 부모의 상에 대해서 끝내려고 하는데 다른 상을 당한 경우를 광범위하게 말한 것일 뿐이다. 무릇 삼년상에 차는 갈(葛)로 만든 질(絰)과 대공복으로부터 그 이상의 상복에 차는 마(麻)로 만든 질은 모두 바꿀 수 있고, 대상의 제사를 치르게 된다면, 반드시 복장을 되돌려 중대한 상에서 착용하는 호관(縞冠)을 착용해야 하니, 이것이 바로 "제상(除喪)을 할 때 제상 때의 복장을 착용한다."는 뜻이다.

---

19) 『예기』「잡기하」【507a】: <u>有父之喪, 如未沒喪而母死, 其除父之喪也, 服其除服</u>, 卒事, 反喪服.

그림 18-4 ◼ 자유(子游)

像　游　子

※ **출처:** 『삼재도회(三才圖會)』「인물(人物)」 4권

• 제19절 •

사의 상에서 조문객과 성용(成踊)

【511c】

當袒, 大夫至, 雖當踊, 絶踊而拜之, 反, 改成踊, 乃襲. 於士, 旣事成踊襲, 而后拜之, 不改成踊.

직역 袒에 當한데, 大夫가 至하면, 雖히 踊에 當이라도, 踊을 絶하고 拜하며, 反하여, 改하여 成踊하고, 襲한다. 士에 대해서는 旣히 事하고 踊을 成하고서 襲하며, 그 后에 拜하니, 成踊을 不改한다.

의역 사(士)에게 상이 발생하여 단(袒)을 해야 하는 때인데, 대부(大夫)가 조문을 하기 위해 찾아왔다면, 비록 그 시기가 용(踊)을 하고 있던 때라 하더라도, 용(踊)을 멈추고 밖으로 나가서 대부에게 절을 하며, 그 일이 끝나면 다시 되돌아와서 용(踊)의 절차를 마치며, 그런 뒤에 습(襲)을 한다. 만약 사가 찾아온 경우라면, 해당하는 일들을 마치고 용(踊)의 절차를 끝낸 뒤에 습(襲)을 하고, 그런 뒤에 밖으로 나가서 절을 하니, 다시 고쳐서 용(踊)을 마무리 짓지 않는다.

集說 疏曰: 此明士有喪, 大夫及士來弔之禮. 士有喪當袒之時, 而大夫來弔, 蓋斂竟時也, 雖當主人踊時, 必絶止其踊而出拜此大夫. 反, 還也. 改, 更也. 拜竟而反還先位, 更爲踊而始成踊, 尊大夫之來, 新其事也. 乃襲者, 踊畢乃襲初袒之衣也. 於士旣事成踊襲者, 旣, 猶畢也, 若當主人有大小斂諸事而士來弔, 則主人畢事而成踊, 踊畢而襲, 襲畢乃拜之, 拜之而止, 不更爲之成踊也.

번역 공영달의 소에서 말하길, 이 내용은 사에게 상이 발생했을 때, 대부 및 사가 찾아와서 조문을 할 때의 예법을 나타내고 있다. 사가 상을 치르며 마땅히 단(袒)[1]을 해야 하는 때, 대부가 찾아와서 조문을 한 것이니,

무릇 염(斂)²⁾을 끝냈을 때에는 비록 주인이 용(踊)을 해야 하는 때라고 하
더라도, 반드시 용(踊)하던 것을 멈추고 밖으로 나와서 찾아온 대부에게
절을 해야 한다. '반(反)'자는 "되돌아간다[還]."는 뜻이다. '개(改)'자는 다
시[更]라는 뜻이다. 절을 끝내고서 앞서 위치하던 자리로 되돌아가고 다시
용(踊)을 하여, 비로소 용(踊)의 절차를 마치니, 대부가 찾아온 사실을 존귀
하게 여겨서, 그 일을 새롭게 만들기 때문이다. '내습(乃襲)'은 용(踊)을 끝
내면 최초 단(袒)을 했던 옷을 습(襲)³⁾한다는 뜻이다. "사에 대해서는 그
일을 마치며 용(踊)을 끝내고서 습(襲)을 한다."라고 했는데, '기(既)'자는
"마치다[畢]."는 뜻으로, 만약 주인에게 대렴(大斂)⁴⁾과 소렴(小斂)⁵⁾ 등의
여러 사안이 있을 때, 사가 찾아와서 조문을 한다면, 주인은 그 일을 끝내고
용(踊)의 절차를 마치며, 용(踊)을 끝내고서 습(襲)을 하고, 습(襲)하는 일
이 끝나면 그에게 절을 하며, 절을 하고서 그치니, 다시금 그를 위해 용(踊)
의 절차를 마무리 짓지 않는다.

鄭注 尊大夫來, 至則拜之, 不待事已也. 更成踊者, 新其事也. 於士, 士至
也. 事謂大小斂之屬.

번역 대부가 찾아온 것을 존귀하게 여기니, 그가 도착하면 그에게 절을
하여, 자신이 시행하는 일을 끝낼 때까지 기다리게 하지 않는다. 다시 용

---

1) 단(袒)은 상중(喪中)에 남자들이 취하는 복장 방식이다. 상의 중 좌측 어깨
   쪽을 드러내는 방법이다. 한편 일반적인 의례절차에서도 단(袒)의 복장 방식
   을 취하는 경우가 있다.
2) 염(斂)은 시신에 옷을 입혀서 관에 안치하는 것을 뜻한다.
3) 습(襲)은 고대에 의례를 시행할 때 하는 복장 방식 중 하나이다. 겉옷으로 안
   에 입고 있던 옷들을 완전히 가리는 방식이다. 한편 '습'은 비교적 성대한 의
   식 때 시행하는 복장 방식으로도 사용되어, 안에 있고 있는 옷을 드러내지
   않음으로써, 공경의 뜻을 표하기도 했다.
4) 대렴(大斂)은 상례(喪禮) 절차 중 하나이다. 소렴(小斂)을 끝낸 뒤에, 시신을
   관에 안치하는 절차이다.
5) 소렴(小斂)은 상례(喪禮) 절차 중 하나이다. 죽은 자의 시신을 목욕시키고,
   의복을 착용시키며, 그 위에 이불 등으로 감싸는 절차를 뜻한다.

(踊)의 절차를 마무리 짓는 것은 그 일을 새롭게 하기 위해서이다. '어사(於士)'는 사가 찾아왔다는 뜻이다. '사(事)'는 대렴(大斂)이나 소렴(小斂) 등의 일을 뜻한다.

釋文 袒音但.

번역 '袒'자의 음은 '但(단)'이다.

孔疏 ●"當袒"至"成踊". ○正義曰: 此一節明士有喪, 大夫及士來弔之禮.

번역 ●經文: "當袒"~"成踊". ○이곳 문단은 사에게 상이 발생했는데, 대부 및 사가 찾아와서 조문할 때의 예법을 나타내고 있다.

孔疏 ●"當袒, 大夫至"者, 謂士有喪, 當袒之時, 而大夫來弔也. 崔云: "謂斂竟時也."

번역 ●經文: "當袒, 大夫至". ○사에게 상이 발생하여, 마땅히 단(袒)을 해야 할 때인데, 대부가 찾아와서 조문을 했다는 뜻이다. 최영은6)은 "염(斂)을 마쳤을 때를 뜻한다."라고 했다.

孔疏 ●"雖當踊"者, 假令大夫至, 當主人踊時也.

번역 ●經文: "雖當踊". ○가령 대부가 찾아왔을 때, 그 시기가 주인이 용(踊)을 하는 때에 해당한다는 의미이다.

孔疏 ●"絶踊而拜之"者, 主人則絶止踊而拜此大夫也.

---

6) 최영은(崔靈恩, ?~?) : =최씨(崔氏). 남북조(南北朝) 때의 학자이다. 오경(五經)에 능통하였고, 다른 경전에도 두루 해박하였다고 전해진다. 『모시(毛詩)』, 『주례(周禮)』 등에 주석을 달았고, 『삼례의종(三禮義宗)』, 『좌씨경전의(左氏經傳義)』 등을 지었다.

번역 ●經文: "絶踊而拜之". ○상주의 경우 용(踊)하던 것을 멈추고 찾아온 대부에게 절을 한다.

孔疏 ●"反, 改成踊"者, 反, 還也. 改, 更也. 拜大夫竟, 而反還先位, 更爲踊, 而始成踊, 尊大夫之來, 欲新其事也. 故云"反, 改成踊". 按檀弓云"大夫弔, 當事而至則辭焉", 是當大夫絶踊, 則士大小斂時, 主人不出, 故辭大夫也. 今此云"絶踊而拜之", 故知是斂已竟, 當其袒踊時出之也.

번역 ●經文: "反, 改成踊". ○'반(反)'자는 "되돌아간다[還]."는 뜻이다. '개(改)'자는 다시[更]라는 뜻이다. 대부에게 절하는 절차가 끝나면, 이전의 자리로 되돌아가서 다시 용(踊)을 시행하여, 비로소 용(踊)의 절차를 마무리 지으니, 대부가 찾아온 것을 존귀하게 여겨서, 그 사안을 새롭게 하고자 해서이다. 그렇기 때문에 "되돌아가서 다시 용(踊)의 절차를 마무리 한다."라고 말한 것이다. 『예기』「단궁(檀弓)」편을 살펴보면, "대부가 사에게 조문을 하는데, 만약 상주가 시행하고 있는 일이 있을 때 당도하게 된다면, 그 일을 돕는 자가 나와서, 상주가 현재 어떠한 일을 시행하고 있다고 아뢴다."[7] 라고 했으니, 이곳에서 대부가 왔을 때 용(踊)을 그쳐야 한다고 했다면, 사가 대렴(大斂)이나 소렴(小斂) 등의 일을 치르고 있을 때에는 상주가 밖으로 나올 수 없기 때문에, 대부에게 그 사안을 알린다고 한 것이다. 그런데 현재 이곳에서는 "용(踊)하던 것을 멈추고 그에게 절을 한다."라고 했다. 그렇기 때문에 이 사안이 이미 염(斂)을 마친 상태여서, 단(袒)을 하고 용(踊)을 해야 하는 때이므로, 밖으로 나오게 된다는 사실을 알 수 있다.

孔疏 ●"乃襲者", 謂更成踊竟, 乃襲初袒之衣也. 此云"乃襲", 則知鄕者止踊拜大夫時未襲也.

번역 ●經文: "乃襲者". ○다시 용(踊)의 절차를 마무리 짓고, 그 일이

---

7) 『예기』「단궁하(檀弓下)」【109a】: 大夫弔, 當事而至, 則辭焉. 弔於人, 是日不樂. 婦人不越疆而弔人. 行弔之日, 不飮酒食肉焉.

끝나면 최초 단(袒)을 했던 옷을 습(襲)한다는 뜻이다. 이곳에서 "곧 습(襲)을 한다."라고 했으니, 이전에 용(踊)을 하던 것을 멈추고 대부에게 절을 할 때에는 아직 습(襲)을 하지 않았다는 사실을 알 수 있다.

孔疏 ●"於士, 旣事成踊"者, 旣, 猶畢也. 若當主人有大小斂諸事, 而士來弔, 則主人畢事竟而成踊, 不卽出拜也. 然士言旣事, 則大夫亦然. 大夫言絶踊, 則士固不絶踊也.

번역 ●經文: "於士, 旣事成踊". ○'기(旣)'자는 "마치다[畢]."는 뜻이다. 만약 주인에게 대렴(大斂)이나 소렴(小斂) 등의 사안이 있을 경우, 사가 찾아와서 조문을 한다면, 상주는 그 일들을 끝내고서 용(踊)의 절차를 마무리 지으니, 곧바로 밖으로 나와 절을 하지 않는다. 그런데 사에 대해서 "일을 마친다."라고 말했다면, 대부에 대한 경우 또한 이처럼 한다. 대부에 대해서 "용(踊)을 멈춘다."라고 했다면, 사에 대해서는 진실로 중간에 용(踊)을 멈추지 않는 것이다.

孔疏 ●"襲而后拜之"者, 成踊畢而襲, 襲畢乃拜之也.

번역 ●經文: "襲而后拜之". ○용(踊)의 절차를 마무리 짓는 일이 끝나고서 습(襲)을 하고, 습(襲)이 끝나면 곧 절을 한다는 뜻이다.

孔疏 ●"不改成踊"者, 拜之而止, 不更爲成踊也.

번역 ●經文: "不改成踊". ○절을 하고서 그치니, 다시금 용(踊)의 절차를 마무리 짓지 않는다는 뜻이다.

訓纂 方氏苞曰: 士喪禮大斂畢, "主人奉尸斂於棺, 踊如初, 乃蓋, 主人降, 拜大夫之後至者, 北面視殯, 設熬, 卒塗, 置銘, 復位, 踊, 襲", 正與此合. 若方殯, 雖有後至者, 不降拜. 檀弓"大夫弔, 當事而至, 則辭焉", 是也.

번역 방포가 말하길, 『의례』「사상례(士喪禮)」편에서는 대렴(大斂)을 마친 뒤, "상주가 시신을 받들어 관에 안치하며, 용(踊)은 처음과 같이 시행하고, 곧 관의 뚜껑을 덮으며, 상주가 내려가서 대부 중 뒤늦게 도착한 자에 대해서 절을 하며, 북쪽을 바라보고 가매장한 장소를 살피며 곡을 하고, 붉은 곡식을 바치며, 관의 틈새 막는 일을 끝내고, 명(銘)[8]을 설치하고 다시 자리로 되돌아가고, 용(踊)을 하고 습(襲)을 한다."[9]라고 하였으니, 이곳의 내용과 부합한다. 만약 빈소를 만들고 있을 때라면, 비록 뒤늦게 도착한 조문객이 있더라도, 당하(堂下)로 내려가서 절을 하지 않는다. 『예기』「단궁(檀弓)」편에서 "대부가 사에게 조문을 하는데, 만약 상주가 시행하고 있는 일이 있을 때 당도하게 된다면, 그 일을 돕는 자가 나와서, 상주가 현재 어떠한 일을 시행하고 있다고 아뢴다."라고 한 말이 바로 이러한 상황에 해당한다.

集解 愚謂: 此謂大夫士於主人於斂畢, 既卽位而後至者. 大夫尊, 不待成禮而拜之. 反, 反阼階下之位也. 改成踊者, 爲初尙未成乎踊也. 踊以三者, 三爲成. 士卑, 成禮而後拜之, 不改成踊, 爲已成乎踊也. 若至在主人卽位之先, 則於降卽位時皆先拜之, 乃卽位而踊也.

번역 내가 생각하기에, 이 내용은 대부와 사가 상주에게 조문을 하는데, 그 시기가 염(斂)을 마쳐서 이미 자리로 나아간 상황이며 그 이후에 도착한 경우를 뜻한다. 대부는 존귀하므로 예법 절차를 마칠 때까지 기다리지 않고 그에게 절을 한다. '반(反)'자는 동쪽 계단 아래에 있는 자리로 되돌아간다는 뜻이다. "다시 용(踊)을 마무리한다."라고 했는데, 최초 용(踊)의 절차를 마무리 짓지 못했기 때문이다. 용(踊)을 할 때에는 세 차례 하게 되는데,

---

8) 명정(銘旌)은 명정(明旌)이라고도 부른다. 영구(靈柩) 앞에 세워서 죽은 자의 관직(官職) 및 성명(姓名)을 표시하는 깃발이다.

9) 『의례』「사상례(士喪禮)」: 主人奉尸斂于棺, 踊如初, 乃蓋. 主人降, 拜大夫之後至者, 北面視肂. 衆主人復位. 婦人東復位. 設熬, 旁一筐, 乃塗. 踊無筭. 卒塗, 祝取銘置于肂. 主人復位, 踊, 襲.

세 차례 하게 되면 마무리가 된다. 사는 미천하므로 예법 절차를 마친 뒤에 절을 하며, 다시 용(踊)의 절차를 마무리 짓지 않으니, 이미 용(踊)의 절차를 마무리했기 때문이다. 만약 도착한 시기가 상주가 자리로 나아가기 이전의 경우라면, 당하(堂下)로 내려와서 동쪽 계단 아래의 자리로 나아갔을 때, 모두 먼저 절을 하고, 그런 뒤에 자리로 나아가서 용(踊)을 한다.

그림 19-1 ▣ 명정(銘旌)을 운반하는 모습

器明　銘旌　柴食

※ 출처:『삼재도회(三才圖會)』「의제(儀制)」7권

• 제 20 절 •

졸곡(卒哭) · 우제(虞祭) · 부제(祔祭)의 희생물

【511d】

> 上大夫之虞也少牢, 卒哭成事附皆太牢. 下大夫之虞也犆牲,
> 卒哭成事附皆少牢.

직역 上大夫의 虞에는 少牢하며, 卒哭成事와 附에는 皆히 太牢한다. 下大夫의
虞에는 犆牲하며, 卒哭成事와 附에는 皆히 少牢한다.

의역 상대부가 우제(虞祭)를 치를 때에는 소뢰(少牢)[1]를 사용하고, 졸곡(卒
哭)을 하여 길사를 완성하는 때와 부제(祔祭)를 치를 때에는 태뢰(太牢)[2]를 사용
한다. 하대부가 우제를 치를 때에는 특생(特牲)[3]을 사용하고, 졸곡을 하여 길사를

---

1) 소뢰(少牢)는 제사에서 양(羊)과 돼지[豕] 두 가지 희생물을 사용하는 것을
   뜻한다. 『춘추좌씨전』「양공(襄公) 22년」편에는 "祭以特羊, 殷以少牢."라는
   기록이 있는데, 이에 대한 두예(杜預)의 주에서는 "四時祀以一羊, 三年盛祭
   以羊豕. 殷, 盛也."라고 풀이하였다.
2) 태뢰(太牢)는 제사에서 소[牛], 양(羊), 돼지[豕] 3가지 희생물을 갖춘 것을 뜻
   한다. 『장자』「지악(至樂)」편에는 "其太牢以爲膳."이라는 기록이 있는데, 이에
   대한 성현영(成玄英)의 소(疏)에서는 "太牢, 牛羊豕也."라고 풀이하였다.
3) 특생(特牲)은 한 종류의 가축을 희생물로 사용한다는 뜻이다. '특(特)'자는
   동일 종류의 희생물을 한 마리 사용한다는 뜻이며, 특히 소를 사용할 때 사
   용하는 용어이기도 하다. 『춘추좌씨전』「양공(襄公) 9년」편에는 "祈以幣更,
   賓以特牲."이라는 기록이 있고, 이에 대한 양백준(楊伯峻)의 주에서는 "款待
   貴賓, 只用一種牲畜. 一牲曰特."이라고 풀이했다. 그런데 어떠한 가축을 사용
   했는가에 대해서는 주석들마다 차이가 있다. 『국어(國語)』「초어하(楚語下)」
   편에는 "大夫擧以特牲, 祀以少牢."라는 기록이 있고, 이에 대한 위소(韋昭)의
   주에서는 "特牲, 豕也."라고 풀이했다. 또한 『예기』「교특생(郊特牲)」편에 대
   한 육덕명(陸德明)의 제해(題解)에서는 "郊者, 祭天之名, 用一牛, 故曰特牲."
   이라고 풀이했다. 즉 '특생'으로 사용되는 가축은 '시(豕: 돼지)'도 될 수 있으

완성하는 때와 부제를 치를 때에는 소뢰를 사용한다.

集說 卒哭謂之成事, 成吉事也. 附, 祔廟也.

번역 '졸곡(卒哭)'을 성사(成事)라고 부르니, 길사를 완성했다는 뜻이다. '부(附)'자는 묘(廟)에서 부제(祔祭)를 치른다는 뜻이다.

鄭注 卒哭成事, 附, 言皆, 則卒哭成事, 附, 與虞異矣. 下大夫虞以犆牲, 與士虞禮同與.

번역 졸곡(卒哭)을 하여 길사를 완성하는 일과 부(附)에 대해서는 '개(皆)'라고 했으니, 졸곡을 하여 길사를 완성하는 일과 부제(祔祭)는 우제(虞祭)와 차이를 보인다. 하대부의 우제에서는 특생(特牲)을 사용한다고 했으니, 『의례』 「사우례(士虞禮)」편의 내용과 동일하게 했을 것이다.

釋文 犆音特. 同與, 音餘.

번역 '犆'자의 음은 '特(특)'이다. '同與'에서의 '與'자는 그 음이 '餘(여)'이다.

孔疏 ●"上大"至"少牢". ○正義曰: 上大夫平常吉[4]祭, 其禮少牢. 虞依平常禮, 故用少牢也.

번역 ●經文: "上大"~"少牢". ○상대부는 평상시 길제를 치를 때, 그 예법에서는 소뢰(少牢)를 사용한다. 우제는 평상시의 예법에 의거해서 치르기 때문에 소뢰를 사용한다.

며, 소도 될 수 있다.

4) '길(吉)'자에 대하여. '길'자는 본래 '고(告)'자로 기록되어 있었는데, 손이양(孫詒讓)의 『교기(校記)』에서는 "'길'자를 '고'자로 잘못 기록한 것이다."라고 했다.

孔疏 ●“卒哭成事, 附, 皆大牢”者, 卒哭謂之成事, 成事, 成吉事也. 故云“卒哭成事”. 附, 附廟也.

번역 ●經文: “卒哭成事, 附, 皆大牢”. ○‘졸곡(卒哭)’을 성사(成事)라고 부르는데, ‘성사(成事)’라는 것은 길사를 완성했다는 뜻이다. 그렇기 때문에 ‘졸곡성사(卒哭成事)’라고 말한 것이다. ‘부(附)’자는 묘(廟)에 부제(祔祭)를 치른다는 뜻이다.

孔疏 ○此二祭皆大, 並加一等, 故皆大牢也.

번역 ○이곳에서 말한 두 제사는 모두 중대한 제사이기 때문에, 모두 한 등급을 올리게 된다. 그래서 모두 태뢰(太牢)를 사용한다.

孔疏 ●“下大夫之虞也, 犆牲”者, 下大夫吉祭, 用少牢. 今虞祭降一等, 用犆牲.

번역 ●經文: “下大夫之虞也, 犆牲”. ○하대부는 길제를 치를 때 소뢰(少牢)를 사용한다. 현재 우제(虞祭)를 치르며 한 등급을 낮추기 때문에 특생(特牲)을 사용한다.

孔疏 ●“卒哭成事, 附, 皆少牢”者, 依平常吉祭禮也. 不云“遣奠加”者, 略可知也.

번역 ●經文: “卒哭成事, 附, 皆少牢”. ○평상시 길제를 치르는 예법에 따르기 때문이다. “견전(遣奠)5)을 더한다.”라고 말하지 않은 것은 문장을 생략했기 때문임을 알 수 있다.

---

5) 견전(遣奠)은 장차 장례(葬禮)를 치르고자 할 때, 지내게 되는 전제사[奠祭]를 뜻한다.

孔疏 ◎注"卒哭"至"異矣". ○正義曰: 鄭以士虞禮云: "三虞卒哭, 他, 用剛日." 先儒以此三虞·卒哭同是一事, 鄭因此經云"上大夫虞用少牢, 卒哭用大牢", 其牢旣別, 明卒哭與虞不同. 鄭引此文破先儒之義, 故云"卒哭成事, 與虞異矣".

번역 ◎鄭注: "卒哭"~"異矣". ○『의례』「사우례(士虞禮)」편에서 "삼우(三虞)[6]와 졸곡(卒哭) 및 해당 시기가 아닌데 장례를 치를 경우에는 강일(剛日)[7]을 사용한다."[8]라고 했고, 선대 학자들은 여기에서 말한 삼우와 졸곡을 한 사안이라고 여겼는데, 정현은 이곳 경문에서 "상대부는 우제(虞祭)를 치를 때 소뢰(少牢)를 사용하고, 졸곡(卒哭)에 태뢰(太牢)를 사용한다."라고 했고, 희생물에 대해 이미 구별을 하였으니, 이것은 졸곡과 우제가 다르다는 사실을 나타낸다고 여겼다. 정현은 이곳의 문장을 인용하여 선대 학자들의 주장을 반박했다. 그렇기 때문에 "졸곡을 하여 길사를 완성하는 일은 우제와 차이를 보인다."라고 말한 것이다.

集解 愚謂: 卒哭之祝辭曰"哀薦成事", 故卒哭謂之成事. 士虞用特牲, 與平常吉祭同. 士虞記不言卒哭·祔用牲之異, 則與虞祭同特牲也. 下大夫虞用犆牲, 與士同, 而卒哭與祔皆少牢, 則隆於士也. 上大夫虞用少牢, 卒哭與祔用大牢, 則隆於下大夫也. 上大夫之虞, 下大夫之卒哭與祔, 其牲皆平時吉祭之牲也. 上大夫之卒哭·祔加於吉祭一等而用大牢, 下大夫之虞降於吉祭一等

---

6) 삼우(三虞)는 장례(葬禮)를 끝내고 나서, 세 차례 지내게 되는 우제(虞祭)를 뜻한다. 신령을 안심시키고, 잘 안주하도록 지내는 제사이며, 계급에 따라서 그 횟수가 달랐다. 천자의 경우에는 구우(九虞)를 지냈고, 제후는 칠우(七虞)를 지냈으며, 대부(大夫)는 오우(五虞)를 지냈고, 사(士)의 경우에 '삼우'를 지냈다.

7) 강일(剛日)은 십간(十干)을 음양(陰陽)으로 구분했을 때, 양(陽)에 해당하는 날짜를 뜻한다. 십간에 따라 날짜를 구분할 때 갑(甲)·병(丙)·무(戊)·경(庚)·임(壬)자가 들어가는 날이 '강일'이 된다. '강일'과 반대되는 말은 유일(柔日)이며, 십간 중 을(乙)·정(丁)·기(己)·신(辛)·계(癸)자가 들어가는 날이 '유일'이 된다.

8) 『의례』「사우례(士虞禮)」: 三虞·卒哭·他, 用剛日, 亦如初, 曰, "哀薦成事."

而用牲牲, 或隆或殺, 亦視其宜以爲之等而已. 士遣奠進用少牢. 檀弓曰"大夫
五个, 遣車五乘", 則上·下大夫遣奠皆大牢矣. 練·祥之牲, 蓋各與其卒哭與
祔同與.

번역 내가 생각하기에, 졸곡(卒哭)을 할 때의 축사에서는 "애통한 마음
에 음식을 올려 제사를 지내며 일을 마무리 합니다."[9]라고 말한다. 그렇기
때문에 졸곡(卒哭)을 성사(成事)라고 부르는 것이다. 사의 우제(虞祭)에서
특생(特牲)을 사용하는 것은 평상시 지내는 길제와 동일하게 하는 것이다.
『의례』「사우례(士虞禮)」편의 기문(記文)에서는 졸곡과 부제(祔祭)에서 사
용하는 희생물의 차이점을 언급하지 않았으니, 우제와 동일하게 특생을 사
용하는 것이다. 하대부의 우제에 특생을 사용하는 것은 사의 경우와 동일
하지만, 졸곡과 부제에서는 모두 소뢰(少牢)를 사용하니, 사보다 융성하게
치르는 것이다. 상대부는 우제를 치를 때 소뢰를 사용하고, 졸곡과 부제에
서는 태뢰(太牢)를 사용하니, 하대부보다 융성하게 치르는 것이다. 상대부
의 우제와 하대부의 졸곡 및 부제에서 사용되는 희생물은 모두 평상시 길
제를 치르며 사용하는 희생물에 따른 것이다. 상대부의 졸곡과 부제에서는
길제보다 한 등급을 높여서 태뢰를 사용하고, 하대부의 우제에는 길제보다
한 등급을 낮춰서 특생을 사용하니, 어떤 경우에는 융성하게 높이고 어떤
경우에는 낮추는데, 이 또한 그 합당함에 견주어서 그것들의 등급을 제정
한 것일 뿐이다. 사의 견전(遣奠)에서는 소뢰를 진설한다. 『예기』「단궁(檀
弓)」편에서 "대부는 5덩이의 고기를 포장해서 사용하고, 견거(遣車)[10]는
5대를 사용한다."[11]라고 했으니, 상대부와 하대부의 견전에서는 모두 태뢰
를 사용한다. 소상(小祥)과 대상(大祥) 때 사용되는 희생물은 각각 그들이
시행하는 졸곡과 부제 때의 희생물과 동일하게 따랐을 것이다.

---

9) 『의례』「사우례(士虞禮)」 : 三虞·卒哭·他, 用剛日, 亦如初, 曰, "哀薦成事."
10) 견거(遣車)는 장례(葬禮)를 치를 때 사용되는 수레이다. 장례 때에는 장지(葬
地)에서 제사를 지내기 위해 희생물을 가져가게 된다. '견거'는 바로 희생물
의 몸체를 싣고 가는 수레를 뜻한다.
11) 『예기』「단궁하(檀弓下)」【119a】: "國君七个, 遣車七乘; 大夫五个, 遣車五乘.
晏子焉知禮?"

그림 20-1 ◨ 견거(遣車)

車　　　遣

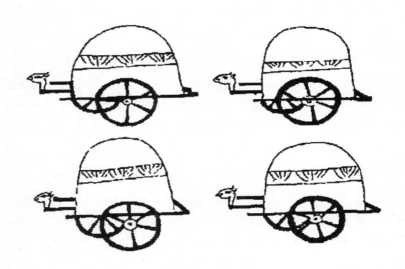

※ **출처:** 『삼례도집주(三禮圖集注)』 18권

• 제21절 •

거북점의 축사(祝辭) 칭호

【511d】

祝稱卜葬虞, 子孫曰 "哀", 夫曰 "乃", 兄弟曰 "某卜葬其兄",
弟曰 "伯子某".

직역 祝이 葬虞를 卜함에 稱할 때, 子孫이라면 曰 "哀"하고, 夫라면 曰 "乃"하
며, 兄弟라면 曰 "某가 그 兄을 葬함에 卜합니다"하며, 弟라면 曰 "伯子인 某"라
한다.

의역 장례를 치르는 날짜에 대해 거북점을 칠 때에는 축사에서 다음과 같이
지칭한다. 자식이 부친을 위해 거북점을 치거나 손자가 조부를 위해 거북점을 치는
경우라면, '애(哀)'라고 말하여, "애자(哀子)인 아무개가 부친 아무개 보(甫)의 장
례에 대해서 거북점을 칩니다."라고 말하거나 "애손(哀孫)인 아무개가 조부 아무개
보(甫)의 장례에 대해서 거북점을 칩니다."라고 말한다. 남편이 아내를 위해 거북
점을 치는 경우라면, '내(乃)'라고 말하여, "내(乃)인 아무개가 처 아무개 씨(氏)의
장례에 대해서 거북점을 칩니다."라고 말한다. 형을 위해 동생이 거북점을 치는
경우라면, "아무개가 형 아무개의 장례에 대해서 거북점을 칩니다."라고 말한다.
형이 동생을 위해 거북점을 치는 경우라면, "아무개가 동생 아무개의 장례에 대해
서 거북점을 칩니다."라고 말한다.

集說 初虞, 卽葬之日, 故幷言葬虞. 子卜葬父, 則祝辭云, "哀子某卜葬其
父某甫". 孫則云, "哀孫某卜葬其祖某甫". 夫則云, "乃某卜葬其妻某氏". 乃
者, 助語之辭, 妻卑故爾. 若弟爲兄, 則云, "某卜葬兄伯子某". 兄爲弟, 則云,
"某卜葬其弟某".

번역 초우(初虞)[1]는 장례를 치르는 날에 해당한다. 그렇기 때문에 함께 '장우(葬虞)'라고 말한 것이다. 자식이 부친의 장례를 치르는 날짜에 대해 거북점을 치게 되면, 축사에서는 "애자(哀子)인 아무개가 부친 아무개 보(甫)의 장례에 대해서 거북점을 칩니다."라고 말한다. 손자의 경우라면, "애손(哀孫)인 아무개가 조부 아무개 보(甫)의 장례에 대해서 거북점을 칩니다."라고 말한다. 남편의 경우라면, "내(乃)인 아무개가 처 아무개 씨(氏)의 장례에 대해서 거북점을 칩니다."라고 말한다. '내(乃)'라는 말은 어조사인데, 처는 미천하기 때문에 이처럼 말한다. 만약 동생이 형을 위해 거북점을 치는 경우라면, "아무개가 형인 맏아들 아무개의 장례에 대해서 거북점을 칩니다."라고 말한다. 형이 동생을 위해 거북점을 치는 경우라면, "아무개가 동생 아무개의 장례에 대해서 거북점을 칩니다."라고 말한다.

鄭注 祝稱卜葬虞者, 卜葬, 卜虞, 祝稱主人之辭也. 孫謂爲祖後者, 稱曰 "哀孫某卜葬其祖某甫". 夫曰"乃某卜葬其妻某氏". 兄弟相爲卜, 稱名而已.

번역 '축칭복장우(祝稱卜葬虞)'라고 했는데, 장례를 치르는 날짜에 대해서 거북점을 치고, 우제(虞祭)를 치르는 날짜에 대해서 거북점을 칠 때, 축문에서 주인에 대해 지칭하는 말을 뜻한다. 손(孫)은 조부의 후계자가 된 자를 뜻하니, 축문에서는 그를 지칭하며, "애손(哀孫)인 아무개가 조부 아무개 보(甫)의 장례에 대해서 거북점을 칩니다."라고 말한다. 남편의 경우라면, "내(乃)인 아무개가 처 아무개 씨(氏)의 장례에 대해서 거북점을 칩니다."라고 말한다. 형제가 서로를 위해서 거북점을 치게 되면 이름을 지칭할 따름이다.

釋文 祝, 之六反, 徐之又反. 稱, 昌升反, 徐尺證反.

번역 '祝'자는 '之(지)'자와 '六(륙)'자의 반절음이며, 서음(徐音)은 '之

---

1) 초우(初虞)는 장례(葬禮)를 치른 뒤에 빈소에서 거행하는 첫 번째 우제(虞祭)를 뜻한다.

(지)’자와 ‘又(우)’자의 반절음이다. ‘稱’자는 ‘昌(창)’자와 ‘升(승)’자의 반절음이고, 서음은 ‘尺(척)’자와 ‘證(증)’자의 반절음이다.

孔疏 ●“祝稱”至“子某”. ○正義曰: 謂卜葬擇日, 而卜人祝龜所稱主人之辭也. 而云葬虞者, 虞用葬日, 故幷言“葬虞”也.

번역 ●經文: “祝稱”~“子某”. ○장례를 위해 거북점을 쳐서 날짜를 택하며, 거북점을 치는 자가 거북껍질에 대한 축문에서 주인을 지칭하는 말에 해당한다. 그런데 ‘장우(葬虞)’라고 말한 이유는 우제(虞祭)는 장례를 치르는 날을 이용해서 치른다. 그렇기 때문에 함께 ‘장우(葬虞)’라고 말한 것이다.

孔疏 ●“子孫曰哀”者, 若子卜葬父, 則祝辭稱云“哀子某卜葬其父某甫”. 若孫卜葬祖, 則祝辭稱云“哀孫某卜葬某祖某甫”.

번역 ●經文: “子孫曰哀”. ○만약 자식이 부친의 장례를 치르며 거북점을 치게 된다면, 축사에서는 그를 지칭하며, “애자(哀子) 아무개가 부친 아무개 보(甫)의 장례에 대해서 거북점을 칩니다.”라고 말한다. 만약 손자가 조부의 장례를 치르며 거북점을 치게 된다면, 축사에서는 그를 지칭하며, “애손(哀孫) 아무개가 조부 아무개 보(甫)의 장례에 대해서 거북점을 칩니다.”라고 말한다.

孔疏 ●“夫曰乃”者, 若夫卜葬其妻, 則祝辭云“乃某卜葬其妻某氏”. 乃者, 言之助也. 妻卑, 故假助句以明夫之尊也.

번역 ●經文: “夫曰乃”. ○만약 남편이 처의 장례를 치르며 거북점을 치게 된다면, 축사에서는 “내(乃)인 아무개가 처 아무개 씨(氏)의 장례에 대해서 거북점을 칩니다.”라고 말한다. ‘내(乃)’자는 어조사이다. 처는 미천하기 때문에 구문을 꾸며주는 말을 차용하여, 남편의 존귀함을 나타내는 것이다.

孔疏 ●"兄弟曰某, 卜葬其兄弟曰伯子某"者, 若兄弟相爲, 其弟爲兄, 則祝辭云"某卜葬兄伯子某". 若兄爲弟, 則云"某卜葬其弟某". 兄弟稱名, 則子孫與夫皆稱名, 故鄭注於子孫通稱名[2]可知也.

번역 ●經文: "兄弟曰某, 卜葬其兄弟曰伯子某". ○만약 형제가 서로를 위해 거북점을 치게 되면, 동생이 형을 위해 칠 때에는 축사에서 "아무개가 형인 맏아들 아무개의 장례에 대해서 거북점을 칩니다."라고 말한다. 만약 형이 동생을 위해 거북점을 치는 경우라면, "아무개가 동생 아무개의 장례에 대해서 거북점을 칩니다."라고 말한다. 형제 사이에서는 이름을 지칭하니, 자식과 손자 및 남편의 경우에도 모두 이름을 지칭한다. 그렇기 때문에 정현은 자손(子孫)에 대한 주에서 통칭하여 이름을 지칭한다고 했던 것임을 알 수 있다.

集解 愚謂: 此謂卜葬日命龜之辭. 告神謂之祝, 非謂大祝·小祝之屬也. 士喪禮卜葬, 祝無事焉. "子孫曰哀"三句, 謂所稱主喪者之辭也. 子孫曰"哀子某"·"哀孫某", 夫曰"乃某", 兄弟相爲, 直稱名而已. 卜葬其兄弟曰"伯子某", 謂所稱死者之辭也. 伯子, 謂其居長者也. 其辭曰, "弟某來日某卜葬其伯子某甫". 若仲·叔, 亦各因而稱之, 卜葬其弟則曰, "季子某". 上言"兄弟", 下但言"伯子某", 擧一端以發其凡也.

번역 내가 생각하기에, 이 내용은 장례를 치르는 날짜에 대해서 거북점을 치며, 거북껍질에게 명령하는 말에 해당한다. 신에게 아뢰는 것을 '축(祝)'이라고 부르니, 관리들인 대축(大祝)이나 소축(小祝) 등[3]을 가리키는

---

2) '명(名)'자에 대하여. '명'자는 본래 없던 글자인데, 완원(阮元)의 『교감기(校勘記)』에서는 "혜동(惠棟)의 『교송본(校宋本)』에는 '명'자가 기록되어 있으니, 이곳 판본에는 '명'자가 누락된 것이다."라고 했다.

3) 대축(大祝)은 제사와 관련된 관직이다. 『예기』「곡례하(曲禮下)」편에는 "天子建天官, 先六大, 曰大宰, 大宗, 大史, 大祝, 大士, 大卜, 典司六典."이라고 하여, 대재(大宰)와 함께 천관(天官)에 소속된 관리로 기술되어 있다. 한편 『주례』「춘관종백(春官宗伯)」편에는 "大祝, 下大夫二人, 上士四人, 小祝, 中士八人,

말이 아니다.『의례』「사상례(士喪禮)」편에서는 장례에 대해 거북점을 치며, 축관이 시행하는 특별한 일이 없다. '자손왈애(子孫曰哀)'라는 등의 세 구문은 상을 주관하는 자를 지칭하는 말에 해당한다. 자손(子孫)의 경우에는 '애자(哀子) 아무개'라고 부르거나 '애손(哀孫) 아무개'라고 부르며, 남편의 경우에는 '내(乃) 아무개'라고 부르는데, 형제들이 서로를 위해 상을 치를 때에는 단지 이름만 지칭할 따름이다. 형제의 장례를 치르는 것에 대해 거북점을 칠 때에는 '백자(伯子) 아무개'라고도 하는데, 이것은 죽은 자를 지칭하는 말이다. '백자(伯子)'라는 말은 가장 연장자라는 뜻이다. 그때의 축사에서는 "동생 아무개가 돌아오는 아무개 날에 맏아들 아무개 보(甫)의 장례에 대해서 거북점을 칩니다."라고 말한다. 만약 둘째나 막내의 경우라면 또한 각각 그에 따라 이름을 지칭하니, 동생의 장례를 치르며 거북점을 치는 경우라면, '막내 아무개'라고 부른다. 앞에서는 '형제(兄弟)'라고 했는데, 뒤에서는 단지 '맏아들 아무개'라고만 말한 것은 한 가지 측면을 제시하여 나머지 경우까지도 나타냈기 때문이다.

下士十有六人, 府二人, 史四人, 胥四人, 徒四十人."이라고 하여, '대축'은 하대부(下大夫) 2명이 담당하고, 그 직속 휘하에는 상사(上士) 4명이 배속되어 있으며, '대축'을 돕는 소축(小祝) 관직에는 중사(中士) 4명이 담당하고, 그 휘하에는 하사(下士) 16명, 부(府) 2명, 사(史) 4명, 서(胥) 4명, 도(徒) 40명이 배속되어 있다고 기록되어 있다. 또 『주례』「춘관(春官)·대축(大祝)」편에는 "掌六祝之辭, 以事鬼神示, 祈福祥求永貞."이라고 하여, '대축'은 여섯 가지 축문에 관한 일을 담당하여, 이것으로써 귀신을 섬겨 복을 기원하는 일을 했다고 기록되어 있다.

그림 21-1 ▣ 거북점의 도구와 시초

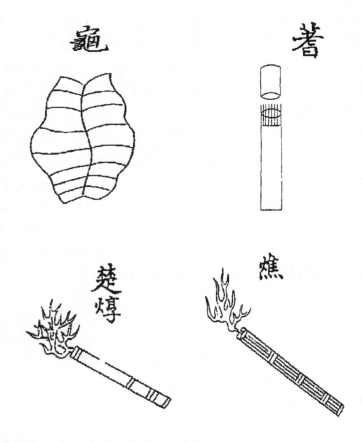

※ 출처: 『삼례도집주(三禮圖集注)』 17권

• 제 22 절 •

서인의 상장(喪杖)이 금지된 이유

【512a】

> 古者貴賤皆杖. 叔孫武叔朝見輪人以其杖關轂而輠輪者, 於是
> 有爵而後杖也.

직역 古者에 貴賤은 皆히 杖이라. 叔孫武叔이 朝에 輪人이 그 杖으로 轂에 關하고 輪을 輠하는 者를 見하고, 是에 爵이 有한 後에 杖이라.

의역 고대에는 신분에 상관없이 모두 상례를 치르며 지팡이를 사용했다. 그런데 어느 날 숙손무숙이 조회에 참여했다가 수레바퀴를 만드는 사람이 상례 때 사용하는 지팡이를 이용해서 바퀴통에 꼽고 바퀴를 회전시키는 모습을 보았다. 그 일로 인해 서인(庶人)들이 상례를 치르며 지팡이를 사용하지 못하도록 했으니, 이 시기부터 작위를 가진 자만이 지팡이를 사용하게 되었다.

集說 輪人, 作車輪之人也. 關, 穿也. 輠, 廻也. 謂以其衰服之杖穿於車轂中而迴轉其輪, 鄙褻甚矣, 自後無爵者不得杖. 此記庶人廢禮之由也.

번역 '윤인(輪人)'은 수레바퀴를 만드는 자이다. '관(關)'자는 "꿰뚫다[穿]."는 뜻이다. '과(輠)'자는 "돌리다[廻]."는 뜻이다. 즉 상복에 사용하는 지팡이로 수레의 바퀴통에 꼽고서 바퀴를 회전시켰다는 뜻으로, 너무 소홀하게 대한 것이니, 그 이후로 작위가 없는 자는 상복의 지팡이를 사용할 수 없었다. 이것은 서인(庶人)에게 있어서 관련 예법을 폐지하게 된 이유를 기록한 것이다.

鄭注 記庶人失禮所由始也. 叔孫武叔, 魯大夫叔孫州仇也. 輪人, 作車輪之官.

번역 서인(庶人)들이 예법을 실추시키게 된 유래를 기록한 말이다. 숙손무숙은 노(路)나라 대부인 숙손주구(叔孫州仇)이다. '윤인(輪人)'은 수레바퀴를 만드는 말단 관리이다.

釋文 關轂, 工木反. 輠, 胡罪反, 又胡瓦反, 又胡管反, 迴也. 仇音求.

번역 '關轂'의 '轂'자는 '工(공)'자와 '木(목)'자의 반절음이다. '輠'자는 '胡(호)'자와 '罪(죄)'자의 반절음이며, 또한 '胡(호)'자와 '瓦(와)'자의 반절음도 되며, '胡(호)'자와 '管(관)'자의 반절음도 되는데, 돌린다는 뜻이다. '仇'자의 음은 '求(구)'이다.

孔疏 ●"古者"至"杖也". ○正義曰: 此一節記庶人失禮所由.

번역 ●經文: "古者"~"杖也". ○이곳 문단은 서인(庶人)이 예법을 실추시킨 유래를 기록한 것이다.

孔疏 ●"以其杖關轂而輠輪"者, 關, 穿也; 輠, 迴也. 謂作輪之人, 以扶病之杖關穿車轂中而迴轉其輪.

번역 ●經文: "以其杖關轂而輠輪". ○'관(關)'자는 "꿰뚫다[穿]."는 뜻이며, '과(輠)'자는 "돌리다[迴]."는 뜻이다. 수레바퀴를 만드는 사람이 상례를 치르며 병약해진 몸을 지탱하도록 고안된 지팡이로 수레의 바퀴통에 꼽고서 수레바퀴를 회전시켰다는 뜻이다.

孔疏 ●"於是有爵而后杖也"者, 以其爵位既尊, 其杖不鄙褻而許用也.

번역 ●經文: "於是有爵而后杖也". ○작위를 갖춘 자는 이미 존귀하므로, 상례 때 사용하는 지팡이에 대해서 소홀하게 다루지 않으므로, 사용을 허용한 것이다.

集解 愚謂: 喪服傳曰, "杖者何? 爵也. 無爵而杖者何? 擔主也." 蓋哀深故病, 病故資杖以扶之. 此惟脩飾之君子能之, 而非可概諸愚不肖之人也. 故杖本爲有爵者設, 而其後乃推而用之庶人, 蓋亦予之服以責其情, 而使之企而及也. 齊衰不以邊坐, 大功不以服勤, 杖所以服至尊, 乃以之關轂而輠輪, 則其鄙褻甚矣. 故自是有爵者始杖, 而庶人不復杖也.

번역 내가 생각하기에, 『의례』「상복(喪服)」편의 전문(傳文)에서는 "지팡이를 잡는 자는 누구인가? 작위를 가진 자이다. 작위가 없는데도 지팡이를 잡는 자는 누구인가? 상주를 부축하는 자이다."[1]라고 했다. 무릇 애통함이 극심하기 때문에 몸이 병약해지고, 병약하기 때문에 지팡이에 의지해 몸을 지탱한다. 이것은 오직 수양하고 문식을 꾸밀 수 있는 군자만이 시행할 수 있으니, 개탄할 정도로 어리석거나 못난 자들이 쓸 수 있는 것이 아니다. 그렇기 때문에 지팡이는 본래 작위를 가진 자를 위해서 만들어진 것인데, 그 이후에 그것을 확대하여 서인들까지도 사용하게 했던 것은 아마도 그들에게 부여하여 그 정감에 알맞게 행동하도록 책임을 추궁해서, 그들로 하여금 억지로라도 그 정감에 이르도록 했던 것이다. 자최복(齊衰服)을 입고 있을 때에는 한쪽으로 치우친 자세로 앉아 있을 수 없고, 대공복(大功服)을 입고 있을 때에는 노역에 참여할 수 없으며,[2] 상례의 지팡이는 지극히 존귀한 자를 위해 사용하는 것이니, 이것을 이용해서 바퀴통에 꼽고 바퀴를 회전시켰다면, 매우 소홀히 다룬 것이다. 그렇기 때문에 이 시기로부터 작위를 가진 자만이 지팡이를 사용할 수 있었고, 서인들은 재차 지팡이를 사용할 수 없었다.

---

1) 『의례』「상복(喪服)」: 杖者何? 爵也. 無爵而杖者何? 擔主也. 非主而杖者何? 輔病也. 童子何以不杖? 不能病也.

2) 『예기』「단궁상(檀弓上)」【83c】: 衰, 與其不當物也, 寧無衰. 齊衰不以邊坐, 大功不以服勤.

● 그림 22-1 ▣ 저장(苴杖: =竹杖)과 삭장(削杖: =桐杖)

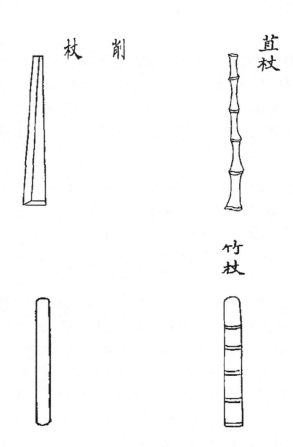

※ **출처:** 상단-『삼례도집주(三禮圖集注)』15권
　　　　　하단-『삼례도(三禮圖)』3권

●그림 22-2 ▣ 수레바퀴

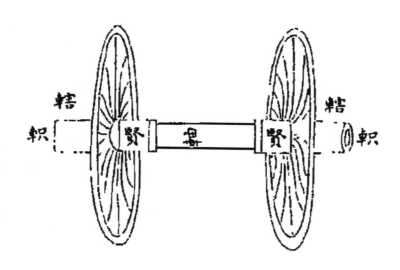

※ **출처:** 『향당도고(鄕黨圖考)』 1권

● 그림 22-3 ▣ 노(魯)나라 숙손무숙(叔孫武叔)의 가계도(家系圖)

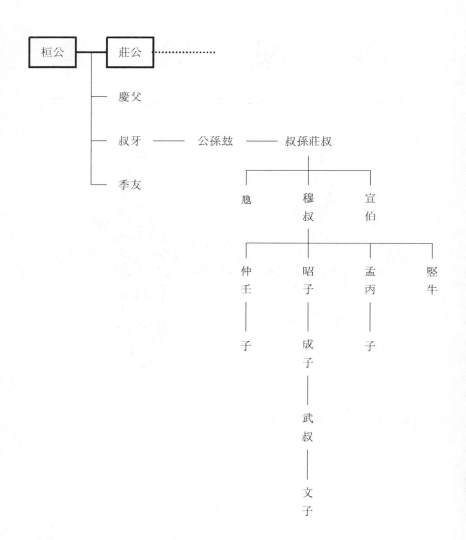

※ 출처:『역사(繹史)』1권「역사세계도(繹史世系圖)」

함(含)에 대한 공양고(公羊賈)의 비례

【512b】

鑿巾以飯, 公羊賈爲之也.

직역 巾을 鑿하여 飯함은 公羊賈가 之를 爲라.

의역 수건을 시신의 얼굴에 덮고, 입 부분만 뚫어서 그곳으로 함(含)을 하는데, 공양고는 사의 신분이었음에도, 상위 계층의 예법에 따라 이처럼 행했다.

集說 飯, 含也. 大夫以上貴, 使賓爲其親含, 恐尸爲賓所憎穢, 故以巾覆尸面, 而當口處鑿穿之令含玉得以入口. 士賤不得使賓, 子自含, 無憎穢之心, 故不以巾覆面. 公羊賈, 士也. 而鑿以飯, 是憎穢其親矣. 此記士失禮之所由也.

번역 '반(飯)'은 함(含)[1]을 뜻한다. 대부로부터 그 이상의 계급은 존귀하므로, 빈객으로 하여금 시신의 입에 함옥 등을 넣도록 하는데, 아마도 시신이 빈객에게 꺼림을 당하게 될 것을 염려했기 때문에, 수건으로 시신의 얼굴을 덮고, 입 부분을 뚫어서 그곳으로 함옥 등을 넣어 입에 들어가도록 했던 것이다. 사는 미천하여 빈객으로 하여금 함을 하도록 할 수 없어서, 자식이 직접 함을 하는데, 시신을 꺼리는 마음이 없기 때문에, 수건으로

---

1) 함(含)은 부의를 보낸다는 뜻이며, 또한 부의로 보내는 특정 물건을 가리키기도 하다. '함'은 시신과 함께 매장하게 될 주옥(珠玉)을 부의로 보내는 것이다. 『예기』「문왕세자(文王世子)」편에는 "族之相爲也, 宜弔不弔, 宜免不免, 有司罰之. 至于贈賻承含, 皆有正焉."이라는 기록이 있는데, 이에 대한 진호(陳澔)의 『집설(集說)』에서는 "含以珠玉."이라고 풀이했다. 또 '함'은 시신의 입에 곡식이나 화패 등을 넣는 것을 의미하기도 한다.

얼굴을 가리지 않는다. 공양고(公羊賈)는 사 계급이다. 그런데도 구멍을 뚫은 수건을 시신의 얼굴에 덮고서 함을 했던 것은 그 부친을 꺼려했기 때문이다. 이것은 사가 예법을 실추시킨 유래를 기록한 것이다.

鄭注 記士失禮所由始也. 士親飯, 必發其巾, 大夫以上, 賓爲飯焉, 則有鑿巾.

번역 사가 예법을 실추시킨 유래를 기록한 것이다. 사는 직접 함(含)을 하니, 반드시 수건을 젖히게 되며, 대부로부터 그 이상의 계층은 빈객이 함옥(含玉) 등을 넣으니, 수건에 구멍을 뚫게 된다.

釋文 鑿, 在各反. 飯, 扶晩反, 注同.

번역 '鑿'자는 '在(재)'자와 '各(각)'자의 반절음이다. '飯'자는 '扶(부)'자와 '晩(만)'자의 반절음이며, 정현의 주에 나오는 글자도 그 음이 이와 같다.

孔疏 ●"鑿巾"至"之也". ○正義曰: 亦記士失禮所由也. 飯, 含也. 大夫以上貴, 故使賓爲其親含, 恐尸爲賓所憎穢, 故設巾覆尸面, 而當口鑿穿之, 令含得入口也. 而士賤, 不得使賓, 則子自含其親, 不得憎穢之, 故不得鑿巾, 但露面而含耳. 於是公羊賈是士, 自含其親, 而用鑿巾, 則是自憎穢其親, 故爲失禮也.

번역 ●經文: "鑿巾"~"之也". ○이 또한 사가 예법을 실추시킨 유래를 기록한 것이다. '반(飯)'은 함(含)을 뜻한다. 대부로부터 그 이상의 계급은 존귀하기 때문에, 빈객으로 하여금 시신의 입에 함옥(含玉)[2] 등을 넣도록 하는데, 아마도 시신이 빈객에게 거리낌을 받게 될 것을 염려했기 때문에, 수건을 두어서 시신의 얼굴을 덮도록 했고, 입에 해당하는 부분을 뚫어서,

---

2) 함옥(含玉)은 고대의 상례에서, 죽은 자의 입에 넣는 옥을 뜻한다. 『주례』「천관(天官)・대재(大宰)」편에는 "大喪, 贊贈玉・含玉."이라는 기록이 있고, 이에 대한 정현의 주에서는 "含玉, 死者口實. 天子以玉."이라고 풀이했다.

그곳으로 함옥 등을 넣어 시신의 입에 넣도록 한 것이다. 그러나 사는 미천하므로 빈객을 시킬 수 없으니, 자식이 직접 부모의 시신에 함을 하는데, 거리낌을 느낄 수 없기 때문에 수건에 구멍을 뚫지 않으며, 단지 얼굴을 노출시키고 함을 할 따름이다. 이러한 시기에 공양고는 사의 신분이었고, 직접 부모의 시신에 함을 하는데도 구멍을 뚫은 수건을 사용했으니, 이것은 본인이 부모의 시신에 대해 거리낌을 느낀 것이다. 그렇기 때문에 예법을 실수시키게 되었다.

集解 飯, 以米·貝實死者口中也. 士喪禮, "布巾環幅不鑿", 言"不鑿", 則當有鑿者, 蓋大夫以上之禮也. 士飯不鑿巾者, 士覆面之巾短, 不逮於口, 不必鑿而可以飯也. 大夫以上巾長, 逮於口下, 故必鑿之乃可飯. 公羊賈鑿巾以飯, 以士而僭大夫之禮也.

번역 '반(飯)'은 곡물이나 화패 등을 죽은 자의 입 안에 넣는다는 뜻이다. 『의례』「사상례(士喪禮)」편에서는 "포(布)로 만든 수건은 폭과 길이를 동등하게 하며 구멍을 뚫지 않는다."[3]라고 하여, "구멍을 뚫지 않는다."라고 했으니, 마땅히 구멍을 뚫은 것은 아마도 대부로부터 그 이상의 계급이 시행하는 예법일 것이다. 사가 반(飯)을 하며 수건에 구멍을 뚫지 않는 것은 사가 시신의 얼굴에 수건을 덮을 때, 그 수건은 길이가 짧아서 시신의 입까지 가리지 못하니, 구멍을 뚫지 않아도 반(飯)을 할 수 있기 때문이다. 대부로부터 그 이상의 계급이 사용하는 수건은 길이가 길어서 시신의 입 밑까지 내려오게 된다. 그렇기 때문에 구멍을 뚫어야만 반(飯)을 할 수 있다. 공양고가 수건의 구멍을 뚫고서 반(飯)을 한 것은 사 계급이면서도 대부의 예법을 참람되게 사용한 것이다.

集解 鄭氏謂, "士親飯, 必發其巾, 大夫以上, 賓爲飯, 則有鑿巾", 非也. 大宰職"大喪, 贊含玉", 贊謂助王也. 王親含而大宰助之, 猶士親含而宰洗柶建

---

3) 『의례』「사상례(士喪禮)」 : <u>布巾環幅不鑿</u>. 掩練帛廣終幅, 長五尺, 析其末.

于米以從也. 然則王猶親含矣. 飯含之事, 豈有主人不親而直使他人執其事者
乎?

번역　정현은 "사는 직접 반(飯)을 하니, 반드시 수건을 젖히게 되며, 대
부로부터 그 이상의 계층은 빈객이 반(飯)을 하니, 수건에 구멍을 뚫게 된
다."라고 했는데, 잘못된 주장이다.『주례』「대재(大宰)」편의 직무 기록에서
는 "대상(大喪)에서는 함옥(含玉)에 대해 돕는다."4)라고 했는데, '찬(贊)'자
는 천자를 돕는다는 뜻이다. 천자가 직접 함(含)을 하게 되면 대재가 그를
돕게 되니, 이것은 사가 직접 함(含)을 할 때 재(宰)가 수저를 씻고 그곳에
곡물을 채워서 따른다고 한 경우와 같다.5) 그렇다면 천자도 오히려 직접
함(含)을 하는 것이 된다. 따라서 반(飯)과 함(含)을 하는 일에 대해서 어떻
게 상주가 직접 하지 않고, 단지 다른 사람을 시켜서 그 일을 시행하도록
하는 일이 있었겠는가?

---

4)『주례』「천관(天官)·대재(大宰)」: 大喪, 贊贈玉·含玉.
5)『의례』「사상례(士喪禮)」: 主人出, 南面, 左袒, 扱諸面之右, 盥于盆上, 洗貝,
執以入. 宰洗柶, 建于米, 執以從.

● 제 **24** 절 ●

모(冒)에 대한 설명

【512b】

> 冒者何也? 所以掩形也. 自襲以至小斂, 不設冒則形, 是以襲
> 而后設冒也.

직역 冒者는 何오? 形을 掩하는 所以이다. 襲으로 自하여 小斂에 至하여, 冒를 不設하면 形하니, 是以로 襲하며 冒를 設한다.

의역 '모(冒)'라는 것은 무엇인가? 시신의 몸을 감싸는 것이다. 습(襲)을 한 뒤로부터 소렴(小斂)에 이르기까지, 모(冒)를 사용하지 않는다면 시신이 노출되니, 이러한 까닭으로 습(襲)을 하며 모(冒)를 사용한다.

集說 冒, 說見王制. 襲, 沐浴後以衣衣尸也. 則形者, 言尸雖已著衣, 若不設冒, 則尸象形見, 爲人所惡, 是以襲而設冒也. 后字衍.

번역 '모(冒)'는 그 설명이 『예기』「왕제(王制)」편에 나온다.[1] '습(襲)'은

---

1) 『예기』「왕제(王制)」【177b】에는 "六十歲制, 七十時制, 八十月制, 九十日修, 唯絞紟衾冒, 死而后制."라는 기록이 있고, 이에 대한 진호(陳澔)의 『집설(集說)』에서는 "冒, 所以韜尸, 制如直囊, 上曰質, 下曰殺. 其用之, 先以殺韜足而上, 次以質韜首而下, 齊于手. 士緇冒赬殺, 象生時玄衣纁裳也."라고 풀이했다. 즉 "모(冒)는 시신을 가리는 것으로, 제단된 것이 마치 직사각형의 주머니처럼 생겼으며, 시신의 윗부분을 덮는 것을 질(質)이라 부르고, 아랫부분을 덮는 것을 쇄(殺)라고 부른다. 그것을 사용함에는, 먼저 아랫부분을 덮는 쇄(殺)로써 발부터 덮어서 위로 올리고, 다음으로는 윗부분을 덮는 질(質)로써 머리부터 덮어서 아래로 내려서, 시신의 손이 있는 곳에서 두 부분을 포갠다. 사는 모(冒)를 흑색으로 하고, 쇄(殺)부분은 적색으로 하는데, 이것은 그

시신을 목욕시킨 이후 옷을 이용해서 시신의 몸에 옷을 입히는 것이다. '칙형(則形)'은 시신에게 비록 이미 옷을 입혔더라도, 만약 모(冒)를 사용하지 않는다면, 시신의 형체가 노출되어, 사람들이 꺼리게 된다는 뜻이다. 이러한 까닭으로 습(襲)을 하며 모(冒)를 사용하는 것이다. '후(后)'자는 연문으로 들어간 글자이다.

鄭注 言設冒者, 爲其形人將惡之也. 襲而設冒, 言后, 衍字耳.

번역 모(冒)를 사용하는 것은 시신의 모습이 도출되어 사람들이 꺼려하기 때문이라는 뜻이다. 습(襲)을 하며 모(冒)를 사용하는데, '후(后)'라고 말한 것은 연문으로 기록된 글자일 뿐이다.

釋文 冒, 莫報反, 下及注同. 撿, 於儉反. 惡, 烏路反.

번역 '冒'자는 '莫(막)'자와 '報(보)'자의 반절음이며, 아래문장 및 정현의 주에 나오는 글자도 그 음이 이와 같다. '撿'자는 '於(어)'자와 '儉(검)'자의 반절음이다. '惡'자는 '烏(오)'자와 '路(로)'자의 반절음이다.

孔疏 ●"冒者"至"冒也". ○正義曰: 此一經論設冒之事.

번역 ●經文: "冒者"~"冒也". ○이곳 경문은 모(冒)를 사용하는 사안을 논의하고 있다.

孔疏 ●"冒者何也"者, 記人自問何以須冒.

번역 ●經文: "冒者何也". ○『예기』를 기록한 자가 스스로 질문을 하여, 어찌해서 모(冒)를 사용하느냐고 물어본 것이다.

가 살아있을 때에 입었던 검은 웃옷과 분홍빛의 치마를 형상화한 것이다."라는 뜻이다.

孔疏 ●"所以揜形也"者, 記者自答, 言冒所以揜蓋尸形.

번역 ●經文: "所以揜形也". ○『예기』를 기록한 자가 스스로 답변한 말이니, 모(冒)는 시신의 형체를 가리고 덮기 위한 것이라는 뜻이다.

孔疏 ●"自襲以至小斂, 不設冒則形"者, 若未襲之前, 始死, 事須沐浴. 自旣襲以後以至小斂之前, 雖已著衣, 若不設冒, 則尸象形見, 爲人所惡.

번역 ●經文: "自襲以至小斂, 不設冒則形". ○만약 아직 습(襲)을 하기 이전이라면, 어떤 자가 이제 막 죽었을 때에는 목욕을 시켜야 한다. 이미 습(襲)을 한 이후로부터 소렴(小斂)을 치르기 이전까지 비록 옷을 이미 입혔더라도, 만약 모(冒)를 사용하지 않는다면, 시신의 모습이 드러나게 되어, 사람들이 꺼리게 된다.

孔疏 ●"是以襲而后設冒也", 言后者, 衍字也. 襲則設冒, 至小斂之前, 則以衣總覆於冒上. 皇氏云"大斂脫冒", 未之聞也.

번역 ●經文: "是以襲而后設冒也". ○'후(后)'라고 말한 것은 연문으로 들어간 글자이다. 습(襲)을 하게 되면 모(冒)를 사용하니, 소렴을 하기 이전에는 옷으로 모(冒) 위를 전체적으로 덮게 된다. 황간은 "대렴(大斂)을 하게 되면 모(冒)를 벗긴다."라고 했는데, 그러한 사실에 대해서는 들어보지 못했다.

訓纂 江氏永曰: 冒以韜尸, 上質下殺, 欲其形之固也.

번역 강영이 말하길, 모(冒)는 시신을 감싸서 보이지 않도록 하는 것으로, 상단은 질(質)로 하고 하단은 쇄(殺)로 하는 것은 시신의 형체가 드러나지 않게끔 하기 위해서이다.

集解　愚謂: 未襲以前, 沐浴衣尸, 雖形而未可設冒, 故言"襲而后設冒", "后", 非衍字也.

번역　내가 생각하기에, 습(襲)을 하기 이전에 시신을 목욕시키고 옷을 입히는데, 비록 형체가 드러나지만 아직까지는 모(冒)를 사용할 수 없다. 그렇기 때문에 "습(襲)을 한 이후에 모(冒)를 사용한다."라고 말한 것이니, '후(后)'자는 연문으로 들어간 글자가 아니다.

● 그림 24-1 ▣ 모(冒)

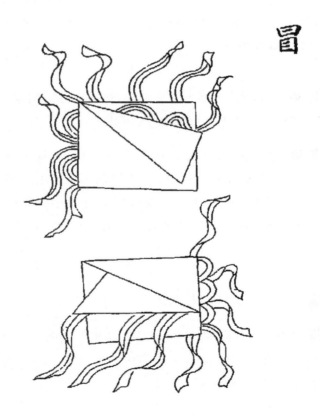

※ 출처: 『삼례도집주(三禮圖集注)』 17권

견거(遣車)에 고기를 포장해서 싣는 이유

【512c】

> 或問於曾子曰, "夫旣遣而包其餘, 猶旣食而裹其餘與? 君子
> 旣食則裹其餘乎?" 曾子曰, "吾子不見大饗乎? 夫大饗旣饗,
> 卷三牲之俎歸于賓館, 父母而賓客之, 所以爲哀也. 子不見大
> 饗乎?"

직역 或이 曾子에게 問하여 曰, "夫히 旣히 遣하고 그 餘를 包함은 旣히 食하고 그 餘를 裹함과 猶합니까? 君子도 旣히 食하면 그 餘를 裹합니까?" 曾子가 曰, "吾子는 大饗을 不見입니까? 夫히 大饗에서 旣히 饗하면, 三牲의 俎를 卷하여 賓館에 歸하니, 父母라도 賓客으로 함은 哀를 爲하는 所以이다. 子는 大饗을 不見입니까?"

의역 어떤 자가 증자에게 질문을 하며, "무릇 견전(遣奠)을 끝내고서 남은 고기를 포장하여 견거(遣車)에 싣는 것은 식사를 마치고 남은 음식을 포장하는 것과 같은 것입니까? 군자도 식사를 끝내면 남은 음식을 포장해서 가지고 갑니까?"라고 했다. 증자는 "그대는 대향(大饗)¹⁾의 예법을 보지 못했습니까? 무릇 대향을 할 때에도 연회가 끝나면 도마에 올렸던 세 희생물의 고기 중 남은 것을 포장하여 빈객이 머무는 숙소로 보내줍니다. 부모는 그 집의 주인인데도 부모가 돌아가시면 자식은 부모를 빈객에 대한 예법으로 대하니, 슬픔을 지극히 나타내기 위해서입니다. 그대는 대향의 예법을 보지 못했습니까?"라고 대답했다.

---

1) 대향(大饗)은 큰 연회를 뜻한다. 본래는 천자가 조회로 찾아온 제후들에게 베풀었던 성대한 연회를 가리킨다. 『예기』「중니연거(仲尼燕居)」편에는 "大饗有四焉."이라는 기록이 있고, 이에 대한 정현의 주에서는 "大饗, 謂饗諸侯來朝者也."라고 풀이했다.

集說 設遣奠訖, 即以牲體之餘, 包裹而置之遣車以納于壙中. 或人疑此禮, 謂如君子食於他人家, 食畢而又包其餘以歸, 豈不傷廉乎? 曾子告以大饗之禮畢, 卷俎內三牲之肉送歸賓之館中, 猶此意耳. 父母家之主, 今死將葬, 而孝子以賓客之禮待之, 此所以悲哀之至也. 重言以喩之.

번역 견전(遣奠)을 진설하고 그 일이 끝나면, 희생물의 몸체 중 남은 것들은 포장을 하여 견거(遣車)에 실어, 무덤에 들이게 된다. 어떤 자가 이러한 예법에 의문이 들었던 것이니, 마치 군자가 다른 집에서 식사를 하고, 식사가 끝나면 또한 남은 음식을 포장해서 가져가는 것과 같은데, 어떻게 염치에 해를 끼치지 않는 것이냐고 물어본 것이다. 증자는 대답을 해주며 대향(大饗)의 의례가 끝나면 도마에 올렸던 세 희생물의 고기를 포장하여 빈객이 머무는 숙소로 보내주는 것이 바로 이러한 뜻과 같을 뿐이라고 했다. 부모는 그 집안의 주인인데, 현재 그들이 죽어서 장례를 치르려고 하여, 자식이 빈객의 예법으로 그들을 대우하는 것은 비통함과 애통함을 지극히 나타내기 위한 것이다. 이러한 사실을 거듭 말해서 깨우쳐준 것이다.

鄭注 言遣既奠而又包之, 是與食於人・己而裹其餘將去何異與? 君子寧爲是乎? 言傷廉也. 既饗歸賓俎, 所以厚之也. 言父母家之主, 今賓客之, 是孝子哀親之去也.

번역 장례를 전송하며 전(奠)제사를 지내고 그 일이 끝나면 고기를 포장하는데, 이것은 남의 집이나 자신의 집에서 식사를 하고 남은 것을 포장하여 보내게 되는 것과 어떤 차이점이 있는가? 군자도 이처럼 하는가? 즉 이처럼 하게 되면 염치에 해를 끼친다는 뜻이다. 연회를 끝내면 빈객의 도마에 올렸던 고기를 포장하여 돌려보내는 것은 후덕하게 대접하기 위해서이다. 부모는 그 집의 주인이 되지만, 현재 빈객으로 대우하는 것은 자식이 부모가 떠나가게 됨을 애통하게 여기기 때문이라는 뜻이다.

釋文 遣, 棄戰反, 注同. 裹音果. 與音餘, "何異與"同. 見如字. 夫音扶. 卷,紀轉反, 又厥挽反. 歸如字, 徐音匱, 注同.

번역 '遣'자는 '棄(기)'자와 '戰(전)'자의 반절음이며, 정현의 주에 나오는 글자도 그 음이 이와 같다. '褁'자의 음은 '果(과)'이다. '與'자의 음은 '餘(여)'이며, '何異與'에서의 '與'자도 그 음이 이와 같다. '見'자는 글자대로 읽는다. '夫'자의 음은 '扶(부)'이다. '卷'자는 '紀(기)'자와 '轉(전)'자의 반절음이며, 또한 '厥(궐)'자와 '挽(만)'자의 반절음도 된다. '歸'자는 글자대로 읽고, 서음(徐音)은 '匱(궤)'이며, 정현의 주에 나오는 글자도 그 음이 이와 같다.

孔疏 ●"或問"至"饗乎". ○正義曰: 此一節明或人問曾子喪之遣奠之事.

번역 ●經文: "或問"~"饗乎". ○이곳 문단은 어떤 자가 증자에게 상사에서 견전(遣奠)을 치르는 사안을 질문했던 것을 나타내고 있다.

孔疏 ●"夫既遣而包其餘, 猶既食而褁其餘與"者, 或人問曾子云: 喪禮既設遣奠, 事畢, 而包裹遣奠之餘, 載車之而去, 猶如生人於他家既食訖, 而褁其餘相似乎? 故云與.

번역 ●經文: "夫既遣而包其餘, 猶既食而褁其餘與". ○어떤 자가 증자에게 질문을 하며, 상례에서 견전(遣奠)을 진설하게 되는데, 그 일이 끝나면 견전에서 사용하고 남은 고기를 포장하여, 수레에 싣고 떠나보내게 되니, 이것은 살아있는 자가 다른 집에서 식사를 하며, 식사가 끝나면 남은 고기를 포장해서 가져가는 것과 비슷하냐고 물어본 것이다. 그렇기 때문에 의문을 뜻하는 '여(與)'자를 기록했다.

孔疏 ●"君子既食, 則褁其餘乎"者, 或人云: 君子於他家既食之後, 則更褁其餘食去乎? 寧有是也, 不應如此. 既設遣奠, 亦不應包餘而去.

번역 ●經文: "君子既食, 則褁其餘乎". ○어떤 자가 군자도 다른 집에서 식사를 하고 식사가 끝난 뒤에 재차 남은 음식을 싸서 가지고 가느냐고 물어본 것이다. 차라리 이와 같은 일이 있더라도 마땅히 이처럼 해서는 안된다는 뜻이다. 즉 견전(遣奠)을 끝낸 뒤에는 또한 남은 고기를 포장해서 떠나보내서는 안 된다는 의미이다.

孔疏 ●“曾子曰: 吾子不見大饗乎”者, 曾子答或人之問. 吾, 我也. 子, 男子美稱. 儀禮注云: “言我子, 相親之辭也.” 謂或人爲吾子, 豈不見大饗賓客之禮乎?

번역 ●經文: “曾子曰: 吾子不見大饗乎”. ○증자가 어떤 자의 질문에 대답한 말이다. ‘오(吾)’자는 아(我)자의 뜻이다. ‘자(子)’자는 남자에 대한 미칭이다. 『의례』에 대한 정현의 주에서는 “아자(我子)라고 말하는 것은 서로 친근하게 대할 때 쓰는 말이다.”2)라고 했다. 즉 ‘혹인(或人)’이 오자(吾子)라는 뜻으로, 어떻게 대향(大饗)에서 빈객을 대하는 예법을 보지 못했느냐는 의미이다.

孔疏 ●“夫大饗, 旣饗, 卷三牲之俎歸於賓館”者, 謂大饗賓客旣畢, 主人卷斂三牲俎上之肉, 歸於賓館.

번역 ●經文: “夫大饗, 旣饗, 卷三牲之俎歸於賓館”. ○대향(大饗)에서 빈객을 대하는 예법이 끝나게 되면, 주인은 도마에 올린 세 가지 희생물의 고기를 거두고 포장해서 빈객이 머무는 숙소로 돌려보낸다는 뜻이다.

孔疏 ●“父母而賓客之, 所以爲哀也”者, 己家父母今日旣去, 遂同賓客之疏, 是孝子所以悲哀也. 爲此之故, 包遣奠而去.

번역 ●經文: “父母而賓客之, 所以爲哀也”. ○본인의 집에서 부모가 오

---

2) 이 문장은 『의례』「사관례(士冠禮)」편의 “戒賓, 曰: 某有子某, 將加布於其首, 願吾子之敎之也.”라는 기록에 대한 정현의 주이다. 정현의 주에서는 “吾子, 相親之辭. 吾, 我也. 子, 男子之美稱.”이라고 기록했다.

늘 떠나가게 되었는데, 결국 빈객처럼 소원하게 대하는 것은 자식이 비통하고 애통해하기 때문이다. 이러한 여유로 견전(遣奠)을 치르고 남은 고기를 포장해서 떠나보내는 것이다.

孔疏 ●"子不見大饗乎"者, 重結前文, 以語或人也.

번역 ●經文: "子不見大饗乎". ○앞 문장에 대해서 거듭 결론을 맺어서, 이를 통해 어떤 자에 대해서 말을 해준 것이다.

集解 愚謂: 或人謂旣食而裹其餘, 則傷於廉, 非君子之道. 今旣遣而包其餘, 是不以君子之道處其親也. 大饗, 諸侯相饗也. 大饗卷三牲之俎, 歸於賓館, 乃主人之所以待賓, 而非賓之所自取, 則初無傷於廉也. 父母, 家之主, 今長往不返, 其奠餘之物, 乃俟主人而送之, 正與待賓客同, 是乃人子之所以致其哀也. 再言"子不見大饗乎", 所以深曉或人也.

번역 내가 생각하기에, 어떤 자는 이미 식사를 끝냈는데 남은 것을 포장한다면, 염치에 해를 끼치니, 군자의 도가 아니라고 말한 것이다. 즉 현재 견전(遣奠)을 치르고 남은 고기를 포장하게 되는데, 이것은 군자의 도에 따라 자신의 부모를 대하는 것이 아니라는 의미이다. '대향(大饗)'은 제후들끼리 서로에게 연회를 베푼다는 뜻이다. 대향에서 도마에 올린 세 가지 희생물의 고기를 포장하여, 빈객의 숙소로 돌려보내는데, 이것은 주인이 빈객을 대우하는 방법이지, 빈객 스스로 그것을 가져가는 것이 아니니, 애초에 염치에 해를 끼칠만한 것이 없다. 부모는 그 집의 주인이지만, 현재 먼 길을 떠나서 되돌아오지 않으니, 견전을 치르고 남은 고기는 곧 주인을 위해서 함께 보내는 것이며, 이것은 빈객을 대우하는 일과 동일하니, 바로 자식이 애통함을 지극히 나타내는 방법이 된다. 재차 "그대는 대향의 예법을 보지 못했는가?"라고 말한 것은 어떤 이에 대해 깊이 깨우쳐주기 위해서이다.

• 제 26 절 •

상과 문(問) 및 사(賜)

【512d】

非爲人喪, 問與? 賜與?

직역 人喪을 爲해, 問이며 賜함이 非인가?

의역 남의 상을 위해서 상황을 물어보며 주는 것인가? 아니면 존귀한 자가 베풀어주는 것인가?

集說 此上有闕文, 言非爲其有喪而問遣之歟? 賜予之歟? 問, 敵者之禮. 賜, 尊上之命.

번역 이 문장 앞에는 빠진 문장이 있으니, "상이 발생했기 때문에 상황을 물어보며 주는 것인가? 아니면 베풀어 주는 것인가?"라는 뜻이다. '문(問)'은 신분이 서로 대등할 때의 예법이다. '사(賜)'는 존귀한 자가 내리는 명령이다.

鄭注 此上滅脫, 未聞其首云何. 是言非爲人喪而問之與? 人喪而賜之與? 問, 遺也. 久無事曰問.

번역 이 문장 앞에는 누락된 문장이 있으니, 문장 처음부터 질문을 하는 경우는 들어보지 못했다. 이 문장의 뜻은 "남의 상을 위해서 상황을 물어보는 것인가? 아니면 남의 상에 대해서 물건을 하사하는 것인가?"라는 뜻이다. '문(問)'은 "전하다[遺]."는 뜻이다. 오래도록 특별한 일이 없는 경우에 대해서 '문(問)'이라고 부른다.

釋文 爲, 于僞反, 注及下注"爲母"·"爲姑姊妹"皆同. 問與·賜與, 並音餘, 注皆同. 脫音奪, 下同. 遺, 于季反, 下文皆同.

번역 '爲'자는 '于(우)'자와 '僞(위)'자의 반절음이며, 정현의 주 및 아래 문장에 대한 정현의 주에서 '爲母'와 '爲姑姊妹'라고 할 때의 '爲'자도 모두 그 음이 이와 같다. '問與'와 '賜與'에서의 '與'자는 모두 그 음이 '餘(여)'이며, 정현의 주에 나오는 글자도 모두 그 음이 이와 같다. '脫'자의 음은 '奪(탈)'이며, 아래문장에 나오는 글자도 그 음이 이와 같다. '遺'자는 '于(우)'자와 '季(계)'자의 반절음이며, 아래문장에 나오는 글자는 모두 그 음이 이와 같다.

孔疏 ●"非爲"至"賜與". ○正義曰: 鄭云"此上滅脫, 未聞其首云何", 此語接上之辭. 與, 語助也. 豈非爲人有喪而問遺之與? 人之有喪而賜與之與? 平敵則問, 卑下則賜, 故云"問與1)·賜與".

번역 ●經文: "非爲"~"賜與". ○정현은 "이 문장 앞에는 누락된 문장이 있으니, 문장 처음부터 질문을 하는 경우는 들어보지 못했다."라고 했는데, 이 문장은 앞의 어떤 내용과 연결되는 말이다. '여(與)'자는 어조사이다. 어찌 남을 위해 상이 발생했을 때 상황을 물어보며 물건을 전하는 것인가? 아니면 남에게 상이 발생하여 물건을 하사해서 주는 것인가? 신분이 대등할 때에는 '문(問)'이 되고, 신분이 낮은 자에 대해서는 '사(賜)'가 된다. 그렇기 때문에 "문(問)인가 사(賜)인가"라고 말한 것이다.

---

1) '여(與)'자에 대하여. '여'자는 본래 없던 글자인데, 완원(阮元)의 『교감기(校勘記)』에서는 "혜동(惠棟)의 『교송본(校宋本)』에는 '문(問)'자 뒤에 '여'자가 기록되어 있으니, 이곳 판본에는 잘못하여 글자가 누락된 것이며, 『민본(閩本)』·『감본(監本)』·『모본(毛本)』에도 동일하게 누락되어 있다."라고 했다.

• 제 27 절 •

상배(喪拜)와 길배(吉拜)

【512d】

三年之喪以其喪拜, 非三年之喪以吉拜.

직역 三年의 喪에서는 그 喪拜로써 하며, 三年의 喪이 非라면 吉拜로써 한다.

의역 삼년상에서는 상배(喪拜)에 따라 절을 하고, 삼년상이 아닌 경우라면 길배(吉拜)에 따라 절을 한다.

集說 拜問, 拜賜, 拜賓, 皆拜也. 喪拜, 稽顙而後拜也. 吉拜, 拜而後稽顙也. 今按檀弓鄭註, 以拜而后稽顙, 爲殷之喪拜, 稽顙而后拜, 爲周之喪拜. 疏云, 鄭知此者, 以孔子所論, 每以二代對言, 故云三年之喪吾從其至者, 但殷之喪拜, 自斬衰至總麻皆拜而後稽顙, 以其質故也. 周制則杖期以上, 皆先稽顙而後拜, 不杖期以下, 乃作殷之喪拜. 此章疏義與檀弓疏互看, 乃得其詳.

번역 물어 온 것에 대해 절을 하고, 물건을 보내 온 것에 대해 절을 하며, 빈객에게 절을 하는 것들은 모두 절[拜]에 해당한다. '상배(喪拜)'는 이마가 땅에 닿도록 한 이후에 절을 한다. '길배(吉拜)'는 절을 한 이후에 이마가 땅에 닿도록 한다. 현재 『예기』「단궁(檀弓)」편에 대한 정현의 주를 살펴보면, 절을 한 이후에 이마를 땅에 닿도록 하는 것은 은나라 때의 상배로 여겼고, 이마를 땅에 닿도록 한 이후에 절을 하는 것은 주나라 때의 상배로 여겼다. 공영달의 소에서는 정현이 이러한 사실을 알 수 있었던 것은 공자가 논의를 할 때에는 매번 은·주 두 왕조를 비교해서 말했기 때문에, 삼년상에서 나는 그 지극한 방법에 따르겠다고 한 것인데, 다만 은나라 때의 상배는 참최복(斬衰服)으로부터 시마복(緦麻服)까지 모두 절을 한 이후에 이마를 땅에 닿도록 했으니, 질박함을 숭상했기 때문이다. 주나라의 제도에서는 지팡이를 잡고 치르는 기년상(期年喪) 이상은 모든 경우에 있어서 먼저 이마를 땅에 닿도록 하고 그 이후에 절을 했으니, 지팡이를 잡고 치르는 기년상이 아닌 경우부터는 곧 은(殷)나라 때의 상례 규정에 따라 절을 했던 것이라고 했다.[1] 이곳 문장에 나온 공영달의 소 뜻과 「단궁」편에 대한 소를 함께 참고해보면, 그 상세한 내용을 알 수 있다.

大全 山陰陸氏曰: 所謂吾從其至者也. 然則稽顙而後拜, 蓋三年之喪拜也, 故曰以其喪拜.

번역 산음육씨가 말하길, 이른바 "나는 그 지극함에 따른다."고 한 뜻에 해당한다. 그렇다면 이마를 땅에 닿도록 한 이후에 절을 하는 것은 아마도 삼년상에 하는 절의 방식이다. 그렇기 때문에 "그 상배(喪拜)로써 한다."라고 말한 것이다.

鄭注 謂受問·受賜者也. 稽顙而後拜, 曰喪拜. 拜而后稽顙, 曰吉拜.

번역 물어온 내용을 받고 보내온 물건을 받아들일 때를 뜻한다. 이마를 땅에 닿도록 한 이후 절을 하는 것을 '상배(喪拜)'라고 부른다. 절을 한 이후에 이마를 땅에 닿도록 하는 것을 '길배(吉拜)'라고 부른다.

孔疏 ●"三年"至"吉拜". ○正義曰: 從上問與賜與以下至遺人可也, 皆明在喪受問遺之事. 此一經論身有喪, 拜謝之禮.

번역 ●經文: "三年"~"吉拜". ○앞에서 '문여사여(問與賜與)'[2]라고 한

---

1) 이 내용들은 『예기』「단궁상(檀弓上)」【70c】의 "孔子曰: '拜而后稽顙, 頹乎其順也; 稽顙而后拜, 頎乎其至也. 三年之喪, 吾從其至者.'"라는 기록에 대한 정현의 주와 공영달의 소이다.

구문으로부터 그 뒤로 '유인가야(遺人可也)'[3]라고 한 구문까지는 모두 상을 치르며 물어온 것을 받고 보내온 것을 받는 사안을 나타내고 있다. 이곳 경문은 본인이 상을 치르고 있을 때 절을 하며 감사를 표하는 예법을 논의하고 있다.

孔疏 ●"三年之喪, 以其喪拜"者, 謂父母·長子也. 其實杖期以上, 皆爲喪拜. 非三年之喪, 以吉拜者, 謂不杖期以下, 此義已備在檀弓疏.

번역 ●經文: "三年之喪, 以其喪拜". ○부모와 장자의 상을 치르는 경우이다. 진실로 지팡이를 잡고 치르는 기년상(期年喪)으로부터 그 이상의 경우에는 모두 상배(喪拜)에 따라 절을 한다. "삼년상이 아닌 경우에는 길배(吉拜)로 한다."는 말은 지팡이를 잡지 않는 기년상으로부터 그 이하의 경우이니, 그 뜻은 이미 『예기』「단궁(檀弓)」편의 소에 자세히 설명해두었다.

訓纂 朱氏軾曰: 問, 如問疾, 非爲喪而弔也. 賜與, 如遺酒肉, 非爲喪而賵賻也. 於有喪之人, 而問之賜之. 其人而三年之喪也, 雖非爲其喪而來, 亦必以喪拜拜之; 若非三年喪, 則吉拜, 謂照常拜賜之拜.

번역 주식[4]이 말하길, '문(問)'은 질병이 든 자에게 문병을 하는 것과 같으니, 상을 위해서 조문하는 일이 아니다. '사여(賜與)'라는 말은 술과 고기를 보내주는 일과 같으니, 상을 위해서 봉(賵)이나 부(賻)[5]를 하는 것이

---

2) 『예기』「잡기하」【512d】: 非爲人喪, 問與? 賜與?
3) 『예기』「잡기하」【513a~b】: 三年之喪, 如或遺之酒肉, 則受之必三辭. 主人衰絰而受之. 如君命則不敢辭, 受而薦之. 喪者不遺人. 人遺之, 雖酒肉受也. 從父昆弟以下旣卒哭, 遺人可也.
4) 주식(朱軾, A.D.1665~A.D.1735): 청(淸)나라 때의 명신(名臣)이다. 자(字)는 약섬(若贍)·백소(伯蘇)이고, 호(號)는 가정(可亭)이다.
5) 부(賻)는 부의를 보낸다는 뜻이며, 또한 부의로 보내는 특정 물건을 가리키기도 한다. '부'는 상사를 진행하는데 필요한 재화를 보내는 것이다. 『춘추공양전』「은공(隱公) 1년」에는 "賵者, 蓋以馬, 以乘馬·束帛. 車馬曰賵, 貨財曰賻, 衣被曰襚."라는 기록이 있다.

아니다. 상을 당한 자에게 문(問)과 사(賜)를 하게 된다. 그 사람이 삼년상을 치르고 있다면, 비록 그의 상을 위해서 찾아온 경우가 아니라도, 또한 반드시 상배(喪拜)에 따라 절을 하며, 만약 삼년상이 아니라면 길배(吉拜)에 따라 절을 하니, 평상시 물건을 보내준 것에 대해 절을 할 때의 절처럼 한다는 의미이다.

集解 愚謂: 喪拜有二法: 稽顙而後拜, 拜而後稽顙也. 吉拜, 頓首之拜也, 其異者尙右手耳. 說詳檀弓上.

번역 내가 생각하기에, 상배(喪拜)에는 두 가지 방법이 있다. 첫 번째는 이마를 땅에 닿도록 한 뒤에 절을 하는 것이며, 두 번째는 절을 한 이후에 이마를 땅에 닿도록 하는 것이다. '길배(吉拜)'는 돈수(頓首)[6]의 절 방식에 해당하니, 다른 점은 오측 손을 위로 올린다는 것일 뿐이다. 자세한 설명은 『예기』「단궁상(檀弓上)」편에 나온다.

---

6) 돈수(頓首)는 구배(九拜) 중 하나이다. 절을 하며 머리가 땅을 두드리듯이 꾸벅거리는 것이다.

• 제 28 절 •

상중에 물건을 주고받는 규정

【513a~b】

三年之喪, 如或遺之酒肉, 則受之必三辭. 主人衰絰而受之.
如君命則不敢辭, 受而薦之. 喪者不遺人. 人遺之, 雖酒肉受
也. 從父昆弟以下旣卒哭, 遺人可也.

직역 三年의 喪에, 如히 或히 그에게 酒肉을 遺하면, 受하되 必히 三辭한다.
主人은 衰絰하고서 受한다. 如히 君命이라면 辭를 不敢하고, 受하여 薦한다. 喪者
는 人에게 不遺한다. 人이 遺하면, 雖히 酒肉이라도 受한다. 從父昆弟로 이하는
旣히 卒哭이면, 人에게 遺라도 可하다.

의역 삼년상을 치르고 있는데 만약 어떤 자가 술과 고기를 보내준다면, 받기는
하지만 반드시 세 차례 사양을 한다. 물건을 받을 때 상주는 상복을 착용하고서
그것을 받는다. 만약 군주가 하사를 해준 것이라면 감히 사양을 하지 않으며, 그것
을 받아서 부모 앞에 바친다. 상을 치르는 자는 남에게 물건을 보내주지 않는다.
남이 물건을 보내오면 비록 술과 고기라 하더라도 그것을 받는다. 종부의 곤제로부
터 그 이하의 자에 대해서 상을 치르고 있는데, 졸곡(卒哭)을 마쳤다면, 남에게
물건을 보내주어도 괜찮다.

集說 喪大記云, "旣葬, 君食之則食之, 大夫父之友食之則食之." 此云衰絰
而受, 雖受而不食也. 薦之者, 尊君之賜. 喪者不遺人, 以哀戚中不當行禮於人
也. 卒哭可以遺人, 服輕哀殺故也.

번역 『예기』「상대기(喪大記)」편에서는 "장례를 마쳤을 때, 군주가 음식
을 보내오면 먹고, 대부 및 부친의 친구가 음식을 보내오면 먹는다."[1]라고

했고, 이곳에서는 상복을 착용하고서 받는다고 했으니, 비록 받기는 하지만
먹지는 않는 것이다. "그것을 바친다."는 말은 군주의 하사에 대해서 존귀
하게 여기기 때문이다. 상을 치르는 자는 남에게 물건을 보내주지 않으니,
애통하고 슬픈 마음이 들게 되므로, 남에 대해서 해당 의례를 시행해서는
안 되기 때문이다. 졸곡(卒哭)을 끝내고서는 남에게 물건을 보내줄 수 있으
니, 상복의 수위가 낮고 애통함도 줄어들었기 때문이다.

集說 石梁王氏曰: 居喪有酒肉之遺, 必疾者也.

번역 석량왕씨2)가 말하길, 상을 치르는 도중에 남이 술과 고기를 보내
오는 경우가 생긴 것은 분명 쇠약해진 자를 위해서이다.

鄭注 受之必正服, 明不苟於滋味. 薦於廟, 貴君之禮. 言齊斬之喪重, 志不
在施惠於人.

번역 물건을 받을 때에는 반드시 정규 복장을 착용해야 하니, 맛있고
좋은 음식에 대해서 구차하게 굴지 않음을 드러내기 위해서이다. 묘(廟)에
그것을 바치는 것은 군주를 존귀하게 여기는 예법이다. 자최복(齊衰服)과
참최복(斬衰服)을 입고 치르는 상은 중대한 상이므로, 상을 치르는 자의
뜻이 남에게 은혜를 베푸는데 있지 않다는 뜻이다.

釋文 必三, 如字, 又息暫反. 施, 始豉反.

번역 '必三'의 '三'자는 글자대로 읽으며, 또 '息(식)'자와 '暫(잠)'자의 반
절음도 된다. '施'자는 '始(시)'자와 '豉(시)'자의 반절음이다.

---

1) 『예기』「상대기(喪大記)」【534c】: 旣葬, 若君食之, 則食之, 大夫父之友食之,
   則食之矣. 不辟粱肉, 若有酒醴則辭.
2) 석량왕씨(石梁王氏, ?~?): 자세한 이력이 남아 있지 않다.

孔疏 ●“三年”至“受之”. ○正義曰: “如或遺之酒肉”至“主人衰絰而受之”者, 雖受之, 猶不得食也. 尊者食之, 乃得食肉, 猶不得飮酒, 故喪大記云“旣葬, 若君食之, 則食之, 大夫·父之友食之, 則食之矣. 不辟粱肉, 若有酒醴則辭”, 是也.

번역 ●經文: “三年”~“受之”. ○경문의 “如或遺之酒肉”으로부터 “主人衰絰而受之”까지. 비록 그것들을 받지만, 여전히 먹을 수는 없다. 존귀한 자가 음식을 보내준다면, 고기는 먹을 수 있지만 여전히 술은 마실 수 없다. 그렇기 때문에 『예기』「상대기(喪大記)」편에서는 “장례를 마쳤을 때, 군주가 음식을 보내오면 먹고, 대부 및 부친의 친구가 음식을 보내오면 먹는다. 곡식과 고기는 사양을 하지 않지만, 만약 독하고 진한 술이라면 사양을 한다.”라고 말한 것이다.

集解 愚謂: 喪不食肉飮酒, 故遺之酒肉, 必三辭, 至其不可辭而後受之也. 於受之, 特言“主人”者, 明雖在喪, 不使人代受也. 在喪, 衰絰不離身, 特言“衰絰以受之”, 又明不爲受賜變喪服也. 薦, 謂薦於死者. 受而薦之, 榮君賜也.

번역 내가 생각하기에, 상을 치를 때에는 술과 고기를 먹지 않는다. 그렇기 때문에 술과 고기를 보내오면 반드시 세 차례 사양을 하며, 더 이상 사양을 할 수 없게 된 뒤에야 받는다. 받았을 때에도 특별히 ‘주인(主人)’이라고 명시한 것은 비록 상을 치르고 있더라도, 남을 시켜서 받을 수 없음을 나타낸 것이다. 상을 치르고 있을 때에는 몸에서 상복을 벗을 수 없는데, 특별히 “상복을 착용하고서 받는다.”라고 말했으니, 이것은 또한 하사품을 받게 되더라도 상복을 바꿀 수 없음을 드러내기 위해서이다. ‘천(薦)’은 죽은 자에게 바친다는 뜻이다. 물건을 받아서 바치는 것은 군주의 하사품을 영예롭게 여기기 때문이다.

集解 愚謂: 從父兄弟, 大功之服也. 言此, 則期喪以上, 旣卒哭不遺人可知矣. 然“可也”者, 略許之辭, 則不若不遺人之爲尤得也.

번역 내가 생각하기에, 종부의 형제에 대해서는 대공복(大功服)을 착용한다. 이처럼 말했다면, 기년상(期年喪)으로부터 그 이상의 경우, 졸곡(卒哭)을 끝냈다고 하더라도 남에게 물건을 보내줄 수 없음을 알 수 있다. 그런데 '가야(可也)'라고 말을 한 것은 일정 정도만 허용한 말에 해당하니, 남에게 물건을 보내주지 않는 것이 더 낫다.

集解 自"非爲人喪"至此, 明在喪受問遺之法.

번역 '비위인상(非爲人喪)'[3]이라는 기록부터 이곳 구문까지는 상을 치르는 도중에 남이 보내온 물건 등을 받는 예법을 나타내고 있다.

---

3) 『예기』「잡기하」【512d】: 非爲人喪, 問與? 賜與?

• 제 29 절 •

삼년상과 기년상의 아픔

【513b】

縣子曰, "三年之喪如斬, 期之喪如剡."

직역 縣子가 曰, "三年의 喪은 斬과 如하고, 期의 喪은 剡과 如하다."

의역 현자가 말하길, "삼년상의 애통함은 몸을 베는 것 같고, 기년상의 애통함은 몸을 깎는 것 같다."라고 했다.

集說 剡, 削也. 此言哀痛淺深之殊.

번역 '섬(剡)'자는 "깎는다[削]."는 뜻이다. 이것은 애통함의 차이를 언급한 것이다.

鄭注 言其痛之惻怛有淺深也.

번역 애통함과 슬퍼함에는 깊이의 차이가 있음을 뜻한다.

釋文 縣音玄. 期音基, 下同. 剡, 徐以漸反. 怛, 旦末反.

번역 '縣'자의 음은 '玄(현)'이다. '期'자의 음은 '基(기)'이며, 아래문장에 나오는 글자도 그 음이 이와 같다. '剡'자의 서음(徐音)은 '以(이)'자와 '漸(점)'자의 반절음이다. '怛'자는 '旦(단)'자와 '末(말)'자의 반절음이다.

訓纂 釋名: 三年之縗曰斬, 不緝其末, 直翦斬而已. 期曰▼(齊/衣), ▼(齊/

衣), 齊也.

번역 『석명』[1]에서 말하길, 삼년상을 치를 때 착용하는 상복을 '참(斬)' 이라고 부르니, 끝단을 재봉하지 않고, 단지 천을 자른 상태로 놔둘 뿐이기 때문이다. 기년상(期年喪)에 착용하는 상복을 '▼(齊/衣)'라고 부르니, '▼ (齊/衣)'자는 "가지런하다[齊]."는 뜻이다.

訓纂 方氏苞曰: 父歿爲母, 齊衰三年, 故不曰"斬齊", 而曰"三年之喪".

번역 방포가 말하길, 부친이 이미 돌아가신 상태에서 모친에 대한 상례 를 치르게 되면, 자최복(齊衰服)을 착용하고 삼년상을 치른다. 그렇기 때문 에 '참최복(斬衰服)과 자최복'이라고 말하지 않고, '삼년상'이라고 말한 것 이다.

集解 愚謂: 剡, 削也. 斬之痛深, 剡之痛淺.

번역 내가 생각하기에, '섬(剡)'자는 "깎는다[削]."는 뜻이다. 베는 듯 한 아픔은 극심하고, 깎는 듯 한 아픔은 상대적으로 덜하다.

---

1) 『석명(釋名)』은 후한(後漢) 때의 학자인 유희(劉熙)가 지은 서적이다. 오래된 훈고학 서적의 하나로 꼽힌다.

• 제 30 절 •

상중에 남의 상에 조문하고 참여하는 규정

【513b~c】

三年之喪雖功衰不弔, 自諸侯達諸士, 如有服而將往哭之, 則服其服而往.

직역 三年의 喪에 雖히 功衰라도 不弔하니, 諸侯로 自하여 士에게 達한데, 如히 服이 有하여 將히 往하여 哭하면, 그 服을 服하고 往한다.

의역 삼년상을 치르고 있을 때, 비록 소상(小祥)을 끝내서 공최(功衰)로 갈아입은 상태라 하더라도 남의 상에 찾아가서 조문을 하지 않으니, 이러한 규정은 제후로부터 사에 이르기까지 모두 통용된다. 그러나 만약 자신과 상복관계에 있는 친족이 죽게 되어, 그에게 찾아가 곡을 하게 되면, 자신이 입고 있던 공최를 벗고, 해당하는 상복을 착용하고 찾아간다.

集說 疏曰: 小祥後衰與大功同, 故曰功衰. 如有五服之親喪而往哭, 不著己之功衰, 而依彼親之節以服之也. 不弔與往哭二者, 貴賤皆同之.

번역 공영달의 소에서 말하길, 소상(小祥)을 치른 이후의 상복 수위는 대공복(大功服)의 수위와 동일하다. 그렇기 때문에 그때의 상복을 '공최(功衰)'[1]라고 부른다. 만약 오복(五服)[2]의 관계에 있는 친족이 죽어서 그에게

---

1) 공최(功衰)는 상복(喪服)의 한 종류이다. 참최복(斬衰服)과 자최복(齊衰服)을 입고 치르는 상(喪)에서, 소상(小祥)을 지낸 이후에 착용하는 상복이다. 상복 재질의 거친 정도가 대공복(大功服)과 같기 때문에, '공최'라고 부르게 되었다.
2) 오복(五服)은 죽은 자와 친하고 소원한 관계에 따라 입게 되는 다섯 가지 상복(喪服)을 뜻한다. 참최복(斬衰服), 자최복(齊衰服), 대공복(大功服), 소공복

찾아가 곡(哭)을 할 때에는 자신의 공최를 착용하지 않고, 상대방 친족에 대한 규범에 따라서 해당 복장을 착용한다. 조문을 하지 않는다는 사안과 가서 곡을 한다는 사안은 신분의 등급에 상관없이 모두 동일하게 따른다.

大全 山陰陸氏曰: 所謂功衰, 猶言功裘, 微加大功, 雖服功衰不弔, 則以創鉅痛深故也.

번역 산음육씨가 말하길, 이른바 '공최(功衰)'라는 것은 공구(功裘)3)라고 하는 것과 같으니, 대공복(大功服)보다 조금 더 공정을 가미한 것으로, 비록 공최를 착용하고 있더라도 조문을 하지 않는다고 했다면, 슬픔과 상처가 깊기 때문이다.

鄭注 功衰, 旣練之服也. 諸侯服新死者之服而往哭, 謂所不臣也.

번역 '공최(功衰)'는 소상(小祥)을 치른 뒤에 착용하는 상복이다. 제후는 이제 막 죽은 자에 대한 상복을 착용하고 찾아가서 곡(哭)을 하니, 신하로 대하지 않는다는 뜻이다.

孔疏 ●"三年"至"盈坎". ○正義曰: 從此以下, 至"待盈坎", 明弔喪之節, 各隨文解之.

(小功服), 시마복(緦麻服)을 가리킨다. 『예기』「학기(學記)」편에는 "師無當於五服, 五服弗得不親."이라는 기록이 있는데, 이에 대한 공영달(孔穎達)의 소(疏)에서는 "五服, 斬衰也, 齊衰也, 大功也, 小功也, 緦麻也."라고 풀이했다. 또한 '오복'에 있어서는 죽은 자와 가까운 관계일수록 중대한 상복을 입고, 복상(服喪) 기간도 늘어난다. 위의 '오복' 중 참최복이 가장 중대한 상복에 속하며, 그 다음은 자최복이고, 대공복, 소공복, 시마복 순으로 내려간다.
3) 공구(功裘)는 천자가 경과 대부에게 하사하여 착용하도록 했던 갓옷의 하나이다. 제후가 착용하는 양구(良裘)에 비해 공정이 덜 가미되어, 거칠며, 여우 및 청색의 새끼사슴 가죽 등으로 만든다. 『주례』「천관(天官)·사구(司裘)」편에는 "季秋獻功裘以待頒賜."라는 기록이 있고, 이에 대한 정현의 주에서는 "功裘, 人功微麤, 謂狐靑麛裘屬. 鄭司農云, '功裘, 卿大夫所服.'"이라고 풀이했다.

번역 ●經文: "三年"~"盈坎". ○이곳 구문으로부터 그 이하로 '대영감(待盈坎)'[4]이라는 구문까지는 상에 조문하는 규범을 나타내고 있으니, 각각의 문장에 따라 풀이하겠다.

孔疏 ●"三年之喪, 雖功衰, 不弔"者, 謂重喪小祥後衰與[5]大功同, 故曰 "功衰". 衰雖外輕, 而痛猶內重, 故不得弔人也.

번역 ●經文: "三年之喪, 雖功衰, 不弔". ○중대한 상을 치르고 있을 때 소상(小祥)을 치른 이후 착용하는 상복은 대공복(大功服)의 수위와 동일하다. 그렇기 때문에 '공최(功衰)'라고 부른다. 상복에 있어서 비록 외적으로 수위가 낮아졌지만, 여전히 내적으로 애통한 마음이 깊게 남아있다. 그렇기 때문에 남에게 조문을 할 수 없다.

孔疏 ●"自諸侯達諸士"者, 貴賤同然, 故云"自諸侯達諸士也".

번역 ●經文: "自諸侯達諸士". ○신분의 차이에 상관없이 모두 이렇다는 뜻이다. 그렇기 때문에 "제후로부터 사에 이르기까지 모두 통용된다."라고 했다.

孔疏 ●"如有服而將往哭之, 則服其服而往"者, 亦貴賤同也. 如有服, 謂有五服之親喪, 功衰雖不弔人, 若自有五服之親喪, 則往哭之. 將往哭, 則不著己功衰, 而依彼親之節以服之, 申於骨肉之情故也. 故云"則服其服而往"也. 但著彼服, 不著己功衰也. 賀瑒云: "若新死者服輕, 則不爲之制服. 雖不爲重, 變而爲之制服. 往奔喪哭之, 則暫服所制之服. 往彼哭之事畢, 反服故

---

4) 『예기』「잡기하」【514b】: 弔非從主人也, 四十者執綍. 鄕人五十者從反哭, 四十者待盈坎.
5) '여(與)'자에 대하여. '여'자는 본래 중복 기록되어 있었는데, 완원(阮元)의 『교감기(校勘記)』에서는 "이곳 판본에는 '여'자가 잘못하여 중복 기록되어 있고, 『민본(閩本)』도 동일하게 기록되어 있다. 『감본(監本)』에는 중복되지 않았지만, 공란이 있다."라고 했다.

服也." 庾氏云: "將往哭之, 乃服其服者, 謂小功以下之親輕也. 始聞喪, 不能
爲之制服, 至於往哭弔, 乃服其服." 注要記通之已祥. 皇氏云: "此文雖在功
衰之下, 而實通初喪也. 假令初喪而有五屬之親死, 則亦蹔服五服之服而往
彼哭也." 上云"自諸侯達諸士", 然諸侯絶期, 不應有諸親始死服. 今云"服其
服而往", 當是敵體. 及所不臣者, 謂始封君, 不臣諸父昆弟也. 故鄭明之也.

번역 ●經文: "如有服而將往哭之, 則服其服而往". ○이 또한 신분의 차
이에 상관없이 동일하게 따른다는 뜻이다. '여유복(如有服)'이라는 말은 오
복(五服)에 속한 친족의 상이 발생했는데, 공최(功衰)를 착용하여 비록 남
에 대해서 조문을 하지 못하지만, 만약 그 대상이 오복의 관계에 있는 친족
의 상이라면, 찾아가서 곡(哭)을 한다는 뜻이다. 찾아가서 곡을 하려고 하
면, 자신이 착용하고 있던 공최를 벗고, 상대방 친족에 대한 규정에 따라
해당 복장을 착용하니, 골육지친에 대한 정감을 펼치기 때문이다. 그래서
"해당 복장을 착용하고 찾아간다."라고 했다. 다만 상대방에 대한 상복을
착용하여, 자신의 공최는 함께 착용하지 못한다. 하창6)은 "만약 이제 막
죽은 자에 대한 상복이 수위가 낮다면, 그를 위해 상복을 마련하지 않는다.
또한 비록 수위가 높은 대상이 아니더라도 상복을 바꿔서 그를 위해 상복
을 마련하기도 한다. 찾아가서 분상(奔喪)을 하여 곡(哭)을 하게 된다면,
잠시 새로 마련한 상복을 착용한다. 찾아가서 상대에 대해 곡하는 일이 끝
나면 다시 자신이 입고 있었던 이전의 상복으로 갈아입는다."라고 했다.
유울은 "찾아가서 곡을 하려고 하면 해당 복장을 착용한다고 했는데 이것
은 소공복(小功服)으로부터 그 이하의 친족인 수위가 낮은 상복을 착용하
는 경우이다. 처음 상에 대한 소식을 접하게 되면, 그를 위해 상복을 마련할
수 없고, 찾아가서 곡을 하며 조문을 할 때가 되어서야 그에 대한 상복을
착용한다."라고 했다. 『요기』에 대한 주에서는 통괄적으로 대상(大祥)을 끝
낸 뒤라고 했다. 황간은 "이곳 문장에서는 비록 공최(功衰)로부터 그 이하

---

6) 하창(賀瑒, A.D.452~A.D.510): 남조(南朝) 때의 학자이다. 남조의 제(齊)나
라와 양(梁)나라에서 각각 활동하였다. 자(字)는 덕연(德璉)이다. 『예기신의
소(禮記新義疏)』 등을 찬술하였다.

의 상복을 착용한 경우라고 했지만, 실제로는 초상의 경우까지도 통괄한다. 가령 초상을 치르고 있는데, 오속(五屬)7)에 해당하는 친족이 죽었다면, 또한 잠시 오복(五服) 중 해당하는 상복을 착용하고 찾아가서 그에 대한 곡을 한다."라고 했다. 앞에서 "제후로부터 사에 이르기까지 모두 통용된다."라고 했지만, 제후는 기년상(期年喪)에서 친족에 대한 상을 제한하니, 마땅히 여러 친족들에 대해 그자가 처음 죽었을 때 착용하는 상복이 있을 수 없다. 그런데 이곳에서는 "해당하는 상복을 착용하고 찾아간다."라고 했으니, 이것은 마땅히 서로 신분이 대등한 경우에 해당한다. 신하로 삼지 않는다는 것은 처음 분봉을 받은 제후는 제부 및 곤제들을 신하로 대하지 않는다는 뜻이다. 그렇기 때문에 정현이 이 사실을 나타낸 것이다.

訓纂 王瓚曰: 檀弓言"往哭", 不言輕重, 通三年當往也. 雜記斬衰言"功衰", 乃"服其服而往", 則齊衰亦于功衰乃服其服也.

번역 왕찬이 말하길, 『예기』「단궁(檀弓)」편에서는 "찾아가서 곡(哭)을 한다."8)라고 말하며, 상복의 수위를 언급하지 않았으니, 삼년상까지도 통괄하여 마땅히 찾아가는 것이다. 「잡기」편에서는 참최복(斬衰服)을 착용한 경우에 대해서 '공최(功衰)'라고 말했고, 또 "해당 복장을 착용하고 찾아간다."라고 했으니, 자최복(齊衰服)을 착용한 경우에도 공최를 착용한 상태라면, 그에 대한 상복을 착용하고 찾아가는 것이다.

集解 愚謂: 三年, 爲父既練, 衰七升, 與降服大功同, 爲母既練, 衰八升, 與正服大功同, 故曰"功衰". 曾子問曰, "三年之喪弔乎?" 孔子曰, "三年之喪, 練

---

7) 오속(五屬)은 서로를 위해 상복(喪服)을 입어야 하는 친족을 뜻한다. 상복은 참최복(斬衰服), 자최복(齊衰服), 대공복(大功服), 소공복(小功服), 시마복(緦麻服)이 있는데, 친족들은 각각의 친소(親疎) 관계에 따라 위의 다섯 가지 상복을 착용하게 되므로, '오속'이라고 부른다.

8) 『예기』「단궁하(檀弓下)」【110b】: 有殯, 聞遠兄弟之喪, 哭于側室; 無側室, 哭于門內之右. 同國則往哭之.

不群立, 不旅行. 君子禮以飾情, 三年之喪而弔哭, 不亦虛乎." 功衰雖不弔人, 若有五服之親喪, 則服新死者之服而往哭之. 此雖承"功衰"而言, 其實未練亦然. 檀弓曰, "有殯, 聞遠兄弟之喪, 雖緦必往." 皇氏謂"實通初喪", 是也. 大功之麻, 變三年旣練之葛. 此僅服其服而哭之, 賀氏 · 庾氏謂"惟據小功以下輕喪", 亦是也. 服問曰, "小功不易喪之練冠, 如免, 則絰其緦 · 小功之絰, 因其初葛帶."

번역 내가 생각하기에, 삼년상의 경우, 부친의 상을 치르며 이미 소상(小祥)을 끝냈다면, 상복은 7승(升)9)의 것으로 만들어서, 강복(降服)10)으로 정한 대공복(大功服)과 수위가 동일하며, 모친의 상을 치르며 이미 소상을 끝냈다면, 상복은 8승(升)의 것으로 만들어서, 정규 복장인 대공복과 수위가 동일하다. 그렇기 때문에 '공최(功衰)'라고 부른다. 증자는 "만약 자신이 삼년상을 치르는 도중인데, 남의 상에 조문을 해도 되는 것입니까?"라고 질문을 했고, 공자는 "자신이 삼년상을 치르는 중이라면, 소상을 치른 상태라 하더라도, 사람들이 모여 있는 장소에 가서 뭇 사람들과 자리를 함께 하지 않으며, 뭇 사람들과 무리를 지어 다니지 않는다. 군자는 예법대로 시행하여 애통한 감정을 나타낼 따름인데, 삼년상을 치르는 도중에 남의 상에 가서 자신의 애통한 감정을 누그러트리지도 못한 채, 남을 위하여 조문을 하고 곡(哭)을 하는 것은 또한 허례(虛禮)가 아니겠는가?"라고 대답했다.11) 공최를 착용한 상태에는 비록 남에 대해 조문을 하지 않지만, 만약

---

9) 승(升)은 옷감과 관련된 단위이다. 고대에는 포(布) 80가닥[縷]을 1승(升)으로 여겼다. 『의례』「상복(喪服)」편에서는 "冠六升, 外畢."이라는 기록이 있는데, 이에 대한 정현의 주에서는 "布八十縷爲升."이라고 풀이했다.

10) 강복(降服)은 상(喪)의 수위를 본래의 등급보다 한 등급 낮추는 일에 해당한다. 예를 들어 자식은 부모에 대해 삼년상을 치러야 하지만, 다른 집의 양자로 간 경우라면 자신의 친부모에 대해 삼년상을 치르지 않고, 한 등급 낮춰서 1년만 치르게 된다. 이것은 상(喪)의 기간에만 해당하는 것이 아니라, 상복(喪服) 및 상(喪)을 치르며 부수적으로 갖추게 되는 기물(器物)들에도 적용된다.

11) 『예기』「증자문(曾子問)」【238a】: 曾子問曰: 三年之喪, 弔乎. 孔子曰: 三年之喪, 練, 不群立, 不旅行, 君子禮以飾情, 三年之喪而弔哭, 不亦虛乎.

오복(五服)에 속한 친족의 상이 발생했다면, 이제 막 죽은 친족에 대한 상복을 착용하고 찾아가서 곡을 한다. 이곳에서는 비록 '공최(功衰)'라는 말과 연관시켜 말을 했지만, 실제로는 아직 소상을 치르지 않은 상태에서도 또한 이처럼 한다. 그래서『예기』「단궁(檀弓)」편에서는 "집에 빈소가 차려져 있을 때, 멀리 떨어져 살고 있는 형제에 대한 상의 소식을 접하게 된다면, 비록 그자가 자신과 관계가 멀어서 시마복(緦麻服)을 착용하는 자라고 하더라도, 반드시 찾아가서 곡을 해야 한다."12)라고 했다. 황간이 "실제로 초상까지도 통괄한다."라고 했는데, 이 말은 옳다. 대공복에 착용하는 마(麻)로 만든 질(経)은 삼년상에서 소상을 치른 뒤 착용하는 갈(葛)로 만든 질(経)로 바꾼다. 이곳에서는 단지 해당하는 복장을 착용하고 곡을 한다고 했고, 하씨와 유씨는 "오직 소공복으로부터 그 이하의 수위가 낮은 상에 기준을 둔 것이다."라고 했는데, 이 또한 옳은 말이다.『예기』「복문(服問)」편에서는 "소공복에 대해서는 상의 연관(練冠)을 바꾸지 않으니, 만약 관(冠)을 벗었다면, 시마복과 소공복의 질(経)은 그대로 차니, 최초 찼던 갈(葛)로 만든 대(帶)에 따르기 때문이다."13)라고 했다.

集解 愚謂: 諸侯絶旁期, 惟尊同乃服, 非尊同, 雖所不臣不服也. 若遙哭諸侯, 則不得云"往哭", 此"自諸侯達諸士", 惟據功衰不弔而言, "如有服"以下, 特謂大夫士之禮耳.

번역 내가 생각하기에, 제후는 방계의 친족에 대해서 기년상(期年喪)으로 제한을 하지만, 오직 존귀함이 동일한 자에 대해서는 상복을 착용하며, 존귀함이 동일하지 않다면, 비록 신하로 대하지 않는 자라 할지라도 상복을 착용하지 않는다. 만약 멀리 떨어져 있는 제후에 대해서 곡을 하는 경우라면, "찾아가서 곡을 한다."라고 말할 수 없는데, 이곳에서는 "제후로부터

---

12)『예기』「단궁상(檀弓上)」【104c】: 有殯, 聞遠兄弟之喪, 雖緦必往; 非兄弟, 雖鄰不往.
13)『예기』「복문(服問)」【663a】: 小功不易喪之練冠, 如免, 則経其緦小功之経, 因其初葛帶. 緦之麻不變小功之葛, 小功之麻不變大功之葛, 以有本爲稅.

사까지 모두 통용된다."라고 했으니, 이것은 단지 공최(功衰)를 착용했을 때 조문을 하지 않는다는 것을 기준으로 한 말이며, "만약 상복관계에 있다."라고 한 말로부터 그 이하의 내용은 단지 대부와 사의 예법을 언급한 것일 뿐이다.

【513c】

期之喪, 十一月而練, 十三月而祥, 十五月而禫14). 練則弔15).

직역 期의 喪은 十一月하고 練하며, 十三月 하고 祥하며, 十五月하고 禫한다. 練하면 弔한다.

의역 기년상(期年喪)을 치를 때, 11개월이 지나면 소상(小祥)을 치르며, 13개월이 지나면 대상(大祥)을 치르고, 15개월이 지나면 담제(禫祭)를 치른다. 소상을 치르면 집을 벗어나 조문을 할 수 있다.

集說 鄭氏曰: 凡齊衰十一月, 皆可以出弔. 又曰: 此爲父在爲母.

번역 정현이 말하길, 무릇 자최복(齊衰服)의 상에서 11개월이 지나면 모두 집밖으로 나가 조문을 할 수 있다. 또 말하길, 이것은 부친이 생존해 계실 때 모친의 상을 치르는 경우이다.

鄭注 此謂父在爲母也. 當在"練則弔"上, 爛脫在此. 父在爲母功衰, 可以弔

---

14) '기지상(期之喪)'으로부터 '십오월이담(十五月而禫)'까지에 대하여. 『십삼경주소』 판본에는 이 구문이 '기지상여섬(期之喪如剡)'이라는 구문 뒤에 기록되어 있다.

15) '연즉조(練則弔)'에 대하여. 『십삼경주소』 판본에는 이 구문이 '즉복기복이왕(則服其服而往)'이라는 구문 뒤에 기록되어 있다.

人者, 以父在, 故輕於出也. 然則凡齊衰十一月, 皆可以出矣.

번역 이 내용은 부친이 생존해 계실 때 돌아가신 모친의 상을 치르는 경우이다. '기지상(期之喪)'으로부터 '십오월이담(十五月而禫)'까지는 마땅히 '연즉조(練則弔)'라는 구문 앞에 있어야 하는데, 잘못하여 이곳에 기록되었다. 부친이 생존해 계실 때 모친에 대해 상을 치르며 공최(功衰)를 착용했다면, 남에 대해서 조문을 할 수 있으니, 부친이 생존해 계시기 때문에, 밖으로 나가 조문을 할 수 있는 시기에 대해서 경감시키는 것이다. 그렇다면 무릇 자최복(齊衰服)을 착용하고 11개월이 지나게 되면, 모두 밖으로 나가 조문을 할 수 있다.

釋文 禫, 大感反.

번역 '禫'자는 '大(대)'자와 '感(감)'자의 반절음이다.

孔疏 ●"期之喪十一月而練, 十三月而祥, 十五月而禫"者, 此禫杖期, 主謂父在爲母, 亦備二祥節也. 文本應在"服而往"下, 爛脫故在此.

번역 ●經文: "期之喪十一月而練, 十三月而祥, 十五月而禫". ○이것은 지팡이를 잡고 치르는 기년상(期年喪)에 대해서 담제(禫祭)를 치른다는 뜻으로, 부친이 생존해 계실 때 모친의 상례를 치르는 것을 위주로 언급한 것이며, 또한 소상(小祥)과 대상(大祥)의 두 절차까지도 함께 기술한 것이다. 이 문장은 본래 '복이왕(服而往)'이라는 구문 뒤에 와야 하지만, 잘못하여 이곳에 기록된 것이다.

孔疏 ●"練則弔"者, 謂至十一月小祥後, 而可出弔人也.

번역 ●經文: "練則弔". ○11개월이 되어 소상(小祥)을 치른 이후가 되면, 집밖으로 나가 남에 대해서 조문을 할 수 있다.

孔疏 ◎注"父在"至"出矣". ○正義曰: 此"練則弔"又承"十一月練"之下, 故知是父在爲母, 以經云練, 故云"功衰"也. 大祥始除衰杖而練, 得弔人者, 以父在爲母, 故輕於出, 言得出也. 以母喪至練, 父在而得出, 則其餘喪, 雖無父亦得出也. 母旣可矣, 諸父灼然.

번역 ◎鄭注: "父在"~"出矣". ○이곳에서 '연즉조(練則弔)'라고 한 구문은 또한 '십일월련(十一月練)' 이하의 내용과 이어진다. 그렇기 때문에 부친이 생존해 계실 때 모친의 상례를 치르는 경우임을 알 수 있다. 경문에서 '소상[練]'이라고 말했기 때문에 '공최(功衰)'라고 말한 것이다. 대상(大祥)을 치르게 되면 비로소 상복과 지팡이를 제거하는데, 소상(小祥)을 치른 뒤에 남에 대해 조문을 할 수 있는 이유는 부친이 생존해 계신 상태에서 모친의 상례를 치른 것이므로, 집밖으로 나가서 조문할 수 있는 시기가 경감되기 때문이다. 즉 밖으로 나가 조문을 할 수 있다는 뜻이다. 모친의 상에서 소상을 치렀는데, 부친이 생존해 계신 상태라서 집밖으로 나가 조문을 할 수 있다면, 나머지 상에 있어서 비록 부친이 이미 돌아가신 상태라도 또한 집밖으로 나가 조문을 할 수 있다. 모친의 상을 치르는 경우에 대해서 이미 가능하다고 했으니, 제부들에 대해서도 또한 이처럼 한다는 것이 분명하다.

訓纂 王氏懋竑曰: 夫之於妻, 亦十一月而練, 十三月而祥, 十五月而禫. 鄭注謂"同妻於母". 通解引程子謂"妻爲夫服父之服, 故夫以母之服報之", 得其義矣.

번역 왕무횡이 말하길, 남편은 아내에 대해서 또한 11개월이 지나면 소상(小祥)을 치르고, 13개월이 지나면 대상(大祥)을 치르며, 15개월이 지나면 담제(禫祭)를 치른다. 정현의 주에서는 "처에 대해서는 모친의 경우와 동일하게 한다."라고 했다. 『통해』에서는 정자의 주장을 인용하여, "처는 남편의 상을 치르며 부친에 대한 상복을 착용한다. 그렇기 때문에 남편은 모친에 대한 상복으로 그녀에 대해 보답차원에서 상복을 착용한다."라고 했는데, 본래의 의미에 맞다.

集解 自"十五月而禪"以上十八字, 舊"在三年之喪, 雖功衰不弔"上, 鄭云, "當在'練則弔'上."

번역 '십오월이담(十五月而禪)'으로부터 그 앞의 18개 글자는 옛 판본에서 '재삼년지상수공최부조(在三年之喪, 雖功衰不弔)'라는 구문 앞에 기록되어 있었고, 정현은 "마땅히 '연즉조(練則弔)'라는 구문 앞에 와야 한다."고 했다.

集解 愚謂: 此謂父在爲母及爲妻之服也. 爲母本三年, 以父在而降. 周景王有后與大子之喪, 而叔向謂其有三年之喪. 是妻之喪雖非三年, 亦本有三年之義, 以不敢同於母而降. 凡期之喪至十三月, 於主人之練而除. 若無三年者, 則亦於十三月而除, 惟父在爲母及爲妻, 則有練有祥有禪, 與三年之喪同, 以其本由三年而降也. 旣有練有祥有禪, 則其變除之服亦悉與齊衰三年同矣. 十一月而練者, 以期喪皆十三月而除, 此練後尙有祥·禪, 故視三年練祭減其二月也. 十三月而祥者, 凡期喪以十三月而除, 此亦於大祥而除衰·杖也. 十五月而禪者, 三年之喪, 祥·禪中間一月, 故此亦祥後二月而禪, 倣三年之禪而制之也. 三年之喪, 練不弔, 此練則弔者, 爲其去除喪之期近也.

번역 내가 생각하기에, 이 내용은 부친이 생존해 계실 때 모친 및 처의 상복을 착용한 경우이다. 모친을 위해서는 본래 3년간 복상을 해야 하지만, 부친이 생존해 계셔서 낮춘 것이다. 주나라 경왕(景王)에게는 왕후와 태자의 상이 발생했는데, 숙향은 삼년상을 치르는 경우가 있다고 했다.[16] 처의 상은 비록 삼년상이 아니지만, 또한 본래부터 삼년상을 치른다는 도의가

---

16) 『춘추좌씨전』「소공(昭公) 11년」: 九月, 葬齊歸, 公不慼. 晉士之送葬者, 歸以語史趙. 史趙曰, "必爲魯郊." 侍者曰, "何故?" 曰, "歸姓也, 不思親, 祖不歸也." 叔向曰, "魯公室其卑乎! 君有大喪, 國不廢蒐; 有三年之喪, 而無一日之慼. 國不恤喪, 不忌君也; 君無慼容, 不顧親也. 國不忌君, 君不顧親, 能無卑乎? 殆其失國."

포함되어 있는데, 감히 모친에 대한 경우와 동일하게 할 수 없어서 낮추는 것이다. 무릇 기년상(期年喪)을 치를 때 13개월째가 되면, 상주가 소상(小祥)을 치를 때 상복을 제거하게 된다. 만약 삼년상을 치를 일이 없는 경우라면 또한 13개월째에 제상(除喪)을 하는데, 다만 부친이 생존해 계신 상태에서 모친과 처에 대한 상을 치르게 된다면, 소상(小祥)·대상(大祥)·담제(禫祭)를 치르게 되어, 삼년상과 동일하게 치르니, 본래는 삼년상을 치러야 하지만 낮춘 경우이기 때문이다. 이미 소상·대상·담제를 치른다고 했다면, 복장을 바꾸고 제거할 때에는 또한 자최복(齊衰服)으로 삼년상을 치르는 경우와 모두 같다. "11개월째에 소상을 치른다."라고 했는데, 기년상에서는 모두 13개월째에 제복(除服)을 하지만, 이러한 경우에는 소상을 치른 이후라고 하더라도 여전히 대상과 담제를 치러야 하기 때문에, 삼년상에서 소상의 제사를 치르는 것에 견주어서 2개월씩 차이를 줄이게 된다. "13개월째에 대상을 치른다."라고 했는데, 무릇 기년상에서는 13개월째에 제복을 하며, 이러한 경우에는 또한 대상을 치를 때 상복과 지팡이를 제거한다. "15개월째에 담제를 치른다."라고 했는데, 삼년상에서는 대상과 담제를 치를 때 중간에 1개월을 벌리게 된다. 그렇기 때문에 이러한 경우에도 대상을 치른 뒤 2개월째에 담제를 치르니, 삼년상에서 담제를 치르는 규정을 모방하여 규범을 정한 것이다. 삼년상에서 소상을 치른 뒤에는 조문을 하지 않는다. 그런데 이곳에서는 소상을 치르면 조문을 한다고 했으니, 상의 기간이 거의 끝나가기 때문이다.

● 그림 30-1 ▣ 주(周)나라 세계도(世系圖) Ⅱ

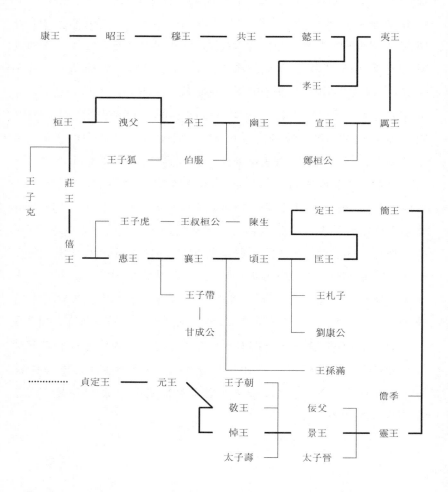

※ 출처:『역사(繹史)』1권「역사세계도(繹史世系圖)」

【513c】

旣葬大功, 弔哭而退, 不聽事焉.

직역 旣히 大功을 葬하면, 弔하여 哭하고 退하니, 事를 不聽한다.

의역 본인에게 대공복(大功服)을 착용해야 하는 상이 발생했는데, 그 상에 대해서 이미 장례를 치렀다면, 타인의 상에 대해서는 찾아가서 조문을 하고 곡(哭)을 하면 즉시 물러나니, 상주가 습(襲)이나 염(斂)의 절차를 마칠 때까지 기다리지 않는다.

集說 旣葬大功者, 言己有大功之喪已葬也. 弔哭而退, 謂往弔他人之喪, 則弔哭旣畢, 卽退去, 不待與主人襲斂等事也.

번역 "이미 대공(大功)의 상에 대해서 장례를 치렀다."라고 한 말은 본인에게 대공복(大功服)을 착용해야 하는 상이 발생했는데, 그 상에 대해서 이미 장례를 치렀다는 뜻이다. "조문하고 곡(哭)을 하고서 물러난다."는 말은 다른 집에 발생한 상에 찾아가서 조문을 하면, 조문하고 곡하는 일이 끝나면 즉시 물러나오고, 주인이 습(襲)이나 염(斂)을 하는 등의 사안을 끝낼 때까지 기다리지 않는다는 뜻이다.

鄭注 聽, 猶待也. 事, 謂襲·斂·執紼之屬.

번역 '청(聽)'자는 "기다린다[待]."는 뜻이다. '사(事)'는 습(襲)·염(斂) 및 상엿줄 잡는 등의 일들을 뜻한다.

釋文 紼音弗.

번역 '紼'자의 음은 '弗(불)'이다.

孔疏 ●"旣葬, 大功"者, 謂身有大功之喪, 旣葬之後, 往弔他喪.

번역 ●經文: "旣葬, 大功". ○본인에게 대공복(大功服)의 상이 발생했는데, 이미 장례를 치른 뒤라면 타인의 상에 대해서 찾아가 조문을 한다는 뜻이다.

孔疏 ●"弔, 哭而退, 不聽事焉"者, 謂弔哭旣畢而卽退去, 不待主人襲斂之事. 期喪練, 弔則亦然也.

번역 ●經文: "弔, 哭而退, 不聽事焉". ○조문과 곡(哭)을 하는데 그 일이 끝나면 곧바로 물러나니, 상주가 습(襲)이나 염(斂) 등의 일을 끝낼 때까지 기다리지 않는다는 뜻이다. 기년상(期年喪)을 치르며 소상(小祥)을 치른 뒤 조문을 하는 경우에도 또한 이처럼 한다.

集解 石經無而字.

번역 『석경』에는 '이(而)'자가 없다.

集解 愚謂: 旣葬大功弔者, 謂大功旣葬可以弔人也. 哭而退, 不聽事者, 言大功旣葬弔人, 哭畢卽退, 不待主人襲·斂之事, 爲其忘己哀也.

번역 내가 생각하기에, '기장대공조(旣葬大功弔)'라는 말은 대공복(大功服)의 상에서 장례를 치른 뒤에는 남에 대해서 조문을 할 수 있다는 뜻이다. "곡(哭)을 하고 물러나며 일을 기다리지 않는다."라고 했는데, 대공복의 상에서 이미 장례를 치른 뒤에는 남에 대해 조문을 할 수 있지만, 조문을 하며 곡을 마치면 곧바로 물러나며, 상주가 습(襲)이나 염(斂) 등의 일을 마칠 때까지 기다리지 않으니, 기다린다면 그것은 자신의 상에 대해 나타내야 하는 애통한 마음을 잊은 행동이기 때문이다.

【513d】

期之喪未葬, 弔於鄉人, 哭而退, 不聽事焉. 功衰弔, 待事不
執事.

직역 期의 喪에 未葬이라도, 鄉人에게 弔하나, 哭하고 退하며, 事를 不聽한다.
功衰에 弔함에는 事를 待하나 事는 不執한다.

의역 자최복(齊衰服)을 입고 지팡이를 잡지 않는 기년상(期年喪)을 치르고 있
을 경우, 아직 장례를 끝내지 않았더라도, 마을 사람에 대해서는 조문을 할 수 있지
만, 조문을 하게 되면 곡(哭)을 하고 물러나며, 상주가 해당 절차를 끝낼 때까지
기다리지 않는다. 공최(功衰)를 착용한 뒤 조문을 하게 되면, 해당 절차를 끝낼
때까지 기다릴 수 있지만, 그 일들에 대해서는 직접 맡아서 처리할 수 없다.

集說 儀禮喪服傳, 姑姊妹適人無主者, 姪與兄弟爲之齊衰不杖期. 此言期
之喪, 正謂此也. 雖未葬, 亦可出弔, 但哭而退, 不聽事也. 此喪旣葬, 受以大功
之衰, 謂之功衰. 此後弔於人, 可以待主人襲斂等事, 但不親自執其事耳.

번역 『의례』「상복(喪服)」편의 전문(傳文)에서는 고모 및 자매 중 남에
게 시집을 갔으나 상주를 맡을 자가 없는 경우, 조카 및 형제들은 그녀들을
위해 자최복(齊衰服)을 입고 지팡이를 잡지 않는 기년상(期年喪)을 치른다
고 했다. 이곳에서 '기지상(期之喪)'이라고 한 말은 바로 이러한 경우를 뜻
한다. 비록 아직 장례를 치르지 않았지만, 이러한 경우에는 또한 집밖으로
나가 남에 대해 조문을 할 수 있다. 다만 곡(哭)을 하면 물러나니, 상주가
해당 절차를 처리할 때까지 기다리지 않는다. 이러한 상에서 이미 장례를
치르게 되면 대공복(大功服)의 수위와 같은 상복을 받게 되니, 이것을 '공
최(功衰)'라고 부른다. 이것을 착용한 이후 남에 대해서 조문을 하게 되면,
상주가 습(襲)이나 염(斂) 등의 절차를 끝낼 때까지 기다릴 수 있지만, 직접
그 상의 일들을 맡아볼 수 없다.

鄭注 謂爲姑·姊妹無主, 殯不在己族者.

번역 고모 및 자매들 중 상주를 맡을 자가 없고, 빈소가 자신의 족인들 집에 있지 않은 경우이다.

釋文 "功衰, 弔", 本又作"大功衰, 弔". 庾云"有大字, 非".

번역 "功衰, 弔"라는 말은 판본에 따라서 또한 "大功衰, 弔"라고 기록한다. 유울은 "'대(大)'자가 기록된 판본은 잘못된 기록이다."라고 했다.

孔疏 ●"期之喪未葬, 弔於鄕人, 哭而退, 不聽事焉"者, 謂姑·姊妹無主, 爲之服期喪, 未至於葬, 往弔於鄕人之喪, 哭畢則退, 不聽待主人襲斂之事焉.

번역 ●經文: "期之喪未葬, 弔於鄕人, 哭而退, 不聽事焉". ○고모와 자매 중 상주가 없어서, 그녀들을 위해 기년상을 치르는데, 아직 장례까지 지내지 못한 상황에서, 마을 사람의 상에 찾아가서 조문을 하고, 곡(哭)하는 일이 끝나면 물러나니, 상주가 습(襲)이나 염(斂) 등의 절차를 끝낼 때까지 기다리지 않는다는 의미이다.

孔疏 ●"功衰, 弔, 待事, 不執事"者, 謂此姑·姊妹等期喪至旣葬, 受以大功衰, 謂之功衰. 至此之後, 若弔於鄕人, 其情稍輕於未葬之前, 得待主人襲斂之事, 但不親自執事. 此云"功衰", 他本或云"大功衰". 今按, 鄭注在此文下云"謂爲姑·姊妹無主", 則此功衰還是姑·姊妹無主之功衰, 不得別云"大功"也. 皇氏云: "有大字者, 誤也."

번역 ●經文: "功衰, 弔, 待事, 不執事". ○이처럼 고모·자매 등에 대해 기년상을 치르며 장례를 마쳐서, 대공복(大功服)의 수위와 같은 상복을 받은 경우를 뜻하니, 이러한 상복을 '공최(功衰)'라고 부른다. 이러한 절차를 치른 이후에 만약 마을 사람에 대해서 조문을 하게 되면, 그 정감은 아직 장례를 치르기 이전보다는 점차 줄어들었으므로, 상주가 습(襲)과 염(斂)을 끝낼 때까지 기다릴 수 있다. 다만 자신이 직접 그 일들을 맡아볼 수는 없다. 이곳에서는 '공최(功衰)'라고 기록했는데, 다른 판본 중에는 간혹 '대공최(大功衰)'라고 기록한 것도 있다. 현재 살펴보니, 정현은 이곳 문장에 대한 주에서 "고모와 자매 중 상주가 없는 자를 위해 상을 치르는 경우이다."라고 했으니, 이곳에서 말한 공최는 고모와 자매 중 상주가 없는 자를 위해 착용한 공최가 되므로, 별도로 '대공(大功)'이라고 말할 수 없다. 황간은 "'대(大)'자가 기록된 판본은 잘못된 기록이다."라고 했다.

孔疏 ◎注"謂爲姑姊妹無主, 殯不在己族者". ○正義曰: 經直云"期喪", 鄭知是"姑姊妹無主"者, 以前云大功旣葬, 始得弔人. 今此經期喪未葬, 已得弔人, 明知此期服輕, 故知是"姑姊妹無主, 殯不在己族"者. 女未廟見, 反葬女氏之黨. 此姑·姊妹已於他族成婦日久, 但夫旣蚤死, 故殯在夫族.

번역 ◎鄭注: "謂爲姑姊妹無主, 殯不在己族者". ○경문에서는 단지 '기상(期喪)'이라고 했는데, 정현이 이 상황이 "고모와 자매 중 상주가 없는 경우이다."라는 것에 해당함을 알 수 있었던 이유는 앞에서 대공복(大功服)의 상에서 이미 장례를 치른 뒤에는 비로소 남에 대해 조문을 할 수 있다고 했기 때문이다. 현재 이곳 경문에서는 기년상에서 아직 장례를 치르지 않았다고 했는데, 이미 남에 대해서 조문을 할 수 있다고 했으니, 이곳의 상황은 기년복 중에서도 수위가 낮은 경우임을 알 수 있다. 그렇기 때문에 이 상황이 정현의 말처럼 "고모와 자매 중 상주가 없고 빈소가 자신의 친족 집에 없는 경우이다."에 해당함을 알 수 있다. 여자에 대해 아직 묘(廟)에서 알현을 시키지 않았는데, 그녀가 죽었으므로, 여자 집안의 친족에게 되돌려 보내 장례를 치르는 경우이다. 이곳에서 고모와 자매라고 한 자들은 이미 다른 종족에게 시집을 간 것이 오랜 기간이 지난 경우이며, 다만 남편이 일찍 죽었기 때문에 빈소가 남편의 친족 집에 차려져 있는 것이다.

訓纂 王氏懋竑曰: "旣葬大功弔", "期之喪未葬", "旣"·"未"二字互誤. "功衰弔", 一本作"大功喪弔".

번역 왕무횡이 말하길, '기장대공조(旣葬大功弔)'라고 했고, '기지상미장(期之喪未葬)'이라고 했는데, '기(旣)'자와 '미(未)'자 두 글자는 잘못된 글자이다. '공최조(功衰弔)'라는 구문을 다른 판본에서는 '대공상조(大功喪弔)'라고도 기록한다.

集解 愚謂: 大功旣葬乃弔, 此期喪未葬卽弔者, 蓋以殯不在己族故也. 然則凡姑·姊妹之大功皆如此, 而大功旣葬而弔, 專爲本族之服矣.

번역 내가 생각하기에, 대공복(大功服)의 상에서 이미 장례를 치른 뒤라면 조문을 하게 되는데, 이곳에서는 기년상(期年喪)에서 아직 장례를 치르지 않았는데도 조문을 한다고 했다. 아마도 빈소가 자신의 종족 집안에 있지 않기 때문일 것이다. 그러므로 무릇 고모 및 자매들에 대해서 대공복을 착용하는 경우는 모두 이처럼 하지만, 대공복의 상에서 이미 장례를 치른 뒤에 조문을 한다는 것은 전적으로 본래의 친족에 대해 상복을 착용하는 경우이다.

【514a】

小功緦, 執事不與於禮.

직역 小功과 緦에는 事를 執이나 禮에는 不與한다.

의역 소공복(小功服)이나 시마복(緦麻服)의 상을 치르고 있을 때에는 남의 상에 대해서 의례 진행은 도울 수 있지만, 궤전(饋奠)처럼 중대한 절차에 대해서는 참여하지 않는다.

集說 執事, 謂擯相也. 禮, 饋奠也. 輕服可以爲人擯相, 擯相事輕故也. 饋奠之禮重, 故不與.

번역 '집사(執事)'는 의례의 진행을 돕는다는 뜻이다. '예(禮)'는 궤전(饋奠)[17]을 뜻한다. 수위가 낮은 상복을 착용했을 때에는 남을 위해 의례의 진행을 도울 수 있는데, 의례의 진행을 돕는 일은 상대적으로 덜 중요한 일이기 때문이다. 궤전을 치르는 예법은 중대한 절차이기 때문에 참여하지 않는다.

鄭注 禮, 饋奠也.

번역 '예(禮)'는 궤전(饋奠)을 뜻한다.

釋文 與音預, 下文注"不與"同.

번역 '與'자의 음은 '預(예)'이며, 아래문장에 대한 정현의 주에 나오는 '不與'에서의 '與'자도 그 음이 이와 같다.

孔疏 ●"小功緦, 執事, 不與於禮"者, 執事, 擯相也. 禮, 饋奠也. 緦·小功服輕, 故未葬便可弔人, 今不論鄕人之同異也. 亦爲彼擯相, 但不得助彼饋奠耳. 按曾子問云: "廢喪服, 可以與於饋奠之事乎?" 孔子曰: "說衰與奠, 非禮也, 以擯相可也." 是擯相輕而饋奠重也.

번역 ●經文: "小功緦, 執事, 不與於禮". ○'집사(執事)'는 의례의 진행을 돕는다는 뜻이다. '예(禮)'는 궤전(饋奠)을 뜻한다. 시마복(緦麻服)과 소공복(小功服)은 수위가 낮은 상복이다. 그렇기 때문에 아직 장례를 치르지 않았어도 남에 대해서 조문을 할 수 있다. 그런데 이곳의 경우는 같은 마을에 사는 사람인가의 여부를 따지지 않는다. 이러한 경우에는 또한 상대방을 위해서 의례의 진행을 돕게 되지만, 상대방이 올리는 궤전(饋奠)의 일은 도울 수 없을 따름이다. 『예기』「증자문(曾子問)」편을 살펴보면, 증자는 "본인의 복상(服喪) 기간이 끝나서, 상복을 이제 막 벗게 되었다면, 다른 사람

---

17) 궤전(饋奠)은 상중(喪中)에 시행하는 전제사[奠祭]를 가리킨다.

의 궤전하는 일에 참여할 수 있습니까?"라고 물었고, 공자는 "상복을 이제
막 벗고서, 궤전에 참여하는 것은 비례(非禮)이지만, 남의 상사(喪事)에서
그에게 찾아온 빈객들을 인도하여, 상례를 돕는 것은 괜찮다."라고 했다.[18]
이것은 상례를 돕는 일은 상대적으로 덜 중요하며, 궤전을 진설하는 일은
중요한 일임을 나타낸다.

訓纂 釋名: 九月曰大功, 其布加麤大之功, 不善治練之也. 五月曰小功, 精
細之功, 小有飾也. 緦麻, 績麻細如絲也.

번역 『석명』에서 말하길, 9개월 동안 치르는 상을 '대공(大功)'이라고
부르고, 그때 착용하는 상복은 매우 거칠게 만드는 공정이 가미되니, 입기
좋게 누이는 작업을 제대로 하지 않는다. 5개월 동안 치르는 상을 '소공(昭
公)'이라고 하며, 정밀하고 세밀한 공정을 가미하게 되며, 조금이나마 장식
을 더하게 된다. '시마(緦麻)'는 가는 실처럼 마(麻)에서 실을 뽑은 것이다.

---

18) 『예기』「증자문(曾子問)」【231a】: 曾子問曰: 廢喪服, 可以與於饋奠之事乎.
孔子曰: 說衰與奠, 非禮也, 以擯相, 可也.

• 제 31 절 •

장례에 참여하고 돕는 규정

【514a】

相趨也出宮而退, 相揖也哀次而退, 相問也旣封而退, 相見也
反哭而退, 朋友虞附而退.

직역 相히 趨라면 宮을 出하고 退하며, 相히 揖이라면 哀次하고 退하며, 相히
問이라면 旣히 封하고 退하며, 相히 見이라면 反哭하고 退하며, 朋友라면 虞附하고
退한다.

의역 서로에 대해 종종걸음으로 걸어서 공경의 뜻을 표하는 관계에서라면 영
구가 묘(廟)의 궁문(宮門)을 빠져나갈 때까지 기다린 뒤에 물러간다. 서로 읍(揖)
을 하며 안면이 있었던 자였다면 영구가 대문 밖의 애도를 표하는 장소까지 도달한
뒤에 물러간다. 서로 안부를 물으며 물건을 보내는 관계에서라면 하관을 할 때까지
기다린 뒤에 물러간다. 예물을 가지고 가서 서로 만나보는 의례를 시행하는 관계에
서라면 자식이 반곡(反哭)을 할 때까지 기다린 뒤에 물러간다. 벗들이라면 우제(虞
祭)와 부제(祔祭)를 치를 때까지 기다린 뒤에 물러간다.

集說 此言弔喪之禮, 恩義有厚薄, 故去留有遲速. 相趨者, 古人以趨示敬.
論語"過之必趨", 左傳"免冑趨風"之類, 是也. 言此弔者與主人昔嘗有相趨之
敬, 故來弔喪. 以情輕, 故柩出廟之宮門卽相退也. 相揖者, 己嘗相會相識, 故
待柩至大門外之哀次而退也. 相問遺者, 是有往來恩義, 故待窆畢而退. 嘗執
贄行相見之禮者, 情又加重, 故待孝子反哭於家乃退. 朋友恩義更重, 故待虞
祭祔祭畢而後退也.

번역 이 내용은 상사에 조문하는 예법에 있어서 은정과 도의에 따라 차이가 있기 때문에, 떠나고 머물러 있음에도 더디고 빠른 차이가 있음을 뜻한다. '상추(相趨)'는 고대인들은 종종걸음으로 감으로써 공경의 뜻을 나타냈다. 『논어』에서도 "그 곁을 지나칠 때에는 반드시 종종걸음으로 걸으셨다."[1]라고 했고, 『좌전』에서도 "투구를 벗고 종종걸음으로 신속히 지나갔다."[2]라고 했다. 즉 이것은 조문을 하는 자와 상주가 이전부터 일찍이 서로에 대해 종종걸음으로 걸으며 공경의 뜻을 나타낸 사이임을 뜻한다. 그렇기 때문에 찾아가서 상대방의 상사에 조문을 할 때, 그 정감이 가볍기 때문에 영구가 묘(廟)의 궁문(宮門) 밖으로 나가게 되면 곧바로 물러나게 된다. '상읍(相揖)'은 본인이 일찍이 서로 회합을 가져서 서로 안면이 있었던 자이다. 그렇기 때문에 영구가 대문 밖에 잠시 머물며 애도를 표하는 장소에 도착할 때까지 기다렸다가 물러난다. "서로 안부를 묻고 물건을 전한다."는 말은 왕래를 가지며 은정과 도의를 나눴던 관계이다. 그렇기 때문에 하관하는 일이 끝날 때까지 기다린 뒤에 물러난다. 일찍이 예물을 가지고 서로 찾아보는 의례를 시행했던 자라면, 그 정감이 더욱 두텁기 때문에, 자식이 그 집에서 반곡(反哭)[3]을 할 때까지 기다린 뒤에야 물러간다. 벗들은 은정과 도의가 더욱 두텁기 때문에, 우제(虞祭)와 부제(祔祭)를 끝낼 때까지 기다린 뒤에야 물러간다.

鄭注 此弔者恩薄厚, 去遲速之節也. 相趨, 謂相聞姓名, 來會喪事也. 相揖, 嘗會於他也. 相問, 嘗相惠遺也. 相見, 嘗執摯相見也. 附, 皆當爲祔.

번역 이것은 조문하는 자의 은정에 차이가 있어서, 떠날 때에도 더디고 빠른 규범이 있다는 뜻이다. '상추(相趨)'는 서로에 대해 성과 이름을 들어

---

1) 『논어』「자한(子罕)」: 子見齊衰者冕衣裳者與瞽者, 見之, 雖少必作, 過之必趨.
2) 『춘추좌씨전』「성공(成公)」 16년: 郤至三遇楚子之卒, 見楚子, 必下, 免胄而趨風.
3) 반곡(反哭)은 장례(葬禮) 절차 중 하나이다. 장지(葬地)에 시신을 안치한 이후, 상주(喪主)는 신주(神主)를 받들고 되돌아와서 곡(哭)을 하는데, 이것을 '반곡'이라고 부른다.

서 알고 있는 경우이니, 그가 찾아와서 상사에 참여한 것이다. '상읍(相揖)'
은 다른 장소에서 일찍이 서로 만나보았던 경우이다. '상문(相問)'은 일찍이
서로에 대해 은혜를 베풀어 물건을 보냈던 사이이다. '상견(相見)'은 일찍이
예물을 가지고 찾아가서 만나보았던 관계이다. '부(附)'자는 모두 부(祔)자
가 되어야 한다.

釋文 封, 彼驗反, 又如字. 摯音至.

번역 '封'자는 '彼(피)'자와 '驗(험)'자의 반절음이며, 또한 글자대로 읽기
도 한다. '摯'자의 음은 '至(지)'이다.

孔疏 ●"相趨"至"而退", 此以下明凡弔者恩之厚薄, 去留遲速之節也.

번역 ●經文: "相趨"~"而退". ○이곳 구문으로부터 그 이하의 내용은
무릇 조문을 할 때, 조문하는 자의 은정에 두텁고 엷은 차이가 있어서, 그가
떠나고 머무는 데에도 더디고 빠른 규범이 있음을 나타내고 있다.

孔疏 ●"相趨也, 出宮而退"者, 相趨, 謂與孝子本不相識, 但相聞姓名,
而來會趨喪也. 情旣輕, 故柩出廟之宮門而遂去.

번역 ●經文: "相趨也, 出宮而退". ○'상추(相趨)'는 죽은 자의 자식과 본
래부터 서로 알고 있었던 자가 아니며, 단지 성과 이름만 서로 알고 있었던
사이인데, 찾아와서 상사의 일에 참여한 것이다. 정감이 이미 가볍기 때문
에 영구가 묘(廟)의 궁문을 빠져나가게 되면 결국 떠나게 된다.

孔疏 ●"相揖也, 哀次而退"者, 相揖, 謂經會他處, 已相揖者也. 恩微深,
故待柩出至大門外之哀次而退去也.

번역 ●經文: "相揖也, 哀次而退". ○'상읍(相揖)'은 다른 장소에서 모여
서, 이미 서로에 대해 읍(揖)을 했던 자를 뜻한다. 은정이 좀 더 깊기 때문에

영구가 대문 밖의 애도를 표하며 멈추는 장소에 도착할 때까지 기다린 뒤
에 물러난다.

孔疏 ●"相問也, 旣封而退"者, 相問, 謂曾相餉遺, 恩轉深, 故至窆竟而
退也.

번역 ●經文: "相問也, 旣封而退". ○'상문(相問)'은 일찍이 서로에 대해
서 물건을 보낸 경우를 뜻하니, 은정이 보다 깊기 때문에 하관을 마칠 때까
지 기다린 뒤에 물러난다.

孔疏 ●"相見也, 反哭而退"者, 相見, 謂身輕自執摯相詣往來, 恩轉厚,
故至葬竟, 孝子反哭還至家時而退也.

번역 ●經文: "相見也, 反哭而退". ○'상견(相見)'은 본인이 직접 예물을
들고 서로에게 찾아가 만나보며 서로 왕래를 했었던 자를 뜻하니, 은정이
보다 두텁기 때문에 장례를 마치고, 자식이 반곡(反哭)을 하기 위해 집으로
되돌아올 때까지 기다린 뒤에 물러난다.

孔疏 ●"朋友, 虞附而退"者, 朋友疇昔情重, 生死同慇, 故至主人虞附而
退也. 然與死者相識, 其禮亦當有弔. 禮, 知生者弔, 知死者傷. 今注云弔, 則
知是弔生人也.

번역 ●經文: "朋友, 虞附而退". ○벗은 이전부터 정감이 두터웠던 자이
며, 생사를 함께 했던 중대한 관계의 자이다. 그렇기 때문에 상주가 우제(虞
祭) 및 부제(祔祭)를 끝낼 때까지 기다린 뒤에 물러난다. 그러나 죽은 자와
서로 알고 있던 자의 경우, 그 예법에서도 마땅히 조문을 하는 절차가 있다.
예법에 따르면 죽은 자의 자식들을 알고 지내던 자는 조문을 하고, 죽은
자를 알고 지내던 자는 슬퍼한다고 했다.[4] 이곳의 주에서는 '조(弔)'라고

---

4) 『예기』「곡례상(曲禮上)」【36c】: <u>知生者弔, 知死者傷</u>. 知生而不知死, 弔而不

했으니, 이러한 말들은 죽은 자의 자식에게 조문하는 경우를 뜻함을 알 수 있다.

訓纂 王氏引之曰: 謹按, 附, 衍字也. 上文言"雖虞附亦然", 下文言"非虞附練祥無沐浴", 因相涉而衍附字. 按, 出宮也, 哀次也, 旣封也, 反哭也, 虞也, 皆於一日之中分遲速耳. 反哭在旣封之後, 虞祭又在反哭之後. 檀弓曰, "葬日虞", 又曰, "日中而虞", 則是日日中, 朋友乃退也. 若附則越始虞之日, 歷再虞·三虞·卒哭而後有之, 在數日之後, 何得以爲退之節乎? 鄭所見本已衍此字.

번역 왕인지[5]가 말하길, 내가 조심스럽게 살펴보니, '부(附)'자는 연문으로 들어간 글자이다. 앞 문장에서는 "비록 우제(虞祭)와 부제(祔祭)라도 또한 그처럼 한다."[6]라고 했고, 뒤의 문장에서는 "우제·부제·소상(小祥)·대상(大祥)이 아니라면 목욕을 하거나 머리를 감는 일이 없다."[7]라고 했으니, 이러한 기록들 때문에 '부((附)'자가 연문으로 들어간 것이다. 살펴보면, 궁문(宮門)을 나온다는 것, 애차(哀次)에 있다는 것, 하관을 마친다는 것, 반곡(反哭)을 한다는 것, 우제를 지낸다는 것들은 모두 하루라는 시간안에서 더디고 빠른 정도를 나눈 것일 뿐이다. 반곡은 하관을 끝낸 이후에 하게 되며, 우제는 또한 반곡보다도 뒤가 된다. 『예기』「단궁(檀弓)」편에서는 "장례를 치르는 날 우제를 치른다."[8]라고 했고, "그날 정오에 우제를 치른다."[9]라고 했으니, 그날의 정오가 되면 벗들도 모두 물러가게 된다. 부

傷. 知死而不知生, 傷而不弔.

5) 왕인지(王引之, A.D.1766~A.D.1834) : 청(淸)나라 때의 훈고학자이다. 자(字)는 백신(伯申)이고, 호(號)는 만경(曼卿)이며, 시호(諡號)는 문간(文簡)이다. 왕념손(王念孫)의 아들이다. 대진(戴震), 단옥재(段玉裁), 부친과 함께 대단이왕(戴段二王)이라고 일컬어졌다. 『경전석사(經傳釋詞)』, 『경의술문(經義述聞)』등의 저술이 있다.

6) 『예기』「잡기하」【508d】 : 祭, 主人之升降散等, 執事者亦散等. 雖虞附亦然.

7) 『예기』「잡기하」【515a】 : 凡喪小功以上, 非虞附練祥無沐浴.

8) 『예기』「단궁하(檀弓下)」【116a】 : 葬日虞, 弗忍一日離也.

9) 『예기』「단궁하(檀弓下)」【115d~116a】 : 旣反哭, 主人與有司視虞牲. 有司以几筵舍奠於墓左, 反, 日中而虞.

제의 경우라면, 첫 우제를 치른 날을 넘겨서, 두 번째의 우제, 세 번째의 우제 및 졸곡을 거친 뒤에 있게 되니, 수일이 지난 뒤가 되는데, 어떻게 이것을 물러나는 규범으로 정할 수 있겠는가? 정현이 참고했던 판본에도 이미 이 글자가 연문으로 기록되어 있었다.

集解 愚謂: 知生者弔, 知死者傷, 若通而言之, 皆謂之弔也. 此所言"相趨"之等, 蓋皆與死者恩誼淺深之異也. 相趨, 謂嘗相聚會而趨就, 若檀弓"趨而就子服伯子於門右", 是也. 相揖, 謂嘗相聚會而相與爲禮, 若陳司敗揖巫馬期, 是也.

번역 내가 생각하기에, 죽은 자의 자식들을 알고 지내던 자는 조문을 하고, 죽은 자를 알고 지내던 자는 슬퍼한다고 했는데, 통괄적으로 말을 한다면, 둘 모두를 '조(弔)'라고 부른다. 이곳에서 '상추(相趨)'라고 한 말 등은 모두 죽은 자와의 은정에 차이가 있다는 것을 뜻한다. '상추(相趨)'는 일찍이 서로 회합을 가져서 그 장소로 종종걸음으로 나아갔다는 뜻이니, 마치 『예기』「단궁(檀弓)」편에서 "종종걸음으로 나아가서 문 오른쪽에 있었던 자복백자에게 다가갔다."10)는 경우에 해당한다. '상읍(相揖)'은 일찍이 서로 회합을 가져 서로 참여하여 의례 절차를 시행했다는 뜻으로, 마치 진나라 사패가 무마기에게 읍(揖)을 한 경우11)와 같다.

---

10) 『예기』「단궁상(檀弓上)」【68a】: 公儀仲子之喪, 檀弓免焉. 仲子舍其孫而立其子, 檀弓曰, "何居? 我未之前聞也." 趨而就子服伯子於門右.
11) 『논어』「술이(述而)」: 陳司敗問昭公知禮乎, 孔子曰, "知禮." 孔子退, 揖巫馬期而進之, 曰, "吾聞君子不黨, 君子亦黨乎? 君取於吳爲同姓, 謂之吳孟子. 君而知禮, 孰不知禮?" 巫馬期以告. 子曰, "丘也幸, 苟有過, 人必知之."

【514b】

弔非從主人也, 四十者執綍. 鄕人五十者從反哭, 四十者待盈坎.

직역 弔는 主人을 從함이 非이니, 四十者는 綍을 執한다. 鄕人의 五十者는 從하여 反哭하고, 四十者는 坎을 盈하길 待한다.

의역 상사에 조문을 하는 일은 온갖 일들을 돕기 위함이지, 단순히 상주를 따르는 것만이 아니다. 따라서 40세 이하의 자들은 힘이 장성하므로, 힘을 많이 쓰는 상엿줄 잡는 일을 해야 한다. 같은 마을 사람들 중 50세가 된 자는 쇠약해지는 나이가 되므로, 상주를 따라서 반곡(反哭)을 하고, 40세인 자들은 무덤에 흙 채우는 일이 끝날 때까지 기다린 뒤에야 물러간다.

集說 言弔喪者, 是爲相助凡役, 非徒隨從主人而已, 故年四十以下者力壯, 皆當執綍. 同鄕之人五十者始衰之年, 故隨主人反哭, 而四十者待土盈壙乃去.

번역 상사에 대해 조문을 한다는 것은 상사에 필요한 온갖 일들을 돕기 위함이지, 단순히 주인을 따르는 것이 아닐 따름이라는 뜻이다. 그렇기 때문에 40세 이하인 자들은 힘이 장성하므로 모두들 상엿줄을 잡아야 한다. 같은 마을의 사람들 중 50세가 된 자들은 비로소 쇠약해지는 나이이기 때문에 주인을 따라가서 반곡(反哭)을 하고, 40세인 자들은 무덤에 흙 채우는 일이 끝날 때까지 기다린 뒤에야 물러난다.

鄭注 言弔者必助主人之事. 從, 猶隨也. 成人, 二十以上至四十, 丁壯時. 非鄕人, 則長少皆反, 優遠也. 坎或爲壙.

번역 조문을 하는 자는 반드시 상주가 담당하는 일들을 도와야 한다는 뜻이다. '종(從)'자는 "따른다[隨]."는 뜻이다. '성인(成人)'으로 분류되는 자들은 20세로부터 40세까지이니, 힘이 장성한 나이에 해당하는 자들이다. 같은 마을 사람이 아니라면, 연장자이든 젊은이든 모두 되돌아가니, 멀리 떨어져 살고 있기 때문에 시간적 여유를 주기 위해서이다. '감(坎)'자를 다른 판본에서는 '광(壙)'자로 기록하기도 한다.

釋文 坎, 口敢反, 下同. 長少, 丁丈反; 下詩詔反. 壙, 苦晃反, 又音曠.

번역 '坎'자는 '口(구)'자와 '敢(감)'자의 반절음이며, 아래문장에 나오는 글자도 그 음이 이와 같다. '長少'에서의 '長'자는 '丁(정)'자와 '丈(장)'자의 반절음이며, '少'자는 '詩(시)'자와 '詔(조)'자의 반절음이다. '壙'자는 '苦(고)'자와 '晃(황)'자의 반절음이며, 또한 그 음은 '曠(광)'도 된다.

孔疏 ●"弔非"至"盈坎". 此一節論助葬及執事反哭之節. 言弔喪者本是來助事, 非爲空隨從主人而已. 故云"非從主人也".

번역 ●經文: "弔非"~"盈坎". ○이곳 문단은 장례를 돕고 그 일을 맡아보며 반곡(反哭)하는 규정들을 논의하고 있다. 상사에 조문을 하는 것은 본래부터 찾아가서 상사를 돕기 위한 것이지, 공허하게 상주만 따라다닐 뿐만이 아니라는 뜻이다. 그렇기 때문에 "상주를 따라다니는 것이 아니다."라고 말했다.

孔疏 ●"四十者執綍"者, 旣助主人, 故使年二十以上至四十强壯者, 皆執綍也.

번역 ●經文: "四十者執綍". ○이미 상주를 돕는다고 했기 때문에, 힘이 장성한 나이인 20세인 자로부터 40세인 자들로 하여금 모두들 상엿줄을 잡도록 하는 것이다.

孔疏 ●"鄉人五十者從反哭"者, 鄉人, 同鄉之人也. 五十始衰, 故待主人窆竟而孝子反哭. 故鄉人助葬, 老者亦從孝子反也.

번역 ●經文: "鄉人五十者從反哭". ○'향인(鄉人)'은 같은 마을에 살고

있는 자들이다. 50세가 되면 비로소 쇠약해지기 시작한다. 그렇기 때문에
상주가 하관하는 일을 끝내고, 그가 반곡(反哭)을 할 때까지 기다리는 것이
다. 그러므로 같은 마을 사람들이 장례의 일을 도울 때에는 노인들은 또한
상주를 따라서 되돌아간다.

孔疏 ●"四十者待盈坎"者, 謂窆竟以土盈滿其坎, 四十强壯, 不得卽反,
故待土滿坎而反也. 若非鄕人, 則無問長少, 皆從主人歸, 優饒遠者.

번역 ●經文: "四十者待盈坎". ○하관하는 일이 끝나서 구덩이에 흙을
채울 때, 40세인 건장한 자들은 곧바로 되돌아갈 수 없다는 뜻이다. 그렇기
때문에 무덤에 흙 채우는 일이 끝날 때까지 기다린 뒤에 되돌아간다. 만약
같은 마을 사람이 아니라면, 나이에 상관없이 모두 상주를 따라서 되돌아
가니, 멀리 떨어져 살고 있는 자들에게 시간적 여유를 주기 위해서이다.

集解 從"三年之喪"至此, 明弔喪之節.

번역 '삼년지상(三年之喪)'12)이라는 구문부터 이곳까지는 상사에 조문
하는 규범을 나타내고 있다.

---

12) 『예기』「잡기하」【513b~c】: <u>三年之喪</u>雖功衰不弔, 自諸侯達諸士, 如有服而
將往哭之, 則服其服而往.

• 제 32 절 •

상중에 음식을 먹거나 목욕을 하는 규정

喪食雖惡必充飢. 飢而廢事, 非禮也. 飽而忘哀, 亦非禮也.
視不明, 聽不聰, 行不正, 不知哀, 君子病之. 故有疾, 飲酒
食肉, 五十不致毀, 六十不毀, 七十飲酒食肉, 皆爲疑死.

직역 喪食는 雖히 惡라도 必히 飢를 充한다. 飢하여 事를 廢하면, 非禮이다.
飽하여 哀를 忘함도, 亦히 非禮이다. 視하되 不明하고, 聽하되 不聰하며, 行하되
不正하고, 哀를 不知함을 君子는 病한다. 故로 疾이 有하면, 酒를 飮하고 肉을 食하
며, 五十은 毀를 不致하고, 六十은 不毀하며, 七十은 酒를 飮하고 肉을 食하니, 皆히
死를 疑함을 爲해서이다.

의역 상중에 먹게 되는 음식은 비록 조악한 것이라도 반드시 굶주림을 채워야
한다. 굶주려 상사를 제대로 처리하지 못하는 것은 비례이다. 배불리 먹어서 슬픔
을 잊는 것 또한 비례이다. 보아도 뚜렷이 보지 못하고, 들어도 제대로 듣지 못하며,
걸어도 바르게 걷지 못하고, 슬픔을 잊게 되는 것을 군자는 근심하였다. 그렇기
때문에 상중에 병이 든 자는 술도 마시고 고기도 먹으며, 50세가 된 자는 몸을 지나
치게 상하게 해서는 안 되고, 60세가 된 자는 몸을 상하게 해서는 안 되며, 70세가
된 자는 술도 마시고 고기도 먹으니, 이 모두는 그가 죽게 될까를 염려해서 만든
규정이다.

集說 疑死, 恐其死也.

번역 '의사(疑死)'는 죽게 될까를 염려한다는 뜻이다.

鄭注 病, 猶憂也. 疑, 猶恐也.

번역 '병(病)'자는 "근심하다[憂]."는 뜻이다. '의(疑)'자는 "염려한다[恐]."는 뜻이다.

釋文 視如字, 徐市志反. 爲, 于僞反, 注"爲食父"·"爲王父母"·"以爲"·"亦爲"·"不爲"並同.

번역 '視'자는 글자대로 읽으며, 서음(徐音)은 '市(시)'자와 '志(지)'자의 반절음이다. '爲'자는 '于(우)'자와 '僞(위)'자의 반절음이며, 정현의 주에 나오는 '爲食父'·'爲王父母'·'以爲'·'亦爲'·'不爲'에서의 '爲'자는 모두 그 음이 이와 같다.

集解 愚謂: 目昏則視不明, 耳瞶則聽不聰, 肢體憊則行不正, 心志督則不知哀, 四者, 皆哀毀之過也. 病, 謂病其不知禮也.

번역 내가 생각하기에, 눈이 어둡게 되면 보아도 뚜렷이 보지 못하며, 귀에 정기가 없으면 들어도 제대로 듣지 못하며, 신체가 고단하면 걸어도 제대로 걷지 못하며, 마음과 뜻이 흐트러지면 슬픔을 잊게 되니, 이 네 가지 것들은 모두 슬픔과 몸을 상하게 함이 지나친 것이다. '병(病)'은 예법을 제대로 알지 못함을 근심스럽게 여긴다는 뜻이다.

【514c】

有服, 人召之食不往. 大功以下旣葬適人, 人食之, 其黨也食之, 非其黨弗食也.

직역 服이 有하면, 人이 그를 食로 召하더라도 不往한다. 大功으로부터 그 이하에서 旣히 葬이라면 人에 適하는데, 人이 食함에는 그 黨이라면 食하고, 그 黨이

非라면 弗食한다.

의역 자신이 상복을 착용하고 있다면, 남이 식사에 초대를 하더라도 가지 않는다. 만약 대공복(大功服)으로부터 그 이하의 상복을 착용하고 있고, 이미 장례를 치른 상태라면, 상대의 초대에 응하여 찾아가는데, 남이 식사를 대접할 때, 그가 자신의 친족이라면 그 음식을 먹지만, 자신의 친족이 아니라면 음식을 먹지 않는다.

集說 黨, 謂族人與親戚也.

번역 '당(黨)'은 족인과 친척을 뜻한다.

鄭注 往而見食, 則可食也. 爲食而往, 則不可. 黨, 猶親也. 非親而食, 則是食於人無數也.

번역 찾아가서 식사 대접을 받으면 먹을 수 있다. 식사 대접 때문에 찾아간다면 불가하다. '당(黨)'자는 친(親)자와 같다. 친족이 아닌데도 음식을 먹는다면, 이것은 남에게 식사 대접을 받음에 법도가 없는 것이다.

釋文 人食之, 音嗣, 注"見食"同.

번역 '人食之'에서의 '食'자는 그 음이 '嗣(사)'이며, 정현의 주에 나오는 '見食'에서의 '食'자도 그 음이 이와 같다.

孔疏 ●"喪食"至"無子". ◎注"非親而食, 則是食於人無數也". ○正義曰: 解所以非親不食義也. 夫親族不多, 食, 則其食有限. 若非類而輒食, 則無復限數, 必忘哀也.

번역 ●經文: "喪食"~"無子" ◎鄭注: "非親而食, 則是食於人無數也". ○친족이 아니면 음식을 먹지 않는 뜻을 풀이한 말이다. 무릇 친족은 많지 않으니, 식사를 하게 되면 식사를 할 때에도 제한이 있다. 만약 자신과 같은 친족이 아닌데도 갑작스럽게 그 사람의 식사에 응하게 된다면, 제한이 없게 되어, 반드시 슬픔을 잊게 된다.

集解 愚謂: 期‧三年之喪, 旣葬適人, 雖其黨不食也. 喪大記曰, "旣葬, 若君食之則食之, 大夫‧父之友食之則食之", 則外此皆不食矣.

번역 내가 생각하기에, 기년상과 삼년상에서 장례를 끝내면 남에게 찾아갈 수 있는데, 비록 그가 친족이라 하더라도 음식을 먹지 않는다. 『예기』「상대기(喪大記)」편에서는 "장례를 마쳤을 때, 군주가 음식을 보내오면 먹고, 대부 및 부친의 친구가 음식을 보내오면 먹는다."[1]라고 했으니, 그 외의 경우에는 모두 음식을 먹지 않는다.

【514c】

> 功衰, 食菜果, 飲水漿, 無鹽酪. 不能食食, 鹽酪可也.

직역 功衰라면, 菜果를 食하고, 水漿을 飮하되, 鹽酪은 無라. 食를 食함을 不能이라면, 鹽酪이라도 可하다.

의역 공최(功衰)를 착용했다면 채소와 과일을 먹고, 물과 음료를 마시되, 소금이나 낙(酪) 등의 재료는 첨가하지 않는다. 만약 음식을 제대로 먹을 수 없는 상태라면, 소금이나 낙(酪) 등을 첨가해도 괜찮다.

集說 功衰, 斬衰齊衰之末服也. 酪, 說文乳漿也.

번역 '공최(功衰)'는 참최복(斬衰服)과 자최복(齊衰服)의 상에서 말미에

---

1) 『예기』「상대기(喪大記)」【534c】: 旣葬, 若君食之, 則食之, 大夫父之友食之, 則食之矣. 不辟粱肉, 若有酒醴則辭.

착용하는 복장이다. '낙(酪)'에 대해서『설문』에서는 우유 등을 걸쭉하게 만든 것이라고 했다.

大全 藍田呂氏曰: 功衰, 亦卒哭之喪服. 間傳, 父母之喪, 既虞卒哭, 疏食水飮, 不食菜果, 與此文正合. 疏食水飮, 其飮不加鹽酪, 故曰飮水漿, 無鹽酪也. 不能食食, 鹽酪可也者, 喪大記不能食粥, 羹之以菜可也. 蓋人有所不能, 亦不可勉也.

번역 남전여씨[2]가 말하길, '공최(功衰)' 또한 졸곡(卒哭)을 치른 뒤에 착용하는 상복이다.『예기』「간전(間傳)」편에서는 "부모의 상에 대해서 우제(虞祭)를 치르고 졸곡을 하면, 거친 밥을 먹고 물을 마시되 채소와 과일은 먹지 않는다."[3]고 하여, 이곳의 내용과 일치한다. 거친 밥을 먹고 물을 마시지만, 마시는 것에 대해서는 소금이나 낙(酪)을 첨가하지 않는다. 그렇기 때문에 "물과 음료를 마시며, 소금이나 낙(酪)이 없다."라고 말한 것이다. "음식을 제대로 먹지 못하면 소금이나 낙(酪)을 첨가해도 괜찮다."라고 했는데,『예기』「상대기(喪大記)」편에서는 "미음을 제대로 먹지 못하면, 국에 채소를 첨가해도 괜찮다."[4]라고 했다. 무릇 사람에게 어쩔 수 없는 점이 있으면 또한 억지로 시켜서는 안 된다.

鄭注 功衰, 齊·斬之末也. 酪, 酢酨.

번역 '공최(功衰)'는 자최복(齊衰服)과 참최복(斬衰服)의 상에서 말미에

---

2) 남전여씨(藍田呂氏, A.D.1040~A.D.1092) : =여대림(呂大臨)·여씨(呂氏)·여여숙(呂與叔). 북송(北宋) 때의 학자이다. 이름은 대림(大臨)이고, 자(字)는 여숙(與叔)이며, 호(號)는 남전(藍田)이다. 장재(張載) 및 이정(二程)형제에게서 수학하였다. 저서로는『남전문집(藍田文集)』등이 있다.

3)『예기』「간전(間傳)」【666a~b】: <u>父母之喪, 既虞卒哭, 疏食水飮, 不食菜果</u>. 期而小祥, 食菜果. 又期而大祥, 有醯醬. 中月而禫, 禫而飮醴酒. 始飮酒者先飮醴酒, 始食肉者先食乾肉.

4)『예기』「상대기(喪大記)」【534b】: <u>不能食粥, 羹之以菜可也</u>. 有疾, 食肉飮酒可也. 五十不成喪, 七十唯衰麻在身.

착용하는 상복이다. '낙(酪)'은 식초 등의 조미료이다.

釋文 酪音洛. 食食, 上如字, 下音嗣. 酢, 七故反. 截, 才代反.

번역 '酪'자의 음은 '洛(낙)'이다. '食食'에서 앞의 '食'자는 글자대로 읽으며, 뒤의 '食'자는 그 음이 '嗣(사)'이다. '酢'자는 '七(칠)'자와 '故(고)'자의 반절음이다. '截'자는 '才(재)'자와 '代(대)'자의 반절음이다.

【514d】

孔子曰, "身有瘍則浴, 首有創則沐, 病則飮酒食肉. 毀瘠爲病, 君子弗爲也. 毀而死, 君子謂之無子."

직역 孔子가 曰, "身에 瘍이 有하면 浴하고, 首에 創이 有하면 沐하며, 病이라면 酒를 飮하고 肉을 食한다. 毀瘠하여 病이 爲함을 君子는 弗爲한다. 毀하여 死함을 君子는 子가 無라 謂한다."

의역 공자는 "몸에 종기가 생기면 목욕을 하고, 머리에 부스럼이 생기면 머리를 감으며, 몸이 쇠약해져서 병이 생기면 술도 마시고 고기도 먹는다. 몸이 수척해지고 상해서 병이 생기는 것을 군자는 하지 않는다. 몸이 매우 수척해져서 죽게 되는 것을 군자는 자식을 없게 만드는 자라고 평가한다."라고 말했다.

集說 曲禮曰, "不勝喪, 比於不慈不孝", 是有子與無子同也.

번역 『예기』「곡례(曲禮)」편에서는 "상사를 끝까지 치르지 못하는 것은 곧 자애롭지 못하고 효성스럽지 못한 것에 해당한다."[5]라고 했으니, 이것

---

5) 『예기』「곡례상(曲禮上)」【36a】: 居喪之禮, 頭有創則沐, 身有瘍則浴, 有疾則飮酒食肉, 疾止復初. 不勝喪, 乃比於不慈不孝.

은 자식이 있는 자라도, 그가 죽게 되면 자식이 없는 경우와 같게 됨을 뜻한다.

大全 臨川吳氏曰: 有創瘍, 須洗滌而不沐浴, 有疾病, 須滋養而不酒肉, 毀
過而瘠爲病, 皆能傷生. 夫哀者, 本是愛親, 毀而傷身, 則是不愛身也. 身者, 親
之遺體, 不愛身, 卽是不愛親也. 故君子弗爲, 況毀瘠爲病, 不惟傷其生, 或至
殞其生, 夫人之所貴乎? 有子者, 正欲其終父母之喪也. 毀而死, 則有子者, 復
無子矣. 無子, 則無人終父母之喪, 可謂孝乎?

번역 임천오씨6)가 말하길, 부스럼과 종기가 생기면 씻어야 하는데도 목
욕을 하지 않고, 질병이 생기면 몸을 돌봐야 하는데도 술과 고기를 먹지
않으며, 지나치게 수척해지고 심하게 여위어서 병이 된다면, 이 모두는 생
명을 해칠 수 있다. 무릇 애통한 마음은 본래 부모를 친애하는 마음인데,
수척해져서 몸을 해치게 한다면, 자신의 몸을 아끼지 않는 것이다. 자신의
몸은 부모가 물려준 몸이니, 자신의 몸을 아끼지 않는다면, 이것은 부모를
친애하지 않는 것이다. 그렇기 때문에 군자는 그러한 행동을 하지 않는데,
하물며 수척해지고 야위어서 병이 된다면, 이것은 단지 자신의 생명만 해
치는 것이 아니라, 자손을 이어 생명을 연장해야 하는 도리도 해칠 수 있는
데, 이러한 것을 사람들이 존귀하게 여겨야 하겠는가? 자식이 있는 경우
그는 부모의 상을 제대로 끝맺고자 한다. 그러나 수척해져서 죽게 된다면,
자식이 있는 자라도 재차 자식이 없는 자처럼 된다. 자식이 없는 경우, 남들
이 그 부모의 상을 제대로 끝맺는 경우가 없는데, 어떻게 '효(孝)'라고 부를
수 있겠는가?

鄭注 毀而死, 是不重親.

번역 수척해져서 죽게 되는 것은 부모를 중시여기지 않는 것이다.

---

6) 오징(吳澄, A.D.1249~A.D.1333): =임천오씨(臨川吳氏)·오유청(吳幼淸). 송
원대(宋元代)의 유학자이다. 이름은 징(澄)이다. 자(字)는 유청(幼淸)이다. 저
서로 『예기해(禮記解)』가 있다.

釋文 瘍音羊. 創, 初良反.

번역 '瘍'자의 음은 '羊(양)'이다. '創'자는 '初(초)'자와 '良(량)'자의 반절음이다.

集解 自"喪食雖惡, 必充飢"至此, 明居喪毀瘠節制之事.

번역 "상중에 먹게 되는 음식은 비록 조악한 것이라도 반드시 굶주림을 채워야 한다."[7]라는 구문부터 이곳 문장까지는 상을 치르며 수척해졌을 때 규범에 맞게 조절해야 하는 사안을 나타내고 있다.

---

7) 『예기』「잡기하」【514c】: 喪食雖惡必充飢. 飢而廢事, 非禮也. 飽而忘哀, 亦非禮也. 視不明, 聽不聰, 行不正, 不知哀, 君子病之. 故有疾, 飮酒食肉, 五十不致毀, 六十不毀, 七十飮酒食肉, 皆爲疑死.

영구의 전송과 면(免)

【515a】

非從柩與反哭, 無免於堩.

직역 柩를 從함과 反哭함이 非라면, 堩에서 免함이 無하다.

의역 장지가 가까울 때, 영구를 따라서 장례 행렬을 전송하거나 반곡(反哭)을 하는 경우가 아니라면, 도로에서 면(免)을 착용하는 경우가 없다.

集說 堩, 道路也. 道路不可無飾, 故從柩送葬與葬畢反哭, 皆著免而行於 道路, 非此二者則否也. 然此亦謂葬之近者. 小記云, "遠葬者比反哭皆冠, 及 郊而後免也."

번역 '긍(堩)'자는 도로를 뜻한다. 도로에서는 꾸미지 않을 수 없다. 그 렇기 때문에 영구를 따라서 장례 행렬을 전송하거나 장례를 끝내고 반곡 (反哭)을 하는 경우에는 모두 면(免)을 착용하고 도로에서 이동하는데, 이 두 가지 경우가 아니라면 이처럼 하지 않는다. 그러나 이 내용은 또한 장지 가 가까운 경우를 뜻한다. 『예기』「상복소기(喪服小記)」편에서는 "장지가 멀리 떨어진 경우, 장례를 치를 때에는 반곡을 할 때까지 모두 관(冠)을 쓰고, 장례를 치르고 교외에 도달한 이후에는 면(免)을 한다."[1]라고 했다.

鄭注 言喪服出入, 非此二事皆冠也. 免, 所以代冠, 人於道路, 不可以無飾. 堩, 道路.

---

1) 『예기』「상복소기(喪服小記)」【422b】: 遠葬者, 比反哭者皆冠, 及郊而後免反哭.

번역 상복을 착용하고 출입할 때, 이러한 두 가지 사안이 아니라면 모두 관(冠)을 쓴다. '면(免)'이라는 것은 관(冠)을 대신하는 것이니, 사람이 도로에서 움직일 때에는 꾸미지 않을 수 없기 때문이다. '궁(堩)'자는 도로를 뜻한다.

釋文 免音問, 注同. 堩, 古鄧反.

번역 '免'자의 음은 '問(문)'이며, 정현의 주에 나오는 글자도 그 음이 이와 같다. '堩'자는 '古(고)'자와 '鄧(등)'자의 반절음이다.

孔疏 ●"非從"至"於堩". ○正義曰: "從柩", 謂孝子送葬從柩去時也. "與反哭", 謂葬竟孝子還時也. 堩, 道路也. 道路不可無飾, 故孝子唯送葬從柩去時及葬竟還反哭時, 於道得免而行. 自非此二條, 則不得免於道路也. 此謂葬近而反哭者. 若葬遠反哭, 在路則著冠, 至郊則乃反著免, 故小記云"遠葬者比反哭者, 皆冠, 及郊而后免", 是也.

번역 ●經文: "非從"~"於堩". ○'종구(從柩)'는 자식이 장례를 전송하여 영구를 뒤따라 장지로 떠나는 때를 뜻한다. '여반곡(與反哭)'은 장례를 마치고 자식이 되돌아오는 때를 뜻한다. '궁(堩)'자는 도로를 뜻한다. 도로에서 이동을 할 때에는 꾸미지 않을 수가 없다. 그렇기 때문에 자식은 오직 장례 행렬을 전송하여 영구를 뒤따라 장지로 떠나는 경우와 장례를 끝내고 되돌아와 반곡(反哭)을 할 때에만 도로에서 면(免)을 하고 움직일 수 있다. 이러한 두 가지 사안이 아니라면, 도로에서 면(免)을 할 수 없다. 이것은 장지가 가까워서 반곡을 하는 경우를 뜻한다. 만약 장지가 멀리 떨어진 상태에서 반곡을 한다면, 도로에서 관(冠)을 착용하고, 교외[郊]에 도착한 뒤에야 다시 면(免)을 착용한다. 그렇기 때문에 『예기』「상복소기(喪服小記)」편에서는 "장지가 멀리 떨어진 경우, 장례를 치를 때에는 반곡을 할 때까지 모두 관(冠)을 쓰고, 장례를 치르고 교외에 도달한 이후에는 면(免)을 한다."라고 말한 것이다.

• 제34절 •

소공복(小功服) 이상의 상에서 목욕과 머리를 감는 규정

【515a】

凡喪小功以上, 非虞附練祥無沐浴.

직역 凡喪에 小功으로 上은 虞·附·練·祥이 非라면 沐浴이 無하다.

의역 무릇 상에 있어서 소공복(小功服)으로부터 그 이상의 경우, 우제(虞祭)·부제(祔祭)·소상(小祥)·대상(大祥)이 아니라면, 목욕을 하거나 머리를 감는 일이 없다.

集說 潔飾所以交神, 故非此四祭, 則不沐浴也.

번역 청결히 하고 장식을 하는 것은 신과 교감하기 위해서이다. 그렇기 때문에 이 네 가지 제사가 아니라면, 목욕을 하거나 머리를 감지 않는다.

大全 嚴陵方氏曰: 有祭則不可以不齋戒, 齋戒則不可不沐浴.

번역 엄릉방씨가 말하길, 제사를 치르게 되면 재계를 하지 않을 수 없고, 재계를 하게 되면 목욕이나 머리를 감지 않을 수 없다.

鄭注 言不有飾事則不沐浴.

번역 장식을 해야 하는 일이 없다면, 목욕이나 머리를 감을 수 없다는 뜻이다.

孔疏 ●"凡喪"至"沐浴". ○正義曰: 凡居喪之禮, 自小功以上恩重哀深, 自宜去飾. 以沐浴是自飾, 故不有此數條祭事, 則不自飾. 言"小功以上", 則至斬同. 然各在其服限如此耳. 練祥不主大功·小功也. 若三年之喪, 虞祭之時但沐浴不櫛, 故士虞禮云"沐浴不櫛", 鄭注云"唯三年之喪不櫛, 期以下櫛可也". 又士虞禮云: "明日, 以其班祔, 沐浴, 櫛." 注云: "彌自飾." 此雖士禮, 明大夫以上亦然.

번역 ●經文: "凡喪"~"沐浴". ○무릇 상을 치를 때의 예법에 있어서, 소공복(小功服)으로부터 그 이상의 상에서는 은정이 두텁고 애통함이 깊으니, 제 스스로 장식을 제거해야만 한다. 목욕을 하고 머리를 감는 것은 스스로를 꾸미는 일이다. 그렇기 때문에 이러한 항목의 제사가 없다면, 스스로를 꾸미지 않는다. '소공복으로부터 그 이상'이라고 했으니, 참최복(斬衰服)에 이르기까지 모두 동일하다. 그러므로 각각 해당하는 복장을 착용하고 있다면 이와 같은 제한이 있을 따름이다. 소상(小祥)과 대상(大祥)은 대공복(大功服)이나 소공복의 경우를 위주로 한 말이 아니다. 만약 삼년상의 경우라면, 우제(虞祭)를 치를 때 다만 목욕과 머리를 감되 빗질을 하지 않는다. 그렇기 때문에 『의례』「사우례(士虞禮)」편에서는 "목욕과 머리를 감지만 빗질을 하지 않는다."[1]라고 말한 것이고, 정현의 주에서는 "오직 삼년상에서만 빗질을 하지 않으니, 기년상(期年喪)으로부터 그 이하의 경우에는 빗질을 해도 괜찮다."라고 했다. 또 「사우례」편에서는 "그 다음날 소목(昭穆)의 질서에 따라 부제(祔祭)를 치르며 목욕과 머리를 감고 빗질을 한다."[2]라고 했고, 정현의 주에서는 "이전보다 스스로 장식을 하게 된다."라고 했다. 이것은 비록 사 계급에 해당하는 예법이지만, 대부로부터 그 이상의 계급도 이처럼 따른다는 사실을 나타낸다.

集解 愚謂: 虞·祔·練·祥, 必沐浴, 接神宜自潔也. 非是則否, 哀不在於

---

1) 『의례』「사우례(士虞禮)」: 記. 虞, <u>沐浴, 不櫛</u>. 陳牲于廟門外, 北首, 西上, 寢右. 日中而行事.

2) 『의례』「사우례(士虞禮)」: <u>明日以其班祔. 沐浴, 櫛</u>, 搔翦.

飾也. 緦麻恩輕, 雖沐浴可也.

[번역] 내가 생각하기에, 우제(虞祭)·부제(祔祭)·소상(小祥)·대상(大祥)의 경우에는 반드시 목욕과 머리를 감는데, 신과 교감할 때에는 마땅히 스스로 청결하게 해야 하기 때문이다. 이러한 경우가 아니라면 하지 않으니, 애통함은 스스로를 꾸미는데 있지 않기 때문이다. 시마복(緦麻服)을 착용하는 경우에는 은정이 낮기 때문에, 비록 목욕이나 머리를 감더라도 괜찮다.

• 제35절 •

상중에 남을 만나보는 규정

【515b】

> 疏衰之喪旣葬, 人請見之則見, 不請見人. 小功請見人可也.
> 大功不以執摯, 唯父母之喪, 不辟涕泣而見人

직역 疏衰의 喪에 旣히 葬한데, 人이 見하길 請하면 見하나, 人을 見함은 不請한다. 小功에서는 人을 見하길 請함도 可하다. 大功에서는 摯를 執하길 不하며, 唯히 父母의 喪이라면, 涕泣을 不辟하고 人을 見한다.

의역 자최복(齊衰服)의 상을 치를 때 이미 장례를 끝냈는데, 남이 만나보기를 청하게 되면 만나보지만, 본인이 남에 대해서 만나보기를 청하지 않는다. 소공복(小功服)의 상에서는 남에 대해 만나보기를 청해도 괜찮다. 대공복(大功服)의 상에서는 폐물을 가져가서 만나보지 않고, 오직 부모의 상에서만 눈물을 훔치지 않고 남을 만나본다.

集說 疏衰, 齊衰也. 摯與贄同.

번역 '소최(疏衰)'는 자최복(齊衰服)을 뜻한다. '지(摯)'자는 폐물을 뜻하는 '지(贄)'자와 같다.

鄭注 言重喪不行求見人爾. 人來求見己, 亦可以見之矣. 不辟涕泣, 言至哀無飾也.

번역 중대한 상에서는 남에 대해 만나보기를 청해서는 안 될 따름이라는 뜻이다. 남이 찾아와서 자신을 만나보기를 청하면 또한 만나도 괜찮다. 눈물을 훔치지 않는 것은 애통함이 지극하여 자신을 꾸미지 않는다는 뜻이다.

釋文 辟音避, 注同.

번역 '辟'자의 음은 '避(피)'이며, 정현의 주에 나오는 글자도 그 음이 이와 같다.

孔疏 ●"疏衰"至"見人". ○正義曰: 此一節明在喪與人相見之義.

번역 ●經文: "疏衰"~"見人". ○이곳 문단은 상중에 남과 서로 만나보는 의례를 나타내고 있다.

孔疏 ●"小功, 請見人可也"者, 輕, 可請見於人. 然言小功可, 則大功不可也. 此小功文承疏衰既葬之下, 則此小功亦謂既葬也. 凡言見人者, 謂與人尋常相見, 不論執摯之事. 故云父母之喪, 不辟涕泣而見人, 是尋常相見也. 而皇氏以爲見人謂執摯相見, 若然, 父母之喪, 豈謂執摯見人乎? 皇氏則非也.

번역 ●經文: "小功, 請見人可也". ○상복의 수위가 낮은 경우에는 남에 대해서 만나보기를 청해도 괜찮다. 그러므로 소공복(小功服)의 상에서 괜찮다고 했다면, 대공복(大功服)의 상에서는 해서는 안 된다. 이곳에서 말한 소공복의 상은 소최(疏衰)의 상에서 이미 장례를 치렀다고 한 문장 뒤에 연결되어 있으니, 이곳에서 말한 소공복의 상 또한 이미 장례를 치른 뒤의 내용을 뜻한다. 무릇 남을 만나본다고 말한 것은 남과 함께 일상적으로 서로 만나보는 경우를 뜻하며, 예물을 가져가는 사안에 대해서는 논의한 것이 아니다. 그렇기 때문에 부모의 상에서는 눈물을 훔치지 않고 남을 만나본다고 했으니, 이것은 일상적으로 서로 만나보는 경우를 뜻한다. 그런데 황간은 남을 만나본다는 말에 대해서 예물을 가지고 찾아가서 서로 만나보는 것이라고 했다. 만약 그의 말대로라면 부모의 상을 치르면서 어떻게 예물을 가지고 가서 남을 만나본다고 하겠는가? 그러므로 황간의 주장은 잘못되었다.

集解 愚謂: 凡相見之禮, 賓主以摯相授, 此"執摯", 謂受賓摯而執之也. 大功之喪, 若尋常人來見己, 則可見, 若人執贄見己, 則己不可見之而執摯也. 大功如此, 則疏衰可知.

번역 내가 생각하기에, 무릇 서로 만나보는 예법에서는 빈객과 주인이 예물을 서로 전달하는데, 이곳에서 "예물을 잡는다."라고 한 말은 빈객이 가져온 예물을 받게 되어 그것을 들었다는 뜻이다. 대공복(大功服)의 상에서 만약 일상적인 경우처럼 남이 찾아와서 자신을 만나보기를 요구한다면 만나보는 것은 가능하지만, 만약 상대방이 예물을 가져와서 자신을 만나보게 된다면, 본인은 그를 만나보며 예물을 받아 들어서는 안 된다. 대공복의 상에서도 이처럼 한다면, 소최(疏衰)의 상에서 어떠한지도 알 수 있다.

• 제 36 절 •

상중에 부역에 참여하는 규정

【515b】

> 三年之喪, 祥而從政. 期之喪, 卒哭而從政. 九月之喪, 旣葬
> 而從政. 小功緦之喪, 旣殯而從政.

직역 三年의 喪에서는 祥하고서 政에 從한다. 期의 喪에서는 卒哭하고서 政에 從한다. 九月의 喪에서는 旣히 葬하고서 政에 從한다. 小功과 緦의 喪에서는 旣히 殯하고서 政에 從한다.

의역 삼년상을 치르는 경우에는 대상(大祥)을 끝내고서 부역에 참여한다. 기년상(期年喪)을 치르는 경우에는 졸곡(卒哭)을 하고서 부역에 참여한다. 대공복(大功服)의 상을 치르는 경우에는 장례를 끝내고서 부역에 참여한다. 소공복(小功服)과 시마복(緦麻服)의 상에서는 빈소를 차린 뒤에 부역에 참여한다.

集說 從政, 謂庶人供力役之征也. 王制云, "齊衰大功, 三月不從政." 庶人依士禮, 卒哭與葬同三月也.

번역 '종정(從政)'은 서인들이 부역의 임무에 따른다는 뜻이다. 『예기』「왕제(王制)」편에서는 "자최복(齊衰服)과 대공복(大功服)을 입고 치르는 상에서는 3개월 동안 부역에 종사하지 않게 한다."라고 했다.[1] 서인들은 사 계층의 예법에 따르게 되어, 졸곡(卒哭)과 장례는 모두 3개월째에 시행한다.

---

1) 『예기』「왕제(王制)」【180a】: 八十者一子不從政, 九十者其家不從政. 廢疾非人不養者, 一人不從政. 父母之喪, 三年不從政, <u>齊衰大功之喪, 三月不從政</u>. 將徙於諸侯, 三月不從政, 自諸侯來徙家, 期不從政.

鄭注 以王制言之, 此謂庶人也. 從政, 從爲政者敎令, 謂給繇役.

번역 『예기』「왕제(王制)」편의 기록에 따라 말을 해보면, 이 내용은 서인들에 대한 예법이다. '종정(從政)'은 정무를 시행하는 자가 교령을 내리는 것에 따른다는 뜻으로, 부역에 따른다는 의미이다.

釋文 期音基. 繇音遙, 本又作傜.

번역 '期'자의 음은 '基(기)'이다. '繇'자의 음은 '遙(요)'이며, 판본에 따라서는 또한 '傜'자로도 기록한다.

孔疏 ◎注"以王"至"繇役". ○正義曰: 按王制云: "父母之喪, 三年不從政. 齊衰大功, 三月不從政." 此云"期之喪, 卒哭而從政. 九月之喪, 旣葬而從政", 與王制不同者, 此庶人, 依士禮, 卒哭與旣葬同三月, 故王制省文, 總云"三月"也. 若大夫·士三年之喪期不從政, 是正禮也; 卒哭, 金革之事無辟, 是權禮也.

번역 ◎鄭注: "以王"~"繇役". ○『예기』「왕제(王制)」편을 살펴보면, "부모의 상을 치를 때에는 3년 동안 부역에 종사하지 않게 한다. 자최복(齊衰服)과 대공복(大功服)을 입고 치르는 상에서는 3개월 동안 부역에 종사하지 않게 한다."라고 했다. 이곳에서는 "기년상(期年喪)을 치를 때에는 졸곡(卒哭)을 하고서 부역에 종사한다. 9개월 상을 치를 때에는 장례를 끝내고서 부역에 종사한다."라고 하여, 「왕제」편의 기록과 차이를 보인다. 그 이유는 이곳의 내용은 서인에 대한 예법으로, 사 계층의 예법에 따라 졸곡과 장례를 모두 3개월째에 시행하기 때문이다. 그래서 「왕제」편에서는 문장을 간략히 기록하여, 총괄적으로 '3개월[三月]'이라고 말한 것이다. 만약 대부나 사가 지내는 삼년상 및 기년상의 경우라면 부역에 종사하지 않으니, 이것은 정식 예법에 해당한다. 반면 졸곡을 끝냈는데, 전쟁 등의 일이 발생하였다면, 피하지 않고 군주의 명령에 따라서 전쟁에 임하는 것2)은 권도에 따른 예법이다.

集解 從政, 謂出而從國家之政也. 禮運曰, "三年之喪, 期不使." 蓋三年之喪, 祥而從政者正也, 期而從政者權也.

번역 '종정(從政)'은 집밖으로 나와서 국가에서 부여한 임무에 따른다는 뜻이다. 『예기』「예운(禮運)」편에서는 "삼년상을 치른 자에게는 1년 동안 업무를 맡기지 않는다."3)라고 했다. 무릇 삼년상을 치를 때, 대상(大祥)을 끝내고서 임무에 종사하는 것은 정식 예법이며, 1년이 지난 뒤에 임무에 종사하는 것은 권도에 따른 것이다.

---

2) 『예기』「증자문(曾子問)」【245b~c】: 子夏問曰: 三年之喪, 卒哭, 金革之事, 無辟也者, 禮與, 初有司與. 孔子曰: 夏后氏, 三年之喪, 旣殯而致事, 殷人, 旣葬而致事, 記曰, 君子, 不奪人之親, 亦不可奪親也, 此之謂乎.
3) 『예기』「예운(禮運)」【274b】: 故仕於公曰臣, 仕於家曰僕. 三年之喪與新有昏者, 期不使. 以衰裳入朝, 與家僕雜居齊齒, 非禮也, 是謂君與臣同國.

• 제37절 •

부모에 대해 곡(哭)할 때

【515b~c】

> 曾申問於曾子曰, "哭父母有常聲乎?" 曰, "中路嬰兒失其母焉, 何常聲之有?"

직역 曾申이 曾子에게 問하여 曰, "父母에게 哭함에 常聲이 有입니까?" 曰, "中路에 嬰兒가 그 母를 失함에, 何히 常聲이 有리오?"

의역 증신이 아버지 증자에게 질문하길, "부모의 상에 곡을 할 때에도 규칙적인 소리가 있습니까?"라고 했다. 그러자 증자는 "길에서 어미를 잃은 아이가 울부짖는데, 어떤 규칙적인 소리가 있겠는가?"라고 대답했다.

集說 哀痛之極, 無復音節, 所謂哭不偯也.

번역 애통함이 극심하여 재차 절도에 따라 음을 맞출 수 없으니, 이른바 "곡을 할 때에는 격식을 맞춰 울지 않는다."[1]는 뜻이다.

大全 廬陵胡氏曰: 孔子不取弁人孺子泣, 而此取嬰兒哭者, 此泛問哭時, 故擧重, 謂始死時也, 彼在襲斂, 當哭踊有節, 故異.

번역 여릉호씨가 말하길, 공자는 변(弁)땅의 사람이 어린아이처럼 울부짖는 것에 대해서 따르기 어렵다고 했는데,[2] 이곳에서는 어린아이처럼 울

---

1) 『예기』「잡기하」【517c】: 童子哭不偯, 不踊, 不杖, 不菲, 不廬.
2) 『예기』「단궁상(檀弓上)」【92b】: 弁人有其母死而孺子泣者, 孔子曰: "哀則哀

어야 한다고 했다. 그 이유는 이곳의 내용은 곡(哭)을 하는 때에 대해서
범범하게 물어보았기 때문에, 수위가 높은 것을 제시했으니, 부모가 이제
막 돌아가셨을 때를 의미하며, 공자의 경우는 습(襲)과 염(斂)을 하는 시기
에 해당하여, 마땅히 곡과 용(踊)을 할 때에도 절도에 맞춰야 하는 경우이
다. 그렇기 때문에 차이를 보인다.

鄭注 嬰, 猶鸒彌也, 言其若小兒亡母啼號, 安得常聲乎? 所謂哭不偯.

번역 '영(嬰)'자는 어린아이[鸒彌]라는 뜻이다. 즉 어린아이가 모친을 잃
어버리고 울부짖는 것처럼 해야 하는데, 어떻게 규칙적인 소리가 있겠느냐
는 의미이다. 이른바 "곡을 할 때에는 격식을 맞춰 울지 않는다."는 뜻이다.

釋文 鸒, 於奚反. 彌, 五兮反, 一音迷. 啼, 徒奚反, 本又作諦, 同. 號, 徐本作
唬, 胡刀反. 偯, 於豈反, 下同, 說文作悠.

번역 '鸒'자는 '於(어)'자와 '奚(해)'자의 반절음이다. '彌'자는 '五(오)'자
와 '兮(혜)'자의 반절음이며, 다른 음은 '迷(미)'이다. '啼'자는 '徒(도)'자와
'奚(해)'자의 반절음이며, 판본에 따라서는 또한 '諦'자로도 기록하는데, 두
글자의 음은 같다. '號'자는 『서본』에서는 '唬'자로 기록했는데, '胡(호)'자와
'刀(도)'자의 반절음이다. '偯'자는 '於(어)'자와 '豈(기)'자의 반절음이며, 아
래문장에 나오는 글자도 그 음이 이와 같은데, 『설문』에서는 '悠'자로 기록
했다.

矣, 而難爲繼也. 夫禮, 爲可傳也, 爲可繼也, 故哭踊有節."

• 제 38 절 •

졸곡(卒哭) 후 피휘를 하는 규정

【515c】

> 卒哭而諱. 王父母兄弟世父叔父姑姊妹, 子與父同諱.

직역 卒哭하고서 諱한다. 王父母兄弟世父叔父姑姊妹는 子는 父와 與하여 諱를 同한다.

의역 졸곡(卒哭)을 끝낸 뒤에는 피휘를 한다. 부친의 조부모, 부친의 형제, 부친의 백부와 숙부, 부친의 고모, 부친의 자매 등에 대해서 부친은 피휘를 하니, 자식은 부친과 함께 그들에 대해서도 동일하게 피휘를 한다.

集說 卒哭以前, 猶以生禮事之, 故不諱其名. 卒哭後, 則事以鬼道, 故諱其名而不稱也. 此專言父之所諱, 則子亦不敢不諱, 故曰子與父同諱也. 父之祖父母伯父叔父及姑等於己小功以下, 本不合諱, 但以父之所諱, 己亦從而諱也. 若父之兄弟及姊妹, 己自當諱, 不以從父而諱也. 又按不逮事父母, 則不諱王父母, 謂庶人. 此所言, 以父是士, 故從而諱也.

번역 졸곡(卒哭)을 치르기 이전에는 여전히 살아계실 때의 예법에 따라 섬긴다. 그렇기 때문에 이름에 대해서 피휘를 하지 않는다. 졸곡을 치른 뒤라면, 귀신에 대한 도리로써 섬긴다. 그렇기 때문에 이름에 대해서는 피휘를 하여 지칭하지 않는다. 이곳 내용은 부친이 피휘를 하는 대상에 대해서는 자식 또한 감히 피휘를 하지 않을 수 없음을 전적으로 언급하고 있다. 그렇기 때문에 "자식은 부친과 피휘를 동일하게 한다."라고 말한 것이다. 부친의 조부모·백부·숙부 및 고모 등은 자신에 대해서 소공복(小功服)으로부터 그 이하의 관계에 있으므로, 본래는 피휘를 하는 것에 합당하지 않다. 그러나 부친이 피휘를 하는 대상이기 때문에 본인 또한 그에 따라서 피휘를 한다. 만약 부친의 형제 및 자매 등에 대해서라면 본인은 마땅히 피휘를 해야 하니, 부친을 따라서 피휘를 하는 것이 아니다. 또 살펴보면 부모를 섬기는 자가 아니라면 조부모의 이름을 피휘하지 않는데,[1] 이것은 서인들에 대한 경우이다. 이곳에서 언급한 내용은 부친이 사의 신분인 경우이다. 그렇기 때문에 그에 따라서 피휘를 한다.

鄭注 自此而鬼神事之, 尊而諱其名. 父爲其親諱, 則子不敢不從諱也. 謂王父母以下之親諱, 是謂士也. 天子·諸侯諱群祖.

번역 이 시점부터 귀신의 도리에 따라 섬기며, 그들을 존귀하게 여겨서 이름을 피휘한다. 부친이 본인의 친족에 대해서 피휘를 하니, 자식도 감히 그에 따라 피휘를 하지 않을 수 없다. 조부모로부터 그 이하의 친족에 대해서 피휘를 한다는 뜻으로, 이것은 사 계급에 대한 예법이다. 천자와 제후는 뭇 조상들에 대해서 피휘를 한다.

孔疏 ●"卒哭而諱"至"則諱". ○正義曰: 此一節論親戚死亡諱辟名之事, 各隨文解之.

번역 ●經文: "卒哭而諱"~"則諱". ○이곳 문단은 친척 중 죽은 자에 대해 이름을 피휘하는 사안을 논의하고 있으니, 각각의 문장에 따라서 풀이하겠다.

孔疏 ●"卒哭而諱"者, 謂卒哭之前, 猶以生禮事之. 卒哭之後, 去生漸遠, 以鬼道事之, 故諱其名.

---

1) 『예기』「곡례상(曲禮上)」【41a~b】: 逮事父母, 則諱王父母, <u>不逮事父母, 則不諱王父母</u>.

번역 ●經文: "卒哭而諱". ○졸곡(卒哭)을 하기 이전에는 여전히 살아계셨을 때의 예법에 따라 그를 섬긴다. 졸곡을 한 이후에는 생전과 점차 멀어지게 되어, 귀신에 대한 도리로써 섬긴다. 그렇기 때문에 이름을 피휘한다는 뜻이다.

孔疏 ●"王父母"者, 謂父之王父母, 於己爲曾祖父母, 正服小功, 不合諱也. 以父爲之諱, 故子亦自於父而諱之. "兄弟"者, 是父之兄弟, 於己爲伯叔, 正服期, 父亦爲之期, 是子與父同是有諱也. "世父・叔父"者, 是父之世父・叔父, 於己是從祖也, 正服小功, 不合諱. 以父爲之諱, 故己從祖而諱. "姑"者, 謂父之姑也, 於己爲從祖姑, 在家正服小功, 出嫁緦麻, 不合諱. 以父爲之諱, 故己從父而諱. "姊妹"者, 謂父之姊妹, 於己爲姑. 在家正服期, 出嫁大功九月, 是己與父同爲之諱也.

번역 ●經文: "王父母". ○부친의 조부모는 자신에 대해서 증조부모가 되니, 정식 상복은 소공복(小功服)이 되어, 피휘를 하는 대상이 아니다. 그러나 부친이 그들에 대해서 피휘를 하기 때문에 자식 또한 부친을 따라서 그들에 대해 피휘를 한다. 경문의 "兄弟"에 대하여. 부친의 형제들이니, 이들은 자신에 대해서 백부나 숙부가 되어, 정식 상복은 기년복(期年服)이 되고, 부친 또한 그들을 위해 기년복을 착용하니, 이러한 경우에는 자식과 부친이 동일하게 그들에 대해 피휘를 해야 한다. 경문의 "世父・叔父"에 대하여. 부친의 백부 및 숙부들이니, 이들은 자신에게는 종조가 되며, 정식 상복은 소공복이므로, 피휘를 하는 대상이 아니다. 그러나 부친이 그들에 대해 피휘를 하기 때문에 본인 또한 부친을 따라서 피휘를 한다. 경문의 "姑"에 대하여. 부친의 고모를 뜻하니, 그녀는 자신에게는 종조고가 되며, 그녀가 시집을 가지 않았을 때의 정식 상복은 소공복이고, 출가를 하게 되면 시마복(緦麻服)이 되어, 피휘를 하는 대상이 아니다. 그러나 부친이 그녀에 대해 피휘를 하기 때문에, 본인 또한 부친을 따라서 피휘를 한다. 경문의 "姊妹"에 대하여. 부친의 자매들을 뜻하니, 그녀들은 자신에게는 고모가 된다. 그녀들이 시집을 가지 않았을 때의 정식 상복은 기년복이 되고, 출가

를 했을 때에는 대공복(大功服)을 착용하고 9개월 동안 복상하니, 그녀들
은 자신과 부친이 동일하게 피휘하는 대상이다.

孔疏 ●"子與父同諱"者, 言此等之親, 子之與父同爲之諱.

번역 ●經文: "子與父同諱". ○이러한 친족들은 자신과 부친이 동일하
게 피휘하는 대상이라는 뜻이다.

孔疏 ◎注"父爲"至"群祖". ○正義曰: 云"父爲其親諱, 則子不敢不從諱
也"者, 謂父之王父母·世父·叔父及姑等於己小功以下, 不合諱, 但父爲之
諱, 故子不敢不從諱. 其父之兄弟及姊妹己爲合諱, 不假從父而諱. 鄭此注者,
據己不合諱者而言之也. 云"謂王父母以下之親諱, 是謂士也"者, 此士者, 謂
父身也. 以父身是士, 故諱王父. 若是庶人子, 不逮事父母, 則不諱王父母也.
直云"王父母以下"足矣, 復云"之親諱"者, 父之世父叔父與姑等皆是王父所
生, 今爲之諱, 故云"王父母以下之親諱"也. 云"天子諸侯諱群祖"者, 以其天
子七廟, 諸侯五廟, 故知諱群祖.

번역 ◎鄭注: "父爲"~"群祖". ○정현이 "부친이 본인의 친족에 대해서
피휘를 하니, 자식도 감히 그에 따라 피휘를 하지 않을 수 없다."라고 했는
데, 부친의 조부모, 부친의 백부 및 숙부, 부친의 고모 등은 자신에게 있어
서는 소공복(小功服)으로부터 그 이하의 관계에 있는 자이므로, 피휘를 하
는 대상이 아니다. 다만 부친이 그들에 대해 피휘를 하기 때문에, 자식도
감히 그에 따라 피휘를 하지 않을 수 없다는 뜻이다. 부친의 형제 및 자매들
은 자신에게는 피휘를 해야만 하는 대상이므로, 굳이 부친을 따라서 피휘
를 하는 것이 아니다. 정현은 이곳 주석에서 본인이 본래 피휘를 하지 않는
대상에 기준을 두고 설명했다. 정현이 "조부모로부터 그 이하의 친족에 대
해서 피휘를 한다는 뜻으로, 이것은 사 계급에 대한 예법이다."라고 했는데,
여기에서 말한 '사(士)'는 부친 본인을 뜻한다. 부친의 신분이 사였기 때문
에, 조부모에 대해서 피휘를 한다. 만약 서인의 자식이었다면, 부모를 섬기

지 않았을 때에는 조부모에 대해서 피휘를 하지 않는다. 따라서 단지 '조부
모로부터 그 이하'라고만 말해도 충분한데, 재차 "~의 친족들에 대해 피휘
를 한다."라고 말한 것은 부친의 백부와 숙부 및 고모 등은 모두 조부모로
부터 태어난 자들이며, 현재 그들에 대해서 피휘를 한다. 그렇기 때문에
"조부모로부터 그 이하의 친족에 대해서 피휘를 한다."라고 말한 것이다.
정현이 "천자와 제후는 뭇 조상들에 대해서 피휘를 한다."라고 했는데, 천
자는 7개의 묘(廟)를 두고, 제후는 5개의 묘(廟)를 두기 때문에, 종묘(宗廟)
에 모신 뭇 조상들에 대해서 피휘를 한다는 사실을 알 수 있다.

訓纂 王肅曰: 王父母之兄弟, 伯父·叔父, 姑·姊妹, 皆父之所諱也.

번역 왕숙2)이 말하길, 조부모의 형제, 백부, 숙부, 고모, 자매는 모두 부
친이 피휘를 하는 대상이다.

集解 愚謂: 曲禮, "逮事父母, 則諱王父母, 不逮事父母, 則不諱王父母."
此又諱及曾祖者, 蓋父逮事其父, 故爲其祖諱; 己又逮事其父, 故又爲父之祖
諱也. 不言父之父母者, 王父母與父同諱, 則父母可知. 父之王父母·世父·
叔父及姑, 若不逮事父者, 皆不諱也.

번역 내가 생각하기에, 『예기』「곡례(曲禮)」편에서는 "부모를 섬기는 자
들은 조부모의 이름을 피휘하고, 어려서 고아가 되어, 제대로 부모를 섬길
수 없었다면, 조부모의 이름을 피휘하지 않는다."라고 했다. 이곳에서는 또
한 증조까지도 피휘를 한다고 했는데, 아마도 부친이 그의 부친을 섬겼기
때문에, 조부의 이름을 피휘했고, 본인 또한 그 부친을 섬겼기 때문에, 또한

---

2) 왕숙(王肅, A.D.195~A.D.256) : =왕자옹(王子雍). 위진남북조(魏晉南北朝)
  때의 위(魏)나라 경학자이다. 자(字)는 자옹(子雍)이다. 출신지는 동해(東海)
  이다. 부친 왕랑(王朗)으로부터 금문학(今文學)을 공부했으나, 고문학(古文
  學)의 고증적인 해석을 따랐다. 『상서(尚書)』, 『시경(詩經)』, 『좌전(左傳)』, 『논
  어(論語)』 및 삼례(三禮)에 대한 주석을 남겼다.

부친의 조부에 대해서 피휘를 하는 것이다. 부친의 부모에 대해서는 언급하지 않았는데, 부친의 조부모에 대해서 부친과 마찬가지로 동일하게 피휘를 한다고 했다면, 부친의 부모에 대해서도 피휘를 한다는 사실을 알 수 있기 때문이다. 부친의 조부모·백부·숙부 및 고모에 대해서 만약 부친을 섬기지 못했던 자라면, 모두 피휘를 하지 않는다.

● 그림 38-1 ■ 천자의 칠묘(七廟)

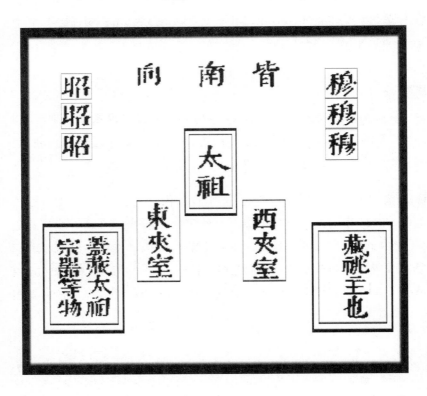

※ 출처: 『삼재도회(三才圖會)』「궁실(宮室)」 2권

● 그림 38-2   ▣ 제후의 오묘(五廟)

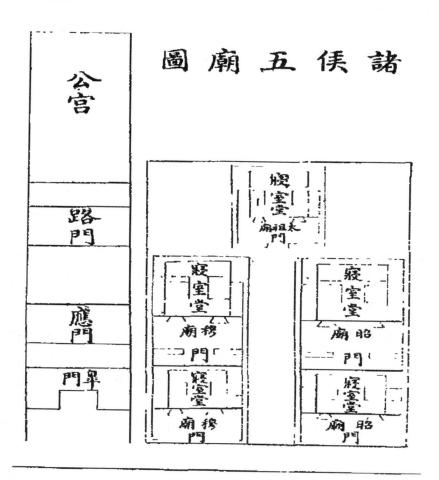

※ 출처: 『의례도(儀禮圖)』「의례방통도(儀禮旁通圖)」

【515d】

母之諱宮中諱, 妻之諱不擧諸其側, 與從祖昆弟同名則諱.

직역 母의 諱는 宮中에서 諱하고, 妻의 諱는 그 側에서 不擧하며, 從祖昆弟와 與하여 名이 同하다면 諱한다.

의역 모친이 피휘를 하는 이름에 대해서는 집안에서 피휘를 하고, 처가 피휘를 하는 이름에 대해서는 그녀의 주변에서 피휘를 하는데, 만약 모친 및 처가 피휘하는 이름이 때마침 자신의 종조 곤제들과 이름이 같은 경우라면, 다른 장소라 하더라도 피휘를 한다.

集說 母爲其親諱, 則子於一宮之中亦爲之諱. 妻爲其親諱, 則夫亦不得稱其辭於妻之左右. 非宮中, 非其側, 則固可稱矣. 若母與妻所諱者, 適與己從祖昆弟之名同, 則雖他所亦諱之也.

번역 모친은 자신의 친족에 대해서 피휘를 하니, 자식은 집안에서 또한 그들에 대해 피휘를 한다. 처는 자신의 친족에 대해서 피휘를 하니, 남편 또한 처가 피휘를 하는 이름에 대해서 처의 주변에서 지칭할 수 없다. 집안이 아니고 처의 주변이 아니라면, 해당하는 이름들을 지칭할 수 있다. 만약 모친 및 처가 피휘하는 이름이 때마침 자신의 종조 곤제들과 이름이 같은 경우라면, 비록 다른 장소라 하더라도 또한 피휘를 한다.

鄭注 母之所爲其親諱, 子孫於宮中不言. 妻之所爲其親諱, 夫於其側亦不言也. 孝子聞名心瞿, 凡不言人諱者, 亦爲其相感動也. 子與父同諱, 則子可盡曾祖之親也. 從祖昆弟在其中, 於父輕, 不爲諱; 與母・妻之親同名重, 則諱之.

번역 모친은 그녀의 친족들을 위해서 피휘를 하니, 자손들은 집안에서 그 이름을 말하지 않는다. 처는 그녀의 친족들을 위해서 피휘를 하니, 남편은 그녀의 주변에서 또한 그 이름을 말하지 않는다. 자식은 피휘하는 대상의 이름을 들으면 마음이 화들짝 놀라게 되니, 무릇 상대가 피휘하는 이름을 언급하지 않는 것은 또한 그것이 서로의 마음을 동요시키기 때문이다. 자식은 부친과 피휘를 동일하게 따르니, 자식은 증조부의 친족들에 대해서 모두 피휘를 한다. 종조의 곤제들도 그 안에 포함되는데, 부친이 수위가 낮은 상복을 착용하는 친족에 대해서는 본래 피휘를 하지 않지만, 모친과 처의 친족 중 동일한 이름이 있는 경우라면 피휘를 한다.

孔疏 ●"母之諱, 宮中諱"者, 謂母所爲其親諱, 其子於一宮之中, 爲諱而不言也.

번역 ●經文: "母之諱, 宮中諱". ○모친이 계신 장소에서는 그녀의 친족들에 대해서 피휘를 하니, 그녀의 자식은 집안에서 피휘를 하여 그 이름을 언급하지 않는다는 뜻이다.

孔疏 ●"妻之諱, 不擧諸其側"者, 謂妻諸親之諱, 其夫不得稱擧其辭於其妻之側, 但不得在側言之, 則於宮中·遠處得言之也.

번역 ●經文: "妻之諱, 不擧諸其側". ○처가 자신의 여러 친족들을 피휘하는 이름들에 대해, 그녀의 남편도 그녀의 주변에서 그 이름을 말할 수 없다는 뜻이다. 다만 그녀의 주변에서만 말할 수 없다면, 집안이나 멀리 떨어진 장소에서는 말할 수 있다.

孔疏 ●"與從祖昆弟同名, 則諱"者, 謂母與妻二者之諱與己從祖昆弟名同, 則爲之諱. 不但宮中·旁側, 其在餘處皆諱之.

번역 ●經文: "與從祖昆弟同名, 則諱". ○모친과 처가 피휘하는 이름이 자신의 종조 곤제들과 같은 이름인 경우라면, 그들에 대해서 피휘를 한다는 뜻이다. 단지 집안이나 그녀의 주변에서만 하는 것이 아니라, 나머지 장소에서도 모두 피휘를 한다.

孔疏 ◎注“子與”至“諱之”. ○正義曰: 云“子與父同諱, 則子可盡曾祖之親也”者, 父爲王父諱, 於子則爲曾祖父之伯叔及姑, 則是子曾祖之親, 故云“子與父同諱, 則子可盡曾祖之親也”, 前經所云者是也. 云“從祖昆弟在其中”者, 從祖昆弟共同曾祖之親, 故云“在其中”. 云“於父輕, 不爲諱”者, 從祖昆弟於父言之, 是父之同堂兄弟子也. 父服小功, 不爲之諱, 己又不得從父而諱. 若“與母·妻之親同名重, 則諱之”, 重, 謂重累, 謂母·妻諱與從祖昆弟名相重累, 則諱之. 不但爲母·妻而諱, 若從祖昆弟身死, 亦爲諱. 故云於父輕, 不爲之諱; 與母·妻之親同名重, 則諱之. 觀檢注意, 是爲從祖昆弟諱而生文也.

번역 ◎鄭注: “子與”~“諱之”. ○정현이 “자식은 부친과 피휘를 동일하게 따르니, 자식은 증조부의 친족들에 대해서 모두 피휘를 한다.”라고 했는데, 부친은 조부에 대해서 피휘를 하니, 자식의 입장에서는 증조부의 백부와 숙부 및 고모 등이 되어, 자식에게는 증조부의 친족이 된다. 그렇기 때문에 “자식은 부친과 피휘를 동일하게 따르니, 자식은 증조부의 친족들에 대해서 모두 피휘를 한다.”라고 말한 것이니, 앞의 경문에서 말한 내용이 여기에 해당한다. 정현이 “종조의 곤제들도 그 안에 포함된다.”라고 했는데, 종조의 곤제들은 모두 증조의 친족들이다. 그렇기 때문에 “그 안에 포함된다.”라고 말한 것이다. 정현이 “부친이 수위가 낮은 상복을 착용하는 친족에 대해서는 본래 피휘를 하지 않는다.”라고 했는데, 종조의 곤제와 부친의 관계를 말해보면, 그들은 부친의 동당형제 자식들이다. 부친은 그들에 대해서 소공복(小功服)을 착용하여, 그들에 대해서 피휘를 하지 않으므로, 자신 또한 부친에 따라 그들에 대해 피휘를 할 수 없다. 만약 정현의 말처럼 “모친과 처의 친족 중 동일한 이름이 있는 경우라면 피휘를 한다.”라는 경우에 있어서, ‘중(重)’자는 겹친다는 뜻이니, 모친과 처가 피휘하는 이름이 종부 곤제들의 이름과 서로 겹치게 되면, 그들에 대해서 피휘를 한다는 뜻이다. 단지 모친 및 처를 위해서만 피휘하는 것이 아니라, 종부의 곤제들이 죽었을 때에도 또한 피휘를 한다는 뜻이다. 그렇기 때문에 부친이 수위가 낮은 상복을 착용하는 친족에 대해서는 본래 피휘를 하지 않지만, 모친과 처의 친족 중 동일한 이름이 있는 경우라면 피휘를 한다고 말한 것이다. 정현의

주에 나타난 본래 뜻을 살펴보면, 종부의 곤제들에 대해 피휘하는데, 이것
은 그들이 살아있을 때에도 피휘를 한다는 기록이다.

集解 愚謂: 母之諱, 於己小功親也, 妻之諱, 於己緦親也, 皆不在應諱之限.
故母之諱, 在宮則諱之, 妻之諱, 在其側則諱之, 出宮則不諱矣. 上文"子與父
同諱", 雖盡曾祖之親, 然皆父之尊長與其兄弟也. 從父昆弟, 父報服期, 然卑
屬也, 父不爲之諱, 於己爲大功, 亦不諱. 若從祖昆弟, 視從父昆弟又疎, 乃反
諱之, 何耶? 且親之有諱不諱, 爲恩之有淺深也. 從祖昆弟乃小功之親, 雖與
母·妻之諱同, 其恩非因而加隆也, 何以遂當爲之諱耶? 疑此文有誤脫耳. 註
疏之說, 蓋未必然.

번역 내가 생각하기에, 모친이 피휘를 하는 대상들은 자신에게 있어서
소공복(小功服)을 착용해야 하는 친족들이다. 처가 피휘를 하는 대상들은
자신에게 있어서 시마복(緦麻服)을 착용해야 하는 친족들이다. 따라서 이
들은 모두 마땅히 피휘를 해야 하는 대상에는 포함되지 않는다. 그렇기 때
문에 모친이 피휘를 하는 이름들에 대해서는 집안에서라면 피휘를 하고,
처가 피휘를 하는 이름들에 대해서는 그녀의 곁에서라면 피휘를 하지만,
집을 벗어나게 되면 피휘를 하지 않는다. 앞의 문장에서 "자식은 부친과
피휘를 함께 한다."라고 했는데, 비록 증조의 친족들에 대해서 모두 피휘를
하더라도, 이들은 모두 부친에게 있어서 존장자 및 그들의 형제가 되기 때
문이다. 종부의 곤제는 부친이 보답차원에서 기년복(期年服)을 착용하는
자들이지만, 상대적으로 미천한 친족들이며, 부친은 그들에 대해 피휘를
하지 않으니, 본인에게 있어서는 대공복(大功服)을 착용해야 하는 친족임
에도 또한 피휘를 하지 않는다. 종조의 곤제들인 경우, 종부의 곤제들과
비교를 해보면 더욱 소원한 관계인데도, 반대로 피휘를 한다. 어째서인가?
친족에 대해서는 피휘를 하는 경우도 있고 하지 않는 경우도 있는데, 이것
은 은정에 깊고 옅은 차이가 있기 때문이다. 종부의 곤제들은 소공복을 착
용하는 친족이며, 비록 모친 및 처가 사용하는 피휘와 동일한 이름이라 하
더라도, 그들에 대한 은정은 상대에 따라 융성하게 높일 수 있는 대상이

아니다. 그런데도 어떻게 그들에 대해서 마땅히 피휘를 해야 하는가? 아마도 이곳 문장에는 누락된 기록이 있기 때문일 것이다. 정현의 주와 공영달의 소에서 설명하는 말들은 아마도 반드시 그렇지만은 않을 것이다.

• 제 39 절 •

상중에 관례(冠禮)를 치르는 규정

【516a】

以喪冠者, 雖三年之喪可也. 旣冠於次入哭踊, 三者三, 乃出.

직역 喪으로 冠하는 者는 雖히 三年의 喪이라도 可하다. 旣히 次에서 冠하고 入하여 哭踊하길, 三者를 三하며, 곧 出한다.

의역 상으로 인해 관(冠)을 쓰게 된 경우에는 비록 그 상이 삼년상이라도 가능하다. 상중에 머무는 임시숙소에서 관을 쓰고 그 일이 끝나면 빈소로 들어가서 곡(哭)과 용(踊)을 하는데, 용을 하며 세 번씩 세 차례 반복하면 곧 밖으로 나와 임시숙소로 간다.

集說 當冠而遭五服之喪, 則因成喪服而遂加冠. 此禮無分服之輕重, 故曰雖三年之喪可也. 旣冠於居喪之次, 乃入哭踊. 凡踊三踊爲一節, 三者三, 言如此者三次也. 乃出, 出就次所也. 詳見曾子問.

번역 관례(冠禮)를 치러야 하는데 오복(五服)에 해당하는 상을 당한 경우라면, 상복을 갖춰 입는 것에 따라서 결국 관(冠)까지도 쓴다. 이러한 예법에는 상복의 수위에 따른 구분이 없다. 그렇기 때문에 "비록 삼년상이라도 가능하다."라고 말한 것이다. 상중에 머무는 임시숙소에서 관(冠)을 쓰고, 그 일이 끝나면 들어가서 곡(哭)과 용(踊)을 한다. 무릇 용(踊)을 할 때에는 세 차례 발을 구르는 것을 한 마디로 삼으니, '삼자삼(三者三)'이라는 말은 이처럼 세 차례 반복한다는 뜻이다. '내출(乃出)'은 밖으로 나와서 상중에 머무는 숙소로 나아간다는 뜻이다. 자세한 설명은 『예기』「증자문(曾

子問)」편에 나온다.

鄭注 言雖者, 明齊衰以下, 皆可以喪冠也. 始遭喪, 以其冠月, 則喪服因冠矣. 非其冠月, 待變除卒哭而冠. 次, 廬也. 雖, 或爲唯.

번역 ‘수(雖)’라고 말한 것은 자최복(齊衰服)으로부터 그 이하의 상복을 착용한 경우에도 모두 상으로 인해 관(冠)을 쓴다는 사실을 나타낸 것이다. 처음 상을 접하게 되었는데, 그 시점이 관례(冠禮)를 치르는 달이라면, 상복을 착용함에 따라서 관을 쓴다. 그 시기가 관례를 치르는 달이 아니라면 복장을 제거하고 졸곡(卒哭)을 할 때까지 기다린 뒤에 관례를 치른다. ‘차(次)’는 임시숙소인 여(廬)이다. ‘수(雖)’자를 다른 판본에서는 ‘유(唯)’자로 기록하기도 한다.

釋文 冠, 古亂反, 下及注皆同. 三, 息暫反.

번역 ‘冠’자는 ‘古(고)’자와 ‘亂(란)’자의 반절음이며, 아래문장 및 정현의 주에 나오는 글자도 모두 그 음이 이와 같다. ‘三’자는 ‘息(식)’자와 ‘暫(잠)’자의 반절음이다.

孔疏 ●“以喪”至“乃出”. ○正義曰: 自此以下, 明遭喪冠取之節, 今各隨文解之.

번역 ●經文: “以喪”~“乃出”. ○이곳 구문으로부터 그 이하의 내용은 상을 당하여 관(冠)을 착용하는 절차를 밝히고 있으니, 각각의 문장에 따라서 풀이하겠다.

孔疏 ●“以喪冠者, 雖三年之喪可也”者, 謂將欲加冠而値其喪, 則當成服之時, 因喪服加冠. 非但輕服得冠, 雖有三年重喪亦可爲. 因喪服而冠, 故云“可也”.

번역 ●經文: "以喪冠者, 雖三年之喪可也". ○謂將欲加冠而値其喪, 則當成服之時, 因喪服加冠. 非但輕服得冠, 雖有三年重喪亦可爲. 因喪服而冠, 故云"可也".

장차 관례(冠禮)를 치러주려고 하는데 상에 직면하게 되면, 성복(成服)을 해야 할 때, 상복을 착용하는 것으로 인해 관(冠)을 착용한다. 단지 수위가 낮은 상복을 착용한 경우에만 관을 착용하는 것이 아니며, 비록 삼년상처럼 중대한 상을 당한 경우에도 또한 가능하다. 상복을 착용함으로 인해 관을 착용하기 때문에 "가능하다."라고 말했다.

孔疏 ●"旣冠於次"者, 此謂加冠於廬次之中. 若齊衰以下, 加冠於次舍之處.

번역 ●經文: "旣冠於次". ○이 내용은 상중에 머무는 임시숙소인 여(廬)에서 관(冠)을 착용하는 것을 뜻한다. 만약 자최복(齊衰服)으로부터 그이하의 상복을 착용한 경우에는 그때의 임시숙소에서 관을 착용한다.

孔疏 ●"入哭踊三者三, 乃出"者, 謂旣冠之後, 入於喪所, 哭而跳踊. 謂每哭一節而三踊, 如此者三, 凡爲九踊, 乃出就次所.

번역 ●經文: "入哭踊三者三, 乃出". ○이미 관(冠)을 착용한 뒤에는 상을 치르는 장소로 들어가서 곡(哭)을 하고 발을 구르게 된다는 뜻이다. 매번 한 차례 곡(哭)을 할 때 세 차례 용(踊)을 하는데, 이처럼 하길 세 차례 반복하니, 총 아홉 차례 용(踊)을 하며, 그것이 끝나면 밖으로 나와서 임시숙소로 간다.

孔疏 ◎注"言雖"至"廬也". ○正義曰: 經云"雖三年之喪可也", 故知三年以下, 皆得因喪而冠也. 云"始遭喪, 以其冠月, 則喪服因冠矣"者, 知當冠月則喪服因冠者, 以曾子問云: 將冠子未及期日而有齊衰·大功·小功之喪, 則因喪服而冠. 言未及期日, 明及月, 可知但未及冠之日耳. 以此言之, 知冠月則可冠也. 云"非其冠月, 待變除卒哭而冠"者, 按夏小正二月"綏多士女", 是

冠用二月. 假令正月遭喪, 則二月不得因喪而冠, 必待變除受服之節乃可冠
矣. 云"次, 廬也"者, 據重服而言也.

번역 ◎鄭注: "言雖"~"廬也". ○경문에서는 "비록 삼년상이라도 가능
하다."라고 했다. 그렇기 때문에 삼년상으로부터 그 이하의 상을 당한 경우
에도 모두 상으로 인해 관(冠)을 착용할 수 있음을 알 수 있다. 정현이 "처
음 상을 접하게 되었는데, 그 시점이 관례(冠禮)를 치르는 달이라면, 상복
을 착용함에 따라서 관을 쓴다."라고 했는데, 관례를 치르는 달에 해당하면,
상복을 착용하는 것에 따라서 관을 착용한다는 사실을 알 수 있는 이유는
『예기』「증자문(曾子問)」편에서 "만일 장차 자식에게 관례를 시행하려고
하는데, 관례를 시행하려고 계획했던 날짜가 아직 되지도 않아서, 자최복
(齊衰服)·대공복(大功服)·소공복(小功服)을 입어야 할 상(喪)이 생기게
되면, 상복을 입어야 하기 때문에 관례를 해야 할 자는 상복에 착용하는
관(冠)을 대신 쓴다."[1]라고 했기 때문이다. "아직 계획했던 날짜가 되지 않
았다."라고 말했으니, 관례를 치르는 달이 되었다는 것을 나타내므로, 단지
관례를 직접 치르는 날짜가 아직 되지 않았다는 뜻일 뿐임을 알 수 있다.
그러므로 이를 통해 말을 해보면, 관례를 치르는 달에 해당하면 상으로 인
해 관을 쓰게 된다는 사실을 알 수 있다. 정현이 "그 시기가 관례를 치르는
달이 아니라면 복장을 제거하고 졸곡(卒哭)을 할 때까지 기다린 뒤에 관례
를 치른다."라고 했는데, 『대대례기』「하소정(夏小正)」편을 살펴보면 2월
항목에 대해 "편안하게 안주하게 해주어, 백성들 중 대다수가 관례를 치르
고 장가를 들게 한다."[2]라고 했다. 이것은 2월에 관례를 치렀다는 사실을
나타낸다. 가령 정월에 상을 당하게 된다면, 2월에는 상으로 인해 관을 쓸
수 없고, 반드시 상복을 제거하고 새로운 복장을 받는 절차를 끝낼 때까지

---

1) 『예기』「증자문(曾子問)」【229a】: <u>如將冠子, 而未及期日, 而有齊衰·大功·</u>
   <u>小功之喪, 則因喪服而冠.</u> 除喪, 不改冠乎. 孔子曰: 天子賜諸侯·大夫冕弁服於
   大廟, 歸設奠, 服賜服, 於斯乎, 有冠醮, 無冠醴. 父沒而冠, 則已冠, 埽地而祭於
   禰, 已祭而見伯父·叔父, 而後饗冠者.
2) 『대대례기(大戴禮記)』「하소정(夏小正)」: 綏多女士.

기다린 뒤에야 관례를 치를 수 있다. 정현이 "'차(次)'는 임시숙소인 여(廬)이다."라고 했는데, 이것은 수위가 높은 상복을 기준으로 말한 것이다.

集解 愚謂: 以喪冠者, 謂旣及冠年而遭喪, 則於成服之日, 就喪次而冠之. 雖三年之喪可也者, 冠爲嘉禮, 而三年之服尤重, 疑非用嘉禮之時, 故曰"雖三年之喪可也". 然則齊衰·大功得因喪而冠可知矣. 入者, 入於殯宮也. 入哭踊三者三, 乃出, 蓋若見之然. 此三年之喪以喪冠者之禮也. 若冠年在遭喪之明年, 則因變除而冠, 其禮亦如之. 其非三年之喪, 則冠畢, 至明日朝夕哭乃入卽位也.

번역 내가 생각하기에, '이상관자(以喪冠者)'는 이미 관례를 치르는 나이가 되었는데 상을 당하게 된다면, 성복(成服)을 하는 날에 상을 치르는 임시숙소로 가서 관(冠)을 쓰게 된다는 뜻이다. "비록 삼년상이라도 가능하다."라는 말은 관례는 가례(嘉禮)3)에 해당하지만, 삼년상의 상복은 더욱 중대하므로, 가례를 치르는 때로 사용하는 것이 아니라는 의혹을 사게 된다. 그러므로 "비록 삼년상이라도 가능하다."라고 말한 것이다. 그렇다면 자최복(齊衰服)이나 대공복(大功服)의 상에 있어서도 상으로 인해 관을 쓸 수 있다는 사실을 알 수 있다. '입(入)'자는 빈소로 들어간다는 뜻이다. 들어가서 곡(哭)과 용(踊)을 하길 세 번씩 세 차례 하고, 곧 밖으로 나온다고 했는데, 빈소에서 죽은 자를 알현할 때처럼 하는 것이다. 이 내용은 삼년상을 치르며 상으로 인해 관을 쓰게 되는 예법을 나타내고 있다. 만약 관례를 치르는 해가 상을 당한 다음 해가 된다면, 복장을 제거하는 것에 따라서 관(冠)을 쓰는데, 그 예법 또한 이와 같다. 삼년상이 아닌 경우라면 관을 쓰는 의식이 끝난 뒤, 다음날 아침저녁으로 곡(哭)을 하는 시기에 들어가서 자신의 자리로 나아간다.

---

3) 가례(嘉禮)는 오례(五禮) 중 하나로, 결혼식을 치르거나, 잔치 등을 베풀 때의 예제(禮制)를 뜻한다. 경사스러운 일이라는 뜻에서 가(嘉)자를 붙여서 '가례'라고 부르는 것이다.

集解 愚謂: 因喪而冠者, 固當以成服之日或變除之節, 然士冠記云"屨, 夏用葛, 冬皮屨", 則冬夏皆可冠, 初無限以二月之法. 因變除而冠, 喪在隔年, 至明年受服, 乃及冠年者則然. 然亦惟齊·斬之服有此, 若大功·小功, 則喪末可用吉禮而冠矣.

번역 내가 생각하기에, 상으로 인해 관(冠)을 쓰는 경우에는 진실로 성복(成服)을 하는 날에 맞추거나 또는 상복을 바꾸고 제거하는 절차에 맞추게 된다. 그러므로 『의례』「사관례(士冠禮)」편의 기문(記文)에서는 "신발에 있어서 여름에는 갈(葛)로 만든 신발을 사용하고, 겨울에는 가죽으로 만든 신발을 사용한다."[4]라고 한 것이니, 겨울과 여름에 모두 관례를 치를 수 있는 것으로, 애초부터 2월로 제한을 두는 법도가 없었다. 상복을 바꾸거나 제거하는 것에 따라 관을 쓰는데, 상이 한 해 건너서 발생했고, 그 다음해가 되어 새로운 복장을 받게 되었는데, 그것이 곧 관례를 치르는 해에 해당한다면, 또한 이처럼 시행한다. 그러나 이것은 또한 오직 자최복(齊衰服)이나 참최복(斬衰服)의 상에서만 이러한 경우가 있으니, 대공복(大功服)이나 소공복(小功服)의 상이라면, 상을 끝내는 말미에 길례에 따라서 관례를 치를 수 있다.

【516a~b】

大功之末可以冠子, 可以嫁子. 父小功之末, 可以冠子, 可以嫁子, 可以取婦. 己雖小功旣卒哭, 可以冠取妻, 下殤之小功則不可.

직역 大功의 末에는 可히 子를 冠하고, 可히 子를 嫁한다. 父가 小功의 末에는

---

4) 『의례』「사관례(士冠禮)」: <u>屨, 夏用葛</u>. 玄端黑屨, 靑絇·繶·純, 純博寸. 素積白屨, 以魁柎之, 緇絇·繶·純, 純博寸. 爵弁纁屨, 黑絇·繶·純, 純博寸. <u>冬, 皮屨</u>可也. 不屨繐屨.

可히 子를 冠하고, 可히 子를 嫁하며, 可히 婦를 取한다. 己가 雖히 小功이라도 旣히 卒哭이라면, 可히 冠하고 妻를 取하나, 下殤의 小功이라면 不可하다.

의역 본인이 대공복(大功服)의 상을 치르고 있는데 상복을 제거하려고 하는 때라면, 자식에게 관례(冠禮)를 치러줄 수 있고 자식을 시집보낼 수 있다. 부친이 소공복(小功服)의 상을 치르고 있는데 상복을 제거하려고 하는 때라면, 자식에게 관례를 치러줄 수 있고 자식을 시집보낼 수 있으며 며느리를 들일 수 있다. 본인이 비록 소공복의 상을 치르고 있더라도 이미 졸곡(卒哭)을 했다면, 관례를 치르거나 아내를 들일 수 있지만, 하상(下殤)을 당한 자에 대한 소공복의 상을 치르고 있다면 해서는 안 된다.

集說 末, 服之將除也. 舊說, 以末爲卒哭後. 然大功卒哭後, 尚有六月, 恐不可言末. 小功旣言末, 又言卒哭, 則末非卒哭明矣. 下文父小功之末, 則上文大功之末, 是據己身而言. 舊說, 父及己身俱在大功之末, 或小功之末, 恐亦未然. 下殤之小功, 自期服而降, 以本服重, 故不可冠娶也.

번역 '말(末)'자는 상복을 장차 제거하려는 때를 뜻한다. 옛 학설에서는 '말(末)'자를 졸곡(卒哭) 이후라고 여겼다. 그러나 대공복(大功服)의 상에서 졸곡을 치른 뒤라면 여전히 6개월의 복상기간이 남게 되므로, 아마도 이것을 '말(末)'이라고 부를 수는 없을 것 같다. 또 소공복(小功服)의 상에 대해서 이미 '말(末)'이라고 말했는데, 그 뒤에서는 재차 '졸곡(卒哭)'이라고 말했으니, '말(末)'자는 졸곡이 아님이 분명하다. 아래문장에서 "부친이 소공복을 착용하는 상의 말미에 있다."라고 말했으니, 앞 문장에서 "대공복을 착용하는 상의 말미에 있다."라고 한 말은 자신을 기준으로 한 말이다. 옛 학설에서는 부친과 자신이 모두 대공복의 상에서 말미에 있거나 소공복의 상에서 말미에 있는 것으로 여겼는데, 아마도 이 또한 그렇지 않을 것이다. 하상(下殤)을 당한 자의 소공복은 본래 기년복(期年服)에서 강복(降服)을 한 경우인데, 본래의 복장은 수위가 높기 때문에, 관례(冠禮)를 치르거나 아내를 들일 수 없다.

大全 張子曰: 大功之末, 可以冠子, 可以嫁子, 父小功之末, 可以冠子, 可以嫁子, 可以娶婦. 疑大功之末已下十二字爲衍, 宜直云父大功之末. 云父大功, 則是己小功之末也, 而己之子緦麻之末也, 故可以冠取也. 蓋冠取者, 固己無服矣. 凡卒哭之後, 皆是末也. 所以言衍者. 以上十二字, 義無所附著. 己雖小功旣卒哭, 可與冠取妻, 是己自冠取妻也.

번역 장자가 말하길, "대공복(大功服)을 입고 치르는 상의 말미에서는 자식에게 관례(冠禮)를 치러줄 수 있고 자식을 시집보낼 수 있으며, 부친이 소공복(小功服)을 입고 치르는 상의 말미에서는 자식에게 관례를 치러줄 수 있고 자식을 시집보낼 수 있으며 며느리를 들일 수 있다."라고 했다. 아마도 '대공지말(大功之末)' 이하의 12글자는 연문으로 기록된 글자 같으니, 마땅히 "부친이 대공복의 상에 말미에 있다."라고 말해야 한다. 부친이 대공복의 상을 치르고 있다고 말한다면, 이것은 본인에게는 소공복의 상에서 말미에 있는 것이고, 자신의 아들은 시마복(緦麻服)의 상에서 말미에 있는 것을 뜻한다. 그렇기 때문에 관례를 치르고 장가도 들일 수 있는 것이다. 무릇 관례를 치르고 장가를 들 때에는 진실로 자신이 상복을 착용하지 않았을 때 해야 한다. 무릇 졸곡(卒哭)을 한 이후는 모두 '말(末)'에 해당하는 시기가 된다. 내가 연문이라고 말한 이유는 앞의 12글자는 그 의미상 결부되는 기록이 없기 때문이다. 본인이 비록 소공복의 상을 치르고 있는데 이미 졸곡을 끝냈다면, 관례를 치르고 아내를 들일 수 있다고 했으니, 이것은 본인이 관례를 치르고 아내를 들인다는 뜻이다.

鄭注 此皆謂可用吉禮之時. 父大功卒哭, 而可以冠子·嫁子. 小功卒哭, 而可以取婦. 己大功卒哭, 而可以冠子, 小功卒哭, 而可以取妻, 必偕祭乃行也. 下殤小功, 齊衰之親, 除喪而後可爲昏禮. 凡冠者, 其時當冠, 則因喪而冠之.

번역 이 내용들은 모두 길례를 치를 수 있는 때를 나타낸다. 부친이 대공복(大功服)의 상에서 졸곡을 치렀다면, 자식에게 관례(冠禮)를 치를 수 있고 자식을 시집보낼 수 있다. 소공복(小功服)의 상에서 졸곡을 치렀다면,

며느리를 들일 수 있다. 본인이 대공복의 상에서 졸곡을 치렀다면 자식에게 관례를 치를 수 있고, 소공복의 상에서 졸곡을 치렀다면 아내를 들일 수 있는데, 반드시 둘 모두 제사를 지낸 뒤에 시행한다. 하상(下殤)에 대해 소공복을 착용한 경우, 그 대상은 본래 자최복(齊衰服)을 착용해야 하는 친족이니, 제상(除喪)을 한 뒤에야 혼례를 치를 수 있다. 무릇 관례의 경우, 그 시기가 관례를 치러야 하는 때라면, 상을 치르는 것으로 인해 관(冠)을 씌워준다.

釋文 取, 七住反, 又如字.

번역 '取'자는 '七(칠)'자와 '住(주)'자의 반절음이며, 또한 글자대로 읽기도 한다.

孔疏 ●"大功"至"不可". ○正義曰: "大功之末, 可以冠子, 可以嫁子"者, 末謂卒哭之後, 謂己有大功之喪, 旣卒哭, 可以冠子・嫁子也.

번역 ●經文: "大功"~"不可". ○경문의 "大功之末, 可以冠子, 可以嫁子"에 대하여. '말(末)'자는 졸곡(卒哭)을 치른 이후를 뜻하니, 본인에게 대공복(大功服)을 착용해야 하는 상이 발생했는데 졸곡을 끝내면, 자식에게 관례(冠禮)를 치러줄 수 있고 자식을 시집보낼 수 있다는 의미이다.

孔疏 ●"父小功之末, 可以冠子, 可以嫁子, 可以取婦"者, 謂父有小功, 喪末可以冠子, 可以嫁子, 可以取婦. "大功之末", 云身不云父; "小功之末", 云父不云身, 互而相通. 是嫁及冠, 於身大功之末, 可以冠子・嫁子. 小功之末, 非但得冠子・嫁子, 復可取婦. 所以取婦必在小功之末者, 以取婦有酒食之會, 集鄕黨僚友, 涉近歡樂, 故小功之末乃可得爲也.

번역 ●經文: "父小功之末, 可以冠子, 可以嫁子, 可以取婦". ○부친에게 소공복(小功服)을 착용해야 하는 상이 발생했는데 상에서 졸곡(卒哭)을 치르게 되면, 자식에게 관례(冠禮)를 치러줄 수 있고 자식을 시집보낼 수 있으며 며느리를 들일 수 있다는 뜻이다. '대공지말(大功之末)'은 본인이 치르는 상을 뜻하며 부친이 치르는 상을 뜻하는 말이 아니고, '소공지말(小功之末)'은 부친이 치르는 상을 뜻하며 본인이 치르는 상을 뜻하는 말이 아니다. 그러나 이것은 상호 통용되는 말이다. 이곳에서 시집을 보내고 관례를 치른다고 한 말은 본인이 대공복(大功服)의 상에서 졸곡을 치른 뒤에 자식에게 관례를 치러주고 자식을 시집보낼 수 있다는 뜻이다. 소공복의 상에서 졸곡을 치르게 된다면, 단지 자식에게 관례를 치러주고 자식을 시집보낼 수 있을 뿐만 아니라, 며느리도 들일 수 있다. 며느리를 들이는 것을 기어코 소공복의 상에서 졸곡을 치른 뒤에 한다고 말한 이유는 며느리를 들일 때에는 술과 음식을 대접하는 연회가 있어서, 마을사람과 친족 및 동료들을 부르게 되니, 기쁨을 나누고 즐거움을 누리는 것에 가깝기 때문이다. 그래서 소공복의 상에서 졸곡을 치른 뒤에는 이러한 일을 할 수 있다.

孔疏 ●"己雖小功, 旣卒哭, 可以冠, 取妻"者, 以前文云"父小功之末, 可以取婦", 恐己有小功, 於情爲重, 不得冠·取, 故云己身雖同有小功, 旣卒哭之後, 可以冠·取. 此文云"旣卒哭", 明上云"末"者, 並卒哭後也.

번역 ●經文: "己雖小功, 旣卒哭, 可以冠, 取妻". ○앞의 문장에서는 "부친이 소공복(小功服)의 상에서 졸곡(卒哭)을 치르면 며느리를 들일 수 있다."라고 했는데, 아마도 본인에게 소공복의 상이 발생했으면, 정감에 있어서 수위가 더욱 높으므로, 관례(冠禮)를 치르거나 아내를 들일 수 없다고 오해할 수 있기 때문이다. 그래서 본인이 비록 동일하게 소공복을 착용했더라도 졸곡을 치른 뒤라면, 관례를 치르고 아내를 들일 수 있다고 한 것이다. 이곳 문장에서는 "졸곡을 마쳤다."라고 했으니, 앞에서 '말(末)'이라고 한 말은 졸곡을 치른 이후의 시기를 모두 뜻한다는 사실을 나타낸다.

孔疏 ●"下殤之小功則不可"者, 謂其餘小功可以冠·取. 若本服齊衰下

殤, 降在小功者, 則不可. 不可者, 不可冠·嫁也. 以本服是齊衰, 重故也. 若
其長殤·中殤之大功者, 庾氏注要記云"卒哭之後, 則得與尋常大功同, 於大
功之末, 可以身自冠·嫁. 所以然者, 雖本期年, 但降在大功, 其服稍伸, 故得
冠·嫁也". 賀氏云: "小功下殤, 本是期親, 以其重, 故不得冠·取." 推此而
言之, 降在大功, 理不得冠·嫁矣. 今謂齊衰下殤尙不可冠·取, 而況齊衰長
殤·中殤, 降在大功, 何可冠·嫁? 庾記非也, 今從賀義.

번역 ●經文: "下殤之小功則不可". ○하상(下殤)에 대한 소공복(小功
服) 이외에 소공복을 착용한 경우에는 관례를 치르고 아내를 들일 수 있다
는 뜻이다. 만약 본래의 복장이 자최복(齊衰服)인데 하상을 하여, 강복(降
服)으로 소공복을 착용한 경우라면 불가하다. '불가(不可)'라는 말은 관례
를 치르거나 시집을 보낼 수 없다는 뜻이다. 본래의 복장은 자최복에 해당
하니, 수위가 높은 상복이기 때문이다. 만약 장상(長殤)이나 중상(中殤)을
하여 대공복(大功服)을 착용한 경우라면, 유울은『요기』에 대한 주에서 "졸
곡(卒哭)을 치른 이후라면, 일반적으로 대공복을 착용한 경우와 동일하게
따르니, 대공복의 상에서 졸곡을 치른 이후에는 본인이 관례를 치르거나
시집을 갈 수 있다. 그 이유는 비록 본래 기년복(期年服)에 해당하지만, 강
복을 하여 대공복에 해당하니, 그에 대한 상복은 하상보다 본래의 규정에
가깝게 할 수 있다. 그러므로 관례를 치르거나 시집을 갈 수 있다."라고
했다. 하씨는 "하상에 대해 소공복을 착용하는 경우는 본래의 복장이 기년
복을 착용해야 하는 친족이므로, 그에 대한 상복은 수위가 높기 때문에 관
례를 치르거나 아내를 들일 수 없다."라고 했다. 이러한 주장을 근거로 말
을 해보자면, 강복을 하여 대공복을 착용한 경우에는 이치상 관례를 치르
거나 시집을 보낼 수 없다. 현재 자최복을 착용해야 하지만 강복을 하게
되는 하상에 대해서, 오히려 관례를 치르거나 아내를 들일 수 없다고 했는
데, 하물며 자최복을 착용해야 하지만 강복을 하게 되는 장상이나 중상에
대해서, 강복을 하여 대공복을 착용했다고 하더라도, 어떻게 관례를 치르고
시집을 보낼 수 있겠는가? 그러므로 유씨의 기록은 잘못되었으므로, 하씨
의 주장에 따른다.

孔疏 ◎注“父大”至“冠之”. ○正義曰: “父大功卒哭, 而可以冠子・嫁子. 小功卒哭, 而可以取婦”者, 以經文大功據己身, 小功據其父. 今鄭同之, 謂父及己身俱有大功之末小功之末, 故又注云“己大功卒哭, 而可以冠子. 小功卒哭, 而可以取妻”, 是父子同也. 云“必偕祭乃行也”者, 偕, 俱也. 父是大功之末, 己亦是大功之末, 乃得行此冠子・嫁子, 父小功之末, 己亦小功之末, 可以嫁取. 必父子俱然, 乃得行事, 故云“必偕祭乃行”. 知父子俱大功小功者, 若姑及姊妹出適, 父子俱爲大功. 若從祖兄弟, 父爲之小功, 己亦爲之小功, 是父子其服同也. 若父有齊衰, 子有大功, 則不可. 若父有大功, 子有小功, 可以冠・嫁, 未可以取婦. 必父子俱有小功之末, 可以取婦. 若父是小功, 己在緦麻, 灼然合取可知. 又按正本云“必偕祭乃行”者, 言爲諸吉禮, 必待祭訖乃行也. 云“下殤小功, 齊衰之親, 除喪而後可爲昏禮”者, 言除訖可爲昏禮, 則未除喪不可爲昏禮. 經云“小功則不可”者, 唯謂昏也, 其冠・嫁則可也. 云“凡冠者, 其時當冠, 則因喪而冠之”者, 鄭以經云大功・小功之末, 可以吉冠, 則大功・小功之初, 當冠之時, 則因喪服而冠矣. 前經云“以喪冠者, 雖三年之喪可也”者, 特據重服喪中可冠, 恐輕服大功・小功者在喪不合冠, 故鄭於注特明之.

번역 ◎鄭注: “父大”~“冠之”. ○정현이 “부친이 대공복(大功服)의 상에서 졸곡을 치렀다면, 자식에게 관례(冠禮)를 치를 수 있고 자식을 시집보낼 수 있다. 소공복(小功服)의 상에서 졸곡을 치렀다면, 며느리를 들일 수 있다.”라고 했는데, 경문에서 ‘대공(大功)’이라고 한 말은 본인을 기준으로 기록한 것이고, ‘소공(小功)’이라고 한 말은 부친을 기준으로 기록한 것이기 때문이다. 현재 정현도 그에 동의를 했으니, 부친 및 본인에게 모두 대공복의 상에서 졸곡을 치르고, 소공복의 상에서 졸곡을 치른 상황이 적용된다는 뜻이다. 그렇기 때문에 주에서는 또한 “본인이 대공복의 상에서 졸곡을 치렀다면, 자식에게 관례를 치를 수 있다. 소공복의 상에서 졸곡을 치렀다면, 아내를 들일 수 있다.”라고 말한 것이니, 이것은 부친과 자식이 모두 동일하게 따른다는 의미이다. 정현이 “반드시 둘 모두 제사를 지낸 뒤에 시행한다.”라고 했는데, ‘해(偕)’자는 모두[俱]라는 뜻이다. 부친이 대공복의 상에서 졸곡을 치른 뒤이고, 본인 또한 대공복의 상에서 졸곡을 치른 뒤라면, 자식에게 관례를 치러주고 자식을 시집보낼 수 있으며, 부친이 소 공복의 상에서 졸곡을 치른 뒤이고, 본인 또한 소공복의 상에서 졸곡을 치 른 뒤라면 시집을 보내거나 며느리 및 아내를 들일 수 있다는 뜻이다. 반드 시 부친과 자식이 모두 이와 같아야만 이러한 일들을 시행할 수 있다. 그렇 기 때문에 "반드시 둘 모두 제사를 지낸 뒤에 시행한다."라고 했다. 부친과 자식이 모두 대공복과 소공복의 상을 치르고 있다는 사실을 알 수 있는 이유는 만약 고모 및 자매 중 출가를 한 여자라면, 부친과 자식이 모두 그녀 를 위해서 대공복을 착용한다. 만약 종조의 형제에 대해서라면, 부친은 그 들을 위해 소공복을 착용하고 본인 또한 그들을 위해서 소공복을 착용한다. 이것은 부친과 자식이 동일한 상복을 착용한다는 뜻을 나타낸다. 만약 부 친에게 자최복(齊衰服)의 상이 발생했고 자식에게 대공복의 상이 발생했다 면, 이러한 일들을 시행할 수 없다. 만약 부친에게 대공복의 상이 발생하고 자식에게 소공복의 상이 발생했다면, 관례를 치르고 시집을 보내는 일은 할 수 있지만, 며느리를 들이는 일은 할 수 없다. 반드시 부친과 자식이 모두 소공복의 상에서 졸곡을 치른 뒤라야만 며느리를 들일 수 있다. 만약 부친이 소공복의 상을 치르고 있고 본인이 시마복(緦麻服)의 상을 치르고 있다면, 분명 며느리를 들일 수 있다는 사실을 알 수 있다. 또 『정본』을 살펴보면, '필해제내행(必偕祭乃行)'이라고 했으니, 이것은 여러 길례에 해 당하는 일들을 시행할 때에는 반드시 제사를 마칠 때까지 기다린 뒤에 시 행할 수 있다는 뜻이다. 정현이 "하상(下殤)에 대해 소공복을 착용한 경우, 그 대상은 본래 자최복을 착용해야 하는 친족이니, 제상(除喪)을 한 뒤에야 혼례를 치를 수 있다."라고 했는데, 제상을 끝낸 뒤라면 혼례를 치를 수 있다고 했으니, 아직 제상을 하지 않았을 때에는 혼례를 치를 수 없다. 경문 에서는 "소공복이라면 불가하다."라고 했는데, 이것은 오직 혼례에 대한 경 우를 뜻하니, 관례나 시집을 보내는 일은 가능하다. 정현이 "무릇 관례의 경우, 그 시기가 관례를 치러야 하는 때라면, 상을 치르는 것으로 인해 관 (冠)을 씌워준다."라고 했는데, 정현은 경문에서 대공복과 소공복에서 졸곡 을 치른 뒤에는 길례에 따라 관례를 치를 수 있다고 했으니, 대공복과 소공

복의 상에서 졸곡을 치르기 이전에, 관례를 치러야 하는 시기에 해당한다
면, 상복을 착용하는 것에 따라서 관을 씌워주는 것이다. 앞의 경문에서는
"상으로 인해 관을 쓸 때에는 비록 삼년상이라도 가능하다."라고 했는데,
이것은 단지 수위가 높은 상복을 입고 상을 치르는 도중을 기준으로 관을
씌워줄 수 있다고 한 것인데, 아마도 수위가 낮은 상복인 대공복이나 소공
복의 경우 상을 치르는 도중에는 관을 씌워줄 수 없다고 오해할 것을 염려
하여, 정현이 이곳 주석에서 특별히 명시한 것이다.

訓纂 王氏引之曰: 謹按卒哭在弟三月, 小功之末則在弟五月. 己之小功,
自己之子視之, 則爲父之小功, 而身服緦. 己之小功旣卒哭, 可以冠取妻, 是己
小功三月而擧吉事, 不待弟五月. 而子於父之小功而己緦者, 雖至末月, 亦但
可爲子冠, 爲子取婦, 而不可自冠取, 是薄於己之小功而厚於己之緦, 不且輕
重倒置乎? 若云"統於其父", 則父於小功卒哭後己可自冠自取妻, 而子必俟父
小功之末, 猶不能冠取妻, 是父之視小功也輕, 而己之視父小功也反重, 豈"統
於父"之謂乎? 揆之於理, 殆不可通. 今按"父小功之末", 小當爲大, 因下文兩
言"小功"而誤也. 父大功之末, 可以冠子·嫁子·取婦者, 言己於父之大功, 至
服將盡之弟九月, 乃可冠己之子, 嫁己之子, 及爲己之子娶婦也. 己大功之末,
但可冠子嫁子. 父大功之末, 不但冠子嫁子, 而又可爲子取婦者, 父之大功輕
於己之大功也. "己雖小功", 雖字當讀唯, 己唯小功旣卒哭可以冠取妻者, 言
以己之服而論, 則唯小功之喪旣卒哭而擧吉事. 言"己"者別於上文之言"父"
也. 言"唯小功"者, 別於上文之"大功"也. 不言"父小功"者, 父之小功輕於己之
小功, 己小功卒哭可以冠取妻, 則父之小功旣卒哭可以冠取妻不待言矣. 又按
己之大功, 父爲之小功, 則當以己之大功論, 從其重者, 以明厚也. 至弟九月,
始可以冠子嫁子. 若父之大功, 己爲之小功, 則以父之大功論, 亦從其重者以
明厚也. 至弟九月, 始可以冠子·嫁子·取婦. 惟無父之大功, 而但有己之小
功, 則如小功之禮行之, 至卒哭之後, 卽可以冠取妻矣. 經文之意可推也. 又
云: 庾氏之說, 差爲近之, 但不當以卒哭之後爲大功之末耳. 經云"大功之末,
可以冠子, 可以嫁子", 而不云"長殤中殤之大功則不可", 是長殤中殤之末與

尋常大功同也. 但冠子嫁子則可, 爲子取婦則不可, 自冠自取妻尤不可. 知者,
經云"大功之末, 可以冠子, 可以嫁子", 而不云"可以取婦", "可以冠取妻"也.
冠取妻與取婦, 必俟除喪乃得爲之. 下殤之小功則不可, 謂下殤小功旣卒哭,
不可以冠取妻也. 所不可者, 惟在冠取妻, 則冠子嫁子及取婦未嘗不可也. 下
殤小功旣卒哭, 可以冠子·嫁子·取婦, 長中殤之末何不可以冠子嫁子乎? 賀
氏不知卒哭之非末, 又不知冠子嫁子輕於冠取妻, 乃欲以下殤小功旣卒哭之
不可冠取妻, 斷長中殤大功之末不可冠子嫁子, 失之遠矣. 曰, 長殤中殤, 有父
大功而己否者乎? 曰, 無. 父爲子·女子子之長殤中殤, 姊妹之長殤中殤, 昆弟
之長殤中殤大功, 於己則爲昆弟姊妹之長殤中殤, 姑之長殤中殤, 叔父之長殤
中殤, 亦大功也. 己與父同大功, 則以己之大功論, 而不得謂父之大功, 其末之
月可以冠子嫁子, 而不可以取婦, 不可以冠取妻者也. 若父之叔父與姑, 於己
爲從祖祖父·父之姑, 假令爲長殤中殤, 父當爲之大功, 己爲從祖祖父小功,
父之姑緦, 則於從祖祖父及父之姑之殤當更有降殺, 然其行輩與祖同, 當己子
將冠嫁之時, 年皆已長, 無復有死而爲殤者矣. 是以喪服有叔父及姑之長殤·
中殤·下殤, 而無從祖祖父及父之姑之殤也. 然則長殤中殤無父爲叔父及姑之
大功, 亦無父大功之末, 己可冠子·嫁子·取婦之禮, 此可以推求而得者也.

번역　왕인지가 말하길, 내가 살펴보니, 졸곡(卒哭)은 3개월째에 하게 되
므로, '소공지말(小功之末)'이라는 말은 5개월째에 해당한다. 본인이 소공
복(小功服)을 착용했을 때, 자신의 자식 관점에서 보면, 부친이 소공복의
상을 치르고 있고 본인은 시마복(緦麻服)을 착용한 것이 된다. 본인이 소공
복의 상에서 졸곡을 마친 뒤에 관례(冠禮)를 치르고 아내를 들일 수 있다는
것은 본인이 소공복의 상을 치르며 3개월째가 되면 길사를 시행할 수 있으
며, 5개월째가 될 때까지 기다리지 않는다는 뜻이다. 그런데 자식은 부친이
소공복을 입고 치르는 상에 대해서, 본인은 시마복을 착용하니, 비록 막바
지 달에 이르더라도 또한 자식을 위해 관례를 치를 수 있고 자식을 위해
며느리를 들일 수만 있고, 본인이 관례를 치르거나 아내를 들일 수는 없으
니, 이것은 본인이 소공복을 입고 치르는 것에 비해 박하게 처신하는 것이
고, 본인이 시마복을 입고 치르는 것에 비해 후하게 처신하는 것인데, 그

경중을 전도시키겠는가? 만약 "부친에게 통솔된다."라고 한다면, 부친은 소공복의 상에서 졸곡을 치른 뒤 본인은 관례를 치르고 아내를 들일 수 있고, 자식은 반드시 부친이 소공복의 상에서 말미가 될 때까지 기다리더라도, 여전히 관례를 치르거나 아내를 들일 수 없으니, 이것은 부친의 입장에서 소공복의 상을 비교해보면 수위가 낮은 것이지만, 본인의 입장에서 부친이 소공복을 입고 치르는 상에 견주면 도리어 수위가 높은 것이 되는데, 어떻게 "부친에게 통솔된다."라고 할 수 있겠는가? 이치로 따져보면 아마도 통용되지 못할 것 같다. 내가 살펴보니, '부소공지말(父小功之末)'에서 '소(小)'자는 마땅히 대(大)자가 되어야 하니, 아래 두 구문에서 '소공(小功)'이라고 기록한 것 때문에 잘못 기입된 것이다. 부친이 대공복의 상에서 말미가 되면, 자식에게 관례를 치러주고 자식을 시집보내며 며느리를 들일 수 있다고 했는데, 이것은 본인의 입장에서 부친이 대공복을 입고 치르는 상에서 복상기간이 9개월째에 접어들게 되면, 자신의 자식에게 관례를 치러주고 자신의 자식을 시집보내며 자신의 자식을 위해 며느리를 들일 수 있다. 본인이 대공복의 상에서 말미가 되면, 단지 자식에게 관례를 치러주고 자식을 시집보낼 수 있다. 부친이 대공복의 상에서 말미가 되면, 자식에게 관례를 치러주고 자식을 시집보낼 수 있을 뿐만 아니라, 또한 자식을 위해 며느리를 들일 수 있으니, 부친의 대공복 상은 자신이 치르는 대공복의 상보다 수위가 낮기 때문이다. '기수소공(己雖小功)'이라고 했는데, '수(雖)'자는 마땅히 '유(唯)'자의 뜻으로 해석해야 하니, 본인은 오직 소공복의 상에서 졸곡을 치른 뒤에라야 관례를 치르고 아내를 들일 수 있다는 뜻으로, 자신의 상복을 기준으로 논의해본다면, 오직 소공복의 상에서 졸곡을 치른 뒤에라야 길사를 시행할 수 있다는 뜻이다. '기(己)'라고 말한 것은 앞 문장에서 '부(父)'라고 말한 것과 구별하기 위해서이다. '오직 소공복[唯小功]'이라고 말한 것은 앞 문장에서 '대공복[大功]'이라고 말한 것과 구별하기 위해서이다. "부친이 소공복의 상을 치른다."라고 말하지 않았는데, 부친의 소공복 상은 자신의 소공복 상보다 수위가 낮고, 본인의 소공복 상에서 졸곡을 치른 뒤 관례를 치르고 아내를 들일 수 있다면, 부친의 소공복 상에서 졸곡을 치른 뒤에는 관례를 치르고 아내를 들일 수 있다는 말은 할 필요가 없기 때문이다. 또 살펴보면, 본인이 대공복의 상을 치른다면, 부친은 그 대상을 위해서 소공복의 상을 치르니, 마땅히 본인이 치르는 대공복의 상을 기준으로 논의해야 하는 것으로, 수위가 높은 것을 따른 것은 정감이 더 두터운 경우를 나타낸다. 그러므로 9개월째가 되면 비로소 자식에게 관례를 치러주고 자식을 시집보낼 수 있다. 만약 부친의 대공복 상이라면, 본인은 그 대상에 대해서 소공복 상을 치르니, 부친이 치르는 대공복의 상으로 논의해보면, 또한 수위가 높은 것을 따라서 정감이 두터운 경우를 나타내게 된다. 그러므로 9개월째가 되면 비로소 자식에게 관례를 치러주고 자식을 시집보내며 며느리를 들일 수 있다. 다만 부친에게 대공복의 상이 없고 단지 자신에게만 소공복의 상이 있다면, 소공복의 예법에 따라 시행하여, 졸곡을 치른 이후가 되면 관례를 치르고 아내를 들일 수 있다. 이것을 통해 경문의 뜻을 추론할 수 있다. 또 말하길, 유울의 주장은 비교적 정답에 가깝다. 다만 졸곡을 치른 이후를 '대공지말(大功之末)'로 여겨서는 안 될 따름이다. 경문에서는 "대공복의 상에서 말(末)이 되면, 자식에게 관례를 치러줄 수 있고 자식을 시집보낼 수 있다."라고 했고, "장상(長殤)·중상(中殤)에 대한 대공복 상이라면 불가하다."라고는 말하지 않았으니, 장상과 중상에 대해 상을 치르는 말미에서는 일반적인 대공복의 상례 규정과 동일하게 따른다. 다만 자식에게 관례를 치러주고 자식을 시집보내는 일은 가능하지만, 자식을 위해 며느리를 들이는 일은 불가하며, 본인이 관례를 치르고 본인이 아내를 들이는 일은 더더욱 불가하다. 이러한 사실을 알 수 있는 이유는 경문에서 "대공복의 상에서 말(末)이 되면, 자식에게 관례를 치러줄 수 있고 자식을 시집보낼 수 있다."라고 했고, "며느리를 들일 수 있다."라거나 "관례를 치르고 아내를 들일 수 있다."라고는 말하지 않았기 때문이다. 본인이 관례를 치르고 아내를 들이는 일과 자식을 위해 며느리를 들이는 일은 반드시 제상(除喪)을 할 때까지 기다린 뒤에야 시행할 수 있다. 하상인 자에 대한 소공복의 상이라면 불가하다고 했는데, 이것은 하상한 자에 대해 소공복의 상을 치를 때, 졸곡을 끝내더라도 관례를 치르거나 아내를 들일 수 없다는 뜻이다. 불가하다고 한 말은 오직 본인이 관례를 치르거나 아내를 들이는 일에만 해당하니, 자식에게 관례를 치러주거나 자

식을 시집보내고 며느리를 들이는 일은 일찍이 불가한 적이 없었다. 하상
에 대한 소공복의 상에서 졸곡을 끝냈을 때, 자식에게 관례를 치러주고 자
식을 시집보내며 며느리를 들일 수 있는데, 장상이나 중상에 대한 상에서
어떻게 자식에게 관례를 치르거나 자식을 시집보내지 못할 수 있겠는가?
하씨는 졸곡을 끝낸 이후가 '말(末)'이 아니라는 사실을 알지 못하고, 또
자식에게 관례를 치러주고 자식을 시집보내는 일이 자신이 관례를 치르고
아내를 들이는 일보다 수위가 가벼운 일임을 알지 못하고, 곧 하상에 대한
소공복의 상에서 졸곡을 치른 뒤에 관례를 치르거나 아내를 들일 수 없다
는 것을 통해 장상과 중상에 대한 대공복의 상에서 말(末)에 이르러 자식에
게 관례를 치러주거나 자식을 시집보낼 수 없다고 단정을 했으니, 너무 잘
못된 말이다. 그렇다면 장상과 중상을 당한 자에 대해서, 부친은 대공복의
상을 치르고 있는데, 자신은 그렇지 않은 경우가 있는가? 그러한 경우는
없다. 부친은 자식 및 딸자식 중 장상과 중상을 당한 자, 또 자매 중 장상과
중상을 당한 자, 또 곤제 중 장상과 중상을 당한 자를 위해 대공복을 착용하
니, 본인에게 있어서는 곤제와 자매 중 장상과 중상을 당한 자, 고모 중
장상과 중상을 당한 자, 숙부 중 장상과 중상을 당한 자를 위해 또한 대공복
을 착용한다. 본인과 부친이 모두 대공복을 착용한다면, 본인이 착용하는
대공복의 상을 기준으로 논의하여, 부친의 대공복 상이라고 말할 수 없고,
그 막바지 달에 이르러서는 자식에게 관례를 치러주고 자식을 시집보낼
수 있지만, 며느리를 들일 수 없으니, 자신도 관례를 치르거나 아내를 들일
수 없기 때문이다. 만약 부친의 숙부나 고모의 경우라면, 본인에게는 종조
조부 및 부친의 고모가 되는데, 가령 그들이 장상이나 중상을 당하게 된다
면, 부친은 마땅히 그들을 위해 대공복을 착용해야 하며, 본인은 종조조부
를 위해 소공복을 착용하고, 부친의 고모에 대해서는 시마복을 착용하니,
종조조부와 부친의 고모 중 요절한 자에 대해서는 마땅히 수위를 낮추는
것이 있어야 하지만, 그 항렬의 무리에 대해서는 조부와 동일하게 따르며,
그 시기가 자신의 자식에 대해서 관례를 치르거나 시집을 보내려고 하는
때에 해당하면, 그 나이는 이미 장성한 시기가 되므로, 재차 그들이 죽어서
요절로 규정하는 일이 없게 된다. 이러한 까닭으로 『의례』「상복(喪服)」편

에는 숙부 및 고모 중 장상·중상·하상을 한 자들에 대해 착용하는 상복 규정은 있지만, 종조조부 및 부친의 고모 중 요절한 경우가 없는 이유이다. 그렇다면 장상과 중상을 당한 자에 있어서, 부친이 숙부 및 고모를 위해 대공복을 착용하는 일이 없고, 또 부친이 대공복의 마지막 달이 되는 경우가 없으니, 자신은 자식에게 관례를 치러주고 자식을 시집보내며 며느리들이는 예를 시행할 수 있다. 이것들은 모두 추론을 통해 이러한 사실을 확인할 수 있다.

訓纂 江氏永曰: 先王制禮, 吉凶不相干. 然禮有經權, 假令五服及外親, 男女有數百, 則不虞之事, 時或有之, 必父子皆無功緦之戚, 而後可行吉禮, 則男女失時, 嗣續不殖, 人道苦矣. 故禮爲權制斷, 自大功以下, 凡服之重輕, 大約子降父一等. 大功之末, 子之小功已除, 則可冠子嫁子, 小功之末, 子之緦麻已除, 則并可取婦, 皆禮之權也. 若下殤小功, 本從期降者, 則不許, 猶是禮之經也.

번역 강영이 말하길, 선왕이 예법을 제정했을 때, 길례와 흉례는 서로 간여하지 않게끔 했다. 그런데 예법을 시행할 때에는 정도가 있고 권도가 있으니, 가령 오복(五服)에 해당하는 친족 및 외친에 있어서 남녀가 수백 명에 이르므로, 미처 헤아리지 못하는 일이 간혹 발생하니, 반드시 부친과 자식에게 모두 소공복(小功服)이나 시마복(緦麻服)에 해당하는 친족의 상이 없을 때에만 길례를 시행할 수 있다고 한다면, 남녀는 혼기를 놓치게 되어, 자손을 잇는 것이 불어나지 못해 인도가 고갈될 것이다. 그렇기 때문에 예법을 시행할 때에는 권도에 따라 판정을 하기도 하니, 대공복으로부터 그 이하의 상에 있어서 무릇 상복에는 경중의 차이가 있지만, 대체적으로 자식은 부친보다 한 등급을 낮추게 된다. 대공복의 상에서 말미가 되면 자식은 소공복을 제거한 상태가 되므로, 자식에게 관례를 치러주거나 자식을 시집보낼 수 있고, 소공복의 말미가 되면, 자식은 시마복을 제거한 상태가 되므로, 아울러 며느리까지도 들일 수 있으니, 이 모두는 권도에 따른 예법의 시행에 해당한다. 만약 하상한 자에 대해 소공복을 착용한 경우라면, 본래는 기년복에 따라 강복(降服)을 한 경우여서, 이러한 일들이 허용되지 않으니, 이것은 정도에 따른 예법의 시행에 해당한다.

集解 愚謂: 大功九月, 小功五月, 皆以卒哭後爲末. 蓋喪以卒哭·練·祥爲變除之大節, 期·功之喪, 自卒哭以至除喪, 其間別無變除, 故止爲一節, 而皆謂之末也. 昏禮攝盛, 視冠爲重, 而嫁子則禮成於壻家, 取婦則禮成於己家, 故大功之末, 可以冠子·嫁子, 而未可取婦也. 下殤小功之末, 非但不可取妻, 且不可冠, 以其本齊衰之親也, 則齊衰之末, 不可冠·取明矣. 然上言"以喪冠者, 雖三年之喪可也", 則齊衰以下得因喪冠明矣. 此又言大功·小功之喪, 至喪末乃用吉禮冠者, 蓋因喪冠爲不欲以未成人之服服其親也. 然喪有輕重, 而應冠之人亦有當室不當室之異, 故或因喪服而冠, 或待喪末用吉禮而冠也. 說詳曾子問.

번역 내가 생각하기에, 대공복(大功服)의 상은 9개월 동안 치르고, 소공복(小功服)의 상은 5개월 동안 치르니, 둘 모두는 졸곡(卒哭) 이후를 '말(末)'로 여긴다. 무릇 상에서는 졸곡·소상(小祥)·대상(大祥)을 상복을 바꾸거나 제거하는 중대한 절차로 여기며, 기년복(期年服)과 대공복(大功服)의 상에서는 졸곡으로부터 제상(除喪)을 할 때까지 그 중간에 별도로 상복을 바꾸거나 제거하는 절차가 없다. 그렇기 때문에 단지 하나의 절차로 여겨서, 이 모두에 대해 '말(末)'이라고 말한 것이다. 혼례에서는 섭성(攝盛)5)을 하니, 관례(冠禮)에 비해서 중대한데, 자식을 시집보내는 경우에는 그 예법이 사위의 집안에서 완성되고, 며느리를 들이는 경우에는 그 예법이 자신의 집에서 완성된다. 그렇기 때문에 대공복 상의 말미에는 자식에게 관례를 치러주고 자식을 시집보낼 수 있지만, 아직까지는 며느리를 들일 수 없다. 하상(下殤)한 자에 대해 소공복의 상에서 말미가 되면, 아내를 들일 수 없을 뿐만 아니라, 또한 관례도 치를 수 없으니, 그는 본래 자최복(齊

---

5) 섭성(攝盛)은 고대에 혼례를 시행할 때, 사용되는 수레와 의복에 있어서 일반적인 규정보다 한 등급을 높여서 치르는 것을 뜻한다.

衰服)을 착용해야 하는 친족이기 때문으로, 자최복의 상에서는 말미가 되더라도 관례를 치르거나 아내를 들일 수 없음이 분명하다. 그런데 앞에서는 "상례에 따라 관(冠)을 씌워주는 것은 비록 삼년상이라도 가능하다."라고 했으니, 자최복으로부터 그 이하의 경우에도 상으로 인해 관을 씌워줄 수 있음이 분명하다. 이곳에서는 또한 대공복과 소공복의 상을 언급하여, 상의 막바지가 되면 길례에 따라 관례를 치를 수 있다고 했는데, 아마도 상례에 따라 관을 씌워주는 것은 아직 성인(成人)이 되지 못했을 때 착용하는 복장으로 친족에 대한 상에 복상하고자 하지 않았기 때문이다. 그런데 상에는 수위의 차이가 있고, 관례를 치러야 하는 사람에게 있어서도 부친의 적장자냐 또는 적장자가 아니냐는 차이가 있다. 그렇기 때문에 어떤 경우에는 상복을 착용하는 것에 따라서 관을 씌워주는 것이고, 또 어떤 경우에는 상의 막바지까지 기다렸다가 길례에 따라 관례를 치르는 것이다. 자세한 설명은 『예기』「증자문(曾子問)」편에 나온다.

• 제40절 •

변질(弁絰)의 복장 규정

凡弁絰其衰侈袂.

직역 凡히 弁絰에는 그 衰에 袂를 侈한다.

의역 무릇 변질(弁絰)을 착용할 때에는 그 복장에 있어서 소매의 크기를 크게 만든다.

集說 弁絰之服, 弔服也. 首著素弁而加以一股環絰, 其服有三等, 錫衰·緦衰·疑衰也. 侈, 大也. 袂之小者, 二尺二寸, 此三尺三寸.

번역 변질(弁絰)의 복장은 조문할 때의 복장이다. 머리에 흰색의 변(弁)을 쓰고 그곳에 한 가닥으로 둥글게 꼰 질(絰)을 두르는데, 그 복장에는 세 등급이 있으니, 석최(錫衰)[1]·시최(緦衰)[2]·의최(疑衰)[3]이다. '치(侈)' 자는 "크게 한다[大]."는 뜻이다. 소매 중 작은 것은 둘레가 2척(尺) 2촌(寸)인데, 이 복장의 소매는 3척 3촌으로 만든다.

鄭注 侈, 猶大也. 弁絰, 服者弔服也, 其衰錫也, 緦也, 疑也. 袂之小者二尺

---

1) 석최(錫衰)는 가는 베로 만든 옷으로, 일종의 상복(喪服)에 해당한다. 천자의 경우, 삼공(三公)이나 육경(六卿)의 상(喪)에 착용했던 복장이다.
2) 시최(緦衰)는 석최(錫衰)와 비슷한 재질로 만든 옷으로, 일종의 상복(喪服)에 해당한다. 천자의 경우, 제후의 상(喪)에 착용했던 복장이다.
3) 의최(疑衰)는 길복(吉服)에 가까운 복장으로, 일종의 상복(喪服)에 해당한다. 천자의 경우, 대부(大夫)나 사(士)의 상(喪)에 착용했던 복장이다.

二寸, 大者半而益之, 則侈袂三尺三寸.

번역 '치(侈)'자는 "크게 한다[大]."는 뜻이다. '변질(弁経)'은 복장 중 조문할 때의 복장에 해당하니, 그 복장에는 석최(錫衰)·시최(緦衰)·의최(疑衰)가 있다. 소매 중 크기 작은 것은 그 둘레가 2척(尺) 2촌(寸)의 크기인데, 큰 것은 절반을 더 늘리니, 소매를 3척 3촌으로 크게 만든다.

釋文 侈, 昌氏反. 袂, 彌世反.

번역 '侈'자는 '昌(창)'자와 '氏(씨)'자의 반절음이다. '袂'자는 '彌(미)'자와 '世(세)'자의 반절음이다.

孔疏 ●"凡弁経, 其衰侈袂". ○正義曰: 弁経者, 謂弔服也. 其首著弁経, 身著錫衰·緦衰·疑衰. 侈, 大也. 其此等三衰, 大作其袂. 凡常之袂二尺二寸, 此等三衰, 其袂半而益一, 袂大三尺三寸也. 若士, 則其衰不侈也. 故周禮·司服有"玄端素端", 注云"變素服言素端者, 明異制", "大夫以上侈之", 明士不侈, 故稱端.

번역 ●經文: "凡弁経, 其衰侈袂". ○'변질(弁経)'이라는 것은 조문할 때의 복장을 뜻한다. 머리에 변질을 착용하고 몸에는 석최(錫衰)·시최(緦衰)·의최(疑衰) 등을 착용한다. '치(侈)'자는 "크게 한다[大]."는 뜻이다. 이러한 세 가지 등급의 복장에 대해서는 소매를 크게 만든다. 무릇 일반적인 복장에 있어서 소매는 2척(尺) 2촌(寸)의 크기로 만드는데, 이러한 세 가지 복장에 대해서는 소매의 길이 중 절반을 더 늘려서, 소매의 크기가 3척 3촌이 된다. 사의 경우라면, 그 복장에 있어서 소매를 크게 만들지 않는다. 그렇기 때문에 『주례』「사복(司服)」편에서는 "현단(玄端)과 소단(素端)이다."[4]라고 말한 것이고, 정현의 주에서는 "소복(素服)을 바꿔서 '현단(玄端)'이라

---

4) 『주례』「춘관(春官)·사복(司服)」: 士之服, 自皮弁而下如大夫之服, 其凶服亦如之. 其齊服有<u>玄端素端</u>.

고 부른 것은 만드는 제도가 다르다는 사실을 나타낸다."라고 했고, 또 "대부로부터 그 이상의 계층은 소매를 크게 만든다."라고 했으니, 이것은 사가 사용하는 복장에서는 소매를 크게 만들지 않는다는 사실을 나타낸다. 그렇기 때문에 그 복장에 대해서 '단(端)'자를 붙여서 부르는 것이다.

集解 弁経, 大夫以上之弔服也. 侈, 大也. 士之弔衰, 袂二尺二寸, 圜殺之至袪而爲一尺二寸, 與玄端服同. 大夫以上之弔衰, 其袂不圜殺, 故曰"侈袂".

번역 '변질(弁経)'은 대부로부터 그 이상의 계급이 사용하는 조문 복장이다. '치(侈)'자는 "크게 한다[大]."는 뜻이다. 사의 조복(弔服)은 소매를 2척(尺) 2촌(寸)으로 만들며, 전체적으로 크기를 줄여서 소매의 끝단에 이르게 되면 그 둘레는 1척 2촌이 되니, 현단복(玄端服)과 동일하게 된다. 대부로부터 그 이상의 계급이 사용하는 조복은 그 소매에 대해서 전체적으로 줄이지 않는다. 그렇기 때문에 "소매를 크게 한다."라고 말한 것이다.

集解 愚謂: 註疏之說非也. 少牢禮"主人朝服", "主婦褖衣侈袂". <鏘鳴按, 儀禮作"錫衣", 此從敖氏繼公說, 讀錫爲褖.> 主人之朝服, 與褖衣相當, 褖衣侈袂, 則朝服可知; 朝服侈袂, 則弁 · 冕之服亦侈袂可知. 左傳"晏子端委立於虎門", 則朝服亦名端. 魏文侯端冕而聽古樂, 大戴禮武王端冕而受丹書, 大戴禮哀公問"端衣 · 玄裳, 冕而乘軺", 韓非曰"築社者, 攓撅而置之, 端冕而祀之", 是冕服亦名端. 朝服與冕服皆侈袂, 而其制皆端, 則謂"侈袂爲益其袂爲三尺三寸"者, 必不然矣. 喪衰名爲端衰. 喪服記言喪衰之制曰, "衣帶下尺, 衽二尺有五寸, 袂屬幅. 衣二尺有二寸, 袪尺二寸", 此士之喪衰也. 士以玄端爲祭服, 其喪衰與玄端同制, 是玄端服衣與袂皆二尺二寸, 而其袂則圜殺之爲一尺二寸. 蓋玄端服自天子以下皆用以燕居, 故殺其袂者, 所以便事也. 自朝服以上, 皆用於朝祭, 故其袂二尺二寸而不圜殺, 不殺則袂侈矣. 雖士之朝服 · 爵弁服亦然. 士之喪衰及弔衰皆用玄端服之制, 大夫則喪衰 · 弔服其首服皆以弁, 故其衣皆侈袂, 與士異也.

번역 내가 생각하기에, 정현의 주와 공영달의 소에서 설명한 말은 잘못되었다. 『의례』「소뢰궤식례(少牢饋食禮)」편에서는 "주인은 조복(朝服)을 착용한다."[5]라고 했고, "주부는 단의(襑衣)를 착용하며, 소매를 크게 한다."[6]라고 했다. <내[7]가 살펴보니 『의례』에서는 '석의(錫衣)'라고 기록했다. 이곳의 기록은 오계공[8]의 주장에 따라서 '석(錫)'자를 '단(襑)'자로 풀이한 것이다.> 주인이 착용하는 조복은 주부의 입장에서는 단의에 해당하는데, 단의는 소매를 크게 만드니, 조복 또한 소매를 크게 만든다는 사실을 알 수 있다. 조복의 소매를 크게 만든다면 변(弁)과 면(冕)을 쓸 때 입는 복장 또한 소매를 크게 했음을 알 수 있다. 『좌전』에서는 "안자가 단위(端委: =朝服)를 착용하고 호문(虎門) 밖에 서 있었다."[9]라고 했으니, 조복에 대해서도 또한 '단(端)'자를 붙여서 부른다. 위문후는 단면(端冕)[10]을 착용하고 고대의 음악을 들었다고 했고,[11] 『대대례기』에서는 무왕이 단면(端冕)을 착

---

5) 『의례』「소뢰궤식례(少牢饋食禮)」: <u>主人朝服, 西面于門東.</u>

6) 『의례』「소뢰궤식례(少牢饋食禮)」: <u>主婦被錫衣移袂, 薦自東房, 韭菹·醓醢,</u>
   <u>坐奠于筵前.</u>

7) 손장명(孫鏘鳴, A.D.1817∼A.D.1901): 청(淸)나라 때의 학자이다. 자(字)는 소보(紹甫)이고, 호(號)는 거전(蘧田)·지암(止庵)이다. 손희단(孫希旦)의 『예기집해(禮記集解)』를 편찬하였다.

8) 오계공(敖繼公, ?∼?): 원(元)나라 때의 학자이다. 자(字)는 군선(君善)·군수(君壽)이다. 이름이 계옹(繼翁)이었다고 하기도 한다. 저서로는 『의례집설(儀禮集說)』 등이 있다.

9) 『춘추좌씨전』「소공(昭公) 10년」: <u>晏平仲端委立于虎門之外, 四族召之, 無所往.</u>

10) 단면(端冕)은 검은색의 옷과 면류관을 뜻한다. 즉 현면(玄冕)을 의미한다. '단(端)'자는 검은색의 옷을 뜻하는데, 면복(冕服)에 대해서, '단'자로 지칭하는 것은 면복 자체가 정폭(正幅)으로 제작되기 때문에, '단'자를 붙여서 부르는 것이다. 『예기』「악기(樂記)」편에서는 "吾端冕而聽古樂, 則唯恐臥; 聽鄭衛之音, 則不知倦."이라는 기록이 있는데, 이에 대한 정현의 주에서는 "端, 玄衣也."라고 풀이했고, 공영달(孔穎達)의 소(疏)에서는 "云'端, 玄衣也'者, 謂玄冕也. 凡冕服, 皆其制正幅, 袂二尺二寸, 袪尺二寸, 故稱端也."라고 풀이했다.

11) 『예기』「악기(樂記)」【477d∼478a】: 魏文侯問於子夏曰, "吾端冕而聽古樂, 則唯恐臥; 聽鄭衛之音, 則不知倦. 敢問古樂之如彼何也? 新樂之如此何也?" 子夏對曰, "今夫古樂, 進旅退旅, 和正以廣, 弦匏笙簧, 會守拊鼓, 始奏以文, 復亂以武, 治亂以相, 訊疾以雅. 君子於是語, 於是道古, 修身及家, 平均天下, 此古樂

용하고서 단서(丹書)12)를 받았다고 했으며,13) 『대대례기』「애공문(哀公問)」
편에서는 "단의(端衣)와 현상(玄裳)을 착용하고 면류관을 쓰고서 수레에
탄다."14)라고 했고, 『한비자』에서는 "사(社)를 만들 때 옷을 걷어 올린 뒤
에 설치하고, 단면(端冕)을 착용하고서 제사를 지낸다."15)라고 했으니, 이
것은 면복(冕服)에 대해서도 또한 '단(端)'자를 붙여서 부를 수 있다는 뜻이
다. 조복과 면복은 모두 소매를 크게 만들지만 그 제작 방법은 모두 단(端)
이 되므로, "소매를 크게 한다는 것이 일반적 소매의 크기 중 절반을 늘려
서 3척(尺) 3촌(寸)으로 만든다."라고 했지만, 반드시 그렇지 않았을 것이
다. 상최(喪衰)에 대해서는 '단최(端衰)'라고 부른다. 『의례』「상복(喪服)」편
의 기문(記文)에서는 상최의 제도에 대해서, "의복의 허리부분은 그 폭을
1척으로 하며, 옷섶은 2척 5촌으로 하고, 소매는 폭을 맞춰서 2척 2촌으로
만든다. 소매의 중간은 2척 2촌이며, 소매의 끝단은 1척 2촌이다."16)라고
했는데, 이것은 사가 착용하는 상최이다. 사는 현단(玄端)을 제사복장으로
사용하는데, 상최와 현단은 제작방법이 동일하니, 현단복의 소매 중간과
소매부분은 모두 2척 2촌으로 만들고, 소매에 있어서는 전체적으로 크기를
줄여서 끝단은 1척 2촌으로 만든다. 무릇 현단복은 천자로부터 그 이하의
계층이 모두 한가롭게 거처할 때 착용한다. 그렇기 때문에 소매를 전체적으
로 줄여서 만드니, 일을 처리할 때 편리하게 하기 위해서이다. 조복으로부
터 그 이상의 복장은 모두 조회나 제사 때 사용한다. 그렇기 때문에 소매

之發也."

12) 『단서(丹書)』는 전설 속에 나오는 서적으로, 문왕(文王) 때 붉은 색의 봉황이
    입에 물고 날아와서 건네준 상서로운 서적을 뜻한다.
13) 『대대례기(大戴禮記)』「무왕천조(武王踐阼)」: 師尙父曰: "在丹書, 王欲聞之,
    則齊矣!" 王齊三日, 端冕, 師尙父奉書而入, 負屛而立, 王下堂, 南面而立.
14) 『대대례기(大戴禮記)』「애공문(哀公問)」: 今夫端衣・玄裳・冕而乘路者, 志不
    在於食葷.
15) 『한비자(韓非子)』「내저설상(內儲說上)」: 諺曰, 築社者, 攘撅而置之, 端冕而
    祀之. 今子與我取之, 而不與我治之; 與我置之, 而不與我祀之; 焉可?
16) 『의례』「상복(喪服)」: 凡衰外削幅, 裳內削幅. 幅三袧. 若齊, 裳內衰外. 負廣出
    於適寸. 適博四寸, 出於衰. 衰長六寸, 博四寸. 衣帶下尺. 衽二尺有五寸. 袂屬
    幅. 衣二尺有二寸. 袪尺二寸.

는 2척 2촌으로 만들며, 전체적으로 크기를 줄이지 않으니, 크기를 줄이지
않는다면, 소매를 크게 만든 것이 된다. 비록 사의 조복과 작변복(爵弁服)
이라 하더라도 또한 이와 같다. 사의 상최 및 조최(弔衰)는 모두 현단복의
제도에 따라 만드는데, 대부의 경우 상최와 조복(弔服)에 있어서 머리에는
모두 변(弁)을 쓰게 된다. 그렇기 때문에 그때 착용하는 복장들은 모두 소
매를 크게 만들어서, 사와 차이를 둔다.

그림 40-1 ▣ 단의(褖衣)

※ **출처:** 『삼례도집주(三禮圖集注)』2권

그림 40-2 　◨ 사의 작변복(爵弁服)

弁爵

※ 출처:『삼례도집주(三禮圖集注)』1권

• 제41절 •

상중 음악에 대한 규정

【516c】

父有服, 宮中子不與於樂. 母有服, 聲聞焉, 不擧樂. 妻有服, 不擧樂於其側. 大功將至, 辟琴瑟. 小功至, 不絶樂.

직역 父가 服이 有하면, 宮中子는 樂에 不與한다. 母가 服이 有하면, 聲이 聞에서는 樂을 不擧한다. 妻가 服이 有하면, 그 側에서 樂을 不擧한다. 大功이 將히 至하면, 琴瑟을 辟한다. 小功이 至하면, 樂을 不絶한다.

의역 부친이 상복을 착용하고 있다면, 부친과 같은 건물에 거주하는 자식은 밖에서라도 음악을 연주하는 일에 참여하지 않고 음악도 듣지 않는다. 모친이 상복을 착용하고 있다면, 소리가 들리는 곳에서는 음악을 연주하지 않는다. 처가 상복을 착용하고 있다면, 그녀의 주변에서는 음악을 연주하지 않는다. 대공복(大功服)을 착용하고 있는 자가 자신의 집으로 찾아오게 된다면, 금슬(琴瑟) 등의 악기를 보이지 않도록 치워둔다. 소공복(小功服)을 착용하고 있는 자가 찾아올 때에는 음악을 멈추지 않는다.

集說 宮中子, 與父同宮之子也. 命士以上乃異宮. 不與於樂, 謂在外見樂, 不觀不聽也. 若異宮則否. 此亦謂服之輕者, 如重服, 則子亦有服, 可與樂乎? 聲之所聞, 又加近矣. 其側則尤近者也. 輕重之節如此. 大功將至, 謂有大功喪服者將來也. 爲之屛退琴瑟, 亦助之哀戚之意. 小功者輕, 故不爲之止樂.

번역 '궁중자(宮中子)'는 부친과 같은 건물에 살고 있는 자식을 뜻한다. 명사(命士)로부터 그 이상의 계층은 부친과 자식이 다른 건물에 거주한다.

'불여어악(不與於樂)'은 밖에 있을 때 음악 연주하는 것을 보게 되면, 그것을 살펴보지 않고 듣지도 않는다는 뜻이다. 만약 다른 건물에 거주하는 경우라면 그처럼 하지 않는다. 이 내용은 또한 상복 중 수위가 낮은 것을 착용했을 때를 뜻하는데, 만약 수위가 높은 상복을 착용했다면, 자식 또한 상복을 착용하게 되는데, 어떻게 음악 연주하는 일에 참여할 수 있겠는가? 소리가 들리는 곳은 또한 보다 가까운 장소이다. 그녀의 곁이라면 더욱 가까운 곳이 된다. 경중에 따른 규범적 차이가 이와 같다. '대공장지(大功將至)'는 대공복(大功服)을 착용한 자가 찾아오게 된다는 뜻이다. 그를 위해서는 금슬(琴瑟) 등의 악기를 가리고 물리니, 이 또한 그의 애통하고 슬퍼하는 마음을 돕고자 하는 뜻이다. 소공복(小功服)은 수위가 낮기 때문에, 그를 위해 음악을 멈추지 않는다.

大全 長樂陳氏曰: 父有服, 宮中子不得與於聞樂, 況擧樂乎? 母有服, 不得以擧樂, 雖聲聞焉, 可也. 妻有服, 不擧樂於其側, 不於其側, 雖擧之, 可也. 母殺於父, 而妻又殺於母也. 樂不止於琴瑟, 琴瑟, 特常御者而已. 大功之親有服將至, 則雖辟, 琴瑟, 可也. 未至則不辟矣. 小功之親有服, 雖至, 不絶樂.

번역 장락진씨[1]가 말하길, 부친이 상복을 착용했을 때, 같은 건물에 살고 있는 자식은 음악을 듣는 일에 참여할 수 없는데, 하물며 음악을 연주할 수 있겠는가? 모친이 상복을 착용하고 있을 때에는 음악을 연주할 수 없지만, 그 소리를 듣는 것은 괜찮다. 처가 상복을 착용하고 있을 때, 그녀의 주변에서 음악을 연주할 수 없지만, 그녀의 주변이 아니라면 비록 연주하더라도 괜찮다. 모친에 대해서는 부친보다 낮추고, 처에 대해서는 또한 모친보다도 낮춘다. 음악을 연주하는 것은 금슬(琴瑟)에만 그치지 않지만, '금

---

1) 진상도(陳祥道, A.D.1159~A.D.1223) : =장락진씨(長樂陳氏)・진씨(陳氏)・진용지(陳用之). 북송대(北宋代)의 유학자이다. 자(字)는 용지(用之)이다. 장락(長樂) 지역 출신으로, 1067년에 과거에 급제하여 태상박사(太常博士) 등을 지냈다. 왕안석(王安石)의 제자로, 그의 학문을 전파하는데 공헌하였다. 저서에는 『예서(禮書)』, 『논어전해(論語全解)』 등이 있다.

슬(琴瑟)'이라고 말한 것은 항상 연주하게 되는 것을 특별히 제시한 것일 뿐이다. 대공복(大功服)의 관계에 있는 친족이 상복을 착용하고 찾아오게 된다면, 비록 다른 악기들은 치워두지만, 금슬은 괜찮다. 그가 찾아오지 않았을 때라면 치워두지 않는다. 소공복(小功服)의 관계에 있는 친족이 상복을 착용하고 있을 때, 그가 찾아오더라도 음악을 멈추지 않는다.

鄭注 宮中子, 與父同宮者也. 禮, 由命士以上, 父子異宮. 不與於樂, 謂出行見之, 不得觀也. 亦所以助哀也. 至, 來也.

번역 '궁중자(宮中子)'는 부친과 같은 건물에 살고 있는 자식이다. 예법에 있어서 명사(命士)로부터 그 이상의 계층은 부친과 자식이 다른 건물에 거주한다. '불여어악(不與於樂)'은 밖으로 나가 이동하며 음악 연주하는 것을 보게 되더라도 살펴볼 수 없다는 뜻이다. 금슬(琴瑟) 등을 치워두는 것은 또한 애통한 마음을 돕고자 하기 때문이다. '지(至)'자는 "찾아온다[來]." 는 뜻이다.

釋文 與音預, 注同. 聞音問, 又如字. 辟音避, 一音婢亦反.

번역 '與'자의 음은 '預(예)'이며, 정현의 주에 나오는 글자도 그 음이 이와 같다. '聞'자의 음은 '問(문)'이며, 또한 글자대로 읽기도 한다. '辟'자의 음은 '避(피)'이며, 다른 음은 '婢(비)'자와 '亦(역)'자의 반절음이다.

孔疏 ●"父有"至"絶樂". ○正義曰: 父有服在於宮中, 則子不與於樂者, 謂出行見之, 不得觀也. 此謂命士以下, 與父同宮者. 若異宮則得與樂. 崔云: "父有服, 齊衰以下之服也. 若重服, 則期後猶有子姓之冠, 自當不得與於樂."

번역 ●經文: "父有"~"絶樂". ○부친이 상복을 착용하고 같은 건물에 있다면, 자식은 음악을 연주하거나 듣는 일에 참여할 수 없으니, 자식이 집밖으로 나가 이동할 때 음악 연주하는 것을 보게 되더라도 살펴볼 수

없다는 의미이다. 이 내용은 명사(命士) 밑의 계층에 대한 내용이니, 부친
과 같은 건물에 거주하는 자들이다. 만약 다른 건물에 거주하는 경우라면,
음악을 연주하거나 듣는 일에 참여할 수 있다. 최영은은 "부친이 상복을
착용했다는 말은 자최복(齊衰服) 이하의 상복을 착용했다는 뜻이다. 만약
수위가 높은 상복을 착용했다면, 1년이 지난 뒤라도 호관(縞冠)에 현무(玄
武)를 단 것을 착용하고 있으니,2) 그 자신은 마땅히 음악을 연주하거나 듣
는 일에 참여할 수 없다."라고 했다.

集解 愚謂: 大功將至, 謂他人有大功之喪者也. 己於其將至而爲之辟琴瑟,
君子不奪人之喪, 忠恕之道也. 大功且然, 則重者可知. 小功至, 不絶樂者, 服
輕也.

번역 내가 생각하기에, '대공장지(大功將至)'라는 말은 다른 사람들 중
대공복(大功服)의 상을 치르고 있는 자가 있다는 뜻이다. 본인에게 있어서
그가 장차 찾아오게 되면, 그를 위해서 금슬(琴瑟)을 치워두니, 군자는 남
의 상을 빼앗지 않는 것으로,3) 충서(忠恕)의 도에 해당한다. 대공복을 입은
자에 대해서도 이처럼 한다면, 그보다 수위가 높은 상복을 입은 자에게도
동일하게 행동함을 알 수 있다. 소공복(小功服)을 착용한 자가 찾아올 때에
는 음악을 멈추지 않으니, 상복의 수위가 낮기 때문이다.

---

2) 『예기』「옥조(玉藻)」【379a】: 縞冠玄武, 子姓之冠也. 縞冠素紕, 旣祥之冠也.
3) 『예기』「잡기하」【509d】: 君子不奪人之喪, 亦不可奪喪也. / 『예기』「복문(服
問)」【664c】: 凡見人無免絰, 雖朝於君無免絰, 唯公門有稅齊衰. 傳曰, "君子
不奪人之喪, 亦不可奪喪也."

`그림 41-1` ◨ 금(琴)과 슬(瑟)

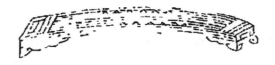

※ **출처:** 『삼례도집주(三禮圖集注)』 5권

부인의 상에서 상주가 없을 때

【516d~517a】

> 姑姊妹其夫死而夫黨無兄弟, 使夫之族人主喪. 妻之黨, 雖親
> 弗主. 夫若無族矣, 則前後家, 東西家. 無有, 則里尹主之.
> 或曰, "主之而附於夫之黨."

직역 姑·姊妹에 그 夫가 死하고 夫의 黨에도 兄弟가 無하면, 夫의 族人으로 使하여 喪을 主한다. 妻의 黨은 雖히 親이라도 弗主한다. 夫에 若히 族이 無하다면, 前後家하고, 東西家한다. 有가 無라면, 里尹가 主한다. 或은 曰, "主하되 夫의 黨에 附한다."

의역 출가를 한 고모와 자매가 죽었는데, 그녀의 상을 주관할 수 있는 남편도 없고 자식도 없으며, 남편의 집안에 남편의 형제도 없다면, 남편의 친족으로 하여금 그녀의 상을 주관하도록 한다. 처의 친족은 비록 친밀한 자이지만, 상을 주관할 수 없다. 남편에게 만약 친족도 없는 경우라면, 앞뒤 또는 좌우의 이웃이 상을 주관한다. 그마저도 없다면 마을의 수장이 상을 주관한다. 혹자는 "처의 친족이 그녀의 상을 주관하되 남편의 조고(祖姑)에게 부제(祔祭)를 지낸다."라고 했지만, 이것은 잘못된 주장이다.

集說 此明姑姊妹死, 而無夫無子者, 喪必有主. 婦人於本親降服, 以其成於外族也, 故本族不可主其喪. 里尹, 蓋閭胥里宰之屬也. 或以爲妻黨主之, 而祔祭於其祖姑, 此非也. 故記幷著之.

번역 이 내용은 고모나 자매가 죽었을 때, 그녀의 남편이 없고 자식이 없는 경우라도, 상에서는 반드시 상주가 있어야 함을 나타내고 있다. 부인은 본가의 친족에 대해서 강복(降服)을 하니, 남편의 친족 사람이 되었기 때문에, 본가의 친족 사람들은 그녀의 상을 주관할 수 없다. 이윤(里尹)은 여서(閭胥)나 이재(里宰)와 같이 그 지역을 담당하는 관리이다. 혹자는 처의 친족이 상을 주관하되 그녀의 조고(祖姑)에게 부제(祔祭)를 지낸다고 했는데, 이것은 잘못된 주장이다. 그렇기 때문에『예기』를 기록한 자는 이러한 기록까지도 함께 수록한 것이다.

大全 朱子曰: 古法旣廢, 鄰家里尹, 決不肯祭他人之親, 則從宜而祀之別室, 其亦可也.

번역 주자가 말하길, 고대의 예법은 이미 폐지가 되었고, 이웃이나 마을의 수장은 결코 다른 사람의 친족에 대해서 제사지내는 것을 수긍하지 않을 것이니, 합당함에 따라서[1] 별실에서 제사를 지내는 것이 또한 옳다.

鄭注 此謂姑·姊妹無子, 寡而死也. 夫黨無兄弟, 無緦之親也. 其主喪不使妻之親, 而使夫之族人. 婦人外成, 主必宜得夫之姓類. 喪無無主也. 里尹, 閭胥·里宰之屬. 王度記曰: "百戶爲里, 里一尹, 其祿如庶人在官者." 里, 或爲士. 諸侯弔於異國之臣, 則其君爲主. 里尹主之, 亦斯義也. 妻之黨自主之, 非也. 夫之黨, 其祖姑也.

번역 이 내용은 고모와 자매에게 자식이 없고, 과부인 상태에서 죽은 경우를 뜻한다. 남편의 친족 중 남편의 형제가 없다는 말은 시마복(緦麻服)의 관계에 있는 친족이 없다는 뜻이다. 상주는 처의 친족으로 삼지 않고, 남편의 족인들을 상주로 삼는다. 부인은 남편의 집안사람이 되었으니, 상주는 반드시 남편의 성(姓)과 같은 족인들이 맡아야 한다. 상에서는 상주가 없는 경우가 없다. '이윤(里尹)'은 여서(閭胥)나 이재(里宰)와 같은 관리이다.『왕도기』에서는 "100개의 집이 모여 1개의 리(里)가 되며, 리(里)에는

---

1)『예기』「곡례상(曲禮上)」【8d】: 禮從宜, 使從俗.

1명의 윤(尹)이 있고, 그의 녹봉은 서인들 중 말단 관직에 있는 자와 같다."
라고 했다. '리(里)'자를 다른 판본에서는 '사(士)'자로 기록하기도 한다. 제
후가 이웃 나라의 신하에 대해 조문을 하게 되면, 그 나라의 군주가 상주를
맡는다. 마을의 수장이 상을 주관한다는 것 또한 이러한 뜻에 따른 것이다.
처의 친족이 직접 그 상을 주관한다는 것은 잘못된 주장이다. 남편의 친족
은 조고(祖姑)를 뜻한다.

孔疏 ●"姑姊"至"之黨". ○正義曰: 此一節明姑·姊妹在夫家而死, 無後,
使外人爲主之事. 夫旣先死, 而夫之黨又無兄弟; 今旣身死, 使夫之族人主其
喪也.

번역 ●經文: "姑姊"~"之黨". ○이곳 문단은 고모와 자매가 남편의 집
에 있다가 죽었는데, 후손이 없어서 다른 사람을 시켜 상주로 삼는 사안을
나타내고 있다. 남편은 이미 그녀보다 앞서 죽었고, 남편의 친족 중에는
또한 형제가 없는데, 현재 그녀가 이미 죽은 상태이므로, 남편의 친족으로
하여금 그녀의 상을 주관하도록 한다.

孔疏 ●"妻之黨雖親, 弗主"者, 妻黨雖親, 不得與之爲主. 明婦人外成於
夫, 不合卻歸本族也.

번역 ●經文: "妻之黨雖親, 弗主". ○처의 친족이 비록 친근한 관계라
하더라도 그녀의 상에 대해 상주로 삼을 수 없다. 이것은 부인이 남편에게
시집을 와서 그 집안의 사람이 되었으니, 부인의 본가 친족에게 되돌려 보
낼 수 없음을 나타낸다.

孔疏 ●"或曰主之"者, 或人之說, 云妻黨主之, 而附祭之時, 在於夫之黨
主之, 其義非也.

번역 ●經文: "或曰主之". ○혹자의 주장으로, 처의 친족이 상을 주관하
지만, 부제(祔祭)를 치를 때에는 남편의 조고에게 합사하여 주관한다는 뜻

인데, 그 주장은 잘못되었다.

孔疏 ◎注“喪無”至“義也”. ○正義曰: 云“喪無無主也”者, 言死喪之禮, 無得無人爲之主, 必須有人爲主也. 云“里尹, 閭胥‧里宰之屬也”, 按周禮六鄕[2]之內, 二十五家爲閭, 閭置一胥, 中士也. 六遂之內, 二十五家爲里, 里置一宰, 下士也. 引王度記者, 更證里尹之事. 按別錄, 王度記云似齊宣王時淳于髡等所說也, 其記云“百戶爲里, 里一尹, 其祿如庶人在官者”, 則里尹之祿也. 按撰考云: “古者七十二家爲里.” 洛誥傳云: “古者八[3]家爲鄰, 三鄰爲朋, 三朋爲里.” 鄭云: “蓋虞夏時制也. 其百戶爲里, 未知何代, 或云殷制.” 云“諸侯弔於異國之臣, 則其君爲主. 里尹主之, 亦斯義也”者, 以己國臣在國而死, 他國君來弔, 則君爲主. 死者雖有至親, 不得爲主. 今此婦人死於此里, 正得里尹主之, 妻家之親不得爲主, 故云“亦斯義”也. 斯, 此也. 亦是此國君爲主之義.

번역 ◎鄭注: “喪無”~“義也”. ○정현이 “상에서는 상주가 없는 경우가 없다.”라고 했는데, 죽은 자에 대한 상례에 있어서, 사람이 없다고 해서 상주를 세우지 않는 경우가 없으니, 반드시 어떤 자를 두어서 그를 상주로 삼아야 한다는 뜻이다. 정현이 “‘이윤(里尹)’은 여서(閭胥)나 이재(里宰)와 같은 관리이다.”라고 했는데, 『주례』를 살펴보면, 육향(六鄕)[4] 이내에 있어서, 25개의 가(家)가 모여 1개의 여(閭)가 되고, 여(閭)에는 1명의 서(胥)를

2) ‘향(鄕)’자에 대하여. 『십삼경주소(十三經注疏)』 북경대 출판본에서는 “‘향’자는 본래 ‘경(卿)’자로 기록되어 있었는데, 손이양(孫詒讓)의 『교기(校記)』에 따라서 글자를 수정하였다.”라고 했다.

3) ‘팔(八)’자에 대하여. ‘팔’자는 본래 ‘백(百)’자로 기록되어 있었는데, 손이양(孫詒讓)의 『교기(校記)』에서는 “‘팔’자로 고친 것은 『민본(閩本)』에 따라서 바로잡았으니, 『예문류취(藝文類聚)』‧『초학기(初學記)』, 『어람(御覽)』에서 인용하고 있는 「대전(大傳)」편의 기록과도 부합된다.”라고 했다.

4) 육향(六鄕)은 주(周)나라 때 원교(遠郊)에 설치된 여섯 개의 향(鄕)을 뜻한다. 주나라의 제도에서는 국성(國城)과 가까이 있는 교외(郊外)를 근교(近郊)라고 불렀고, 근교 밖을 원교(遠郊)라고 불렀다. 그리고 원교 안에는 6개의 향(鄕)을 설치했고, 원교 밖에는 6개의 수(遂)를 설치했다.

두니, 그는 중사(中士)의 계급이다. 육수(六遂) 이내에 있어서, 25개의 가(家)는 1개의 리(里)가 되며, 리(里)에는 1명의 재(宰)를 두니, 그는 하사(下士)의 계급이다. 정현이 『왕도기』의 기록을 인용한 것은 이윤(里尹)에 대한 일을 재차 증명하기 위해서이다. 『별록』5)을 살펴보면, 『왕도기』에 대해서 아마도 제선왕 때 순우곤 등이 기록한 책일 것이라고 했다. 그 기록에서는 "100개의 집이 모여 1개의 리(里)가 되며, 리(里)에는 1명의 윤(尹)이 있고, 그의 녹봉은 서인들 중 말단 관직에 있는 자와 같다."라고 했는데, 이것은 이윤의 녹봉에 해당한다. 『찬고』를 살펴보면, "고대에는 72개의 가(家)를 1개의 리(里)로 삼았다."라고 했고, 『서』「낙고(洛誥)」편의 전(傳)에서는 "고대에는 8개의 가(家)가 1개의 린(鄰)이 되었고, 3개의 린(鄰)이 1개의 붕(朋)이 되었으며, 3개의 붕(朋)이 1개의 리(里)가 되었다."라고 했으며, 정현은 "아마도 우(虞)와 하(夏) 때의 제도일 것이다. 100개의 집이 모여 1개의 리(里)가 된다는 것은 어떤 시대의 제도인지 알지 못하겠는데, 어떤 자는 은나라 때의 제도라고 했다."라고 했다. 정현이 "제후가 이웃 나라의 신하에 대해 조문을 하게 되면, 그 나라의 군주가 상주를 맡는다. 마을의 수장이 상을 주관한다는 것 또한 이러한 뜻에 따른 것이다."라고 했는데, 자기 나라의 신하가 자기 나라 안에서 죽었을 때, 다른 나라의 군주가 찾아와서 조문을 하게 되면, 그 나라의 군주가 상주를 맡는다. 죽은 자에게 비록 지극히 친밀한 가족이 있더라도, 이러한 시기에는 상주를 맡을 수 없다. 현재 부인이 이러한 리(里) 안에서 죽었다면, 이윤으로 주관하도록 할 수 있고, 처의 집안 친족이 상주를 맡을 수 없다. 그렇기 때문에 "또한 이러한 뜻에 따른 것이다."라고 했다. '사(斯)'자는 '차(此)'자를 뜻하니, 또한 그 나라의 군주가 상주를 맡는 뜻에 해당한다는 의미이다.

集解 愚謂: 四民群萃州處, 而乃有死而無前後家·東西家者, 謂其所與居

---

5) 『별록(別錄)』은 후한(後漢) 때 유향(劉向)이 찬(撰)했다고 전해지는 책이다. 현재는 일실되어 존재하지 않으며, 『한서(漢書)』「예문지(藝文志)」편을 통해서 대략적인 내용만을 추측해볼 수 있다.

者皆妻之黨, 而無可以主其喪者也. 里尹於民爲親, 故無主則爲之主, 蓋哀其
顚連無告, 而爲之治其殯·葬·虞·祔之事. 古者吏之於民, 其所以用恩者如
此其至也. 或曰主之者, 記者又引或人之說, 以爲夫若無族, 而又無前後家·
東西家, 則妻之黨可以主之, 而還祔於夫之黨, 蓋不得已而通禮之窮也.

번역 내가 생각하기에, 모든 백성들은 군락을 이루어 살아서, 어떤 자가
죽게 되면 앞뒤 또는 좌우로 이웃이 없는 경우가 없다. 따라서 이 말은 함께
모여 살고 있는 자들이 모두 처의 친족이 되어, 그녀의 상을 주관할 수 있는
자가 없다는 뜻이다. 이윤(里尹)은 백성들과 관계가 가까운 관리이다. 그렇
기 때문에 상주가 없는 경우라면 그를 상주로 삼을 수 있으니, 무릇 어쩔
수 없는 상황에 대해 애통함을 느껴서, 그녀의 상에서 빈소를 차리고 장례
를 치르며 우제(虞祭)와 부제(祔祭)를 지내는 등의 일을 처리한다. 고대에
는 백성들에 대해 직접적으로 담당하는 관리들은 은정을 베풂이 이처럼
지극했다. '혹왈주지(或曰主之)' 등의 말은 『예기』를 기록한 자가 또한 어
떤 자의 주장을 인용한 것으로, 남편에게 만약 친족이 없고, 또 앞뒤좌우로
이웃이 없는 경우라면, 처의 친족이 그녀의 상을 주관할 수 있고, 다시 남편
의 친족에게 보내어 부제(祔祭)를 치른다고 여긴 것인데, 아마도 부득이한
경우에 궁여지책으로 예법을 변통한 것이다.

그림 42-1 ▣ 『주례』의 왕성(王城)·육향(六鄉)·육수(六遂)

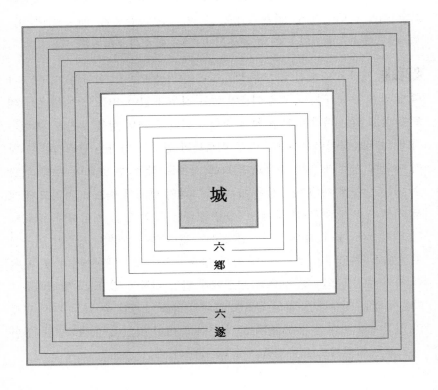

• 그림 42-2 ■ 『주례』의 향(鄕)-행정구역 및 담당자

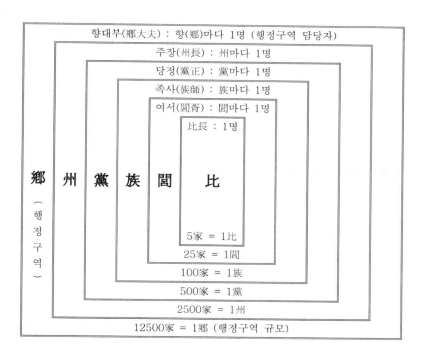

● 그림 42-3 ■ 『주례』의 수(遂)-행정구역 및 담당자

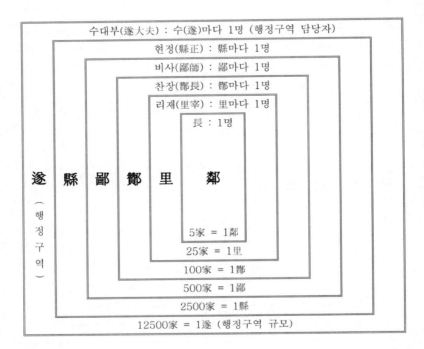

• 제43절 •

질(絰)에 대한 규정

【517a】

麻者不紳, 執玉不麻, 麻不加於采.

직역 麻者는 不紳하고, 玉을 執하면 不麻하며, 麻는 采에 不加한다.

의역 상복과 질(絰)을 차고 있는 자는 길복에 착용하는 대대(大帶)를 두르지 않고, 옥을 들고 있는 자는 질(絰)을 두를 수 없으며, 질(絰)은 채색된 옷에 차지 않는다.

集說 麻, 謂喪服之絰也. 紳, 大帶也. 吉凶異道, 居喪以絰代大帶也. 執玉不麻, 謂著衰絰者, 不得執玉行禮也. 采, 玄纁之衣也.

번역 '마(麻)'는 상복에 착용하는 질(絰)을 뜻한다. '신(紳)'은 대대(大帶)를 뜻한다. 길사와 흉사는 도를 달리하니, 상을 치르고 있을 때에는 질(絰)로써 대대를 대신한다. "옥을 잡으면 마(麻)를 하지 않는다."는 말은 상복과 질(絰)을 두르고 있는 자는 옥을 잡고서 의례를 시행할 수 없다는 뜻이다. '채(采)'는 현색과 분홍색의 옷을 뜻한다.

集說 疏曰: 按聘禮, "己國君薨, 至於主國, 衰而出", 註云, "可以凶服將事, 蓋受主君小禮, 得以凶服, 若聘享大事, 則必吉服也."

번역 공영달의 소에서 말하길, 『의례』「빙례(聘禮)」편을 살펴보면, "자기 나라의 군주가 죽었는데, 빙문으로 찾아간 나라에 도착하게 되면, 사신은 상복을 착용하고 나간다."[1]라고 했고, 정현의 주에서는 "흉복을 착용하고 일을 맡아볼 수 있으니, 무릇 빙문한 나라의 군주로부터 옥을 받는 것은 작은 예법에 해당하므로, 흉복을 착용할 수 있다. 만약 빙문과 예물을 바치는 중대한 사안이라면, 반드시 길복을 착용한다."라고 했다.

鄭注 吉凶不相干也. 麻, 謂絰也. 紳, 大帶也. 喪以要絰代大帶也. 麻不加於采衣, 采者不麻, 謂弁絰者必服弔服是也. 采, 玄纁之衣.

번역 길례와 흉례는 서로 간여할 수 없기 때문이다. '마(麻)'는 질(絰)을 뜻한다. '신(紳)'은 대대(大帶)를 뜻한다. 상을 당했을 때에는 허리에 차는 질(絰)로 대대를 대신한다. 질(絰)은 채색된 옷에 찰 수 없고, 채색된 옷을 착용한 자는 질(絰)을 두르지 않으니, 변질(弁絰)을 쓸 때에는 반드시 조복(弔服)을 착용한다는 뜻이다.

釋文 紳音申. 要絰, 一遙反; 下大結反. 衣, 於旣反, 又如字. 纁, 許云反.

번역 '紳'자의 음은 '申(신)'이다. '要絰'에서의 '要'자는 '一(일)'자와 '遙(요)'자의 반절음이며, '絰'자는 '大(대)'자와 '結(결)'자의 반절음이다. '衣'자는 '於(어)'자와 '旣(기)'자의 반절음이며, 또한 글자대로 읽기도 한다. '纁'자는 '許(허)'자와 '云(운)'자의 반절음이다.

孔疏 ●"麻者"至"於采". ○正義曰: "麻者不紳", 麻謂絰, 紳謂大帶, 言著要絰者而不得復著大帶也. 故在喪, 以絰代紳.

번역 ●經文: "麻者"~"於采". ○경문의 "麻者不紳"에 대하여. '마(麻)'는 질(絰)을 뜻하며, '신(紳)'은 대대(大帶)를 뜻한다. 즉 요질(要絰)을 차고 있는 자는 재차 대대를 찰 수 없다는 뜻이다. 그렇기 때문에 상을 치를 때에

---

1) 『의례』「빙례(聘禮)」: 聘君若薨于後, 入竟則遂. 赴者未至, 則哭于巷, 衰于館. 受禮, 不受饗食. 赴者至, 則衰而出. 唯稍受之.

는 질(絰)로 신(紳)을 대체한다.

孔疏 ●"執玉不麻"者, 謂平常手執玉行禮, 不得服衰麻也. 按聘禮己國君 薨, 至於主國, 衰而出, 注云"於是可以凶服將事". 似行聘·享之事, 執玉得 服衰絰者, 彼謂受主君小禮, 得以凶服. 若行聘享大事, 則吉服. 故鄭云"其聘 享之事, 自若吉也", 謂得著吉服.

번역 ●經文: "執玉不麻". ○평상시 옥을 들고서 의례를 진행할 때에는 상복과 질(絰)을 찰 수 없다는 뜻이다. 『의례』「빙례(聘禮)」편을 살펴보면, 자기 나라의 군주가 죽었는데, 빙문으로 찾아간 나라에 도착하게 되면, 사신은 상복을 착용하고 밖으로 나간다고 했고, 정현의 주에서는 "이러한 시기에는 흉복을 착용하고 일을 치를 수 있다."라고 했다. 또 빙문과 예물을 바치는 것과 유사한 일을 하면서, 옥을 들고 있는 자가 상복과 질(絰)을 두를 수 있는 것은 빙문한 나라의 군주로부터 옥을 받는 것은 작은 예법에 해당하므로, 흉복을 착용할 수 있는 것이다. 만약 정식으로 빙문을 하고 예물을 바치는 중대한 사안이라면, 반드시 길복을 착용한다. 그렇기 때문에 "빙문과 예물을 바치는 사안에서는 스스로 길한 때처럼 행동한다."라고 한 것이니, 길복을 착용할 수 있다는 뜻이다.

孔疏 ●"麻不加於采"者, 謂弁絰之麻, 不得加於玄衣纁裳之采也.

번역 ●經文: "麻不加於采". ○변(弁)에 두르는 마(麻)로 만든 질(絰)은 현색의 상의와 분홍색의 하의를 착용하는 것처럼 채색된 옷에는 두를 수 없다는 뜻이다.

集解 愚謂: 麻者不紳, 此麻謂首絰也. 謂首著麻絰, 則身著麻帶, 不得以大 帶配之也. 執玉不麻, 麻不加於采, 此"麻", 兼謂絰·帶也. 執玉不麻, 謂喪中 執玉則不得服首絰·麻帶也. 故聘禮"遭喪", "大夫練冠·長衣以受", 上篇致 舍, "宰朝服"·"取璧", 皆不服絰·帶也. 麻不加於采, 謂首服玄冠, 則不加麻経; 身服玄繻, 則不加麻帶也. 麻不加於采而弔者, 小斂加武·帶·経, 其時主人未成服, 弔者猶玄冠·緇衣也. 以是知弔経皆葛経也, 惟朋友則至成服而易以麻.

번역 내가 생각하기에, "마(麻)에는 신(紳)을 하지 않는다."라고 했는데, 여기에서 말하는 '마(麻)'는 머리에 쓰는 질(経)을 뜻한다. 즉 머리에 마(麻)로 만든 질(経)을 쓰고 있다면, 몸에는 마(麻)로 만든 대(帶)를 두르고 있으니, 대대(大帶)를 함께 두를 수 없다. "옥을 잡으면 마(麻)를 하지 않고, 마(麻)는 채색된 옷에 더하지 않는다."라고 했는데, 여기에서 말하는 '마(麻)'는 질(経)과 대(帶)를 함께 말한 것이다. "옥을 잡으면 마(麻)를 하지 않는다."라고 했는데, 상중에 옥을 들게 되면, 머리에 쓰는 질(経)과 허리에 차는 마대(麻帶)를 두를 수 없다는 뜻이다. 그렇기 때문에 『의례』「빙례(聘禮)」편에서는 "상을 당했다."라고 했고, "대부는 연관(練冠)[2]과 장의(長衣)[3]를 착용하고 받는다."라고 했으며, 『예기』「잡기상(雜記上)」편에서는 함(含)을 전달하며, "재(宰)는 조복(朝服)을 착용한다."라고 했으며, "벽(璧)을 든다."라고 했던 것인데,[4] 이 모든 기록에서는 질(経)과 대(帶)를 차지 않았다. "마(麻)는 채색된 옷에 더하지 않는다."라고 했는데, 머리에 현관(玄冠)[5]을 쓰고 있다면, 마(麻)로 만든 질(経)을 두를 수 없고, 몸에 현색과 분홍색의 옷을 착용하고 있다면, 마(麻)로 만든 대(帶)를 두를 수 없다는 뜻이다. 마

---

2) 연관(練冠)은 상(喪) 중에 착용하는 관(冠)이다. 부모의 상 중에서 1주기에 지내는 제사 때 착용을 하였다.

3) 장의(長衣)는 고대의 귀족들이 상중에 착용하는 순백색의 포로 된 옷이다. 『의례』「빙례(聘禮)」편에는 "遭喪將命於大夫, 主人長衣練冠以受."라는 기록이 있는데, 이에 대한 정현의 주에서는 "長衣, 純素布衣也."라고 풀이했다.

4) 『예기』「잡기상(雜記上)」【504a~b】: 含者執璧將命曰, "寡君使某含." 相者入告, 出曰, "孤某須矣." 含者入, 升堂致命, 子拜稽顙. 含者坐委於殯東南, 有葦席, 旣葬蒲席. 降, 出, 反位. 宰夫朝服卽喪屨, 升自西階, 西面坐取璧, 降自西階, 以東.

5) 현관(玄冠)은 흑색으로 된 관(冠)이다. 고대에는 조복(朝服)을 입을 때 착용을 하였다. 『의례』「사관례(士冠禮)」편에는 "主人玄冠朝服, 緇帶素韠."이라는 기록이 있다.

(麻)를 채색된 옷에 두르지 않고 조문하는 것은 소렴(小斂)에는 관(冠)의
테두리인 무(武)를 달고, 대(帶)와 질(絰)을 차는데, 그 시기에 상주는 아직
성복(成服)을 하지 않았으니, 조문을 하는 자도 여전히 현관(玄冠)과 치의
(緇衣)를 착용하기 때문이다. 이러한 까닭으로 조문을 할 때 두르는 질(絰)
은 모두 갈(葛)로 만든 질(絰)임을 알 수 있는데, 오직 벗의 경우에만 상주
가 성복을 하게 되면, 마(麻)로 만든 질(絰)로 바꾼다.

● 그림 43-1　■ 허리띠 : 대(帶)·혁대(革帶)·대대(大帶)

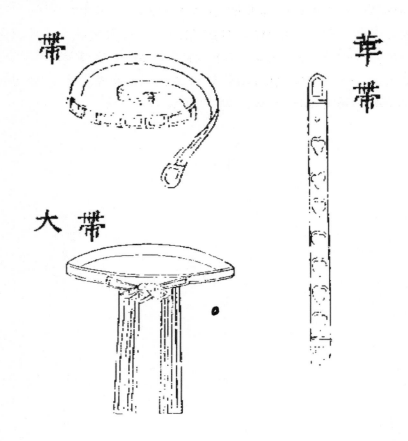

◎ 혁대(革帶): 가죽으로 만든 허리띠로, 대(帶)와 혁대는 옷과 연결하여 결속함
　대대(大帶): 주로 예복(禮服)에 착용하는 것으로, 혁대에 결속함

※ 출처:『삼재도회(三才圖會)』「의복(衣服)」2권

그림 43-2 ▣ 벽(璧)

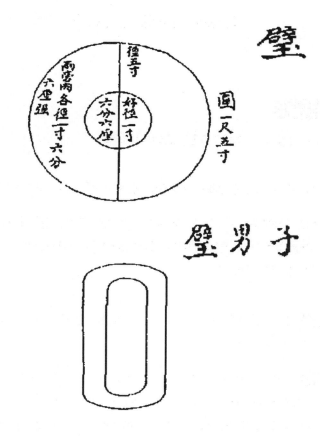

※ 출처: 『주례도설(周禮圖說)』 하권

• 제44절 •

국가의 제사와 개인의 곡(哭)

【517b】

國禁哭則止, 朝夕之奠, 卽位自因也.

직역 國에서 哭을 禁하면 止하되, 朝夕의 奠은 位에 卽하여 自히 因한다.

의역 나라에 큰 제사가 있어서 나라 안에 곡(哭)하는 것을 금지하면, 상을 당한 자는 곡을 멈추지만, 아침과 저녁에 올리는 전(奠)제사라면, 자신의 자리로 나아가서 해당 의례를 시행한다.

集說 國有大祭祀, 則喪者不敢哭. 然朝奠夕奠之時, 自卽其阼階下之位, 而因仍禮節之故事以行也.

번역 나라에 큰 제사가 있으면 상을 치르는 자는 감히 곡(哭)을 할 수 없다. 그러나 아침에 올리는 전제사와 저녁에 올리는 전제사 때에는 스스로 동쪽 계단 밑의 자리로 나아가서, 예절에 따른 옛 일대로 그 의례를 시행한다.

鄭注 禁哭, 謂大祭祀時, 雖不哭, 猶朝夕奠. 自因, 自用故事.

번역 곡(哭)을 금한다는 말은 큰 제사를 지내게 될 때를 뜻하는데, 비록 곡을 하지 않지만, 아침저녁으로 시행하는 전제사는 그대로 지낸다. '자인(自因)'은 스스로 옛 사안대로 따른다는 뜻이다.

孔疏 ●"國禁"至"矣哉". ○正義曰: "國禁哭則止"者, 謂有大祭祀, 禁哭
之時, 則止而不哭.

번역 ●經文: "國禁"~"矣哉". ○경문의 "國禁哭則止"에 대하여. 큰 제
사를 치러야 해서 곡(哭)하는 것을 금지하는 때라면, 멈추어 곡을 하지 않
는다는 뜻이다.

孔疏 ●"朝夕之奠, 卽位, 自因也"者, 謂孝子於殯宮朝夕兩奠之時, 卽阼
階下位, 自因其故事而設奠也.

번역 ●經文: "朝夕之奠, 卽位, 自因也". ○자식은 빈소에서 올리는 아침
과 저녁의 전제사 때, 동쪽 계단 아래의 자리로 나아가서, 스스로 옛 사안에
따라서 전제사를 진설한다는 뜻이다.

• 제45절 •

어린아이의 상례 규정

【517c】

童子哭不偯, 不踊, 不杖, 不菲, 不廬.

직역 童子는 哭에 不偯하고, 不踊하며, 不杖하고, 不菲하며, 不廬한다.

의역 어린아이는 곡(哭)을 할 때 격식에 맞춰 울지 않고, 용(踊)을 하지 않으며, 지팡이를 짚지 않고, 짚신을 신지 않으며, 상중의 임시숙소에 머물지 않는다.

集說 偯, 委曲之聲也. 菲, 草屨也. 廬, 倚廬也. 童子爲父後者則杖.

번역 '의(偯)'자는 격식에 맞춰 우는 소리를 뜻한다. '비(菲)'는 풀로 엮은 신발이다. '여(廬)'는 의려(倚廬)이다. 어린아이 중 부친의 후계자가 된 자는 지팡이를 짚는다.

鄭注 未成人者, 不能備禮也. 當室則杖.

번역 아직 성인(成人)이 되지 못한 자는 예법대로 갖출 수 없기 때문이다. 당실(當室)[1]이라면 지팡이를 짚는다.

釋文 扉, 本又作菲, 扶味反.

---

1) 당실(當室)은 부친을 대신하여, 가사(家事)일을 돌본다는 뜻이다. 고대에는 대부분 장자(長子)가 이 일을 담당해서, 적장자(嫡長子)를 가리키기는 용어로도 사용하였다.

번역 '扉'자는 판본에 따라서 또한 '菲'자로도 기록하는데, 그 음은 '扶 (부)'자와 '味(미)'자의 반절음이다.

孔疏 ◎注"當室則杖". ○正義曰: 按問喪云童子"當室, 則免而杖矣", 戴 德云"童子當室, 謂十五以上. 若世子, 生則杖". 故曾子問云"子衰·杖, 成子 禮", 是也. 皇氏云: "童子當室, 則備此經中五事. 特云杖者, 擧重言也".

번역 ◎鄭注: "當室則杖". ○『예기』「문상(問喪)」편을 살펴보면, 어린아 이에 대해서 "당실(當室)이라면 면(免)을 하고 지팡이를 짚는다."[2]라고 했 는데, 대덕[3]은 "어린아이 중 당실인 경우는 15세 이상인 자들을 뜻한다. 만약 세자의 경우라면, 얼마 전에 태어났더라도 지팡이를 짚는다."라고 했 다. 그렇기 때문에 『예기』「증자문(曾子問)」편에서는 "세자를 안고 있는 자 가 최복(衰服)을 입히며, 지팡이를 잡는 것은 자식으로 인정받는 예법을 완성시키는 절차이다."[4]라고 했다. 황간은 "어린아이 중 당실인 경우에 대 해서 이곳 경문에서 말한 다섯 가지 사안을 모두 갖춰야 한다. 그런데 특별 히 '지팡이[杖]'를 언급한 것은 중대한 것을 제시해서 말했기 때문이다."라 고 했다.

---

2) 『예기』「문상(問喪)」【659c】: 或問曰, "免者以何爲也?" 曰, "不冠者之所服也, 禮曰, "童子不緦, 唯當室緦." 緦者其免也, 當室則免而杖矣."

3) 대덕(戴德, ?~?): 전한(前漢) 때의 학자이다. 자(字)는 연군(延君)이다. 금문 예학(今文禮學)인 대대학(大戴學)의 창시자로 일컬어진다. 조카 대성(戴聖), 경보(慶普) 등과 후창(后蒼)에게서 수학하여, 예(禮)를 익혔다. 선제(宣帝) 때 에는 박사(博士)에 임명되기도 하였다. 그의 학문은 서량(徐良)과 유경(斿卿) 등에게 전수되었다. 『대대례기(大戴禮記)』를 편찬하였지만, 『소대례기(小戴 禮記)』에 비해 성행되지 못하였으며, 현재는 많은 부분이 없어지고, 단지 삼 십여 편만이 남아 있다.

4) 이 문장은 『예기』「증자문(曾子問)」【226c~d】의 "三日, 衆主人·卿·大夫· 士, 如初位, 北面, 大宰·大宗·大祝, 皆裨冕, 少師奉子以衰. 祝先, 子從, 宰· 宗人從, 入門, 哭者止. 子升自西階, 殯前, 北面, 祝立于殯東南隅. 祝聲三, 曰: '某之子某, 從執事, 敢見.' 子拜稽顙, 哭, 祝·宰·宗人·衆主人·卿·大夫·士, 哭踊三者三, 降東反位, 皆袒. 子踊, 房中亦踊, 三者三. 襲衰杖, 奠出, 大宰命祝 ·史, 以名徧告于五祀·山川."이라는 기록에 대한 정현의 주이다.

訓纂 俟, 於豈反, 說文作"偯".

번역 ‘俟’자는 ‘於(어)’자와 ‘豈(기)’자의 반절음이며, 『설문』에서는 ‘偯’자로 기록했다.

集解 愚謂: 俟, 哭之餘聲也. 間傳曰, “大功之哭, 三折而俟”, 則父母之喪, 雖成人哭亦不俟矣. 而此云“童子哭不俟”者, 彼謂始死之時, 雖成人哭父母亦不俟, 所謂“嬰兒中路失其母”, 是也. 若旣葬以後, 則成人哭有曲折餘聲, 惟童子不俟也. 童子當室則杖, 以其爲喪主也. 喪服傳曰“杖者”, 所以“擔主也”. 喪大記曰“喪有無後, 無無主”, 主幼則使人抱之. 旣使人抱之, 則必當爲之執杖, 是爲喪主始生卽杖, 不獨世子也. 至於踊與居廬, 則非孩提所能, 雖世子亦必待稍長矣. 皇氏謂“杖則備此五事”者, 亦未必然. 大約十五以上, 則五者備有, 而天性淳至者, 或亦非年之所能限也.

번역 내가 생각하기에, ‘의(俟)’자는 곡(哭)을 하며 여운을 내는 소리이다. 『예기』「간전(間傳)」편에서는 “대공복(大功服)의 상에서 곡을 할 때에는 세 차례 꺾고 의(俟)를 한다.”[5]라고 했으니, 부모의 상이라면 비록 성인이라도 곡을 할 때에는 또한 의(俟)를 하지 않는다. 그런데 이곳에서는 “어린아이는 곡을 할 때 의(俟)를 하지 않는다.”라고 했다. 그 이유는 「간전」편의 내용은 어떤 자가 이제 막 죽었을 때, 비록 성인이라 할지라도 부모에 대해 곡을 할 때라면 의(俟)하게 하지 않는다는 뜻이니, 이른바 “길에서 아이가 어미를 잃었다.”[6]고 한 경우에 해당한다. 만약 이미 장례를 치른 이후라면 성인이 곡을 할 때에는 마디를 꺾어서 여운을 내며, 오직 어린아이만 의(俟)를 하지 않는다. 어린아이 중 당실(當室)이라면 지팡이를 잡으니, 그를 상주로 여기기 때문이다. 『의례』「상복(喪服)」편의 전문(傳文)에서

---

5) 『예기』「간전(間傳)」【665c】: 斬衰之哭若往而不反, 齊衰之哭若往而反, 大功之哭三曲而俟, 小功緦麻哀容可也. 此哀之發於聲音者也.

6) 『예기』「잡기하」【515b~c】: 曾申問於曾子曰, “哭父母有常聲乎?” 曰, “中路嬰兒失其母焉, 何常聲之有?”

"지팡이를 잡는다."라고 말한 것은 "상주를 안고 있다."는 뜻이 된다.[7] 『예기』「상대기(喪大記)」편에서는 "상에는 후계자가 없는 경우는 있어도 상주가 없는 경우는 없다."[8]라고 했으니, 상주가 너무 어리다면, 다른 사람을 시켜서 그를 안고 있게 한다. 이미 다른 사람을 시켜서 상주를 안고 있게 했다면, 반드시 안고 있는 자로 하여금 지팡이를 잡도록 해야 하니, 이것은 상주가 이제 막 태어난 자일지라도 곧 지팡이를 짚게 된다는 사실을 뜻하므로, 세자에만 국한되지 않는다. 용(踊)을 하거나 여(廬)에 머무는 것에 있어서는 어린아이가 할 수 있는 일이 아니니, 비록 세자일지라도 또한 반드시 조금 더 장성할 때까지 기다린 뒤에 시행하도록 한다. 황간은 "지팡이를 짚는다고 했다면, 여기에서 말한 다섯 가지 사안들을 모두 시행한다."라고 했는데, 이 또한 반드시 그렇지만은 않다. 대체적으로 15세 이상이 된다면, 다섯 가지 사안을 모두 시행하지만, 천성적으로 지극히 순일한 자라면 간혹 나이에 따른 제한에 따르지 않고 모두 시행할 수 있다.

---

7) 『의례』「상복(喪服)」: 杖者何? 爵也. 無爵而杖者何? 擔主也.
8) 『예기』「상대기(喪大記)」【531a】: 其無女主, 則男主拜女賓于寢門內. 其無男主, 則女主拜男賓于阼階下. 子幼, 則以衰抱之, 人爲之拜. 爲後者不在, 則有爵者辭, 無爵人爲之拜. 在竟內則俟之, 在竟外則殯葬可也. 喪有無後, 無無主.

용(踊)에서 발을 떼거나 떼지 않는 경우

【517c】

孔子曰, "伯母叔母疏衰, 踊不絶地. 姑姊妹之大功, 踊絶於
地. 如知此者, 由文矣哉! 由文矣哉!"

직역 孔子가 曰, "伯母와 叔母에게 疏衰에는 踊하며 地에서 不絶한다. 姑와 姊
妹의 大功에는 踊하며 地에서 絶한다. 如히 此를 知한 者라면, 文에 由함이라! 文에
由함이라!"

의역 공자가 말하길, "백모와 숙모에 대해 자최복(齊衰服)을 착용할 경우, 상복
의 수위가 높더라도 그녀들에 대한 정감이 낮으므로, 용(踊)을 할 때에는 땅에서
발을 떼지 않는다. 반면 고모와 자매에 대해 대공복(大功服)을 착용할 경우, 상복의
수위가 낮더라도 그녀들에 대한 정감이 높으므로, 용(踊)을 할 때에는 땅에서 발을
뗀다. 이와 같은 사실을 아는 자라면, 예법의 형식을 제대로 지킬 수 있을 것이다!
예법의 형식을 제대로 지킬 수 있을 것이다!"라고 했다.

集說 伯叔母之齊衰, 服重而踊不離地者, 其情輕也. 姑姊妹之大功, 服輕而
踊必離地者, 其情重也. 孔子美之, 言知此絶地·不絶地之情者, 能用禮文矣哉.

번역 백모와 숙모에 대해서 자최복(齊衰服)을 착용할 경우, 상복의 수
위가 높지만 용(踊)을 할 때 땅에서 발을 떼지 않는 것은 그녀들에 대한
정감이 낮기 때문이다. 고모와 자매를 위해 대공복(大功服)을 착용할 경우,
상복의 수위가 낮지만 용(踊)을 할 때 반드시 땅에서 발을 떼는 것은 그녀
들에 대한 정감이 높기 때문이다. 공자는 이 사실을 찬미하였던 것이니,

이처럼 땅에서 발을 떼고 발을 떼지 않는 정감을 아는 자라면, 예법의 형식을 제대로 따를 줄 아는 자라고 한 뜻이다.

集說 鄭氏曰: 伯母叔母, 義也. 姑姊妹, 骨肉也.

번역 정현이 말하길, 백모와 숙모는 의로움에 따라 형성된 관계이다. 고모와 자매는 골육지친이다.

大全 臨川吳氏曰: 喪禮有情有文, 誠於中者情, 形於外者文也. 伯母叔母之疏衰期, 其文隆於大功矣, 然義服之情, 輕於骨肉, 故踊不絶地, 其哀淺也. 姑姊妹之大功九月, 其文殺於疏衰矣, 然骨肉之情, 重於重服, 故踊絶於地, 其哀深也. 知此二者, 則知哀情之深淺, 而合於禮文之中也.

번역 임천오씨가 말하길, 상례에는 정감적인 측면도 있고 형식적인 측면도 있는데, 내면에 있는 진실됨은 정감에 해당하고, 겉으로 드러나는 것은 형식에 해당한다. 백모와 숙모에 대한 상복은 1년 동안 착용하므로, 해당 형식은 대공복(大功服)의 상보다 융성하지만, 의복(義服)[1]의 정감은 골육지친보다 가볍기 때문에, 용(踊)을 하며 발을 땅에서 떼지 않는 것으로, 애통함이 상대적으로 옅기 때문이다. 고모와 자매에 대한 대공복의 상은 9개월 동안 착용하는데, 해당 형식은 소최(疏衰)보다 낮추지만, 골육지친에 대한 정감은 수위가 높은 상복보다 무겁기 때문에, 용(踊)을 하며 발을 땅에서 떼는 것으로, 애통함이 깊기 때문이다. 이러한 두 가지 사안을 아는 자라면, 애통함과 정감의 깊고 옅은 차이를 알아서, 예법의 형식에 알맞게 할 수 있다.

鄭注 由, 用也. 言知此踊絶地·不絶地之情者, 能用禮文哉! 能用禮文哉!

---

1) 의복(義服)은 본래 친속관계가 성립되지 않아서, 상복(喪服)을 착용해야만 하는 관계가 아닌데도, 도리에 따라 상복을 착용하는 것을 말한다.

美之也. 伯母・叔母, 義也. 姑・姊妹, 骨肉也.

번역 '유(由)'자는 "사용하다[用]."는 뜻이다. 이처럼 용(踊)에서 발을 땅에서 떼거나 땅에서 떼지 않았을 때의 정감을 아는 자라면, "예법의 형식을 사용할 수 있다! 예법의 형식을 사용할 수 있다!"라고 한 것이니, 찬미를 한 내용이다. 백모와 숙모는 의로움에 따라 형성된 관계이다. 고모와 자매는 골육지친이다.

訓纂 王氏念孫曰: 按鄭注大傳云, "文章, 禮法也." 韋注周語云, "文, 禮法也." 荀子禮論云, "貴本之謂文, 親用之謂理." 是文卽理也. 左傳, "叔向, 古之遺直也. 治國制刑, 不隱於親, 三數叔魚之罪, 不爲末減, 由義也夫!" 又曰, "殺親益榮, 猶義也夫!" 猶, 與由同. 彼兩言"由義也夫", 此兩言"由文矣哉", 皆美之之詞. 後儒將文字說壞, 故義不可通, 而謬論蠭起矣.

번역 왕념손2)이 말하길, 『예기』「대전(大傳)」편에 대한 정현의 주를 살펴보면, "문장(文章)은 예법을 뜻한다."3)라고 했고, 『국어』「주어(周語)」편에 대한 위소4)의 주에서는 "문(文)은 예법을 뜻한다."5)라고 했으며, 『순자』「예론(禮論)」편에서는 "근본을 존귀하게 여기는 것을 문(文)이라고 부르며, 실용을 중시하는 것을 '리(理)'라고 부른다."6)라고 했는데, 이것은 '문

---

2) 왕념손(王念孫, A.D.1744~A.D.1832) : 청(淸)나라 때의 학자이다. 자(字)는 회조(懷租)이고, 호(號)는 석구(石臞)이다. 부친은 왕안국(王安國)이고, 아들은 왕인지(王引之)이다. 대진(戴震)에게 학문을 배웠다. 저서로는 『독서잡지(讀書雜志)』 등이 있다.

3) 이 문장은 『예기』「대전(大傳)」【425d】의 "立權度量, 考文章, 改正朔, 易服色, 殊徽號, 異器械, 別衣服, 此其所得與民變革者也."라는 기록에 대한 정현의 주이다.

4) 위소(韋昭, A.D.204~A.D.273) : 삼국시대(三國時代) 때 오(吳)나라의 학자이다. 자(字)는 홍사(弘嗣)이다. 사마소(司馬昭)의 이름을 피휘하여, 요(曜)로 고쳤다. 저서로는 『국어주(國語注)』 등이 있다.

5) 이 문장은 『국어(國語)』「주어상(周語上)」의 "先王之於民也, 懋正其德而厚其性, 阜其財求而利其器用, 明利害之鄕, 以文修之, 使務利而避害, 懷德而畏威, 故能保世以滋大."라는 기록에 대한 위소(韋昭)의 주이다.

(文)'이 곧 리(理)가 됨을 나타낸다. 『좌전』에서는 "숙향은 고대의 유풍을 간직한 직언을 올리는 신하이다. 나라를 다스리고 형벌을 제정할 때 친족에 대한 것을 숨기지 않았으며, 세 차례 숙어의 죄를 논정하여 죄를 경감시키지 않았으니, 의로움에 따른 자로다!"7)라고 했고, 또 "친족을 죽였지만 영예를 더했으니, 의로움에 따랐구나!"8)라고 했다. '유(猶)'자는 '유(由)'자와 같다. 『좌전』에서는 두 차례 "의(義)에 따랐구나."라고 했고, 이곳에서는 두 차례 "문(文)에 따랐구나."라고 했는데, 이 모두는 찬미를 한 말이다. 후대의 학자들은 '문(文)'자에 대한 설명을 잘못하여, 그 뜻이 통하지 않게 되었고, 잘못된 논의들이 발생하였다.

集解 陸氏佃曰: 疏衰 · 大功, 文也. 踊絶 · 不絶, 情也. 伯叔母之喪, 文至而情不至; 姑姊妹之大功, 文不至而情至. 知此者, 則凡於禮知由於內矣, 故曰 "由文矣哉". 若夫徒文具而無至誠惻怛之實, 失是矣.

번역 육전이 말하길, 소최(疏衰)와 대공복(大功服)은 형식[文]에 해당한다. 용(踊)을 하며 땅에서 발을 떼는 것과 떼지 않는 것은 정감[情]에 해당한다. 백모와 숙모의 상은 형식이 지극하지만 정감은 지극하지 않고, 고모와 자매에 대한 대공복의 상은 형식이 지극하지 않지만 정감은 지극하다. 이러한 사실을 알고 있는 자라면, 무릇 예법에 대해서 그것이 내면에서 비롯됨을 알 수 있다. 그렇기 때문에 "비롯되어 형식으로 나타나는구나!"라고 했다. 만약 형식을 모두 갖췄지만, 진실되고 슬퍼하는 실질이 없다면, 이것은 잘못된 것이다.

---

6) 『순자(荀子)』「예론(禮論)」 : 祭, 齊大羹而飽庶羞, 貴本而親用也. 貴本之謂文, 親用之謂理, 兩者合而成文, 以歸大一, 夫是之謂大隆.

7) 『춘추좌씨전』「소공(昭公) 14년」 : 仲尼曰, "叔向, 古之遺直也. 治國制刑, 不隱於親. 三數叔魚之惡, 不爲末減. 曰義也夫, 可謂直矣!"

8) 『춘추좌씨전』「소공(昭公) 14년」 : 刑侯之獄, 言其貪也, 以正刑書, 晉不爲頗. 三言而除三惡, 加三利. 殺親益榮, 猶義也夫!

• 제 47 절 •

상례의 진행을 돕는 자의 위치

【517d】

> 泄¹⁾柳之母死, 相者由左; 泄柳死, 其徒由右相. 由右相, 泄柳之徒爲之也.

직역 泄柳의 母가 死함에, 相者가 左로 由했고; 泄柳가 死함에, 그 徒는 右로 由하여 相했다. 右로 由하여 相함은 泄柳의 徒가 爲라.

의역 설류의 모친이 돌아가셨을 때, 의례의 진행을 돕는 자는 좌측에 위치해서 도왔다. 그런데 설류가 죽었을 때, 그의 무리들은 우측에 위치하여 일을 도왔다. 우측에서 일을 돕는 비례는 설류의 무리들이 처음으로 시행했다.

集說 悼公弔有若之喪, 而子游擯由左, 則由右相者非禮也. 此記失禮所自始.

번역 도공이 유약의 상에 조문을 했을 때, 자유는 좌측에서 도왔으니,²⁾ 우측에서 돕는 것은 비례이다. 이 내용은 실례가 유래한 시초를 기록한 것이다.

---

1) '설(泄)'자에 대하여. 『십삼경주소(十三經注疏)』 북경대 출판본에서는 '세(世)'자로 기록되어 있으며, "'세'자는 『석경(石經)』·『악본(岳本)』·『가정본(嘉靖本)』·『석문(釋文)』에도 동일하게 기록되어 있는데, 『민본(閩本)』·『감본(監本)』·『모본(毛本)』에는 '세'자로 기록되어 있다. 위씨(衛氏)의 『집설(集說)』에도 동일하게 기록되어 있다. 아래문장 및 정현의 주와 소에 대해서도 모두 동일하게 기록되어 있다."라고 했다.
2) 『예기』「단궁하(檀弓下)」【110d】: 有若之喪, 悼公弔焉, 子游擯由左.

鄭注 亦記失禮所由始也. 世柳, 魯穆公時賢人也. 相, 相主人之禮.

번역 이 또한 실례가 비롯된 원인을 기록한 것이다. '세류(世柳)'는 노(魯)나라 목공 때의 현자이다. '상(相)'자는 상주가 시행하는 의례를 돕는 자이다.

釋文 柳, 良九反. 相, 息亮反, 下及注皆同.

번역 '柳'자는 '良(량)'자와 '九(구)'자의 반절음이다. '相'자는 '息(식)'자와 '亮(량)'자의 반절음이며, 아래문장 및 정현의 주에 나오는 글자도 그 음이 모두 이와 같다.

孔疏 ●"世柳"至"侯七". ○正義曰: 此明相主人之喪禮有失之事.

번역 ●經文: "世柳"~"侯七". ○이곳 문장은 상주의 상례를 돕는 자가 실수를 저지른 사안을 나타내고 있다.

孔疏 ◎注"亦記"至"之禮". ○正義曰: 相主人之禮法, 相者由左. 世柳死, 其徒黨相禮由右, 故云"記失禮所由始也". 按孟子云: "魯穆公時, 公儀子爲政. 子柳·子思爲臣, 魯之削也滋甚, 若是乎賢者之無益於國也." 彼子柳卽此泄柳也, 故云"魯穆公時賢人".

번역 ◎鄭注: "亦記"~"之禮". ○상주의 예법 진행을 도울 때, 의례의 진행을 돕는 자는 좌측에 위치하여 돕는다. 세류가 죽었을 때, 그의 무리들은 의례의 진행을 도우며 우측에서 도왔다. 그렇기 때문에 "실례가 비롯된 원인을 기록한 것이다."라고 말한 것이다. 『맹자』를 살펴보면, "노(魯)나라 목공 때, 공의자가 정사를 담당했다. 자류와 자사가 신하가 되었는데, 노나라는 더욱 심하게 침탈을 당했으니, 이와 같은 현명한 자가 있었더라도 나라에 보탬이 없었다."[3]라고 했다. 『맹자』에서 말한 자류(子柳)가 바로 이곳에서 말한 '설류(泄柳)'이다. 그렇기 때문에 "노나라 목공 때의 현자이다."

라고 말한 것이다.

集解 愚謂: 詔辭自右, 以代尊者出命也. 相禮與詔辭別, 當由左, 由右非也. 案檀弓, "有若之喪, 悼公弔焉, 子游擯由左." 是子游之先, 擯者失禮由右, 而子游正之也. 泄柳之母死, 擯者尚知由左, 至泄柳死, 其徒又復失禮也.

번역 내가 생각하기에, 말을 전달할 때에는 우측에 서서 하니, 존귀한 자를 대신하여 명령을 전달하기 때문이다. 의례의 진행을 돕는 것과 말을 전달하는 것은 구별되므로, 마땅히 좌측에 서야 하니, 우측에 서서 하는 것은 잘못된 일이다. 『예기』「단궁(檀弓)」편을 살펴보면, "유약의 상이 발생하여 도공이 조문을 했는데, 자유가 의례의 진행을 도우며 좌측에 서서 했다."라고 했으니, 이 말은 자유 이전에 의례의 진행을 돕는 자는 실례를 범하여 우측에 서서 했었는데, 자유가 그것을 바로잡았다는 것을 뜻한다. 세류의 모친이 돌아가셨을 때, 의례의 진행을 도왔던 자는 오히려 좌측에 서서 해야 함을 알았는데, 세류 본인이 죽었을 때, 그 무리들은 재차 실례를 범한 것이다.

---

3) 『맹자』「고자하(告子下)」: 魯繆公之時, 公儀子爲政, 子柳子思爲臣, 魯之削也滋甚, 若是乎, 賢者之無益於國也!

• 제 48 절 •

반함(飯含)의 규정

天子飯九貝, 諸侯七, 大夫五, 士三.

직역 天子의 飯은 九貝이고, 諸侯는 七이며, 大夫는 五이고, 士는 三이다.

의역 천자는 함(含)을 하며 9개의 조개를 사용하고, 제후는 7개를 사용하며, 대부는 5개를 사용하고, 사는 3개를 사용한다.

集說 飯, 含也. 貝, 水物, 古者以爲貨. 士喪禮, "貝三, 實于笄." 周禮天子飯含用玉, 此蓋異代之制乎.

번역 '반(飯)'은 함(含)이다. 조개[貝]는 수중생물인데, 고대에는 이것을 화폐로 여겼다. 『의례』「사상례(士喪禮)」편에서는 "조개 3개를 상자에 담는다."[1]라고 했다. 그런데 주나라의 예법에 따르면 천자의 반함(飯含)에는 옥을 사용한다고 했으니, 이곳의 기록은 아마도 다른 시대의 제도일 것이다.

鄭注 此蓋夏時禮也. 周禮, 天子飯含用玉.

번역 이 내용은 아마도 하나라 때의 예법일 것이다. 주나라의 예법에서는 반함(飯含)에 옥을 사용했다.

釋文 飯, 扶晩反, 注同. 含, 本又作唅, 胡暗反, 下文同.

---

1) 『의례』「사상례(士喪禮)」: <u>貝三實于笄.</u> 稻米一豆實于筐. 沐巾一, 浴巾二, 皆用絺, 于笄. 櫛于簞. 浴衣于篋. 皆饌于西序下, 南上.

번역 '飯'자는 '扶(부)'자와 '晩(만)'자의 반절음이며, 정현의 주에 나오는 글자도 그 음이 이와 같다. '含'자는 판본에 따라서 또한 '唅'자로도 기록하는데, '胡(호)'자와 '暗(암)'자의 반절음이며, 아래문장에 나오는 글자도 그 음이 이와 같다.

孔疏 ◎注"此蓋"至"用玉". ○正義曰: 以非周法, 故疑夏禮, 故云蓋也. 典瑞云"大喪, 共飯玉·含玉", 是周禮天子飯含用玉. 按禮戴說天子飯以珠, 含以玉; 諸侯飯以珠; 大夫·士飯以珠, 含以貝. 此等皆非周禮, 並夏·殷之法. 左傳成十七年子叔聲伯夢食瓊瑰, 哀十一年齊陳子行, "命其徒具含玉", 此等皆是大夫, 而以珠玉爲含者, 以珠玉是所含之物, 故言之, 非謂當時實含用珠玉也.

번역 ◎鄭注: "此蓋"~"用玉". ○주나라의 예법이 아니기 때문에 하나라의 예법이라고 의심했던 것이다. 그래서 '개(蓋)'자를 붙여서 말했다. 『주례』「전서(典瑞)」편에서는 "대상(大喪) 때에는 반옥(飯玉)[2]과 함옥(含玉)을 공급한다."[3]라고 했으니, 이것은 주나라의 예법에서 천자가 반함(飯含)을 하며 옥을 사용한다는 사실을 나타낸다. 『예대』를 살펴보면, 천자는 반(飯)을 하며 주(珠)를 사용하고 함(含)을 하며 옥(玉)을 사용한다고 했고, 또 제후는 반(飯)을 하며 주(珠)를 사용한다고 했으며, 대부와 사는 반(飯)을 하며 주(珠)를 사용하고 함(含)을 하며 조개를 사용한다고 했다. 이러한 내용들은 모두 주나라의 예법이 아니니, 모두 하나라나 은나라의 예법에 해당한다. 『좌전』 성공(成公) 17년에는 자숙성백이 꿈에 경괴(瓊瑰)라는 주옥(珠玉)을 삼키는 꿈을 꾸었다고 했고,[4] 애공(哀公) 11년에는 제(齊)나라 진자행이 "그 무리들에게 명령하여 함옥을 준비하게 시켰다."[5]라고 했

---

2) 반옥(飯玉)은 상례를 치르며 시신의 입에 곡물을 넣을 때, 옥을 잘개 부숴서 곡물과 섞은 것을 뜻한다.

3) 『주례』「춘관(春官)·전서(典瑞)」: 大喪, 共飯玉·含玉·贈玉.

4) 『춘추좌씨전』「성공(成公) 17년」: 初, 聲伯夢涉洹, 或與己瓊瑰食之, 泣而爲瓊瑰盈其懷, 從而歌之曰, "濟洹之水, 贈我以瓊瑰. 歸乎歸乎, 瓊瑰盈吾懷乎!"

는데, 이러한 기록들은 모두 대부와 관련된 내용인데도, 주옥을 이용해서 함(含)을 했던 것은 주옥은 함(含)을 할 때 사용되는 물건이기 때문에 말을 한 것이지, 당시에 실제로 함(含)을 하며 주옥을 사용했다는 뜻이 아니다.

集解 愚謂: 飯, 含也. 對文則米曰飯, 貝玉曰含; 通而言之, 含亦謂之飯也. 周禮玉府"共含玉", 典瑞"大喪, 共飯玉·含玉", 上篇諸侯致含以璧, 左傳"陳子行命其徒具含玉", 士喪禮"實貝三", 不用玉, 則大夫以上含用貝·玉, 士惟用貝也. 此但言"貝"者, 據上下之所通用者言其差爾. 鄭氏以爲夏禮, 無所據也.

번역 내가 생각하기에, '반(飯)'은 함(含)을 뜻한다. 대비해서 문장을 기록할 때에는 곡물을 넣는 것을 '반(飯)'이라고 부르고, 조개나 옥을 넣는 것을 '함(含)'이라고 부르는데, 통괄적으로 말을 하면 함(含) 또한 반(飯)이라고 부른다. 『주례』「옥부(玉府)」편에서는 "함옥(含玉)을 공급한다."[6]라고 했고, 「전서(典瑞)」편에서는 "대상(大喪) 때에는 반옥(飯玉)과 함옥(含玉)을 공급한다."라고 했으며, 『예기』「잡기상(雜記上)」편에서는 제후가 사신을 보내 함(含)을 전달할 때에는 벽(璧)을 사용한다고 했고,[7] 『좌전』에서는 "진자행이 그 무리들에게 명령하여 함옥을 준비하게 시켰다."라고 했으며, 『의례』「사상례(士喪禮)」편에서는 "조개 3개를 채운다."라고 하여, 옥을 사용하지 않는다고 했으니, 대부로부터 그 이상의 계급은 함(含)을 할 때 조개와 옥을 사용했던 것이고, 사는 오직 조개만 사용했던 것이다. 그런데 이곳에서 단지 '조개[貝]'라고만 말한 것은 상하 모든 계층이 공통으로 사용하는 것을 기준으로 그 차등을 말했기 때문이다. 그리고 정현은 이것을 하

---

5) 『춘추좌씨전』「애공(哀公) 11년」: 將戰, 公孫夏命其徒歌虞殯. 陳子行命其徒具含玉.

6) 『주례』「천관(天官)·옥부(玉府)」: 大喪, 共含玉·復衣裳·角枕·角柶.

7) 『예기』「잡기상(雜記上)」【504a~b】: 含者執璧將命曰, "寡君使某含." 相者入告, 出曰, "孤某須矣." 含者入, 升堂致命, 子拜稽顙. 含者坐委於殯東南, 有葦席, 旣葬蒲席. 降, 出, 反位. 宰夫朝服卽喪屨, 升自西階, 西面坐取璧, 降自西階, 以東.

나라의 예법이라고 여겼는데, 아무런 근거도 없는 주장이다.

• 제49절 •
장례와 졸곡의 기간과 우제(虞祭)의 횟수

【518a】

士三月而葬, 是月也卒哭. 大夫三月而葬, 五月而卒哭. 諸侯
五月而葬, 七月而卒哭. 士三虞, 大夫五, 諸侯七.

직역 士는 三月하고 葬하며, 是月에 卒哭한다. 大夫는 三月하고 葬하며, 五月하
고 卒哭한다. 諸侯는 五月하고 葬하며, 七月하고 卒哭한다. 士는 三虞하고, 大夫는
五하며, 諸侯는 七한다.

의역 사는 3개월이 지나서 장례를 치르며, 장례를 치른 달에 졸곡(卒哭)을 한
다. 대부는 3개월이 지나서 장례를 치르고, 5개월이 지나서 졸곡을 한다. 제후는
5개월이 지나서 장례를 치르고, 7개월이 지나서 졸곡을 한다. 사는 3차례 우제(虞
祭)를 치르고, 대부는 5차례 치르며, 제후는 7차례 치른다.

集說 疏曰: 大夫以上位尊, 念親哀情於時長遠. 士職卑位下, 禮數未伸.

번역 공영달의 소에서 말하길, 대부로부터 그 이상의 계층은 지위가 존
귀하므로, 부모를 그리워하고 애통해하는 정감이 시기적으로 더 길다. 사는
직무가 미천하고 지위도 낮으니, 예법을 모두 펼치지 못한다.

鄭注 尊卑恩之差也. 天子至士, 葬卽反虞.

번역 신분에 따라 은정에 차등이 있기 때문이다. 천자로부터 사에 이르
기까지 장례를 치르면 즉시 되돌아와서 우제(虞祭)를 치른다.

孔疏 ◎注"尊卑"至"反虞". ○正義曰: 大夫以上, 葬與卒哭異月者, 以其

位尊, 念親哀情, 於時長遠. 士職卑位下, 禮數未申, 故三月而葬, 葬罷卽卒
哭. 知天子至士, 葬卽反虞者, 以其不忍一日未有所歸, 尊卑皆然, 故知"葬卽
反虞". 下檀弓云: "葬日虞, 弗忍一日離也." 不顯尊卑, 是貴賤同然也.

번역 ◎鄭注: "尊卑"~"反虞". ○대부로부터 그 이상의 계급은 장례와
졸곡(卒哭)을 다른 달에 치르는데, 지위가 존귀하여, 부모를 그리워하고 애
통해하는 정감이 시기적으로 더 길기 때문이다. 사는 직무가 미천하고 지
위도 낮으니, 예법을 모두 펼치지 못한다. 그렇기 때문에 3개월이 지나서
장례를 치르고, 장례를 끝낸 뒤에 곧 졸곡을 한다. 천자로부터 사에 이르기
까지 장례를 치르면 즉시 되돌아와서 우제(虞祭)를 치른다는 사실을 알 수
있는 이유는 부모의 신령이 하루라도 돌아갈 곳이 없는 것을 참아낼 수
없기 때문이니, 신분의 차이와 상관없이 모두 그러하다. 그렇기 때문에 "장
례를 치르면 즉시 되돌아와서 우제를 치른다."는 말이 사실임을 알 수 있다.
『예기』「단궁하(檀弓下)」편에서는 "장례를 치른 날 우제를 지내는 이유는
신령으로 하여금 단 하루라도 회귀할 곳 없이 떠돌도록 함을 차마 할 수
없기 때문이다."[1]라고 했다. 신분의 차이를 드러내지 않았으니, 이것은 신
분의 차등과 상관없이 모두 동일하다는 사실을 나타낸다.

訓纂 釋名: 旣葬還祭於殯宮曰虞, 謂虞樂安神, 使還此也. 又祭曰卒哭. 卒,
止也. 止孝子無時之哭, 朝夕而已也. 又祭曰祔, 祭於祖廟, 以後死孫祔於祖也.

번역 『석명』에서 말하길, 장례를 마친 뒤 되돌아가서 빈소에서 지내는
제사를 '우(虞)'라고 부르니, 신령을 안심시키고 편안하게 만들어서 이곳으
로 되돌아오게 한다는 뜻이다. 또 제사를 지내는데 그것을 '졸곡(卒哭)'이라
고 부른다. '졸(卒)'자는 "그친다[止]."는 뜻이다. 자식이 수시로 곡하던 것
을 그치고, 아침과 저녁에만 하기 때문이다. 또 제사를 지내는데 그것을
'부(祔)'라고 부르니, 조묘(祖廟)에서 제사를 지내어, 뒤에 죽은 손자 항렬의
자를 조부의 묘(廟)에 합사하기 때문이다.

---

1) 『예기』「단궁하(檀弓下)」【116a】 : 葬日虞, 弗忍一日離也.

• 제50절 •

제후들끼리 조(弔)·함(含)·수(襚)·봉(賵)· 임(臨)을 하는 절차

【518a】

> 諸侯使人弔, 其次含襚賵臨, 皆同日而畢事者也. 其次如此也.

직역 諸侯가 人을 使하여 弔하고, 그 次로 含·襚·賵·臨하니, 皆히 日을 同하여 事를 畢하는 者이다. 그 次는 此와 如하다.

의역 제후가 죽었을 때, 이웃 나라의 제후는 사신을 파견하여 조문을 하고, 그 다음으로 함(含)·수(襚)·봉(賵)·임(臨)을 차례대로 시행하니, 이러한 절차들은 같은 날에 모두 시행하는 것이다. 시행하는 순서는 이 기록과 같다.

集說 諸侯薨, 鄰國遣使來先弔, 次含, 次襚, 次賵, 次臨, 四者之禮, 一日畢行. 詳見上篇.

번역 제후가 죽었을 때, 이웃 나라에서 사신을 보내오면 찾아와서 먼저 조문을 하고,1) 그 다음으로 함(含)을 하며,2) 그 다음으로 수(襚)3)를 하고,4)

---

1) 『예기』「잡기상(雜記上)」【503d】에는 "弔者卽位於門西東面, 其介在其東南北面西上, 西於門. 主孤西面. 相者受命曰, '孤某使某請事.' 客曰, '寡君使某, 如何不淑.' 相者入告. 出曰, '孤某須矣.' 弔者入, 主人升堂西面. 弔者升自西階, 東面致命曰, '寡君聞君之喪, 寡君使某, 如何不淑.' 子拜稽顙, 弔者降反位."라고 했다. 즉 "이웃 제후국에 상이 발생하여, 신하를 파견해 조문을 하는 경우, 조문으로 찾아온 사신은 찾아간 제후국의 대문 서쪽으로 나아가 위치하며 동쪽을 바라보고, 함께 따라온 부관들은 그의 동남쪽에 위치하여 북쪽을 바라보는데, 서열에 따라 서쪽 끝에서부터 위치하니, 문의 서쪽에 위치한다. 조문을 받는 제후국의 세자는 서쪽을 바라본다. 의례를 돕는 자가 세자의 명령을

받아서, '저희 상주이신 아무개께서 아무개인 저를 시켜서 찾아오신 연유에 대해서 청해 물으라고 하셨습니다.'라고 한다. 그러면 조문객으로 찾아간 사신은 '저희 군주께서 아무개인 저를 시켜 조문을 보내셨으니, 어찌하여 이처럼 불행한 일이 발생했습니까.'라고 말한다. 의례를 돕는 자가 안으로 들어가서 이 사실을 아뢴다. 그런 뒤 다시 밖으로 나와서 '저희 상주이신 아무개께서 기다리고 계십니다.'라고 말한다. 그러면 조문객으로 온 사신은 안으로 들어가고, 상주인 세자는 당(堂)에 올라가서 서쪽을 바라본다. 이때 조문객으로 온 사신은 당에 오르며 서쪽 계단을 이용하고, 올라가서 동쪽을 바라보며 군주의 명령을 전달하니, '저희 군주께서 군주의 상에 대한 소식을 들으셔서, 저희 군주께서 아무개인 저를 사신으로 보내셔서 조문을 하니, 어찌하여 이처럼 불행한 일이 발생했습니까.'라고 말한다. 그러면 세자는 절을 하며 이마를 땅에 닿도록 하고, 조문객으로 온 사신은 다시 밑으로 내려가 대문 밖에 마련된 자신의 자리로 돌아간다."라는 뜻이다. 또 이에 대한 진호(陳澔)의 『집설(集說)』에서는 "此言列國遣使弔喪之禮. 弔者, 君所遣來之使也. 介, 副也. 門西, 主國大門之西也. 西上, 介非一人, 其長者在西, 近正使也. 西於門, 不敢當門之中也. 主孤西面, 立於阼階之下也. 相者受命, 相禮者受主人之命也. 如何不淑, 慰問之辭, 言何爲而罹此凶禍也. 須, 待也. 凶禮不出迎, 故云須矣. 主人升堂, 由阼階而升也. 降反位, 降階而出復門外之位也. 曲禮云, '升降不由阼階', 謂平常無弔賓時耳."라고 풀이했다. 즉 "이 내용은 제후국에서 사신을 파견하여 상사(喪事)에 조문하는 예법을 뜻한다. '조자(弔者)'는 군주가 파견하여 찾아온 사신을 뜻한다. '개(介)'는 부관[副]을 뜻한다. '문서(門西)'는 찾아간 제후국의 대문 서쪽을 뜻한다. '서상(西上)'이라는 말은 개(介)는 한 사람이 아니며, 그 중 수장에 해당하는 자가 서쪽에 위치하여, 정식 사신과 가까이 위치한다는 뜻이다. '문의 서쪽에 위치한다.'는 말은 감히 문의 중앙에 있을 수 없기 때문이다. '조문을 받는 나라의 고(孤)가 서쪽을 바라본다.'는 말은 동쪽 계단에 서 있다는 뜻이다. '상자수명(相者受命)'은 의례 절차를 돕는 자가 주인의 명령을 받았다는 뜻이다. '여하불숙(如何不淑)'은 위로하며 안부를 묻는 말이니, 어찌하여 이와 같은 불행을 당했느냐는 뜻이다. '수(須)'자는 '기다린다[待].'는 뜻이다. 흉례를 치를 때에는 대문 밖으로 나와서 맞이하지 않는다. 그렇기 때문에 기다린다고 했다. '주인승당(主人升堂)'은 동쪽 계단을 통해 올라간다는 뜻이다. '강반위(降反位)'는 계단으로 내려와서 밖으로 나가 다시 문밖의 자리로 돌아간다는 뜻이다. 『예기』「곡례」편에서는 '오르거나 내려갈 때에는 부친이 사용하던 동쪽 계단을 이용하지 않는다.'라고 했는데, 평상시 조문을 하는 빈객이 없는 경우를 뜻할 따름이다."라는 뜻이다.

2) 『예기』「잡기상(雜記上)」【504a~b】에는 "含者執璧將命曰, '寡君使某含.' 相者入告, 出曰, '孤某須矣.' 含者入, 升堂致命, 子拜稽顙. 含者坐委於殯東南, 有葦席, 旣葬蒲席. 降, 出, 反位. 宰夫朝服卽喪屨, 升自西階, 西面坐取璧, 降自西階, 以東."라고 했다. 즉 "이웃 제후국에 상이 발생하여, 신하를 파견해 함

(含)을 하는 경우, 함옥을 가져간 자는 함옥을 들고 명령을 전달하며, '저희 군주께서는 아무개인 저를 사신으로 보내셔서 함옥을 바치게 했습니다.'라고 한다. 의례를 돕는 자가 안으로 들어가서 그 사실을 아뢰고, 밖으로 나와서 '저희 상주이신 아무개께서 기다리고 계십니다.'라고 말한다. 함옥을 가진 자가 안으로 들어가 당(堂)에 올라가서 자기 군주의 명령을 전달하면, 세자는 절을 하며 이마를 땅에 닿도록 한다. 함옥을 가진 자는 빈소의 동남쪽에서 무릎을 꿇고 함옥을 내려놓는데, 이때에는 갈대로 엮은 자리가 깔려 있고, 만약 장례를 치른 뒤라면 부들로 짠 자리가 깔려 있다. 함옥을 내려놓은 뒤 당하(堂下)로 내려가서 문밖으로 나가 자신의 자리로 되돌아간다. 재(宰)는 조복(朝服)을 착용하지만 상구(喪屨)를 신고, 당에 올라갈 때 서쪽 계단을 통해서 올라가며, 서쪽을 바라보고 무릎을 꿇고서 내려놓은 함옥을 들며, 당하로 내려갈 때 서쪽 계단을 통해서 내려가서, 동쪽으로 이동하여 안에 함옥을 보관한다."라는 뜻이다. 또 이에 대한 진호(陳澔)의 『집설(集說)』에서는 "此言列國致含之禮. 含玉之形制如璧. 舊註云, 分寸大小未聞. 坐委, 跪而致之也. 未葬之前, 設葦席以承之, 旣葬, 則設蒲席承之. 鄰國有遠近, 故有葬後來致含者. 降出反位, 謂含者委璧訖, 降階而復門外之位也. 上文弔者爲正使, 此含者乃其介耳. 凡初遭喪, 則主人不親受, 使大夫受於殯宮. 此遭喪已久, 故嗣子親受之, 然後宰夫取而藏之也. 朝服, 吉服也. 執玉不麻, 故著朝服. 以在喪不可純變吉, 故仍其喪屨. 坐取璧, 亦跪而取之也. 以東, 藏於內也. 疏云, '宰, 謂上卿. 夫字衍.'"라고 풀이했다. 즉 "이 내용은 제후국끼리 서로에게 함(含)을 하는 예법을 뜻한다. 함옥(含玉)의 형태와 제작 방법은 벽(璧)과 같다. 옛 주석에서는 치수와 크기에 대해서는 들어보지 못했다고 했다. '좌위(坐委)'는 무릎을 꿇고 물건을 전한다는 뜻이다. 아직 장례를 치르기 이전에는 위석(葦席)을 깔아두어서 받치게 하는데, 장례를 치른 뒤라면, 포석(蒲席)을 깔아두어서 받치게 한다. 이웃 제후국들 사이에는 거리에 차이가 있기 때문에 장례를 치른 뒤에 찾아와서 함옥을 바치는 경우가 있다. '내려와서 밖으로 나가 자리로 되돌아간다.'는 말은 함옥을 바치는 자가 무릎을 꿇고 함옥을 바치는 일이 끝나면, 계단을 통해 내려와서 다시 문밖의 자리로 되돌아간다는 뜻이다. 앞 문장에서 말한 조문하는 자는 정식 사신을 뜻하는데, 이곳에서 함옥을 바치는 자는 곧 그의 부관이 될 따름이다. 무릇 최초 상을 당하게 되면, 상주는 직접 함옥을 받지 않고, 대부를 시켜서 빈소에서 그것을 받게 한다. 이곳의 내용은 상을 당한 지 이미 오랜 시간이 지났기 때문에, 제후의 지위를 계승하는 적장자가 직접 그것을 받고, 그런 뒤에 재부(宰夫)가 그것을 가져가서 보관한다. '조복(朝服)'은 길한 때 착용하는 복장이다. 옥을 든 자는 마(麻)로 된 복장을 착용하지 않기 때문에 조복을 착용하는 것이다. 상을 치르는 도중이므로, 길한 복장으로 완전히 바꿀 수 없기 때문에 곧 상을 치를 때 신는 신발을 착용한다. '좌취벽(坐取璧)' 또한 무릎을 꿇고서 물건을 가져간다는 뜻이다. '동쪽으로 간다[以東].'는 말은 안에 보관한다는 뜻이다. 공영달의 소에

서는 '재(宰)는 상경(上卿)이다. 부(夫)자는 연문으로 기록된 글자이다.'라고
했다."라는 뜻이다.
3) 수(襚)는 부의를 보낸다는 뜻이며, 또한 부의로 보내는 특정 물건을 가리키기
도 한다. '수'는 시신과 함께 매장하게 될 의복이나 이불 등을 부의로 보내는
것이다. 『의례』「사상례(士喪禮)」편에는 "君使人襚, 徹帷, 主人如初, 襚者左執
領, 右執要, 入升致命."이라는 기록이 있는데, 이에 대한 정현의 주에서는
"襚之言遺也, 衣被曰襚."라고 풀이했다.
4) 『예기』「잡기상(雜記上)」【504c~d】에는 "襚者曰, '寡君使某襚.' 相者入告, 出
曰, '孤某須矣.' 襚者執冕服, 左執領, 右執要, 入, 升堂致命, 曰'寡君使某襚.' 子
拜稽顙, 委衣於殯東. 襚者降, 受爵弁服於門內霤將命, 子拜稽顙如初. 受皮弁服
於中庭, 自西階受朝服, 自堂受玄端將命, 子拜稽顙皆如初. 襚者降, 出, 反位.
宰夫五人舉以東, 降自西階, 其舉亦西面."이라는 기록이 있다. 즉 "이웃 제후
국에 상이 발생하여, 신하를 파견해 수의(襚衣)를 전달하는 경우, 수의를 전
달하는 자는 '저희 군주께서 아무개인 저를 사신으로 보내셔서 수의를 바치
게 했습니다.'라고 한다. 의례를 돕는 자가 안으로 들어가서 그 사실을 아뢰
고, 밖으로 나와서 '저희 상주이신 아무개께서 기다리고 계십니다.'라고 말한
다. 수의를 전달하는 자는 면복(冕服)을 들고 가는데, 좌측 손으로 옷깃을 잡
고 우측 손으로 허리부분을 잡으며, 그것을 들고 안으로 들어가 당(堂)에 올
라가서 명령을 전달하니, '저희 군주께서 아무개인 저로 하여금 수의를 바치
게 했습니다.'라고 한다. 그러면 세자는 절을 하며 이마가 땅에 닿도록 하고,
빈소의 동쪽에 의복을 진열해둔다. 수의를 전달하는 자가 내려가서 문안의
처마에서 작변복(爵弁服)을 받아가지고 와서 의복을 건네며 명령을 전달하
면, 세자는 절을 하며 이마를 땅에 닿도록 하니 처음 의복을 받았을 때처럼
한다. 또 수의를 전달하는 자가 마당에서 피변복(皮弁服)을 받아가지고 와서
의복을 건네며 명령을 전달하고, 서쪽 계단으로부터 조복(朝服)을 받아가지
고 와서 의복을 건네며 명령을 전달하며, 당(堂)으로부터 현단(玄端)을 받아
가지고 와서 의복을 건네며 명령을 전달하면, 세자는 절을 하며 이마가 땅에
닿도록 하니, 이 모두에 대해서 의복을 처음 받았을 때처럼 한다. 그런 뒤 수
의를 전달하는 자는 내려가서 밖으로 나가 자신의 자리로 되돌아간다. 재부
(宰夫) 5명은 각각 한 벌의 의복을 들고 동쪽으로 가니, 서쪽 계단을 통해서
내려가며, 그 의복을 들 때에도 또한 수의를 전달하는 자처럼 서쪽을 바라보
게 된다."라는 뜻이다. 또 이에 대한 진호(陳澔)의 『집설(集說)』에서는 "此言
列國致襚之禮. 衣服曰襚. 委於殯東, 卽委璧之席上也. 左執領, 則領向南. 此襚
者旣致冕服訖, 復降而出, 取爵弁服以進, 至門之內霤而將命, 子拜如初者, 如受
冕服之禮也. 受訖, 襚者又出取皮弁服及朝服及玄端服, 每服進受之禮皆如初,
但受之之所不同耳. 致五服皆畢, 襚者乃降出反位, 而宰夫五人, 各舉一服以東,
而其舉之也, 亦如襚者之西面焉."이라고 풀이했다. 즉 "이것은 제후국들끼리
서로에게 수의를 보내는 예법을 뜻한다. 부의로 의복을 보내는 것을 '수(襚)'

그 다음으로 봉(賵)을 하며,5) 그 다음으로 임(臨)을 하는데,6) 이러한 네

라고 부른다. '빈소의 동쪽에 내려둔다.'는 말은 벽(璧)을 내려놓은 자리에 둔
다는 뜻이다. '좌측 손으로 옷깃을 잡는다.'라고 했다면 옷깃은 남쪽을 향하
게 된다. 이곳에서 수의를 전달하는 자가 이미 면복(冕服)을 전달하고 그 일
이 끝나면, 다시 내려와서 밖으로 나가며, 작변복(爵弁服)을 가지고 나아가
서 문의 안쪽에 있는 처마에 이르러 명령을 전달하고, 자식은 절을 하며 처
음 했을 때처럼 하니, 면복을 받았을 때의 예법처럼 하는 것이다. 전달하는
일이 끝나면, 수의를 전달하는 자는 재차 밖으로 나가서 피변복(皮弁服)·조
복(朝服)·현단복(玄端服)을 가져와서 매 복장마다 나아가 전달하는 예법을
모두 처음에 했던 것처럼 하는데, 다만 그것을 받는 장소만 다를 뿐이다. 다
섯 가지 복장을 전달하는 일이 모두 끝나면, 수의를 전달하는 자는 곧 내려
가서 밖으로 나가 자신의 자리로 나아가고, 재부(宰夫) 5명은 각각 한 가지
복장을 들고서 동쪽으로 가는데, 그들이 복장을 들 때에도 또한 수의를 전달
하는 자가 서쪽을 바라보았던 것처럼 한다."라는 뜻이다.

5) 『예기』「잡기상(雜記上)」【505a】에는 "上介賵, 執圭將命曰, '寡君使某賵.' 相
者入告, 反命曰, '孤須矣.' 陳乘黃大路於中庭, 北輈, 執圭將命. 客使自下由路
西, 子拜稽顙, 坐委於殯東南隅, 宰擧以東."이라는 기록이 있다. 즉 "이웃 제후
국에 상이 발생하여, 신하를 파견해 봉(賵)을 하는 경우, 상개(上介)가 봉(賵)
을 하니, 그는 규(圭)를 잡고 명령을 전달하며, '저희 군주께서 아무개인 저
를 사신으로 보내셔서 봉(賵)을 하도록 했습니다.'라고 한다. 의례를 돕는 자
가 안으로 들어가서 그 사실을 아뢰고, 다시 밖으로 나와서 명령을 전달하
며, '저희 상주께서 기다리고 계십니다.'라고 말한다. 마당에 네 필의 황색 말
과 수레를 진열하며, 수레의 끌채가 북쪽을 향하도록 하고, 봉(賵)을 전달하
는 자는 규(圭)를 들고 명령을 전달한다. 봉(賵)을 전달하는 자의 하위 관리
들은 말을 이끌고서 수레의 서쪽에 놓아두고, 세자가 절을 하며 이마가 땅에
닿도록 하며, 빈소의 동남쪽 모퉁이에 놓아두게 하고, 재(宰)가 그것들을 끌
고서 동쪽으로 간다."는 뜻이다. 또 이에 대한 진호(陳澔)의 『집설(集說)』에
서는 "此言列國致賵之禮. 車馬曰賵. 乘黃, 四黃馬也. 大路, 車也. 北輈, 車之輈
轅北向也. 客使, 上介所役使之人也. 爲客所使, 故曰客使. 自, 率也. 下, 謂馬也.
由, 在也. 路, 卽大路也. 陳車北轅畢, 賵者執圭升堂致命, 而客之從者, 率馬設
在車之西也, 車亦此從者設之. 子拜之後, 賵客卽跪而置其圭於殯東南隅之席上,
而宰擧之以東而藏於內也. 又按覲禮車在西, 統於賓也. 旣夕禮車以西爲上者,
爲死者而設於鬼神之位也. 此賵禮車馬, 爲助主人逆葬而設, 統於主人, 故車在
東也."라고 풀이했다. 즉 "이 내용은 제후국들끼리 서로에게 봉(賵)을 보내는
예법을 뜻한다. 부의로 수레와 말을 보내는 것을 '봉(賵)'이라고 부른다. '승
황(乘黃)'은 네 필의 황색 말을 뜻한다. '대로(大路)'는 수레를 뜻한다. '북주
(北輈)'는 수레의 끌채가 북쪽을 향하도록 한다는 뜻이다. '객사(客使)'는 상
개(上介)가 부리는 하위 관리들을 뜻한다. 빈객에게 부림을 당하기 때문에

'객사(客使)'라고 부른다. '자(自)'자는 '이끌다[率].'는 뜻이다. '하(下)'자는 말[馬]을 뜻한다. '유(由)'자는 '있다[在].'는 뜻이다. '노(路)'자는 대로(大路)를 뜻한다. 수레를 진열하며 끌채를 북쪽으로 두는 것이 끝나면 봉(賵)을 전달하는 자는 규(圭)를 들고 당(堂)에 올라가서 명령을 전달하며, 빈객을 따라온 자들은 말을 이끌고 수레의 서쪽에 두니, 수레 또한 이러한 빈객의 종자들이 진열한다. 세자가 절을 한 이후 봉(賵)을 전달하는 빈객은 곧 무릎을 꿇고서 빈소의 동남쪽 모퉁이 자리 위에 규(圭)를 놓아두고, 재(宰)는 그것을 들고서 동쪽으로 가며 안쪽에 보관한다. 또 『의례』「근례」편을 살펴보면 수레가 서쪽에 있으니, 빈객에게 종속된다고 했다. 『의례』「기석례」편에서는 수레는 서쪽 방향을 상등의 자리로 여긴다고 했는데, 죽은 자를 위한 경우 귀신의 자리에 진열하게 된다. 이곳에서 봉(賵)의 예법을 시행하며 수레와 말을 전달하는 것은 상주가 장례를 전송하는 것을 돕기 위해 진열한 것이니, 주인에게 종속된다. 그렇기 때문에 수레를 동쪽에 두는 것이다."라는 뜻이다.

6) 『예기』「잡기상(雜記上)」【505d~506a】에는 "上客臨曰, '寡君有宗廟之事, 不得承事, 使一介老某相執紼.' 相者反命曰, '孤須矣.' 臨者入門右, 介者皆從之, 立于其左東上. 宗人納賓, 升受命于君. 降曰, '孤敢辭吾子之辱. 請吾子之復位.' 客對曰, '寡君命某毋敢視賓客, 敢辭.' 宗人反命曰, '孤敢固辭吾子之辱. 請吾子之復位.' 客對曰, '寡君命某毋敢視賓客, 敢固辭.' 宗人反命曰, '孤敢固辭吾子之辱. 請吾子之復位.' 客對曰, '寡君命使臣某毋敢視賓客, 是以敢固辭. 固辭不獲命, 敢不敬從.' 客立于門西, 介立于門左東上. 孤降自阼階拜之, 升, 哭, 與客拾踊三. 客出, 送于門外拜稽顙."이라는 기록이 있다. 즉 "상등의 빈객이 곡(哭)에 임하며 '저희 군주께서는 종묘(宗廟)의 일이 있으셔서 직접 그 일을 받들지 못하셔서, 일개 노신인 아무개인 저를 시켜서 상엿줄을 잡는 일을 돕도록 하셨습니다.'라고 말한다. 그러면 의례를 돕는 자가 안으로 들어가서 그 사실을 아뢰고, 다시 밖으로 나와서 명령을 전달하며, '저희 상주께서 기다리고 계십니다.'라고 말한다. 조문객은 문으로 들어가서 우측으로 가고, 조문객을 따라온 개(介)들은 모두 그를 따르게 되어, 그의 좌측에 서 있게 되는데, 서열에 따라 동쪽 끝에서부터 차례대로 정렬한다. 종인(宗人)은 빈객을 안으로 들이고자 하여, 먼저 당(堂)으로 올라가 군주에게 조문객을 안으로 들이라는 명령을 받는다. 그런 뒤 당하(堂下)로 내려와서 '저희 상주께서 감히 그대께서 욕되게 행동하심을 사양하고자 하십니다. 그대께 본래의 빈객 자리로 되돌아가기를 청합니다.'라고 말한다. 조문객은 대답을 하며, '저희 군주께서는 아무개인 저에게 명령하시며 감히 빈객처럼 행동하지 말라고 하셨으니, 감히 상주의 청을 사양하고자 합니다.'라고 말한다. 종인은 안으로 들어가서 그 사실을 아뢰고, 다시 밖으로 나와서 명령을 전달하며 '상주께서 감히 그대께서 욕되게 행동하심을 재차 사양하고자 하십니다. 그대께 본래의 빈객 자리로 되돌아가기를 청합니다.'라고 말한다. 조문객은 대답을 하며, '저희 군주께서는 아무개인 저에게 명령하시며 감히 빈객처럼 행동하지 말라고 하셨으니,

감히 상주의 청을 재차 사양하고자 합니다.'라고 말한다. 종인은 안으로 들어
가서 그 사실을 아뢰고, 다시 밖으로 나와서 명령을 전달하며 '상주께서 감
히 그대께서 욕되게 행동하심을 진실로 사양하고자 하십니다. 그대께 본래
의 빈객 자리로 되돌아가기를 청합니다.'라고 말한다. 조문객은 대답을 하며,
'저희 군주께서는 사신 아무개인 저에게 명령하시며 감히 빈객처럼 행동하
지 말라고 하셔서, 이러한 이유로 감히 거듭 사양을 하고자 합니다. 거듭 사
양을 했음에도 그대 군주께서 명령을 거두지 않으시니, 감히 공경스럽게 따
르지 않을 수 있겠습니까.'라고 말한다. 조문객이 문의 서쪽에 서 있게 되면,
조문객을 따라온 개(介)들은 문의 좌측에 서 있으며 서열에 따라 동쪽 끝에
서부터 차례대로 정렬한다. 상주가 동쪽 계단을 통해 내려와서 조문객에게
절을 하고, 다시 올라가서 곡을 한 뒤에 조문객과 번갈아가며 세 차례 용(踊)
을 한다. 조문객이 밖으로 나가면, 상주는 문밖으로 나가서 그를 전송하며,
절을 하며 이마를 땅에 댄다."라는 뜻이다. 또 이에 대해 진호(陳澔)의『집설
(集說)』에서는 "上客, 卽前章所云弔者, 蓋鄰國來弔之正使也. 弔含襚賵皆畢,
自行臨哭之禮, 若聘禮之有私覿然, 蓋私禮爾. 主人入門而右, 客入門而左, 禮
也. 今此客入門之右, 是不敢以賓禮自居也. 宗人, 掌禮之官. 欲納此弔賓, 先受
納賓之命於主國嗣君, 然後降而請于客, 使之復門左之賓位. 宗人以客答之辭
入告於君, 而反命於客, 如是者三, 客乃自稱使臣而從其命, 於是立於門西之賓
位. 主君自阼階降而拜之, 主客俱升堂哭而更踊者三, 所謂成踊也. 客出, 送而拜
之, 謝其勞辱也."라고 풀이했다. 즉 "'상객(上客)'은 앞 문장에서 말한 '조문하
는 자[弔者]'를 뜻하니, 무릇 이웃 나라에서 찾아와 조문을 온 정규 사신을
가리킨다. 조(弔)·함(含)·수(襚)·봉(賵)의 절차가 모두 끝나서, 사신 스스
로 곡(哭)에 임하는 예법을 시행한 것이니, 빙례(聘禮)를 할 때 개인적으로
찾아뵐 때처럼 하니, 무릇 개인적인 의례일 따름이다. 주인은 문으로 들어가
며 우측으로 가고, 빈객은 문으로 들어가며 좌측으로 가는 것이 정식 예법이
다. 현재 이곳에서 말한 빈객은 문으로 들어가 우측으로 갔으니, 이것은 감
히 빈객의 예법으로 스스로 처신하지 않았기 때문이다. '종인(宗人)'은 의례
진행을 담당하는 관리이다. 이러한 조문객을 안으로 들이고자 하여, 먼저 빈
객을 들이라는 명령을 조문을 받는 나라의 상주에게서 받고, 그런 뒤에 내려
가서 빈객에게 청하여, 그로 하여금 문의 좌측인 빈객의 자리로 돌아가도록
한 것이다. 종인이 빈객의 대답을 가지고 들어가서 군주에게 아뢰고, 다시
돌아와서 빈객에게 군주의 명령을 전달하는데, 이처럼 하길 세 차례 하면,
빈객은 스스로 '사신(使臣)'이라 지칭하고 그 명령에 따르니, 이 시기에 문의
서쪽에 있는 빈객의 자리에 서게 된다. 조문을 받는 나라의 군주는 동쪽 계
단을 통해 내려가서 그에게 절을 하고, 상주와 빈객 모두 당(堂)에 올라가서
곡을 하며 번갈아 용(踊)을 하길 세 차례 하니, 이것을 '성용(成踊)'이라고 부
른다. 빈객이 밖으로 나가면 전송을 하며 절을 하니, 그가 수고롭게 찾아온
노고에 대해서 감사를 표하는 것이다."라는 뜻이다.

가지 예법은 같은 날에 모두 시행한다. 자세한 설명은 『예기』「잡기상(雜記上)」편에 나온다.

鄭注 言五者相次同時.

번역 다섯 가지는 동시에 차례대로 시행한다는 뜻이다.

釋文 臨, 如字, 徐力鴆反.

번역 '臨'자는 글자대로 읽는데, 서음(徐音)은 '力(력)'자와 '鴆(짐)'자의 반절음이다.

孔疏 ●"諸侯"至"此也". ○正義曰: 謂諸侯使人弔鄰國, 先行弔禮, 急宣君命. 人以飲食爲急, 故含次之. 食後須衣, 故襚次之. 有衣卽須車馬, 故賵次之. 君事旣畢, 則臣私行己禮, 故臨禮在後. 其事雖多, 而同一日取畢也.

번역 ●經文: "諸侯"~"此也". ○제후가 사신을 파견하여 이웃 나라의 제후에게 조문을 할 때, 먼저 조문의 예법을 시행하니, 군주의 명령을 전달하는 것이 급선무이기 때문이다. 사람의 입장에서는 음식을 먹는 것을 급선무로 여긴다. 그렇기 때문에 함(含)이 그 다음이 된다. 음식을 먹은 뒤로는 의복이 필요하다. 그렇기 때문에 수(襚)가 그 다음이다. 의복이 있으면 수레와 말이 필요하다. 그렇기 때문에 봉(賵)이 그 다음이다. 군주에 대한 일이 모두 끝나면, 사신은 개인적으로 자신에게 해당하는 의례를 시행한다. 그렇기 때문에 임(臨)의 예법이 가장 뒤에 있다. 그 사안이 비록 여러 가지이지만, 같은 날에 모두 끝낸다.

訓纂 王氏引之曰: 上"其次"二字, 蓋衍. 次於弔者, 唯含而已. 襚·賵·臨, 則由含而遞相次, 非皆次於弔也, 不得並以爲弔之次. 若以爲次序之次, 則與下"其次"相複. 上已云"其次", 下不須更言"其次如此"矣. 當作"諸侯使人弔·

含·襚·賵·臨皆同日而畢事者也", "使人"二字直貫下五事. 次者, 序也. 鄭注先言"相次", 後言"同時", 則所見本已衍. 又按此節當在上文"客出, 送于門外, 拜稽顙"之下, 錯簡在此耳.

번역 왕인지가 말하길, 앞에 나온 '기차(其次)'라는 두 글자는 아마도 연문으로 기록된 글자 같다. 조(弔) 다음에 시행하는 것은 오직 함(含)일 따름이다. 수(襚)·봉(賵)·임(臨)의 경우는 함(含)을 하는 것을 통해서 차례대로 순서에 따라 시행하는 것이니, 이 모두는 조(弔) 다음에 차례대로 시행하는 절차가 아니므로, 이 모두를 조(弔) 다음의 예법 절차라고 여길 수는 없다. 만약 이것을 차례[次序]를 뜻하는 '차(次)'자로 여긴다면, 뒤에 나오는 '기차(其次)'와 중복된다. 앞에서 이미 '기차(其次)'라고 했다면, 뒤에서 재차 '기차여차(其次如此)'라고 말할 필요는 없다. 따라서 이 문장은 마땅히 "제후가 사람을 시켜 조(弔)를 하고 함(含)을 하며 수(襚)를 하고 봉(賵)을 하며 임(臨)을 하는데, 이 모두는 같은 날에 시행하여 모두 끝낸다."라고 기록해야 한다. "어떤 자를 사신으로 보낸다[使人]."는 두 글자는 곧 그 뒤에 나온 다섯 가지 사안에 모두 해당한다. '차(次)'자는 순서[序]를 뜻한다. 정현의 주에서는 먼저 '서로의 순서[相次]'라고 말했고, 뒤에 '같은 시기[同時]'라고 말했으니, 그가 참고했던 판본 또한 이미 글자들이 연문으로 잘못 들어간 것이다. 또 살펴보니, 이곳 문단은 마땅히 『예기』「잡기상(雜記上)」편의 "조문객이 밖으로 나가면, 상주는 문밖으로 나가서 그를 전송하며, 절을 하며 이마를 땅에 댄다."[7]라는 기록 뒤에 와야 하는데, 착간이 되어 이곳에 잘못 기록된 것일 뿐이다.

---

7) 『예기』「잡기상(雜記上)」【505d~506a】: 上客臨曰, "寡君有宗廟之事, 不得承事, 使一介老某相執綍." 相者反命曰, "孤須矣." 臨者入門右, 介者皆從之, 立于其左東上. 宗人納賓, 升受命于君. 降曰, "孤敢辭吾子之辱. 請吾子之復位." 客對曰, "寡君命某毋敢視賓客, 敢辭." 宗人反命曰, "孤敢固辭吾子之辱. 請吾子之復位." 客對曰, "寡君命某毋敢視賓客, 敢固辭." 宗人反命曰, "孤敢固辭吾子之辱. 請吾子之復位." 客對曰, "寡君命使臣某毋敢視賓客, 是以敢固辭. 固辭不獲命, 敢不敬從." 客立于門西, 介立于門左東上. 孤降自阼階拜之, 升, 哭, 與客拾踊三. <u>客出, 送于門外拜稽顙.</u>

集解 諸侯於鄰國之喪, 先行弔禮, 其次致璧以飯·含, 其次致襚以襲·斂, 其次致賵物以助葬, 皆以喪事之所用爲先後, 末則弔使自臨, 故曰"其次如此也". 案士喪禮始死有致襚, 葬時有致賵, 此含·襚·賵同日畢事者, 蓋同國之禮, 襚·賵異時各致, 異國之禮則襚·賵一時並施. 故春秋文五年成風之喪, "天王使榮叔歸含且賵", 而"子高之喪, 孔氏之使者未至, 冉子攝束帛·乘馬以將之", 亦始死卽致賵, 皆異國之禮也. 雖賵·襚並施, 至葬時別遣人會葬, 故文五年"王使召伯來會葬", 會葬則當致贈也.

번역 제후는 이웃 나라의 상에 대해서, 먼저 조문의 예법을 시행하고, 그 다음으로 벽(璧)을 전달하여 반(飯)과 함(含)을 하도록 하며, 그 다음으로 수(襚)를 시행하여 습(襲)8)과 염(斂)을 하도록 하고, 그 다음으로 봉(賵)을 시행하여 장례를 돕는데, 이 모두는 상사에서 필요로 하는 것들에 따라 선후의 순서로 삼은 것이고, 끝으로는 조문을 한 사신이 직접 임(臨)을 한다. 그렇기 때문에 "그 순서가 이와 같다."라고 말한 것이다. 그런데『의례』「사상례(士喪禮)」편을 살펴보면, 어떤 자가 이제 막 죽었을 때 수(襚)를 시행하고, 장례를 치를 때 봉(賵)을 시행한다고 했고, 이곳에서는 함(含)·수(襚)·봉(賵)을 같은 날 시행하여 일을 마친다고 했다. 그 이유는 아마도 같은 나라에 살고 있는 자에게 적용되는 예법에서는 수(襚)와 봉(賵)을 다른 시기에 각각 실시했고, 다른 나라에 살고 있는 자에게 적용되는 예법에서는 수(襚)와 봉(賵)을 같은 날에 모두 시행했기 때문이다. 그래서『춘추』문공(文公) 5년에는 성풍의 상에 대해서, "천자의 사신 영숙이 함(含)과 봉(賵)을 보내왔다."9)라고 한 것이고, "자고의 상이 발생했을 때, 공자는 사람을 시켜서 부의를 보냈지만, 심부름을 하는 자가 도착하지 않았다. 그래서 염자는 그 대신 속백(束帛)10)과 네 마리의 말을 빌려서, 그것을 가지고 대

---

8) 습(襲)은 시신에 옷을 입히는 의식 절차이다. 한편 시신에 입히는 옷 자체도 '습'이라고 불렀다.

9)『춘추』「문공(文公) 5년」: 五年, 春, 王正月, <u>王使榮叔歸含且賵</u>.

10) 속백(束帛)은 한 묶음의 비단으로, 그 수량은 다섯 필(匹)이 된다. 빙문(聘問)을 하거나 증여를 할 때 가져가는 예물(禮物) 등으로 사용되었다. '속(束)'은 10단(端)을 뜻하는데, 1단의 길이는 1장(丈) 8척(尺)이 되며, 2단이 합쳐서 1

신 조문했다."[11]라고 한 것인데, 이 기록은 또한 어떤 자가 이제 막 죽었을 때 봉(賵)을 시행하는 것이 모두 다른 나라에 살고 있는 자에게 적용되는 예법임을 나타낸다. 비록 봉(賵)과 수(襚)를 모두 시행하지만, 장례를 치르게 될 때에는 별도로 사람을 보내서 회장(會葬)[12]을 하도록 한다. 그렇기 때문에 문공 5년에는 "천자가 소백을 시켜서 노나라에 와서 회장을 했다."[13]라고 한 것이니, 회장을 했다면, 마땅히 증(贈)을 시행한 것이다.

권(卷)이 되므로, 10단은 총 5필이 된다. 『주례』「춘관(春官)·대종백(大宗伯)」편에는 "孤執皮帛."이라는 기록이 있고, 이에 대한 가공언(賈公彦)의 소(疏)에서는 "束者十端, 每端丈八尺, 皆兩端合卷, 總爲五匹, 故云束帛也."라고 풀이했다.

11) 『예기』「단궁상(檀弓上)」【81b】: <u>伯高之喪, 孔氏之使者未至, 冉子攝束帛·乘馬而將之</u>. 孔子曰: "異哉! 徒使我不誠於伯高."

12) 회장(會葬)은 장례(葬禮)에 참가하는 것을 뜻한다. 『춘추좌씨전』「은공(隱公) 1년」편에는 "惠公之薨也, 有宋師, 大子少, 葬故有闕, 是以改葬. 衛侯來<u>會葬</u>, 不見公, 亦不書."라는 용례가 나온다.

13) 『춘추』「문공(文公) 5년」: 王使召伯來會葬.

• 제 51 절 •

군주가 신하에 대해 문병하고 상을 대하는 규정

【518a~b】

卿大夫疾, 君問之無筭, 士壹問之. 君於卿大夫, 比葬不食肉,
比卒哭不擧樂. 爲士, 比殯不擧樂.

직역 卿과 大夫가 疾하면, 君이 問하길 筭이 無하며, 士는 壹히 問한다. 君은
卿과 大夫에 대하여, 葬에 比하여 肉을 不食하고, 卒哭에 比하여 樂을 不擧한다.
士를 爲해서는 殯에 比하여 樂을 不擧한다.

의역 경과 대부가 병에 걸렸을 때, 군주는 그들에게 문병을 함에 정해진 횟수가
없고, 사가 병에 걸렸을 때에는 한 차례만 문병한다. 군주는 경과 대부의 죽음에
대해서, 그들의 장례를 치를 때까지 고기를 먹지 않고, 그들에 대해 졸곡(卒哭)을
할 때까지 음악을 연주하지 않는다. 사를 위해서는 빈소를 차릴 때까지 음악을 연
주하지 않는다.

集說 喪大記云, "三問." 此云無筭, 或恩義如師保之類乎. 或三問者, 君親
往; 而無筭者, 遣使乎. 士有疾, 君問之惟一次, 卑賤也. 比, 及也.

번역 『예기』「상대기(喪大記)」편에서는 "세 차례 문병을 한다."[1]라고
했는데, 이곳에서는 정해진 수가 없다고 했으니, 아마도 은정과 도의에 따
른 사(師)나 보(保) 같은 스승들의 부류였기 때문일 것이다. 그것이 아니라
면 세 차례 문병을 하는 것은 제후가 직접 찾아가는 것이고, 정해진 수가

---

1) 『예기』「상대기(喪大記)」【541a】: 君於大夫疾, 三問之. 在殯, 三往焉. 士疾壹
問之. 在殯, 壹往焉. 君弔, 則復殯服.

없이 자주 가는 것은 사신을 보내는 것이다. 사가 병에 걸리면, 군주는 문병을 하며 오직 한 차례만 하니, 신분이 미천하기 때문이다. '비(比)'자는 "~에 이르다[及]."는 뜻이다.

孔疏 ●"卿大"至"擧樂". ○正義曰: 按喪大記"君於大夫疾, 三問之", 此云無筭, 謂有師保恩舊之親, 故問之無筭. 或可喪大記云"三問"者, 謂君自行. 此云"無筭", 謂遣使也.

번역 ●經文: "卿大"~"擧樂". ○『예기』「상대기(喪大記)」편을 살펴보면, "제후는 대부가 질병에 걸렸을 때, 세 차례 문병을 한다."라고 했는데, 이곳에서는 정해진 횟수가 없다고 했다. 아마도 이들은 사(師)나 보(保) 같은 스승들처럼 은정이 깊고 오래 전부터 알고 있던 가까운 자이기 때문에, 그들에게 문병을 할 때, 정해진 횟수 없이 자주 했던 것이다. 그것이 아니라면 「상대기」편에서 "세 차례 문병을 한다."라고 한 말은 군주가 직접 찾아가는 것을 뜻하고, 이곳에서 "정해진 횟수가 없다."고 한 말은 사신을 보내는 것이다.

集解 愚謂: 問之者, 或親往, 或使人也. "無算", 謂無一定之數也. 喪大記"君於大夫疾, 三問之", 此云"無算"者, 疾有久暫劇易之不同, 不可爲一定之數, 故曰"無算", 要其多者, 不過三問也. 於士, 但一問之而已. 大司樂"諸侯薨, 令去樂", "大臣死, 令弛縣". 此君爲大夫比卒哭不擧樂, 當弛縣; 爲士, 比殯不擧樂, 則但去樂也.

번역 내가 생각하기에, 문병이라는 것은 직접 찾아가기도 하고 사신을 보내기도 한다. "정해진 횟수가 없다."는 말은 일정한 수치가 없다는 뜻이다. 『예기』「상대기(喪大記)」편에서는 "제후는 대부가 질병에 걸렸을 때, 세 차례 문병을 한다."라고 했는데, 이곳에서는 "정해진 횟수가 없다."라고 했으니, 질병에는 오래되었거나 잠시 생겼거나 또는 심하거나 가벼운 차이점이 있어서, 일정한 수치로 정할 수 없기 때문이다. 그래서 "정해진 횟수가 없다."라고 말한 것이며, 많이 찾아가는 경우를 요약하더라도, 세 차례 문병을 하는 것을 벗어나지 않는다. 사에 대해서는 단지 한 차례만 문병을 할 따름이다. 『주례』「대사악(大司樂)」편에서는 "제후가 죽었을 때에는 악기를 치우게 한다."2)라고 했고, "대신이 죽었을 때에는 걸어둔 악기를 풀어두도록 한다."3)라고 했다. 따라서 이곳에서 제후가 대부를 위해 졸곡(卒哭)을 할 때까지 음악을 거행하지 않는다고 한 말은 걸어둔 악기를 풀어둔다는 뜻이고, 사를 위해서 빈소를 차릴 때까지 음악을 거행하지 않는다는 말은 단지 악기를 치워둔다는 뜻이다.

---

2) 『주례』「춘관(春官)·대사악(大司樂)」: 凡日月食, 四鎭五嶽崩, 大傀異災, 諸侯薨, 令去樂.
3) 『주례』「춘관(春官)·대사악(大司樂)」: 大札·大凶·大災·大臣死, 凡國之大憂, 令弛縣.

영구를 조묘(祖廟)로 옮기는 규정

【518b】

升正柩, 諸侯執綍五百人, 四綍皆銜枚, 司馬執鐸, 左八人, 右八人, 匠人執羽葆御柩. 大夫之喪, 其升正柩也, 執引者三百人, 執鐸者左右各四人, 御柩以茅.

직역 升하여 柩를 正함에, 諸侯는 綍을 執함이 五百人이고, 四綍은 皆히 銜枚하며, 司馬는 鐸을 執함에, 左는 八人이며, 右는 八人이고, 匠人은 羽葆를 執하여 柩를 御한다. 大夫의 喪에, 그 升하여 柩를 正함에, 引을 執하는 者는 三百人이고, 鐸을 執하는 者는 左右는 各히 四人이며, 柩를 御함에는 茅로써 한다.

의역 장례를 치르기 위해 영구를 조묘(祖廟)의 당(堂) 위로 올리고 위치를 바르게 잡을 때, 제후의 경우에는 상여줄을 잡는 자가 500명이며, 상여에 매달린 4개의 상여줄에 각각 고르게 분포하여 위치하고 모두들 입에 재갈을 물어서 떠들지 않으며, 사마(司馬)는 목탁을 들고서 그들에 대해 호령을 하는데, 좌측에 8명이 위치하고, 우측에 8명이 위치하여, 좌우에서 영구를 둘러싸게 되며, 장인(匠人)인 깃털로 만든 보(葆)를 잡고서 영구를 인도하게 된다. 대부의 상이라면, 영구를 당에 올려서 위치를 바로잡을 때, 상여줄을 잡는 자는 300명이며, 목탁을 들고 좌우에 위치하는 자는 각각 4명씩이고, 영구를 인도할 때에는 모(茅)로써 한다.

集說 升正柩者, 將葬柩朝祖廟, 升西階, 用輁軸載柩于兩楹間而正之也. 柩有四綍. 枚形似箸, 兩端有小繩, 銜于口而繫于頸後, 則不能言, 所以止喧譁也. 五百人皆用之. 司馬十六人執鐸, 分居左右夾柩, 以號令於衆也. 葆形如蓋, 以羽爲之. 御柩者, 在柩車之前, 若道塗有低昂傾虧, 則以所執者爲抑揚左右之節, 使執綍者知之也. 引, 卽綍, 互言之耳. 茅, 以茅爲麾也.

번역 '승정구(升正柩)'라는 말은 장례를 치르려고 하여 영구를 조묘(祖廟)에 알현시키며 서쪽 계단으로 올리는데, 공축(輁軸)을 사용해서 양쪽 기둥 사이에 영구를 올리고 위치를 바로잡는다. 영구에는 4개의 발(綍)이 달려 있다. '매(枚)'는 그 모습이 대나무로 만든 통과 유사하며, 양쪽 끝에는 작은 새끼줄이 달려 있어서, 입에 재갈처럼 물리고서 목 뒤에서 묶게 되면 말을 할 수 없으니, 시끄럽게 떠드는 것을 그치게 하는 도구이다. 500명의 사람들은 모두 이것을 사용하여 입에 문다. 사마(司馬) 16명은 목탁[鐸]을 잡고, 좌우로 나뉘어 양쪽에서 영구를 둘러싸니, 이들을 통해 많은 사람들을 호령한다. '보(葆)'는 그 모습이 뚜껑[蓋]과 유사한데, 깃털로 만든다. 영구를 인도하는 자는 영구를 실은 수레 앞에 위치하니, 만약 길에 낮아지거나 높아지는 등의 굴곡이 있다면, 손에 든 것을 좌우로 낮추거나 올리는 기준으로 삼아, 상엿줄을 잡고 있는 자로 하여금 그 사실을 인지하도록 한다. '인(引)'은 곧 발(綍)에 해당하니, 상호 호환이 되도록 말한 것일 뿐이다. '모(茅)'는 띠풀로 만든 일종의 깃발이다.

大全 嚴陵方氏曰: 載柩有車, 車有副焉, 而載柩者爲正. 大夫殺禮於諸侯, 故以茅, 取其色白, 宜於凶禮, 且以表哀素之心焉. 楚軍前茅, 亦以兵凶器也.

번역 엄릉방씨가 말하길, 영구를 실을 때에는 수레가 포함되며, 수레가 이동할 때에는 보조수레가 있는데, 영구를 실은 수레는 중심이 되는 수레이다. 대부는 제후보다 예법을 낮추기 때문에 모(茅)를 사용하는데, 그것의 색깔이 백색인 것에 따른 것으로, 흉례를 치를 때 마땅하며, 또한 이를 통해서 애통한 마음을 나타낸다. 초나라 군대가 이동할 때 앞의 부대가 모(茅)를 들었던 것[1] 또한 병장기는 흉기에 해당하기 때문이다.

---

1) 『춘추좌씨전』「선공(宣公) 12년」: 蒍敖爲宰, 擇楚國之令典; 軍行, 右轅, 左追蓐, 前茅慮無, 中權, 後勁.

鄭注 升正柩者, 謂將葬朝于祖, 正棺於廟也. 五百人, 謂一黨之民. 諸侯之大夫, 邑有三百戶之制. 紼·引同耳, 廟中曰紼, 在塗曰引, 互言之. 御柩者, 居前道正之. 大夫·士皆二紼.

번역 '승정구(升正柩)'는 장례를 치르기 위해 조묘(祖廟)에서 영구를 알현시키며, 묘(廟)로 이동하여 관의 위치를 바로잡는다는 뜻이다. 500명은 1개 당(黨)에 속한 백성들을 뜻한다. 제후에게 소속된 대부는 식읍으로 300호(戶)를 받는 제도가 있다. '발(紼)'과 '인(引)'은 동일한 물건일 따름인데, 묘(廟)에 있을 때에는 '발(紼)'이라고 부르고, 길에 있을 때에는 '인(引)'이라고 부르니, 상호 호환이 되도록 말한 것이다. '어구(御柩)'는 길 앞에 위치하여 이동을 바르게 만드는 자이다. 대부와 사는 모두 2개의 발(紼)을 달게 된다.

釋文 箄, 悉亂反. 比, 必利反, 下同. 爲, 于僞反. 枚音梅. 鐸, 大洛反. 葆音保. 引, 以愼反, 注同. 茅, 亡交反. 朝于, 直遙反. 道音導.

번역 '箄'자는 '悉(실)'자와 '亂(란)'자의 반절음이다. '比'자는 '必(필)'자와 '利(리)'자의 반절음이며, 아래문장에 나오는 글자도 그 음이 이와 같다. '爲'자는 '于(우)'자와 '僞(위)'자의 반절음이다. '枚'자의 음은 '梅(매)'이다. '鐸'자는 '大(대)'자와 '洛(낙)'자의 반절음이다. '葆'자의 음은 '保(보)'이다. '引'자는 '以(이)'자와 '愼(신)'자의 반절음이며, 정현의 주에 나오는 글자도 그 음이 이와 같다. '茅'자는 '亡(망)'자와 '交(교)'자의 반절음이다. '朝于'에서의 '朝'자는 '直(직)'자와 '遙(요)'자의 반절음이다. '道'자의 음은 '導(도)'이다.

孔疏 ●"升正"至"以茅". ○正義曰: 此一經明諸侯大夫送葬正柩之禮·執鐸之差.

번역 ●經文: "升正"~"以茅". ○이곳 문단은 제후와 대부가 장례를 전송하고 영구의 위치를 바로잡는 예법 및 목탁을 잡을 때의 차등 등을 나타내고 있다.

孔疏 ●“升正柩”者, 謂將葬, 朝於祖廟, 柩升廟之西階, 於兩楹之間. 其時柩北首, 故既夕禮云“遷于祖用軸”, “升自西階, 正柩于兩楹間”, 是也.

번역 ●經文: “升正柩”. ○장례를 치르려고 하여 조묘(祖廟)에 영구를 알현시키게 되어, 영구를 묘(廟)의 서쪽 계단으로 올려서 양쪽 기둥 사이에 둔다는 뜻이다. 이 시기에 영구는 북쪽으로 머리를 두도록 한다. 그렇기 때문에 『의례』「기석례(既夕禮)」편에서는 “조묘로 옮길 때에는 축(軸)을 사용한다.”라고 했고, “올릴 때에는 서쪽 계단을 이용하며, 양쪽 기둥 사이에 위치시켜 영구의 방향을 바로잡는다.”라고 한 것이다.2)

孔疏 ●“四綍皆銜枚”者, 謂執綍之人口皆銜枚, 止諠囂也.

번역 ●經文: “四綍皆銜枚”. ○상엿줄을 잡은 사람들은 입에 모두 함매(銜枚)3)를 하니, 떠드는 것을 그치게 한다는 뜻이다.

孔疏 ●“司馬執鐸, 左八人, 右八人”者, 司馬, 夏官, 主武. 故執金鐸率衆, 左右各八人, 夾柩以號令於衆也.

번역 ●經文: “司馬執鐸, 左八人, 右八人”. ○‘사마(司馬)’4)는 본래 하관

---

2) 『의례』「기석례(既夕禮)」: 遷于祖用軸. 重先, 奠從, 燭從, 柩從, 燭從, 主人從. <u>升自西階</u>. 奠俟于下, 東面, 北上. 主人從升, 婦人升, 東面. 衆人東卽位. <u>正柩于兩楹間</u>, 用夷牀.

3) 함매(銜枚)는 본래 병사들에 입에 물리던 나무판이다. 이것을 입에 물림으로써 큰 소리를 내거나 잡담을 하지 못하도록 하였다. 『주례』「하관(夏官)・대사마(大司馬)」편에는 “群司馬振鐸, 車徒皆作, 遂鼓行, 徒<u>銜枚</u>而進.”이라는 기록이 있다.

4) 사마(司馬)라는 관직은 전설상으로는 소호(少昊) 시대부터 설치되었다고 전해진다. 주(周)나라 때에는 육경(六卿) 중 하나였으며, 하관(夏官)의 수장이며, 대사마(大司馬)라고도 불렀다. 군대와 관련된 일을 담당했다. 한(漢)나라 무제(武帝) 때에는 태위(太尉)라는 관직명을 고쳐서 대사마(大司馬)라고 불렀고, 후한(後漢) 때에는 다시 태위(太尉)로 고쳐 불렀다. 남북조시대(南北朝時代)에는 대장군(大將軍)과 함께 이대(二大)로 칭해지기도 했으나, 청(淸)나

(夏官)의 수장으로, 본래 병사에 대한 일을 담당한다. 그렇기 때문에 금탁 (金鐸)을 들고서 무리를 통솔하는데, 좌우에 각각 8명씩 두어서, 양쪽에서 영구를 감싸게 하여, 대중들을 호령하는 것이다.

孔疏 ●“匠人執羽葆御柩”者, 匠人, 工人也. 羽葆者, 以鳥羽注於柄頭, 如蓋, 謂之羽葆. 葆, 謂蓋也. 匠人主宮室, 故執蓋物御柩. 謂執羽葆居柩葆 前, 御行於道, 示指揮柩於路, 爲進止之節也. 然周禮喪祝御柩, 此云匠人者, 周禮王禮, 此諸侯禮也.

번역 ●經文: “匠人執羽葆御柩”. ○‘장인(匠人)’은 공인이다. ‘우보(羽 葆)’는 새의 깃털을 자루 끝에 단 것으로, 마치 덮개처럼 생긴 것인데, 이것 을 ‘우보(羽葆)’라고 부른 것이다. ‘보(葆)’자는 덮개[蓋]를 뜻한다. 장인들은 궁실 만드는 일을 담당한다. 그렇기 때문에 덮개처럼 생긴 물건을 들고서 영구를 이끄는 것이다. 즉 우보를 들고서 영구 앞에 위치하여 길에서 인도 하고, 도로에서 영구의 이동을 지휘하며, 나아가거나 그치는 절도로 삼는다 는 뜻이다. 그런데 『주례』에서는 상축(喪祝)이 영구를 실은 수레를 인도한 다고 했는데,[5] 이곳에서는 ‘장인(匠人)’이 한다고 했다. 그 이유는 『주례』의 기록은 천자의 예법이고, 이곳의 기록은 제후의 예법이기 때문이다.

孔疏 ◎注“五百”至“二紼”. ○正義曰: 按周禮注“六鄕主六引, 六遂主六 紼”, 經云執紼, 則應擧六遂, 而言黨者, 此是非辨鄕·遂之殊, 正取五百人是 一黨之人數耳. 或是略擧鄕中之黨, 則遂之鄙亦可知. 云“諸侯之大夫, 邑有 三百戶之制”者, 謂小國中下大夫也. 故鄭[6]注易·訟卦云“小國之下大夫采地

라 때 폐지되었다. 후세에서는 병부상서(兵部尙書)의 별칭으로 사용하기도 했고, 시랑(侍郎)을 소사마(少司馬)로 칭하기도 하였다.

5) 『주례』「춘관(春官)·상축(喪祝)」: 喪祝, 掌大喪勸防之事. 及辟令啓. 及朝御 柩乃奠. 及祖飾棺乃載遂御. 及葬御柩出宮乃代. 及壙說載除飾.

6) ‘정(鄭)’자에 대하여. ‘정’자는 본래 ‘곽(郭)’자로 기록되어 있었는데, 손이양(孫 詒讓)의 『교기(校記)』에서는 “‘정’자를 ‘곽’자로 잘못 표기한 것이다.”라고 했다.

方一成, 其定稅三百家, 故三百戶也". 其實大國下夫夫亦三百戶. 故論語云
"管仲奪伯氏駢邑三百", 注云"伯氏, 齊大夫". 是齊爲大國, 下大夫亦三百家
也. 其天子公卿大夫, 按小司徒職注云"百里之國凡四都, 五十里之國凡四縣,
二十五里之國凡四甸,　然則大都公之采地方百里,　小都卿之采地方五十里,
家邑大夫采地方二十五里". 熊氏云: 以此推之, 公之大都采地方百里, 侯伯
大都采地方五十里, 子男大都采地方二十五里. 以畿外地闊, 故公之大都與
天子大都同也.　其中都采地無文,　其小都則下大夫二百家一成之地也.　一成
所以三百家者, 一成九百夫. 宮室塗巷山澤, 三分去一, 餘有六百夫. 地又不
易再易, 通率一家而受二夫之地, 是定稅三百家也. 云"紼·引同耳"者, 其義
具在檀弓疏.

번역　◎鄭注: "五百"~"二紼". ○『주례』에 대한 정현의 주를 살펴보면,
"육향(六鄕)에서는 6개의 인(引)에 대해서 담당을 하고, 육수(六遂)에서는
6개의 발(紼)에 대해서 담당을 한다."라고 했고, 경문에서는 "발(紼)을 잡는
다."라고 했으니, 마땅히 육수를 제시해서 설명해야 하는데도 '당(黨)'이라
고 하였다. 그 이유는 이곳 기록은 향(鄕)과 수(遂)의 차이를 변별한 것이
아니며, 단지 500명이 1개의 당(黨)에 속한 사람 수에 해당한다는 것에서
뜻을 취했기 때문이다. 그것이 아니라면 향에 포함된 당(黨)을 대략적으로
제시한 것으로, 수에서는 비(鄙)에 해당함을 또한 알 수 있다. 정현이 "제후
에게 소속된 대부는 식읍으로 300호(戶)를 받는 제도가 있다."라고 했는데,
소국(小國)에 포함된 하대부(下大夫)를 뜻한다. 그렇기 때문에 『역』「송괘
(訟卦)」에 대한 정현의 주에서는 "소국에 속한 하대부는 채지가 사방 1성
(成)[7]으로, 300개의 가(家)에게 세금을 받도록 했다. 그렇기 때문에 300호
(戶)이다."라고 했다. 실제로 대국(大國)에 속한 하대부 또한 300호(戶)를
식읍으로 받는다. 그렇기 때문에 『논어』에서는 "관중은 백씨의 병읍 300호
를 빼앗았다."[8]라고 한 것이고, 주에서는 "백씨는 제(齊)나라의 대부이다."

---

7)　성(成)은 토지의 면적을 뜻하는 단위이다. 사방 1리(里)의 면적은 1정(井)이
되고, 10정(井)은 1통(通)이 되며, 10통(通)은 1성(成)이 되니, 1성(成)은 사방
10리(里)의 면적이다.

라고 한 것이다. 이것은 제나라가 대국에 해당했는데, 그 나라의 하대부
또한 300가(家)를 식읍으로 받았다는 사실을 나타낸다. 천자에게 소속된
공·경·대부에 대해서는 『주례』「소사도(小司徒)」편의 직무 기록에 대한
정현의 주를 살펴보면, "사방 100리(里)의 나라에는 모두 4개의 도(都)가
있고, 사방 50리(里)의 나라에는 모두 4개의 현(縣)이 있으며, 사방 25리
(里)의 나라에는 모두 4개의 전(甸)이 있으니, 대도(大都)에 있는 공(公)의
채지는 사방 100리(里)의 크기이며, 소도(小都)에 있는 경(卿)의 채지는 사
방 50리(里)의 크기이고, 가읍(家邑)에 있는 대부(大夫)의 채지는 사방 25
리(里)의 크기이다."라고 했다. 웅안생은 이를 통해 추론해보면, 공작의 대
도에 있는 채지는 사방 100리(里)의 크기이고, 후작·백작의 대도에 있는
채지는 사방 50리(里)의 크기이며, 자작·남작의 대도에 있는 채지는 사방
25리(里)의 크기라고 했다. 천자의 수도 밖의 땅들은 광활하기 때문에 공작
의 대도에 있는 채지와 천자의 대도에 있는 채지의 크기가 동일한 것이다.
중도(中都)에 있는 채지에 대해서는 관련된 기록이 남아있지 않은데, 소도
(小都)의 경우라면 하대부는 200가(家)와 1성(成)의 땅을 받는다. 1성(成)
을 300가(家)로 한 것은 1성(成)에는 900명의 장부가 포함된다. 건물·도로
및 마을·산·연못 등이 있어 그 중 3분의 1을 덜면, 나머지는 600명의 장부
가 있게 된다. 지형에는 또 경작이 쉽지 않고 3년 중 2년을 쉬어야 하는
땅이 있어서, 통괄적으로 1개의 집마다 2명의 장부가 경작할 수 있는 땅을
받게 되니, 이것이 300가(家)로 세금을 정했다는 뜻이다. 정현이 "'발(綍)'과
'인(引)'은 동일한 물건일 따름이다."라고 했는데, 그 뜻에 대해서는 모두
『예기』「단궁(檀弓)」편의 소에 나온다.

訓纂 臧氏琳曰: 周禮鄕師"及葬, 執纛, 以與匠師御匶", 鄭司農云, "翿, 羽
葆幢也." 彼無"羽葆幢"之文, 鄭因釋翿爲羽葆幢也. 爾雅"翿, 纛也", 玉篇系
部"纛, 羽葆幢也, 亦作翿", 皆可證羽葆爲翿字之訓.

8) 『논어』「헌문(憲問)」: 或問子產. 子曰, "惠人也." 問子西. 曰, "彼哉! 彼哉!" 問
管仲. 曰, "人也. <u>奪伯氏駢邑三百</u>, 飯疏食, 沒齒無怨言."

번역　장림9)이 말하길, 『주례』「향사(鄕師)」편에서는 "장례를 치르게 되면, 깃발 중 하나인 독(纛)을 잡고서, 장사(匠師)와 함께 영구를 인도한다."10)라고 했으며, 정사농11)은 "도(翿)는 우보당(羽葆幢)이라는 깃발이다."라고 했다. 『주례』에는 '우보당(羽葆幢)'이라는 기록이 없어서, 정사농은 그에 따라 '도(翿)'를 우보당이라고 풀이한 것이다. 『이아』에서는 "도(翿)는 독(纛)이다."12)라고 했고, 『옥편』13)「계부」에서는 "독(纛)은 우보당이며 또한 '도(翿)'로도 기록한다."라고 했으니, 이러한 기록들은 모두 '우보(羽葆)'가 도(翿)자의 뜻이 된다는 사실을 증명할 수 있다.

集解　愚謂: 周禮鄕師"大喪用役, 則帥其民而至, 遂治之." 遂人"大喪, 帥六遂之役而致之", "及葬, 帥而屬六綍". 天子執綍之人, 出於六鄕·六遂, 則諸侯執綍之人出於三鄕·三遂也. 諸侯三鄕·三遂, 而執綍五百人, 則天子六鄕·六遂, 而執綍者千人矣. 執綍者, 天子千人, 諸侯五百人, 大夫三百人, 則士百人與. 周禮大司馬註云, "枚如箸, 衘之, 有繢結項中, 軍法止語, 爲相疑惑也." "司馬, 謂兩司馬也." 周禮大司馬"敎大閱", "兩司馬振鐸". 兩司馬, 卽鄕·遂之閭胥·里宰, 平時則屬於地官, 而掌閭·里之政敎, 有事則屬於司馬, 而主

---

9) 장림(臧琳, ?~?) : 청(淸)나라 때의 학자이다. 자(字)는 옥림(玉林)이다. 경학(經學)에 뛰어났으며, 한당대(漢唐代)의 학문을 존숭하였다. 『상서집해(尙書集解)』, 『경의잡기(經義雜記)』 등을 지었다.

10) 『주례』「지관(地官)·향사(鄕師)」 : 及葬, 執纛以與匠師御柩而治役.

11) 정중(鄭衆, ?~A.D.83) : =정사농(鄭司農). 후한(後漢) 때의 경학자이다. 자(字)는 중사(仲師)이다. 부친은 정흥(鄭興)이다. 부친에게 『춘추좌씨전(春秋左氏傳)』의 학문을 전수받았다. 또한 그는 대사농(大司農) 등의 관직을 역임하였기 때문에, '정사농'이라고도 불렸다. 한편 정흥과 그의 학문은 정현(鄭玄)에게 많은 영향을 주었기 때문에, 후대에서는 정현을 후정(後鄭)이라고 불렀고, 정흥과 그를 선정(先鄭)이라고도 불렀다. 저서로는 『춘추조례(春秋條例)』, 『주례해고(周禮解詁)』 등을 지었다고 하지만, 현재는 전해지지 않았다.

12) 『이아』「석언(釋言)」 : 翿, 纛也. 纛, 翳也.

13) 『옥편(玉篇)』은 남북조시대(南北朝時代) 때 양(梁)나라 고야왕(顧野王, A.D.519~581)이 편찬한 자서(字書)이다. 이후 송(宋)나라 때 증보가 되어, 『대광익회옥편(大廣益會玉篇)』으로 간행되었다.

徒役之政令也. 匠人, 匠師, 蓋冬官之考也. 執羽葆於柩前以指揮, 爲柩行抑揚
左右之節也. 周禮喪祝"及朝御匱", "及葬御匱, 出宮乃代". 又鄕師"大喪", "執
纛, 以與匠師御匱而治役". 是王喪朝廟, 以喪祝御匱, 及出宮而代以鄕師與匠
師也. 士喪記云, "遂·匠納車于階間." 是柩車者, 匠師之所職, 而鄕師統領六
鄕徒役, 是其所主, 故以此二人御匱. 諸侯之禮, 蓋亦然. 此不言"喪祝"及"鄕
師"者, 文略也. 朝廟屬於輴軸謂之綍, 在塗屬於柩車謂之引. 於諸侯言"執綍",
於大夫言"執引", 互相備, 以見所用之人數, 及執鐸御柩之法, 朝廟與在塗時
並同也. 大夫二綍, 不言者, 從上差之可知也. 不言"銜枚"者, 大夫執引之人或
出於朋友·鄕黨之助, 不可以徒役之法治之也. 茅, 編緝白茅爲之, 亦所以指
麾也. 左傳楚軍前茅, 蓋此類也. 士御柩以功布.

번역 내가 생각하기에, 『주례』「향사(鄕師)」편에서는 "대상(大喪)에서
부역을 동원하게 되면, 해당 백성들을 통솔하고 도착해서 그 일을 치른다."[14]
라고 했고, 「수인(遂人)」편에서는 "대상에는 육수(六遂)에서 동원되는 부
역 인원을 통솔하여 전달한다."라고 했고, "장례를 치르게 되면, 그들을 통
솔하여 6개의 발(綍)을 잡도록 한다."라고 했다.[15] 천자의 상에서 발(綍)을
잡는 자들을 육향(六鄕)과 육수에서 동원한다면, 제후의 상에서 발(綍)을
잡는 자들은 3개의 향(鄕)과 3개의 수(遂)에서 동원하게 된다. 제후가 3개
의 향과 3개의 수에서 동원을 했는데, 발(綍)을 잡는 자가 500명이었다면,
천자의 상에서는 육향과 육수에서 동원하니, 발(綍)을 잡는 자는 1000명이
된다. 발(綍)을 잡는 자에 있어서 천자가 1000명이고 제후가 500명이며 대
부가 300명이었다면, 사는 아마도 100명이었을 것이다. 『주례』「대사마(大
司馬)」편의 주에서는 "매(枚)는 대나무 통과 같은 것으로, 재갈을 물리고
목에서 결박을 하니, 군대의 법도에서 제멋대로 떠들어서 서로 의혹을 품
도록 하는 것을 금지하는 것이다."라고 했으며, "사마(司馬)는 양사마(兩司
馬)이다."라고 했다. 또 『주례』「대사마」편에서는 "대규모의 관병식을 가르

14) 『주례』「지관(地官)·향사(鄕師)」: 大喪用役, 則帥其民而至, 遂治之.
15) 『주례』「지관(地官)·수인(遂人)」: <u>大喪, 帥六遂之役而致之</u>, 掌其政令. <u>及葬,
帥而屬六綍</u>. 及窆, 陳役.

친다."16)라고 했고, "양사마가 목탁을 두드린다."17)라고 했다. 따라서 '양사마(兩司馬)'는 곧 향과 수에 속한 여서(閭胥)와 이재(里宰)에 해당하는데, 평상시라면 지관(地官)에 속하여, 여와 리에 대한 정교를 담당하다가 어떤 일이 발생하면, 사마에게 소속되어, 무리들과 부역 인원들에 대한 정령을 담당한다. '장인(匠人)'은 장사(匠師)에 해당하니, 아마도 동관(冬官)의 관리일 것이다. 우보(羽葆)를 들고서 영구 앞에 위치하여 지휘하니, 영구를 이동시킬 때 낮추거나 높이고 또는 좌우로 이동하는 절도로 삼게 된다.『주례』「상축(喪祝)」편에서는 "영구를 알현시키게 되면 영구를 이끈다."18)라고 했고, "장례를 치르게 되면 영구를 이끈다."19)라고 했다. 또『주례』「향사(鄉師)」편에서는 '대상(大喪)'을 말하며, "독(纛)을 잡고 장사(匠師)와 함께 영구를 이끌고 부역에 동원된 자들을 다스린다."라고 했다.20) 이것은 천자의 상에서 묘(廟)에 알현을 시키게 되면 상축이 영구를 이끌고, 궁을 벗어나게 되면 향사 및 장사와 임무를 교대한다는 사실을 나타낸다.『의례』「사상례(士喪禮)」편의 기문(記文)에서는 "수인(遂人)과 장인(匠人)이 계단 사이로 수레를 들인다."21)라고 했으니, 이것은 영구를 실은 수레는 장사(匠師)의 직무임을 나타내며, 향사가 육향에서 동원된 부역 인원들을 통솔하니, 이것은 주관하는 자가 있음을 뜻한다. 그렇기 때문에 이 두 사람을 이용해서 영구를 이끈다. 제후의 예법도 아마 이와 같았을 것이다. 이곳에서 '상축(喪祝)' 및 '향사(鄉師)'를 언급하지 않은 것은 문장을 생략해서 기록했기 때문이다. 묘에 알현을 시킬 때에는 순축(輴軸)에 연결하는데, 이것을

---

16)『주례』「하관(夏官)·대사마(大司馬)」: 中冬, 敎大閱.
17)『주례』「하관(夏官)·대사마(大司馬)」: 中軍以鞞令鼓, 鼓人皆三鼓, 司馬振鐸, 群吏作旗, 車徒皆作; 鼓行, 鳴鐲, 車徒皆行, 及表乃止; 三鼓, 摝鐸, 群吏弊旗, 車徒皆坐.
18)『주례』「춘관(春官)·상축(喪祝)」: 及朝, 御柩, 乃奠.
19)『주례』「춘관(春官)·상축(喪祝)」: 及葬, 御柩, 出宮乃代.
20)『주례』「지관(地官)·향사(鄉師)」: 大喪用役, 則帥其民而至, 遂治之. 及葬, 執纛以與匠師御柩而治役.
21)『의례』「기석례(旣夕禮)」: 旣正柩, 賓出, 遂·匠納車于階間. 祝饌祖奠于主人之南, 當前輅, 北上, 巾之.

'발(紼)'이라고 부르며, 도로에서 영구를 실은 수레에 연결하는 것은 '인(引)'이라고 부른다. 제후에 대해서 "발(紼)을 잡는다."라고 말하고, 대부에 대해서 "인(引)을 잡는다."라고 말한 것은 상호 그 뜻을 보완하도록 기록하여, 이를 통해 동원되는 인원의 수 및 목탁을 잡고 영구를 이끄는 법도가 묘에서 알현시킬 때와 도로에 있을 때가 모두 동일하다는 사실을 나타낸다. 대부는 2개의 발(紼)을 연결하는데, 그 사실을 언급하지 않은 것은 앞의 기록을 통해 차등적으로 낮추면, 그 사실을 알 수 있기 때문이다. 또 대부에 대해 '함매(銜枚)'를 언급하지 않았는데, 대부의 상에서 인(引)을 잡는 사람들은 간혹 벗 및 향당에서 도움을 주는 자들에서 뽑게 되므로, 부역에 동원되는 자들에게 적용하는 예법으로 그들을 대할 수 없기 때문이다. '모(茅)'는 백색의 띠풀을 엮어서 만드니, 이 또한 지휘를 하기 위한 것이다. 『좌전』에서 초나라 군대가 이동할 때 전방부대가 모(茅)를 들었던 것도 아마도 이러한 부류에 해당할 것이다. 사의 상에서 영구를 이끌 때에는 공포(功布)를 사용한다.

그림 52-1 ▣ 공축(輁軸)

軨軸

※ 출처: 『삼례도집주(三禮圖集注)』 18권

그림 52-2 ◼ 목탁(木鐸)과 금탁(金鐸)

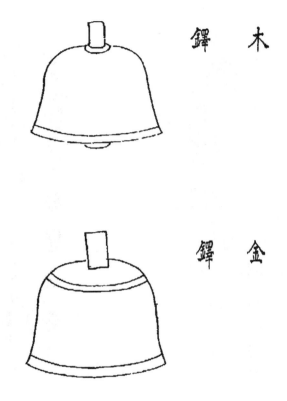

鐸 木

鐸 金

※ **출처:** 『육경도(六經圖)』 5권

● 그림 52-3 ▣ 도(翿)와 황제의 우보당(羽葆幢)

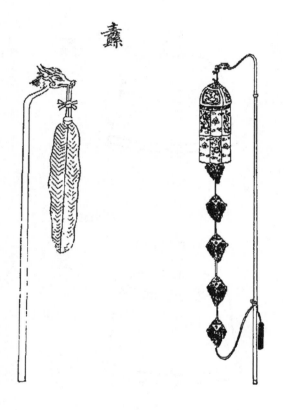

※ 출처: 도-『삼례도집주(三禮圖集注)』18권
　　　　우보당-『황조예기도식(皇朝禮器圖式)』10권

● 그림 52-4   ■ 향사(鄕師)

鄕
師

※ 출처: 『삼례도집주(三禮圖集注)』 19권

그림 52-5 ■ 공포(功布)

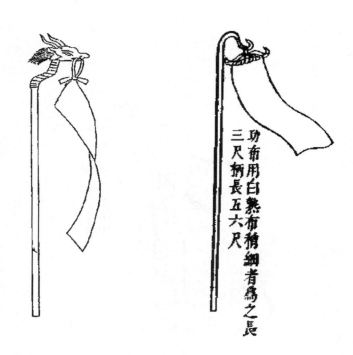

功布用白熟布精細者爲之長
三尺柄長五六尺

※ **출처:** 좌-『삼례도집주(三禮圖集注)』 18권
　　　　　우-『삼재도회(三才圖會)』「의제(儀制)」 7권

그림 52-6   ▣ 공포(功布)를 들고 가는 모습

車轝　翣　布功

※ 출처: 『삼재도회(三才圖會)』「의제(儀制)」 7권

• 제 53 절 •

관중과 안평중의 비례

【518c~d】

孔子曰, "管仲鏤簋而朱紘, 旅樹而反坫, 山節而藻梲, 賢大夫也, 而難爲上也."

직역 孔子가 曰, "管仲은 簋를 鏤하고 朱紘하였으며, 旅樹하고 反坫하였으며, 山節하고 藻梲하였으니, 賢大夫라 하더라도, 上이 爲함을 難하다."

의역 공자는 "관중은 궤(簋)에 조각을 해서 장식을 하고 면류관의 끈을 주색으로 달았으며, 여수(旅樹)를 설치하고 반점(反坫)을 두었으며, 두공에 산을 조각하고 단주에 수초풀을 그렸으니, 현명한 대부였다고 하더라도, 윗사람에게 참람되게 군 자이다."라고 말했다.

集說 鏤簋, 簋有雕鏤之飾也. 紘, 冕之飾, 天子朱, 諸侯靑, 大夫士緇. 旅, 道也. 樹, 屛也. 立屛當所行之路以蔽內外也. 反坫, 反爵之坫也. 土爲之, 在兩楹間. 山節, 刻山於柱頭之斗栱也. 藻, 水草. 藻梲, 畫藻於梁上之短柱也. 難爲上, 言僭上也.

번역 '누궤(鏤簋)'는 궤(簋)에 조각을 새겨서 장식한 것이 있다는 뜻이다. '굉(紘)'은 면류관의 장식인데, 천자는 주색으로 하며 제후는 청색으로 하고 대부와 사는 검은색으로 한다. '여(旅)'는 길을 뜻한다. '수(樹)'는 병풍을 뜻한다. 지나다녀야 하는 길에 병풍을 세워서 안과 밖을 가리는 것이다. '반점(反坫)'은 술잔을 돌려놓는 받침대이다. 흙을 쌓아서 만들게 되는데, 양쪽 기둥 사이에 설치한다. '산절(山節)'은 기둥 끝의 두공에 산의 모양으

로 조각을 하는 것이다. '조(藻)'는 수초이다. '조절(藻梲)'은 들보 위의 단주
에 수초풀을 그린 것이다. '난위상(難爲上)'은 윗사람에게 참람되게 군다는
뜻이다.

鄭注 言其僭天子·諸侯, 鏤簋刻爲蟲獸也. 冠有笄者爲紘, 紘在纓處兩端,
二屬下不結. 旅樹, 門屛也. 反坫, 反爵之坫也. 山節, 薄櫨刻之爲山, 梲侏儒柱
畫之爲藻文.

번역 천자와 제후의 예법을 참람되게 사용하여, 궤(簋)에 조각을 해서
동물들을 그렸다는 뜻이다. 관(冠) 중에 비녀를 꼽는 것에는 굉(紘)을 달았
는데, 굉(紘)은 갓끈[纓]을 다는 곳 양쪽 끝에 붙이며, 두 끈은 밑으로 늘어
트리고 묶지 않는다. '여수(旅樹)'는 문을 가리는 병풍이다. '반점(反坫)'은
술잔을 돌려놓는 받침대이다. '산절(山節)'은 동자기둥의 두공에 조각을 하
여 산 모양으로 만드는 것이며, '절(梲)'은 짧은 기둥에 그림을 그려서 수초
풀 무늬를 새기는 것이다.

釋文 鏤音陋. 簋音軌. 紘音宏. 坫, 下念反. 藻音早. 梲, 章悅反. 笄音雞.
屬音燭. 薄音博, 又反麥反, 又步博反, 徐又薄歷反. 櫨音盧. 侏音朱.

번역 '鏤'자의 음은 '陋(루)'이다. '簋'자의 음은 '軌(궤)'이다. '紘'자의 음
은 '宏(굉)'이다. '坫'자는 '下(하)'자와 '念(념)'자의 반절음이다. '藻'자의 음
은 '早(조)'이다. '梲'자는 '章(장)'자와 '悅(열)'자의 반절음이다. '笄'자의 음
은 '雞(계)'이다. '屬'자의 음은 '燭(촉)'이다. '薄'자의 음은 '博(박)'이며, 또한
'反(반)'자와 '麥(맥)'자의 반절음도 되고, 또한 '步(보)'자와 '博(박)'자의 반
절음도 되는데, 서음(徐音)은 또한 '薄(박)'자와 '歷(력)'자의 반절음이라고
했다. '櫨'자의 음은 '盧(로)'이다. '侏'자의 음은 '朱(주)'이다.

孔疏 ●"孔子"至"而弔". ○正義曰: 此一節明奢儉失禮之事.

번역 ●經文: "孔子"~"而弔". ○이곳 문단은 사치를 하고 너무 검소하

게 치러서 실례를 범한 사안을 나타내고 있다.

孔疏 ●"賢大夫也而難爲上也"者, 當時謂管仲是大夫之賢者. 鏤簋者, 天子·諸侯之制, 而管仲鏤之. 朱紘者, 亦天子之紘, 而管仲朱之, 故祭義云"天子冕而朱紘, 諸侯冕而靑紘", 管仲大夫, 當緇組紘而與士同, 今僭天子朱紘. 旅樹而反坫者, 是諸侯之禮. 論語云"邦君樹塞門", "邦君爲兩君之好, 有反坫". 今管仲爲之. 山節而藻梲者, 天子之廟飾而管仲亦爲之, 是皆僭也. 故云賢大夫, 是賢者尙爲此僭上之事, 是難可爲上者也. 言他人在管仲之上, 皆被僭之, 故云難爲上. 禮器云"君子以爲濫", 濫謂盜竊. 亦僭上之事也.

번역 ●經文: "賢大夫也而難爲上也". ○당시 관중은 대부 중에서도 현명한 자였음을 뜻한다. 궤(簋)에 조각을 하는 것은 천자와 제후가 따르는 제도였는데, 관중도 조각을 한 것이다. 굉(紘)을 주색으로 다는 것 또한 천자가 다는 굉(紘)에 해당하는데, 관중도 주색으로 달았다. 그렇기 때문에 『예기』「제의(祭義)」편에서는 "천자는 면류관을 착용하며 주색의 굉(紘)을 달고, 제후는 면류관을 착용하며 청색의 굉(紘)을 단다."[1]라고 했던 것인데, 관중은 대부의 신분이었으니, 마땅히 검은색의 끈으로 굉(紘)을 달아야 하니 사의 경우와 동일하다. 그런데 현재 참람되게 천자가 다는 주색의 굉(紘)을 사용했다. 여수(旅樹)와 반점(反坫)을 설치하는 것은 제후의 예법이다. 『논어』에서는 "제후여야 문을 나무로 가린다."라고 했고, "제후여야 두 나라의 군주가 우호를 다질 때 반점을 둔다."라고 했다.[2] 현재 관중은 그러한 것들을 설치했다. 산절(山節)과 조절(藻梲)을 하는 것은 천자의 묘(廟)에 하는 장식인데, 관중 또한 그러한 장식을 했으니, 이러한 것들은 모두

---

1) 『예기』「제의(祭義)」【563b~c】: 君子反古復始, 不忘其所由生也. 是以致其敬, 發其情, 竭力從事以報其親, 不敢弗盡也. 是故昔者天子爲藉千畝, 冕而朱紘, 躬秉耒, 諸侯爲藉百畝, 冕而靑紘, 躬秉耒, 以事天地山川社稷先古, 以爲醴酪齊盛, 於是乎取之, 敬之至也.

2) 『논어』「팔일(八佾)」: 子曰, "管仲之器小哉!" 或曰, "管仲儉乎?" 曰, "管氏有三歸, 官事不攝, 焉得儉?" "然則管仲知禮乎?" 曰, "邦君樹塞門, 管氏亦樹塞門. 邦君爲兩君之好, 有反坫, 管氏亦有反坫. 管氏而知禮, 孰不知禮?"

참람된 행위가 된다. 그렇기 때문에 '현대부(賢大夫)'라고 말한 것이니, 이 것은 현명한 자일지라도 오히려 이처럼 윗사람에게 참람되게 구는 일들을 시행했다는 뜻으로, 이것이 바로 "윗사람을 어렵게 만든다."는 뜻이다. 즉 어떤 자가 관중보다 위에 있더라도, 모두 그에게 참람됨을 받게 된다는 뜻 이다. 그렇기 때문에 '난위상(難爲上)'이라고 말했다. 『예기』「예기(禮器)」 편에서는 "군자는 이것을 남(濫)이라고 여긴다."3)라고 말했는데, '남(濫)'이 란 도적질을 한다는 뜻이다. 따라서 이 또한 윗사람에 대해 참람되게 구는 일에 해당한다.

孔疏 ◎注"言其"至"藻文". ○正義曰: 言其僭天子·諸侯者, 朱紘·山節 ·藻梲·鏤簋, 是僭天子. 旅樹·反坫者, 是僭諸侯. 云"鏤簋刻爲蟲獸也"者, 按梓人云"小蟲之屬, 以爲雕琢", 是刻蟲獸也. 禮器注云: "簋, 天子飾以玉." 此不云者, 文不具也. 其旅樹山節之屬, 已具於禮器及郊特牲疏, 故於此不復 釋也.

번역 ◎鄭注: "言其"~"藻文". ○정현은 이러한 것들이 천자와 제후의 예법을 참람되게 사용한 것이라고 말했는데, 주굉(朱紘)·산절(山節)·조 절(藻梲)·누궤(鏤簋)는 천자의 예법을 참람되게 사용한 것이며, 여수(旅 樹)와 반점(反坫)은 제후의 예법을 참람되게 사용한 것임을 뜻한다. 정현이 "궤(簋)에 조각을 해서 동물들을 그렸다는 뜻이다."라고 했는데, 『주례』「재 인(梓人)」편을 살펴보면, "작은 동물들을 조각한다."4)라고 했으니, 이것은 동물을 조각한다는 사실을 나타낸다. 『예기』「예기(禮器)」편에 대한 정현의 주에서는 "궤(簋)에 대해서 천자는 옥으로 장식을 한다."라고 했는데, 이곳 에서 언급하지 않은 이유는 문장을 자세히 기록하지 않았기 때문이다. 여 수와 산절의 부류에 대해서는 이미 「예기(禮器)」편 및 「교특생(郊特牲)」편

---

3) 『예기』「예기(禮器)」【304a】: 管仲鏤簋朱紘, 山節藻梲, 君子以爲濫矣.
4) 『주례』「동관고공기(冬官考工記)·재인(梓人)」: 外骨·內骨, 卻行·仄行·連 行·紆行, 以胷鳴者, 以注鳴者, 以旁鳴者, 以翼鳴者, 以股鳴者. 以胷鳴者, 謂之 小蟲之屬, 以爲雕琢.

의 소에서 설명했다. 그러므로 이곳에서 재차 풀이하지 않는다.

訓纂 說文: 紘, 冠卷也.

번역 『설문』에서 말하길, '굉(紘)'은 관의 테두리이다.

● 그림 53-1 ■ 궤(簋)

※ **출처:** 상좌-『삼례도집주(三禮圖集注)』13권 ; 상우-『삼례도(三禮圖)』4권
        하좌-『육경도(六經圖)』6권 ; 하우-『삼재도회(三才圖會)』「기용(器用)」1권

■ 그림 53-2　◼ 굉(紘)

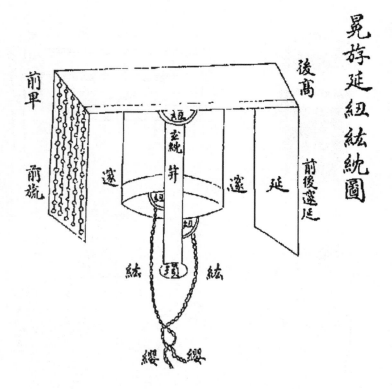

※ 출처: 『주례도설(周禮圖說)』 하권

【518d】

"晏平仲祀其先人, 豚肩不揜豆, 賢大夫也, 而難爲下也. 君子上不僭上, 下不偪下."

직역 "晏平仲은 그 先人에게 祀함에, 豚의 肩이 豆를 不揜하였으니, 賢大夫라 하더라도, 下가 爲함을 難하다. 君子는 上으로 上을 不僭하고, 下로 下를 不偪한다."

의역 계속하여 공자가 말하길, "안평중은 조상에게 제사를 지내며, 너무 작은 희생물을 사용해서 돼지의 어깨부위가 두(豆)조차 가릴 수 없을 정도였으니, 현명한 대부였다고 하더라도, 아랫사람을 핍박하는 자이다. 군자는 위로 윗사람에게 참람되게 굴지 않고, 아래로 아랫사람을 핍박하지 않는다."라고 했다.

集說 大夫祭用少牢, 不合用豚肩, 在俎不在豆. 此但喩其極小, 謂倂豚兩肩亦不能掩豆耳. 難爲下, 言偪下也.

번역 대부의 제사에서는 소뢰(少牢)를 사용하니, 돼지의 어깨 부위를 사용하는 것은 합당하지 않으며, 도마에 올려두고 두(豆)에 올려두지 않는다. 이 말은 단지 희생물이 매우 작았음을 비유한 것이니, 돼지의 양쪽 어깨 부위를 합쳐도 두(豆) 전체를 가릴 수 없을 정도로 작았다는 뜻이다. '난위하(難爲下)'는 아랫사람을 핍박한다는 뜻이다.

大全 馬氏曰: 管仲以其君霸, 晏子以其君顯. 相齊之業, 可謂賢矣. 然有功而不必有德, 有才而不必有禮, 故能九合諸侯而不能治一身, 能一言省刑而不能善一祭, 此敬仲君子以爲濫, 平仲君子以爲隘也. 故言其功與才, 則孔子稱其勳勞, 而荀子第其優劣, 言其德禮, 則曾西所不爲, 而孟子所不與也. 以是知非有德不可以知禮, 非有禮不足以成德. 德禮旣備, 豈有失哉?

번역 마씨가 말하길, 관중은 자신의 군주를 패주로 만들었고, 안자는 자신의 군주가 명성을 떨치도록 했다. 과업을 달성하도록 도왔던 업적은 현명하다고 평가할 수 있다. 그러나 공이 있다고 해서 반드시 덕이 있는 것은 아니며, 재주가 있다고 해서 반드시 예를 갖춘 것은 아니다. 그렇기 때문에 수차례 제후들을 규합했음에도 자기 한 몸을 다스릴 수 없었고,[5] 한 마디 말로 형벌을 줄였지만 자신의 제사도 잘 치를 수 없었으니,[6] 이것은 관중에 대해서 군자가 예법을 참람되게 범한 경우라고 여기고, 안평중에 대해서 군자가 남루하게 한 경우라고 여긴 이유이다.[7] 그러므로 그들의 공적과 재주를 말할 때 공자는 그의 공적을 칭찬하고 순자는 그 우열에 대해 서열을 매겼지만, 그들의 덕과 예에 대해서 말할 때 증서도 시행하지 않았고, 맹자도 그에 동의하지 않았다. 이러한 사실을 통해서 덕을 갖춘 자가 아니라면 예를 알 수 없고, 예를 갖춘 자가 아니라면 덕을 이룰 수 없다는 사실을 알 수 있다. 덕과 예가 이미 갖춰졌다면 어떻게 실례를 범하겠는가?

鄭注 言其偪士・庶人也. 豚, 俎實. 豆徑尺. 言幷豚兩肩不能覆豆, 喩小也.

번역 사와 서인들을 핍박한다는 뜻이다. 돼지는 도마에 올리는 희생물이다. '두(豆)'는 지름이 1척(尺)이다. 즉 돼지의 양쪽 어깨부위를 합치더라도 두(豆)를 가릴 수 없다는 뜻이니, 작다는 것을 비유한 말이다.

釋文 弇, 於檢反, 本亦作揜. 幷, 步頂反. 偪音逼, 本又作損.

번역 '弇'자는 '於(어)'자와 '檢(검)'자의 반절음이며, 판본에 따라서는 또한 '揜'자로도 기록한다. '幷'자는 '步(보)'자와 '頂(정)'자의 반절음이다. '偪'자의 음은 '逼(핍)'이며, 판본에 따라서는 또한 '損'자로도 기록한다.

---

5) 『논어』「헌문(憲問)」: 子路曰, "桓公殺公子糾, 召忽死之, 管仲不死." 曰, "未仁乎?" 子曰, "桓公九合諸侯, 不以兵車, 管仲之力也. 如其仁, 如其仁."

6) 『춘추좌씨전』「소공(昭公) 3년」: 於是景公繁於刑, 有鬻踊者, 故對曰, "踊貴, 屨賤." 旣已告於君, 故與叔向語而稱之. 景公爲是省於刑.

7) 『예기』「예기(禮器)」【304b】: 晏平仲祀其先人, 豚肩不揜豆, 澣衣濯冠以朝, <u>君子以爲隘矣</u>.

孔疏 ●"晏平"至"爲下也". ○"豚肩不揜豆"者, 依禮豚在於俎, 今云"不揜豆"者, 以豆形旣小, 尙不揜豆, 明豚小之甚, 不謂豚在豆也.

번역 ●經文: "晏平"~"爲下也". ○경문의 "豚肩不揜豆"에 대하여. 예법에 따르면 돼지는 도마에 올리게 되는데, 현재는 "두(豆)를 가리지 못한다."라고 했으니, 두(豆)의 크기 자체가 작은데도 오히려 두(豆)조차 가릴 수 없다고 한 것은 돼지가 너무 작다는 것을 뜻하는 말이지, 실제로 돼지를 두(豆)에 올렸다는 뜻이 아니다.

孔疏 ●"而難爲下也"者, 平仲賢大夫, 猶尙偪下, 是在平仲之下者, 恒被平仲而偪也. 是難可爲下.

번역 ●經文: "而難爲下也". ○안평중은 현명한 대부였음에도 오히려 아랫사람을 핍박하였으니, 안평중의 휘하에 있는 자들은 항상 안평중으로부터 핍박을 받았다는 뜻이다. 이것이 바로 아랫사람이 된 자를 어렵게 한다는 뜻이다.

集解 說見禮器及郊特牲.

번역 자세한 설명은 『예기』「예기(禮器)」편과 「교특생(郊特牲)」편에 나온다.

● 그림 53-3 ◼ 두(豆)

※ **출처:** 상좌-『육경도(六經圖)』6권; 상우-『삼례도(三禮圖)』4권
　　　　하좌-『삼례도집주(三禮圖集注)』13권; 하우-『삼재도회(三才圖會)』
　　　　「기용(器用)」1권

그림 53-4 ■ 조(俎)

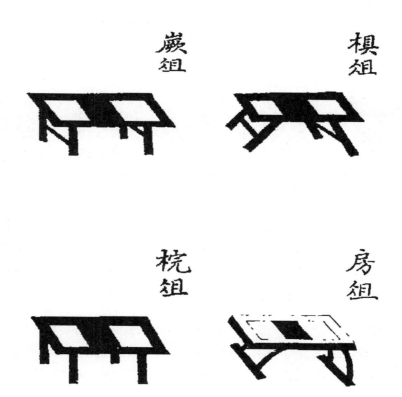

※ 출처: 『삼례도집주(三禮圖集注)』 13권

• 제 54 절 •

제후 부인의 분상(奔喪)하는 예법

【519a】

婦人非三年之喪, 不踰封而弔; 如三年之喪, 則君夫人歸. 夫人其歸也, 以諸侯之弔禮. 其待之也, 若待諸侯然. 夫人至, 入自闈門, 升自側階, 君在阼. 其他如奔喪禮然.

직역 婦人은 三年의 喪이 非라면, 封을 踰하여 弔함을 不하고; 如히 三年의 喪이라면, 君夫人은 歸한다. 夫人이 그 歸함에는 諸侯의 弔禮로써 한다. 그 待함에는 諸侯를 待과 若하여 然한다. 夫人이 至하면, 入하길 闈門으로 自하고, 升하길 側階로 自하되, 君은 阼에 在한다. 그 他는 奔喪禮와 如하여 然한다.

의역 제후의 부인은 친부모에 대한 상이 아니라면, 국경을 넘어가 자신의 형제에 대해서 조문을 하지 않는다. 만약 부모의 상이라면, 제후의 부인은 본국으로 되돌아간다. 부인이 본국으로 돌아갈 때에는 제후가 조문하는 예법에 따른다. 조문을 받는 나라에서도 그녀를 대함에 제후를 대하는 예법에 따른다. 부인이 도착하면, 위문(闈門)을 통해서 들어가고, 측면의 계단을 통해서 당(堂)으로 올라가되, 제후는 당하(堂下)로 내려와서 그녀를 맞이하지 않고, 동쪽 계단 위에 서 있게 된다. 나머지 예법은 분상(奔喪)의 예법처럼 따른다.

集說 三年之喪, 父母之喪也. 女嫁者爲父母期, 此以本親言也. 踰封, 越疆也. 言國君夫人奔父母之喪, 用諸侯弔禮, 主國待之, 亦用待諸侯之禮. 闈門, 非正門, 宮中往來之門也. 側階, 非正階, 東房之房階也. 此皆異於女賓. 主國君在阼階上, 不降迎也. 奔喪, 謂哭踊髽麻之類.

번역 '삼년지상(三年之喪)'은 부모의 상을 뜻한다. 여자가 시집을 가게 되면 자신의 부모를 위해서 기년상(期年喪)을 치르는데, '삼년지상(三年之喪)'은 본래의 친족 관계에 따라 말한 것이다. '유봉(踰封)'은 국경을 넘어간 다는 뜻이다. 즉 제후의 부인이 부모의 상에 분상(奔喪)을 하게 되면 제후가 조문하는 예법을 사용하고, 상을 당한 나라에서 그녀를 대할 때에도 또한 제후를 대하는 예법을 사용한다는 뜻이다. '위문(闈門)'1)은 정문이 아니니, 건물 안에서 왕래할 때 사용하는 문이다. '측계(側階)'는 정식 계단이 아니니, 동쪽 방(旁)에 있는 방의 계단이다. 이러한 내용들은 모두 여자 빈객의 경우와 차이를 보인다. 상을 당한 나라의 군주는 동쪽 계단 위에 있고, 내려가서 그녀를 맞이하지 않는다. '분상(奔喪)'은 곡(哭)과 용(踊) 및 머리를 트는 방식인 좌(髽)와 마(麻)를 이용해 질(絰)을 만드는 부류를 뜻한다.

大全 嚴陵方氏曰: 男不入女不出, 則婦人其可以踰封乎? 唯弔三年之喪, 然後踰封而弔, 哀有所重故也. 檀弓言五十無車者不越疆, 而弔人者所以優老也. 此之所言, 特以防微而已. 闈門, 宮中旁出之門也.

번역 엄릉방씨가 말하길, 남자는 여자가 거주하는 건물에 함부로 들어갈 수 없으며, 여자는 함부로 그곳에서 나올 수 없는데,2) 부인이 국경을 벗어날 수 있겠는가? 오직 삼년상에 대해서 조문을 하게 된 뒤에라야 국경을 벗어나 조문을 할 수 있으니, 애통함에 있어 중시여기는 점이 있기 때문이다. 『예기』「단궁(檀弓)」편에서는 "50세가 된 자들 중 수레가 없는 자는 국경을 넘어서까지 남에게 조문을 가지 않는다."3)라고 했는데, 남을 조문함에 있어서 노인을 우대하는 것이다. 이곳에서 언급한 내용은 다만 작은 빌미도 방지하는 것일 뿐이다. '위문(闈門)'은 건물의 측면에 설치된 문이다.

---

1) 위문(闈門)은 궁실(宮室)이나 종묘(宗廟)의 측면에 있는 작은 문을 뜻한다.
2) 『예기』「내칙(內則)」【362d】: 禮始於謹夫婦, 爲宮室, 辨外內, 男子居外, 女子居內. 深宮固門, 閽寺守之, <u>男不入, 女不出</u>.
3) 『예기』「단궁하(檀弓下)」【108c】: 五十無車者, 不越疆而弔人.

鄭注 踰封, 越竟也. 或爲越疆. 奔父母喪也. 謂夫人行道車服, 主國致禮. 女子子, 不自同於女賓也. 宮中之門曰闈門, 爲相通者也. 側階, 亦旁階也. 他, 謂哭·踊·髽·麻. 闈門, 或爲帷門.

번역 '유봉(踰封)'은 특정 지역을 벗어난다는 뜻이다. 혹은 국경을 벗어난다는 뜻도 된다. 부모의 상에 분상(奔喪)을 한다는 뜻이다. 부인이 도로에서 이동할 때에는 수레와 해당 의복을 착용하며, 조문을 받는 나라에서도 예를 다한다는 뜻이다. 딸자식은 제 스스로 여자 빈객과 동일하게 따를 수 없다. 건물 안에 있는 문을 '위문(闈門)'이라고 부르니, 건물 사이로 오가기 위한 것이다. '측계(側階)' 또한 측면에 있는 계단을 뜻한다. '타(他)'는 곡(哭)과 용(踊) 및 머리 트는 방식인 좌(髽)와 마(麻)를 이용해 질(絰)을 만드는 부류를 뜻한다. '위문(闈門)'을 다른 판본에서는 '유문(帷門)'이라고도 기록한다.

釋文 疆, 紀良反. 闈音韋, 宮中之門, 劉昌宗音暉. 髽, 側瓜反.

번역 '疆'자는 '紀(기)'자와 '良(량)'자의 반절음이다. '闈'자의 음은 '韋(위)'이며, 건물 안에 있는 문으로, 유창종[4]은 그 음이 '暉(휘)'라고 했다. '髽'자는 '側(측)'자와 '瓜(과)'자의 반절음이다.

孔疏 ●"如三"至"禮然". ○正義曰: 此一節明諸侯大夫奔父母喪節也.

번역 ●經文: "如三"~"禮然". ○이곳 문단은 제후와 대부가 부모의 상에 분상(奔喪)하는 규범을 나타내고 있다.

孔疏 ●"如三年之喪"者, 如, 若也. 若遭父母三年之喪, 則雖曰君之夫人, 歸往奔喪也. 若非三年之喪, 則不歸也. 女子出適, 爲父母期. 而云三年者, 以

---

4) 유창종(劉昌宗, ?~?) : 자세한 이력은 남아 있지 않다. 동진(東晉) 때의 학자이다. 삼례(三禮)에 대한 주를 달아서 이름을 떨쳤다.

本親言也.

번역 ●經文: "如三年之喪". ○'여(如)'자는 만약[若]이라는 뜻이다. 만약 부모의 삼년상을 당한 경우라면, 비록 제후의 부인이라 할지라도 되돌아가서 분상(奔喪)을 한다는 뜻이다. 만약 삼년상이 아닌 경우라면, 본국으로 되돌아가지 않는다. 여자가 출가하게 되면, 자신의 친부모를 위해서는 기년상(期年喪)을 치른다. 그런데도 '삼년(三年)'이라고 말한 것은 본래의 친족 관계에 따라 말했기 때문이다.

孔疏 ●"夫人至, 入自闈門"者, 謂夫人至於父母之國, 入自旁側闈門. 不由正門, 異於女賓也.

번역 ●經文: "夫人至, 入自闈門". ○제후의 부인이 부모의 나라에 도착하면, 들어갈 때 측면에 있는 위문(闈門)으로 들어간다는 뜻이다. 정문으로 들어가지 않는 것은 여자 빈객과 다르게 행동하기 위해서이다.

孔疏 ●"升自側階"者, 謂夫人升自旁側之階, 不升正階, 亦異於女賓也.

번역 ●經文: "升自側階". ○제후의 부인은 당(堂)에 올라갈 때 측면에 있는 계단을 사용하며, 정식 계단을 사용하여 당에 오르지 않는다는 뜻으로, 이 또한 여자 빈객과 다르게 행동하기 위해서이다.

孔疏 ●"君在阼"者, 謂主國之君待之在阼階之上, 不降階而迎也.

번역 ●經文: "君在阼". ○조문을 받는 나라의 군주는 동쪽 계단 위에서 그녀를 기다리며, 계단 밑으로 내려가서 맞이하지 않는다는 뜻이다.

孔疏 ●"其他如奔喪禮然"者, 他謂哭・踊・髺・麻之屬, 如似奔喪之禮. 然嫌諸侯夫人位尊, 恐與卿大夫之妻奔喪禮異, 故明之也.

번역 ●經文: "其他如奔喪禮然". ○'타(他)'는 곡(哭)과 용(踊) 및 머리를 트는 방식인 좌(髽)와 마(麻)를 이용해 질(絰)을 만드는 부류를 분상(奔喪) 때의 예법처럼 한다는 뜻이다. 그러나 제후의 부인은 지위가 존귀하여, 아마도 경이나 대부의 부인이 분상을 할 때의 예법과는 다르게 할 것이라는 의심이 들기 때문에, 명시한 것이다.

孔疏 ◎注"女子"至"階也". ○正義曰: 云"不自同於女賓也"者, 按喪大記 "夫人弔於大夫·士, 主人出迎于門外. 夫人入, 升堂卽位", 是女賓入自大門, 升自正階. 今此不然, 是不自同於女賓. 以女子子是父母之親, 不可同於女賓 之疏也. 云"宮中之門曰闈門"者, 釋宮文也. 云"側階, 亦旁階也"者, 闈門是 旁側之門, 故云側階亦旁階. 此謂東旁之旁階, 故奔喪禮婦人升自東階, 故知 側階謂東面階也.

번역 ◎鄭注: "女子"~"階也". ○정현이 "제 스스로 여자 빈객과 동일하게 따를 수 없다."라고 했는데, 『예기』「상대기(喪大記)」편을 살펴보면, "부인이 대부와 사에 대해서 조문을 하게 되면, 상주는 문밖으로 나와서 맞이한다. 부인이 들어가게 되면 당(堂)에 올라가서 자리로 나아간다."[5]라고 했는데, 이것은 여자 빈객이 들어갈 때에는 대문을 사용하고, 당(堂)으로 올라갈 때에는 정식 계단을 사용한다는 사실을 나타낸다. 현재 이곳 문장에서 이처럼 하지 않는다고 한 것은 딸자식 스스로 여자 빈객과 동일하게 따르지 않는다는 사실을 나타낸다. 딸자식은 부모의 자식이니, 관계가 소원한 여자 빈객과 동일하게 따를 수 없다. 정현이 "건물 안에 있는 문을 '위문(闈門)'이라고 부른다."라고 했는데, 이것은 『이아』「석궁(釋宮)」편의 기록이다.[6] 정현이 "'측계(側階)' 또한 측면에 있는 계단을 뜻한다."라고 했는데, 위문은 측면에 있는 문을 뜻한다. 그렇기 때문에 '측계(側階)'는 또한 측면

---

5) 『예기』「상대기(喪大記)」【541b】: 夫人弔於大夫士, 主人出迎于門外, 見馬首, 先入門右. 夫人入, 升堂卽位, 主婦降自西階, 拜稽顙于下, 夫人祝世子而踊, 奠 如君至之禮. 夫人退, 主婦送于門內, 拜稽顙, 主人送于大門之外, 不拜.

6) 『이아』「석궁(釋宮)」: 宮中之門謂之闈, 其小者謂之閨. 小閨謂之閤. 衖門謂之閌.

에 있는 계단을 뜻하게 된다. 이것은 동쪽 방(旁)에 있는 방의 계단을 뜻한다. 그렇기 때문에 『예기』「분상(奔喪)」편의 예법에서는 부인이 당(堂)에 오를 때 동쪽 계단을 이용한다고 했다.7) 그러므로 '측계(側階)'가 동쪽으로 설치된 계단을 뜻한다는 사실을 알 수 있다.

集解 婦人無境外之事, 故非三年之喪, 不踰封而弔, 則雖兄弟之喪不奔也. 如三年之喪, 則君夫人尙歸, 又以明父母之喪無不奔者也.

번역 부인에게는 국경을 벗어나 시행해야 할 일 자체가 없다. 그렇기 때문에 삼년상이 아닌 경우에는 국경을 벗어나 조문을 하지 않으니, 비록 형제의 상이 발생했더라도 분상(奔喪)을 하지 않는다. 만약 삼년상의 경우라면, 제후의 부인도 오히려 본국으로 되돌아가니, 또한 이것은 이를 통해 부모의 상에서는 분상을 하지 않는 경우가 없음을 나타낸 것이다.

集解 愚謂: 闈門, 宮旁小門也. 左傳"齊子我屬徒攻闈與大門", 考工記曰, "闈門, 容小扃參个." 側階, 北階也. 側, 特也. 堂南, 東西有階, 其北惟東方有之, 故曰"側階". 升自側階, 自東房而出於堂也. 入自闈門, 則不入大門, 升自側階, 則不升路寢前之兩階, 皆變於吉時也. 君在阼, 謂在阼階下之位, 明不爲變位, 以其非賓客也.

번역 내가 생각하기에, '위문(闈門)'은 궁의 측면에 있는 작은 문을 뜻한다. 『좌전』에서는 "제(齊)나라 자아가 사병들을 모아서 위문과 대문을 공경했다."8)라고 했고, 『고공기』9)에서는 "'위문(闈門)'은 솥의 귀에 끼우는 막

---

7) 『예기』「분상(奔喪)」【653d】: 婦人奔喪, 升自東階, 殯東, 西面坐, 哭盡哀, 東髽, 卽位, 與主人拾踊.

8) 『춘추좌씨전』「애공(哀公) 14년」: 子我歸, 屬徒, 攻闈與大門, 皆不勝, 乃出.

9) 『고공기(考工記)』는 『동관고공기(冬官考工記)』라고도 부른다. 공인(工人)들에 대한 공예기술(工藝技術) 서적이다. 작자는 미상이다. 강영(江永)은 『고공기』의 작자를 제(齊)나라 사람으로 추정하였고, 곽말약(郭沫若)은 춘추시대(春秋時代) 말기에 제나라에서 제작된 관서(官書)와 관련이 깊다고 추정하였

대를 3개 벌릴 정도로 만든다."[10]라고 했다. '측계(側階)'는 북쪽에 있는 계단이다. '측(側)'자는 하나[特]라는 뜻이다. 당(堂)의 남쪽에는 동서쪽으로 계단이 있고, 북쪽에는 오직 동쪽에만 계단이 있다. 그렇기 때문에 '측계(側階)'라고 말한 것이다. 당(堂)에 올라갈 때 측계를 이용한다는 말은 동쪽 방으로부터 당으로 나온다는 뜻이다. 들어갈 때 위문으로 들어간다고 했다면, 대문으로 들어가지 않는 것이고, 당에 올라갈 때 측계를 이용한다고 했다면, 노침(路寢)[11] 앞의 양쪽 계단으로 올라가지 않는 것이니, 이 모두는 길한 시기에 따르는 예법에서 변화를 준 것이다. 군주는 동쪽 계단에 있다고 했는데, 이것은 동쪽 계단 밑의 자기 자리에 있다는 뜻으로, 자리에 변화를 주지 않는다는 사실을 나타내니, 그녀는 빈객이 아니기 때문이다.

다. 『주례(周禮)』는 천관(天官), 지관(地官), 춘관(春官), 하관(夏官), 추관(秋官), 동관(冬官) 등 육관(六官)의 체제로 구성되어 있는데, 그 중 '동관'에 대한 기록이 누락되어 있어서, 한(漢)나라 무제(武帝) 때, 『고공기』를 가지고 누락된 부분을 보충하게 되었다. 그렇기 때문에 『고공기』를 또한 『동관고공기』라고도 부르는 것이다. 각종 공인들의 직책과 직무들이 기록되어 있다.

10) 『주례』「동관고공기(冬官考工記)・장인(匠人)」: 閨門容小扄參个.

11) 노침(路寢)은 천자나 제후가 정무를 처리하던 정전(正殿)이다. 『시』「노송(魯頌)・민궁(閟宮)」편에는 "松桷有舄, 路寢孔碩."이라는 기록이 있는데, 이에 대한 모전(毛傳)에서는 "路寢, 正寢也."라고 풀이했고, 『문선(文選)』에 수록된 장형(張衡)의 '서경부(西京賦)'에는 "正殿路寢, 用朝群辟."이라는 기록이 있는데, 이에 대한 설종(薛綜)의 주에서는 "周曰路寢, 漢曰正殿."이라고 하여, 주(周)나라에서는 '정전'을 '노침'으로 불렀다고 풀이했다.

• 제 55 절 •

형수와 시동생 사이의 불무(不撫)

嫂不撫叔, 叔不撫嫂.

직역 嫂는 叔을 不撫하고, 叔은 嫂를 不撫한다.

의역 형수는 시동생이 죽었을 때 그 시신을 어루만지지 않고, 시동생은 형수가 죽었을 때 그 시신을 어루만지지 않는다.

集說 撫, 死而撫其尸也. 嫂叔宜遠嫌, 故皆不撫.

번역 '무(撫)'는 어떤 자가 죽었을 때, 그 시신을 어루만진다는 뜻이다. 형수와 시동생은 마땅히 혐의를 멀리해야 하기 때문에, 둘 모두 서로에 대해 시신을 만지지 않는다.

鄭注 遠別也.

번역 멀리 대하여 서로를 구별하기 위해서이다.

釋文 嫂, 悉早反.

번역 '嫂'자는 '悉(실)'자와 '무(조)'자의 반절음이다.

• 제56절 •

군자의 삼환(三患)과 오치(五恥)

【519c】

> 君子有三患: 未之聞, 患弗得聞也. 旣聞之, 患弗得學也. 旣
> 學之, 患弗能行也. 君子有五恥: 居其位無其言, 君子恥之.
> 有其言無其行, 君子恥之. 旣得之而又失之, 君子恥之. 地有
> 餘而民不足, 君子恥之. 衆寡均而倍焉, 君子恥之.

직역 君子에게는 三患이 有하다: 聞을 未함에는 聞을 弗得함을 患한다. 旣히
聞함에는 學을 弗得함을 患한다. 旣히 學함에는 行을 弗能함을 患한다. 君子에게는
五恥가 有하다: 그 位에 居함에 그 言이 無함을 君子는 恥한다. 그 言이 有함에
그 行이 無함을 君子는 恥한다. 旣히 得한데 又히 失함을 君子는 恥한다. 地에 餘가
有이나 民이 不足함을 君子는 恥한다. 衆寡가 均한데 倍함을 君子는 恥한다.

의역 군자에게는 세 가지 근심이 있다. 앎에 대해 아직 듣지 못했을 때에는
듣지 못하게 될까를 근심한다. 이미 들었다면, 그것을 배우지 못하게 될까를 근심
한다. 이미 배웠다면, 그것을 시행하지 못하게 될까를 근심한다. 군자에게는 다섯
가지 치욕이 있다. 해당 지위에 있으면서도, 지위에 걸맞은 좋은 말을 한 적이 없다
면, 군자는 이것을 치욕스럽게 생각한다. 좋은 말을 했지만, 그것을 시행함이 없다
면, 군자는 이것을 치욕스럽게 생각한다. 덕을 갖췄다고 하여 이미 해당 지위를
얻었는데, 재차 덕이 없다는 이유로 물러나게 된다면, 군자는 이것을 치욕스럽게
생각한다. 채지로 받은 땅이 넓은데도 백성들이 충분히 모여들지 않는다면, 군자는
이것을 치욕스럽게 생각한다. 임무를 부여받은 양이 상대와 균등한데도 상대의 공
적이 자신보다 배가 된다면, 군자는 이것을 치욕스럽게 생각한다.

集說 三患, 言爲學之君子; 五恥, 言爲政之君子也. 居位而無善言之可聞, 是不能講明政事, 一恥也. 有言無行, 是言行不相顧, 二恥也. 始以有德而進, 今以無德而退, 三恥也. 不能撫民, 使之逃散, 四恥也. 國有功役, 己與彼衆寡相等, 而彼之功績倍於己, 是不能作興率勵其下, 五恥也.

번역 '삼환(三患)'은 학문을 익히는 군자에 대한 내용이며, '오치(五恥)'는 정치를 시행하는 군자에 대한 내용이다. 해당 지위에 있으면서 칭송을 받을 만한 좋은 말을 한 적이 없다면, 이것은 정사에 대해서 제대로 설명할 수 없는 것이니, 첫 번째 치욕이다. 그러한 말을 했지만 시행함이 없다면, 이것은 말과 행실이 서로 돌아보지 못한 것이니, 두 번째 치욕이다. 처음에는 덕을 갖췄기 때문에 등용이 되었는데, 현재 덕이 없어서 물러나게 되는 것이 세 번째 치욕이다. 백성들을 어루만질 수 없어서 그들을 흩어지게 하는 것이 네 번째 치욕이다. 국가에서 노역을 부여함이 있는데, 본인과 상대에게 부여된 양이 균등한데도, 상대의 공적이 자신보다 배가 된다면, 이것은 그 일을 진작시키거나 백성들을 통솔하여 독려하지 못한 것이니, 다섯 번째 치욕이다.

大全 嚴陵方氏曰: 弗聞則無由知, 弗學則無由能, 弗由則無由至道. 始於聞而知, 中於學而能, 卒於行而至. 雖然聞之矣而不能學, 則與無聞同, 學之矣而不能行, 則與不學同, 故君子每以是爲患焉. 昔舜居深山, 聞一善言, 則若決江河, 沛然莫之能禦, 此其至也. 子路有聞未之能行, 唯恐有聞, 又其次也. 若冉求對孔子, 以非不說子之道, 力不足也, 豈知所謂聞而能學乎? 齊王欲孟子姑舍爾所學而從我, 豈知所謂學而能行乎? 君子居其位, 將以行道, 道非言無自而行, 居其位而無其言, 是備位耳. 孟子曰, 立乎人之本朝, 而道不行, 恥也, 其謂是歟. 言之者衆, 而行之者寡, 言之爲易而行之爲難, 有其言而無其行, 是空言耳. 孔子曰, 古者言之不出, 恥躬之不逮也. 又曰, 君子恥其言而過其行, 其謂是歟. 君子進以禮, 位固不可以苟得, 退以義則位又不可以苟失, 旣得之而又失之, 則非義而退矣. 孔子曰, 邦有道, 貧且賤焉, 恥也, 其謂是歟. 政不足以聚人, 則民不繁, 民不繁, 則有曠土矣, 故地有餘而民不足. 曲禮曰, 地廣大

荒而不治, 此亦士之辱也, 其謂是歟. 術不足以使人, 則事不逮, 事不逮, 則有
廢功, 故衆寡均而倍焉. 孟子曰, 地醜德齊, 莫能相尙, 其謂是歟. 所謂衆寡均
而倍者, 彼力均於此, 而我功少於彼也. 雖然孔子嘗謂, 鄙夫事君, 其未得之,
患不得之, 旣得之, 患失之, 此乃言旣得之, 又失之, 蓋鄙夫之心, 在乎固其位,
君子之心, 在乎稱其位. 勢不足以固其位而失之者, 鄙夫所患也. 德不足以稱
其位而失之者, 君子所恥也. 此所以爲異. 三患之所言者道, 故曰患, 五恥之所
言者事, 故曰恥. 此所以言三患於前, 而後言五恥, 唯其知所患, 故能終至於無
患, 唯其知所恥, 故能終至於無恥.

번역 엄릉방씨가 말하길, 들은 것이 없다면 알 수 있는 방도가 없고, 배
우지 않았다면 행할 수 있는 방도가 없으니, 방도가 없다면 지극한 도리에
이를 수 있는 방도가 없게 된다. 처음에는 듣는 것을 통해서 알게 되고,
중간에는 배움을 통해서 잘하게 되며, 끝으로는 시행을 통해서 지극해진다.
비록 그렇다고 하더라도 들었지만 배울 수 없다면 들은 것이 없는 상태와
동일하며, 배웠지만 시행할 수 없다면 배우지 않은 상태와 동일하다. 그렇
기 때문에 군자는 매번 이러한 것들을 근심으로 삼는다. 옛날에 순임금은
깊은 산속에 거처함에, 한 마디 좋은 말을 듣게 되면, 마치 강물을 터놓은
것처럼 너무 세차서 막을 수가 없다고 했으니,[1] 이것이 바로 지극한 상태
를 뜻한다. 자로는 좋은 말을 들었을 때, 아직 그 말을 제대로 시행하지
못하면, 다른 말을 듣게 될까를 염려했다고 했으니,[2] 이것이 또한 그 다음
수준이 된다. 마치 염구가 공자에게 대답하며, "선생님의 도를 좋아하지
않는 것이 아니지만, 힘이 부족합니다."[3]라고 한 경우와 같다면, 어떻게 좋
은 말을 듣고서 배울 수 있다는 뜻을 알 수 있겠는가? 제선왕이 맹자에게
우선 네가 배운 것을 버리고 나를 따르라고 했던 경우[4]와 같다면, 어떻게

---

1) 『맹자』「진심상(盡心上)」: 孟子曰, "舜之居深山之中, 與木石居, 與鹿豕遊, 其
所以異於深山之野人者幾希, 及其聞一善言, 見一善行, 若決江河, 沛然莫之能
禦也."
2) 『논어』「공야장(公冶長)」: 子路有聞, 未之能行, 唯恐有聞.
3) 『논어』「옹야(雍也)」: 冉求曰, "非不說子之道, 力不足也." 子曰, "力不足者, 中
道而廢. 今女畫."

배워서 시행할 수 있다는 뜻을 알 수 있겠는가? 군자는 해당 지위에 있으면
그 도리를 시행하려고 하는데, 도는 말이 아니라면 시행할 방도가 없고,
그 지위에 있더라도 해당 지위에 어울리는 말을 한 적이 없다면, 이것은
단지 지위만 채울 따름이다. 맹자는 "남의 조정에 있으면서 도를 시행하지
않는 것은 부끄러운 일이다."[5]라고 했는데, 바로 이러한 뜻을 말한다. 말을
한 것이 많지만 시행한 것이 적은 것은 말은 하기 쉽지만 시행은 어렵기
때문인데, 좋은 말만 하고 시행함이 없는 것은 공허하게 말만 한 것일 뿐이
다. 공자는 "옛날에 말을 함부로 내뱉지 않은 것은 자신의 실천이 말을 한
것에 미치지 못할까를 염려했기 때문이다."[6]라고 했고, 또 "군자는 그 말을
조심하며 행실이 앞서게 한다."[7]라고 했는데, 바로 이러한 뜻을 말한다. 군
자는 예(禮)에 따라 나아가니 지위는 진실로 구차히 얻을 수 없는 것이며,
의(義)에 따라 물러나니 지위는 또한 구차히 잃을 수도 없는 것인데,[8] 이미
지위를 얻었음에도 재차 잃게 된다면, 이것은 의로움에 따라 물러난 것이
아니다. 공자는 "나라에 도가 있을 때에는 가난하고 천하게 된 것을 부끄러
워한다."[9]라고 했는데, 바로 이러한 뜻을 말한다. 정치를 시행하고도 백성
들을 불러 모으기에 부족하다면 백성들이 번성하지 못하게 되며, 백성들이
번성하지 못했다면 황무지가 생긴다. 그렇기 때문에 땅은 넘치지만 백성들
이 부족한 것이다. 『예기』「곡례(曲禮)」편에서는 "땅은 광대하지만 매우 황
폐하여, 경작조차 이루어지지 않는 것은 또한 사(士)에게도 치욕스러운 일
이다."[10]라고 했는데, 바로 이러한 뜻을 말한다. 기술이 남을 부리기에 부

4) 『맹자』「양혜왕하(梁惠王下)」: 今有璞玉於此, 雖萬鎰, 必使玉人彫琢之. 至於
治國家, 則曰, '姑舍女所學而從我', 則何以異於敎玉人彫琢玉哉?
5) 『맹자』「만장하(萬章下)」: 位卑而言高, 罪也, 立乎人之本朝, 而道不行, 恥也.
6) 『논어』「이인(里仁)」: 子曰, "古者言之不出, 恥躬之不逮也."
7) 『논어』「헌문(憲問)」: 子曰, "君子恥其言而過其行."
8) 『맹자』「만장상(萬章上)」: 彌子謂子路曰, '孔子主我, 衛卿可得也.' 子路以告.
孔子曰, '有命.' 孔子進以禮, 退以義, 得之不得曰'有命'. 而主癰疽與侍人瘠環,
是無義無命也.
9) 『논어』「태백(泰伯)」: 子曰, "篤信好學, 守死善道. 危邦不入, 亂邦不居. 天下
有道則見, 無道則隱. 邦有道, 貧且賤焉, 恥也, 邦無道, 富且貴焉, 恥也."
10) 『예기』「곡례상(曲禮上)」【40c】: 四郊多壘, 此卿大夫之辱也. 地廣大荒而不

족하다면 사안이 미치지 못하고, 사안이 미치지 못하면 공을 이루지 못하게 된다. 그렇기 때문에 업무를 부여받은 것이 균등함에도 남의 공적이 자신보다 배가 된다. 맹자는 "땅도 비슷하고 덕도 비슷한데 상대보다 뛰어나지 못하다."[11]라고 했는데, 바로 이러한 뜻을 말한다. 이른바 "업무를 부여받은 것이 균등함에도 남의 공적이 자신보다 배가 된다."는 말은 상대의 역량은 자신과 동일하지만, 내 공적이 상대보다 적다는 뜻이다. 그런데 공자는 일찍이 "비루한 자가 군주를 섬길 때, 아직 얻지 못했을 때에는 얻지 못하는 것을 근심하고, 이미 얻은 뒤에는 잃게 될까를 근심한다."[12]라고 했고, 이곳에서는 "이미 얻었는데 재차 잃는다."라고 했으니, 무릇 비루한 자의 마음은 자신의 지위를 확고히 만드는데 있고, 군자의 마음은 그 지위에 걸맞게 하는데 있기 때문이다. 세력이 그 지위를 확고히 만들기에 부족하여 잃는 것은 비루한 자들이 근심으로 여기는 것이다. 덕이 그 지위에 걸맞게 하는데 부족하여 잃는 것은 군자가 치욕스럽게 여기는 것이다. 이것이 바로 차이를 보이는 이유이다. 세 가지 근심거리에서 언급하는 것은 도에 해당한다. 그렇기 때문에 "근심한다[患]."라고 했다. 반면 다섯 가지 치욕거리에서 언급하는 것은 일에 해당한다. 그렇기 때문에 "치욕으로 여긴다[恥]."라고 했다. 이것이 삼환(三患)에 대해서는 앞에 언급하고, 그 이후에 오치(五恥)를 언급한 이유이니, 오직 근심거리로 여길 것을 알기 때문에, 끝내 근심이 없는 경지에 도달할 수 있고, 오직 치욕으로 여겨야 할 것을 알기 때문에, 끝내 치욕이 없는 경지에 도달할 수 있다.

鄭注 恥民不足者, 古者居民, 量地以制邑, 度地以居民, 地邑民居, 必參相得也. 衆寡均, 謂俱有役事, 人數等也. 倍焉, 彼功倍己也.

번역 백성들이 부족한 것을 치욕스럽게 여기는 이유는 고대에 백성들

治, 此亦士之辱也.

11) 『맹자』「공손추하(公孫丑下)」: 今天下<u>地醜德齊, 莫能相尚</u>, 無他, 好臣其所敎, 而不好臣其所受敎.

12) 『논어』「양화(陽貨)」: 子曰, "<u>鄙夫可與事君</u>也與哉? <u>其未得之也, 患得之. 旣得之, 患失之</u>. 苟患失之, 無所不至矣."

을 머물게 할 때에는 땅을 측량하여 읍을 제정하고, 적합한 땅을 헤아려
백성들을 머물게 하는데, 땅과 읍 및 백성들이 머무는 일들은 반드시 세
가지가 상호 맞아떨어져야 한다. '중과균(衆寡均)'은 모두 부역을 부여받았
고, 통솔하는 사람의 수도 균등하다는 뜻이다. '배언(倍焉)'은 상대방의 공
적이 자신보다 배가 된다는 뜻이다.

釋文 其行, 下孟反.

번역 '其行'에서의 '行'자는 '下(하)'자와 '孟(맹)'자의 반절음이다.

孔疏 ●"君子"至"恥之". ○正義曰: 此一節明君子有三患五恥之事, 此
"君子", 謂在位之君子.

번역 ●經文: "君子"~"恥之". ○이곳 문단은 군자에게는 세 가지 근심
거리와 다섯 가지 치욕거리가 있다는 사안을 나타내고 있다. 이곳에서 '군
자(君子)'라고 한 말은 지위를 갖춘 군자를 뜻한다.

孔疏 ●"未之13)聞, 患弗得聞也"者, 言人須多聞多識, 若未聞知古事, 恒
憂患不得聞也.

번역 ●經文: "未之聞, 患弗得聞也". ○사람들은 많이 듣고 많이 알아야
만 하는데, 만약 고대의 좋은 일들에 대해서 듣거나 알지 못한다면, 듣지
못하게 될까를 항상 근심한다는 뜻이다.

孔疏 ●"地有餘而民不足, 君子恥之"者, 以地邑民居, 必參相得. 今不能
撫養, 使民逃散, 是土地有餘而民不足, 故君子恥之.

---

13) '지(之)'자에 대하여. '지'자는 본래 없던 글자인데, 완원(阮元)의 『교감기(校
勘記)』에서는 "혜동(惠棟)의 『교송본(校宋本)』에서는 '미(未)'자 뒤에 '지'자
를 기록하였다."라고 했다.

번역 ●經文: "地有餘而民不足, 君子恥之". ○땅과 읍을 통해 백성들을 머물게 할 때에는 반드시 세 가지 사안이 서로 맞아떨어져야만 한다. 현재는 어루만지고 그들을 기를 수 없어서, 백성들을 흩어지게 만든 것이니, 이것은 토지는 넘치지만 백성들이 부족한 경우이다. 그렇기 때문에 군자가 치욕스럽게 생각한다.

孔疏 ●"衆寡均而倍焉, 君子恥之"者, 言役用民衆, 彼之與己民衆寡均等, 而他人功績倍多於己. 由不能勸課督率, 故君子恥之.

번역 ●經文: "衆寡均而倍焉, 君子恥之". ○부역에는 백성들을 동원하게 되는데, 상대방과 자신이 동원하는 백성들 수가 균등함에도, 상대방의 공적이 자신보다 배가 더 많다는 뜻이다. 권면하고 감독하며 통솔하는 일들을 제대로 할 수 없는 데에서 연유하기 때문에, 군자가 치욕스럽게 생각한다.

集解 愚謂: 三患皆爲學之事: 弗得聞則無以知其理, 弗得學則無以習其事, 弗能行則無以體其實也. 五恥皆從政之事: 居其位, 無其言, 則謀謨不足以稱其位; 有其言, 無其行, 則猷爲不足以副其言; 旣得之, 而又失之, 則才德不足以保其祿; 地有餘而民不足, 則恩惠不足以懷其民; 衆寡均而倍焉, 則才力不足以立其事也.

번역 내가 생각하기에, '삼환(三患)'은 모두 배우는 사안에 해당한다. 좋은 말을 듣지 못한다면 그 도리를 알 수 없고, 배우지 못한다면 그 사안을 익힐 수 없으며, 시행하지 못한다면 그 실질을 체득할 수 없다. '오치(五恥)'는 모두 정무를 시행하는 사안에 해당한다. 그 지위에 있으면서 해당하는 말을 하지 않는다면, 그 지위에 걸맞게 지략과 계책을 내놓기에는 부족한 것이며, 말은 했지만 실천을 하지 않는다면, 계책이 자신이 한 말을 보조하기에 부족한 것이고, 이미 지위를 얻었지만 재차 잃게 된다면, 재주와 덕이 녹봉을 보존하기에 부족한 것이며, 땅은 넘쳐나지만 백성들이 부족하다면,

은혜가 백성들을 품어주기에는 부족한 것이고, 업무를 부여받은 것이 균등함에도 상대가 세운 공적이 자신보다 배가 된다면, 재주와 역량이 그 사안을 수립하기에 부족한 것이다.

集解 愚謂: 君子之所恥者, 謂己之職業不脩而見褫奪也. 若不當失而失之, 君子固未嘗以爲恥; 而當失而不失, 君子尤不能以一日安也.

번역 내가 생각하기에, 군자가 치욕으로 여기는 것들은 자신의 직무와 과업을 제대로 실천하지 못해 타인에게 **빼앗기기** 때문이다. 만약 잃는 잘못을 범하지 않았는데도 잃게 되는 경우라면, 군자는 일찍이 치욕으로 여긴 적이 없다. 그러나 잃을만한데도 잃지 않는다면, 군자는 더더욱 하루라도 편안하게 여길 수 없다.

흉년에 대한 군주의 대처

【520a】

孔子曰, "凶年則乘駑馬, 祀以下牲."

직역 孔子가 曰, "凶年이라면 駑馬를 乘하고, 祀하길 下牲으로써 한다."

의역 공자가 말하길, "흉년이 든다면, 가장 하등의 말인 노마(駑馬)를 이용해 수레를 끌고, 제사를 지낼 때에는 한 등급을 낮춘 희생물을 사용한다."라고 했다.

集說 周禮校人六馬, 曰種馬·戎馬·齊馬·道馬·田馬·駑馬, 駑馬, 其最下者. 下牲, 如常祭用太牢者, 降用少牢; 少牢者降用特牲; 特豕者降用特豚之類. 以年凶, 故貶損也. 王制云, "凡祭豐年不奢, 凶年不儉", 與此不同, 未詳.

번역 『주례』「교인(校人)」편에서는 여섯 종류의 말[1]은 '종마(種馬)'· '융마(戎馬)'·'제마(齊馬)'·'도마(道馬)'·'전마(田馬)'·'노마(駑馬)'라고 했으니,[2] '노마(駑馬)'라는 것은 가장 하급의 말이다. '하생(下牲)'의 경우,

---

1) 육마(六馬)는 천자가 사용하는 여섯 종류의 말을 뜻한다. 구체적으로는 종마 (種馬), 융마(戎馬), 제마(齊馬), 도마(道馬), 전마(田馬), 노마(駑馬)를 가리킨 다. 『주례』「하관(夏官)·교인(校人)」편에는 "校人, 掌王馬之政. 辨六馬之屬, 種馬一物, 戎馬一物, 齊馬一物, 道馬一物, 田馬一物, 駑馬一物."이라는 기록이 있다. 즉 '종마'는 종자가 좋은 말을 선별하여 암컷을 잉태시킬 때 사용하는 말이다. '융마'는 전쟁용 수레에 사용하는 말이다. '제마'는 천자가 타던 금로 (金路)에 사용하는 말이다. '도마'는 천자가 타던 상로(象路)에 사용하는 말 이다. '전마'는 사냥용 수레에 사용하는 말이다. '노마'는 궁중에서 실시되는 노역에 사용하는 말이다.
2) 『주례』「하관(夏官)·교인(校人)」: 辨六馬之屬: 種馬一物, 戎馬一物, 齊馬一物,

만약 일상적인 제사 때 태뢰(太牢)를 사용하는 자라면, 등급을 낮춰서 소뢰
(少牢)를 사용하는 것이고, 소뢰를 사용하는 자라면, 등급을 낮춰 특생(特
牲)을 사용하는 것이며, 한 마리의 돼지를 사용하는 자라면 등급을 낮춰
한 마리의 새끼 돼지를 사용하는 부류와 같다. 흉년이기 때문에 줄이고 덜
어내는 것이다. 그런데 『예기』「왕제(王制)」편에서는 "무릇 제사를 지냄에
있어서, 풍년에는 사치하지 않고, 흉년에도 너무 검소하게 하지 않는다."3)
라고 하여, 이곳의 기록과 동일하지 않은데, 그 이유에 대해서는 자세히
모르겠다.

鄭注 自貶損, 亦取易供也. 駑馬, 六種最下者. 下牲, 少牢, 若特豕·特豚也.

번역 스스로 줄이고 덜어내니 또한 쉽게 공급받을 수 있는 것을 사용한
다. '노마(駑馬)'는 여섯 종류의 말 중에서도 가장 하등의 말이다. '하생(下
牲)'의 경우 본래 소뢰(少牢)를 사용해야 하지만, 한 마리의 돼지나 한 마리
의 새끼돼지를 사용하는 경우와 같다.

釋文 駑音奴. 貶, 必檢反. 易供, 上以豉反; 下音恭. 種, 章勇反.

번역 '駑'자의 음은 '奴(노)'이다. '貶'자는 '必(필)'자와 '檢(검)'자의 반절
음이다. '易供'에서의 '易'자는 '以(이)'자와 '豉(시)'자의 반절음이며, '供'자
는 그 음이 '恭(공)'이다. 種'자는 '章(장)'자와 '勇(용)'자의 반절음이다.

孔疏 ●"孔子"至"下牲". ○正義曰: 此一節明凶荒之年, 君自貶損也.

번역 ●經文: "孔子"～"下牲". ○이곳 문단은 흉년에 군주가 스스로 덜
고 줄이는 것을 나타내고 있다.

道馬一物, 田馬一物, 駑馬一物.
3) 『예기』「왕제(王制)」【157d】: 喪祭, 用不足曰暴, 有餘曰浩. 祭, 豊年不奢, 凶
年不儉.

孔疏 ●"乘駑馬"者, 駑馬, 六種之最下者也. 馬有六種, 一曰種馬, 天子玉路所乘. 二曰戎馬, 兵車所乘. 三曰齊馬, 金路所乘. 四曰道馬, 象路所乘. 五曰田馬, 木路所乘. 六曰駑馬, 負重載遠所乘. 若年歲凶荒, 則人君自貶, 故乘駑馬也.

번역 ●經文: "乘駑馬". ○'노마(駑馬)'는 여섯 종류의 말 중에서도 가장 하등의 말이다. 말에는 여섯 종류가 있으니, 첫 번째는 '종마(種馬)'로 천자의 옥로(玉路)[4]에 멍에를 메게 하는 말이다. 두 번째는 '융마(戎馬)'이니 전쟁용 수레[5]에 멍에를 메게 하는 말이다. 세 번째는 '제마(齊馬)'라고 부르니, 금로(金路)[6]에 멍에를 메게 하는 말이다. 네 번째는 '도마(道馬)'라고 부르니, 상로(象路)[7]에 멍에를 메게 하는 말이다. 다섯 번째는 '전마(田馬)'

---

4) 옥로(玉路)는 '옥로(玉輅)'라고도 부른다. 천자가 사용하는 다섯 가지 수레 중 하나이다. 옥(玉)으로 수레를 치장했기 때문에, '옥로'라고 부르게 되었다. 대상(大常)이라는 깃발을 세웠고, 깃발에는 12개의 치술을 달았으며, 주로 제사 때 사용하였다. 『주례』「춘관(春官)·건거(巾車)」편에는 "王之五路, 一曰玉路, 錫, 樊纓, 十有再就, 建大常, 十有二斿, 以祀."라는 기록이 있고, 이에 대한 정현의 주에서는 "玉路, 以玉飾諸末."이라고 풀이했다.

5) 혁로(革路)는 혁로(革輅)라고도 부른다. 천자가 사용하는 다섯 가지 수레 중 하나이다. 전쟁용으로 사용했던 수레인데, 간혹 제후의 나라에 순수(巡守)를 갈 때 사용하기도 하였다. 가죽으로 겉을 단단하게 동여매서 고정시키고, 옻칠만 하고, 다른 장식을 하지 않았기 때문에, '혁로'라고 부르는 것이다. 『주례』「춘관(春官)·건거(巾車)」편에는 "革路, 龍勒, 條纓五就, 建大白, 以卽戎, 以封四衛."라는 기록이 있고, 이에 대한 정현의 주에서는 "革路, 鞔之以革而漆之, 無他飾."이라고 풀이했다.

6) 금로(金路)는 금로(金輅)라고도 부른다. 천자가 사용하는 다섯 가지 수레 중 하나이다. 금(金)으로 수레를 치장했기 때문에, '금로'라고 부르게 되었다. 대기(大旂)라는 깃발을 세웠고, 빈객(賓客)을 접대하거나, 동성(同姓)인 자를 분봉할 때 사용하였다. 『주례』「춘관(春官)·건거(巾車)」편에는 "金路, 鉤樊纓九就, 鉤, 樊纓九就, 建大旂, 以賓, 同姓以封."라는 기록이 있고, 이에 대한 정현의 주에서는 "金路, 以金飾諸末."이라고 풀이했다.

7) 상로(象路)는 상로(象輅)라고도 부른다. 천자가 사용하는 다섯 가지 수레 중 하나이다. 상아로 수레를 치장했기 때문에, '상로'라고 부르게 되었다. 대적(大赤)이라는 깃발을 세웠으며, 조회를 보거나, 이성(異姓)인 자를 분봉할 때 사용하였다. 『주례』「춘관(春官)·건거(巾車)」편에는 "象路, 朱樊纓, 七就, 建大赤, 以朝, 異姓以封."이라는 기록이 있고, 이에 대한 정현의 주에서는 "象

라고 부르니, 목로(木路)8)에 멍에를 메게 하는 말이다. 여섯 번째는 '노마(駑馬)'라고 부르니, 무거운 짐을 싣고 먼 길을 떠나는 수레에 멍에를 메게 하는 말이다. 만약 흉년이 들었다면, 군주는 스스로 덜어내게 된다. 그렇기 때문에 노마에 멍에를 메게 하는 것이다.

孔疏 ●"祀以下牲"者, 諸侯常祭大牢, 若凶荒則用少牢. 大夫·士各降一等, 並用下牲也.

번역 ●經文: "祀以下牲". ○제후들은 일반적으로 지내는 제사에서 태뢰(太牢)를 사용하는데, 만약 흉년이 든다면 소뢰(少牢)를 사용한다. 대부와 사는 각각 한 등급씩을 낮추니, 모두 등급을 낮춘 희생물을 사용하는 것이다.

孔疏 ◎注"自貶"至"豚也". ○正義曰: 云"自貶損"者, 言乘駑馬降牲牢, 是貶損也. 云"駑馬, 六種最下"者, 按校人云: "種馬一物, 戎馬一物, 齊馬一物, 道馬一物, 田馬一物, 駑馬一物", 是六種馬中最下也. 云"下牲, 少牢, 若特豕特豚也"者, 天子·諸侯及天子大夫常祭用大牢, 若凶年, 降用少牢. 諸侯之卿大夫常祭用少牢, 降用特豕. 士常祭用特豕, 降用特豚. 如此之屬, 皆爲下牲也.

번역 ◎鄭注: "自貶"~"豚也". ○정현이 "스스로 줄이고 덜어낸다."라고 했는데, 이것은 노마(駑馬)에 멍에를 메게 하고 희생물의 등급을 낮추는

路, 以象飾諸末."이라고 풀이했다.
8) 목로(木路)는 목로(木輅)라고도 부른다. 천자가 사용하는 다섯 가지 수레 중 하나이다. 단지 옻칠만 하고, 가죽으로 덮지 않았으며, 다른 치장을 하지 않았기 때문에, '목로'라고 부르게 되었다. 대휘(大麾)라는 깃발을 세웠고, 사냥을 하거나, 구주(九州) 지역 이외의 나라를 분봉해줄 때 사용하였다. 『주례』「춘관(春官)·건거(巾車)」편에는 "木路, 前樊鵠纓, 建大麾, 以田, 以封蕃國."이라는 기록이 있고, 이에 대한 정현의 주에서는 "木路, 不鞎以革, 漆之而已."라고 풀이했다.

368 역주 예기집설대전 잡기하 附 『正義』・『訓纂』・『集解』

것이 바로 줄이고 덜어내는 일이라는 뜻이다. 정현이 "'노마(駑馬)'는 여섯 종류의 말 중에서도 가장 하등의 말이다."라고 했는데, 『주례』「교인(校人)」 편을 살펴보면, "종마(種馬)가 한 종류이고, 융마(戎馬)가 한 종류이며, 제마(齊馬)가 한 종류이고, 도마(道馬)가 한 종류이며, 전마(田馬)가 한 종류이고, 노마(駑馬)가 한 종류이다."라고 했다. 따라서 이것은 노마가 여섯 종류의 말 중에서도 가장 하등의 말이 됨을 나타낸다. 정현이 "'하생(下牲)'의 경우 본래 소뢰(少牢)를 사용해야 하지만, 한 마리의 돼지나 한 마리의 새끼돼지를 사용하는 경우와 같다."라고 했는데, 천자와 제후 및 천자에게 소속된 대부는 일상적으로 지내는 제사에서 태뢰(太牢)를 사용해야 하는데, 만약 흉년이 든다면 등급을 낮춰서 소뢰를 사용한다. 제후에게 소속된 경과 대부는 일상적으로 지내는 제사에서 소뢰를 사용하니, 등급을 낮춰서 한 마리의 돼지를 사용한다. 사는 일상적으로 지내는 제사에서 한 마리의 돼지를 사용하니, 등급을 낮춰서 한 마리의 새끼돼지를 사용한다. 이와 같은 부류들은 모두 하생(下牲)이 된다.

그림 57-1 ◼ 후대 천자의 옥로(玉路)

玉
輅

※ **출처:** 『삼재도회(三才圖會)』「기용(器用)」 5권

● 그림 57-2 ◨ 후대 천자의 혁로(革路)

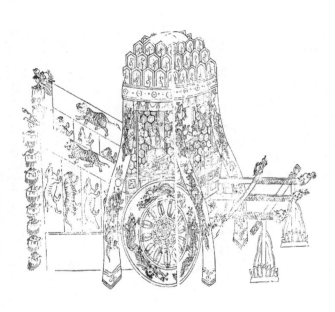

※ **출처**: 『삼재도회(三才圖會)』「기용(器用)」5권

그림 57-3 ◼ 후대 천자의 금로(金路)

※ **출처:**『삼재도회(三才圖會)』「기용(器用)」 5권

● 그림 57-4 ▣ 후대 천자의 상로(象路)

※ 출처:『삼재도회(三才圖會)』「기용(器用)」5권

그림 57-5 ▣ 후대 천자의 목로(木路)

※ **출처:** 『삼재도회(三才圖會)』「기용(器用)」 5권

• 제 58 절 •

「사상례(士喪禮)」편이 지어진 이유

【520b】

恤由之喪, 哀公使孺悲之孔子學士喪禮, 士喪禮於是乎書.

직역 恤由의 喪에, 哀公은 孺悲를 使하여 孔子에게 之하여 士喪禮를 學하니, 士喪禮는 是에 書라.

의역 휼유의 상이 발생했을 때, 해당하는 예법이 남아있지 않았으므로, 애공은 유비를 공자에게 보내서 사의 상례를 배우도록 했으니, 『의례』의 「사상례(士喪禮)」 편은 이 시기에 기록되었다.

集說 鄭氏曰: 時人轉而僭上, 士之喪禮已廢矣. 孔子以教孺悲, 國人乃復書而存之.

번역 정현이 말하길, 당시 사람들은 변해서 윗사람에게 참람되게 굴었으므로, 사의 상례도 이미 폐지되었다. 공자는 유비를 가르쳐서, 나라 사람들이 다시 그것을 기록해 사의 상례가 보존되었다.

大全 嚴陵方氏曰: 喪禮將亡, 待孺悲學之, 然後書, 明喪禮之不廢, 亦有所因也.

번역 엄릉방씨가 말하길, 상례가 없어지려고 했는데, 유비가 그것을 배운 뒤에야 기록으로 남게 되었으니, 상례가 폐지되지 않은 것에도 이유가 있음을 나타내고 있다.

大全 山陰陸氏曰: 儀禮士喪禮, 是歟.

번역 산음육씨가 말하길, 『의례』「사상례(士喪禮)」편이 바로 이 기록에 해당한다.

鄭注 時人轉而僭上, 士之喪禮已廢矣, 孔子以敎孺悲, 國人乃復書而存之.

번역 당시 사람들은 변해서 윗사람에게 참람되게 굴었으므로, 사의 상례도 이미 폐지되었다. 공자는 유비를 가르쳐서, 나라 사람들이 다시 그것을 기록해 사의 상례가 보존되었다.

釋文 孺, 而樹反, 本亦作孺. 復, 扶又反.

번역 '孺'자는 '而(이)'자와 '樹(수)'자의 반절음이며, 판본에 따라서는 또한 '孺'자로도 기록한다. '復'자는 '扶(부)'자와 '又(우)'자의 반절음이다.

• 제59절 •

사제(蠟祭)의 의미

【520c】

> 子貢觀於蠟, 孔子曰, "賜也樂乎?" 對曰, "一國之人皆若狂,
> 賜未知其樂也." 子曰, "百日之蠟, 一日之澤, 非爾所知也."

직역 子貢이 蠟를 觀함에, 孔子가 曰, "賜야 樂호?" 對하여 曰, "一國의 人이 皆히 狂과 若이나, 賜는 그 樂을 未知입니다." 子가 曰, "百日의 蠟는 一日의 澤이니, 爾가 知한 所가 非이다."

의역 자공이 사제(蠟祭)를 치르는 모습을 살펴보고 왔다. 그러자 공자는 "사야 너는 즐거웠느냐?"라고 물었다. 자공은 "온 나라의 사람들이 모두 미치광이처럼 술에 취해 들떠 있는데, 저는 그들이 즐거워하는 것에 대해 알지 못하겠습니다."라고 대답했다. 공자는 "1년 내내 수고롭게 일하다가 사제사를 지내는 것은 하루 동안 마음껏 즐기도록 군주가 은혜를 베푼 것이니, 네가 알 수 있는 바가 아니다."라고 했다.

集說 蠟祭, 見郊特牲. 若狂, 言飮酒醉甚也. 未知其樂, 言醉無禮儀, 方且可惡, 何樂之有? 孔子言百日勞苦而有此蠟, 農民終歲勤動, 今僅使之爲一日飮酒之歡, 是乃人君之恩澤, 非爾所知, 言其義大也.

번역 '사제(蠟祭)'에 대해서는 그 설명이 『예기』「교특생(郊特牲)」편에 나온다.[1] '약광(若狂)'은 술을 마셔서 몹시 취했다는 뜻이다. "그들의 즐거

---

1) 『예기』「교특생(郊特牲)」【330b】에는 "天子大蠟八, 伊耆氏始爲蠟. 蠟也者, 索也. 歲十二月合, 聚萬物而索饗之也."라는 기록이 있고, 이에 대한 진호(陳

위함을 알지 못하겠다.”는 말은 술에 취하여 예의 없이 행동하여, 혐오스러울만한데 어떤 즐거움을 느끼겠느냐는 뜻이다. 공자는 백일 동안 수고롭게 일한 뒤 이러한 사제제사가 있으니, 농민들은 한 해 동안 내내 수고롭게 일하다가 오늘에서야 겨우 그들로 하여금 하루 동안 술을 마시며 즐거워하도록 만든 것으로, 이것은 군주가 은택을 베푼 것이니, 네가 알 수 있는 대상이 아니라는 의미이다. 즉 그 의미가 크다는 뜻이다.

鄭注 蜡也者, 索也, 歲十二月, 合聚萬物而索饗之祭也. 國索鬼神而祭祀, 則黨正以禮屬民, 而飮酒于序, 以正齒位. 於是時, 民無不醉者如狂矣. 曰未知其樂, 怪之. 蜡之祭, 主先嗇也. 大飮烝勞農以休息之, 言民皆勤稼穡, 有百日之勞, 喩久也, 今一日使之飮酒燕樂, 是君之恩澤, 非女所知, 言其義大.

번역 ‘사(蜡)’라는 것은 “찾는다[索].”는 뜻으로, 한 해의 12월이 되면, 만물을 취합하고 신들을 찾아 흠향을 시키는 제사이다. 나라에서 귀신들을 찾아서 제사를 지내게 되면, 당정(黨正)은 예법에 따라 백성들을 취합하여 서(序)에서 음주를 하도록 시키며, 나이에 따른 서열을 바로잡는다고 했다.2) 이러한 시기에 백성들 중에는 술에 취하지 않은 자가 없어서 마치 미치광이처럼 날뛰게 된다. “그 즐거움을 알 수 없다.”는 말은 괴이하게 여

澔)의 『집설(集說)』에서는 “蜡祭八神, 先嗇一, 司嗇二, 農三, 郵表畷四, 貓虎五, 坊六, 水庸七, 昆蟲八. 伊耆氏, 堯也. 索, 求索其神也. 合, 猶閉也. 閉藏之月, 萬物各己歸根復命, 聖人欲報其神之有功者, 故求索而享祭之也.”라고 풀이했다. 즉 “사(蜡)제사에서는 8명의 신(神)에게 제사를 지내니, 선색(先嗇)이 첫 번째 신이고, 사색(司嗇)이 두 번째 신이며, 농(農)이 세 번째 신이고, 우표철(郵表畷)이 네 번째 신이며, 묘호(貓虎)가 다섯 번째 신이고, 방(坊)이 여섯 번째 신이며, 수용(水庸)이 일곱 번째 신이고, 곤충(昆蟲)이 여덟 번째 신이다. ‘이기씨(伊耆氏)’는 요(堯)임금이다. ‘색(索)’자는 그 신을 찾는다는 뜻이다. ‘합(合)’자는 ‘닫는다[閉].’는 뜻이다. 모든 것이 닫히고 보관되는 달에 만물은 각자 자신의 근본으로 되돌아가고 본원으로 회귀하게 되니, 성인(聖人)은 그 신(神)들의 공덕에 대해서 보답을 하고자 했기 때문에, 신을 찾아서 제사를 지내는 것이다.”라는 뜻이다.

2) 『주례』「지관(地官)·당정(黨正)」: <u>國索鬼神而祭祀, 則以禮屬民, 而飮酒于序以正齒位</u>, 壹命齒于鄕里, 再命齒于父族, 三命而不齒.

겼다는 뜻이다. 사제사에서는 선색(先嗇)3)을 위주로 한다. 성대하게 음주
연회를 하고 고기를 주며 수고롭게 일한 농민들을 위로하며 휴식을 취하도
록 하니, 백성들은 모두 농업에 힘써 백일 동안의 수고로움이 있었다는 뜻
으로, 이것은 오랜 기간 일했다는 것을 비유한다. 현재 하루 동안 그들로
하여금 술을 마시고 연회를 즐기도록 한 것은 군주의 은택에 해당하니, 네
가 알 수 있는 바가 아니라는 의미로, 그 의미가 크다는 뜻이다.

釋文 蜡, 仕嫁反. 樂音洛, 下及注同. 索, 色百反, 下同. 屬音燭. 嗇音色.
烝, 之承反. 勞, 力報反. 女音汝.

번역 '蜡'자는 '仕(사)'자와 '嫁(가)'자의 반절음이다. '樂'자의 음은 '洛
(낙)'이며, 아래문장 및 정현의 주에 나오는 글자도 그 음이 이와 같다. '索'
자는 '色(색)'자와 '百(백)'자의 반절음이며, 아래문장에 나오는 글자도 그
음이 이와 같다. '屬'자의 음은 '燭(촉)'이다. '嗇'자의 음은 '色(색)'이다. '烝'
자는 '之(지)'자와 '承(승)'자의 반절음이다. '勞'자는 '力(력)'자와 '報(보)'자
의 반절음이다. '女'자의 음은 '汝(여)'이다.

孔疏 ●"子貢"至"知也". ○正義曰: 此一節明蜡月鄕飮酒之樂, 各依文解之.

번역 ●經文: "子貢"~"知也". ○이곳 문단은 사(蜡)제사를 지내는 달에
향음주례를 누리는 즐거움을 나타내고 있으니, 각각의 문장에 따라서 풀이
하겠다.

孔疏 ●"蜡", 謂王者各於建亥之月, 報萬物, 息老休農. 又各燕會飮酒於
黨學中, 故子貢往觀之也.

---

3) 선색(先嗇)은 가장 먼저 농사를 지었던 자를 뜻하는 말이며, 농업 분야의 신
(神)으로 모셔지는 대상이다. 신농(神農)을 가리키기도 한다. 『예기』「교특생
(郊特牲)」편에는 "蜡之祭也, 主先嗇而祭司嗇也."라는 기록이 있는데, 이에 대
한 정현의 주에서는 "先嗇, 若神農者."라고 풀이했다.

번역 ●經文: "蜡". ○천자는 각각 북두칠성의 자루가 해(亥) 방위에 오는 달에, 만물에 대해 보답하며 노인과 농민들을 휴식시킨다. 또한 각각 연회를 베풀어 당(黨)의 학교에서 음주를 하도록 했다. 그렇기 때문에 자공이 찾아가서 살펴본 것이다.

孔疏 ●"孔子曰: 賜也, 樂乎"者, 呼子貢名而問之, 云: 汝觀蜡飲燕, 見此之事, 是歡樂否乎?

번역 ●經文: "孔子曰: 賜也, 樂乎". ○자공의 이름을 불러서 물어본 것이니, 너는 사(蜡)제사를 지내며 음주 연회를 즐기는 것을 살펴보았는데, 이러한 사안을 보고 즐거웠는지 또는 그렇지 않은지를 물어본 것이다.

孔疏 ●"對曰: 一國之人皆若狂, 賜未知燕樂也"者, 子貢以謂禮儀有序, 乃可是樂. 今此蜡, 人恣性酣飲, 載號載呶, 大小悉爾, 故云"一國之人皆若狂"也. 旣皆如狂, 則非歡樂, 故云"未知其樂也".

번역 ●經文: "對曰: 一國之人皆若狂, 賜未知燕樂也". ○자공은 예의에 따르면 질서가 생겨서 즐거워 할 수 있다. 그러나 현재의 사(蜡)제사는 사람들이 제멋대로 흥청망청 술을 마시고 큰 소리로 부르고 떠드니, 나이에 상관없이 모두들 그처럼 한다고 여겼다. 그렇기 때문에 "온 나라 사람들이 모두 미치광이와 같았다."라고 말한 것이다. 이미 모두가 미치광이와 같다고 말했다면, 즐겁게 여기지 않은 것이다. 그렇기 때문에 "그 즐거움에 대해서 알지 못하겠다."라고 말했다.

孔疏 ◎注"蜡也"至"怪之". ○正義曰: 云"蜡也者, 索也"至"而索饗之", 皆郊特牲文. 言經之蜡者, 是索饗之祭也. 云"歲十二月"者, 周正建亥之月. 云"國索鬼神而祭祀, 則黨正以禮屬民, 而飲酒于序"者, 謂州黨之學. 云"以正齒位"者, 以歲終事畢, 黨正屬民, 以正齒位, 若鄕飲酒義云"六十者坐, 五十者立", 壹命齒于鄕里之屬". 云"於是時, 民無不醉者如狂矣"者, 以飲初之時正齒位, 及飲末醉, 無不如狂者也.

번역 ◎鄭注: "蠟也"~"怪之". ○정현이 "'사(蠟)'라는 것은 '찾는다[索].'
는 뜻이다."라고 한 말로부터 "찾아 흠향을 시킨다."라는 말까지는 모두 『
예기』「교특생(郊特牲)」편에 나오는 기록이다. 즉 경문에서 '사(蠟)'라고 말
한 것은 신을 찾아서 흠향을 시키는 제사를 뜻한다. 정현이 '한 해의 12월'
이라고 했는데, 주나라 정월은 북두칠성의 자루가 해(亥)의 방위에 오는
달이기 때문이다. 정현이 "나라에서 귀신들을 찾아서 제사를 지내게 되면,
당정(黨正)은 예법에 따라 백성들을 취합하여 서(序)에서 음주를 하도록
시킨다."라고 했는데, 주당(州黨)의 학교를 뜻한다. 정현이 "이를 통해 나이
에 따른 서열을 바로잡는다."라고 했는데, 한 해의 끝에 모든 일을 마치게
되면, 당정이 백성들을 통솔해서 연회를 하며, 이 기회를 통해 나이에 따른
서열을 바로잡는다는 뜻이니, 마치 『예기』「향음주의(鄕飮酒義)」편에서
"60세인 자는 자리에 앉고, 50세인 자는 자리에 서 있다."[4]는 경우나 "1명
(命)은 향리의 무리들과 나이에 따라 서열을 정한다."[5]라고 말한 경우와
같다. 정현이 "이러한 시기에 백성들 중에는 술에 취하지 않은 자가 없어서
마치 미치광이처럼 날뛰게 된다."라고 했는데, 술을 마시는 초기에는 나이
에 따른 서열을 바르게 만들지만, 끝 무렵이 되면 술에 취하여, 미치광이처
럼 되지 않은 자가 없다는 뜻이다.

孔疏 ●"子曰: 百日之蠟, 一日之澤, 非爾所知也"者, 孔子解蠟是樂之義
也. 言此蠟而飲, 是報民一年勞苦, 故云"百日之蠟"也. 言百日者, 舉其全數,
喩久矣, 實一年之勞苦也. 今一日歡休, 故恣其醉如狂, 此是由於君之恩澤,

4) 『예기』「향음주의(鄕飮酒義)」【699c】: 鄕飮酒之禮: 六十者坐, 五十者立侍以
聽政役, 所以明尊長也. 六十者三豆, 七十者四豆, 八十者五豆, 九十者六豆, 所
以明養老也. 民知尊長養老, 而后乃能入孝弟, 民入孝弟, 出尊長養老, 而后成敎,
成敎而后國可安也. 君子之所謂孝者, 非家至而日見之也. 合諸鄕射, 敎之鄕飮
酒之禮, 而孝弟之行立矣.
5) 『주례』「지관(地官)·당정(黨正)」: 國索鬼神而祭祀, 則以禮屬民, 而飲酒于序
以正齒位, 壹命齒于鄕里, 再命齒于父族, 三命而不齒.

故云"一日之澤"也. 其理深遠, 故曰"非爾所知也".

번역 ●經文: "子曰: 百日之蜡, 一日之澤, 非爾所知也". ○공자가 사(蜡)
제사가 즐거움의 뜻에 해당한다는 사실을 풀이한 말이다. 즉 이러한 사제
사를 지내고 음주를 하는 것은 백성들이 한 해 동안 수고롭게 일한 것에
대해 보답을 하는 것이다. 그렇기 때문에 '백일에서의 사제사'라고 말한 것
이다. '백일(百日)'이라는 말은 전반적인 수치를 말한 것이니, 오랜 기간을
비유하는 말로, 실제로는 1년 동안 수고롭게 일한 것을 의미한다. 현재 하
루 동안 즐겁게 놀며 휴식을 취하기 때문에, 마음껏 술에 취해 미치광이처
럼 날뛰니, 이것은 군주의 은택에서 비롯된 것이다. 그렇기 때문에 '하루
동안의 은택'이라고 했다. 그 이치가 심원하기 때문에 "네가 알 수 있는
바가 아니다."라고 말했다.

孔疏 ◎注"蜡之"至"義大". ○正義曰: 云"蜡之祭, 主先嗇也"者, 謂以先
嗇神農爲主. 云"大飲烝勞農以休息之"者, 謂於時天子‧諸侯有群臣大飲於
學. 烝, 升也. 謂升牲體於俎. 於此之時, 慰勞農人, 使令休息. 云"言民皆勤
稼穡, 有百日之勞, 喻久也"者, 解經"百日之蜡", 言百日勞苦, 而有此蜡. 其
實一年, 而云百日, 擧其成數, 以喻其久也. 云"今一日飲之飲酒燕樂, 是君之
恩澤"者, 解經"一日之澤", 言一日之中, 由人君之恩澤.

번역 ◎鄭注: "蜡之"~"義大". ○정현이 "사제사에서는 선색(先嗇)을 위
주로 한다."라고 했는데, 선색인 신농(神農)에게 제사지내는 것을 위주로
삼는다는 뜻이다. 정현이 "성대하게 음주 연회를 하고 고기를 주며 수고롭
게 일한 농민들을 위로하며 휴식을 취하도록 한다."라고 했는데, 이 시기에
천자와 제후는 학교에서 뭇 신하들과 큰 음주 연회를 하게 된다. '증(烝)'자
는 "올리다[升]."는 뜻이다. 즉 도마에 희생물의 몸체를 올린다는 뜻이다.
이러한 시기에 농민들을 위로하여, 그들로 하여금 휴식을 취하도록 한다.
정현이 "백성들은 모두 농업에 힘써 백일 동안의 수고로움이 있었다는 뜻
이니, 이것은 오랜 기간 일했다는 것을 비유한다."라고 했는데, 경문에 나온

'백일지사(百日之蜡)'라는 말을 풀이한 것으로, 일 년 내내 수고롭게 일해서 이러한 사제사가 시행된다는 뜻이다. 실제로는 일 년 내내 일을 하는 것인데도 '백일(百日)'이라고 말한 것은 성수(成數)를 제시했기 때문이니, 이를 통해서 오랜 기간 일했다는 것을 비유한다. 정현이 "현재 하루 동안 그들로 하여금 술을 마시고 연회를 즐기도록 한 것은 군주의 은택에 해당한다."라고 했는데, 경문에 나온 '일일지택(一日之澤)'이라는 말을 풀이한 것으로, 하루 동안 군주의 은택을 입는다는 뜻이다.

▶ 그림 59-1 ◀ ▣ 북두칠성의 자루와 12개월

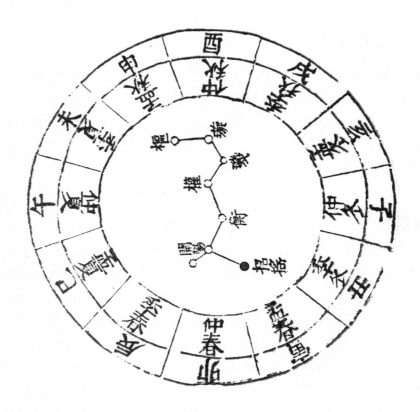

※ 출처:『삼재도회(三才圖會)』「천문(天門)」 3권

그림 59-2 ▣ 신하들의 명(命) 등급

	천자(天子) 신하	대국(大國) 신하	차국(次國) 신하	소국(小國) 신하
9명(九命)	상공(上公=二伯) 하(夏)의 후손 은(殷)의 후손			
8명(八命)	삼공(三公) 주목(州牧)			
7명(七命)	후작[侯] 백작[伯]			
6명(六命)	경(卿)			
5명(五命)	자작[子] 남작[男]			
4명(四命)	부용군(附庸君) 대부(大夫)	고(孤)		
3명(三命)	원사(元士=上士)	경(卿)	경(卿)	
2명(再命)	중사(中士)	대부(大夫)	대부(大夫)	경(卿)
1명(一命)	하사(下士)	사(士)	사(士)	대부(大夫)
0명(不命)				사(士)

◎ 『예기』와 『주례』의 기록에는 다소 차이가 있다.

※ **참조:** 『주례』「춘관(春官)·전명(典命)」 및 『예기』「왕제(王制)」

【520c】

> "張而不弛, 文武弗能也. 弛而不張, 文武弗爲也. 一張一弛, 文武之道也."

직역 "張하고 不弛함을 文武는 弗能이라. 弛하고 不張함을 文武는 弗爲이라. 一張하고 一弛함은 文武의 道이다."

의역 계속하여 공자가 말하길, "계속 당기기만 하고 느슨하게 풀어주지 않는다면, 그러한 백성들은 문왕과 무왕이라 할지라도 다스릴 수 없다. 느슨하게 풀어주기만 하고 당기지 않는다면, 그러한 일에 대해서는 문왕과 무왕이라 할지라도 하지 않았다. 때로 당기고 때로 풀어주는 것이 바로 문왕과 무왕의 도이다."라고 했다.

集說 張, 張弦也. 弛, 落弦也. 孔子以弓喩民, 謂弓之爲器, 久張而不弛, 則力必絶; 久弛而不張, 則體必變. 猶民久勞苦而不休息, 則其力憊; 久休息而不勞苦, 則其志逸. 弓必有時而張, 有時而弛, 民必有時而勞, 有時而息. 文武弗能, 言雖文王武王, 亦不能爲治也. 一於逸樂則不可, 故言文武弗爲.

번역 '장(張)'자는 시위를 당긴다는 뜻이다. '이(弛)'자는 시위를 푼다는 뜻이다. 공자는 활을 통해서 백성들에 대한 사안을 비유했으니, 활이라는 기구는 오래도록 당기기만 하고 풀어주지 않는다면 반드시 탄력이 끊어지게 되고, 오래도록 풀어두기만 하고 당기지 않는다면 반드시 몸체가 틀어지게 된다. 이것은 마치 백성들이 오래도록 수고롭게 일만하고 휴식을 취하지 않는다면 고단하게 되고, 오래도록 휴식만 취하고 수고롭게 일을 하지 않는다면 뜻이 나태해지는 것과 같다는 뜻이다. 활은 반드시 때에 따라 당기기도 하고 또 때에 따라 풀어주기도 해야 하니, 백성들에 대해서도 반드시 때에 따라 수고롭게 일을 시키고 때에 따라 휴식을 시켜야 한다. '문무불능(文武弗能)'이라는 말은 비록 문왕이나 무왕이라 할지라도 그들을 다스릴 수가 없다는 뜻이다. 한결같이 태만하게 놀기만 한다면 불가하다. 그렇기 때문에 문왕과 무왕이 하지 않았던 것이다.

大全 嚴陵方氏曰: 蜡者, 旣勞之而報之也. 澤者, 欲息之而加之惠也. 勞之
其來也久, 故言百日之蜡, 息之其及也均, 故言一日之澤. 方其勞之之初, 猶弓
之張而有爲也. 及其息之之後, 猶弓之弛而無作也. 張之以武, 所以告始, 弛之
以文, 所以成終. 百日之蜡, 始於春, 一日之澤, 終於冬, 亦是意也.

번역 엄릉방씨가 말하길, 사(蜡)제사라는 것은 이전부터 백성들을 수고
롭게 하여 보답하는 것이다. '택(澤)'이라는 것은 그들을 쉬도록 하여 은혜
를 베풀고자 함이다. 수고롭게 한 것이 오래되었기 때문에 '백일지사(百日
之蜡)'라고 말했고, 쉬도록 한 것이 균등하게 돌아가기 때문에 '일일지택(一
日之澤)'이라고 했다. 수고롭게 만드는 초기는 활을 당겨서 어떤 일을 시행
하는 것과 같다. 휴식을 시키는 후반부는 활을 풀어서 어떤 일도 하지 않는
것과 같다. 무왕의 도를 사용하여 당기는 것은 시작함을 알리는 것이고,
문왕의 도를 사용하여 풀어주는 것은 끝을 이루는 것이다. '백일지사'는 봄
에 시작하고 '일일지택'은 겨울에 마치는 것 또한 이러한 의미이다.

大全 馬氏曰: 王者奉天牧民, 春夏使之耕作, 欲其富也, 能勿勞乎? 秋冬使
之收成, 致其勞也, 能勿息乎? 不久張以著其仁, 不久弛以著其義.

번역 마씨가 말하길, 천자는 천명을 받들어 백성들을 다스리니, 봄과 여
름에 백성들로 하여금 경작을 하도록 하는 것은 그들을 부유하게 만들고자
함인데, 수고롭게 하지 않을 수 있겠는가? 가을과 겨울에 거둬서 완성토록
하는 것은 그 노고를 이루게 한 것인데, 쉬도록 하지 않을 수 있겠는가?
오래도록 당기지 않음으로써 인(仁)을 드러내고, 오래도록 풀어주지 않음
으로써 의(義)를 드러낸다.

大全 臨川吳氏曰: 使民常勞, 則民將不堪, 上之人不能强民之從也, 故曰文
武弗能. 使民久逸, 則民將廢業, 上之人不爲此以縱民之惰也, 故曰文武弗爲.

번역 임천오씨가 말하길, 백성들로 하여금 항상 수고롭게만 한다면 백
성들은 감당할 수 없게 되며, 위정자도 억지로 백성들을 따르게 할 수 없기

때문에, "문왕과 무왕도 다스릴 수 없다."라고 말한 것이다. 백성들로 하여금 오래도록 쉽게만 한다면, 백성들은 자신의 과업을 버리게 되며, 위정자도 이처럼 시행하여 백성들이 게으르도록 내버려둘 수 없기 때문에, "문왕과 무왕도 할 수 없다."라고 말한 것이다.

鄭注 張·弛, 以弓弩喩人也. 弓弩久張之, 則絶其力, 久弛之, 則失其體.

번역 "당긴다."와 "풀어둔다."는 말은 활을 통해서 사람을 비유한 것이다. 활을 오래도록 당기기만 하면 탄력이 끊어지고, 오래도록 풀어두기만 하면 몸체가 틀어진다.

釋文 弛, 尸是反, 下及注同. 弩, 弓乃反.

번역 '弛'자는 '尸(시)'자와 '是(시)'자의 반절음이며, 아래문장 및 정현의 주에 나오는 글자도 그 음이 이와 같다. '弩'자는 '弓(궁)'자와 '乃(내)'자의 반절음이다.

孔疏 ●"張而"至"道也". ○正義曰: 此孔子以弓喩於民也. 張謂張弦, 弛謂落弦. 若弓久張而不落弦, 則絶其弓力, 喩民久勞而不息, 則亦損民之力也.

번역 ●經文: "張而"~"道也". ○이곳 문장은 공자가 활을 통해 백성들에 대한 사안을 비유한 것이다. '장(張)'자는 시위를 당긴다는 뜻이며, '이(弛)'자는 시위를 푼다는 뜻이다. 만약 활을 오래도록 당기기만 하고 시위를 풀지 않는다면, 활의 탄력이 끊어지니, 백성들을 오래도록 수고롭게 일만 시키고 휴식을 시키지 않는다면, 또한 백성들의 힘을 고갈시킨다는 사실을 비유한다.

孔疏 ●"文武弗能也"者, 言若使民如此, 縱令文武之治, 不能使人之得所, 以言其苦, 故稱其不能.

번역 ●經文: “文武弗能也”. ○만약 백성들을 이처럼 다스린다면, 문왕과 무왕의 다스림을 따르더라도 사람들로 하여금 제자리를 얻게끔 할 수 없으니, 이를 통해 그 수고로움을 말한 것이다. 그렇기 때문에 할 수 없다고 했다.

孔疏 ●“弛而不張, 文武弗爲也”者, 言弓久落弦而不張設, 則失其弓之往來之體, 喩民久休息而不勞苦, 則民有驕逸之志. 民若如此, 文·武不能爲治也, 而事之逸樂, 故稱不爲也.

번역 ●經文: “弛而不張, 文武弗爲也”. ○활에 대해 오래도록 시위를 풀어두기만 하고 당기지 않는다면, 활의 구부러졌다가 펴지는 유연성을 잃게 되니, 백성들이 오래도록 휴식만 하고 수고롭게 일하지 않는다면, 백성들 중에는 교만한 뜻이 발생한다는 것을 비유하였다. 백성들이 만약 이처럼 된다면, 문왕과 무왕도 다스릴 수 없고, 그 사안에 대해서도 편안하게 즐기려고만 한다. 그렇기 때문에 하지 않는다고 했다.

孔疏 ●“一張一弛, 文武之道也”者, 言弓一時須張, 一時須弛, 喩民一時須勞, 一時須逸. 勞逸相參, 若調之以道, 化之以理, 張弛以時, 勞逸以意, 則文·武得其6)中道也, 使可以治. 文·武爲政之道, 治民如此, 故云文武之道也.

번역 ●經文: “一張一弛, 文武之道也”. ○활은 한동안 당겨야 하고 또 한동안은 풀어두어야 하니, 이것은 백성들에 대해서 한동안 수고롭게 일을 시켜야 하고 한동안은 편안하게 쉬도록 해야 함을 비유한다는 뜻이다. 수고롭게 일하고 편안히 쉬는 것이 번갈아 시행되는 것은 마치 도로 조화를 시키고 이치로 교화를 시키며, 때에 맞게 당기고 풀어주며 뜻에 맞게 수고롭게 하고 편안히 쉬도록 하는 것으로, 문왕과 무왕은 그 중도를 얻었으므로, 다스릴 수 있었다. 문왕과 무왕이 정사를 다스렸던 도와 백성들을 통치

---

6) ‘기(其)’자에 대하여. ‘기’자는 본래 중복 기록되어 있었는데, 완원(阮元)의 『교감기(校勘記)』에서는 “‘기’자는 잘못하여 중복 기록되었다.”라고 했다.

하는 것이 이와 같았기 때문에, "문왕과 무왕의 도이다."라고 했다.

集解　愚謂: 鄕飮酒之禮, 安燕而不亂, 而蜡祭飮酒, 至於一國之人皆若狂, 何也? 蓋賓賢能之禮專於士, 故節之以禮而不過; 蜡祭飮酒逮乎民, 故恩惠浹洽, 而醉飽有所不禁也.

번역　내가 생각하기에, 향음주례에서는 안락하지만 문란하지 않다고 했는데,[7] 사(蜡)제사를 지내며 음주를 할 때에는 온 나라 사람들이 모두 미치광이처럼 되는 지경에 이른다고 한 것은 어째서인가? 무릇 현명하고 유능한 자를 빈객으로 대우하는 예법은 전적으로 선비에게 해당하기 때문에, 예법에 따라 조절을 하여 넘치지 않는 것이다. 반면 사제사에서 음주를 하는 것은 백성들에게까지 은덕이 미친다. 그렇기 때문에 은혜가 골고루 미치게 되어 술에 취하고 포만감을 느끼게 함에 금지하지 않는 점이 있다.

---

7) 『예기』「향음주의(鄕飮酒義)」【701d~702a】: 貴賤明, 隆殺辨, 和樂而不流, 弟長而無遺, 安燕而不亂, 此五行者, 足以正身安國矣. 彼國安而天下安, 故曰: "吾觀於鄕, 而知王道之易易也."

그림 59-3 ◾ 주(周)나라 문왕(文王)

王　文　周

※ **출처:**『삼재도회(三才圖會)』「인물(人物)」1권

그림 59-4 ▣ 주(周)나라 무왕(武王)

※ 출처:『삼재도회(三才圖會)』「인물(人物)」1권

노(魯)나라의 교제(郊祭)와 체제(禘祭)

【521a】

孟獻子曰, "正月日至, 可以有事於上帝; 七月日至, 可以有
事於祖." 七月而禘, 獻子爲之也.

직역 孟獻子가 曰, "正月에 日至하면, 可히 上帝에게 事가 有하며; 七月에 日至
하면, 可히 祖에게 事가 有하다." 七月하고 禘함은 獻子가 爲라.

의역 맹헌자는 "정월 동지일에는 상제에게 교(郊)제사를 지낼 수 있고, 7월 하
지일에는 조상에게 체(禘)제사를 지낼 수 있다."라고 했다. 7월에 체제사를 지내는
것은 맹헌자가 그처럼 했다.

集說 獻子, 魯大夫仲孫蔑. 正月, 周正建子之月也. 日至, 冬至也. 有事上
帝, 郊祭也. 七月, 建午之月也. 日至, 夏至也. 有事於祖, 禘祭也. 明堂位云,
"季夏六月, 以禘禮祀周公於太廟." 蓋夏正建巳之月, 郊用冬至, 禮之當然. 此
言獻子變禮用七月禘祭, 然不言自獻子始, 而但言獻子爲之, 蓋一時之事耳.

번역 '헌자(獻子)'는 노(魯)나라 대부인 중손멸(仲孫蔑)이다. '정월(正
月)'은 주나라 정월로 북두칠성의 자루가 자(子) 방위에 오는 달이다. 이때
의 '일지(日至)'는 동지(冬至)를 뜻한다. "상제(上帝)에게 일이 있다."는 말
은 교제(郊祭)[1]를 치른다는 뜻이다. '칠월(七月)'은 북두칠성의 자루가 오

---

1) 교사(郊社)는 본래 천지(天地)에 대한 제사를 뜻한다. 교(郊)는 천(天)에 대
   한 제사를 뜻하고, 사(社)는 지(地)에 대한 제사를 뜻한다. '교사(郊祀)'라고
   도 부르고, '교제(郊祭)'라고도 부른다. 또한 하늘에 대한 제사만을 지칭하기

(午) 방위에 오는 달이다. 이때의 '일지(日至)'는 하지(夏至)를 뜻한다. "조상에게 일이 있다."는 말은 체제(禘祭)[2]를 치른다는 뜻이다. 『예기』「명당위(明堂位)」편에서는 "계하(季夏)인 6월에, 체(禘)제사의 예법으로써 태묘(太廟)에서 주공(周公)에 대한 제사를 지냈다."[3]라고 했으니, 아마도 하나라 정월인 북두칠성의 자루가 사(巳) 방위에 오는 달에는 교제사를 지내며 동지일에 따른 것은 예법상 당연한 일이다. 이곳의 내용은 맹헌자가 예법을 바꿔서 7월을 이용하여 체제사를 지냈다는 뜻이다. 그런데 "맹헌자로부터 시작되었다."라고 말하지 않고, 단지 "헌자가 그처럼 했다."라고 말한 것은 아마도 일시적으로 발생한 일이기 때문일 것이다.

鄭注 記魯失禮所由也. 孟獻子, 魯大夫仲孫蔑也. 魯以周公之故, 得以正月日至之後郊天, 亦以始祖后稷配之. 獻子欲尊其祖, 以郊天之月對月禘之, 非也. 魯之宗廟, 猶以夏時之孟月爾. 明堂位曰: "季夏六月, 以禘禮祀周公於太廟."

번역 노(魯)나라에서 실례를 범하게 된 유래를 기록한 것이다. '맹헌자(孟獻子)'는 노나라 대부 중손멸(仲孫蔑)이다. 노나라는 주공의 업적 때문에 정월 동지일 이후 하늘에 대한 교(郊)제사를 지낼 수 있었고, 또한 시조인 후직(后稷)[4]을 배향할 수 있었다. 맹헌자는 그의 조상을 존귀하게 높이

도 한다.

2) 체제(禘祭)는 천신(天神) 및 조상신(祖上神)에게 지내는 '큰 제사[大祭]'를 뜻한다. 『이아』「석천(釋天)」편에는 "禘, 大祭也."라는 기록이 있고, 이에 대한 곽박(郭璞)의 주에서는 "五年一大祭."라고 풀이하여, 대제(大祭)로써의 체제사는 5년마다 1번씩 지낸다고 설명한다. 그러나 『예기』「왕제(王制)」에 수록된 각종 제사들에 대한 기록을 살펴보면, 체제사는 큰 제사임에는 분명하나, 반드시 5년마다 1번씩 지내는 제사는 아니었다.

3) 『예기』「명당위(明堂位)」【400a】: 季夏六月, 以禘禮祀周公於大廟, 牲用白牡.

4) 후직(后稷)은 전설상의 인물이다. 주(周)나라의 선조(先祖) 중 한 사람이다. 강원(姜嫄)이 천제(天帝)의 발자국을 밟고 회임을 하여 '후직'을 낳았는데, 불길하다고 생각하여 버렸기 때문에, 이름을 기(棄)로 지어졌다 한다. 이후 순(舜)이 '기'를 등용하여 농사를 담당하는 신하로 임명해서, 백성들에게 농

고자 하여, 하늘에 대한 교제사를 지내는 날과 대비되는 날에 체(禘)제사를
지냈으니, 잘못된 행동이다. 노나라의 종묘에서는 여전히 여름 중 첫 달을
이용해서 제사를 지냈을 따름이다. 『예기』「명당위(明堂位)」편에서는 "계
하(季夏)인 6월에, 체(禘)제사의 예법으로써 태묘(太廟)에서 주공(周公)에
대한 제사를 지냈다."라고 했다.

釋文 大廟, 音泰.

번역 '大廟'의 '大'자는 그 음이 '泰(태)'이다.

孔疏 ●"孟獻"至"之也". ○正義曰: 此一節明魯之郊禘之事. 獻子, 魯大
夫仲孫蔑, 謚曰獻子. 正月, 周正月, 建子之月也. 日至, 冬至日也. 有事, 謂
南郊祭所出之帝也, 上帝靈威仰也. 而周以十一月爲正, 其月日至. 注云5)"若
天子則圓丘, 魯以周公之故得郊天, 所以於此月得郊所出之帝靈威仰而已",
故云"正月日至, 可以有事於上帝也". 此言是也.

번역 ●經文: "孟獻"~"之也". ○이 내용은 노(魯)나라에서 교(郊)제사
와 체(禘)제사를 지내는 사안을 나타내고 있다. '헌자(獻子)'는 노나라 대부
중손멸(仲孫蔑)이며, 시호는 '헌자(獻子)'이다. '정월(正月)'은 주나라 때의
정월이니, 북두칠성의 자루가 자(子) 방위에 걸리는 달이다. '일지(日至)'는
동지일을 뜻한다. '유사(有事)'는 남쪽 교외에서 자신의 시조가 도출된 상제
에게 제사를 지낸다는 뜻이니, 이때의 '상제(喪祭)'는 영위앙(靈威仰)6)이

사짓는 법을 가르쳤기 때문에, '후직'으로 일컬어지게 되었다. 『시』「대아(大
雅)·생민(生民)」편에는 "厥初生民, 時維姜嫄. …… 載生載育, 時維后稷."이라
는 기록이 있다. 한편 농사를 주관하는 관리를 '후직'으로 부르기도 한다.
5) '주운(注云)'에 대하여. 『십삼경주소(十三經注疏)』 북경대 출판본에서는 "『민
본(閩本)』·『감본(監本)』·『모본(毛本)』에는 동일하게 기록되어 있는데, 혜
동(惠棟)의 『교송본(校宋本)』에는 '주(注)'자가 '주(主)'자로 기록되어 있으며,
위씨(衛氏)의 『집설(集說)』에는 '주운'이라는 두 글자가 없다."라고 했다.
6) 영위앙(靈威仰)은 참위설(讖緯說)을 주장했던 자들이 섬기던 오제(五帝) 중
하나이다. 동방(東方)의 신(神)이자, 봄을 주관하는 신이다. 『예기』「대전(大

다. 그러나 주나라는 하나라 때의 11월을 정월로 삼았고, 그 달에 동지일이
있다. 만약 천자의 경우라면 환구(圜丘)[7]에서 지내는데, 노나라는 주공의
옛 업적 때문에 하늘에 대한 교(郊)제사를 지낼 수 있었으니, 이 달에는
시조가 도출된 상제인 영위앙(靈威仰)에게 교(郊)제사를 지낼 수 있었을
뿐이다. 그렇기 때문에 "정월 동지일에 상제에게 제사를 지낼 수 있다."라
고 말한 것이니, 이 말은 옳은 내용이다.

孔疏 ●"七月日至, 可以有事於祖"者, 七月, 周七月, 建午之月也. 日至,
夏至日也. 有事, 謂禘祭於祖廟, 故云"有事於祖". 獻子言十一月建子, 冬至[8]
旣祭上帝, 故建午夏至亦可禘祖, 以兩月日至相對, 故欲祭祖廟, 與天相對也,
故云"七月日至, 可以有事於祖"也. 此言非也. 所以爲非者, 魯之祭祀宗廟,
亦猶用夏家之法. 凡大祭宜用首時, 應禘於孟月, 孟月於夏家是四月, 於周爲
六月, 故明堂位云"季夏六月, 以禘禮祀周公於大廟", 是夏之孟月也. 獻子捨
此義, 欲以此二至相當, 以天對祖, 乖失禮意.

번역 ●經文: "七月日至, 可以有事於祖". ○'칠월(七月)'은 주나라 역법
에 따른 7월을 뜻하니, 북두칠성의 자루가 오(午) 방위에 걸리는 달이다.
이때의 '일지(日至)'는 하지일을 뜻한다. '유사(有事)'는 조상의 묘(廟)에서

傳)」편에는 "禮, 不王不禘, 王者禘其祖之所自出, 以其祖配之."라는 기록이 있
는데, 이에 대한 정현의 주에서는 "王者之先祖皆感大微五帝之精以生. 蒼則靈
威仰, 赤則赤熛怒, 黃則含樞紐, 白則白招拒, 黑則汁光紀."라고 풀이하였다.

7) 환구(圜丘)는 원구(圓丘)라고도 부른다. 고대에 제왕이 동지(冬至)에 제천(祭
天) 의식을 집행하던 곳이다. 자연적으로 형성된 언덕의 형상을 본떠서, 흙
을 높이 쌓아올려 만들었기 때문에, '구(丘)'자를 붙여서 부른 것이며, 하늘의
둥근 형상을 본떴다는 뜻에서 '환(圜)' 또는 '원(圓)'자를 붙여서 부른 것이다.
『주례』「춘관(春官)・대사악(大司樂)」편에는 "冬日至, 於地上之圜丘奏之."라
는 기록이 있고, 이에 대한 가공언(賈公彦)의 소(疏)에서는 "土之高者曰丘,
取自然之丘. 圜者, 象天圜也."라고 풀이했다.

8) '지(至)'자에 대하여. '지'자는 본래 없던 글자인데, 완원(阮元)의 『교감기(校
勘記)』에서는 "혜동(惠棟)의 『교송본(校宋本)』에는 '동(冬)'자 뒤에 '지'자가
기록되어 있으니, 이곳 판본에는 글자가 누락된 것이며, 『민본(閩本)』・『감
본(監本)』・『모본(毛本)』에도 동일하게 누락되어 있다."라고 했다.

체(禘)제사를 지낸다는 뜻이다. 그렇기 때문에 "조상에 대해서 제사를 지낸다."라고 말한 것이다. 맹헌자는 11월 건자(建子)의 달에 동지가 되면 이미 상제에게 제사를 지낼 수 있다고 했기 때문에, 건오(建午)의 달 하지일에도 또한 조상에게 체제사를 지낼 수 있다고 말한 것이니, 두 달의 동지와 하지가 서로 대비가 되기 때문에 조묘에서 제사를 지내서, 하늘과 서로 대비를 시키고자 한 것이다. 그래서 "7월 하지일에 조상에게 제사를 지낼 수 있다."라고 말한 것이다. 그러나 이 말은 잘못된 내용이다. 잘못된 이유는 노나라에서 종묘 제사를 지낸 것 또한 하나라 때의 역법을 사용했기 때문이다. 무릇 대제(大祭)9)에서는 마땅히 해당 계절의 첫 달을 사용해야 하니, 맹월(孟月)에 체제사를 지내야 하는데, 맹월은 하나라 때의 역법에 따르면 4월에 해당하고, 주나라의 역법에 따르면 6월이 된다. 그렇기 때문에 『예기』「명당위(明堂位)」편에서는 "계하(季夏)인 6월에, 체(禘)제사의 예법으로써 태묘(太廟)에서 주공(周公)에 대한 제사를 지냈다."라고 한 것이니, 이것은 하나라의 역법에 따르면 여름 중 맹월에 해당한다. 헌자는 이러한 의미를 버려두고 동지와 하지가 서로 대비가 되어, 하늘을 자신의 조상과 대비시키고자 했으니, 예법의 뜻을 어그러트린 것이다.

孔疏 ●"七月而禘, 獻子爲之也"者, 獻子有此之失, 故記其失所由也.

번역 ●經文: "七月而禘, 獻子爲之也". ○맹헌자가 이러한 실례를 범했

---

9) 대제(大祭)는 큰 제사라는 뜻이며, 천지(天地)에 대한 제사 및 체협(禘祫) 등을 일컫는다. 『주례』「천관(天官)·주정(酒正)」에 "凡祭祀, 以法共五齊三酒, 以實八尊. 大祭三貳, 中祭再貳, 小祭壹貳, 皆有酌數."라는 기록이 있다. 이에 대한 정현의 주에서는 "大祭, 天地. 中祭, 宗廟. 小祭, 五祀."라고 풀이하여, '대제'는 천지에 대한 제사를 뜻한다고 설명한다. 그리고 『주례』「춘관(春官)·천부(天府)」편에는 "凡國之玉鎭大寶器藏焉, 若有大祭大喪, 則出而陳之, 旣事藏之."라는 기록이 있다. 이에 대한 정현의 주에서는 "禘祫及大喪陳之, 以華國也."라고 풀이하여, '대제'를 '체협'으로 설명한다. 그리고 '체(禘)'제사와 '대제'의 직접적 관계에 대해서는 『이아』「석천(釋天)」편에서 "禘, 大祭也."라고 풀이하고, 이에 대한 곽박(郭璞)의 주에서는 "五年一大祭."라고 풀이하여, '대제'로써의 '체'제사는 5년마다 지내는 제사로 설명한다.

기 때문에, 실례의 유래를 기록한 것이다.

孔疏 ◎注“記魯”至“大廟”. ○正義曰: 云“記魯失禮所由”者, 言七月而禘, 是魯之失禮時暫爲之, 非是恒行, 故春秋獻子之後, 無七月禘廟之事. 又此不云“自獻子始”, 是不恒行也. 云“孟獻子, 魯大夫仲孫蔑也”者, 以左傳稱孟獻子, 經書仲孫蔑也. 云“魯以周公之故, 得以正月日至之後郊天, 亦以始祖后稷配之”者, 此是明堂位文, 故明堂云“魯君孟春乘大路, 祀帝于郊, 配以后稷”, 是后稷配之也. “亦”者, 天子正月郊祭, 以始祖配天. 魯以十一月郊祭, 亦以后稷配天, 故云“亦”也. 云“魯之宗廟, 猶以夏時之孟月爾”者, 以明堂位稱季夏六月, 以禘禮祀周公於大廟. 周之季夏, 卽夏之孟月, 建巳之月. 又春秋宣八年“六月辛巳, 有事于大廟”, 謂禘祭也, 是用建巳之月. 按春秋宣九年, 獻子始見經, 按僖八年, 於時未有獻子. 而“七月禘”者, 鄭答趙商云“以僖八年正月, 公會王人于洮”. 六月應禘, 以在會未還, 故至七月乃禘. 君子原情免之, 理不合譏, 而書之者, 爲致夫人, 故書“七月禘”也. 獻子旣七月而禘, 非時失禮. 春秋之例, 非時祭者皆書於經, 以示譏. 獻子以後之禘而用七月, 不書於經, 而不譏者, 鄭釋廢疾云“宣八年六月, ‘有事于大廟’, 禘而云‘有事’者, 雖爲卿佐卒張本, 而書有事, 其實當時有用七月而禘, 因宣公六月而禘得禮, 故變文言有事. 春秋因事變文, 見其得正也”. 如鄭此言, 則獻子之時禘皆非正, 因宣公六月禘爲得正, 故變文云有事, 以明餘禘之不正也. 故餘禘不載於經, 唯譏於宣公得正之禘也. 鄭又一解云禮記之言, 不可合於春秋書例, 故鄭答趙商云“禮記之云, 何必皆在春秋之例”, 是禮記不與春秋合也.

번역 ◎鄭注: “記魯”~“大廟”. ○정현이 “노(魯)나라에서 실례를 범하게 된 유래를 기록한 것이다.”라고 했는데, 7월에 체(禘)제사를 지낸 것은 노(魯)나라에서 실례를 범한 것이지만, 당시에 잠시 시행되었던 것이며, 항상 시행되었던 일은 아니다. 그렇기 때문에 『춘추』에서는 헌자 이후로 7월에 종묘에서 체제사를 지냈던 기록이 없다. 또 이곳에서는 “헌자로부터 시작되었다.”라고 말하지 않았으니, 이것은 항상 시행된 것이 아님을 나타낸다. 정현이 “‘맹헌자(孟獻子)’는 노나라 대부 중손멸(仲孫蔑)이다.”라고 했는데,

『좌전』에서는 맹헌자를 지칭하며 경문에서 '중손멸(仲孫蔑)'이라고 기록했기 때문이다. 정현이 "노나라는 주공의 업적 때문에 정월 동지일 이후 하늘에 대한 교(郊)제사를 지낼 수 있었고, 또한 시조인 후직(后稷)을 배향할 수 있었다."라고 했는데, 이것은 『예기』「명당위(明堂位)」편의 기록이다. 그렇기 때문에 「명당위」편에서는 "노나라 군주는 맹춘(孟春)이 되면, 대로(大路)10)에 타고, 교(郊)에서 상제에게 제사를 지내며, 후직을 배향했다."11)라고 말한 것이니, 이것은 후직을 배향했다는 사실을 나타낸다. '또한[亦]'이라고 한 것은 천자는 정월에 교제사를 지내며 시조를 하늘에 배향하기 때문이다. 노나라는 11월에 교제사를 지내며 또한 후직을 하늘에 배향한다. 그렇기 때문에 '또한[亦]'이라고 말한 것이다. 정현이 "노나라의 종묘에서는 여전히 여름 중 첫 달을 이용해서 제사를 지냈을 따름이다."라고 했는데, 「명당위」편에서는 계하(季夏)인 6월이라고 지칭하며, 이 시기에 체(禘)제사의 예법으로 태묘에서 주공에 대한 제사를 지낸다고 했다. 주나라의 계하는 곧 하나라 때의 여름 첫 달에 해당하니, 북두칠성의 자루가 사(巳)방위에 걸리는 달이다. 또 『춘추』선공(宣公) 8년 기록에서는 "6월 신사일

---

10) 대로(大路)는 대로(大輅)라고도 부른다. 본래 천자가 타던 옥로(玉路: =玉輅)를 가리킨다. '대로'라는 말은 수레들 중에 가장 크다는 뜻에서 붙여진 명칭이다. 고대에는 천자가 타던 수레에 5종류가 있었다. 옥로(玉輅)·금로(金輅)·상로(象輅)·혁로(革輅)·목로(木輅)가 바로 천자가 타던 5종류의 수레인데, '옥로'가 수레들 중 가장 컸기 때문에, '대로'라고도 불렀던 것이다. 『서』「주서(周書)·고명(顧命)」편에는 "大輅在賓階面."이라는 기록이 있는데, 이에 대한 공안국(孔安國)의 전(傳)에서는 "大輅, 玉."이라고 풀이했고, 공영달(孔穎達)의 소(疏)에서는 "周禮巾車掌王之五輅, 玉輅·金輅·象輅·革輅·木輅, 是爲五輅也. …… 大輅, 輅之最大, 故知大輅玉輅也."라고 풀이했다. 한편 '옥로'는 옥(玉)으로 치장을 했기 때문에, '옥로'라는 명칭이 생기게 된 것인데, '옥로'에는 대상(大常)이라는 깃발을 세웠고, 깃발에는 12개의 치술을 달았으며, 주로 제사 때 사용하였다. 『주례』「춘관(春官)·건거(巾車)」편에는 "王之五路, 一曰玉路, 錫, 樊纓, 十有再就, 建大常, 十有二旒, 以祀."라는 기록이 있고, 이에 대한 정현의 주에서는 "玉路, 以玉飾諸末."이라고 풀이했다.

11) 『예기』「명당위(明堂位)」【399b~c】: 成王以周公爲有勳勞於天下, 是以封周公於曲阜, 地方七百里, 革車千乘, 命魯公世世祀周公以天子之禮樂. 是以魯君孟春乘大路, 載弧韣, 旂十有二旒, 日月之章, 祀帝於郊, 配以后稷, 天子之禮也.

에 태묘에서 제사를 지냈다."12)라고 했으니, 이것은 체제사를 뜻하며, 건사
(建巳)의 달에 제사를 지냈다는 사실을 나타낸다.『춘추』선공 9년 기록을
살펴보면, 헌자는 처음으로 경문에 나타나는데,13) 희공(僖公) 8년 기록을
살펴보면, 당시에는 헌자가 아직 있지 않았다. 그런데도 "7월에 체제사를
지냈다."14)라고 했다. 그 이유에 대해 정현은 조상에게 답변하며, "희공 8년
정월에 노나라 군주는 조(洮)에서 왕인(王人)과 회합을 가졌다."15)라고 했
다. 6월에는 마땅히 체제사를 지내야 하지만, 회합을 하는 장소에서 아직
돌아오지 못했기 때문에 7월이 되어서야 체제사를 지내게 되었다는 뜻이
다. 군자는 정감에 근원하여 용서를 해주고 이치상 기롱할 것이 못되는데
도 기록을 한 이유는 부친의 신주를 태묘로 들였기 때문이다.16) 그래서 "7
월에 체제사를 지냈다."라고 기록한 것이다. 헌자는 이미 7월에 체제사를
지냈다고 했는데, 이것은 그 시기가 아니므로 실례를 범한 것이다.『춘추』
의 용례에 따른다면, 해당 시기가 아닌데도 제사를 지내는 경우에는 모두
경문에 기록하여, 기롱거리로 나타내었다. 그런데 헌자 이후 체제사를 지내
며 7월을 이용했는데도 경문에 기록하지 않았고 기롱도 하지 않았다. 그
이유에 대해서 정현의『석폐질』에서는 "선공 8년 6월에는 '태묘에서 제사
를 지냈다.'라고 했고, 체제사를 지내면서 '유사(有事)'라고 했는데, 비록 군
주를 보필하는 재상격의 대신이 죽은 장본이 되더라도, '유사(有事)'라고
기록한 것은 실제로 당시에 7월을 이용해서 체제사를 지냈는데, 선공 6월
에 체제사를 지낸 것이 예법에 맞았기 때문에 문장을 바꿔서 '유사(有事)'
라고 말한 것이다.『춘추』는 그 사안에 따라서 문장을 달리 사용하여, 올바
름을 얻었다는 뜻을 나타낸다."라고 했다. 정현의 이러한 설명대로라면, 헌
자 당시에 체제사는 모두 올바르지 않는데, 선공 6월에 체제사를 지낸

---

12)『춘추』「선공(宣公) 8년」: 辛巳, 有事于大廟.
13)『춘추』「선공(宣公) 9년」: 夏, 仲孫蔑如京師.
14)『춘추』「희공(僖公) 8년」: 秋, 七月, 禘于太廟. 用致夫人.
15)『춘추』「희공(僖公) 8년」: 八年, 春, 王正月, 公會王人・齊侯・宋公・衛侯・許
　　男・曹伯・陳世子款・鄭世子華・盟于洮.
16)『춘추』「희공(僖公) 8년」: 秋, 七月, 禘于太廟, 用致夫人.

것이 올바른 것이기 때문에 문장을 바꿔서 '유사(有事)'라고 말하여, 나머지 체제사가 바르지 못했다는 뜻을 나타낸 것이다. 그래서 나머지 체제사에 대해서는 경문에 수록하지 않고, 오직 선공 때 올바르게 지냈던 체제사에 대해서만 기룡했던 것이다. 정현은 한편으로 『예기』의 기록을 『춘추』의 필법과 부합시킬 수 없다고 했다. 그래서 정현은 조상에게 답변하며, "『예기』에서 말한 것이 어떻게 반드시 『춘추』의 용례에 해당하겠는가?"라고 했으니, 이것은 『예기』의 기록이 『춘추』의 용례와 부합되지 않음을 뜻한다.

集解 愚謂: 魯無夏至禘, 亦無冬至郊, 魯郊皆以孟春正月. 此記所言, 其誤無疑.

번역 내가 생각하기에, 노(魯)나라에서는 하지일에 체(禘)제사를 지낸 적이 없고, 또 동지일에 교(郊)제사를 지낸 적도 없다. 노나라에서 시행한 교제사는 모두 맹춘(孟春)인 정월을 이용했다. 이곳의 기록에서 언급한 말은 잘못된 기록임을 의심할 수 없다.

● 그림 60-1 ■ 노(魯)나라 맹헌자(孟獻子)의 가계도(家系圖)

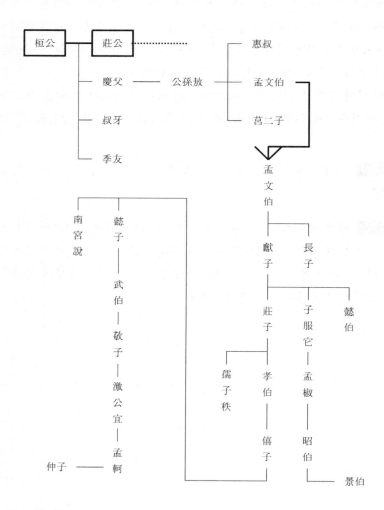

※ 출처: 『역사(繹史)』 1권 「역사세계도(繹史世系圖)」

그림 60-2 ■ 주(周)나라 세계도(世系圖) Ⅰ

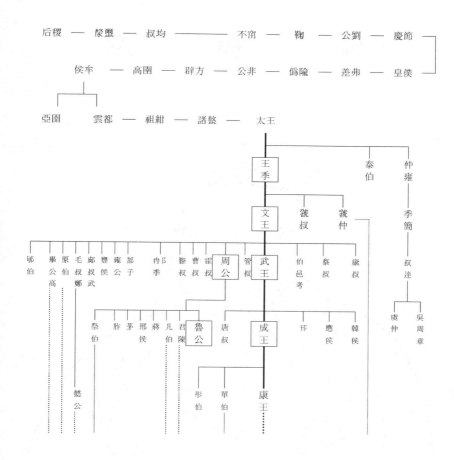

后稷 ─ 縣璽 ─ 叔均 ─────── 不窋 ─ 鞠 ─ 公劉 ─ 慶節

侯牟 ─ 高圉 ─ 辟方 ─ 公非 ─ 僞隃 ─ 差弗 ─ 皇僕

亞圉　　雲都 ─ 祖紺 ─ 諸盩 ─ 太王

王季　　　　　　　　　泰伯　仲雍

文王　虢叔　虢仲　　　　　　季簡

郜伯　畢公高　原伯　毛叔鄭　郕叔武　豐侯　雍公子　郜季　冉邗　滕叔　曹叔　雷叔　周公　管叔　武王　伯邑考　蔡叔　康叔　　叔達

祭伯　胙伯　茅侯　邢侯　蔣伯　凡君陳　魯公　唐叔　成王　邗侯　應侯　韓侯　　虞仲　吳周章

懿公　　　　　　　　　　　　彤伯　單伯　康王

※ **출처:** 『역사(繹史)』1권 「역사세계도(繹史世系圖)」

그림 60-3 ◨ 후직(后稷)

※ 출처: 『삼재도회(三才圖會)』「인물(人物)」 4권

그림 60-4　◙　환구단(圜丘壇)

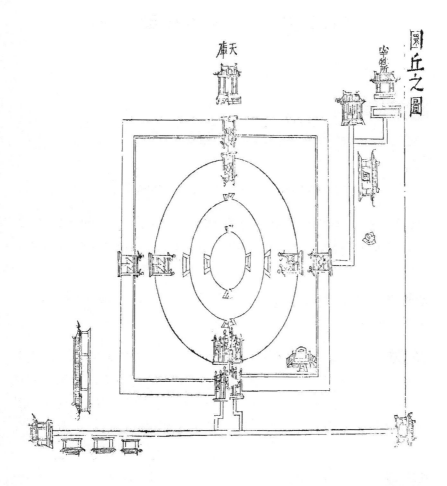

※ **출처:** 『삼재도회(三才圖會)』「궁실(宮室)」 2권

• 제61절 •

제후의 부인이 인가를 받지 않은 유래

【521b】

夫人之不命於天子, 自魯昭公始也.

직역 夫人이 天子에게서 不命함은 魯昭公으로 自하여 始라.

의역 제후의 부인이 될 때에는 본래 천자에게 허락을 받아야 하는데, 제후의 부인이 천자에게 허락을 받지 않았던 일은 노(魯)나라 소공(昭公) 때부터 시작되었다.

集說 昭公娶吳爲同姓, 不敢告天子, 天子亦不命之, 後遂以爲常. 此記魯失禮之由.

번역 소공(昭公)은 오(吳)나라에서 아내를 맞이하여 동성(同姓)끼리 결혼을 하게 되어, 천자에게 감히 아뢸 수 없었고, 천자 또한 명령을 내려 허락을 할 수 없었으니, 그 이후에는 결국 이러한 것이 일상화되었다. 이것은 노나라에서 실례가 유래된 것을 기록한 것이다.

集說 疏曰: 天子命畿外諸侯夫人. 若畿內諸侯夫人及卿大夫之妻, 則玉藻註云, "天子諸侯命其臣, 后夫人亦命其妻也."

번역 공영달의 소에서 말하길, 천자는 수도 밖에 머무는 제후들의 부인에 대해서 명령을 하여 허락을 한다. 만약 천자의 수도 안에 머무는 제후들의 부인과 경 및 대부의 아내에 대해서라면, 『예기』「옥조(玉藻)」편에 대한 정현의 주에서 "천자와 제후는 그들의 신하에게 명령을 내리니, 왕후와 부

인들 또한 그녀들의 휘하에 있는 처들에게 의복에 대한 명령을 내릴 수
있다."라고 했다.

鄭注 亦記魯失禮所由也. 周之制, 同姓, 百世昏姻不通. 吳, 大伯之後, 魯
同姓, 昭公取於吳, 謂之吳孟子, 不告於天子. 自此後取者遂不告於天子, 天子
亦不命之.

번역 이 또한 노(魯)나라에서 실례가 유래된 것을 기록한 문장이다. 주
나라의 제도에 따르면 동성끼리는 100세대가 지나더라도 혼인이 허용되지
않는다. 오(吳)나라는 태백의 후손이 되니 노나라와 동성인데도 소공(昭公)
은 오나라에서 아내를 들였고, 그녀를 '오맹자(吳孟子)'라고 하였으며, 천자
에게 그 사실을 아뢰지 않았다. 이 시기로부터 그 이후로 아내를 맞이하는
자는 결국 천자에게 아뢰지 않았으며, 천자 또한 명령을 내려 허락을 하지
않게 되었다.

孔疏 ●"夫人"至"始也". ○正義曰: 諸侯夫人亦天子所命, 或是王后無畿
外之事, 故天子命畿外諸侯夫人, 此文是也. 若畿內諸侯及卿大夫之妻, 則玉
藻注云"天子諸侯命其臣, 后夫人亦命其妻", 是也.

번역 ●經文: "夫人"~"始也". ○제후의 부인은 또한 천자가 명령을 하
여 허락을 얻은 여자인데, 아마도 왕후는 천자의 수도 밖에서 발생하는 사
안에 대해 처리하는 일 자체가 없기 때문에, 천자가 수도 밖에 머무는 제후
의 부인에 대해서 명령을 하여 허락을 했던 것이니, 이 기록이 바로 그 사실
을 나타낸다. 만약 천자의 수도 안에 머무는 제후 및 경과 대부의 아내라면,
『예기』「옥조(玉藻)」편에 대한 정현의 주에서는 "천자와 제후는 그들의 신
하에게 명령을 내리니, 왕후와 부인들 또한 그녀들의 휘하에 있는 처들에
게 의복에 대한 명령을 내릴 수 있다."라고 했다.

集解 郝氏敬曰: 魯昭公之世, 王命不行於天下久矣. 諸侯繼世自立且不由

天子, 況其夫人乎? 諸侯之不娶同姓者, 未必皆有王命也, 因昭公娶吳女附會
之耳.

번역 학경1)이 말하길, 노(魯)나라 소공(昭公) 때에는 천자의 명령이 천
하에 통용되지 않은 것이 이미 오래되었다. 제후가 세대를 계승하며 자립
하였던 것도 천자로부터 허락을 받지 않았는데, 하물며 그의 부인에 있어
서는 어떻겠는가? 제후는 동성(同姓)인 여자를 아내로 들이지 않는데, 반
드시 모든 혼인에 천자의 명령을 받았던 것은 아니지만, 소공이 오(吳)나라
의 여식을 아내로 들였던 것에 따라 그 사안에 결부시킨 것일 뿐이다.

集解 愚謂: 郝氏之說似矣, 而未盡也. 婦人從其夫之爵位, 夫榮於朝, 則妻
貴於室矣. 故玉藻曰, "唯世婦命於奠繭, 其他則皆從男子", 未有旣命其夫, 又
命其妻者也. 於魯適夫人之喪, 皆書"夫人某氏薨", 獨昭公夫人書"孟子卒",
定公夫人書"姒氏卒". 蓋當時不以夫人之禮治其喪, 故春秋不稱"夫人", 不書
"薨", 以見當時臣子怠慢之罪. 讀者不察, 遂以爲二夫人不命於天子, 故其書
之如此. 又以昭在定先, 而所娶者乃吳女, 遂以爲昭公取同姓, 故不請命於天
子, 而夫人之不命自此始, 而不知夫人本無受命之法也.

번역 내가 생각하기에, 학경의 주장이 정답에 가깝지만 정확한 설명은
아니다. 부인은 남편의 작위에 따르게 되며, 남편이 조정에서 명예를 높이면
처는 집에서 존귀하게 된다. 그렇기 때문에 『예기』「옥조(玉藻)」편에서는
"오직 세부(世婦)만이 누에를 쳐서 견직물로 나온 것을 바칠 때가 되어야만,
그녀들에게 명복(命服)2)을 착용하라는 명령을 내려서, 해당 복장을 착용하
게 되고, 나머지 여인들은 모두 남편의 작위에 따른 복장을 착용한다."3)라고

---

1) 학경(郝敬, A.D.1558~A.D.1639): =학중여(郝仲輿). 명(明)나라 때의 학자이
   다. 자(字)는 중여(仲輿)이고, 호(號)는 초망(楚望)이다. 경학에 능통하여, 수
   많은 저서를 남겼다.
2) 명복(命服)은 본래 천자가 신하들에게 제정했던 명(命)의 등급에 따른 복장을
   뜻한다. 후대에는 각 계층에 따른 복장규정을 범칭하는 말로도 사용되었다.
3) 『예기』「옥조(玉藻)」【386d】: 唯世婦命於奠繭, 其他則皆從男子.

했던 것이니, 그 남편에 대해 이미 명령을 내리고 재차 그의 아내에 대해서
명령을 내린 적은 없었다. 노나라 군주 정처의 상에 대해서는 모두 "부인
아무개 씨(氏)가 훙(薨)했다."라고 했는데, 유독 소공의 부인에 대해서는
"맹자(孟子)가 졸(卒)했다."[4]라고 기록했고, 정공(定公)의 부인에 대해서는
"사씨(姒氏)가 졸(卒)했다."[5]라고 기록했다. 아마도 당시에는 부인에 대한
예법으로 그녀들의 상을 치르지 않았기 때문에 『춘추』에서는 '부인(夫人)'
이라고 지칭하지 않고, '훙(薨)'이라고도 기록하지 않아서, 당시 신하들의
태만했던 죄를 드러낸 것이다. 그런데 학자들이 이러한 사실을 자세히 살피
지 않고, 결국 두 부인이 천자에게서 명령을 받지 못했기 때문에 이처럼
기록한 것이라고 여겼다. 또 소공은 정공보다 이전 군주가 되고, 아내로
맞이한 여자도 오(吳)나라의 여식이어서, 결국 소공이 동성인 여자를 아내
로 들였다고 여겨, 천자에게서 명령을 청하지 않았고 부인이 천자의 명령을
받지 않았던 것이 이로부터 비롯되었다고 여겼는데, 이것은 부인들은 본래
천자의 명령을 받는 예법 자체가 없었다는 사실을 모른 것이다.

---

4) 『춘추』「애공(哀公) 12년」: 夏, 五月, 甲辰, 孟子卒.
5) 『춘추』「정공(定公) 15년」: 秋, 七月, 壬申, 姒氏卒.

그림 61-1 ▣ 노(魯)나라 세계도(世系圖)

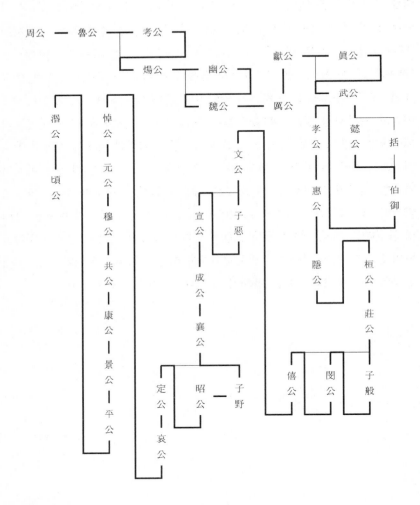

※ 출처: 『역사(繹史)』 1권 「역사세계도(繹史世系圖)」

● 그림 61-2 ▣ 오(吳)나라 세계도(世系圖)

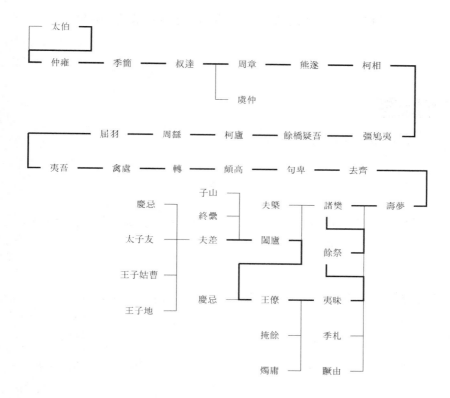

• 제 62 절 •

제후와 부인에 대한 외종(外宗)의 상례 규정

【521b】

外宗爲君夫人, 猶內宗也.

직역 外宗이 君·夫人을 爲함은 內宗과 猶하다.

의역 외종(外宗)이 제후와 그의 부인을 위해 상복(喪服)을 착용하는 것은 내종(內宗)의 경우와 같다.

集說 疏曰: 外宗者, 謂君之姑姊妹之女, 及舅之女, 及從母皆是也. 內宗者, 君五屬內之女. 內宗爲君服斬衰, 爲夫人齊衰. 此云猶內宗也, 則齊斬皆同. 君夫人者, 是國人所稱號. 此外宗, 謂嫁在國中者. 若國外, 當云諸侯也. 古者大夫不外娶, 故君之姑姊妹嫁於國內大夫爲妻, 是其正也. 諸侯不內娶, 故舅女及從母不得在國中. 凡內外宗, 皆據有爵者, 其無服而嫁於諸臣, 從爲夫之君者, 內外宗皆然. 若嫁於庶人, 則亦從其夫爲國君服齊衰三月者, 亦內外宗皆然.

번역 공영달의 소에서 말하길, '외종(外宗)'은 군주의 고모·자매가 낳은 딸자식, 외숙의 딸자식, 종모(從母)[1] 등이 모두 여기에 해당한다. '내종(內宗)'은 군주의 오속(五屬)에 속한 친족의 딸자식을 뜻한다. 내종은 군주를 위해서 참최복(斬衰服)을 착용하고, 그의 부인을 위해서 자최복(齊衰服)을 착용한다. 이곳에서는 "내종과 같다."라고 했으니, 참최복을 착용한다는 것은 모두 동일하다. '군(君)'과 '부인(夫人)'은 그 나라의 사람들이 지칭하

---

1) 종모(從母)는 모친의 자매인 이모를 뜻한다.

는 호칭이다. 이곳에서 '외종(外宗)'이라고 말한 자들은 같은 나라 안에서 시집을 간 여자들을 뜻한다. 만약 다른 나라로 시집을 간 경우라면 마땅히 '제후(諸侯)'라고 불러야 한다. 고대의 대부들은 다른 나라에서 아내를 맞이 하지 않았다. 그렇기 때문에 군주의 고모·자매 등이 같은 나라에 살고 있 는 대부에게 시집을 가서 그들의 아내가 되었으니, 이것은 정식 규범에 해 당한다. 제후는 국내에서 아내를 맞이하지 않는다. 그렇기 때문에 외숙의 딸 및 종모 등은 국내에 있을 수가 없다. 무릇 내종과 외종은 모두 작위를 가지고 있는 자를 기준으로 말한 것이니, 상복관계가 없고 뭇 신하들에게 시집을 간 여자들은 남편을 따라 남편의 군주를 위해서 상복을 착용하니, 내종과 외종이 모두 이러하다. 만약 서인에게 시집을 간 여자라면, 또한 그녀의 남편을 따라서 그 나라의 군주를 위해서 자최복(齊衰服)을 3개월 동안 착용하니, 이 또한 내종과 외종이 모두 이처럼 따른다.

集說 又按儀禮喪服疏云, "外宗有三: 周禮外宗之女有爵, 通卿大夫之妻, 一也. 雜記註, 謂君之姑·姊妹之女·舅之女·從母皆是, 二也. 若姑之子婦, 從母之子婦, 其夫是君之外親, 爲君服斬, 其婦亦名外宗, 爲君服期, 三也. 內 宗有二: 周禮內女之有爵, 謂同姓之女悉是, 一也. 雜記註, 君之五屬之內女, 二也."

번역 또한 『의례』「상복(喪服)」편의 공영달 소를 살펴보면, "외종(外宗) 에는 세 종류가 있다. 『주례』에서는 외종의 여자 중 작위를 가지고 있는 자라고 했으니, 이들은 경과 대부의 아내들과 함께 첫 번째 부류가 된다. 『예기』「잡기」편에 대한 정현 주에서는 군주의 고모·자매의 딸자식, 외숙의 딸자식, 종모 등이 모두 여기에 해당한다고 했으니, 이것이 두 번째 부류이 다. 고모의 아들 부인, 종모의 아들 부인과 같은 경우, 그녀들의 남편은 군주 의 외친이 되어 군주를 위해 참최복(斬衰服)을 착용하니, 그들의 부인 또한 외종이라고 부르며, 군주를 위해서 기년복(期年服)을 착용한다. 이것이 세 번째 부류이다. 내종(內宗)에는 두 종류가 있다. 『주례』에서는 내녀(內女) 중 작위를 가진 자라고 했는데, 천자와 동성인 여자들이 모두 여기에 해당하여, 첫 번째 부류가 된다. 「잡기」편의 주에서 군주의 오속(五屬)에 속한 내녀라고 했으니, 두 번째 부류가 된다.”라고 했다.

鄭注 皆謂嫁於國中者也. 爲君服斬, 夫人齊衰, 不敢以其親服服至尊也. 外宗, 謂姑・姊妹之女, 舅之女及從母皆是也. 內宗, 五屬之女也. 其無服而嫁於諸臣者, 從爲夫之君, 嫁於庶人, 從爲國君.

번역 이들은 모두 같은 나라 안에서 시집을 간 자들을 뜻한다. 군주를 위해서는 참최복(斬衰服)을 착용하고, 부인을 위해서는 자최복(齊衰服)을 착용하니, 감히 친족에 따른 복장으로 지극히 존귀한 자에 대해서 복상할 수 없기 때문이다. '외종(外宗)'은 고모 및 자매의 딸자식과 외숙의 딸자식 및 종모(從母)가 모두 여기에 해당한다. '내종(內宗)'은 오속(五屬)에 속한 친족들의 딸자식이다. 그들 중 상복관계가 없고 뭇 신하들에게 시집을 간 여자들은 남편을 따라서 남편의 군주에 대한 상복을 착용하고, 서인에게 시집을 간 경우에는 남편을 따라서 그 나라의 군주에 대한 상복을 착용한다.

釋文 外宗爲, 于僞反, 注同, 下“爲夫・爲之服”, 下注“爲其”亦同.

번역 '外宗爲'에서의 '爲'자는 '于(우)'자와 '僞(위)'자의 반절음이며, 정현의 주에 나오는 글자도 그 음이 이와 같고, 아래문장에 나오는 '爲夫・爲之服' 및 아래 정현의 주에 나오는 '爲其'에서의 '爲'자 또한 그 음이 이와 같다.

孔疏 ●“外宗”至“宗也”. ○正義曰: 外宗者, 謂君之姑・姊妹之女及舅之女及從母皆是也. 內宗, 謂君五屬內之女. 君內宗爲君悉服斬衰, 爲夫人齊衰, 則君之外宗之女, 爲君及夫人與內宗同, 故云“猶內宗也”. 亦卽是與諸侯爲兄弟者服斬之例也.

번역 ●經文: “外宗”~“宗也”. ○'외종(外宗)'은 군주의 고모・자매의 딸

자식 및 외숙의 딸자식과 종모(從母)가 모두 여기에 해당한다. '내종(內宗)'
은 군주의 오속(五屬)에 포함된 친족의 딸자식이다. 군주의 내종은 군주를
위해서 모두 참최복(斬衰服)을 착용하고, 그의 부인을 위해서는 자최복(齊
衰服)을 착용하니, 군주의 외종인 여자들도 군주 및 그의 부인을 위해서
상복을 착용할 때 내종과 동일하게 따른다. 그렇기 때문에 "내종과 같다."
라고 말한 것이다. 그리고 이 내용은 또한 제후와 형제가 되는 자들이 참최
복을 착용하는 용례에 해당한다.

孔疏 ◎注"皆謂"至"國君". ○正義曰: 知"皆謂嫁於國中"者, 以經云"爲
君夫人", 則君夫人者, 是國人所稱號, 故知嫁於國中. 國外當云諸侯. 云"爲
君服斬, 夫人齊衰, 不敢以其親服服至尊也"者, 按禮: 族人不敢以其戚戚君,
則異族者亦不可以戚戚君, 故不得以其親服服至尊也. 云"外宗, 謂姑・姊妹
之女舅之女及從母皆是也"者, 古者大夫不外取, 故君之姑・姊妹嫁於國內大
夫爲妻, 是其正也. 舅之女及從母皆是者, 謂君之舅女及君之從母在國中者,
非正也. 所以非正者, 以諸侯不內取, 故舅女及從母不得在國中. 諸侯雖曰外
取, 舅及從母元在他國, 而舅之女及從母不得來嫁與己國卿大夫爲妻, 以卿
大夫不外取. 知"內宗, 五屬之女"者, 以其稱內, 故內五屬之女也. 凡外宗內
宗, 皆據有爵者, 云"其無服而嫁於諸臣者, 從爲夫之君"者, 總謂外宗內宗之
女皆然也. 云"嫁於庶人, 從爲國君"者, 亦內外宗之女並言之, 則服齊衰三月.
此等內宗外宗, 熊氏云"雖嫁在他國, 皆爲本國諸侯服斬也, 今依用之". 若賀
循・譙周之等云在己國則得爲君服斬, 夫人齊衰; 若在他國則不得也. 今並存
焉, 任賢者擇之. 此外宗與喪服外宗爲君別也, 故鄭注彼云"外宗是君之外親
之婦", 此外宗唯據君之宗. 崔氏云兼據夫人外宗, 其義非也. 又周禮外宗・
內宗, 謂外內之女. 而崔氏云"鄭注特牲云女者, 女有出適, 嫌有降理, 故擧女,
不言男", 其義亦非也.

번역 ◎鄭注: "皆謂"~"國君". ○정현이 "모두 같은 나라 안에서 시집을
간 자들을 뜻한다."라고 했는데, 이 말이 사실임을 알 수 있는 이유는 경문
에서 "군(君)과 부인(夫人)을 위해서 착용한다."라고 했고, '군(君)'과 '부인

(夫人)'이라는 말은 같은 나라 사람들이 지칭하는 호칭이다. 그렇기 때문에 그녀들이 같은 나라 안에서 시집을 간 자들임을 알 수 있다. 다른 나라로 시집을 갔다면 마땅히 '제후(諸侯)'라고 불러야 한다. 정현이 "군주를 위해서는 참최복(斬衰服)을 착용하고, 부인을 위해서는 자최복(齊衰服)을 착용하니, 감히 친족에 따른 복장으로 지극히 존귀한 자에 대해서 복상할 수 없기 때문이다."라고 했는데, 예법을 살펴보면, 족인들은 감히 자신의 친족관계에 따라서 군주에 대해 너무 친근하게 대할 수 없으니,[2] 다른 족인들 또한 감히 친족관계에 따라서 군주에 대해 친근하게 대할 수 없다. 그렇기 때문에 자신의 친족관계에 따른 상복으로 지극히 존귀한 자에게 복상할 수 없다. 정현이 "'외종(外宗)'은 고모 및 자매의 딸자식과 외숙의 딸자식 및 종모(從母)가 모두 여기에 해당한다."라고 했는데, 고대의 대부들은 다른 나라에서 아내를 맞이하지 않았다. 그렇기 때문에 군주의 고모 및 자매들은 같은 나라에 살고 있는 대부에게 시집을 가서 그들의 아내가 되니, 이것은 정식 규범에 해당한다. 외숙의 딸과 종모의 경우도 모두 이러한 경우에 해당한다고 했는데, 군주의 외숙 딸과 군주의 종모가 같은 나라에 있는 것은 정식 규범이 아니다. 정식 규범이 되지 않는 이유는 제후는 같은 나라에서 아내를 맞이하지 않기 때문에, 외숙의 딸과 종모는 같은 나라에 있을 수 없다. 제후가 비록 다른 나라에서 아내를 맞이하여, 외숙 및 종모가 본래는 다른 나라에 있어야 하고, 외숙의 딸과 종모 또한 자신의 나라로 시집을 와서 자기 나라의 경 및 대부의 아내가 될 수 없으니, 경과 대부는 다른 나라에서 아내를 맞이할 수 없기 때문이다. 정현이 "'내종(內宗)'은 오속(五屬)에 속한 친족들의 딸자식이다."라고 했는데, '내(內)'라고 했기 때문에, 이들은 국내에 있는 오속의 딸자식들이다. 무릇 '외종(外宗)'과 '내종(內宗)'이라는 말은 모두 작위를 가진 자를 기준으로 한 말인데, 정현이 "상복관계가 없고 뭇 신하들에게 시집을 간 여자들은 남편을 따라서 남편의 군주에 대한 상복을 착용한다."라고 말한 것은 내종과 외종의 딸자식들이 모두 이와 같다는 뜻을 총괄적으로 말한 것이다. 정현이 "서인에게 시집

---

2) 『예기』「대전(大傳)」【428c】: 君有合族之道, 族人不得以其戚戚君, 位也.

을 간 경우에는 남편을 따라서 그 나라의 군주에 대한 상복을 착용한다."라
고 했는데, 이 또한 내종과 외종의 딸자식을 모두 포함해서 한 말이니, 자최
복(齊衰服)을 착용하고 3개월 동안 복상한다. 이러한 내종과 외종에 대해
서 웅안생은 "비록 시집을 가서 다른 나라에 있더라도 모두들 본국의 제후
를 위해서는 참최복(斬衰服)을 착용하는데, 현재도 그에 따라 적용을 한
다."라고 했다. 하순3)과 초주4) 등은 자신과 같은 나라에 있는 여자라면 군
주를 위해서 참최복을 착용하고, 부인을 위해서 자최복을 착용할 수 있지
만, 다른 나라로 시집을 간 경우라면 착용할 수 없다고 했다. 현재 두 주장
을 모두 수록해두니, 현명한 자가 선택하기를 바란다. 그리고 이곳에서 말
한 '외종(外宗)'은 『의례』「상복(喪服)」편에서 외종이 군주를 위해서 상복을
착용한다고 말한 경우와는 구별된다. 그렇기 때문에 「상복」편에 대한 정현
의 주에서는 "외종은 군주의 외친 아녀자들이다."라고 말한 것이다. 반면
이곳에 나온 '외종(外宗)'은 오직 군주의 종족에만 기준을 둔 것이다. 최영
은은 부인과 외종까지도 모두 포함시켰는데, 그 주장은 잘못되었다. 또 『주
례』에 나온 외종과 내종은 내외의 딸자식을 뜻한다. 최영은은 "『의례』「특
생궤식례(特牲饋食禮)」편에 대한 정현의 주에서 '딸자식[女]'이라고 했는
데, 딸자식 중에는 출가를 한 여자도 있어서, 수위를 낮추는 이치가 있다고
오해할 것을 염려했기 때문에, 여(女)라고 말하고 남(男)이라고 말하지 않
았다."라고 했는데, 그 주장 또한 잘못되었다.

訓纂 江氏永曰: 從母在邦人爲小功報者, 今爲君服斬, 疑太重. 服問疏引
熊氏說爲從母之女, 疑此注脫"之女"二字. 若從母嫁於本國大夫, 當從爲夫之
君齊衰不杖期, 他國則無服. 疏又言"卿大夫不外取", "舅女及從母不得在國
中". 然則此外宗唯有姑·姊妹之女, 不兼舅之女與從母. 又曰: 舅之女·從母

---

3) 하순(賀循, A.D.260~A.D.319) : 위진시대(魏晉時代) 때의 학자이다. 자(字)
는 언선(彦先)이다.
4) 초주(譙周, A.D.201?~A.D.270) : 삼국시대(三國時代) 때의 학자이다. 자(字)
는 윤남(允南)이다. 『논어주(論語注)』, 『삼파기(三巴記)』, 『초자법훈(譙子法
訓)』, 『고사고(古史考)』, 『오경연부론(五更然否論)』 등의 저술을 남겼다.

之女若嫁於他國, 與此君亦疏遠矣. 豈其夫不服而婦獨服乎? 恐賀・譙不服之
說爲是.

번역 강영이 말하길, 종모(從母) 중 같은 나라에 살고 있는 자는 소공복
(小功服)을 착용하여 서로 상복을 입게 되는 것에 보답을 하는데, 현재 군
주를 위해서 참최복(斬衰服)을 착용한다고 하니, 아마도 너무 수위가 높은
상복을 착용하는 것 같다. 『예기』「복문(服問)」편에 대한 소에서는 웅안생
의 주장을 인용하여, 종모의 딸이라고 했는데, 아마도 이곳 주석에는 '지녀
(之女)'라는 두 글자가 누락된 것 같다. 만약 종모가 본국의 대부에게 시집
을 갔다면, 마땅히 남편을 따라서 남편의 군주에 대한 상복을 착용하여,
자최복(齊衰服)을 착용하지만 지팡이를 잡지 않고, 다른 나라로 시집을 간
경우라면, 상복관계가 없게 된다. 공영달의 소에서는 또한 "경과 대부는
다른 나라에서 아내를 맞이하지 않는다."라고 했고, "외숙의 딸자식 및 종
모는 같은 나라에 있을 수 없다."라고 했다. 그렇다면 이곳에서 '외종(外宗)'
이라고 말한 자들은 오직 고모 및 자매의 딸자식만 뜻하며, 외숙의 딸자식
및 종모를 포함시킬 수 없다. 또 말하길, 외숙의 딸자식과 종모의 딸자식이
만약 다른 나라로 시집을 갔다면, 본국의 군주와도 관계가 더욱 소원하게
된다. 따라서 그녀의 남편도 상복을 착용하지 않는데, 어떻게 부인만 홀로
상복을 착용하겠는가? 아마도 하순 및 초주가 상복을 착용하지 않는다고
한 주장이 옳은 것 같다.

集解 外宗, 宗婦也. 以其自他族來嫁於宗內, 故曰"外宗". 周禮外宗"宗廟
之祭, 佐王后薦玉豆, 眡豆・籩", "王后以樂羞齍則贊. 凡王后之獻亦如之".
祭統云"宗婦執盎從", 特牲禮"宗婦執兩籩, 戶外坐", 主婦"致爵于主人", "宗
婦贊豆", 皆與周禮外宗之所職者相合, 則外宗卽宗婦明矣. 內宗, 宗女也. 服
問曰諸侯爲天子服斬, "夫人猶外宗之爲君也". 此言"外宗爲君", 猶內宗臣爲
君服斬, 其妻從服齊衰. 是諸侯夫人之於天子, 與內・外宗之於君, 皆服齊衰
期也. 然諸侯夫人之爲天子, 乃從服也, 從服不累從, 故但爲天子服而不服王
后; 內・外宗於君・夫人, 本有服者也, 故不但爲君服, 而幷爲夫人服. 其爲君

皆齊衰期, 其爲夫人, 則各依本服之月數而服, 則皆以齊衰也.

번역 '외종(外宗)'은 종가의 아녀자들을 뜻한다. 다른 족인이 와서 자기 종가로 시집을 왔기 때문에, '외종(外宗)'이라고 부른다. 『주례』「외종(外宗)」편에서는 "종묘의 제사에서 왕후(王后)[5]를 도와 옥두(玉豆) 올리는 일을 돕고, 두(豆)와 변(籩)을 살펴본다."[6]라고 했으며, "왕후가 음악의 절도에 따라 서직(黍稷)을 진설하면 돕는다. 무릇 왕후가 술을 바칠 때에도 이처럼 한다."[7]라고 했다. 『예기』「제통(祭統)」편에서는 "종부는 동이를 들고 따른다."[8]라고 했고, 『의례』「특생궤식례(特牲饋食禮)」편에서는 "종부는 한 쌍의 변(籩)을 들고 방문 밖에 앉는다."[9]라고 했으며, 주부는 "주인에게 술잔을 바친다."라고 했고, "종부는 두(豆)를 들고 돕는다."라고 했으니,[10] 이 모두는 『주례』「외종」편에서 기술한 직무기록과 서로 부합하니, 외종은 곧 종가의 아녀자가 됨이 명백하다. '내종(內宗)'은 종가의 여자들이다. 『예기』「복문(服問)」편에서는 제후가 천자를 위해서 참최복(斬衰服)을 착용한다고 말하며, "부인은 외종이 군주를 위해 복상하는 것과 같다."[11]라고 했다. 이곳에서는 "외종이 군주를 위해 복상한다."라고 했는데, 이것은 내종의 신하들이 군주를 위해 참최복을 착용하고, 그들의 아내가 남편을 따라 자최

---

5) 왕후(王后)는 천자의 본부인을 뜻한다. 후대에는 황후(皇后)라고 부르기도 하였다. 고대에는 천자(天子)를 왕(王)이라고 불렀기 때문에, 천자의 부인을 '왕후'라고 부른 것이다.

6) 『주례』「춘관(春官)·외종(外宗)」: 外宗掌<u>宗廟之祭祀</u>, 佐王后薦玉豆, <u>眂豆籩</u>, 及以樂徹, 亦如之.

7) 『주례』「춘관(春官)·외종(外宗)」: 王后以樂羞齍, 則贊. 凡王后之獻亦如之.

8) 『예기』「제통(祭統)」【577a~b】: 是故先期旬有一日, 宮宰宿夫人, 夫人亦散齊七日, 致齊三日. 君致齊於外, 夫人致齊於內, 然後會於大廟. 君純冕立於阼, 夫人副褘立於東房. 君執圭瓚裸尸, 大宗執璋瓚亞裸. 及迎牲, 君執紖, 卿大夫從. 士執芻, <u>宗婦執盎從</u>, 夫人薦涗水. 君執鸞刀, 羞嚌, 夫人薦豆. 此之謂夫婦親之.

9) 『의례』「특생궤식례(特牲饋食禮)」: 主婦北面拜送. <u>宗婦執兩籩戶外坐</u>.

10) 『의례』「특생궤식례(特牲饋食禮)」: 主婦洗爵酌, <u>致爵于主人</u>. 主人拜受爵. 主婦拜送爵. <u>宗婦贊豆</u>如初.

11) 『예기』「복문(服問)」【663d】: 君爲天子三年, <u>夫人如外宗之爲君也</u>. 世子不爲天子服.

복(齊衰服)을 착용한다는 뜻이다. 이것은 제후의 부인이 천자에 대해 복상
하는 것은 내종과 외종이 제후에 대해 복상하는 것과 함께 모두 자최복을
착용하고 기년상(期年喪)을 치른다는 뜻이다. 그런데 제후의 부인이 천자
를 위해 복상하는 것은 종복(從服)12)이 되는데, 종복의 경우에는 따라서
착용하는 것이 거듭되지 않는다. 그렇기 때문에 단지 천자를 위해서만 복
상하고 왕후를 위해서는 복상하지 않는다. 다만 내종과 외종이 제후 및 그
의 부인을 위해 복상하는 경우에는 본래부터 상복관계에 있었던 자들이다.
그렇기 때문에 단지 제후를 위해서만 복상하는 것이 아니라, 아울러 그의
부인에 대해서도 복상한다. 그녀들은 제후를 위해서 모두 자최복으로 기년
상을 치르며, 제후의 부인을 위해서는 각각 본래의 상복 수위와 기간에 따
라 복상을 하니, 모두들 자최복을 착용한다.

集解 愚謂: 鄭氏以內宗爲五屬之女, 及言內宗無服而嫁者之服, 皆是也.
至其以外宗爲姑・姊妹之女之屬, 及謂"內・外宗皆爲君服斬", 則非是. 婦人
不貳斬, 故女子子適人者爲其父母, 降服齊衰不杖期, 雖諸侯之女子子適人者
亦然也, 豈有內・外宗乃爲君服斬乎? 與諸侯爲兄弟者服斬, 特主男子言之
耳. 至大夫不外娶, 雖公羊之說, 然士昏禮有饗他邦送者之禮, 則卿大夫亦非
不可外娶矣.

---

12) 종복(從服)은 고대에 상복(喪服)을 착용했던 여섯 가지 방식 중 하나이다.
'종복'은 남을 따라서 상복을 착용한다는 뜻으로, '종복'에도 속종(屬從)・도
종(徒從)・종유복이무복(從有服而無服)・종무복이유복(從無服而有服)・종중
이경(從重而輕)・종경이중(從輕而重)이라는 경우가 있다. '속종'은 친속 관계
에 따라 상복을 착용하는 경우이다. '도종'은 공허하게 남을 따라서 친속 관
계가 없는 자에 대해 상복을 착용하는 경우이다. '종유복이무복'은 상복을 착
용해야 하는 자를 따라서 상복을 착용해야 하지만 실제로 상복을 착용하지
않는 경우이다. '종무복이유복'은 상복을 착용하지 않아야 하는 자를 따라서
상복을 착용하지 않지만 실제로 상복을 착용하는 경우이다. '종중이경'은 수
위가 높은 상복을 입는 자를 따라서 상복을 착용하지만, 수위가 낮은 상복을
착용하는 경우이다. '종경이중'은 수위가 낮은 상복을 입는 자를 따라서 상복
을 착용하지만, 수위가 높은 상복을 착용하는 경우이다.

번역 　내가 생각하기에, 정현은 내종(內宗)을 오속(五屬)의 딸자식이라고 여겼고, 내종 중 상복관계가 없고 시집을 간 자들의 상복도 언급을 했는데, 이 모두는 옳은 말이다. 그러나 외종을 고모 및 자매의 딸자식들로 여기고, "내종과 외종이 모두 제후를 위해서 참최복(斬衰服)을 착용한다."라고 한 말은 잘못된 주장이다. 부인은 참최복의 상을 다른 사람에게 적용하지 않는다. 그렇기 때문에 딸자식 중 시집을 간 여자들은 자신의 친부모를 위해서도 강복(降服)을 하여 자최복(齊衰服)을 착용하고 지팡이를 잡지 않는다. 따라서 비록 제후의 딸자식 중 시집을 간 여자라 하더라도 또한 이처럼 하는데, 어떻게 내종과 외종이 제후를 위해서 참최복을 착용하겠는가? 그리고 제후와 형제가 된 자들이 참최복을 착용한다는 것은 특별히 남자를 위주로 말한 것일 뿐이다. 대부가 다른 나라에서 아내를 맞이하지 않는다는 주장에 있어서, 그것이 비록 공양가의 주장이지만, 『의례』「사혼례(士昏禮)」편에서는 다른 나라에서 아내를 전송한 자들에게 향연을 베풀어주는 의례가 포함되어 있으니, 경과 대부 또한 다른 나라에서 아내를 맞이할 수 없었던 것이 아니다.

그림 62-1 ■ 변(邊)

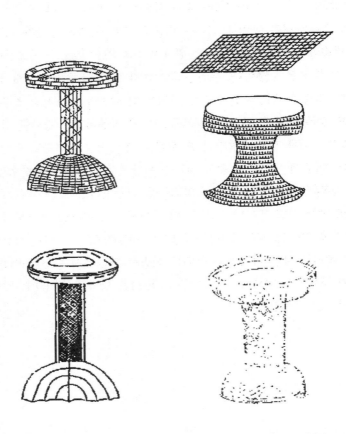

※ 출처: 상좌-『삼례도집주(三禮圖集注)』13권 ; 상우-『삼례도(三禮圖)』4권
하좌-『육경도(六經圖)』6권 ; 하우-『삼재도회(三才圖會)』「기용(器用)」2권

• 제 63 절 •

공자의 마구간에 화재가 발생한 일화

【521d】

> 廐焚, 孔子拜鄕人爲火來者. 拜之, 士壹, 大夫再, 亦相弔之
> 道也.

직역 廐가 焚하여, 孔子는 鄕人이 火를 爲하여 來한 者에게 拜했다. 拜하며, 士에게는 壹하고, 大夫에게는 再하니, 亦히 相히 弔하는 道이다.

의역 공자의 마구간에 화재가 발생하였다. 그 소식을 듣고 화재로 인해 향인들이 찾아와서 위로의 뜻을 표하니, 공자는 그들에게 절을 하였다. 절을 할 때 사에 대해서는 한 번 했고, 대부에 대해서는 두 번 했으니, 이것은 또한 서로에 대해 조문하는 도이다.

集說 鄭氏曰: 宗伯職曰, 以弔禮哀禍災.

번역 정현이 말하길, 『주례』「종백(宗伯)」편의 직무 기록에서는 "조문의 예법에 따라 재앙에 대해 애도를 표한다."[1]라고 했다.

大全 山陰陸氏曰: 廐焚, 雖不問馬, 然猶爲爲火來者拜也. 錄之以著聖人言動之間無所不爲法.

번역 산음육씨가 말하길, 마구간이 불탔을 때, 비록 말에 대해서는 묻지 않았지만,[2] 여전히 화재로 인해 찾아온 자를 위해서는 절을 했다. 이 사실

---

1) 『주례』「춘관(春官)·대종백(大宗伯)」: 以弔禮哀禍災.

을 기록하여 성인의 말과 행동 중에는 법도로 삼을 수 없는 것이 없다는 사실을 나타냈다.

大全 臨川吳氏曰: 士一大夫再, 言士來者一拜以謝之, 大夫來者再拜以謝之.

번역 임천오씨가 말하길, "사에 대해서는 한 번, 대부에 대해서는 두 번이다."라고 했는데, 이것은 사 중에서도 찾아온 자에 대해서는 한 차례 절을 하여 감사를 표했고, 대부 중 찾아온 자에 대해서는 두 차례 절을 하여 감사를 표했다는 뜻이다.

鄭注 拜謝之. 言拜之者, 爲其來弔己. 宗伯職曰: "以弔禮哀禍災."

번역 절을 하여 감사를 표하는 것이다. 절을 한다는 것은 찾아와서 자신에게 위로를 표한 자를 위해서 한다는 뜻이다. 『주례』 「종백(宗伯)」편의 직무 기록에서는 "조문의 예법에 따라 재앙에 대해 애도를 표한다."라고 했다.

孔疏 ●"廐焚"至"道也". ○正義曰: 廐焚, 孔子馬廐被火焚也.

번역 ●經文: "廐焚"~"道也". ○'구분(廐焚)'은 공자의 집에 있는 마구간이 화재로 소실되었다는 뜻이다.

孔疏 ●"孔子拜鄕人爲火來"者, 謂孔子拜謝鄕人爲火而來慰問孔子者.

번역 ●經文: "孔子拜鄕人爲火來". ○공자는 향인들 중 화재로 인해 찾아와서 위로를 전한 자들을 위해 절을 하여 감사를 표했다는 뜻이다.

孔疏 ●"拜之, 士壹, 大夫再"者, 言拜此鄕人之時, 若士則壹拜之, 大夫則再拜之.

---

2) 『논어』 「향당(鄕黨)」 : 廐焚. 子退朝曰, "傷人乎?" 不問馬.

번역 ●經文: "拜之, 士壹, 大夫再". ○이처럼 향인들에게 절을 할 때, 그 자가 사의 신분이라면 한 차례 절을 했고 대부의 신분이라면 두 차례 절을 했다는 뜻이다.

孔疏 ●"亦相弔之道"者, 此言雖非大禍災, 亦是相哀弔之道也.

번역 ●經文: "亦相弔之道". ○여기에서 말한 내용은 비록 큰 재앙에 해당하지 않지만, 또한 서로 애도를 표하고 조문하는 도에 해당한다는 뜻이다.

● 그림 63-1 ■ 마구간[廐]

※ 출처: 『삼재도회(三才圖會)』「궁실(宮室)」 2권

• 제64절 •

대부의 신하가 대부를 위해 상복을 착용한 유래

【522a】

孔子曰, "管仲遇盜取二人焉, 上以爲公臣, 曰, '其所與遊辟
也. 可人也.' 管仲死, 桓公使爲之服." 宦於大夫者之爲之服
也, 自管仲始也, 有君命焉爾也.

직역 孔子가 曰, "管仲은 盜를 遇하여 二人을 取하고, 上하여 公臣으로 爲하고,
曰, '그 與하여 遊한 所가 辟이라. 可人이라.' 管仲이 死하자, 桓公은 使하여 之를
爲하여 服이라." 大夫에게 宦한 者가 之를 爲하여 服함은 管仲으로 自하여 始이며,
君命이 有하여 爾라.

의역 공자는 "예전에 관중은 도적떼를 만난 적이 있었는데, 그 중 두 사람을
선별하여 군주의 신하로 천거했다. 그리고 '이 사람들은 어울렸던 자들이 나쁜 사
람들이었기 때문에 도적이 되었던 것일 뿐이다. 본래는 좋은 사람들이다.'라고 했
다. 관중이 죽자 환공은 그 두 사람으로 하여금 관중을 위해 상복을 착용하도록
시켰다."라고 했다. 대부를 섬기는 자들이 죽은 대부를 위해서 상복을 착용했던
것은 관중으로부터 시작되었으니, 군주의 명령에 따라 그처럼 되었을 뿐이다.

集說 管仲遇群盜, 簡取二人而薦進之, 使爲公家之臣, 且曰, 爲其所與交
遊者是邪僻之人, 故相誘爲盜爾. 此二人本是堪可之人, 可任用也. 其後管仲
死, 桓公使此二人爲管仲服. 記者言仕於大夫而爲之服自此始, 以君命不可違
也. 蓋於禮違大夫而之諸侯, 不爲大夫反服, 桓公之意, 蓋不忘管仲之擧賢也.

번역 관중은 도적떼를 만났는데, 그 중 두 사람을 선별하여 천거를 했
고, 그들을 군주의 신하로 삼았으며, 또 "그가 함께 어울렸던 자들이 사악한

자들이기 때문에, 그들의 꾐에 넘어가서 도적이 되었을 따름이다. 이 두 사람은 본래 적합하고 좋은 사람들이니 등용할 수 있다."고 했다. 그 후 관중이 죽자 환공은 이 두 사람으로 하여금 관중을 위해 상복을 착용하도록 했다. 『예기』를 기록한 자는 대부를 섬기는 자들이 대부를 위해서 상복을 착용한 것은 이로부터 시작되었으며, 군주의 명령을 위배할 수 없었기 때문이라고 한 것이다. 무릇 예법에서는 대부를 떠나 제후에게 간 신하는 되돌아가 대부를 위해 상복을 착용하지 않는다고 했는데,[1] 환공의 의중은 아마도 관중이 현명한 자를 등용시킨 것을 잊을 수 없었기 때문일 것이다.

鄭注 言此人可也, 但居惡人之中, 使之犯法. 亦記失禮所由也, 善桓公不忘賢者之擧. 宦, 猶仕也. 此仕於大夫, 更升於公, 與違大夫之諸侯同爾, 禮不反服.

번역 "이 사람들은 좋은 사람들이다."라고 했으니, 단지 나쁜 사람들과 어울려서, 법을 어기게끔 한 것이다. 이 또한 실례의 유래를 기록한 것인데, 환공이 현명한 자의 천거를 잊을 수 없었던 것에 대해서는 칭찬한 것이다. '환(宦)'자는 "벼슬하다[仕]."는 뜻이다. 여기에서 말한 자들은 본래 대부인 관중을 섬겼다가 재차 제후에게 천거된 것이니, 대부를 떠나서 제후에게 등용된 자들의 경우와 동일할 따름이므로, 예법에 따르면 되돌아가서 그에 대한 상복을 착용하지 않는다.

釋文 上, 時掌反. 辟, 匹亦反.

번역 '上'자는 '時(시)'자와 '掌(장)'자의 반절음이다. '辟'자는 '匹(필)'자와 '亦(역)'자의 반절음이다.

孔疏 ●"孔子"至"爾也". ○正義曰: 此二節明大夫之臣雖仕於公, 反服大

---

1) 『예기』「잡기상(雜記上)」【498d】: 違諸侯之大夫不反服, <u>違大夫之諸侯不反服</u>.

夫之服. 孔子論說管仲之事, 故云"孔子曰".

번역 ●經文: "孔子"~"爾也". ○이곳 두 문단은 대부의 신하가 비록 군주를 섬기게 되었더라도, 되돌아가서 대부를 위한 상복을 착용했다는 사실을 나타내고 있다. 공자가 관중에 대한 일화를 평가한 것이다. 그렇기 때문에 '공자왈(孔子曰)'이라고 말했다.

孔疏 ●"管仲遇盜, 取二人焉"者, 謂管仲逢遇群盜, 於此盜中, 簡取二人焉.

번역 ●經文: "管仲遇盜, 取二人焉". ○관중이 도적떼를 만난 적이 있었는데, 도적 무리들 중에서 두 사람을 간별해냈다는 뜻이다.

孔疏 ●"上以爲公臣"者, 謂管仲薦上此二人, 以爲桓公之臣.

번역 ●經文: "上以爲公臣". ○관중이 두 사람을 천거하여 환공의 신하로 삼았다는 뜻이다.

孔疏 ●"曰: 其所與遊, 辟也, 可人也"者, 此管仲薦此盜人之辭, 言此盜人所與交遊是邪辟之人, 故犯法爲盜. 可人也者, 謂其人性行是堪可之人也, 可任用之.

번역 ●經文: "曰: 其所與遊, 辟也, 可人也". ○관중이 도적이었던 두 사람을 천거하며 한 말이니, 이 도적은 함께 어울렸던 사람들이 나쁜 사람들이었기 때문에, 법을 범하여 도적이 되었다고 한 것이다. '가인야(可人也)'라는 말은 그 사람들의 본성과 행실은 좋은 사람들이니, 등용할 수 있다는 뜻이다.

孔疏 ●"管仲死, 桓公使爲之服"者, 謂管仲之死, 桓公使此二人著服也.

번역 ●經文: "管仲死, 桓公使爲之服". ○관중이 죽었을 때, 환공은 두

사람으로 하여금 상복을 착용하도록 시켰다는 뜻이다.

孔疏 ●“宦於大夫者之爲之服也, 自管仲始也”者, 言依禮仕宦於大夫升爲公臣, 不合爲大夫著服. 今此二人, 是仕宦於大夫升爲公臣者之爲大夫而著服也. 從管仲爲始, 言自此以後, 升爲公臣, 皆服官於大夫之服也.

번역 ●經文: “宦於大夫者之爲之服也, 自管仲始也”. ○예법에 따르면 대부에게서 벼슬을 했다가 제후의 신하로 천거된 자들은 이전 대부를 위해서 상복을 착용하는 것은 적합하지 않다. 현재 이 두 사람은 대부에게서 벼슬을 했던 자이고 이후 천거되어 군주의 신하가 된 자들임에도 이전 대부를 위해서 상복을 착용했다. 이것은 관중으로부터 비롯되었으니, 이 시점부터 그 이후로는 승진하여 제후의 신하가 된 자들도 모두 대부에게서 벼슬을 하는 자들이 착용하는 상복을 입었다는 뜻이다.

孔疏 ●“有君命焉爾也”者, 言此二人, 所以爲管仲著服者, 有桓公之命使之焉爾. 作記之者亦記失禮所由, 又記桓公不忘賢者之擧也.

번역 ●經文: “有君命焉爾也”. ○이 두 사람이 관중을 위해서 상복을 착용했던 것은 환공이 명령을 내려서 시켰기 때문이라는 뜻이다. 『예기』를 기록한 자는 또한 실례의 유래를 기록하면서도 환공이 현명한 자의 천거를 잊지 못했다는 사실도 기록한 것이다.

集解 愚謂: 上以爲公臣者, 蓋初以爲己臣, 而其後薦之於公也. 辟, 邪辟也. 言二人才本可用, 特所與遊者非其人, 故至於爲盜耳. 使爲之服者, 使爲服舊君齊衰三月之服也.

번역 내가 생각하기에, ‘상이위공신(上以爲公臣)’이라는 말은 아마도 애초에는 자신의 신하로 삼았다가 이후에 군주에게 천거를 했다는 뜻인 것 같다. ‘벽(辟)’자는 사벽하다는 뜻이다. 즉 두 사람의 재질은 본래 등용할 수 있는데, 다만 함께 어울렸던 자들이 제대로 된 사람이 아니었으므로,

도적이 되는 지경에 **빠졌을** 뿐이라는 뜻이다. '사위지복(使爲之服)'이라는
말은 그들로 하여금 옛 주군을 위해 자최복(齊衰服)으로 3개월 동안 복상
하는 기준에 따라 상복을 착용시켰다는 뜻이다.

• 제 65 절 •

군주의 피휘에 대한 규정

過而擧君之諱, 則起. 與君之諱同, 則稱字.

직역 過하여 君의 諱를 擧하면, 起한다. 君의 諱와 與하여 同하면, 字를 稱한다.

의역 실수로 군주의 피휘를 말하게 되면 자리에서 일어난다. 신하의 이름이 군주의 피휘와 동일하다면, 자(字)를 지칭한다.

集說 過, 失誤也. 擧, 猶稱也. 起, 起立也. 失言不自安, 故起立, 示改變之意. 諸臣之名或與君之諱同, 則稱字也.

번역 '과(過)'자는 실수로 잘못을 저질렀다는 뜻이다. '거(擧)'자는 "지칭한다[稱]."는 뜻이다. '기(起)'자는 일어난다는 뜻이다. 실언을 하여 스스로 편안할 수 없기 때문에 일어나니, 생각을 고친다는 뜻을 나타낸다. 여러 신하들의 이름 중에는 간혹 군주의 피휘와 동일한 경우가 있으니, 이러한 경우라면 자(字)를 지칭한다.

鄭注 擧, 猶言也. 起立者, 失言而變自新. 謂諸臣之名也.

번역 '거(擧)'자는 "말하다[言]."는 뜻이다. 일어나서 서는 것은 실언을 하여 그 뜻을 바꿔 스스로 새롭게 하는 것이다. 군주의 피휘와 같다는 것은 뭇 신하들의 이름을 뜻한다.

孔疏 ●“過而”至“稱字”. ○正義曰: 此一節明辟君之諱也. 過, 謂過誤也. 舉, 猶言也. 若過誤言君之諱, 則起而改變自新.

번역 ●經文: “過而”~“稱字”. ○이곳 문단은 군주의 피휘를 피해야 한다는 뜻을 나타내고 있다. ‘과(過)’자는 과오를 범한다는 뜻이다. ’거(擧)’자는 “말하다[言].”는 뜻이다. 만약 잘못하여 군주의 피휘를 말하게 된다면, 자리에서 일어나서 뜻을 고쳐 스스로 새롭게 하는 것이다.

• 제 66 절 •

내란(內亂)과 외환(外患)에 대한 규정

【522b】

內亂不與焉, 外患弗辟也.

직역 內亂에는 不與하고, 外患에는 弗辟한다.

의역 내란에는 간여하지 않고, 외환에는 피하지 않는다.

集說 內亂, 謂本國禍難也. 言卿大夫在國, 若同僚中有謀作亂者, 力能討, 則討之, 力不能討, 則謹自畏避, 不得干與. 其或寇患在外, 如鄰國來攻, 或夷狄侵擾, 則不可逃避, 當盡力捍禦, 死義可也.

번역 '내란(內亂)'은 본국에서 발생한 환란을 뜻한다. 즉 경과 대부가 본국에 있는데, 만약 동료 중에 모의를 하여 혼란을 일으키는 자가 있는 경우, 토벌할 수 있는 역량이 된다면 토벌을 하고, 토벌할 수 있는 역량이 없다면, 조심하며 스스로 피해야 하고 환란에 참여할 수 없다. 간혹 외지에서 환란이 발생한 경우, 예를 들어 이웃 나라에서 침공하거나 오랑캐들이 침입한 경우라면, 피할 수 없으니, 마땅히 힘을 다해 막아야 하고, 의로움에 따라 목숨을 걸어야 옳다.

鄭注 謂卿大夫也. 同僚將爲亂, 己力不能討, 不與而已. 至於鄰國爲寇, 則當死之也. 春秋"魯公子友如陳葬原仲", 傳曰: "君子辟內難而不辟外難."

번역 경과 대부에 대한 내용이다. 동료들 중에 반란을 일으키려고 하는 자가 있는데, 자신의 힘으로는 토벌을 할 수 없더라도, 참여는 할 수 없을 따름이다. 이웃나라가 침략을 한 경우라면 마땅히 목숨을 걸고 싸워야 한다. 『춘추』에서는 "노(魯)나라 공자 우가 진(陳)나라로 가서 원중을 장사지냈다."[1]라고 했고, 전문에서는 "군자는 내란에 대해서는 피하지만 외란에 대해서는 피하지 않는다."[2]라고 했다.

釋文 與音預, 注同. 辟音避, 注同. 僚, 本又作寮, 力雕反. 難, 乃旦反, 下同.

번역 '與'자의 음은 '預(예)'이며, 정현의 주에 나오는 글자도 그 음이 이와 같다. '辟'자의 음은 '避(피)'이고, 정현의 주에 나오는 글자도 그 음이 이와 같다. '僚'자는 판본에 따라서 또한 '寮'자로도 기록하니, 그 음은 '力(력)'자와 '雕(조)'자의 반절음이다. '難'자는 '乃(내)'자와 '旦(단)'자의 반절음이며, 아래문장에 나오는 글자도 그 음이 이와 같다.

孔疏 ●"內亂"至"辟也". ○正義曰: 此一經明卿大夫之禮. 有內亂, 力不能討, 可辟之事.

번역 ●經文: "內亂"~"辟也". ○이곳 경문은 경과 대부의 예법을 나타내고 있다. 내란이 발생했을 때 역량이 부족하여 토벌을 할 수 없으면 피할 수 있는 경우가 있다.

孔疏 ●"內亂不與焉"者, 謂國內有同僚爲亂, 則身自畏辟, 不干與焉, 以其力弱, 不能討也. 雖不與而已, 若力能討, 則當討之.

번역 ●經文: "內亂不與焉". ○같은 나라에 있는 동료가 환란을 일으키게 된다면, 본인은 조심스럽게 피해야 하며 간여해서는 안 되니, 역량이

---

1) 『춘추』「장공(莊公) 27년」: 秋, 公子友如陳, 葬原仲.
2) 『춘추공양전』「장공(莊公) 27년」: 原仲者何? 陳大夫也, 大夫不書葬, 此何以書. 通乎季子之私行也. 何通乎季子之私行. 辟內難也. <u>君子辟內難, 而不辟外難</u>.

부족하여 토벌을 할 수 없기 때문이라는 뜻이다. 비록 참여를 하지 않을 따름이지만, 만약 역량이 충분하여 토벌을 할 수 있다면, 마땅히 토벌해야 한다.

孔疏 ●“外患弗辟也”者, 外, 謂在外. 鄰國爲其寇患, 雖力不能討, 不得辟之, 當盡死於難也.

번역 ●經文: “外患弗辟也”. ○‘외(外)’자는 외지에서 발생했다는 뜻이다. 이웃 나라가 침입을 하게 되면 비록 역량이 부족하여 토벌을 할 수 없더라도 피할 수 없으니, 마땅히 환란에 대해서는 목숨을 걸고 싸워야 한다.

孔疏 ◎注“春秋”至“外難”. ○正義曰: 引春秋者, 莊二十七年公羊傳文. 按注云“公子友如陳, 葬原仲. 大夫不書葬, 此何以書? 通乎季子之私行也.” 又云“君子辟內難而不辟外難. 內難者何? 公子慶父・公子才通乎夫人以脅公, 季子起而治之, 則不得與于國政; 坐而視之, 則親親”. 何休云: “不忍見其如此, 故請至于陳而葬原仲, 時季友不3)討慶父, 爲不與國政, 力不能討. 至莊三十二年, 季子與國政, 故逐慶父而酖叔牙也.” 此注云力不能討, 亦謂不與國政. 若與國政・力能討之而不討, 則責之, 故宣二年晉史董孤書趙盾以 “弑君”, 云“子亡不越竟”, 是也.

번역 ◎鄭注: “春秋”~“外難”. ○정현이 『춘추』를 인용했는데, 이것은 장공(莊公) 27년에 대한 『공양전』의 기록이다. 주석을 살펴보면, “공자 우가 진(陳)나라에 가서 원중을 장례지냈다. 대부에 대해서는 장례를 치렀다고 기록하지 않는데, 이곳에서는 어째서 기록을 했는가? 계자와 내통한 사적인 행동이기 때문이다.”라고 했다. 또 “군자는 내란에 대해서는 피하지만

---

3) ‘불(不)’자에 대하여. ‘불’자는 본래 없던 글자인데, 완원(阮元)의 『교감기(校勘記)』에서는 “혜동(惠棟)의 『교송본(校宋本)』에는 ‘불’자가 기록되어 있으니, 이곳 판본에는 ‘불’자가 누락된 것이며, 『민본(閩本)』・『감본(監本)』・『모본(毛本)』에도 동일하게 누락되어 있다.”라고 했다.

외란에 대해서는 피하지 않는다. 내란이라는 것은 무엇인가? 공자 계보와
공자 재가 부인과 내통하여 군주를 위협했으니, 계자가 일어나 그 일을 처
리했다면 국정에 참여할 수 없는데, 앉아서 주시만 했으니, 지극히 가까운
친족을 친애했기 때문이다."⁴⁾라고 했다. 하휴⁵⁾는 "이와 같은 일들을 차마
볼 수 없었기 때문에, 청을 해서 진(陳)나라로 가 원중을 장례지낸 것인데,
당시 계우는 경보를 토벌할 수 없어서, 국정에 참여할 수 없었으니, 역량이
부족하여 토벌을 할 수 없었기 때문이다. 장공 32년에 이르러 계자가 국정
에 참여했기 때문에 경보를 내쫓고 숙아를 독살하였다."라고 했다. 이곳
주석에서는 역량이 부족하여 토벌을 할 수 없었다고 했으니, 이 또한 국정
에 참여할 수 없음을 뜻한다. 만약 국정에 참여할 수 있고 역량도 충분하여
토벌을 할 수 있는데도 토벌을 하지 않았다면, 그에게 책임을 묻게 된다.
그렇기 때문에 선공(宣公) 2년에는 진(晉)나라 사관인 동고가 조순에 대해
기록하며, "임금을 시해했다."⁶⁾라고 한 것이고, "선자는 도망갔지만 국경을
넘지 않았다."⁷⁾라고 한 것이다.

訓纂 吳幼淸曰: 亂之重且大者, 管叔啓武庚而叛周, 則周公以弟誅其兄,
石厚輔州吁而弒君, 則石碏以父誅其子, 豈不得與乎?

번역 오유청이 말하길, 환란 중 중대한 경우는 관숙이 무경을 회유하여

---

4) 『춘추공양전』「장공(莊公) 27년」: 子辟內難, 而不辟外難. 內難者何? 公子慶
父·公子牙·公子友·皆莊公之母弟也, 公子慶父·公子牙·通乎夫人. 以脅公.
季子起而治之, 則不得與于國政, 坐而視之, 則親親. 因不忍見也. 故於是復請至
于陳, 而葬原仲也.

5) 하휴(何休, A.D.129~A.D.182): 전한(前漢) 때의 금문경학자(今文經學者)이
다. 자(字)는 소공(邵公)이다. 『춘추공양전해고(春秋公羊傳解詁)』를 지었으
며, 『효경(孝經)』, 『논어(論語)』 등에 대해서도 주를 달았고, 『춘추한의(春秋
漢議)』를 짓기도 하였다.

6) 『춘추』「선공(宣公) 2년」: 秋, 九月, 乙丑, <u>晉趙盾弒其君夷獋</u>.

7) 『춘추좌씨전』「선공(宣公) 2년」: 大史書曰, "趙盾弒其君", 以示於朝. 宣子曰,
"不然." 對曰, "<u>子爲正卿, 亡不越竟</u>, 反不討賊, 非子而誰?" 宣子曰, "嗚呼!詩曰
'我之懷矣, 自詒伊慼.' 其我之謂矣."

주나라에 배반을 하게 했는데, 주공은 동생의 입장이었지만 형을 주살하게 되었고, 석후는 주우를 도와서 군주를 시해했는데, 석작은 부친의 입장이었지만 아들을 주살했으니, 어떻게 참여하지 않을 수 있겠는가?

集解 愚謂: 內亂, 謂國內簒弑. 不與, 言不可從於爲亂. 蓋雖威劫利誘, 而毅然不回, 若晏子之於崔・慶, 蘧伯玉之於孫・寧是也. 外患, 謂國見圍滅. 弗避, 謂見危授命.

번역 내가 생각하기에, '내란(內亂)'은 국내에서 제위를 찬탈하거나 군주를 시해한 사건 등을 뜻한다. '불여(不與)'는 그를 따라서 함께 환란을 일으킬 수 없다는 뜻이다. 비록 위협이나 회유로 유혹을 하더라도 의연하게 넘어가지 않아야 하니, 안자와 최저 및 경봉과 같은 경우, 또 거백옥과 손・영과 같은 경우이다. '외환(外患)'은 국가가 침범당했다는 뜻이다. '불피(弗避)'는 위태로움을 보고 목숨을 던진다는 뜻이다.

• 제 67 절 •

규(圭)에 대한 「찬대행(贊大行)」의 규정

【522c】

贊大行曰, "圭, 公九寸, 侯伯七寸, 子男五寸, 博三寸, 厚半寸, 剡上左右各寸半, 玉也. 藻三采六等."

직역 贊大行에서 曰, "圭는 公은 九寸이며, 侯伯은 七寸이고, 子男은 五寸이며, 博은 三寸이고, 厚는 半寸이며, 上의 左右를 剡하니 各히 寸半으로, 玉이다. 藻는 三采하고 六等한다."

의역 「찬대행」에서 말하길, "규(圭)에 있어서 그 크기의 경우 공작은 9촌(寸)으로 하며, 후작 · 백작은 7촌으로 하고 자작 · 남작은 5촌으로 하며, 너비는 3촌으로 하고 두께는 0.5촌으로 하며 위의 좌우측은 깎아내니 각각 1.5촌으로 하는데, 이들은 모두 옥으로 만든다. 옥구슬 장식은 3가지 색깔을 넣고 6줄로 만든다."라고 했다.

集說 贊大行, 古禮書篇名也. 其書必皆贊說大行人之職事, 今記者引之, 故云贊大行曰. 子男執璧, 非圭也, 記者失之. 博三寸, 圭也. 厚半寸, 圭璧各厚半寸也. 剡上, 削殺其上也. 藉玉者以韋衣板, 而藻畫朱白蒼三色爲六行, 故曰藻三采六等也.

번역 '찬대행(贊大行)'은 고대 『예서』의 편명이다. 그 기록은 분명 대행인의 직무 기록에 대해서 보충 설명을 하는 내용일 것인데, 현재 『예기』를 기록한 자가 인용을 했기 때문에 '찬대행왈(贊大行曰)'이라고 기록했다. 자작과 남작은 벽(璧)을 들게 되니 규(圭)가 아니므로, 이것은 기록한 자가 잘못 기술한 것이다. "너비가 3촌(寸)이다."라는 말은 규(圭)에 해당한다. "두께가 0.5촌이다."는 말은 규와 벽이 각각 그 두께를 0.5촌으로 만든다는 뜻이다. '섬상(剡上)'은 위를 깎아낸다는 뜻이다. 옥을 받치는 깔개는 나무 판에 가죽으로 옷을 입히고 옥구슬 장식에는 주색·백색·청색의 세 색깔로 채색을 하여 여섯 줄로 만든다. 그렇기 때문에 "조(藻)에는 세 가지 채색을 하고 여섯 줄로 만든다."라고 말한 것이다.

鄭注 贊大行者, 書說大行人之禮者名也. 藻, 薦玉者也, 三采六等, 以朱白蒼畫之再行也. 子·男執璧, 作此贊者失之矣.

번역 '찬대행(贊大行)'은 대행인의 예법을 보충 설명한 기록이기 때문에 이러한 편명을 얻었다. '조(藻)'는 옥을 바칠 때 사용하는 것으로, 3가지 채색을 하며 6줄로 만드니, 주색·백색·청색으로 칠을 한 것으로 두 줄씩 만든다. 자작과 남작은 벽(璧)을 들게 되는데, 「찬대행」을 기술한 자가 실수를 한 것이다.

釋文 厚, 戶豆反. 剡, 以冉反. 畫, 胡卦反, 徐胡麥反. 再行, 戶剛反.

번역 '厚'자는 '戶(호)'자와 '豆(두)'자의 반절음이다. '剡'자는 '以(이)'자와 '冉(염)'자의 반절음이다. '畫'자는 '胡(호)'자와 '卦(괘)'자의 반절음이며, 서음(徐音)은 '胡(호)'자와 '麥(맥)'자의 반절음이다. '再行'에서의 '行'자는 '戶(호)'자와 '剛(강)'자의 반절음이다.

孔疏 ●"贊大"至"事也". ○正義曰: 此明五等諸侯所執圭玉之制.

번역 ●經文: "贊大"~"事也". ○이곳 문단은 다섯 등급의 제후들이 들게 되는 규옥(圭玉)의 제도를 나타내고 있다.

孔疏 ●"贊大行曰"者, 贊, 明也. 大行, 謂周禮有大行人篇, 掌諸侯五等之禮. 舊作記之前, 有人說書贊明大行人之事, 謂之贊大行. 今亦作記者, 引此舊書, 故云"贊大行曰", 曰, 發語端也.

번역 ●經文: "贊大行曰". ○'찬(贊)'자는 "밝힌다[明]."는 뜻이다. '대행(大行)'은 『주례』에 있는 「대행인(大行人)」편을 뜻하니, 이들은 다섯 등급의 제후들에 대한 예법을 담당한다. 『예기』를 기록하기 이전에 어떤 사람이 대행인이 시행하는 일들을 보충하여 설명을 했기 때문에 '찬대행(贊大行)'이라고 부른 것이다. 현재 『예기』를 기록하는 자가 재차 이러한 옛 기록을 인용했기 때문에 '찬대행왈(贊大行曰)'이라고 기록한 것이니, '왈(曰)'자는 말의 서두를 시작하는 말이다.

孔疏 ●"博三寸"者, 謂圭博三寸也.

번역 ●經文: "博三寸". ○규(圭)의 너비는 3촌(寸)이라는 뜻이다.

孔疏 ●"厚半寸"者, 謂圭與璧各厚半寸.

번역 ●經文: "厚半寸". ○규(圭)와 벽(璧)은 각각 그 두께가 0.5촌(寸)이라는 뜻이다.

孔疏 ●"剡上左右各寸半"者, 謂圭與璧則殺也, 殺上左右角各寸半也.

번역 ●經文: "剡上左右各寸半". ○규(圭)와 벽(璧)의 경우라면 윗부분을 깎아내는데, 윗부분의 좌우측을 각각 1.5촌(寸)씩 깎아낸다는 뜻이다.

孔疏 ●"玉也"者, 言五等諸侯, 圭璧長短雖異, 而俱以玉爲之, 故云玉也.

번역 ●經文: "玉也". ○다섯 등급의 제후가 사용하는 규(圭)와 벽(璧)은 길이에 비록 차이를 보이지만, 모두 옥으로 만든다. 그렇기 때문에 "옥(玉)이다."라고 말했다는 뜻이다.

孔疏 ●“藻, 三采六等”者, 藻, 謂以韋衣扳以藉玉者. 三采, 朱·白·蒼也. 六等, 六行也. 謂畫上三色, 每色爲二行, 是三采六等.

번역 ●經文: “藻, 三采六等”. ○‘조(藻)’는 가죽으로 판자에 옷을 입혀서 옥을 받치는 도구이다. ‘삼채(三采)’는 주색·백색·청색을 뜻한다. ‘육등(六等)’은 여섯 줄을 뜻한다. 즉 위에는 세 가지 채색을 하고, 매 색깔마다 두 줄의 옥구슬 장식을 다니, 이것이 바로 3가지 색깔을 사용하여 6줄을 만든다는 뜻이다.

孔疏 ◎注“贊大”至“之矣”. ○正義曰: 云“書說大行人之禮者名也”者, 謂作此記之前, 別有書論說大行人之禮, 其篇名謂之贊大行. 云“三采六等, 以朱白蒼畫之再行也”者, 按聘禮記云“朝天子, 圭與繅, 皆九寸”, “繅三采六等, 朱·白·蒼; 朱·白·蒼”, 是也. 旣重云朱·白·蒼, 是一采爲三等, 相間而爲六等也. 若五等諸侯皆一采爲一就, 典瑞云公·侯·伯“皆三采三就”, 謂一采爲一就, 故“三采三就”, 其實采別二就, 三采則六等也. 典瑞又云子·男“皆二采再就”, 二采謂朱綠也. 二采故二就, 其實采別二就, 二采則四等也. 典瑞又云“瑑圭·璋·璧·琮·繅皆二采一就, 以覜·聘”, 此謂卿大夫每采唯一等, 是二采共一就也, 與諸侯不同. 其天子, 則典瑞云“繅五采五就”, 亦一采爲一就, 五采故五就. 其實采別二就, 五采則十等也. 云“子男執璧, 作此贊者失之矣”者, 以此經列公侯伯子男, 總云“博三寸, 剡上左右各寸半”, 此謂圭也. 今總包子男, 則子男亦執圭, 故云作此贊者失之矣.

번역 ◎鄭注: “贊大”~“之矣”. ○정현이 “대행인의 예법을 보충 설명한 기록이기 때문에 이러한 편명을 얻었다.”라고 했는데, 『예기』를 기록하기 이전에 별도로 대행인이 시행하는 예법에 대해서 보충 설명한 기록이 있었고, 그 기록의 편명을 ‘찬대행(贊大行)’으로 불렀다는 뜻이다. 정현이 “3가지 채색을 하며 6줄로 만드니, 주색·백색·청색으로 칠을 한 것으로 두 줄씩 만든다.”라고 했는데, 『의례』「빙례(聘禮)」편의 기문(記文)을 살펴보면, “천자를 조회할 때에는 규(圭)와 소(繅)를 모두 9촌(寸)으로 한다.”라고

했고, "소(繅)는 3가지 채색으로 6줄로 만드니, 주색·백색·청색이며, 주색
·백색·청색이다."라고 했다.1) 이미 주색·백색·청색을 거듭 말했으니,
이것은 한 가지 색깔마다 3줄을 만드는 것인데, 서로 사이를 두어서 6줄로
만든다. 다섯 등급의 제후들은 모두 한 가지 채색으로 한 가닥의 끈을 만드
는데, 『주례』「전서(典瑞)」편에서는 공작·후작·백작에 대해서 "모두 3가
지 채색으로 3줄을 만든다."라고 했으니, 이것은 한 가지 채색으로 한 가닥
의 끈을 만든다는 사실을 나타낸다. 그렇기 때문에 "3가지 채색으로 3줄을
만든다."2)라고 말한 것인데, 실제로는 채색마다 별도로 2가닥의 끈을 만들
게 되니, 3가지 채색을 사용한다면 6줄을 만들게 된다. 또 「전서」편에서는
자작과 남작에 대해서 "모두 2가지 채색으로 2줄을 만든다."라고 했는데,
2가지 채색은 주색과 녹색을 뜻한다. 2가지 채색을 사용하기 때문에 2줄을
만드는데, 실제로는 채색마다 별도로 2줄을 만드니, 2가지 채색을 사용한다
면 4줄을 만들게 된다. 또 「전서」편에서는 "규(圭)·장(璋)·벽(璧)·종(琮)
·소(繅)에 대해 아로새기는 것들은 모두 2가지 채색으로 1줄을 만드니, 조
빙(覜聘)3)에 사용한다."4)라고 했다. 이것은 경과 대부는 채색마다 오직 1
줄만 만들게 되어, 2가지 채색을 합쳐서 1줄로 만든다는 뜻이니, 제후의
경우와는 다르다는 사실을 나타낸다. 천자가 사용하는 것에 대해서 「전서」
편에서는 "소(繅)는 5가지 채색으로 5줄을 만든다."5)라고 했는데, 이 또한
1가지 채색으로 1줄을 만드는 것이니, 5가지 채색을 사용하기 때문에 5줄
이 된다. 실제로는 채색마다 별도로 2줄을 만드니, 5가지 채색을 사용한다

1) 『의례』「빙례(聘禮)」: 所以朝天子, 圭與繅皆九寸, 剡上寸半, 厚半寸, 博三寸.
繅三采六等, 朱白倉.
2) 『주례』「춘관(春官)·전서(典瑞)」: 公執桓圭, 侯執信圭, 伯執躬圭, 繅皆三采
三就, 子執穀璧, 男執蒲璧, 繅皆二采再就, 以朝覲宗遇會同于王.
3) 조빙(覜聘)은 신하가 군주를 찾아뵙거나 서로 만나볼 때의 예법에 해당한다.
찾아갈 때 딸려오는 대부(大夫) 무리가 많을 때 그것을 '조(覜)'라고 부르며,
무리가 적을 때에는 '빙(聘)'이라고 부른다. 『주례』「춘관(春官)·전서(典瑞)」
편에는 "瑑圭璋璧琮, 繅皆二采一就, 以覜聘."이라는 기록이 있고, 이에 대한
정현의 주에서는 "大夫衆來曰覜, 寡來曰聘."이라고 풀이했다.
4) 『주례』「춘관(春官)·전서(典瑞)」: 瑑圭璋璧琮, 繅皆二采一就, 以覜聘.
5) 『주례』「춘관(春官)·전서(典瑞)」: 王晉大圭, 執鎭圭, 繅藉五采五就, 以朝日.

면 10줄이 된다. 정현이 "자작과 남작은 벽(璧)을 들게 되는데, 「찬대행」을 기술한 자가 실수를 한 것이다."라고 했는데, 이곳 경문에서는 공작·후작·백작·자작·남작에 대해 나열하며, 총괄적으로 "너비가 3촌(寸)이고, 윗부분의 좌우측을 각각 1.5촌(寸)씩 깎아낸다."라고 했는데, 이것은 규(圭)에 대한 내용이다. 그런데 이곳에서는 자작과 남작에 대한 경우까지도 총괄적으로 포함하고 있으니, 자작과 남작 또한 규(圭)를 잡는 것이 된다. 그렇기 때문에 "「찬대행」을 기술한 자가 실수를 한 것이다."라고 말한 것이다.

集解 敖氏繼公曰: 繅以帛爲之, 表玄裏纁, 所以藉玉而又揜其上者也. 圭與繅皆九寸, 其長同. 若其廣, 則玉三寸, 而繅蓋一尺許也.

번역 오계공이 말하길, 소(繅)는 비단으로 만들며 겉은 현색으로 하고 안은 분홍색으로 하는데, 옥을 받치고 또 그 위를 덮는 도구이다. 규(圭)와 소(繅)는 모두 그 크기가 9촌(寸)으로, 길이가 같다. 너비의 경우라면 옥(玉)은 3촌(寸)이고, 소(繅)는 아마도 1척(尺) 정도로 만들어야만 받치고 또 덮을 수 있었을 것이다.

集解 愚謂: 公·侯·伯執圭, 子·男執璧, 此乃俱蒙"圭"言之者, 文不具也. "博三寸"以下, 明圭之制也. 剡上, 左右各寸半者, 距圭上端之一寸半, 斜嚮上削之, 各至上端之中央而止. 其殺之度, 從上端之中央至兩畔, 從上端至下, 皆一寸半也. 聘禮記云"繅皆玄纁", 則以帛爲之明矣. 舊說謂"以韋衣木"者非. 典瑞言公·侯·伯"繅皆三采三就", 而此云"三采六等", 則凡藻皆以二等爲一就也. 此三采者以朱·白·蒼, 用五行相克之次, 則五采者以朱·白·蒼·黃·玄, 而二采者以朱·白也.

번역 내가 생각하기에, 공작·후작·백작은 규(圭)를 들고 자작·남작은 벽(璧)을 드는데, 이곳에서 모두에 대해 '규(圭)'라고 말한 것은 문장을 자세히 기록하지 않았기 때문이다. "너비는 3촌(寸)이다."라는 구문부터 그 이하의 기록은 규(圭)의 제도를 나타낸다. "윗부분을 깎아내어 좌우를 각각

1.5촌으로 만든다."라고 했는데, 규(圭)의 상단 중 1.5촌이 되는 지점에서는 위쪽으로 비스듬하게 깎아내어 각각 상단의 중앙 지점에 이르러 깎는 것이 그치게 된다. 깎아내는 치수는 상단의 중앙지점으로부터 양쪽 끝단까지 이르게 되는데, 상단에서 깎아낸 끝단까지는 모두 1.5촌이 된다. 『의례』「빙례(聘禮)」편의 기문(記文)에서는 "소(繅)는 모두 현색과 분홍색으로 만든다."[6]라고 했으니, 비단으로 만든다는 것이 명백하다. 그런데 옛 주석에서는 "가죽으로 나무에 옷을 입힌다."라고 했으니 잘못된 설명이다. 『주례』「전서(典瑞)」편에서는 공작·후작·백작에 대해서 "소(繅)는 모두 3가지 채색으로 3취(就)를 만든다."라고 했는데, 이곳에서는 "3가지 채색으로 6등(等)을 만든다."라고 했으니, 무릇 조(藻)에 있어서는 모두 2등(等)을 1취(就)로 삼는 것이다. 이곳에서 3가지 채색이라고 한 것은 주색·백색·청색을 사용하는 것인데, 오행(五行)이 상극(相克)하는 순서로 따져보면, 5가지 채색을 사용하는 경우에는 주색·백색·청색·황색·현색을 사용하는 것이며, 2가지 채색을 사용하는 경우에는 주색·백색을 사용하는 것이다.

---

6) 『의례』「빙례(聘禮)」: 問諸侯, 朱綠繅八寸. <u>皆玄纁繫</u>, 長尺, 絢組. 問大夫之幣侯于郊, 爲肆, 又齎皮馬.

● 그림 67-1   ■ 환규(桓圭)·신규(信圭)·궁규(躬圭)

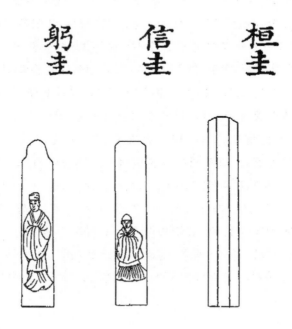

◎ 공작의 환규, 후작의 신규, 백작의 궁규
※ 출처: 『삼례도집주(三禮圖集注)』10권

그림 67-2 ▣ 곡벽(穀璧)과 포벽(蒲璧)

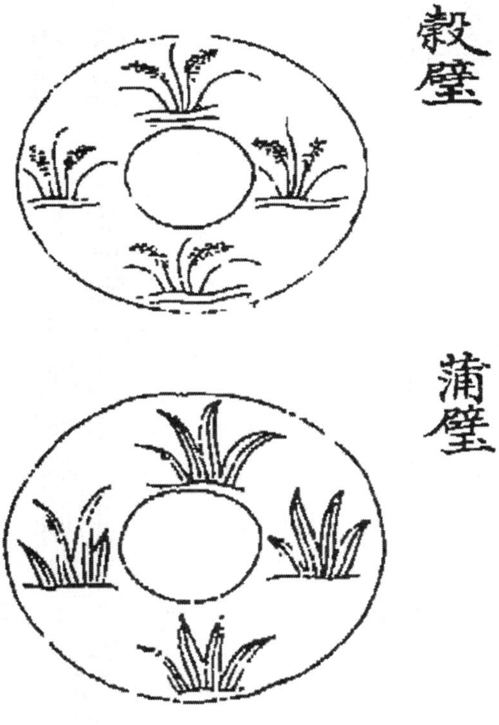

◎ 자작의 곡벽, 남작의 포벽

※ **출처:** 『삼례도집주(三禮圖集注)』 10권

그림 67-3 ◼ 옥을 받치는 깔개

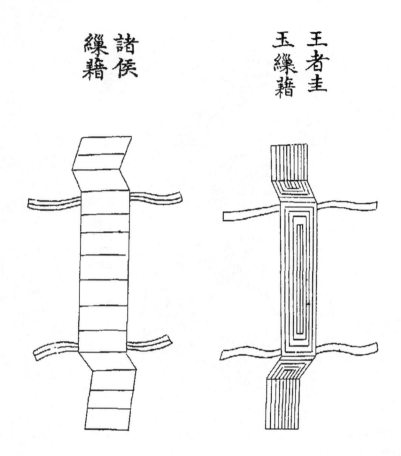

※ **출처:** 『삼례도집주(三禮圖集注)』 10권

• 제68절 •

애공(哀公)과 자고(子羔)의 일화

【522d】

哀公問子羔曰, "子之食奚當?" 對曰, "文公之下執事也."

직역　哀公이 子羔에게 問하여 曰, "子가 食함은 奚當오?" 對하여 曰, "文公의 下執事입니다."

의역　애공이 자고에게 묻기를 "그대의 집안에서 국가의 녹봉을 받기 시작한 것은 어느 군주부터인가?"라고 했다. 그러자 자고는 "문공 때 선조께서 하집사(下執事)를 맡은 뒤부터입니다."라고 대답했다.

集說　問其先人始仕食祿, 當何君時, 文公至哀公七君.

번역　선조 중에 처음으로 벼슬을 하여 녹봉을 받은 것은 어느 군주 시대에 해당하느냐고 물은 것이니, 문공(文公)으로부터 애공(哀公)까지는 7대가 걸린다.

鄭注　問其先人始仕食祿, 以何君時.

번역　선조 중 처음으로 녹봉을 받은 것이 어느 군주 때부터인가를 물어본 것이다.

釋文　當, 如字, 注同, 舊丁浪反.

번역　'當'자는 글자대로 읽으며, 정현의 주에 나오는 글자도 그 음이 이와 같은데, 구음(舊音)은 '丁(정)'자와 '浪(랑)'자의 반절음이라고 했다.

集解 愚謂: 下執事, 謂士也. 記此者, 以其對辭得禮.

번역 내가 생각하기에, '하집사(下執事)'는 사(士) 계층이 담당하는 업무를 뜻한다. 이러한 내용을 기록한 이유는 그의 대답이 예법에 맞았기 때문이다.

• 제 69 절 •

흔(釁)의 규정과 절차

【522d~523a】

成廟則釁之, 其禮祝宗人宰夫雍人, 皆爵弁純衣. 雍人拭羊, 宗人祝之, 宰夫北面于碑南東上. 雍人擧羊升屋自中, 中屋南面刲羊, 血流于前乃降. 門夾室皆用雞, 先門而後夾室. 其鯝皆於屋下, 割雞, 門當門, 夾室中室. 有司皆鄕室而立, 門則有司當門北面. 旣事, 宗人告事畢, 乃皆退. 反命于君曰, "釁某廟事畢." 反命于寢, 君南鄕于門內朝服, 旣反命乃退.

직역 廟를 成하면 釁하니, 그 禮는 祝 · 宗人 · 宰夫 · 雍人은 皆히 爵弁하고 純衣한다. 雍人은 羊을 拭하고, 宗人은 祝하며, 宰夫는 碑南의 東上에서 北面한다. 雍人은 羊을 擧하여 屋에 升하길 中으로 自하고, 屋에 中하여 南面하고 羊을 刲하여, 血이 前에 流하면 降한다. 門과 夾室은 皆히 雞를 用하되, 門을 先하고 夾室을 後한다. 그 鯝는 皆히 屋下에서 하며, 雞를 割함에 門에는 門에 當하며, 夾室에는 室에 中한다. 有司는 皆히 室을 鄕하여 立하고, 門이라면 有司는 門에 當하여 北面한다. 旣히 事하면, 宗人은 事가 畢함을 告하고, 皆히 退한다. 君에게 反命하며 曰, "아무개 廟에 釁하는 事가 畢입니다." 寢에서 反命함에, 君은 門內에서 南鄕하여 朝服하고, 旣히 反命하면 退한다.

의역 종묘(宗廟)를 처음으로 완성하게 되면 피칠을 하게 되는데, 그 예법은 다음과 같다. 축(祝) · 종인(宗人) · 재부(宰夫) · 옹인(雍人)은 모두 작변(爵弁)과 순의(純衣)를 착용한다. 옹인은 양을 씻고 종인은 축문을 아뢰며, 재부는 희생물을 매어둔 말뚝의 동쪽 끝에 위치하여 북쪽을 바라본다. 옹인이 양을 들고서 가운데를 통해 지붕으로 올라가고, 지붕 가운데 위치하여 남쪽을 바라보며 양을 갈라서 그 피가 앞쪽으로 흐르도록 한 뒤에 내려온다. 묘문과 협실에 대해서 피칠을 할 때에는 모두 닭을 사용하는데, 묘문에 대해서 먼저 시행하고, 그 이후에 협실에 대해서 시행한다. 피칠을 할 때에는 먼저 희생물의 귀 측면에 있는 털을 뽑아서 신에게 바치는데, 이 모두는 지붕 아래에서 하게 되고, 닭을 가를 때 묘문에 피칠을 하게 되면 문의 지붕 가운데에서 하고, 협실에 피칠을 하게 되면 협실 지붕의 가운데에서 한다. 일을 담당하는 자들은 모두 협실을 바라보고 서 있게 되고, 묘문에 대해서 피칠을 하게 되면 일을 담당하는 자들은 묘문 쪽을 향하여 북쪽을 바라보게 된다. 그 일들이 끝나면, 종인은 재부에게 그 사안이 모두 끝났다고 아뢰고, 곧 물러난다. 재부는 군주에게 가서 보고를 하니, "아무개 묘(廟)에 대해 피칠하는 일이 모두 끝났습니다."라고 말한다. 돌아가서 보고를 할 때에는 군주가 있는 노침(路寢)에서 하게 되는데, 군주는 문 안쪽에서 남쪽을 바라보며 조복을 착용한 상태에서 보고를 받고, 보고하는 일이 끝나면 곧 물러난다.

集說 宗廟初成, 以牲血塗釁之, 尊神明之居也. 爵弁, 士服也. 純衣, 玄衣纁裳也. 拭羊, 拭之使淨潔也. 宗人祝之, 其辭未聞. 碑, 麗牲之碑也, 在廟之中庭. 升屋自中, 謂由屋東西之中而上也. 門, 廟門也. 夾室, 東西廂也. 門與夾室各一雞, 凡三雞也, 亦升屋而割之. 衈者, 未刲羊割雞之時, 先滅耳旁毛以薦神, 耳主聰, 欲神聽之也. 廟, 則在廟之屋下; 門與夾室, 則亦在門與夾室之屋下也. 門, 則當門屋之中; 夾室, 則當夾室屋之中, 故云門當門, 夾室中室也. 有司, 宰夫祝宗人也. 宗人告事畢, 告于宰夫也. 宰夫爲攝主, 反命于寢, 其時君在路寢也.

번역 종묘가 처음 완성되면 희생물의 피를 통해 피칠을 하게 되는데, 신명이 거주하는 장소를 존귀하게 여기기 때문이다. '작변(爵弁)'은 사가 착용하는 복장이다. '순의(純衣)'는 현의(玄衣)와 분홍색의 하의를 착용하는 것이다. '식양(拭羊)'은 씻어서 청결하게 만든다는 뜻이다. 종인이 축문을 아뢰는데, 아뢰는 말에 대해서는 들어보지 못했다. '비(碑)'는 희생물을 매어두는 말뚝으로, 묘(廟)의 마당에 있다. '승옥자중(升屋自中)'이라는 말은 지붕의 가로방향 중 중앙으로 올라간다는 뜻이다. '문(門)'은 묘문(廟門)을 뜻한다. '협실(夾室)'은 동서쪽에 있는 상(廂)이다. 문과 협실에 대해서는 각각 한 마리의 닭을 이용하니, 모두 3마리의 닭을 사용하고, 여기에 대해서도 지붕에 올라가서 희생물을 가르게 된다. '이(珥)'는 양을 가르거나 닭을 가르기 이전에 먼저 귀 측면에 있는 털을 뽑아서 신에게 바치니, 귀는 밝게 듣는 것을 위주로 하여, 신이 그 소식을 듣게끔 하기 위해서이다. 이(珥)의 경우, 묘(廟)에서 하게 되면 묘(廟)의 지붕 아래에서 하고, 문과 협실에서 하게 되면 또한 문과 협실의 지붕 아래에서 한다. 피칠의 경우, 문에 대해 하게 되면 문의 지붕 가운데에서 하고, 협실에 대해 하게 되면 협실 지붕의 가운데에서 한다. 그렇기 때문에 "문에 대해서는 문의 지붕 중앙에서 하고, 협실에 대해서는 협실 지붕의 가운데에서 한다."라고 했다. '유사(有司)'는 재부(宰夫)·축(祝)·종인(宗人)을 뜻한다. 종인이 그 사안이 끝났음을 아뢰는 것은 재부에게 아뢴다는 뜻이다. 재부는 주인을 대신해서 일을 담당하는 자이니, 침(寢)으로 되돌아가서 명령의 시행에 대해 보고를 하니, 그 당시 군주는 노침(路寢)에 있게 된다.

鄭注 廟新成必釁之, 尊而神之也. 宗人先請於君曰: "請命以釁其廟", 君諾之, 乃行. 居上者, 宰夫也. 宰夫, 攝主也. 拭, 靜也. 自, 由也. 珥謂將刲割牲以釁, 先滅耳旁毛薦之. 耳, 聽聲者, 告神, 欲其聽之, 周禮有刉珥. 有司, 宰夫·祝·宗人. 告者, 告宰夫. 君朝服者, 不至廟也.

번역 묘(廟)를 새로 완성하게 되면 반드시 피칠을 해야 하니, 존귀하게 높이고 신령으로 대하기 때문이다. 종인(宗人)은 먼저 군주에게 청을 하며, "묘(廟)에 대해서 피칠을 하도록 명령을 내려주시고자 청합니다."라고 말하고, 군주가 허락을 하면 곧 시행한다. 여기에서 말한 관리들 중 가장 높은 자는 재부(宰夫)이다. 재부는 주인의 일을 대신 시행하는 자이다. '식(拭)'자는 "깨끗하게 하다[靜]."는 뜻이다. '자(自)'자는 '~로부터[由]'라는 뜻이다. '이(珥)'는 희생물을 갈라서 피칠을 하려고 할 때, 먼저 귀의 측면에 있는 털을 뽑아서 바친다는 뜻이다. '귀[耳]'는 소리를 듣는 기관이고, 신에게 아뢰어서 그 말을 듣게끔 하고자 해서이다. 『주례』에는 '기이(刉珥)'[1]라는 것이 나온다. '유사(有司)'는 재부(宰夫)·축(祝)·종인(宗人)을 뜻한다. 아뢴다는 것은 재부에게 아뢴다는 뜻이다. 군주가 조복(朝服)을 착용하는 것은 묘(廟)에 가지 않았기 때문이다.

釋文 釁, 許靳反. 純, 側甚反. 拭音式. 碑, 彼皮反. 靚, 本亦作靜, 同才性反. 刲, 苦圭反. 夾, 古洽反. 衈, 如志反. 刉, 古伐反, 又古對反, 一音其旣反. 珥, 如志反. 鄕, 許亮反, 下同. 朝, 直遙反, 注同.

번역 '釁'자는 '許(허)'자와 '靳(근)'자의 반절음이다. '純'자는 '側(측)'자와 '甚(심)'자의 반절음이다. '拭'자의 음은 '式(식)'이다. '碑'자는 '彼(피)'자와 '皮(피)'자의 반절음이다. '靚'자는 판본에 따라서 또한 '靜'자로도 기록하니, 두 글자 모두 '才(재)'자와 '性(성)'자의 반절음이다. '刲'자는 '苦(고)'자와 '圭(규)'자의 반절음이다. '夾'자는 '古(고)'자와 '洽(흡)'자의 반절음이다. '衈'자는 '如(여)'자와 '志(지)'자의 반절음이다. '刉'자는 '古(고)'자와 '伐(벌)'자의 반절음이며, 또한 '古(고)'자와 '對(대)'자의 반절음도 되고, 다른 음은 '其(기)'자와 '旣(기)'자의 반절음이다. '珥'자는 '如(여)'자와 '志(지)'자의 반절음이다. '鄕'자는 '許(허)'자와 '亮(량)'자의 반절음이며, 아래문장에 나오는 글자도 그 음이 이와 같다. '朝'자는 '直(직)'자와 '遙(요)'자의 반절음이며, 정현의 주에 나오는 글자도 그 음이 이와 같다.

孔疏 ●"成廟"至"豭豚". ○正義曰: 此一節論釁廟及考路寢之事.

번역 ●經文: "成廟"~"豭豚". ○이곳 문단은 종묘에 피칠하는 일과 노침(路寢)을 완성하여 낙성식하는 사안들을 논의하고 있다.

孔疏 ●"成廟則釁之"者, 謂宗廟初成, 則殺羊取血以釁之, 尊而神之也.

번역 ●經文: "成廟則釁之". ○종묘가 처음 완성되면, 양을 잡아서 그 피로 피칠을 하니, 존귀하게 높이고 신령으로 대하기 때문이다.

---

1) 『주례』「추관(秋官)·사사(士師)」: 凡刉珥, 則奉犬牲.

孔疏 ●"其禮: 祝·宗人·宰夫·雍人, 皆爵弁純衣"者, 其禮謂釁廟之禮,
欲釁之時, 宗人先請於君曰"請命以釁某廟", 君諾之乃行事. 爵弁者, 士服也.
純衣者, 謂絲衣, 則玄衣纁裳也.

번역 ●經文: "其禮: 祝·宗人·宰夫·雍人, 皆爵弁純衣". ○'기례(其禮)'
는 종묘에 피칠하는 예법을 뜻하니, 피칠을 하고자 할 때 종인(宗人)은 먼
저 군주에게 청원을 하며, "아무개 묘(廟)에 피칠을 하도록 명령해주시기를
청합니다."라고 말한다. 군주가 그 일을 허락하면 시행한다. '작변(爵弁)'은
사가 착용하는 복장이다. '순의(純衣)'는 사의(絲衣)를 뜻하니, 현의(玄衣)
와 분홍색의 하의를 착용하는 것이다.

孔疏 ●"雍人拭羊"者, 雍人是廚宰之官. 拭羊謂拭靜其羊, 拭於廟門外.
按大戴禮·釁廟篇云: "成廟則釁以羊. 君玄服立於寢門內, 南向, 祝·宗人·
宰夫·雍人皆玄服. 宗人曰: '請命以釁某廟.' 君曰: '諾.' 遂入. 雍人拭羊, 乃
行入廟門. 碑南北面, 雍人舉羊升屋, 自中, 中屋南面, 刲羊, 血流于前, 乃
降." 此皆大戴禮文. 既云拭羊乃行入廟門, 是拭羊在廟門之外. 但初受命於
寢門內之時, 君與祝·宗人·宰夫·雍人等皆著玄服, 謂朝服·緇衣·素裳
等, 其祝·宗人·宰夫·雍人等2)皆入廟之時, 則爵弁·純衣. 雍人舉羊升屋
者, 熊氏云"謂抗舉其羊升於屋上3). 自中者, 自, 由也. 謂升屋之時, 由屋東
西之中, 謂兩階之間而升也".

---

2) '등(等)'자에 대하여. '등'자 뒤에는 본래 '著玄服, 謂朝服·緇衣·素裳等, 其祝
·宗人·宰夫·雍人等'이라는 20글자가 기록되어 있었는데, 완원(阮元)의 『교
감기(校勘記)』에는 이 글자들이 없으며, "혜동(惠棟)의 『교송본(校宋本)』, 위
씨(衛氏)의 『집설(集說)』도 동일하게 이러한 글자들이 없고, 『민본(閩本)』·
『감본(監本)』·『모본(毛本)』에는 연문으로 이러한 20글자가 기록되어 있다.
따라서 이곳 판본 또한 잘못하여 연문으로 기록한 것이다."라고 했다.
3) '상(上)'자에 대하여. '상'자는 본래 없던 글자인데, 완원(阮元)의 『교감기(校
勘記)』에서는 "혜동(惠棟)의 『교송본(校宋本)』에는 '상'자가 기록되어 있으
니, 이곳 판본에는 '상'자가 누락된 것이며, 『민본(閩本)』·『감본(監本)』·『모
본(毛本)』도 동일하게 누락되어 있다."라고 했다.

번역 ●經文: "雍人拭羊". ○'옹인(雍人)'은 부엌을 담당하는 관리이다. '식양(拭羊)'은 양을 깨끗하게 씻는다는 뜻으로, 묘문 밖에서 씻는다. 『대대례기』「흔묘(釁廟)」편을 살펴보면, "종묘를 완성하면 양으로 피칠을 한다. 군주는 현복(玄服)을 착용하고 침문(寢門) 안에 서 있게 되며 남쪽을 향하고, 축(祝)·종인(宗人)·재부(宰夫)·옹인(雍人)은 모두 현복을 착용한다. 종인이 '아무개 묘(廟)에 피칠을 하도록 명령해주시기를 청합니다.'라고 말하면, 군주는 '알았다.'라고 말하고, 마침내 안으로 들어가게 된다. 옹인이 양을 씻으면 이동하여 묘문으로 들어간다. 말뚝의 남쪽에서 북쪽을 바라보고, 옹인은 양을 들고 지붕으로 올라가는데, 중앙을 이용하며, 지붕 가운데에서 남쪽을 바라보고, 양을 갈라 피가 앞으로 흐르도록 한 뒤에 내려온다."[4]라고 했다. 이 모두는 『대대례기』의 기록이다. 이미 양을 씻으면 곧 이동하여 묘문 안으로 들어간다고 했으니, 이것은 양을 씻는 장소가 묘문 밖이 됨을 나타낸다. 다만 최초 침문 안쪽에서 명령을 받을 때, 군주와 축·종인·재부·옹인 등은 모두 현복을 착용하고 있으니, 조복(朝服)·치의(緇衣)·소상(素裳) 등의 복장을 뜻하며, 축·종인·재부·옹인 등이 모두 묘로 들어갈 때가 되면 작변(爵弁)과 순의(純衣)를 착용한다. 옹인이 양을 들고 지붕으로 올라가는 것에 대해서, 웅안생은 "양을 들어서 지붕 위로 올라간다는 뜻이다. '자중(自中)'이라고 했는데, '자(自)'자는 '~로부터[由]'라는 뜻이다. 즉 지붕으로 올라갈 때 지붕의 동서 방향 중 가운데로 올라간다는 뜻으로, 양쪽 계단 사이의 지점을 통해서 올라간다는 의미이다."라고 했다.

孔疏 ●"中屋南面"者, 謂當屋棟之上, 亦東西之中, 而南面刲割其羊, 使血流于前, 雍人乃降. 皇氏云: "擧羊, 謂縣羊. 升屋, 謂掛羊於屋. 自中, 謂在屋之中. 中屋謂羊在屋棟之下, 縣之上下處中." 今謂屋者, 謂室之在上之覆

---

4) 『대대례기(大戴禮記)』「제후흔묘(諸侯釁廟)」: 成廟釁之以羊, 君玄服立於寢門內, 南向. 祝·宗人·宰夫·雍人皆玄服. 宗人曰: "請令以釁某廟." 君曰: "諾." 遂入. 雍人拭羊, 乃行入廟門, 碑南, 北面東上. 雍人擧羊, 升屋自中, 中屋南面, 刲羊, 血流于前, 乃降.

也. 前云升屋, 下云乃降, 與喪大記"復者升屋" 其文正同, 何得以升爲縣? 又
中屋爲屋棟, 去地上下爲中. 此正得云屋中, 不得云中屋. 若室裏縣羊, 血則
當羊而下, 何得云"血流于前"? 又下文"其衈皆於屋下", 明知其釁則在屋上.
檢勘上下, 皇氏之說非也.

번역 ●經文: "中屋南面". ○지붕의 용마루 위를 뜻하니, 이 또한 동서
방향 중 가운데이고, 그곳에서 남쪽을 바라보며 양을 갈라 그 피가 앞으로
흐르도록 하며, 그 일이 끝나면 옹인은 내려가게 된다. 황간은 "'거양(擧羊)'
은 양을 걸어둔다는 뜻이다. '승옥(升屋)'은 지붕에 양을 걸어둔다는 뜻이
다. '자중(自中)'은 지붕의 가운데에서 한다는 뜻이다. '중옥(中屋)'은 양이
지붕의 용마루 밑에 있어서 상하의 중간 지점에 걸어둔다는 뜻이다."라고
했다. 현재 '옥(屋)'이라고 부르는 것은 방 위를 덮고 있는 지붕이다. 앞에서
'승옥(升屋)'이라고 했고, 뒤에서 '내강(乃降)'이라고 했는데, 그 기록은 『예
기』「상대기(喪大記)」편에서 "초혼을 하는 자가 지붕에 올라간다."5)라고
한 문장과 합치되는데, 어떻게 '승(升)'자를 '현(縣)'자로 풀이할 수 있겠는
가? 또 중옥(中屋)을 지붕의 용마루로 여기고, 땅으로부터 용마루까지의
높이에서 그 중간이 된다고 했다. 이것은 '옥중(屋中)'이라고는 말할 수 있
어도, '중옥(中屋)'이라고는 말할 수 없다. 만약 방 안쪽에 양을 걸어두었다
면, 피는 양으로부터 밑으로 떨어지게 되는데, 어떻게 "피를 앞으로 흘려보
낸다."라고 말할 수 있는가? 또 아래문장에서 "이(衈)는 모두 지붕 아래에
서 한다."라고 했으니, 이것은 피칠을 하게 되면 지붕 위에서 하는 것임을
나타낸다. 앞뒤의 문맥을 자세히 따져보니, 황간의 주장은 잘못된 말이다.

孔疏 ●"門·夾室皆用雞"者, 門, 廟門也. 夾室, 東西廂也. 其減於廟室,
故釁不用羊也. 門與夾室各一雞, 凡用三雞, 故云"皆"也. 謂釁門·夾室用雞
之時, 如上用羊之法, 亦升屋而割之.

---

5) 『예기』「상대기(喪大記)」【527a~b】: 小臣復, 復者朝服. 君以卷, 夫人以屈狄,
大夫以玄赬, 世婦以襢衣, 士以爵弁, 士妻以稅衣, 皆升自東榮, 中屋履危, 北面
三號, 捲衣投于前, 司服受之, 降自西北榮.

[번역] ●經文: "門·夾室皆用雞". ○'문(門)'은 묘문이다. '협실(夾室)'은 동서쪽에 있는 상(廂)이다. 묘실보다 줄이기 때문에, 피칠을 할 때 양을 사용하지 않는다. 문과 협실에서는 각각 한 마리의 닭을 사용하니, 모두 세 마리의 닭을 사용한다. 그렇기 때문에 '모두[皆]'라고 말했다. 즉 문과 협실에 대해서 닭을 사용하여 피칠을 할 때, 앞에서 양을 사용한다고 했던 예법처럼 하여, 이러한 경우에도 또한 지붕 위로 올라가서 희생물을 가른다는 의미이다.

[孔疏] ●"先門而後夾室"者, 謂先釁門, 後釁夾室, 又卑於門也.

[번역] ●經文: "先門而後夾室". ○먼저 문에 대해 피칠을 하고, 이후에 협실에 대해 피칠을 한다는 뜻으로, 협실은 또한 문보다 상대적으로 중요성이 낮은 장소이기 때문이다.

[孔疏] ●"其衈皆於屋下"者, 謂未刲割羊與雞之時, 先滅耳旁毛以薦神, 廟則在廟之屋下, 門與夾室則在門·夾室之屋下, 故云"其衈皆於屋下", 衈訖然後升屋而釁也.

[번역] ●經文: "其衈皆於屋下". ○양과 닭을 아직 가르지 않았을 때, 먼저 귀의 측면에 있는 털을 뽑아서 신에게 바친다는 뜻인데, 종묘의 경우라면 묘의 지붕 아래에서 하고, 묘문과 협실의 경우라면 묘문과 협실의 지붕 아래에서 한다. 그렇기 때문에 "이(衈)는 모두 지붕 아래에서 한다."라고 한 것이며, 이(衈)를 바치는 일이 끝난 뒤에야 지붕 위로 올라가서 피칠을 한다.

[孔疏] ●"門當門, 夾室中室"者, 謂衈訖爲釁之時, 門則當門屋之上中, 夾室則當夾室上之中, 以割雞使血流, 故云"門當門, 夾室中室". 此釁廟以羊, 門·夾室以雞, 總云其衈, 則毛牲羽牲, 皆謂之衈. 而鄭注周禮云"毛牲曰刉, 羽牲曰衈"者, 以此經有羊有雞, 無別刉文, 故總以衈包之. 周禮刉·衈相對, 故以毛牲曰刉, 羽牲曰衈.

번역 ●經文: "門當門, 夾室中室". ○이(衈) 바치는 일이 끝나서 피칠을
할 때, 문에서 하는 경우라면 문의 지붕 위 중앙에서 하고, 협실에서 하는
경우라면 협실의 지붕 위 중앙에서 하여, 이곳에서 닭을 갈라 피가 흐르도
록 한다는 뜻이다. 그렇기 때문에 "문에서는 문의 지붕 중앙에 해당하고,
협실에서는 방의 지붕 중앙에 해당한다."라고 말한 것이다. 이곳에서는 묘
에 피칠을 하며 양을 사용한다고 했고, 묘문과 협실에 대해서는 닭을 사용
한다고 했으며, 총괄적으로 '이(衈)'라고 했으니, 털이 무성한 희생물이나
조류에 속하는 희생물에 대해서 모두 귀의 측면 털을 '이(衈)'라고 부르는
것이다. 그런데 『주례』에 대한 정현의 주에서는 "털이 무성한 희생물의 경
우에는 '기(刉)'라고 부르고, 조류에 속하는 희생물에 대해서는 '이(衈)'라고
부른다."라고 하여 차이를 보인다. 그 이유는 이곳 경문에는 양과 닭이 기
술되어 있는데, 별도로 기(刉)라고 기록한 문장이 없다. 그렇기 때문에 총
괄적으로 '이(衈)'라고 기록하여 그 사안까지도 포함한 것이다. 반면 『주례』
에서는 기(刉)와 이(衈)를 서로 대비가 되도록 기록했기 때문에, "털이 무
성한 희생물의 경우에는 '기(刉)'라고 부르고, 조류에 속하는 희생물에 대해
서는 '이(衈)'라고 부른다."라고 말한 것이다.

孔疏 ●"有司皆鄕室而立"者, 謂釁夾室之時, 宰夫・祝・宗人皆當於夾室
而立. 門, 則有司當門北面而立.

번역 ●經文: "有司皆鄕室而立". ○협실에 대해서 피칠을 할 때, 재부
(宰夫)・축(祝)・종인(宗人)은 모두 협실을 향하여 서 있게 된다는 뜻이다.
또 묘문의 경우라면 실무자들이 문을 향하여 북쪽을 바라보며 서 있게 된
다는 뜻이다.

孔疏 ●"旣事, 宗人告事畢, 乃皆退"者, 謂釁事旣畢, 宗人告攝主宰夫以
事畢, 宰夫及祝・宗人等乃退.

번역 ●經文: "旣事, 宗人告事畢, 乃皆退". ○피칠하는 일이 모두 끝나

면, 종인(宗人)은 주인의 일을 대신 시행했던 재부(宰夫)에게 일이 끝났음을 아뢰고, 재부 및 축(祝)·종인 등은 곧 물러난다는 뜻이다.

孔疏 ●"反命于寢"者, 謂釁既畢, 反報君命於路寢.

번역 ●經文: "反命于寢". ○피칠하는 일이 이미 끝났으므로, 되돌아가서 군주가 노침(路寢)에서 내렸던 명령에 대해 보고한다는 뜻이다.

孔疏 ●"君南向于門內, 朝服"者, 謂君受命之時, 南向于路寢門內, 南面而立, 身著朝服. 卽大戴禮云"玄衣以不入廟, 故朝服".

번역 ●經文: "君南向于門內, 朝服". ○군주로부터 명령을 받았을 때, 군주는 노침(路寢)의 문 안쪽에서 남쪽을 바라보며 서 있게 되고, 몸에는 조복(朝服)을 걸치게 된다. 이것은 곧 『대대례기』에서 "현의(玄衣)를 착용하는 것은 종묘로 들어가지 않기 때문이다. 그래서 조복을 착용한다."라고 한 뜻에 해당한다.

訓纂 江氏永曰: 爵弁, 士入廟之服. 諸侯之宰夫·祝·宗人, 當是下大夫而服爵弁者, 釁禮輕也, 助祭當冕服.

번역 강영이 말하길, '작변(爵弁)'은 사가 종묘에 들어갈 때 착용하는 복장이다. 제후에게 소속된 재부(宰夫)·축(祝)·종인(宗人)은 마땅히 하대부의 신분이 되는데도 작변을 착용하는 것은 피칠을 하는 예법은 상대적으로 덜 중요하기 때문이니, 제사를 돕게 된다면 마땅히 면복(冕服)6)을 착용해야 한다.

---

6) 면복(冕服)은 대부(大夫) 이상의 계층이 착용하는 예관(禮冠)과 복식을 뜻한다. 무릇 길례(吉禮)를 시행할 때에는 모두 면류관[冕]을 착용하는데, 복장의 경우에는 시행하는 사안에 따라서 달라진다.

集解 愚謂: 此章皆大戴禮諸侯釁廟禮文. 成廟則釁之者, 謂祖廟新遷, 改塗易檐, 旣成則釁之也. 故大戴禮宗人請於君曰"請命以釁某廟", 謂高祖廟遷則釁高祖廟, 祖廟遷則釁祖廟也. 釁, 磔攘之祭名. 毛牲謂之幾, 羽牲謂之衈, 釁其大名也. 周禮幾又作"刉", 又作"祈", 衈或作"珥". 祈者祈福祥, 珥者弭禍災, 釁者欲其消釁咎也. 下文"門·夾室用雞"曰"衈", 此不曰"幾"而曰"釁"者, 下文用羽牲曰"衈", 明此用毛牲是"幾", 此用毛牲曰"釁", 明下用雞亦是"釁", 互相備也. 祝, 小祝也. 小祝掌侯禳禱祠之祝號. 宗人掌禮, 宗伯之屬也. 宰夫於諸侯, 司徒之屬也. 雍人, 內饔也. 周禮內饔, "凡宗廟之祭祀, 掌割亨之事." 大戴禮云, "君玄服立於寢門內南向. 祝·宗人·宰夫·雍人皆玄服." 玄服, 卽純衣也. 爵弁·純衣, 士之祭服, 則此四官皆諸侯之士也. 君亦玄衣者, 敬其事也. 不服冕者, 釁廟禮輕也. 據大戴禮, 請命時已玄服, 則亦已爵弁. 孔氏謂"廟門外朝服緇衣, 入廟乃爵弁·純衣", 非也. 凡言"玄衣"·"玄服", 皆祭服, 朝服色緇, 不可謂之玄衣. 且此言"爵弁·純衣"於"拭羊"之上, 可謂"入廟乃爵弁"乎? 祝之, 以辭告神也. 碑, 以石爲之, 在庭之中, 所以識陰陽, 引日景也. 北面於碑南, 蓋參分庭一在南也. 東上者宰夫攝主最在東, 宗人掌禮事次之, 祝掌告神又次之, 雍人掌割牲又次之也. 自中, 自兩階間東西之中. 中屋, 當屋極上東西之中也.

번역 내가 생각하기에, 이곳 문장은 모두 『대대례기』「제후흔묘(諸侯釁廟)」편의 문장이다. 묘(廟)를 완성하여 피칠을 한다는 것은 조묘를 새로 체천시켜 흙을 뒤엎고 처마를 바꿔서, 그 일을 완성하게 되면 피칠을 한다는 뜻이다. 그렇기 때문에 『대대례기』에서는 종인(宗人)이 군주에게 청원을 하며, "아무개 묘(廟)에 피칠을 하도록 명령해주시기를 청합니다."라고 말하는 것이니, 고조의 묘(廟)를 체천하게 되면 고조의 묘(廟)에 피칠을 하고, 조부의 묘(廟)를 체천하게 되면 조부의 묘(廟)에 피칠을 한다는 의미이다. '흔(釁)'은 책양(磔攘)[7]의 제사 명칭이다. 털이 무성한 희생물을 사용할 때에는 '기(幾)'라고 부르고, 조류에 속한 희생물을 사용할 때에는 '이(衈)'

---

7) 책양(磔禳)은 또한 책양(磔攘)이라고도 한다. 희생물을 부위별로 갈라서 신에게 제사를 지내고, 이를 통해서 상서롭지 못한 기운을 제거하는 것이다.

라고 부르는데, '흔(釁)'이라는 것은 그것들을 통괄하는 큰 범주의 명칭이다. 『주례』에서는 '기(幾)'를 또한 '기(刉)'로도 기록했고 '기(祈)'로도 기록했으며, '이(衈)' 역시 '이(珥)'라고도 기록했다. '기(祈)'라는 것은 복과 상서로움을 기원한다는 뜻이고, '이(珥)'라는 것은 재앙을 내친다는 뜻이며, '흔(釁)'이라는 것은 틈과 허물을 사라지게 하고자 하는 것이다. 아래문장에서는 "문과 협실에서는 닭을 사용한다."라고 하며 '이(衈)'라고 했는데, 이곳에서는 '기(幾)'라고 말하지 않고 '흔(釁)'이라고 말했고, 아래문장에서는 조류에 속한 동물을 희생물로 사용하며 '이(衈)'라고 했으니, 이것은 털이 많은 희생물을 사용하는 것이 '기(幾)'가 됨을 나타내며, 이곳에서 털이 많은 희생물을 사용하는 것을 '흔(釁)'이라고 했으니, 아래문장에서 닭을 사용하는 것도 '흔(釁)'이 됨을 나타내는 것으로, 상호 그 뜻을 나타내도록 기록한 것이다. '축(祝)'은 소축(小祝)이다. 소축은 재앙을 물리치고 기복을 할 때의 축호(祝號)[8]를 담당하고, '종인(宗人)'은 의례의 진행을 담당하니, 종백(宗伯)에게 소속된 관리이다. '재부(宰夫)'는 제후에게 있어서 사도(司徒)에 소속된 관리이다. '옹인(雍人)'은 내옹(內饔)이다. 『주례』「내옹」편에서는 "무릇 종묘의 제사에서 할형(割亨)[9]의 일을 담당한다."[10]라고 했다. 『대대례기』에서는 "군주는 현복(玄服)을 착용하고, 침문(寢門)의 안쪽에 서서 남쪽을 바라본다. 축·종인·재부·옹인은 모두 현복을 착용한다."라고 했다. '현복(玄服)'은 순의(純衣)에 해당한다. 작변(爵弁)과 순의를 착용하는 것은 사가 착용하는 제사 복장이니, 이곳의 네 관리는 모두 제후에게 소속된 사 계층이다. 군주 또한 현의를 착용하는 것은 그 사안을 공경스럽게 대하기 때문이다. 면류관을 착용하지 않는 것은 종묘에 대해 피칠하는 의례는 상대적으로 덜 중요하기 때문이다. 『대대례기』의 기록에 따르면 명령을 내려

---

8) 축호(祝號)는 육축(六祝)과 육호(六號)를 뜻한다. '육축'은 신(神)에게 제사를 지낼 때 사용하게 되는 여섯 종류의 기도문을 뜻하고, '육호'는 신(神)이나 제수(祭需)를 부를 때 아름답게 꾸며서 부르는 여섯 종류의 호칭을 뜻한다.
9) 할형(割亨)은 고기를 잘라서 삶는 것을 뜻한다.
10) 『주례』「천관(天官)·내옹(內饔)」: 凡宗廟之祭祀, 掌割亨之事. 凡燕飲食亦如之. 凡掌共羞脩·刑·膴·胖·骨·鱐, 以待共膳.

주길 청원할 때 이미 현복을 착용하니, 이 시기에 또한 이미 작변을 착용하는 것이다. 공영달은 "묘문 밖에서 조복과 치의를 착용하고, 묘로 들어가게 되면 작변과 순의를 착용한다."라고 했는데, 이것은 잘못된 주장이다. 무릇 '현의(玄衣)'나 '현복(玄服)'이라고 말한 것들은 모두 제사 복장에 해당하며, 조복(朝服)의 색깔이 검은색이라 하더라도 '현의(玄衣)'라고 부를 수 없다. 또 이곳에서 "작변과 순의를 착용한다."라고 한 말은 "양을 씻는다."라고 한 말보다 앞에 기록되어 있으니, "묘로 들어가게 되면 작변을 착용한다."라고 말할 수 있겠는가? 축문을 아뢰는 것은 축사를 통해 신에게 아뢰는 것이다. '비(碑)'는 돌로 만들게 되는데, 마당 가운데 있으며, 시간의 경과를 식별하는 것이니, 그림자가 생기기 때문이다. 비(碑)의 남쪽에서 북쪽을 바라보는데, 아마도 마당을 세 등분하고 그 중 남쪽에 속한 한 지점에 있는 것이다. "동쪽 끝에 위치한다."라고 했는데, 재부는 주인의 일을 대신하는 자이므로 동쪽에서도 가장 끝에 있고, 종인은 의례의 진행을 담당하므로 그 다음에 위치하며, 축은 신에게 아뢰는 일을 담당하여 또 그 다음에 위치하고, 옹인은 희생물 가르는 일을 담당하여 또 그 다음에 위치한다. '자중(自中)'은 양쪽 계단 사이인 동서 방향의 중앙을 뜻한다. '중옥(中屋)'은 지붕의 가장 꼭대기에서 동서 방향의 중앙에 해당한다.

集解 愚謂: 東西箱夾堂之兩旁, 故曰"夾室". 門當門, 謂在門內南面而當門之中也. 夾室中室, 謂在夾室之中, 亦南面也. 衈不於屋上者, 衈之禮略也. 有司, 宰夫·宗人與祝也. 有司鄉室·當門, 皆北面東上. 告事畢, 告於宰夫也.

번역 내가 생각하기에, 동서쪽의 상(箱)은 당(堂)을 양쪽에서 끼고 있는 두 개의 방이다. 그렇기 때문에 '협실(夾室)'이라고 부른다. '문당문(門當門)'이라는 말은 문안에서 남쪽을 바라보고, 문의 중앙에 위치한다는 뜻이다. '협실중실(夾室中室)'이라는 말은 협실 안에서도 또한 남쪽을 바라본다는 뜻이다. 이(衈)는 지붕 위에서 하지 않으니, 이(衈)를 시행하는 예법은 약소하기 때문이다. '유사(有司)'는 재부(宰夫)·종인(宗人) 및 축(祝)을 뜻한다. 유사가 협실을 향하고 문쪽에 위치한다는 것은 모두 북쪽을 바라보며 동쪽 끝에서부터 서열대로 위치한다는 뜻이다. '고사필(告事畢)'은 재부에게 아뢴다는 뜻이다.

集解 愚謂: 據記文, 則廟用羊, 升屋而刲之, 而謂之釁. 門・夾室用雞, 於屋下割之, 門當門, 夾室中室, 而謂之衈. 疏乃謂羊亦有屋下之衈, 雞亦有屋上之釁, 似欲以補記之所未及, 然此記所言, 實出於大戴禮釁廟篇. 彼云"門以雞, 有司當門北面, 雍人割雞屋下, 當門郟室割雞於室中", 可見門・夾室卽在屋下割雞, 別無屋上之釁, 而廟亦未必有屋下之衈矣. 蓋釁・衈自爲二禮, 釁之禮重, 故在屋上; 衈之禮輕, 故於屋下. 周禮司約云, "若有訟者, 則珥而辟藏." 此亦於屋下爲之, 未必升屋也. 鄭氏云"衈, 謂將刲割牲以釁, 先滅耳旁毛薦之", 則似先衈後釁, 故疏家申其說如此. 然"衈, 滅耳旁毛"之說, 本無所據, 而先衈後釁, 記中實無此義也. 盧辨大戴禮註云, "小戴禮'割雞屋上'". 然小戴記實無此語, 蓋南北朝講師相傳之說耳.

번역 　내가 생각하기에, 『예기』의 기록에 근거해보면 종묘에서는 양을 사용하고, 지붕 위에 올라가서 희생물을 가르는데, 이것을 '흔(釁)'이라고 부른다. 그리고 묘문과 협실에서는 닭을 사용하는데, 지붕 아래에서 가르며, 문에서 할 때에는 문의 중앙에 해당하는 곳에서 하고, 협실에서 할 때에는 협실 안에서도 남쪽을 바라보면서 하는데, 이러한 것들은 '이(衈)'라고 부른다. 공영달의 소에서는 양에 대해서도 또한 지붕 아래에서 시행하는 이(衈)의 의식이 있다고 했고, 닭에 대해서도 지붕 위에서 하는 흔(釁)의 의식이 있다고 하였는데, 이것은 아마도 『예기』에서 언급하지 않은 내용을 보충하고자 했기 때문인 것 같다. 그러나 이곳 『예기』에서 언급한 내용들은 실제로 『대대례기』「흔묘(釁廟)」편에서 도출된 기록이다. 『대대례기』의 기록에서는 "문에서는 닭을 사용하고, 유사(有司)는 문에서 북쪽을 바라보며, 옹인(雍人)은 지붕 아래에서 닭을 가르며, 문과 협실에 대해서는 방안에서 닭을 가른다."라고 했으니, 문과 협실에 대해서는 지붕 아래에서 닭을 가르고, 별도로 지붕 위에 올라가서 흔(釁)을 하는 일이 없다는 사실을 알 수 있으니, 묘에 있어서도 반드시 지붕 아래에서 시행하는 이(衈)가 있었던 것은 아니다. 무릇 흔(釁)과 이(珥)는 그 자체로 별개의 의례가 되는데, 흔(釁)의 예법은 중요하다. 그렇기 때문에 지붕 위에서 시행하는 것이다. 반면 이(珥)의 예법은 덜 중요하다. 그렇기 때문에 지붕 아래에서 시행하는 것이다. 『주례』「사약(司約)」편에서는 "만약 송사가 발생한다면, 이(珥)를 하고 창고를 열어서 법조문을 살펴본다."11)라고 했다. 이러한 의식 또한 지붕 아래에서 시행하니, 반드시 지붕 위로 올라갔던 것은 아니다. 정현은 "이(珥)는 희생물을 갈라서 흔(釁)을 하려고 할 때 먼저 귀의 측면에 있는 털을 뽑아서 바치는 것을 뜻한다."라고 했으니, 아마도 먼저 이(珥)를 한 이후에 흔(釁)을 했던 것이다. 그렇기 때문에 주석가들은 그 주장을 확대하여 이처럼 설명한 것이다. 그러나 "이(珥)는 귀의 측면에 있는 털을 뽑는다."라고 한 주장은 본래부터 근거가 없는 주장이고, 먼저 이(珥)를 하고 이후에 흔(釁)을 한다고 했는데, 『예기』의 기록 중에는 실제로 이러한 의미를 나타내는 근거가 없다. 『대대례기』에 대한 노변12)의 주에서는 "『소대례기』에서는 '닭을 지붕 위에서 가른다.'"라고 했다. 그런데 『예기』에는 실제로 이러한 기록이 없다. 아마도 남북조시대 때의 학자들이 서로 그 학설을 전수하는 과정 중에 만들어진 주장인 것 같다.

集解 愚謂: 門內, 路寢門內也. 反命時, 君南鄕於門內, 則請命時亦然. 始請命, 君亦玄衣, 此反命, 君朝服者, 事畢禮殺也. 鄭氏謂"君朝服者, 不至廟", 故疏謂"大戴禮之玄衣爲朝服", 非也.

번역 내가 생각하기에, '문내(門內)'는 노침(路寢)의 문 안쪽을 뜻한다. 보고를 할 때 군주는 문의 안쪽에서 남쪽을 바라보니, 명령을 내려주길 청원할 때에도 또한 이처럼 한다. 처음 명령을 청원할 때 군주 또한 현의(玄衣)를 착용한다고 했는데, 이곳에서 보고를 한다고 했을 때 군주는 조복(朝服)을 착용한다고 했다. 그 이유는 해당 사안이 끝나서 예법을 낮추기 때문

11) 『주례』「추관(秋官)·사약(司約)」: 若有訟者, 則珥而辟藏, 其不信者服墨刑.
12) 노변(盧辯, ?~?): 서위(西魏) 때의 학자이다. 자(字)는 경선(景宣)이다. 저서로는 『대대례기해고(大戴禮記解詁)』, 『분전(墳典)』 등이 있다.

이다. 정현은 "군주가 조복을 착용하는 것은 묘에 들어가지 않기 때문이다."라고 했다. 그렇기 때문에 공영달의 소에서는 "『대대례기』에서 말한 현의는 조복이다."라고 했는데, 이것은 잘못된 주장이다.

● 그림 69-1 ■ 작변(爵弁)

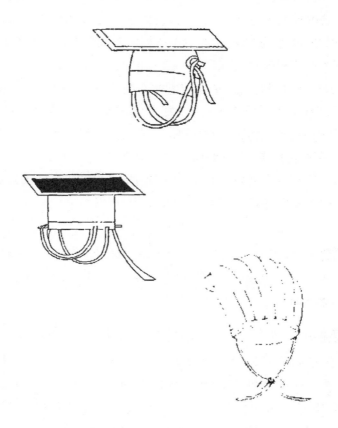

※ **출처:** 상단-『삼례도집주(三禮圖集注)』 3권
　　　　중단-『육경도(六經圖)』 8권
　　　　하단-『삼재도회(三才圖會)』 「의복(衣服)」 1권

그림 69-2 ■ 종묘(宗廟) 건물의 구조

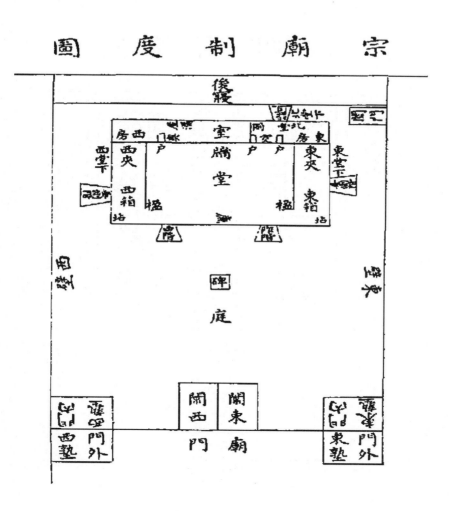

※ **출처:** 『향당도고(鄕黨圖考)』 1권

그림 69-3 ▣ 천자의 노침(路寢)과 연침(燕寢)

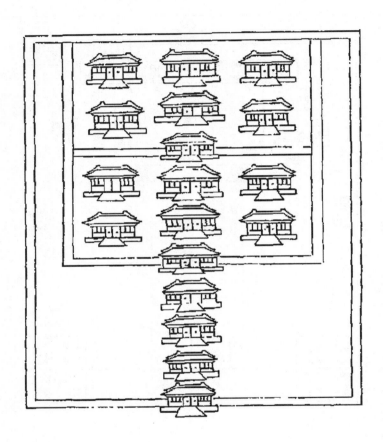

制 寢 宮

◎ 가장 위쪽의 육침(六寢)은 왕후(王后)의 육침
◎ 육침 중 중앙 앞쪽 1개는 노침(路寢), 나머지 5개는 연침(燕寢)
※ 출처: 『삼례도집주(三禮圖集注)』 4권

> 路寢成, 則考之而不釁. 釁屋者, 交神明之道也.

직역 路寢이 成하면, 考하되 不釁한다. 屋을 釁하는 者는 神明과 交하는 道이다.

의역 노침(路寢)을 완성하면, 연회를 베풀며 낙성식을 하지만, 지붕에 피칠은 하지 않는다. 지붕에 피칠을 하는 것은 신명과 교감하는 도이기 때문이다.

集說 疏曰: 考之者, 謂盛饌以落之. 庾蔚云, "落, 謂與賓客燕會, 以酒食澆落之, 卽歡樂之義也."

번역 공영달의 소에서 말하길, '고지(考之)'는 성찬을 차려서 낙성식을 한다는 뜻이다. 유울은 "'낙(落)'은 빈객과 함께 연회를 베풀어, 음주를 하며 건물을 완성한 것에 대해 축하를 하는 것이니, 기쁨과 즐거움을 나누는 뜻에 해당한다."라고 했다.

鄭注 言路寢者, 生人所居. 不釁者, 不神之也. 考之者, 設盛食以落之爾. 檀弓曰"晉獻文子成室, 諸大夫發焉", 是也.

번역 '노침(路寢)'은 살아있는 사람이 거주하는 건물이라는 뜻이다. 피칠을 하지 않는 것은 신령으로 섬기지 않기 때문이다. '고지(考之)'는 성찬을 차려서 낙성식을 한다는 뜻일 뿐이다. 『예기』「단궁(檀弓)」편에서는 "진(晉)나라 헌문자가 집을 새로 짓자 진나라의 대부들은 예물을 보내며, 그곳에 찾아가서 축하하였다."[13]라고 했다.

---

13) 『예기』「단궁하(檀弓下)」【137a】: 晉獻文子成室, 晉大夫發焉. 張老曰: "美哉輪焉! 美哉奐焉! 歌於斯, 哭於斯, 聚國族於斯." 文子曰: "武也得歌於斯, 哭於斯, 聚國族於斯, 是全要領以從先大夫於九京也." 北面再拜稽首. 君子謂之善頌·善禱.

孔疏 ●"路寢成, 則考之而不釁"者, 路寢是生人所居, 不用神之, 故不釁也. 考之者, 謂設盛饌以落之, 如檀弓晉獻文子成室是也. 庾蔚云: "落謂與賓客燕會, 以酒食流落之, 卽歡樂之義也."

번역 ●經文: "路寢成, 則考之而不釁". ○노침(路寢)은 살아있는 사람이 거주하는 공간이므로, 신령으로 대할 필요가 없다. 그렇기 때문에 피칠을 하지 않는다. '고지(考之)'는 성찬을 차려서 낙성식을 한다는 뜻이니,『예기』「단궁(檀弓)」편에서 진(晉)나라 헌문자가 집을 새로 지었다는 경우와 같다. 유울은 "'낙(落)'은 빈객과 함께 연회를 베풀어, 음주를 하며 건물을 완성한 것에 대해 축하를 하는 것이니, 기쁨과 즐거움을 나누는 뜻에 해당한다."라고 했다.

孔疏 ●"釁屋者, 交神明之道也"者, 釋所以不釁路寢之義, 言此屋與神明相交, 故釁之也.

번역 ●經文: "釁屋者, 交神明之道也". ○노침(路寢)에 피칠을 하지 않는 뜻을 풀이한 말이니, 즉 종묘와 같은 건물의 지붕은 신명과 교감을 하는 장소이기 때문에 피칠을 한다는 뜻이다.

그림 69-4 ▣ 사의 침(寢) 구조

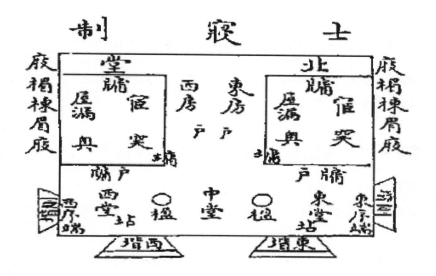

※ 출처: 『삼례도(三禮圖)』 2권

【523b】

凡宗廟之器, 其名者成, 則釁之以豭豚.

직역 凡히 宗廟의 器는 그 名者가 成하면, **釁**하길 豭豚으로써 한다.

의역 무릇 종묘에서 사용하는 기물 중 명칭이 있는 것을 완성하면, 수컷 돼지를 사용하여 피칠을 한다.

集說 名者, 有名之器, 若尊彝之屬也. 豭豚, 牡豚也.

번역 '명자(名者)'는 명칭이 있는 기물이니, 준(尊)이나 이(彝) 등의 부류이다. '가돈(豭豚)'은 수컷 돼지이다.

大全 長樂陳氏曰: 釁者, 塗釁以血, 交神明之道也. 廟成則釁, 室成則不釁, 以室不可以神之也. 宗廟之器, 其名者釁, 非名者, 不足以神之也. 然則周官羊人釁共羊牲, 將以釁廟也. 雞人釁共雞牲, 將以釁門及夾室也. 若宗廟之器, 釁以豭豚, 則釁牲不特雞羊而已.

번역 장락진씨가 말하길, '흔(釁)'이라는 것은 틈에 피를 바르는 것으로 신명과 교감하는 도이다. 종묘가 완성되면 피칠을 하지만, 일반 건물이 완성되면 피칠을 하지 않으니, 일반 건물은 신성하게 여기지 않기 때문이다. 종묘의 기물 중 이름이 있는 것은 피칠을 하니, 이름이 없는 것에 피칠을 하지 않는 것은 신성하게 여기기에는 부족하기 때문이다. 그런데 『주례』「양인(羊人)」편에서는 흔(釁)을 할 때 양이라는 희생물을 공급한다고 하였으니,14) 이것을 통해 종묘에 피칠을 한다. 또 『주례』「계인(雞人)」편에서는 흔(釁)을 할 때 닭이라는 희생물을 공급한다고 하였으니,15) 이것을 통해

---

14) 『주례』「하관(夏官)·양인(羊人)」: 凡沈辜·侯禳·釁·積, 共其羊牲.
15) 『주례』「춘관(春官)·계인(雞人)」: 凡祭祀, 面禳釁, 共其雞牲.

문과 협실에 피칠을 한다. 종묘의 기물과 같은 경우 수컷 돼지를 이용해서
피칠을 하니, 흔(釁)에 사용되는 희생물은 닭이나 양에만 국한되지 않는다.

鄭注 宗廟名器, 謂尊·彝之屬.

번역 종묘에서 사용하는 기물 중 이름이 있는 것들은 준(尊)이나 이(彝)
등의 부류를 뜻한다.

釋文 猳音加. 彝, 以之反.

번역 '猳'자의 음은 '加(가)'이다. '彝'자는 '以(이)'자와 '之(지)'자의 반절
음이다.

孔疏 ●"凡宗廟之器, 其名者成, 則釁之以猳豚"者, 器之名者, 尊·彝之
屬也. 若作名者成, 則釁之, 若細者成, 則不釁. 名器則殺猳豚血塗之也. 不及
廟, 故不用羊也.

번역 ●經文: "凡宗廟之器, 其名者成, 則釁之以猳豚". ○기물 중 명칭이
있는 것은 준(尊)이나 이(彝) 등의 부류이다. 만약 명칭이 있는 기물을 완성
하게 되면 피칠을 하는데, 자잘한 기물들을 완성하게 된다면 피칠을 하지
않는다. 이름이 있는 기물에 대해서는 수컷 돼지를 도축하여 그 피로 틈에
바른다. 그 중요성은 묘(廟)에 미치지 못하기 때문에 양을 사용하지 않는다.

訓纂 張子曰: 釁名器以猳豚, 而齊宣王釁牛以鐘, 戰國時無復常制, 不然,
又何以欲以羊易之?

번역 장자가 말하길, 명칭이 있는 기물에 대해서 흔(釁)을 할 때 수컷
돼지를 사용한다고 했는데, 제선왕은 종에 대해서 소의 피로 흔(釁)을 했으
니,16) 전국시대에는 항상된 제도가 없었기 때문이다. 그렇지 않다면 어떻
게 양으로 바꾸려고 할 수 있었겠는가?

訓纂 王氏念孫曰: 名, 大也. 謂器之大者. 禮器, "因名山升中於天." 鄭注, "名, 猶大也."

번역 왕념손이 말하길, '명(名)'자는 "크다[大]."는 뜻이다. 즉 기물 중에서도 큰 것을 뜻한다. 『예기』「예기(禮器)」편에서는 "순수(巡守)[17]를 하여 명산(名山)[18]을 지나치게 되면, 그 기회를 빌미로 그 산에 올라가서, 그 지역을 다스리는 제후의 공적을 하늘에 아뢰다."[19]라고 했고, 정현의 주에서는 "'명(名)'자는 '크다[大].'는 뜻이다."라고 했다.

---

16) 『맹자』「양혜왕상(梁惠王上)」: 臣聞之胡齕, 曰, 王坐於堂上, 有牽牛而過堂下者, 王見之, 曰, '牛何之?' 對曰, '將以釁鐘.' 王曰, '舍之! 吾不忍其觳觫, 若無罪而就死地.' 對曰, '然則廢釁鐘與?' 曰, '何可廢也? 以羊易之!'

17) 순수(巡守)는 '순수(巡狩)'라고도 부른다. 천자가 수도를 벗어나 제후의 나라를 시찰하는 것을 뜻한다. '순수'의 '순(巡)'자는 그곳으로 행차를 한다는 뜻이고, '수(守)'자는 제후가 지키는 영토를 뜻한다. 제후는 천자가 하사해준 영토를 대신 맡아서 수호하는 것이기 때문에, 천자가 그곳에 방문하여, 자신의 영토를 어떻게 관리하고 있는지를 시찰하게 된다. 『서』「우서(虞書)・순전(舜典)」편에는 "歲二月, 東巡守, 至于岱宗, 柴."라는 기록이 있고, 이에 대한 공안국(孔安國)의 전(傳)에서는 "諸侯爲天子守土, 故稱守. 巡, 行之."라고 풀이했으며, 『맹자』「양혜왕하(梁惠王下)」편에서는 "天子適諸侯曰巡狩. 巡狩者, 巡所守也."라고 기록하였다. 한편 『예기』「왕제(王制)」편에는 "天子, 五年, 一巡守."라는 기록이 있고, 『주례』「추관(秋官)・대행인(大行人)」편에는 "十有二歲王巡守殷國."이라는 기록이 있다. 즉 「왕제」편에서는 천자가 5년에 1번 순수를 시행하고, 「대행인」편에서는 12년에 1번 순수를 시행한다고 기록하고 있는데, 이러한 차이점에 대해서 정현은 「왕제」편의 주에서 "五年者, 虞夏之制也. 周則十二歲一巡守."라고 풀이했다. 즉 5년에 1번 순수를 하는 제도는 우(虞)와 하(夏)나라 때의 제도이며, 주(周)나라에서는 12년에 1번 순수를 했다.

18) 명산(名山)은 저명하고 큰 산을 뜻한다. '명(名)'자를 대(大)자의 뜻으로 풀이하기도 한다. 고대에는 대부분 '오악(五岳)'을 뜻하는 용어로 사용되었다. 『예기』「예기(禮器)」편에는 "因名山升中于天."이라는 기록이 있는데, 이에 대한 정현의 주에서는 "名, 猶大也."라고 풀이했고, 손희단(孫希旦)의 『집해(集解)』에서는 "名山, 謂五嶽也."라고 풀이했다.

19) 『예기』「예기(禮器)」【310d】: 是故, 昔先王尙有德, 尊有道, 任有能, 擧賢而置之, 聚衆而誓之. 是故, 因天事天, 因地事地, 因名山升中于天, 因吉土以饗帝于郊. 升中于天, 而鳳凰降, 龜龍假; 饗帝于郊, 而風雨節, 寒暑時. 是故, 聖人南面而立, 而天下大治.

集解   愚謂: 宗廟之器, 名者成, 則釁之以豭豚, 而齊宣王以牛釁鐘者, 戰國
人君奢侈耳.

번역   내가 생각하기에, 종묘의 기물 중 이름이 있는 것이 완성되면 수컷
돼지를 사용하여 피칠을 한다고 했는데, 제선왕 때 소로 종에 피칠을 했던
것은 전국시대의 군주들이 사치를 일삼았기 때문이다.

그림 69-5   ■ 준(尊)과 이(彝)

※ 출처: 『삼재도회(三才圖會)』「기용(器用)」 1권

• 제 70 절 •

이혼의 규정과 절차

【523c】

> 諸侯出夫人, 夫人比至于其國, 以夫人之禮行. 至以夫人入, 使者將命曰, "寡君不敏, 不能從而事社稷宗廟, 使使臣某敢告于執事." 主人對曰, "寡君固前辭不敎矣, 寡君敢不敬須以俟命." 有司官陳器皿, 主人有司亦官受之.

직역 諸侯가 夫人을 出하면, 夫人은 그 國에 比至함에, 夫人의 禮로써 行한다. 至하면 夫人으로써 入하고, 使者가 命을 將하여 曰, "寡君께서 不敏하여, 從하여 社稷과 宗廟를 事하길 不能하여, 使臣인 아무개로 使하여 敢히 執事에게 告합니다." 主人은 對하여 曰, "寡君께서는 固히 前에 不敎함을 辭했는데, 寡君께서는 敢히 不敬하게 須하여 命을 俟하겠습니까." 有司가 器皿을 官陳하면, 主人의 有司도 亦히 官受한다.

의역 제후가 자신의 부인을 내치면, 내쳐진 부인이 자신의 본국에 도착할 때까지 사신이 함께 따라가며 제후의 부인이었을 때의 예법에 따라서 행차를 한다. 그 나라에 도착해서도 제후의 부인이었을 때의 예법에 따라 들어가고, 사신이 명령을 전달하며, "저희 군주께서 민첩하지 못하여 부인과 함께 종묘와 사직을 섬기지 못했습니다. 그래서 사신인 저 아무개를 시켜서 감히 일을 맡아보는 자에게 이러한 사실을 아룁니다."라고 말한다. 그러면 부인의 본국에서는 사신이 나와서 "저희 군주께서는 진실로 이전에 혼인을 할 때에도 제대로 가르치지 못했다고 사양을 하였었는데, 저희 군주께서 어떻게 감히 불경스럽게 여식을 기다리게 하여 되돌아 오라는 군주의 명을 기다리게 하겠습니까."라고 대답한다. 그러면 부인과 함께 왔던 사신은 실무자를 시켜서 부인이 시집을 올 때 가져왔던 기물들을 진열하고, 부인의 나라에서도 실무자를 시켜서 또한 그것들을 받아들인다.

集說 出夫人, 有罪而出之還本國也. 在道至入, 猶以夫人禮者, 致命其國, 然後義絶也. 將命者, 謙言寡君不敏, 不能從夫人以事宗廟社稷, 而不斥言夫人之罪. 答言前辭不敎, 謂納采時, 固嘗以此爲辭矣.

번역 '출부인(出夫人)'은 부인이 죄를 지어 내쫓겨 본국으로 되돌아간다는 뜻이다. 도로에 있을 때나 그 나라로 들어가게 될 때에는 여전히 제후의 부인에 대한 예법으로 대하니, 그 나라에 명령을 전달한 뒤에야 도의가 끊어지기 때문이다. 명령을 전달하는 자는 겸손하게 나타내어 "저희 군주께서 민첩하지 못하여 부인과 함께 종묘와 사직을 섬기지 못했습니다."라고 말하고, 부인의 죄를 직접적으로 언급하지 않는다. 답변을 하며 "이전에 가르치지 못한 것에 대해서 사양을 했습니다."라고 말하는데, 이것은 납채(納采)1)를 할 때, 일찍이 제대로 가르치지 못했다는 말로 사양을 했었다는 뜻이다.

集說 疏曰: 有司官陳器皿者, 使者使從己來有司之官, 陳夫人嫁時所齎器皿之屬以還主國也. 主人有司亦官受之者, 主國亦使有司官領受之也. 並云官者, 明付受悉如法也.

번역 공영달의 소에서 말하길, '유사관진기명(有司官陳器皿)'이라는 말은 사신이 자신을 따라 온 자들 중 실무를 담당하는 하위 관리를 시켜서, 부인이 시집올 때 가져온 기물들을 진열하여 부인의 본국에 되돌려준다는 뜻이다. '주인유사역관수지(主人有司亦官受之)'라는 말은 부인의 나라에서도 또한 실무를 담당하는 하위 관리를 시켜서 그것을 받게끔 한다는 뜻이다. 이 모두에 대해서 '관(官)'자를 붙여서 말한 것은 주고 받는 일들을 모두 예법대로 한다는 사실을 밝히기 위해서이다.

---

1) 납채(納采)는 혼인과 관련된 육례(六禮) 중 하나이다. 청원을 하며 여자 집안에 예물을 보내는 일을 뜻한다.

鄭注 行道以夫人之禮者, 棄妻致命其家, 乃義絶, 不用此爲始. 前辭不敎, 謂納采時也. 此辭賓在門外, 擯者傳焉. 賓入致命如初, 主人卒辭曰: "敢不聽命." 器皿, 其本所齎物也. 律: "棄妻畀所齎."

번역 길에서 이동할 때에는 제후의 부인에 대한 예법으로 대우하니, 처를 내쳤지만, 부인의 집에 군주의 명령을 전달해야만 도의가 끊어지니, 부인이 되돌아가는 시점을 도의가 끊어지는 시초로 삼지 않는다는 뜻이다. "이전에도 제대로 가르치지 못했다고 사양했다."는 말은 납채(納采)를 했던 때를 의미한다. 이러한 말을 전달할 때 빈객은 문밖에 위치하고, 부관이 전달한다. 빈객이 들어가서 명령을 전달할 때에도 처음 말을 전달했을 때처럼 하고, 부인의 나라에서는 끝으로 "감히 명령을 따를 수 없습니다."라고 말한다. '기명(器皿)'은 부인의 나라에서 보내준 물건들을 뜻한다. 법률에 따르면, "처를 내칠 때에는 처가에서 보내온 물건을 돌려준다."라고 했다.

釋文 比, 必利反. 使, 色吏反. 皿, 武景反, 字林又音猛. 齎, 子兮反, 下同. 畀, 必利反, 與也; 又婢支反, 償也.

번역 '比'자는 '必(필)'자와 '利(리)'자의 반절음이다. '使'자는 '色(색)'자와 '吏(리)'자의 반절음이다. '皿'자는 '武(무)'자와 '景(경)'자의 반절음이며, 『자림』[2]에서는 또한 그 음을 '猛(맹)'이라고 했다. '齎'자는 '子(자)'자와 '兮(혜)'자의 반절음이며, 아래문장에 나오는 글자도 그 음이 이와 같다. '畀'자는 '必(필)'자와 '利(리)'자의 반절음이며, 준다는 뜻이고, 또 그 음은 '婢(비)'자와 '支(지)'자의 반절음도 되니, 돌려준다는 뜻이다.

孔疏 ●"諸侯"至"稱之". ○正義曰: 此一節論諸侯出夫人及卿大夫以下出妻之事.

---

2) 『자림(字林)』은 고대의 자서(字書)이다. 진(晉)나라 때 학자인 여침(呂忱)이 지었다. 원본은 일실되어 전해지지 않고, 다른 문헌들 속에 일부 기록들만 남아 있다.

번역 ●經文: "諸侯"~"稱之". ○이곳 문단은 제후가 부인을 내치고 경과 대부로부터 그 이하의 계층이 처를 내치는 사안을 논의하고 있다.

孔疏 ●"諸侯出夫人"者, 謂夫人有罪, 諸侯出之, 命歸本國.

번역 ●經文: "諸侯出夫人". ○부인에게 죄가 있어서 제후가 내치게 되면, 명령을 내려 부인의 본국으로 되돌려 보낸다는 뜻이다.

孔疏 ●"使者將命"者, 使者謂送夫人歸者, 將行君命以告夫人之國君.

번역 ●經文: "使者將命". ○'사자(使者)'는 부인을 돌려보내기 위해 함께 전송하는 자를 뜻하는데, 군주의 명령을 전달하여 부인의 본국 군주에게 아뢰는 것이다.

孔疏 ●"寡君不敏, 不能從而事社稷宗廟"者, 禮尙謙退, 不能指斥夫人所犯之罪, 故引過自歸. 云寡君才知不敏, 不能隨從夫人共事社稷宗廟, 故使臣某敢告在下之執事.

번역 ●經文: "寡君不敏, 不能從而事社稷宗廟". ○예에서는 겸손하게 자신을 낮추는 것을 숭상하니, 직접적으로 부인이 범한 죄를 말할 수 없다. 그렇기 때문에 죄를 승인해서 스스로 되돌아가게 한다. "저희 군주께서 재주와 지혜가 부족하여 부인과 함께 사직과 종묘 섬기는 일을 할 수 없었기 때문에, 군주께서 사신 아무개인 저로 하여금 감히 밑에서 일을 맡아보는 자에게 전달하게 했습니다."라고 말한다.

孔疏 ●"寡君敢不敬須以俟命"者, 須, 待也. 俟, 亦待也. 主人報客, 云君旣有命, 寡君豈敢不恭敬, 須待君命.

번역 ●經文: "寡君敢不敬須以俟命". ○'수(須)'자는 "기다린다[待]."는 뜻이다. '사(俟)'자 또한 "기다린다[待]."는 뜻이다. 부인의 나라에서 빈객에

게 대답을 하며, "군주께서 이미 명령을 내리셨는데, 저희 군주께서 어떻게
감히 공손하지 못하게 군주의 명령을 기다리게 하겠습니까."라고 말하는
것이다.

孔疏 ●"有司官陳器皿"者, 使者既得主人答命, 故使從己來有司之官陳
夫人嫁時所齎器皿之屬, 以還主國也.

번역 ●經文: "有司官陳器皿". ○사신이 이미 부인 나라에서 답변한 명
령을 받았기 때문에, 사신은 자신을 따라온 자들 중 실무를 맡아보는 관리
로 하여금 부인이 시집을 올 때 가져온 기물들을 진열하여, 부인의 나라에
되돌려주는 것이다.

孔疏 ●"主人有司亦官受之"者, 主國亦使有司官領受之也. 並云"官"者,
明付受悉如法也.

번역 ●經文: "主人有司亦官受之". ○부인의 나라에서도 또한 실무를
맡아보는 관리로 하여금 기물들을 받게끔 한다. 이 모두에 대해서 '관(官)'
이라고 말한 것은 물건을 주거나 받는 일에 대해서 모두 예법대로 함을
나타내기 위해서이다.

集解 愚謂: 前辭不教者, 士昏禮納采, 主人曰"某之子憃愚, 又弗能教", 是
也. 敬須以俟命者, 謂不敢嫁, 以俟後命, 冀其反之也. 左傳齊桓公歸蔡姬,
"未絶之也, 蔡人嫁之", 齊侯伐蔡. 寡君固前辭不教矣, 敢不敬須以俟命, 此卽主
人之卒辭. 鄭氏謂別有"敢不聽命"之語, 非也. 官陳器皿者, 夫人之器物, 各有
典主之官, 今其官各以所典者陳之, 主人亦使有司各以其官受之也.

번역 내가 생각하기에, "이전에도 가르치지 못했다고 사양했다."는 말
은『의례』「사혼례(士昏禮)」편에서 납채(納采)를 하며 주인이 "아무개의 여
식은 어리석고 또 제대로 가르치지 못했습니다."[3]라고 한 말에 해당한다.

'경수이사명(敬須以俟命)'이라는 말은 감히 다른 곳으로 시집을 보내지 않고, 이후에 내려줄 명령을 기다린다는 뜻으로, 되돌아오라고 명령하기를 기대한다는 의미이다. 『좌전』에서 제(齊)나라 환공은 채희를 되돌려 보냈는데, "아직 관계가 완전히 끝나지 않았는데도 채(蔡)나라에서 그녀를 다른 곳으로 시집보냈다."⁴⁾라고 했고, 이후 제나라 후작은 채나라를 정벌했다. "저희 군주께서도 진실로 이전에 제대로 가르치지 못했다고 사양을 하셨는데, 감히 불경스럽게 되돌아오라는 명령을 기다릴 수 있겠습니까."라고 했는데, 이것은 부인의 나라에서 끝으로 전하는 말이다. 정현은 별도로 "감히 명을 따를 수 없습니다."라는 말이 있다고 했는데, 이것은 잘못된 주장이다. '관진기명(官陳器皿)'은 부인이 가져온 기물들에 대해서 각각 그것들을 담당하는 관리가 있는데, 현재 그 관리들이 각자 자신이 담당해서 가져왔던 물건들을 진열하고, 부인의 나라에서도 또한 해당하는 실무자들을 시켜서 각각의 담당 관리로 하여금 그것들을 받게끔 한다는 뜻이다.

【523d~524a】

妻出, 夫使人致之曰, "某不敏, 不能從而共粢盛, 使某也敢告於侍者." 主人對曰, "某之子不肖, 不敢辟誅, 敢不敬須以俟命." 使者退, 主人拜送之. 如舅在則稱舅, 舅沒則稱兄, 無兄則稱夫. 主人之辭曰, "某之子不肖." 如姑姊妹亦皆稱之.

직역 妻를 出하면, 夫는 人을 使하여 致하며 曰, "某는 不敏하여, 從하여 粢盛을 共하길 不能하여, 아무개로 使하여 敢히 侍者에게 告합니다." 主人은 對하여

---

3) 『의례』「사혼례(士昏禮)」: 昏辭曰, "吾子有惠, 貺室某也, 某有先人之禮, 使某也, 請納采." 對曰, "某之子蠢愚, 又弗能敎. 吾子命之, 某不敢辭." 致命曰, "敢納采."

4) 『춘추좌씨전』「희공(僖公) 3년」: 齊侯與蔡姬乘舟于囿, 蕩公. 公懼, 變色; 禁之, 不可. 公怒, 歸之, 未之絶也. 蔡人嫁之.

曰, "아무개의 子가 不肖하여, 敢히 誅를 辟함을 不하니, 敢히 不敬하게 須하여 命을 俟하겠습니까." 使者가 退하면, 主人은 拜하여 送한다. 如히 舅가 在하면 舅를 稱하고, 舅가 沒하면 兄을 稱하며, 兄이 無라면 夫를 稱한다. 主人의 辭에서는 曰, "某의 子가 不肖합니다." 如히 姑나 姊妹라면 亦히 皆히 稱한다.

의역 경이나 대부로부터 그 이하의 계층이 아내를 내치면, 남편은 사람을 시켜서 그녀를 배웅하며 말을 전달하니, "아무개는 민첩하지 못하여 아내와 함께 제사를 시행하지 못했습니다. 그래서 아무개를 시켜서 감히 시중을 드는 자에게 이러한 사실을 아룁니다."라고 말한다. 그러면 아내의 집에서는 "아무개의 여식이 불초하니, 감히 책임을 피하지 않겠습니다. 어떻게 감히 불경스럽게 여식을 기다리게 하여 돌아오라는 명령을 기다리겠습니까."라고 대답한다. 심부름을 왔던 자가 물러가게 되면, 아내의 집에서는 절을 하며 그를 전송한다. 만약 남편의 부친이 살아계신 경우라면, 말을 전달할 때 부친의 이름으로 하고, 부친이 돌아가신 경우라면, 남편의 형 이름으로 하며, 형도 없는 경우라면, 직접적으로 남편의 이름으로 한다. 아내의 집에서 대답하는 말에서는 "아무개의 여식이 불초합니다."라고 말한다. 고모나 자매의 경우 또한 모두 이처럼 지칭한다.

集說 遣妻必命由尊者, 故稱舅稱兄. 兄, 謂夫之兄也. 此但言夫致之之辭, 未聞舅與兄致之之辭也. 上文已有主人對辭, 下文因姑姊妹故重言, 對言某之姑不肖, 或某之姊不肖, 或某之妹不肖, 故云亦皆稱之也.

번역 아내를 되돌려 보낼 때에는 반드시 존귀한 자로부터 그 명령이 나와야 한다. 그렇기 때문에 부친이나 형을 지칭하게 된다. '형(兄)'은 남편의 형을 뜻한다. 여기에서는 단지 남편이 전달하는 말만을 언급했는데, 부친이나 형이 전달하는 말에 대해서는 들어보지 못했다. 앞 문장에서는 이미 아내의 집에서 대답하는 말을 수록하고 있는데, 그 뒤의 문장에서 고모와 자매의 사안을 수록한 것에 따라서 중복해서 언급한 것이니, 상대적으로 말을 하면, "아무개의 고모가 불초하다."라고 말하거나 "아무개의 누이가 불초하다."라고 말하거나 "아무개의 여동생이 불초하다."라고 말하게 된다. 그렇기 때문에 "또한 모두 이처럼 말한다."라고 했다.

大全 嚴陵方氏曰: 夫婦之道, 合則納之以禮, 不合則出之以義. 人倫之際, 有所不免也, 故先王亦存其辭焉.

번역 엄릉방씨가 말하길, 부부의 도는 서로 합치되면 예(禮)에 따라 들이고, 합치되지 않으면 의(義)에 따라 내친다. 인륜의 질서에 있어서 피할 수 없는 점이 있기 때문에, 선왕이 또한 이러한 말을 남겨둔 것이다.

鄭注 肖, 似也, 不似, 言不如人. 誅, 猶罰也. 言棄妻者, 父兄在則稱之, 命當由尊者出也. 唯國君不稱兄. 姑 · 姊妹見棄, 亦曰: "某之姑, 某之姊若妹不肖."

번역 '초(肖)'자는 "닮다[似].'는 뜻이니, '불사(不似)'라는 말은 "제대로 된 사람만 못하다."는 뜻이다. '주(誅)'자는 죄[罰]를 뜻한다. 즉 아내를 내칠 때, 부친이나 형이 생존해 있다면 그들의 이름으로 말하니, 명령은 마땅히 존귀한 자로부터 나와야 하기 때문이다. 오직 제후에게 있어서만 형을 지칭하지 않는다. 고모와 자매가 내침을 당하게 된다면 또한 "아무개의 고모, 아무개의 누이 또는 여동생이 불초합니다."라고 말한다.

釋文 共音恭. 粢盛, 上音咨, 下音成. 肖音笑. 辟音避.

번역 '共'자의 음은 '恭(공)'이다. '粢盛'에서의 '粢'자는 그 음이 '咨(자)'이며, '盛'자는 그 음이 '成(성)'이다. '肖'자의 음은 '笑(소)'이다. '辟'자의 음은 '避(피)'이다.

孔疏 ●"妻出"者, 此以下明夫出妻法也.

번역 ●經文: "妻出". ○이곳 구문으로부터 그 이하의 내용은 남편이 아내를 내칠 때의 법도를 나타내고 있다.

孔疏 ●"如舅在則稱舅, 舅沒則稱兄"者, 謂凡遣妻必稱尊者之命, 舅在稱舅者, 謂妻之被出, 則應稱夫名"使某來告". 若夫之父在, 則稱父名"使某來告". 是舅在則稱舅也. "舅沒則稱兄"者, 謂稱夫兄之名"使某來告". 不云舅沒則稱母者, 婦人之名, 不合外接於人也. 若有死喪, 則稱母弔, 卽曾子問云"母喪稱母", 是也.

번역 ●經文: "如舅在則稱舅, 舅沒則稱兄". ○무릇 아내를 돌려보낼 때에는 반드시 존귀한 자의 명령으로 말하게 된다는 뜻이며, 부친이 생존해 계실 때 부친을 지칭한다는 말은 아내가 쫓겨나게 되면 마땅히 남편의 이름을 지칭하여, "아무개를 시켜서 찾아와서 아뢰게 했습니다."라고 말해야 하는데, 만약 남편의 부친이 생존해 계신 경우라면, 남편의 부친 이름을 지칭하여, "아무개를 시켜서 찾아와서 아뢰게 했습니다."라고 말해야 한다는 뜻이다. 이것이 바로 남편의 부친이 생존해 계실 때 남편의 부친 이름을 지칭하는 것이다. 경문의 "舅沒則稱兄"에 대하여. 남편의 형 이름을 지칭하여 "아무개를 시켜서 찾아와서 아뢰게 했습니다."라고 말한다는 뜻이다. "남편의 부친이 돌아가셨다면, 남편의 모친 이름을 지칭한다."라고 말하지 않았는데, 부인의 이름은 밖으로 타인에게 일컫기에 마땅하지 않기 때문이다. 만약 상사(喪事)의 일이 발생했다면, 모친의 이름을 지칭해서 조문하는 경우도 있으니, 곧 『예기』「증자문(曾子問)」편에서 "상대측 모친의 상에서는 본인의 모친 이름으로 조문한다."[5]고 한 말에 해당한다.

孔疏 ●"無兄則稱夫"者, 謂夫身無兄, 則稱夫名"使某來告", 則上文是也. 夫遣人致命則得云"某不敏, 不能從而共粢盛". 若夫之父兄遣人致命, 其致命之辭未聞也.

---

5) 『예기』「증자문(曾子問)」【231b~c】: 曾子問曰: 昏禮, 旣納幣, 有吉日, 女之父母死, 則如之何. 孔子曰: 壻使人弔, 如壻之父母死, 則女之家亦使人弔. 父喪, 稱父, 母喪, 稱母. 父母不在, 則稱伯父·世母. 壻已葬, 壻之伯父致命女氏曰, "某之子, 有父母之喪, 不得嗣爲兄弟, 使某致命"女氏許諾, 而弗敢嫁, 禮也. 壻免喪, 女之父母, 使人請, 壻弗取, 而后嫁之, 禮也.

번역 ●經文: "無兄則稱夫". ○남편 본인에게 형이 없는 경우라면, 남편의 이름을 지칭하며, "아무개를 시켜서 찾아와서 아뢰게 했습니다."라고 말한다는 뜻이니, 앞의 문장에서 말한 내용에 해당한다. 남편이 다른 사람을 시켜서 말을 전달하게 되면, "아무개는 민첩하지 못하여 아내와 함께 제사를 시행하지 못했습니다."라고 말할 수 있다. 만약 남편의 부친이나 형이 사람을 보내서 말을 전달하게 되는 경우라면, 그때 전달하는 말에 대해서는 아직 들어보지 못했다.

孔疏 ●"主人之辭曰: 某之子不肖"者, 前文已具, 重更發者, 爲姑·姊妹張本, 故云: "如姑·姊妹亦皆稱之." 鄭云: "某之姑, 某之姊若妹不肖", 是也.

번역 ●經文: "主人之辭曰: 某之子不肖". ○앞 문장에 이미 기술을 했는데, 중복해서 언급한 이유는 고모와 자매에 대한 경우 때문이다. 그렇기 때문에 "고모나 자매의 경우라도 또한 모두 이렇게 지칭한다."라고 말한 것이다. 정현은 "아무개의 고모, 아무개의 누이 또는 여동생이 불초합니다."라고 했다.

集解 愚謂: 舅之辭則曰"某之子不敏", 兄則曰"某之弟不敏", 餘與夫之辭同.

번역 내가 생각하기에, 남편의 부친 이름으로 말을 전달할 때에는 "아무개의 자식이 불민하다."라고 말하고, 형의 경우라면, "아무개의 동생이 불민하다."라고 말하며, 나머지는 남편이 전달하는 말과 동일하다.

• 제71절 •

식사 대접의 예법

【524a~b】

孔子曰, "吾食於少施氏而飽, 少施氏食我以禮. 吾祭, 作而辭曰, '疏食不足祭也.' 吾飧, 作而辭曰, '疏食也, 不敢以傷吾子.'"

직역 孔子가 曰, "吾는 少施氏에서 食함에 飽하니, 少施氏는 我를 食함에 禮로써 했다. 吾가 祭하니, 作하여 辭하여 曰, '疏食이니 祭에는 不足합니다.' 吾가 飧하니, 作하여 辭하여 曰, '疏食이니, 敢히 吾子를 傷하기를 不합니다.'"

의역 공자는 "나는 일찍이 소시씨의 집에서 식사 대접을 받았는데, 배불리 먹을 수가 있었다. 소시씨는 나에게 예법에 따라 식사를 대접했다. 내가 음식에 대한 제사를 지내려고 하자, 그는 자리에서 일어나 사양을 하며, '보잘것없는 음식들이니 제사를 지내기에는 부족합니다.'라고 말했다. 그리고 내가 식사를 끝내고 밥에 물을 말자, 그는 자리에서 일어나서 사양을 하며, '보잘것없는 음식이니 억지로 드셔서 그대가 탈이 나도록 할 수 없습니다.'"라고 말했다.

集說 少施氏, 魯惠公子施父之後. 作而辭, 起而辭謝也. 疏食, 麤疏之食也. 飧, 以飲澆飯也. 禮食竟, 更作三飧以助飽實. 不敢以傷吾子者, 言麤疏之飯, 不可强食以致傷害也.

번역 '소시씨(少施氏)'는 노(魯)나라 혜공의 아들인 시보의 후손이다. '작이사(作而辭)'라는 말은 자리에서 일어나서 사양을 했다는 뜻이다. '소사(疏食)'는 보잘것없는 음식이라는 뜻이다. '손(飧)'은 밥에 물을 만 것이다. 예사(禮食)[1]가 끝나면 재차 세 차례 밥에 물을 말아서 포만감을 느끼도록 돕는다. '불감이상오자(不敢以傷吾子)'라는 말은 보잘것없는 밥이니 억지로 먹어서 탈이 나게 할 수 없다는 뜻이다.

大全 嚴陵方氏曰: 孟子曰, 呼而與之, 行道之人不受, 蹴而與之, 乞人則不屑也. 孔子食於少施氏, 苟非食之以禮, 又安得爲之飽乎? 觀其實, 祭與殤, 主人皆作而辭, 則其有禮也, 可知矣. 殤者, 食後而更殤.

번역 엄릉방씨가 말하길, 맹자는 "불러서 꾸짖고 주면 길을 가던 사람도 받지 않고, 발로 밟고 주면 걸인도 달갑게 여기지 않는다."[2]라고 했다. 공자가 소시씨의 집에서 밥을 먹음에 진실로 예법에 따라 식사를 대접하지 않았다면, 어떻게 배불리 먹을 수 있었겠는가? 그 실제의 모습을 살펴보니, 음식에 대한 제사와 밥에 물을 말 때, 주인이 모두 자리에서 일어나 사양을 했으니, 그가 예를 지켰다는 사실을 알 수 있다. '손(殤)'은 식사를 마친 뒤 밥에 물을 말아 재차 식사를 권하는 것이다.

大全 張子曰: 後世唯務簡便, 至如賓主相與爲禮安然不動, 復何相勸相敬之意? 但以酒食相與醉飽而已. 古人必自進籩豆几席酌酒而拜, 所以致其敬也. 末世雖宗廟之享父母之養, 禮意猶有所闕. 孔子食於少施氏而飽, 少施氏有禮也. 食於季氏, 孔子雖欲行禮, 季氏必是不知, 故不辭, 不食肉而殤. 凡禮必施之於知禮者, 若爲不知禮, 亦難行.

번역 장자가 말하길, 후세에는 오직 간단하고 편리한 것에만 치중하여, 빈객과 주인이 서로 의례를 시행할 때에도 편안하게 있으며 움직이지 않는 지경에 이르렀는데, 재차 서로 권면하고 서로 공경하는 뜻이 생기겠는가?

---

1) 예사(禮食)는 본래 군주가 신하들에게 음식을 베풀며 예(禮)로 대접을 해주는 것으로, 일종의 연회이다. 『의례』「공사대부례(公食大夫禮)」에 기록된 의례 절차들이 '예사'에 해당한다.
2) 『맹자』「고자상(告子上)」: 一簞食, 一豆羹, 得之則生, 弗得則死, <u>嘑爾而與之, 行道之人弗受, 蹴爾而與之, 乞人不屑也</u>.

단지 술과 음식을 빌미로 만나 취하고 배만 부르게 될 따름이다. 고대 사람들은 반드시 변(籩)·두(豆)·궤(几)·석(席)을 진설하고 술을 따라줄 때에도 절을 했으니, 공경함을 지극히 하기 위해서이다. 그러나 말세에 이르러 종묘 제사 및 부모를 봉양하는 일에 있어서도 예법과 뜻에 오히려 소홀함이 생겨났다. 공자가 소시씨의 집에서 식사를 대접받음에 배불리 먹었는데, 그것은 소시씨가 예법을 갖췄기 때문이다. 반면 계씨에게서 식사를 대접받을 때에는 공자가 비록 예법대로 시행하려고 했지만, 계씨는 분명 그것을 알지 못했을 것이다. 그렇기 때문에 사양도 하지 않고, 고기도 먹지 않은 채 밥에 물을 말았다고 했다.3) 무릇 예법은 반드시 예법을 알고 있는 자에게 시행해야 하니, 만약 예법을 알지 못하는 자에게 시행한다면, 시행 자체가 어렵다.

鄭注 言貴其以禮待己, 而爲之飽也. 時人倨慢, 若季氏則不以禮矣. 少施氏, 魯惠公子施父之後.

번역 예법에 따라 자신을 대우했던 것을 존귀하게 여겨서 그를 위해 배불리 먹었다는 뜻이다. 당시 사람들은 대부분 거만하였으니, 계씨와 같은 경우 예법대로 대접을 하지 않았다. '소시씨(少施氏)'는 노(魯)나라 혜공의 자식인 시보의 후손이다.

釋文 少, 失召反, 下及注同. 食我, 音嗣. 爲, 于僞反, 下"來爲"·"亦爲"同. 倨音據. 慢, 武諫反, 書亦作慢. 父音甫.

번역 '少'자는 '失(실)'자와 '召(소)'자의 반절음이며, 아래문장 및 정현의 주에 나오는 글자도 그 음이 이와 같다. '食我'에서의 '食'자는 그 음이 '嗣(사)'이다. '爲'자는 '于(우)'자와 '僞(위)'자의 반절음이며, 아래문장 중 '來爲'·'亦爲'에서의 '爲'자도 그 음이 이와 같다. '倨'자의 음은 '據(거)'이다.

---

3) 『예기』「옥조(玉藻)」【390d】: 孔子食於季氏, 不辭, 不食肉而飧.

‘慢’자는 ‘武(무)’자와 ‘諫(간)’자의 반절음이며, ‘慢’자로도 기록한다. ‘父’자의 음은 ‘甫(보)’이다.

孔疏 ●“孔子”至“吾子”. ○正義曰: 此一節明少施氏以禮而食孔子. 吾祭者, 謂孔子祭也.

번역 ●經文: “孔子”~“吾子”. ○이곳 문단은 소시씨가 예법에 따라 공자에게 식사 대접을 했다는 사실을 나타내고 있다. ‘오제(吾祭)’는 공자가 음식에 대한 제사를 지냈다는 뜻이다.

孔疏 ●“作而辭曰: 疏食不足祭也”者, 作, 起也. 少施氏起而辭謝, 云疏麤之食, 不足祭也.

번역 ●經文: “作而辭曰: 疏食不足祭也”. ○‘작(作)’자는 “일어나다[起].”는 뜻이다. 소시씨가 자리에서 일어나 사양을 하며, “보잘것없는 음식이므로, 제사를 지내기에는 부족합니다.”라고 말한 것이다.

孔疏 ●“吾飱”者, 謂孔子食後而更飱, 而强飯以答主人之意.

번역 ●經文: “吾飱”. ○공자는 식사를 마친 뒤 재차 밥에 물을 말았고, 밥을 재차 뜨면서 주인의 뜻에 보답했다는 의미이다.

孔疏 ●“作而辭曰: 疏食也, 不敢以傷吾子”者, 少施氏又起而辭謝, 云疏麤之食, 不可强飽, 以致傷害, 故云“不敢以傷吾子”.

번역 ●經文: “作而辭曰: 疏食也, 不敢以傷吾子”. ○소시씨가 재차 일어나서 사양을 하며, “보잘것없는 음식이니 억지로 배불리 드시게 하여, 탈이 나도록 할 수 없습니다.”라고 말한 것이다. 그렇기 때문에 “감히 그대에게 해를 끼치게 할 수 없습니다.”라고 말했다.

【集解】 愚謂: 玉藻曰, "客祭, 主人辭曰, '不足祭也.' 客飧, 主人辭以疏", 則少施氏之所以待孔子者, 乃禮之所當然, 而非有所過也. 但時人知禮者少, 故孔子於少施氏而善之.

【번역】 내가 생각하기에, 『예기』「옥조(玉藻)」편에서는 "빈객이 음식에 대한 제사를 지내려고 하면, 주인은 사양을 하며, '제사를 지내기에는 부족한 음식들입니다.'라고 말한다. 빈객이 밥에 물을 말아서 식사를 권유하면, 주인은 사양을 하며 보잘것없는 음식들이라고 말한다."[4]라고 했으니, 소시씨가 공자를 대우했던 방법은 예법에 따라서는 당연한 것이며, 지나치게 했던 점이 있었던 것은 아니다. 다만 당시 사람들 중에는 예법을 알고 있는 자가 드물었기 때문에, 공자는 소시씨에 대해서 좋게 평가한 것이다.

---

4) 『예기』「옥조(玉藻)」【389d~390a】: 侍食於先生異爵者, 後祭先飯. 客祭, 主人辭曰: "不足祭也." 客殽, 主人辭以疏. 主人自置其醬, 則客自徹之.

그림 71-1 ■ 노(魯)나라 시보(施父)의 가계도(家系圖)

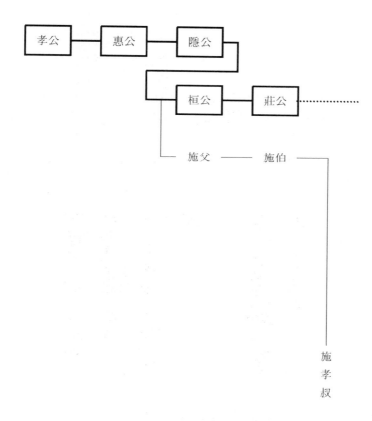

※ **출처:** 『역사(繹史)』 1권 「역사세계도(繹史世系圖)」

그림 71-2 ▣ 궤(几)와 석(席: =筵)

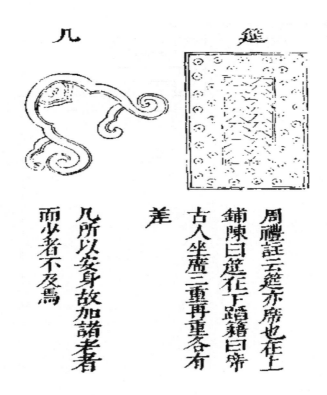

※ 출처: 『삼재도회(三才圖會)』「기용(器用)」 2권

● 제72절 ●

납폐(納幣)의 예물 규정

【524c】

納幣一束, 束五兩, 兩五尋.

직역 納幣에는 一束하니, 束은 五兩이고, 兩은 五尋이다.

의역 납폐(納幣)를 할 때에는 1속(束)의 비단을 사용하니, 1속(束)은 5양(兩)이 되고, 1양(兩)은 5심(尋)이 된다.

集說 此謂昏禮納徵也. 一束, 十卷也. 八尺爲尋, 每五尋爲匹. 從兩端卷至中, 則五匹爲五箇兩卷矣, 故曰束五兩.

번역 이 내용은 혼례의 납징(納徵)[1]에 해당한다. 1속(束)[2]은 10권(卷)이다. 8척(尺)이 1심(尋)이 되며, 매 5심(尋)마다 1필(匹)이 된다. 양쪽 끝단부터 접어서 가운데 이르게 되면 5필(匹)이 되니, 5번 접은 한 쌍의 권(卷)이 된다. 그렇기 때문에 "1속(束)은 5양(兩)이다."라고 말한 것이다.

集說 鄭氏曰: 四十尺謂之匹, 猶匹偶之匹, 言古人每匹作兩箇卷子.

---

1) 납징(納徵)은 납폐(納幣)라고도 부른다. 혼인과 관련된 육례(六禮) 중 하나이다. 혼인 약속을 증명하기 위해, 여자 집안에 폐백을 보내는 일을 뜻한다.

2) 속(束)은 견직물을 헤아리는 단위이다. 1'속'은 10단(端)을 뜻하는데, 1단의 길이는 1장(丈) 8척(尺)이 되며, 2단이 합쳐서 1권(卷)이 되므로, 10단은 총 5필이 된다. 『주례』「춘관(春官)·대종백(大宗伯)」편에는 "孤執皮帛."이라는 기록이 있고, 이에 대한 가공언(賈公彦)의 소(疏)에서는 "束者十端, 每端丈八尺, 皆兩端合卷, 總爲五匹, 故云束帛也."라고 풀이했다.

번역 정현이 말하길, 40척(尺)의 길이를 1필(匹)로 부르는데, 배필[匹偶]이라고 할 때의 '필(匹)'자와 같으니, 고대인은 매 필(匹)마다 양쪽을 접어한 쌍의 묶음을 만들었다는 뜻이다.

鄭注 納幣, 謂昏禮納徵也. 十个爲束, 貴成數. 兩兩者合其卷, 是謂五兩. 八尺曰尋, 五兩五尋, 則每卷二丈也, 合之則四十尺. 今謂之匹, 猶匹偶之云與.

번역 '납폐(納幣)'는 혼례의 납징(納徵)을 뜻한다. 10개가 1속(束)이 되니, 성수(成數)를 존귀하게 여기기 때문이다. 한 쌍의 양(兩)을 합하여 한 묶음이 되는데, 이것을 '오량(五兩)'이라고 부른다. 8척(尺)을 1심(尋)이라고 부르는데, 5양(兩)과 5심(尋)이라고 한다면, 매 권(卷)은 2장(丈)이 되고, 그것을 합하면 40척(尺)이 된다. 현재 이것을 '필(匹)'이라고 부르는 것은 배필[匹偶]이라고 부르는 뜻과 같을 것이다.

釋文 飧音孫. 箇, 古賀反. 卷音眷, 徐紀勉反, 下同. 與音餘.

번역 '飧'자의 음은 '孫(손)'이다. '箇'자는 '古(고)'자와 '賀(하)'자의 반절음이다. '卷'자의 음은 '眷(권)'이며, 서음(徐音)은 '紀(기)'자와 '勉(면)'자의 반절음이고, 아래문장에 나오는 글자도 그 음이 이와 같다. '與'자의 음은 '餘(여)'이다.

孔疏 ●"納幣"至"鬠首". ○正義曰: 此一節論昏禮婦見舅姑, 及女求許嫁加笄分別之事.

번역 ●經文: "納幣"~"鬠首". ○이곳 문단은 혼례를 치르며 며느리가 시부모를 알현하는 일, 또 여자 집안에 혼인을 요청하여 혼인이 허락되는 것과 비녀를 꼽는 구별 등의 사안을 논의하고 있다.

孔疏 ●"納幣一束"者, 謂昏禮納財幣之時, 其幣一束, 謂十个也. "束五兩"者, 兩个合爲一卷, 取配偶之義, 是束五兩也. 一兩有四十尺, 八尺曰尋, 五八四十, 是兩五尋也. 今謂之匹, 由匹偶也.

번역 ●經文: "納幣一束". ○혼례를 치르며 폐물을 여자 집안에 들일 때, 폐물은 1속(束)의 비단을 사용한다는 뜻으로, 10개를 의미한다. 경문의 "束五兩"에 대하여. 양쪽 끝단의 2개가 합하여 1권(卷)이 되니, 배필[配偶]의 뜻에서 취한 것으로, 이것은 1속(束)이 5양(兩)이라는 말에 해당한다. 1양(兩)은 40척(尺)이고, 8척(尺)은 1심(尋)이라고 하니, 5 곱하기 8은 40이 된다. 이것이 1양(兩)이 5심(尋)이라는 뜻이다. 현재는 '필(匹)'이라고 부르니, 배필[匹偶]이라는 뜻에서 연유한다.

訓纂 鄭志: 趙商問, "咫長八寸, 四八三十二. 幅廣三尺二寸, 大廣, 非其度." 鄭答云, "古者積畫誤爲四, 當爲三. 三咫則二尺四寸矣. 雜記, '納幣一束, 束五兩, 兩五尋.' 然則每卷二丈, 若作制幣, 每卷丈八尺爲制, 合卷爲匹也."

번역 『정지』[3]에서 말하길, 조상[4]은 "1지(咫)[5]의 길이는 8촌(寸)이며, 4 곱하기 8은 32가 됩니다. 한 폭의 너비가 3척(尺) 2촌(寸)이 되면 너무 넓으니, 해당 치수가 아닌 것 같습니다."라고 물었다. 정현은 "고대에 필사를 하는 과정에서 글자가 겹쳐져서 잘못하여 '사(四)'라고 기록한 것이니, 마땅히 삼(三)이 되어야 한다. 3지(咫)는 2척(尺) 4촌(寸)의 길이이다. 『예

---

3) 『정지(鄭志)』는 정현(鄭玄)과 그의 제자들이 오경(五經)에 대해서 문답을 주고받은 내용을 기록한 문헌이다. 『논어』의 형식에 의거하여, 정현의 제자들이 편찬하였다. 『후한서(後漢書)』「장조정열전(張曹鄭列傳)」편에는 "門人相與撰玄荅諸弟子問五經, 依論語作鄭志八篇."라는 기록이 있다.

4) 조상(趙商, ?~?): 정현(鄭玄)의 제자이다. 자(字)는 자성(子聲)이다. 하내(河內) 지역 출신이다.

5) 지(咫)는 길이의 단위이다. 주(周)나라 때에는 8촌(寸)의 길이를 1'지'라고 불렀다. 일반적으로 부인(婦人)들의 손 길이가 8촌이었는데, 이 길이를 '지'라고 불렀다. 『국어(國語)』「노어하(魯語下)」편에는 "有隼集于陳侯之庭而死, 楛矢貫之, 石砮, 其長尺有咫."라는 기록이 있는데, 이에 대한 위소(韋昭)의 주에서는 "八寸曰咫."라고 풀이했다. 한편 『설문해자(說文解字)』「척부(尺部)」편에는 "咫, 中婦人手長八寸謂之咫, 周尺也."라는 기록이 있다.

기』「잡기」편에서는 '납폐(納幣)에는 1속(束)을 사용하니, 1속(束)은 5양(兩)이며, 1양(兩)은 5심(尋)이다.'라고 했다. 그렇다면 매 권(卷)은 그 길이가 2장(丈)이 되니, 제폐(制幣)[6]를 만드는 것과 같아서, 매 권(卷)을 1장(丈) 8척(尺)으로 재단하고, 한 쌍의 권(卷)을 합하면 1필(匹)이 된다."라고 대답했다.

訓纂 方性夫曰: 納幣, 卽昏禮所謂"納徵". 以物言故曰幣, 以義言故曰徵. 周官媒氏, "凡嫁子娶妻入幣, 純帛無過五兩." 王氏謂"天數五, 地數五, 五位相得而各有合, 則以天地合數爲之節", 正謂此矣.

번역 방성부가 말하길, '납폐(納幣)'는 혼례에서 말하는 '납징(納徵)'에 해당한다. 보내는 물건에 기준으로 두어 말했기 때문에 '납폐(納幣)'라고 한 것이고, 도의에 기준을 두어 말했기 때문에 '납징(納徵)'이라고 한 것이다.『주례』「매씨(媒氏)」편에서는 "무릇 자식을 시집보내고 아내를 맞이하여 폐백을 보내게 되면 순색의 비단을 사용하되 5양(兩)을 넘기는 일이 없게 한다."[7]라고 했고, 왕씨는 "하늘의 수 5와 땅의 수 5에 해당하여, 5의 자리가 서로 제자리를 얻어서 각각 합치되는 점이 있으니, 천지의 수가 합한 것으로 규범을 정한 것이다."라고 했는데, 바로 이러한 뜻을 나타낸다.

訓纂 江氏永曰: 此昏禮之幣, 一兩四丈, 一束二十丈. 若祀禮及賓禮之束帛, 皆用制幣. 制幣丈八尺爲兩卷, 一束九丈.

번역 강영이 말하길, 이것은 혼례를 치르며 사용되는 폐물로, 1양(兩)은 4장(丈)의 길이가 되어, 1속(束)은 20장(丈)이 된다. 만약 제사 및 빈객을

---

6) 제폐(制幣)는 고대의 제사 때 바치게 되는 비단을 뜻한다. 제물로 사용되는 비단에는 일정한 규격이 있었기 때문에 '제(制)'자를 붙여서 부른 것이다.『의례』「기석례(旣夕禮)」편에는 "贈用制幣玄纁束."이라는 기록이 있는데, 이에 대한 정현의 주에서는 "丈八尺曰制."라고 풀이했다. 즉 1장(丈) 8척(尺)의 길이로 재단한 비단을 '제(制)'라고 부른다.
7)『주례』「지관(地官)・매씨(媒氏)」: 凡嫁子娶妻, 入幣純帛, 無過五兩.

대우하는 예법에서 사용되는 속백(束帛)이라면, 모두 제폐(制幣)를 사용한다. '제폐(制幣)'는 1장(丈) 8척(尺)을 한 쌍의 권(卷)으로 삼으니, 1속(束)은 9장(丈)이 된다.

集解 愚謂: 納幣用帛, 以五兩幷而束之, 故曰"納幣一束". 束五兩, 五兩卽五匹也. 謂之兩者, 指其卷數言之也. 帛長四十尺, 從兩頭各卷至中央, 每卷二丈, 則每匹爲兩卷矣. 凡用帛爲禮者, 皆以束. 納幣, 庶人用緇, 士以上用玄緇, 而其爲一束則同也.

번역 내가 생각하기에, 납폐(納幣)를 할 때에는 비단을 사용하여, 5양(兩)을 모두 한 묶음으로 묶게 된다. 그렇기 때문에 "납폐는 1속(束)이다."라고 말한 것이다. 1속(束)은 5양(兩)이니, 5양(兩)은 곧 5필(匹)이 된다. 그것을 '양(兩)'이라고 부르는 것은 접는 수를 가리켜서 말했기 때문이다. 비단의 길이는 40척(尺)이 되는데, 양쪽 끝단에서 각각 접어 중앙에 이르면 접은 것마다 2장(丈)의 길이가 되니, 매 필(匹)은 한 쌍의 접음이 된다. 무릇 비단을 사용하여 의례를 시행할 때에는 모두 한 묶음으로 묶게 된다. 납폐를 할 때 서인은 치(緇)를 사용하고, 사로부터 그 이상의 계급은 현치(玄緇)를 사용하는데, 1속(束)으로 한다는 측면에서는 동일하다.

• 제 73 절 •

시집을 온 며느리가 시댁 식구를 알현하는 규정

【524c】

婦見舅姑, 兄弟姑姊妹皆立于堂下, 西面北上, 是見已. 見諸父各就其寢.

직역 婦가 舅姑를 見함에, 兄弟·姑·姊妹는 皆히 堂下에 立하며, 西面하되 北上하니, 是에 見할 따름이다. 諸父를 見함에는 各히 그 寢으로 就한다.

의역 시집을 온 며느리가 시부모를 알현할 때, 남편의 형제·고모·자매들은 모두 당하(堂下)에 서 있게 되는데, 모두 서쪽을 바라보며 서열에 따라 북쪽 끝에서부터 정렬한다. 며느리가 들어오게 되면 그들을 지나치게 되므로 이 시기에 그들을 알현할 따름이며, 별도로 찾아뵙지 않는다. 다만 남편의 백부나 숙부 등은 존귀한 자들이므로, 그 다음날 각각에 대해서 그들의 침소로 찾아가 뵙는다.

集說 立于堂下, 則婦之入也, 已過其前, 此卽是見之矣, 不復各特見之也. 諸父旁尊, 故明日各詣其寢而見之.

번역 "당하에 서 있다."라고 했다면, 부인이 들어왔을 때 이미 그 앞을 지나가게 되니, 이것이 바로 "이 시기에 뵙는다."는 뜻으로, 재차 그들 각각에 대해서 단독으로 찾아뵙지 않는다는 뜻이다. 남편의 백부나 숙부들은 방계의 친족 중 존귀한 자들이기 때문에, 그 다음날 각각 그들의 침소로 찾아가서 뵙는다.

鄭注 婦來爲供養也, 其見主於尊者, 兄弟以下在位, 是爲已見, 不復特見.

旁尊也, 亦爲見時不來.

[번역] 며느리가 시집을 와서 공양의 의례를 시행하는 것이니, 찾아뵐 때에는 존귀한 시부모가 위주가 되므로, 남편의 형제로부터 그 이하의 가족들은 당하(堂下)에 위치하며, 이 시기에 이미 만나보았으므로, 재차 단독으로 찾아뵙지 않는다. 남편의 백부나 숙부들은 방계의 친족 중 존귀한 자들이며, 또한 며느리가 시부모를 알현할 때 그 집으로 찾아오지 않기 때문이다.

[釋文] 婦見, 賢遍反, 下注同. 供, 恭用反. 養, 羊尙反. 復, 扶又反.

[번역] '婦見'에서의 '見'자는 '賢(현)'자와 '遍(편)'자의 반절음이며, 아래 정현의 주에 나오는 글자도 그 음이 이와 같다. '供'자는 '恭(공)'자와 '用(용)'자의 반절음이다. '養'자는 '羊(양)'자와 '尙(상)'자의 반절음이다. '復'자는 '扶(부)'자와 '又(우)'자의 반절음이다.

[孔疏] ●"婦見舅姑"者, 謂婦來, 明日而見舅姑也.

[번역] ●經文: "婦見舅姑". ○며느리가 시집을 오면 그 다음날 시부모를 찾아뵙는다는 뜻이다.

[孔疏] ●"兄弟·姑·姊妹皆立于堂下, 西面北上"者, 見舅姑之時, 則夫之兄弟·姑·姊妹皆立于舅姑之堂下, 東邊西向, 以北爲上, 近堂爲尊也.

[번역] ●經文: "兄弟·姑·姊妹皆立于堂下, 西面北上". ○시부모를 알현할 때, 남편의 형제·고모·자매들은 모두 시부모가 계신 장소의 당하(堂下)에 위치하여 서 있게 되는데, 모두 동쪽 측면에서 서쪽을 바라보며, 북쪽 끝을 상등의 자리로 삼으니, 당(堂)과 가까운 장소는 존귀한 위치가 되기 때문이다.

孔疏 ●“是見已”者, 舅姑在堂上, 婦自南門而入, 入則從於夫之兄弟·姑·姊妹前度, 以因是卽爲相見, 不復更別詣其室見之, 故云“是見已”, 謂是已見也.

번역 ●經文: “是見已”. ○시부모는 당상(堂上)에 있고, 며느리는 남쪽 문을 통해 들어오니, 들어오게 되면 남편의 형제·고모·자매가 서 있는 앞쪽 길을 따라서 오게 되어, 이 기회를 통해 서로 만나보는 절차로 삼고, 재차 별도로 그들의 침소로 찾아가서 만나보지 않는다. 그렇기 때문에 “이에 만나볼 따름이다.”라고 했으니, 이 시기에 이미 만나보았다는 의미이다.

孔疏 ●“見諸父, 各就其寢”者, 諸父, 謂夫之伯叔也. 旣是旁尊, 則婦於明日乃各往其寢而見之, 不與舅姑同日也.

번역 ●經文: “見諸父, 各就其寢”. ○‘제부(諸父)’는 남편의 백부나 숙부를 뜻한다. 그들은 이미 방계의 친족 중에서도 존귀한 자이므로, 며느리는 시부모를 찾아뵌 그 다음날 곧 각각에 대해서 그들의 침소로 찾아가 만나보게 되니, 시부모를 찾아뵌 날과 같은 날에 할 수 없기 때문이다.

集解 愚謂: 姑亦旁尊也, 其尊與舅姑敵, 不當立於舅姑之堂下, 此不當有 “姑”字, 蓋經中多連言“姑·姊妹”者, 遂誤衍耳. 兄弟·姊妹立於舅姑之堂下, 蓋兄弟爲一行, 姊妹爲一行, 而兄弟在姊妹之前也. 其見諸父, 蓋在明日舅姑醴婦之後與.

번역 내가 생각하기에, 고모[姑] 또한 방계의 친족 중에서도 존귀한 자이며, 그녀의 존귀함은 시부모의 존귀함과 대등하니, 마땅히 시부모가 있는 곳 당하(堂下)에 서 있어서는 안 된다. 따라서 이곳 기록에 ‘고(姑)’자가 있어서는 안 되니, 아마도 경문의 기록 중에는 대체로 ‘고(姑)’와 ‘자매(姊妹)’를 연이어 기록한 것들이 많아서, 연문으로 잘못 들어간 것일 뿐이다. 형제와 자매는 시부모가 있는 곳 당하에 서 있게 되는데, 아마도 형제들이 한 열을 이루고, 자매들이 한 열을 이루어서, 형제는 자매들의 줄보다 앞에 위치했을 것이다. 그리고 남편의 백부나 숙부들을 찾아뵐 때에는 아마도 그 다음날 시부모가 며느리에게 단술을 따라주는 의례를 끝낸 뒤에 했을 것이다.

• 제 74 절 •

계례(筓禮)의 규정

【524d】

> 女雖未許嫁, 年二十而筓, 禮之, 婦人執其禮. 燕則鬈首.

직역 女는 雖히 嫁가 未許라도, 年이 二十이라면 筓하여, 禮하니, 婦人이 그 禮를 執한다. 燕이라면 鬈首한다.

의역 여자의 경우 아직 혼인이 허락되지 않았더라도, 나이가 20세가 되면 계례 (筓禮)를 치르고, 그녀를 예우하게 되는데, 계례의 의례는 부인이 맡아서 치른다. 아직 혼인이 약속되지 않았는데 계례를 치른 경우, 집에서 한가롭게 거처할 때라면, 비녀를 빼고 머리를 묶을 수 있다.

集說 疏曰: 十五許嫁而筓, 若未許嫁, 至二十而筓, 以成人禮言之. 婦人執其禮者, 十五許嫁而筓, 則主婦及女賓爲筓禮, 主婦爲之著筓, 女賓以醴禮之. 未許嫁而筓者, 則婦人禮之, 無主婦女賓不備儀也. 燕則鬈首者, 謂旣筓之後, 尋常在家燕居, 則去其筓而分髮爲鬌紒也. 此爲未許嫁, 故雖已筓, 猶爲少者 處之.

번역 공영달의 소에서 말하길, 딸이 15세 때 혼인이 약속되면 계례(筓禮)를 치러주고, 만약 혼인이 약속되지 않았는데 20세가 된다면 계례를 치러서, 성인(成人)이 따라야 하는 예법을 말해준다. "부인이 그 예법을 주관한다."는 말은 딸이 15세 때 혼인이 약속되어 계례를 치르게 되면, 주부 및 여자 빈객들이 계례를 시행한다는 뜻으로, 주부는 그녀에게 비녀를 꼽아주고, 여자 빈객은 단술을 통해 그녀를 예우하게 된다. 아직 혼인이 약속되지 않았지만 나이가 차서 계례를 시행하게 된다면, 부인이 그 의례를 담당하며, 주부 및 여자 빈객이 없으니, 예법대로 모두 갖출 수 없기 때문이다. '연즉권수(燕則鬢首)'라는 말은 이미 계례를 치른 뒤, 평상시 집에서 한가롭게 거처할 때라면, 비녀를 제거하여 머리카락을 갈라서 묶는다는 뜻이다. 이것은 아직 혼인이 약속되지 않은 경우이다. 그렇기 때문에 비록 이미 계례를 치렀다고 하더라도 여전히 아이 때처럼 처신하는 것이다.

鄭注 雖未許嫁, 年二十亦爲成人矣. 禮之, 酌以成之. 言婦人執其禮, 明非許嫁之笄. 旣笄之後去之, 猶若女有鬢紒也.

번역 비록 혼인이 약속되지 않았지만, 나이가 20세가 되면 또한 성인(成人)이 된 것이다. '예지(禮之)'라는 말은 술을 따라주어서 성인으로 대접한다는 뜻이다. "부인이 그 의례를 담당한다."라고 한 말은 혼인이 약속되어 계례(笄禮)를 시행한 경우가 아님을 나타낸다. 이미 계례를 치른 뒤라도 집에서 비녀를 제거하는 것은 마치 어린 딸처럼 머리를 묶게 된다는 뜻이다.

釋文 鬢音權, 又居阮反. 去, 起呂反. 鬢, 丁果反. 紒音計, 字又作髻.

번역 '鬢'자의 음은 '權(권)'이며, 또한 '居(거)'자와 '阮(완)'자의 반절음도 된다. '去'자는 '起(기)'자와 '呂(려)'자의 반절음이다. '鬢'자는 '丁(정)'자와 '果(과)'자의 반절음이다. '紒'자의 음은 '計(계)'이며, 그 글자는 또한 '髻'자로도 기록한다.

孔疏 ●"女雖未許嫁, 年二十而笄, 禮之"者, 女子十五許嫁而笄, 若未許嫁, 至二十而笄, 以成人禮言之.

번역 ●經文: "女雖未許嫁, 年二十而笄, 禮之". ○여자의 나이가 15세가 되어 혼인이 약속되면 계례(笄禮)를 시행하는데, 만약 혼인이 아직 약속되지 않았더라도, 20세가 되면 계례를 시행하여 성인이 지켜야 하는 예법을 말해준다.

孔疏 ●“婦人執其禮”者, 賀瑒云: “十五許嫁而笄者, 則主婦及女賓爲笄禮. 主婦爲之著笄, 女賓以醴禮之. 未許嫁而笄者, 則婦人禮之, 無主婦·女賓, 不備儀也.”

번역 ●經文: “婦人執其禮”. ○하창은 “15세 때 혼인이 약속되어 계례(笄禮)를 시행했다면, 주부와 여자 빈객이 계례를 시행한다. 주부는 그녀를 위해 비녀를 꼽아주고, 여자 빈객은 단술을 따라주어 그녀를 예우한다. 아직 혼인이 약속되지 않았는데 계례를 시행한 경우라면, 부인이 그 의례를 담당하며, 주부 및 여자 빈객이 없게 되니, 의례 절차를 모두 갖추지 않기 때문이다.”라고 했다.

孔疏 ●“燕則鬠首”者, 謂旣笄之後, 尋常在家燕居, 則去其笄而鬠首, 謂分髮爲鬌紒也. 此旣未許嫁, 雖已笄, 猶爲少者處之.

번역 ●經文: “燕則鬠首”. ○계례(笄禮)를 치른 이후 일상적으로 집에 머물며 한가롭게 거처한다면, 비녀를 제거하고 머리를 묶는다는 뜻으로, 머리카락을 갈라서 묶는다는 의미이다. 이곳에서는 이미 아직 혼인이 약속되지 않았다고 했으니, 비록 이미 계례를 치른 뒤라도 여전히 어린아이처럼 처신하게 된다.

訓纂 朱氏軾曰: 婦人, 正謂主婦女賓. 雖未許嫁, 必以禮爲之笄, 欲責以成人之道也, 而不備儀可乎? 燕則鬠首, 謂有事時則笄, 無事則不笄, 非旣笄輒釋, 直待嫁而後笄也.

번역 주식이 말하길, ‘부인(婦人)’은 바로 주부와 여자 빈객을 뜻한다. 비록 아직 혼인이 약속되지 않았더라도, 반드시 예법에 따라 그녀에 대한 계례(笄禮)를 치러주는 것은 그녀에게 성인(成人)이 따라야 하는 도리로

책임을 부여하고자 해서이다. 그런데도 의례 절차를 제대로 갖추지 않을
수 있겠는가? '연즉권수(燕則鬌首)'라는 말은 특별한 일이 있을 때에는 비
녀를 꼽지만, 특별한 일이 없으면 비녀를 꼽지 않는다는 뜻이니, 비녀를
꼽고 있다가 갑작스럽게 뺀다는 의미가 아니며, 단지 혼인 날짜가 다가와
서 시집가는 날짜를 기다리게 된 이후에야 비녀를 꼽는다는 뜻이다.

訓纂 江氏永曰: 婦人執其禮, 對冠禮男子執其禮也.

번역 강영이 말하길, "부인(婦人)이 그 의례를 담당한다."는 말은 관례
(冠禮)를 치르며 남자(男子)가 그 의례를 담당한다고 한 것과 대비된다.

集解 愚謂: 女子十五而許嫁, 許嫁則笄矣. 未許嫁則二十而笄, 以二十乃
成人之年, 故雖未許嫁亦笄也. 禮之, 謂旣笄而以醴禮之也. 婦人, 謂在家之婦
人, 若兄弟之妻及世叔母之屬也. 男子之冠, 使賓爲之加冠, 又爲之酌醴以禮
之; 女子許嫁而笄, 其加笄及醴之之禮, 亦使女賓執之. 若未許嫁之笄, 則使家
之婦人執其禮, 而不以女賓. 蓋婦人以得所從爲榮, 女行著聞, 然後采擇加焉,
故未許嫁者於其笄貶其禮, 亦所以媿勵之也. 鬌首, 謂分髮爲䯼紒, 未笄者之
法也. 許嫁者笄後恒笄, 未許嫁者雖行笄禮, 而在家燕居, 則去其笄而鬌首, 仍
爲少者處之, 亦所以貶於許嫁者也.

번역 내가 생각하기에, 여자의 나이가 15세가 되어 혼인이 약속되었다
고 했는데, 혼인이 약속되면 계례(笄禮)를 시행한다는 뜻이다. 만약 아직
혼인이 약속되지 않았다면, 20세가 되었을 때 계례를 시행하니, 20세는 곧
성인(成人)이 되는 나이에 해당하기 때문에, 비록 혼인이 아직 약속되지
않았더라도 또한 계례를 치르는 것이다. '예지(禮之)'는 계례를 치르고서
단술을 따라서 그녀를 예우한다는 뜻이다. '부인(婦人)'은 집안에 있는 부인
들을 뜻하니, 형제의 아내 및 세숙모 등의 부류이다. 남자에 대해 관례(冠
禮)를 치르게 되면, 빈객으로 하여금 그에게 관(冠)을 씌워주도록 하고, 또
그에게 단술을 따라주어 예우하도록 한다. 여자 중 혼인이 약속되어 계례

를 치르게 된다면, 비녀를 꼽아주고 단술을 따라주어 예우하게 되는데, 이
또한 여자 빈객으로 하여금 담당하도록 한다. 만약 아직 혼인이 약속되지
않았는데 계례를 시행한 경우라면, 집안에 있는 부인들로 하여금 그 의례
를 담당하도록 하고, 여자 빈객에게 시키지 않는다. 무릇 여자의 경우 따를
수 있는 남편을 얻는 것을 영예로 여기는데, 여자의 행실이 좋다는 평판이
나야만 채택이 되어 혼인이 약속된다. 그렇기 때문에 아직 혼인이 약속되
지 못한 여자의 경우, 계례를 시행할 때 그 예법을 낮추게 되니, 이 또한
수치심을 통해서 권면하는 방법이다. '권수(鬌首)'는 머리카락을 갈라서 머
리를 묶는다는 뜻이니, 아직 계례를 시행하지 않은 여자들이 하는 머리 방
식이다. 혼인이 약속되어 계례를 치른 뒤에는 항상 비녀를 꼽게 되는데,
아직 혼인이 약속되지 않은 여자의 경우, 비록 계례를 시행했더라도, 집에
서 한가롭게 거처하게 된다면, 비녀를 제거하고 머리를 묶게 되니, 이것은
곧 어린아이처럼 처신하는 것으로, 이 또한 혼인이 약속된 여자보다 낮추
는 방법이다.

• 제 75 절 •

슬갑[韠: =韍]의 규정

【525a】

韠長三尺, 下廣二尺, 上廣一尺, 會去上五寸. 紕以爵韋六寸,
不至下五寸. 純以素, 紃以五采.

직역 韠의 長은 三尺이고, 下廣은 二尺이며, 上廣은 一尺이고, 會는 上과 去하여 五寸이다. 紕는 爵韋 六寸으로 하며, 下 五寸으로 不至한다. 純은 素로 하며, 紃은 五采로 한다.

의역 슬갑의 길이는 3척(尺)이고, 하단의 폭은 2척이며, 상단의 폭은 1척이고, 꿰맨 곳이 모인 지점은 상단에서 5촌(寸)이 떨어진 지점이다. 슬갑의 측면 가선은 6촌의 길이인 적흑색의 가죽으로 만드는데, 밑으로 5촌의 지점까지는 내리지 않는다. 하단의 가선은 흰색의 끈을 사용하고, 장식으로 다는 끈은 다섯 가지 채색의 끈을 사용한다.

集說 疏曰: 韠, 韍也. 會, 領縫也. 韠旁緣謂之紕, 下緣曰純. 紃, 條也, 謂以五采之條置於諸縫之中, 詳見玉藻.

번역 공영달의 소에서 말하길, '필(韠)'은 슬갑[韍]이다. '회(會)'는 상부의 꿰맨 곳이다. 슬갑 측면의 가선을 '비(紕)'라고 부르고, 하단의 가선을 '순(純)'이라고 부른다. '순(紃)'은 장식으로 다는 끈이니, 다섯 가지 채색의 끈을 봉합된 부위에 묶는 것으로, 자세한 설명은 『예기』「옥조(玉藻)」편에 나온다.

大全 長樂陳氏曰: 韠長三尺, 所以象三才. 頸五寸, 所以象五行. 下廣二尺, 象地也. 上廣一尺, 象天也. 會猶書所謂作會也. 紕, 緷其上與旁也. 純, 緣其下也. 去會與純, 各五寸, 則其中餘二尺也. 紕六寸, 則表裏各三寸. 然韠自頸肩而下, 則其身也, 鄭氏以其身之五寸爲領, 而會爲領縫, 是肩在領上矣. 衣之上韠, 猶尊上玄酒, 俎上生魚也. 古者喪服用韠, 無所經見, 詩曰庶見素韠, 是祥祭有韠也.

번역 장락진씨가 말하길, 슬갑[韠]의 길이가 3척(尺)인 것은 삼재(三才)[1]를 상징한다. '슬갑 중간 부분[頸]'의 너비가 5촌(寸)인 것은 오행(五行)을 상징한다. 하단의 폭이 2척인 것은 땅을 상징한다. 상단의 폭이 1척인 것은 하늘을 상징한다. '회(會)'는 『서』에서 "그림으로 그린다."[2]라고 한 말과 같다. '비(紕)'는 슬갑의 상단과 측면을 연결해주는 것이다. '순(純)'은 하단에 가선을 댄 것이다. 회(會) 및 순(純)과의 거리를 각각 5촌으로 벌린다면, 중간의 나머지 부분은 2척이 된다. 비(紕)를 6촌으로 만든다면, 겉과 안은 각각 3촌이 된다. 그런데 슬갑은 중간과 양쪽 모서리로부터 밑으로 내리는데, 그 몸체에 대해서 정현은 몸체의 5촌 크기를 영(領)으로 여기고, 회(會)를 영봉(領縫)이라고 했으니, 이것은 양쪽 모서리가 영(領)보다 위에 있는 것이다. 의복에서 슬갑을 높이는 것은 술동이 중에서 현주(玄酒)[3] 담

---

1) 삼재(三才)는 하늘[天], 땅[地], 사람[人]을 뜻한다. 한편 『역』에서는 '삼재'를 거론하며, 하늘의 도(道)를 세운 것은 음(陰)과 양(陽)이고, 땅의 도를 세운 것은 유(柔)와 강(剛)이며, 사람의 도를 세운 것은 인(仁)과 의(義)라고 설명한다. 『역』「설괘전(說卦傳)」편에는 "是以立天之道曰陰與陽, 立地之道曰柔與剛, 立人之道曰仁與義. 兼三才而兩之, 故易六畫而成卦."라는 기록이 있다. 또한 하늘은 양기(陽氣)에 근본을 두고 있고, 땅은 음기(陰氣)에 근본을 두고 있으며, 사람은 중화(中和)의 기운에 근본을 두고 있다는 설명도 있다. 왕부(王符)의 『잠부론(潛夫論)』「본훈(本訓)」편에는 "是故天本諸陽, 地本諸陰, 人本中和. 三才異務, 相待而成."이라는 기록이 있다.
2) 『서』「우서(虞書)·익직(益稷)」: 日月星辰山龍華蟲作會宗彝藻火粉米黼黻絺繡以五采彰施于五色, 作服, 汝明.
3) 현주(玄酒)는 고대의 제례(祭禮)에서 술 대신 사용한 물[水]을 뜻한다. '현주'의 '현(玄)'자는 물은 흑색을 상징하므로, 붙여진 글자이다. '현주'의 '주(酒)'자의 경우, 태고시대 때에는 아직 술이 없었기 때문에, 물을 술 대신 사용했

은 것을 높이고,4) 도마에 담는 음식 중 살아있는 물고기를 높이는 것과
같다. 고대의 상복에 슬갑을 사용했다는 것은 경문 기록에 나타나지 않는
데, 『시』에서는 "행여 흰 슬갑을 찬 자를 볼 수 있을까."5)라고 했으니, 이것
은 대상(大祥)의 제사 때 슬갑을 찼다는 사실을 나타낸다.

鄭注 會, 謂領上縫也, 領之所用蓋與紕同. 在旁曰紕, 在下曰純. 素, 生帛
也. 純六寸者, 中執之, 表裏各三寸也. 純·紕所不至者五寸, 與會去上同. 紃,
施諸縫中, 若今時條也.

번역 '회(會)'는 상단의 꿰맨 부분으로, 상단을 꿰맬 때 사용하는 것은
아마도 비(紕)에 사용하는 것과 같았을 것이다. 측면에 하는 가선을 '비(紕)'
라고 부르고, 하단에 하는 가선을 '순(純)'이라고 부른다. '소(素)'는 갓 직조
한 비단이다. "순(純)은 6촌(寸)이다."라고 했는데, 가운데를 잡게 되면 겉
과 안이 각각 3촌이 된다. 순(純)과 비(紕)가 미치지 않는 곳이 5촌 지점이
니, 회(會)가 위로부터 떨어진 지점과 동일하다. 순(紃)은 봉합된 부분에
다는 것이니, 오늘날의 조(條)와 같은 것이다.

釋文 韠音必. 長, 直諒反. 廣, 古曠反, 下同. 會, 古外反, 注同. 紕, 婢支反,
又方移反, 注同. 純, 之閏反, 又支允反, 注同; 徐方移反. 紃音巡, 徐辭均反.
縫, 扶用反, 下同. 條, 本又作條, 同吐刀反.

다. 따라서 후대에는 이 물을 가리키며 '주'자를 붙이게 된 것이다. '현주'를
사용하는 것은 가장 오래된 예법 중 하나이므로, 후대에도 이러한 예법을 존
숭하여, 제사 때 '현주' 또한 사용했던 것이며, '현주'를 술 중에서도 가장 귀
한 것으로 여겼다. 『예기』「예운(禮運)」편에는 "故玄酒在室, 醴酸在戶."라는
기록이 있는데, 이에 대한 공영달(孔穎達)의 소(疏)에서는 "玄酒, 謂水也. 以
其色黑, 謂之玄. 而太古無酒, 此水當酒所用, 故謂之玄酒."라고 풀이했다.
4) 『예기』「옥조(玉藻)」【378b】: 凡尊必尙玄酒. 唯君面尊. 唯饗野人皆酒. 大夫
側尊用棜, 士側尊用禁.
5) 『시』「회풍(檜風)·소관(素冠)」: 庶見素韠兮, 我心蘊結兮, 聊與子如一兮.

번역 '韠'자의 음은 '必(필)'이다. '長'자는 '直(직)'자와 '諒(량)'자의 반절음이다. '廣'자는 '古(고)'자와 '曠(광)'자의 반절음이며, 아래문장에 나오는 글자도 그 음이 이와 같다. '會'자는 '古(고)'자와 '外(외)'자의 반절음이며, 정현의 주에 나오는 글자도 그 음이 이와 같다. '紕'자는 '婢(비)'자와 '支(지)'자의 반절음이고, 또한 '方(방)'자와 '移(이)'자의 반절음도 되는데, 정현의 주에 나오는 글자도 그 음이 이와 같다. '純'자는 '之(지)'자와 '閏(윤)'자의 반절음이고, 또한 '支(지)'자와 '允(윤)'자의 반절음도 되는데, 정현의 주에 나오는 글자도 그 음이 이와 같고, 서음(徐音)은 '方(방)'자와 '移(이)'자의 반절음이다. '紃'자의 음은 '巡(순)'이며, 서음은 '辭(사)'자와 '均(균)'자의 반절음이다. '縫'자는 '扶(부)'자와 '用(용)'자의 반절음이며, 아래문장에 나오는 글자도 그 음이 이와 같다. '絛'자는 판본에 따라서 또한 '縧'자로도 기록하는데, 두 글자는 모두 '吐(토)'자와 '刀(도)'자의 반절음이다.

孔疏 ●"韠長"至"五采". ○正義曰: 韠, 韍也, 長三尺, 與紳齊也. 下廣上狹, 象天地數也.

번역 ●經文: "韠長"~"五采". ○'필(韠)'은 슬갑[韍]으로 그 길이는 3척(尺)이며, 허리띠인 신(紳)과 길이를 맞춘다. 하단은 폭이 넓고 상단은 좁으니, 천지의 수를 상징한다.

孔疏 ●"會去上五寸"者, 會, 謂韠之領縫也. 此縫去韠上畔廣五寸, 謂會上下廣五寸.

번역 ●經文: "會去上五寸". ○'회(會)'는 슬갑의 상단에 있는 봉합 부분이다. 이러한 봉합 지점은 슬갑의 상단에서 폭 5촌(寸)이 떨어진 지점에 있으니, 상하의 폭이 5촌인 지점에 회(會)가 있다는 뜻이다.

孔疏 ●"紕以爵韋六寸"者, 謂會縫之下, 韠之兩邊, 紕以爵韋闊六寸倒攝之, 兩廂各三寸也.

번역 ●經文: "紕以爵韋六寸". ○회(會)인 봉합된 부분 아래로 슬갑의 양쪽 측면에 다는 것을 뜻하는데, '비(紕)'는 적흑색의 가죽으로 만들며 그 너비는 6촌(寸)이 되고 뒤집어서 붙이는데, 양쪽 측면에서 각각 3촌을 붙인다.

孔疏 ●"不至下五寸"者, 謂紕·韠之兩邊, 不至韠之下畔闊五寸.

번역 ●經文: "不至下五寸". ○비(紕)와 슬갑의 양쪽 측면은 슬갑의 하단부에서 5촌의 너비가 되는 지점까지 미치지 않는다는 뜻이다.

孔疏 ●"純以素"者, 素謂生帛, 謂紕所不至之處, 橫純之以生帛, 此帛上下各闊五寸也.

번역 ●經文: "純以素". ○'소(素)'는 갓 직조한 비단을 뜻하니, 비(紕)가 미치지 못하는 지점에는 가로로 갓 직조한 비단을 대며, 이 비단은 상하의 너비가 각각 5촌(寸)이다.

孔疏 ●"紃以五采"者, 紃, 條也, 謂五采之條置於諸縫之中.

번역 ●經文: "紃以五采". ○'순(紃)'은 끈[條]이니, 다섯 가지 채색의 끈을 봉합된 지점에 연결한 것을 뜻한다.

孔疏 ◎注"會謂"至"上同". ○正義曰: 韠旁緣謂之紕, 上緣謂之會. 以其在下總會之處, 故謂之爲會. 此上緣緣韠之上畔, 其縫廣狹去上畔五寸也. 云"領之所用蓋與紕同"者, 紕旣用爵韋, 會之所用無文, 會·紕同類, 故知會之所用與紕同也. 云"純紕所不至者五寸"者, 純, 緣也. 緣之所施, 是兩旁之紕不至下五寸之處, 以素緣之. 云"與會去上同"者, 純之上畔去韠下畔五寸, 會之下畔去韠之上畔五寸, 以其俱五寸, 故云與會去上同. 如諸儒所說, 云會者是韠之上畔, 殘緣而已. 去上五寸, 謂與兩旁之紕, 去韠上畔會縫之下有五寸. 若如此說, 何得鄭注"與會去上同"? 明知會之闊狹五寸也.

번역   ◎鄭注: "會謂"~"上同". ○슬갑의 측면에 대는 가선을 '비(紕)'라고 부르고, 상단의 가선을 '회(會)'라고 부른다. 밑에 있는 것들이 총괄적으로 모이는 곳이기 때문에 '회(會)'라고 부른다. 상단의 가선은 슬갑의 상단부에 가선을 댄 것인데, 봉합한 부분의 폭은 상단에서 5촌(寸)만큼 줄인 너비이다. 정현이 "상단을 꿰맬 때에 사용하는 것은 아마도 비(紕)에 사용하는 것과 같았을 것이다."라고 했는데, 비(紕)에 대해서는 이미 적흑색의 가죽을 사용한다고 했고, 회(會)에 사용하는 것에 대해서는 기록된 문장이 없으며, 회(會)와 비(紕)는 같은 종류이기 때문에, 회(會)에 사용하는 것이 비(紕)에 사용하는 것과 같다는 사실을 알 수 있다. 정현이 "순(純)과 비(紕)가 미치지 않는 곳이 5촌 지점이다."라고 했는데, 순(純)은 가선이다. 가선을 다는 곳이니, 양쪽 측면의 비(紕)는 아래로 5촌이 떨어진 지점까지 내리지 않고, 소(素)로 가선을 댄다. 정현이 "회(會)가 위로부터 떨어진 지점과 동일하다."라고 했는데, 순(純)의 상단부는 슬갑의 하단에서 5촌이 떨어져 있고, 회(會)의 하단부는 슬갑의 상단에서 5촌이 떨어져 있으니, 둘 모두 5촌이 떨어져 있기 때문에 회(會)가 위로부터 떨어진 지점과 동일하다고 말했다. 여러 학자들의 주장에 따르면, 회(會)라는 것은 슬갑의 상단부로, 가선이 없다고 했다. 또 "위로부터 5촌이 떨어져 있다."는 말은 양쪽 측면의 비(紕)와 함께 슬갑의 상단에 있는 회(會)의 봉합 부분으로부터 5촌 떨어져 있다는 뜻이라고 했다. 이러한 주장에 따른다면, 어떻게 정현의 주에서 "회(會)가 위로부터 떨어진 지점과 동일하다."라고 말할 수 있겠는가? 그러므로 회(會)의 폭은 5촌이 됨을 명확히 알 수 있다.

集解   愚謂: 帛, 今之白色綾也. 紃以五采, 謂上之會, 兩畔之紕, 下之純, 其縫中皆以紃飾之, 其紃皆用五采絲織之也. 此爲韠之制, 蓋君·大夫·士同也. 其異者, 天子前直, 公侯前後方, 大夫前方後挫角, 士前後正.

번역   내가 생각하기에, '백(帛)'은 오늘날 무늬가 있는 백색의 비단을 뜻한다. 순(紃)은 다섯 가지 채색으로 한다고 했는데, 이것은 상단의 회(會), 양쪽 측면의 비(紕), 하단의 순(純)에 있어서 봉합선에 모두 순(紃)을 달아

서 장식을 한다는 뜻으로, 순(紃)은 모두 다섯 가지 채색의 실을 엮어서
만든다는 의미이다. 이 내용은 슬갑을 만드는 제도에 해당하는데, 아마도
제후·대부·사의 슬갑이 모두 동일했을 것이다. 차이점이라면 천자의 것
은 직각으로 만들고, 공작과 후작은 전면과 후면을 네모지게 만들며, 대부
는 전면은 네모지게 만들며 후면은 모서리를 굽히고, 사는 전면과 후면을
직각과 네모의 중간 정도로 만든다는 점이다.6)

■ 그림 75-1 ■ 슬갑[韠: =韍]

※ 출처: 『삼례도집주(三禮圖集注)』8권

---

6) 『예기』「옥조(玉藻)」【385c~d】: 韠, 君朱, 大夫素, 士爵韋. 圜殺直, 天子直,
諸侯前後方, 大夫前方後挫角, 士前後正. 韠下廣二尺, 上廣一尺, 長三尺, 其頸
五寸, 肩革帶博二寸.

雜記下 人名 및 用語 辭典

◎ 가례(嘉禮) : '가례'는 오례(五禮) 중 하나로, 결혼식을 치르거나, 잔치 등을 베풀 때의 예제(禮制)를 뜻한다. 경사스러운 일이라는 뜻에서 가 (嘉)자를 붙여서 '가례'라고 부르는 것이다.

◎ 가정본(嘉靖本) : 『가정본(嘉靖本)』에는 간행한 자의 정보가 기록되어 있지 않다. 『십삼경주소(十三經注疏)』의 판본이다. 20권으로 구성되어 있으며, 각 권의 뒤편에는 경문(經文)과 그에 따른 주(注)를 간략히 기록하고 있다. 단옥재(段玉裁)는 이 판본이 가정(嘉靖) 연간에 송본(宋本)을 모방하여 간행된 것이라고 여겼다.

◎ 감본(監本) : 『감본(監本)』은 명(明)나라 국자감(國子監)에서 간행한 『십삼경주소(十三經注疏)』의 판본이다.

◎ 강복(降服) : '강복'은 상(喪)의 수위를 본래의 등급보다 한 등급 낮추는 일에 해당한다. 예를 들어 자식은 부모에 대해 삼년상을 치러야 하지만, 다른 집의 양자로 간 경우라면 자신의 친부모에 대해 삼년상을 치르지 않고, 한 등급 낮춰서 1년만 치르게 된다. 이것은 상(喪)의 기간에만 해당하는 것이 아니라, 상복(喪服) 및 상(喪)을 치르며 부수적으로 갖추게 되는 기물(器物)들에도 적용된다.

◎ 강영(江永, A.D.1681~A.D.1762) : 청(淸)나라 때의 경학자이다. 자(字)는 신수(愼修)이다. 『십삼경주소(十三經注疏)』에 대한 연구를 했으며, 특

히 삼례(三禮)에 대해 해박했다.

◎ 강일(剛日) : '강일'은 십간(十干)을 음양(陰陽)으로 구분했을 때, 양(陽)에 해당하는 날짜를 뜻한다. 십간에 따라 날짜를 구분할 때 갑(甲)·병(丙)·무(戊)·경(庚)·임(壬)자가 들어가는 날이 '강일'이 된다. '강일'과 반대되는 말은 유일(柔日)이며, 십간 중 을(乙)·정(丁)·기(己)·신(辛)·계(癸)자가 들어가는 날이 '유일'이 된다.

◎ 개성석경(開成石經) : 『개성석경(開成石經)』은 당(唐)나라 만들어진 석경(石經)을 뜻한다. 돌에 경문(經文)을 새겼기 때문에, '석경'이라고 부른다. 당나라 때 만들어진 '석경'은 대화(大和) 7년(A.D.833)에 만들기 시작하여, 개성(開成) 2년(A.D.837)에 완성되었기 때문에, '개성석경'이라고도 부르는 것이다.

◎ 견거(遣車) : '견거'는 장례(葬禮)를 치를 때 사용되는 수레이다. 장례 때에는 장지(葬地)에서 제사를 지내기 위해 희생물을 가져가게 된다. '견거'는 바로 희생물의 몸체를 싣고 가는 수레를 뜻한다.

◎ 견전(遣奠) : '견전'은 장차 장례(葬禮)를 치르고자 할 때, 지내게 되는 전제사[奠祭]를 뜻한다.

◎ 고공기(考工記) : 『고공기(考工記)』는 『동관고공기(冬官考工記)』라고도 부른다. 공인(工人)들에 대한 공예기술(工藝技術) 서적이다. 작자는 미상이다. 강영(江永)은 『고공기』의 작자를 제(齊)나라 사람으로 추정하였고, 곽말약(郭沫若)은 춘추시대(春秋時代) 말기에 제나라에서 제작된 관서(官書)와 관련이 깊다고 추정하였다. 『주례(周禮)』는 천관(天官), 지관(地官), 춘관(春官), 하관(夏官), 추관(秋官), 동관(冬官) 등 육관(六官)의 체제로 구성되어 있는데, 그 중 '동관'에 대한 기록이 누락되어 있어서, 한(漢)나라 무제(武帝) 때, 『고공기』를 가지고 누락된 부분을 보충하게 되었다. 그렇기 때문에 『고공기』를 또한 『동관고공기』라고도 부르는 것이다. 각종 공인들의 직책과 직무들이 기록되어 있다.

◎ 고문송판(考文宋板) : 『고문송판(考文宋板)』은 일본 학자 산정정(山井鼎) 등이 출간한 『칠경맹자고문보유(七經孟子考文補遺)』에 수록된 『예기정의(禮記正義)』를 뜻한다. 산정정은 『예기정의』를 수록할 때, 송(宋)나라 때의 판본을 저본으로 삼았다.

◎ 공구(功裘) : '공구'는 천자가 경과 대부에게 하사하여 착용하도록 했던 갓옷의 하나이다. 제후가 착용하는 양구(良裘)에 비해 공정이 덜 가미

되어, 거칠며, 여우 및 청색의 새끼사슴 가죽 등으로 만든다. 『주례』「천
관(天官)·사구(司裘)」편에는 "季秋獻功裘以待頒賜."라는 기록이 있고,
이에 대한 정현의 주에서는 "功裘, 人功微麤, 謂狐靑麛裘屬. 鄭司農云,
'功裘, 卿大夫所服.'"이라고 풀이했다.

◎ 공문(公門) : '공문'은 군주가 사는 궁(宮)의 대문(大門)을 뜻한다. '공
(公)'자는 군주를 뜻하는 글자이다.

◎ 공시선생(公是先生) : =유창(劉敞)

◎ 공씨(孔氏) : =공영달(孔穎達)

◎ 공영달(孔穎達, A.D.574~A.D.648) : =공씨(孔氏). 당대(唐代)의 경학자이
다. 자(字)는 중달(仲達)이고, 시호(諡號)는 헌공(憲公)이다. 『오경정의
(五經正義)』를 찬정(撰定)하는데 중심적인 역할을 했다.

◎ 공최(功衰) : '공최'는 상복(喪服)의 한 종류이다. 참최복(斬衰服)과 자
최복(齊衰服)을 입고 치르는 상(喪)에서, 소상(小祥)을 지낸 이후에 착
용하는 상복이다. 상복 재질의 거친 정도가 대공복(大功服)과 같기 때
문에, '공최'라고 부르게 되었다.

◎ 교감기(校勘記) : 『교감기(校勘記)』는 완원(阮元)이 학자들을 모아서 편
찬했던 『십삼경주소교감기(十三經註疏校勘記)』를 뜻한다.

◎ 교기(校記) : 『교기(校記)』는 손이양(孫詒讓)이 지은 『십삼경주소교기
(十三經注疏校記)』를 뜻한다.

◎ 교사(郊祀) : =교제(郊祭)

◎ 교사(郊社) : '교사'는 본래 천지(天地)에 대한 제사를 뜻한다. 교(郊)는
천(天)에 대한 제사를 뜻하고, 사(社)는 지(地)에 대한 제사를 뜻한다.
'교사(郊祀)'라고도 부르고, '교제(郊祭)'라고도 부른다. 또한 하늘에 대
한 제사만을 지칭하기도 한다.

◎ 궤전(饋奠) : '궤전'은 상중(喪中)에 시행하는 전제사[奠祭]를 가리킨다.

◎ 귀첩(貴妾) : '귀첩'은 처(妻)가 시집을 오면서 함께 데려왔던 일가붙이
가 되는 여자와 자식의 첩(妾) 등을 지칭하는 말이다.

◎ 금로(金路) : '금로'는 금로(金輅)라고도 부른다. 천자가 사용하는 다섯
가지 수레 중 하나이다. 금(金)으로 수레를 치장했기 때문에, '금로'라
고 부르게 되었다. 대기(大旂)라는 깃발을 세웠고, 빈객(賓客)을 접대
하거나, 동성(同姓)인 자를 분봉할 때 사용하였다. 『주례』「춘관(春官)
·건거(巾車)」편에는 "金路, 鉤樊纓九就, 鉤, 樊纓九就, 建大旂, 以賓,

同姓以封.”라는 기록이 있고, 이에 대한 정현의 주에서는 “金路, 以金飾諸末.”이라고 풀이했다.

◎ 금로(金輅) : =금로(金路)

◎ 금방(金榜, A.D.1735~A.D.1801) : 청(淸)나라 때의 학자이다. 자(字)는 예중(蕊中)·보지(輔之)이다. 한림원수찬(翰林院修撰) 등을 지냈으며, 외조부(外祖父)가 죽자 복상(服喪)을 하고, 이후 두문불출하며 오로지 독서와 저술에만 전념하였다. 대진(戴震)과 동학(同學)했으며, 『예전(禮箋)』 등을 저술하였다.

◎ 기년복(期年服) : ‘기년복’은 1년 동안 상복(喪服)을 입는다는 뜻이다. 또는 그 기간 동안 입게 되는 상복을 뜻하기도 하는데, 일반적으로 자최복(齊衰服)을 가리키는 용어로 사용된다. ‘기년복’이라고 할 때의 ‘기년(期年)’은 1년을 뜻하는데, ‘자최복’은 일반적으로 1년 동안 입게 되는 상복이 되기 때문이다.

ㄴ

◎ 남송석경(南宋石經) : 『남송석경(南宋石經)』은 송(宋)나라 고종(高宗) 때 돌에 새긴 『십삼경주소(十三經注疏)』의 판본이다. 그러나 『예기(禮記)』에 대해서는 「중용(中庸)」 1편만을 기록하고 있다.

◎ 남전여씨(藍田呂氏, A.D.1040~A.D.1092) : =여대림(呂大臨)·여씨(呂氏)·여여숙(呂與叔). 북송(北宋) 때의 학자이다. 이름은 대림(大臨)이고, 자(字)는 여숙(與叔)이며, 호(號)는 남전(藍田)이다. 장재(張載) 및 이정(二程)형제에게서 수학하였다. 저서로는 『남전문집(藍田文集)』 등이 있다.

◎ 납징(納徵) : ‘납징’은 납폐(納幣)라고도 부른다. 혼인과 관련된 육례(六禮) 중 하나이다. 혼인 약속을 증명하기 위해, 여자 집안에 폐백을 보내는 일을 뜻한다.

◎ 납채(納采) : ‘납채’는 혼인과 관련된 육례(六禮) 중 하나이다. 청원을 하며 여자 집안에 예물을 보내는 일을 뜻한다.

◎ 노변(盧辯, ?~?) : 서위(西魏) 때의 학자이다. 자(字)는 경선(景宣)이다. 저서로는 『대대례기해고(大戴禮記解詁)』, 『분전(墳典)』 등이 있다.

◎ 노침(路寢) : ‘노침’은 천자나 제후가 정무를 처리하던 정전(正殿)이다.

『시』「노송(魯頌)・민궁(閟宮)」편에는 “松桷有舄, 路寢孔碩.”이라는 기록이 있는데, 이에 대한 모전(毛傳)에서는 “路寢, 正寢也.”라고 풀이했고,『문선(文選)』에 수록된 장형(張衡)의 ‘서경부(西京賦)’에는 “正殿路寢, 用朝群辟.”이라는 기록이 있는데, 이에 대한 설종(薛綜)의 주에서는 “周曰路寢, 漢曰正殿.”이라고 하여, 주(周)나라에서는 ‘정전’을 ‘노침’으로 불렀다고 풀이했다.

ㄷ

◎ 단(袒) : ‘단’은 상중(喪中)에 남자들이 취하는 복장 방식이다. 상의 중 좌측 어깨 쪽을 드러내는 방법이다. 한편 일반적인 의례절차에서도 단(袒)의 복장 방식을 취하는 경우가 있다.

◎ 단면(端冕) : ‘단면’은 검은색의 옷과 면류관을 뜻한다. 즉 현면(玄冕)을 의미한다. ‘단(端)’자는 검은색의 옷을 뜻하는데, 면복(冕服)에 대해서, ‘단’자로 지칭하는 것은 면복 자체가 정폭(正幅)으로 제작되기 때문에, ‘단’자를 붙여서 부르는 것이다.『예기』「악기(樂記)」편에서는 “吾端冕而聽古樂, 則唯恐臥; 聽鄭衛之音, 則不知倦.”이라는 기록이 있는데, 이에 대한 정현의 주에서는 “端, 玄衣也.”라고 풀이했고, 공영달(孔穎達)의 소(疏)에서는 “云‘端, 玄衣也’者, 謂玄冕也. 凡冕服, 皆其制正幅, 袂二尺二寸, 袪尺二寸, 故稱端也.”라고 풀이했다.

◎ 단서(丹書) :『단서(丹書)』는 전설 속에 나오는 서적으로, 문왕(文王) 때 붉은 색의 봉황이 입에 물고 날아와서 건네준 상서로운 서적을 뜻한다.

◎ 단최(端衰) : ‘단최’는 상복의 상의를 뜻하는데, 6촌(寸)으로 만든 상복을 가슴 앞에 달기 때문에, 그 상의를 또한 ‘최(衰)’라고 부른다. ‘단(端)’자는 장폭을 뜻한다. 길한 시기에 착용하는 현단복(玄端服)의 경우, 몸통과 소매 부분의 너비는 모두 2척(尺) 2촌(寸)의 것을 정폭으로 삼고, 상복의 상의 또한 이처럼 만든다. 그런데 현제 상복 부분을 가슴 앞에 단 것을 사용하기 때문에, ‘단최(端衰)’라고 부른 것이다.

◎ 담제(禫祭) : ‘담제’는 상복(喪服)을 벗을 때 지내는 제사이다.

◎ 당실(當室) : ‘당실’은 부친을 대신하여, 가사(家事)일을 돌본다는 뜻이다. 고대에는 대부분 장자(長子)가 이 일을 담당해서, 적장자(嫡長子)를 가리키기는 용어로도 사용하였다.

◎ 대공복(大功服) : '대공복'은 상복(喪服) 중 하나로, 오복(五服)에 속한다. 조밀한 삼베를 사용해서 만들지만, 소공복(小功服)에 비해서는 삼베의 재질이 거칠기 때문에, '대공복'이라고 부른다. 이 복장을 입게 되는 기간은 상황에 따라 차이가 생기지만, 일반적으로 9개월이다. 당형제(堂兄弟) 및 미혼인 당자매(堂姊妹), 또는 혼인을 한 자매(姊妹) 등을 위해서 입는다.

◎ 대덕(戴德, ?~?) : 전한(前漢) 때의 학자이다. 자(字)는 연군(延君)이다. 금문예학(今文禮學)인 대대학(大戴學)의 창시자로 일컬어진다. 조카 대성(戴聖), 경보(慶普) 등과 후창(后蒼)에게서 수학하여, 예(禮)를 익혔다. 선제(宣帝) 때에는 박사(博士)에 임명되기도 하였다. 그의 학문은 서량(徐良)과 유경(斿卿) 등에게 전수되었다. 『대대례기(大戴禮記)』를 편찬하였지만, 『소대례기(小戴禮記)』에 비해 성행되지 못하였으며, 현재는 많은 부분이 없어지고, 단지 삼십여 편만이 남아 있다.

◎ 대렴(大斂) : '대렴'은 상례(喪禮) 절차 중 하나이다. 소렴(小斂)을 끝낸 뒤에, 시신을 관에 안치하는 절차이다.

◎ 대로(大路) : '대로'는 대로(大輅)라고도 부른다. 본래 천자가 타던 옥로(玉路: =玉輅)를 가리킨다. '대로'라는 말은 수레들 중에 가장 크다는 뜻에서 붙여진 명칭이다. 고대에는 천자가 타던 수레에 5종류가 있었다. 옥로(玉輅)·금로(金輅)·상로(象輅)·혁로(革輅)·목로(木輅)가 바로 천자가 타던 5종류의 수레인데, '옥로'가 수레들 중 가장 컸기 때문에, '대로'라고도 불렀던 것이다. 『서』「주서(周書)·고명(顧命)」편에는 "大輅在賓階面."이라는 기록이 있는데, 이에 대한 공안국(孔安國)의 전(傳)에서는 "大輅, 玉."이라고 풀이했고, 공영달(孔穎達)의 소(疏)에서는 "周禮巾車掌王之五輅, 玉輅·金輅·象輅·革輅·木輅, 是爲五輅也. …… 大輅, 輅之最大, 故知大輅玉輅也."라고 풀이했다. 한편 '옥로'는 옥(玉)으로 치장을 했기 때문에, '옥로'라는 명칭이 생기게 된 것인데, '옥로'에는 대상(大常)이라는 깃발을 세웠고, 깃발에는 12개의 치술을 달았으며, 주로 제사 때 사용하였다. 『주례』「춘관(春官)·건거(巾車)」편에는 "王之五路, 一曰玉路, 鍚, 樊纓, 十有再就, 建大常, 十有二斿, 以祀."라는 기록이 있고, 이에 대한 정현의 주에서는 "玉路, 以玉飾諸末."이라고 풀이했다.

◎ 대상(大祥) : '대상'은 부모의 상(喪) 및 삼년상 등을 치를 때 그 대상이

죽은 후 만 2년 만에 탈상을 하며 지내는 제사이다.

◎ 대상(大喪) : '대상'은 천자(天子)・왕후(王后)・세자(世子) 등의 상(喪)을 가리킨다. 이들은 가장 존귀한 자들에 해당하기 때문에, 그들에 대한 상(喪) 또한 '대(大)'자를 붙여서, '대상'이라고 부르는 것이다. 『주례』「천관(天官)・재부(宰夫)」편에는 "大喪小喪, 掌小官之戒令, 帥執事而治之."라는 기록이 있는데, 이에 대한 정현의 주에서는 "大喪, 王・后・世子之喪也."라고 풀이했다. 한편 '대상'은 부모의 상(喪)을 가리키기도 한다. 부모는 자식의 입장에서 가장 중대한 대상에 해당하기 때문에, 부모의 상(喪)을 '대상'이라고 부르는 것이다. 『춘추공양전』「선공(宣公) 1년」편에는 "古者臣有大喪, 則君三年不呼其門."이라는 용례가 있다.

◎ 대제(大祭) : '대제'는 큰 제사라는 뜻이며, 천지(天地)에 대한 제사 및 체협(禘祫) 등을 일컫는다. 『주례』「천관(天官)・주정(酒正)」에 "凡祭祀, 以法共五齊三酒, 以實八尊. 大祭三貳, 中祭再貳, 小祭壹貳, 皆有酌數."라는 기록이 있다. 이에 대한 정현의 주에서는 "大祭, 天地. 中祭, 宗廟. 小祭, 五祀."라고 풀이하여, '대제'는 천지에 대한 제사를 뜻한다고 설명한다. 그리고 『주례』「춘관(春官)・천부(天府)」편에는 "凡國之玉鎭大寶器藏焉, 若有大祭大喪, 則出而陳之, 旣事藏之."라는 기록이 있다. 이에 대한 정현의 주에서는 "禘祫及大喪陳之, 以華國也."라고 풀이하여, '대제'를 '체협'으로 설명한다. 그리고 '체(禘)'제사와 '대제'의 직접적 관계에 대해서는 『이아』「석천(釋天)」편에서 "禘, 大祭也."라고 풀이하고, 이에 대한 곽박(郭璞)의 주에서는 "五年一大祭."라고 풀이하여, '대제'로써의 '체'제사는 5년마다 지내는 제사로 설명한다.

◎ 대축(大祝) : '대축'은 제사와 관련된 관직이다. 『예기』「곡례하(曲禮下)」편에는 "天子建天官, 先六大, 曰大宰, 大宗, 大史, 大祝, 大士, 大卜, 典司六典."이라고 하여, 대재(大宰)와 함께 천관(天官)에 소속된 관리로 기술되어 있다. 한편 『주례』「춘관종백(春官宗伯)」편에는 "大祝, 下大夫二人, 上士四人, 小祝, 中士八人, 下士十有六人, 府二人, 史四人, 胥四人, 徒四十人."이라고 하여, '대축'은 하대부(下大夫) 2명이 담당하고, 그 직속 휘하에는 상사(上士) 4명이 배속되어 있으며, '대축'을 돕는 소축(小祝) 관직에는 중사(中士) 4명이 담당하고, 그 휘하에는 하사(下士) 16명, 부(府) 2명, 사(史) 4명, 서(胥) 4명, 도(徒) 40명이 배속되어

있다고 기록되어 있다. 또 『주례』「춘관(春官)·대축(大祝)」편에는 "掌六祝之辭, 以事鬼神示, 祈福祥求永貞."이라고 하여, '대축'은 여섯 가지 축문에 관한 일을 담당하여, 이것으로써 귀신을 섬겨 복을 기원하는 일을 했다고 기록되어 있다.

◎ 대향(大饗) : '대향'은 큰 연회를 뜻한다. 본래는 천자가 조회로 찾아온 제후들에게 베풀었던 성대한 연회를 가리킨다. 『예기』「중니연거(仲尼燕居)」편에는 "大饗有四焉."이라는 기록이 있고, 이에 대한 정현의 주에서는 "大饗, 謂饗諸侯來朝者也."라고 풀이했다.

◎ 돈수(頓首) : '돈수'는 구배(九拜) 중 하나이다. 절을 하며 머리가 땅을 두드리듯이 꾸벅거리는 것이다.

□

◎ 마씨(馬氏) : =마희맹(馬晞孟)
◎ 마언순(馬彦醇) : =마희맹(馬晞孟)
◎ 마희맹(馬晞孟, ?~?) : =마씨(馬氏)·마언순(馬彦醇). 자(字)는 언순(彦醇)이다. 『예기해(禮記解)』를 찬술했다.
◎ 면(免) : '면'은 면포(免布)나 면복(免服)과 같은 뜻이다.
◎ 면복(免服) : '면복'은 상복(喪服)의 한 종류이다. 면(免)과 최질(衰絰)을 하는 것이며, 친상(親喪)을 처음 당했을 때 착용하는 복장이다.
◎ 면복(冕服) : '면복'은 대부(大夫) 이상의 계층이 착용하는 예관(禮冠)과 복식을 뜻한다. 무릇 길례(吉禮)를 시행할 때에는 모두 면류관[冕]을 착용하는데, 복장의 경우에는 시행하는 사안에 따라서 달라진다.
◎ 면재황씨(勉齋黃氏) : =황간(黃幹)
◎ 면포(免布) : '면포'는 상(喪)을 당한 사람이 관(冠)을 벗고 흰 천 등으로 '머리를 묶는 것[括髮]'을 뜻한다.
◎ 명복(命服) : '명복'은 본래 천자가 신하들에게 제정했던 명(命)의 등급에 따른 복장을 뜻한다. 후대에는 각 계층에 따른 복장규정을 범칭하는 말로도 사용되었다.
◎ 명사(命士) : '명사'는 사(士) 중에서도 작명(爵命)을 받은 자를 뜻한다. 『예기』「내칙(內則)」편에는 "由命士以上, 父子皆異官, 昧爽而朝, 慈以旨甘."이라는 용례가 나온다.

◎ 명산(名山) : '명산'은 저명하고 큰 산을 뜻한다. '명(名)'자를 대(大)자의 뜻으로 풀이하기도 한다. 고대에는 대부분 '오악(五岳)'을 뜻하는 용어로 사용되었다. 『예기』「예기(禮器)」편에는 "因名山升中于天."이라는 기록이 있는데, 이에 대한 정현의 주에서는 "名, 猶大也."라고 풀이했고, 손희단(孫希旦)의 『집해(集解)』에서는 "名山, 謂五嶽也."라고 풀이했다.

◎ 명정(銘旌) : '명정'은 명정(明旌)이라고도 부른다. 영구(靈柩) 앞에 세워서 죽은 자의 관직 및 성명(姓名)을 표시하는 깃발이다.

◎ 모본(毛本) : 『모본(毛本)』은 명(明)나라 말기 급고각(汲古閣)에서 간행된 『십삼경주소(十三經注疏)』의 판본이다. 급고각은 모진(毛晋)이 지은 장서각이었으므로, 이러한 명칭이 생겼다.

◎ 목로(木路) : '목로'는 목로(木輅)라고도 부른다. 천자가 사용하는 다섯 가지 수레 중 하나이다. 단지 옻칠만 하고, 가죽으로 덮지 않았으며, 다른 치장을 하지 않았기 때문에, '목로'라고 부르게 되었다. 대휘(大麾)라는 깃발을 세웠고, 사냥을 하거나, 구주(九州) 지역 이외의 나라를 분봉해줄 때 사용하였다. 『주례』「춘관(春官)·건거(巾車)」편에는 "木路, 前樊鵠纓, 建大麾, 以田, 以封蕃國."이라는 기록이 있고, 이에 대한 정현의 주에서는 "木路, 不鞔以革, 漆之而已."라고 풀이했다.

◎ 목로(木輅) : =목로(木路)

◎ 무산작(無筭爵) : '무산작'은 술잔의 수를 헤아리지 않는다는 뜻이다. 여수(旅酬)를 한 이후에, 빈객들의 제자들과 형제들의 자제들은 각각 그들의 수장에게 술을 따르고, 잔을 들어 올리는 것도 각각 그들의 수장에게 한다. 그리고 빈객들이 잔을 가져다가, 형제들 집단에 술을 권하고, 장형제(長兄弟)들은 잔을 가져다가 빈객의 무리들에게 술을 권하게 된다. 이처럼 여러 차례 술을 따르고 권하기 때문에, 이러한 절차를 '무산작'이라고 부르는 것이다.

◎ 민본(閩本) : 『민본(閩本)』은 명(明)나라 가정(嘉靖) 연간 때 이원양(李元陽)이 간행한 『십삼경주소(十三經注疏)』 판본이다. 한편 『칠경맹자고문보유(七經孟子考文補遺)』에서는 이 판본을 『가정본(嘉靖本)』으로 지칭하고 있다.

ㅂ

◎ **반곡(反哭)** : '반곡'은 장례(葬禮) 절차 중 하나이다. 장지(葬地)에 시신을 안치한 이후, 상주(喪主)는 신주(神主)를 받들고 되돌아와서 곡(哭)을 하는데, 이것을 '반곡'이라고 부른다.

◎ **반옥(飯玉)** : '반옥'은 상례를 치르며 시신의 입에 곡물을 넣을 때, 옥을 잘개 부숴서 곡물과 섞은 것을 뜻한다.

◎ **방각(方慤)** : =엄릉방씨(嚴陵方氏)

◎ **방성부(方性夫)** : =엄릉방씨(嚴陵方氏)

◎ **방씨(方氏)** : =엄릉방씨(嚴陵方氏)

◎ **방포(方苞, A.D.1668~A.D.1749)** : 청대(淸代)의 학자이다. 자(字)는 영고(靈皐)이고, 호(號)는 망계(望溪)이다. 송대(宋代)의 학문과 고문(古文)을 추종하였다.

◎ **별록(別錄)** : 『별록(別錄)』은 후한(後漢) 때 유향(劉向)이 찬(撰)했다고 전해지는 책이다. 현재는 일실되어 존재하지 않으며, 『한서(漢書)』「예문지(藝文志)」편을 통해서 대략적인 내용만을 추측해볼 수 있다.

◎ **봉(賵)** : '봉'은 부의를 보낸다는 뜻이며, 또한 부의로 보내는 특정 물건을 가리키기도 하다. '봉'은 상사(喪事)에 사용될 수레나 말을 부의로 보내는 것이다. 『예기』「문왕세자(文王世子)」편에는 "族之相爲也, 宜弔不弔, 宜免不免, 有司罰之. 至于賵賻承含, 皆有正焉."이라는 기록이 있는데, 이에 대한 진호(陳澔)의 『집설(集說)』에서는 "賵以車馬."라고 풀이했다.

◎ **부(賻)** : '부'는 부의를 보낸다는 뜻이며, 또한 부의로 보내는 특정 물건을 가리키기도 한다. '부'는 상사를 진행하는데 필요한 재화를 보내는 것이다. 『춘추공양전』「은공(隱公) 1년」에는 "賵者, 蓋以馬, 以乘馬·束帛. 車馬曰賵, 貨財曰賻, 衣被曰襚."라는 기록이 있다.

◎ **부제(祔祭)** : '부제'는 '부(祔)'라고도 한다. 새로이 죽은 자가 있으면, 선조(先祖)에게 '부제'를 올리면서, 신주(神主)를 합사(合祀)하는 것을 말한다. 『주례』「춘관(春官)·대축(大祝)」편에는 "付練祥, 掌國事."라는 기록이 있고, 이에 대한 정현의 주에서는 "付當爲祔. 祭於先王以祔後死者."라고 풀이하였다.

◎ **분상(奔喪)** : '분상'은 타지에 있다가 상(喪)에 대한 소식을 듣고, 급히

되돌아오는 예법(禮法)을 말한다. 『예기』「분상(奔喪)」편에 대해, 공영
달(孔穎達)은 "案鄭目錄云, 名曰奔喪者, 以其居他國, 聞喪奔歸之禮."라
고 풀이했다.

◎ 사마(司馬) : '사마'라는 관직은 전설상으로는 소호(少昊) 시대부터 설
치되었다고 전해진다. 주(周)나라 때에는 육경(六卿) 중 하나였으며,
하관(夏官)의 수장이며, 대사마(大司馬)라고도 불렀다. 군대와 관련된
일을 담당했다. 한(漢)나라 무제(武帝) 때에는 태위(太尉)라는 관직명
을 고쳐서 대사마(大司馬)라고 불렀고, 후한(後漢) 때에는 다시 태위
(太尉)로 고쳐 불렀다. 남북조시대(南北朝時代)에는 대장군(大將軍)과
함께 이대(二大)로 칭해지기도 했으나, 청(淸)나라 때 폐지되었다. 후
세에서는 병부상서(兵部尙書)의 별칭으로 사용하기도 했고, 시랑(侍
郎)을 소사마(少司馬)로 칭하기도 하였다.

◎ 산음육씨(山陰陸氏, A.D.1042~A.D.1102) : =육농사(陸農師)·육전(陸佃).
북송(北宋) 때의 유학자이다. 자(字)는 농사(農師)이며, 호(號)는 도산
(陶山)이다. 어려서 집안이 매우 가난했다고 전해지며, 왕안석(王安石)
에게 수학하였으나 왕안석의 신법에 대해서는 반대하였다. 저서로는
『비아(埤雅)』, 『춘추후전(春秋後傳)』, 『도산집(陶山集)』 등이 있다.

◎ 삼산황씨(三山黃氏) : =황간(黃幹)

◎ 삼우(三虞) : '삼우'는 장례(葬禮)를 끝내고 나서, 세 차례 지내게 되는
우제(虞祭)를 뜻한다. 신령을 안심시키고, 잘 안주하도록 지내는 제사
이며, 계급에 따라서 그 횟수가 달랐다. 천자의 경우에는 구우(九虞)를
지냈고, 제후는 칠우(七虞)를 지냈으며, 대부(大夫)는 오우(五虞)를 지
냈고, 사(士)의 경우에 '삼우'를 지냈다.

◎ 삼재(三才) : '삼재'는 하늘[天], 땅[地], 사람[人]을 뜻한다. 한편 『역』에
서는 '삼재'를 거론하며, 하늘의 도(道)를 세운 것은 음(陰)과 양(陽)이
고, 땅의 도를 세운 것은 유(柔)와 강(剛)이며, 사람의 도를 세운 것은
인(仁)과 의(義)라고 설명한다. 『역』「설괘전(說卦傳)」편에는 "是以立
天之道曰陰與陽, 立地之道曰柔與剛, 立人之道曰仁與義. 兼三才而兩之,
故易六畫而成卦."라는 기록이 있다. 또한 하늘은 양기(陽氣)에 근본을

두고 있고, 땅은 음기(陰氣)에 근본을 두고 있으며, 사람은 중화(中和)
의 기운에 근본을 두고 있다는 설명도 있다. 왕부(王符)의 『잠부론(潛
夫論)』「본훈(本訓)」편에는 "是故天本諸陽, 地本諸陰, 人本中和. 三才異
務, 相待而成."이라는 기록이 있다.

◎ 상거(喪車) : '상거'는 악거(惡車)라고도 부른다. 장례(葬禮)를 치를 때
사용되는 수레이다. 다만 시신의 관을 싣는 용도로 사용되는 것이 아
니라, 그의 자식이 타게 되는 수레이다. 『예기』「잡기상(雜記上)」편에
는 "端衰·喪車皆無等."이라는 기록이 있는데, 이에 대한 공영달(孔穎
達)의 소(疏)에서는 "喪車者, 孝子所乘惡車也."라고 풀이했다.

◎ 상로(象路) : '상로'는 상로(象輅)라고도 부른다. 천자가 사용하는 다섯
가지 수레 중 하나이다. 상아로 수레를 치장했기 때문에, '상로'라고
부르게 되었다. 대적(大赤)이라는 깃발을 세웠으며, 조회를 보거나, 이
성(異姓)인 자를 분봉할 때 사용하였다. 『주례』「춘관(春官)·건거(巾
車)」편에는 "象路, 朱樊纓, 七就, 建大赤, 以朝, 異姓以封."이라는 기록
이 있고, 이에 대한 정현의 주에서는 "象路, 以象飾諸末."이라고 풀이
했다.

◎ 상로(象輅) : =상로(象路)

◎ 상제(喪祭) : '상제'는 장례(葬禮)를 치른 이후에 지내는 제사들을 지칭
하는 말이다.

◎ 상제(祥祭) : '상제'는 대상(大祥)과 소상(小祥) 때의 제사를 뜻한다. '소
상'에서의 제사는 부모가 죽은 지 만 1년 만에 지내는 제사이고, 대상
(大祥)에서의 제사는 만 2년 만에 지내는 제사이다.

◎ 석경(石經) : 『석경(石經)』은 당(唐)나라 개성(開成) 2년(A.D.714)에 돌
에 새긴 『십삼경주소(十三經注疏)』의 판본이다. 당나라 국자학(國子
學)의 비석에 새겨졌다는 판본이 바로 이것을 가리킨다.

◎ 석량왕씨(石梁王氏, ?~?) : 자세한 이력이 남아 있지 않다.

◎ 석명(釋名) : 『석명(釋名)』은 후한(後漢) 때의 학자인 유희(劉熙)가 지
은 서적이다. 오래된 훈고학 서적의 하나로 꼽힌다.

◎ 석최(錫衰) : '석최'는 가는 베로 만든 옷으로, 일종의 상복(喪服)에 해
당한다. 천자의 경우, 삼공(三公)이나 육경(六卿)의 상(喪)에 착용했던
복장이다.

◎ 선색(先嗇) : '선색'은 가장 먼저 농사를 지었던 자를 뜻하는 말이며, 농

업 분야의 신(神)으로 모셔지는 대상이다. 신농(神農)을 가리키기도
한다. 『예기』「교특생(郊特牲)」편에는 "蜡之祭也, 主先嗇而祭司嗇也."
라는 기록이 있는데, 이에 대한 정현의 주에서는 "先嗇, 若神農者."라
고 풀이했다.

◎ 섭성(攝盛) : '섭성'은 고대에 혼례를 시행할 때, 사용되는 수레와 의복
에 있어서 일반적인 규정보다 한 등급을 높여서 치르는 것을 뜻한다.

◎ 성(成) : '성'은 토지의 면적을 뜻하는 단위이다. 사방 1리(里)의 면적은
1정(井)이 되고, 10정(井)은 1통(通)이 되며, 10통(通)은 1성(成)이 되
니, 1성(成)은 사방 10리(里)의 면적이다.

◎ 성복(成服) : '성복'은 상례(喪禮)에서 대렴(大斂) 이후, 죽은 자와의 관
계에 따라, 각각 규정에 맞는 상복(喪服)을 갖춰 입는다는 뜻이다.

◎ 소공복(小功服) : '소공복'은 상복(喪服) 중 하나로, 오복(五服)에 속한다.
조밀한 삼베를 사용해서 만들며, 대공복(大功服)에 비해서 삼베의 재
질이 조밀하기 때문에, '소공복'이라고 부른다. 이 복장을 입게 되는
기간은 상황에 따라 차이가 생기지만, 일반적으로 5개월이 된다. 백숙
(伯叔)의 조부모나 당백숙(堂伯叔)의 조부모, 혼인하지 않은 당(堂)의
자매(姉妹), 형제(兄弟)의 처 등을 위해서 입는다.

◎ 소군(小君) : '소군'은 주대(周代)에 제후의 부인을 지칭하던 용어이다.
『춘추』「희공(僖公) 2년」편에는 "夏五月辛巳, 葬我小君哀姜."이라는 용
례가 있다.

◎ 소렴(小斂) : '소렴'은 상례(喪禮) 절차 중 하나이다. 죽은 자의 시신을
목욕시키고, 의복을 착용시키며, 그 위에 이불 등으로 감싸는 절차를
뜻한다.

◎ 소뢰(少牢) : '소뢰'는 제사에서 양(羊)과 돼지[豕] 두 가지 희생물을 사
용하는 것을 뜻한다. 『춘추좌씨전』「양공(襄公) 22년」편에는 "祭以特
羊, 殷以少牢."라는 기록이 있는데, 이에 대한 두예(杜預)의 주에서는
"四時祀以一羊, 三年盛祭以羊豕. 殷, 盛也."라고 풀이하였다.

◎ 소비(素紕) : '소비'는 관(冠)의 양쪽 측면 과 테두리 밑의 경계지점에
흰색의 명주로 가선을 댄 것을 뜻한다.

◎ 소상(小祥) : '소상'은 본래 부모 및 군주의 상(喪)에서, 부모가 죽은 지
만 1년 만에 지내는 제사이다. 이 제사가 끝나면, 자식은 3년상을 지낼
때의 복장과 생활방식을 조금씩 덜어내게 된다. 또한 '소상'은 친족 및

타인의 상에서 1년이 지났을 때를 가리키기도 한다.

◎ **속(束)** : '속'은 견직물을 헤아리는 단위이다. 1'속'은 10단(端)을 뜻하는데, 1단의 길이는 1장(丈) 8척(尺)이 되며, 2단이 합쳐서 1권(卷)이 되므로, 10단은 총 5필이 된다. 『주례』「춘관(春官)·대종백(大宗伯)」편에는 "孤執皮帛."이라는 기록이 있고, 이에 대한 가공언(賈公彦)의 소(疏)에서는 "束者十端, 每端丈八尺, 皆兩端合卷, 總爲五匹, 故云束帛也."라고 풀이했다.

◎ **속백(束帛)** : '속백'은 한 묶음의 비단으로, 그 수량은 다섯 필(匹)이 된다. 빙문(聘問)을 하거나 증여를 할 때 가져가는 예물(禮物) 등으로 사용되었다. '속(束)'은 10단(端)을 뜻하는데, 1단의 길이는 1장(丈) 8척(尺)이 되며, 2단이 합쳐서 1권(卷)이 되므로, 10단은 총 5필이 된다. 『주례』「춘관(春官)·대종백(大宗伯)」편에는 "孤執皮帛."이라는 기록이 있고, 이에 대한 가공언(賈公彦)의 소(疏)에서는 "束者十端, 每端丈八尺, 皆兩端合卷, 總爲五匹, 故云束帛也."라고 풀이했다.

◎ **손장명(孫鏘鳴, A.D.1817∼A.D.1901)** : 청(淸)나라 때의 학자이다. 자(字)는 소보(紹甫)이고, 호(號)는 거전(蘧田)·지암(止庵)이다. 손희단(孫希旦)의 『예기집해(禮記集解)』를 편찬하였다.

◎ **수(襚)** : '수'는 부의를 보낸다는 뜻이며, 또한 부의로 보내는 특정 물건을 가리키기도 한다. '수'는 시신과 함께 매장하게 될 의복이나 이불 등을 부의로 보내는 것이다. 『의례』「사상례(士喪禮)」편에는 "君使人襚, 徹帷, 主人如初, 襚者左執領, 右執要, 入升致命."이라는 기록이 있는데, 이에 대한 정현의 주에서는 "襚之言遺也, 衣被曰襚."라고 풀이했다.

◎ **숙계(宿戒)** : '숙계'는 제사에 참여하기 전 재계를 하는 것을 뜻한다. 고대에는 제사를 시행할 때, 1차적으로 10일 전에 재계를 하고, 2차적으로 3일 전에 재계를 하는데, 2차적으로 실시하는 재계를 '숙계'라고 부른다.

◎ **순수(巡守)** : '순수'는 '순수(巡狩)'라고도 부른다. 천자가 수도를 벗어나 제후의 나라를 시찰하는 것을 뜻한다. '순수'의 '순(巡)'자는 그곳으로 행차를 한다는 뜻이고, '수(守)'자는 제후가 지키는 영토를 뜻한다. 제후는 천자가 하사해준 영토를 대신 맡아서 수호하는 것이기 때문에, 천자가 그곳에 방문하여, 자신의 영토를 어떻게 관리하고 있는지를 시찰하게 된다. 『서』「우서(虞書)·순전(舜典)」편에는 "歲二月, 東巡守,

至于岱宗, 柴."라는 기록이 있고, 이에 대한 공안국(孔安國)의 전(傳)에서는 "諸侯爲天子守土, 故稱守. 巡, 行之."라고 풀이했으며, 『맹자』「양혜왕하(梁惠王下)」편에서는 "天子適諸侯曰巡狩. 巡狩者, 巡所守也."라고 기록하였다. 한편 『예기』「왕제(王制)」편에는 "天子, 五年, 一巡守."라는 기록이 있고, 『주례』「추관(秋官)・대행인(大行人)」편에는 "十有二歲王巡守殷國."이라는 기록이 있다. 즉 「왕제」편에서는 천자가 5년에 1번 순수를 시행하고, 「대행인」편에서는 12년에 1번 순수를 시행한다고 기록하고 있는데, 이러한 차이점에 대해서 정현은 「왕제」편의 주에서 "五年者, 虞夏之制也. 周則十二歲一巡守."라고 풀이했다. 즉 5년에 1번 순수를 하는 제도는 우(虞)와 하(夏)나라 때의 제도이며, 주(周)나라에서는 12년에 1번 순수를 했다.

◎ 습(襲) : '습'은 고대에 의례를 시행할 때 하는 복장 방식 중 하나이다. 겉옷으로 안에 입고 있던 옷들을 완전히 가리는 방식이다. 한편 '습'은 비교적 성대한 의식 때 시행하는 복장 방식으로도 사용되어, 안에 있고 있는 옷을 드러내지 않음으로써, 공경의 뜻을 표하기도 했다.

◎ 습(襲) : '습'은 시신에 옷을 입히는 의식 절차이다. 한편 시신에 입히는 옷 자체도 '습'이라고 불렀다.

◎ 승(升) : '승'은 옷감과 관련된 단위이다. 고대에는 포(布) 80가닥[縷]을 1승(升)으로 여겼다. 『의례』「상복(喪服)」편에서는 "冠六升, 外畢."이라는 기록이 있는데, 이에 대한 정현의 주에서는 "布八十縷爲升."이라고 풀이했다.

◎ 시마복(總麻服) : '시마복'은 상복(喪服) 중 하나로, 오복(五服)에 속한다. 가장 조밀한 삼베를 사용해서 만든다. 이 복장을 입게 되는 기간은 상황에 따라서 차이가 있지만, 일반적으로 3개월이 된다. 친족의 백숙부모(伯叔父母)나 친족의 형제(兄弟)들 및 혼인하지 않은 친족의 자매(姊妹) 등을 위해서 입는다.

◎ 시최(總衰) : '시최'는 석최(錫衰)와 비슷한 재질로 만든 옷으로, 일종의 상복(喪服)에 해당한다. 천자의 경우, 제후의 상(喪)에 착용했던 복장이다.

◎ 심의(深衣) : '심의'는 일반적으로 상의와 하의가 서로 연결된 옷을 뜻한다. 제후, 대부(大夫), 사(士)들이 평상시 집안에 거처할 때 착용하던 복장이기도 하며, 서인(庶人)에게는 길복(吉服)에 해당하기도 한다. 순

색에 채색을 가미하기도 했다.

ㅇ

◎ 악본(岳本) : 『악본(岳本)』은 송(頌)나라 악가(岳珂)가 간행한 『십삼경
주소(十三經注疏)』의 판본이다.

◎ 악실(堊室) : '악실'은 상중(喪中)에 임시로 거처하던 가옥으로, 네 벽면
에 흰색의 회칠을 하였다.

◎ 엄릉방씨(嚴陵方氏, ?~?) : =방각(方慤)·방씨(方氏)·방성부(方性夫). 송
대(宋代)의 유학자이다. 이름은 각(慤)이다. 자(字)는 성부(性夫)이다.
『예기집해(禮記集解)』를 지었고, 『예기집설대전(禮記集說大全)』에는
그의 주장이 많이 인용되고 있다.

◎ 여대림(呂大臨) : =남전여씨(藍田呂氏)

◎ 여릉호씨(盧陵胡氏) : =호전(胡銓)

◎ 여수(旅酬) : '여수'는 제사가 끝난 후에, 제사에 참가했던 친족 및 빈객
(賓客)들이 술잔을 들어 술을 마시고, 서로 공경의 예(禮)를 표하며,
잔을 권하는 의례(儀禮)이다.

◎ 여씨(呂氏) : =남전여씨(藍田呂氏)

◎ 여여숙(呂與叔) : =남전여씨(藍田呂氏)

◎ 연관(練冠) : '연관'은 상(喪) 중에 착용하는 관(冠)이다. 부모의 상 중에
서 1주기에 지내는 제사 때 착용을 하였다.

◎ 연상(練祥) : '연상'은 소상(小祥)과 대상(大祥)을 뜻한다. '연상'에서의
'연(練)'자는 연제(練祭)를 뜻하며, '연제'는 곧 '소상'을 가리킨다. '연
상'에서의 '상(祥)'자는 '대상'을 뜻한다. 소상은 죽은 지 13개월만에 지
내는 제사이며, 대상은 25개월만에 지내는 제사이고, 대상을 지내게
되면 상복과 지팡이를 제거하게 된다. 『주례』 「춘관(春官)·대축(大祝)」
편에는 "言甸人讀禱, 付練祥, 掌國事."라는 기록이 있고, 이에 대해 가
공언(賈公彦)의 소(疏)에서는 "練, 謂十三月小祥, 練祭. 祥, 謂二十五月
大祥, 除衰杖."이라고 풀이했다.

◎ 염(斂) : '염'은 시신에 옷을 입혀서 관에 안치하는 것을 뜻한다.

◎ 영위앙(靈威仰) : '영위앙'은 참위설(讖緯說)을 주장했던 자들이 섬기던
오제(五帝) 중 하나이다. 동방(東方)의 신(神)이자, 봄을 주관하는 신

이다. 『예기』「대전(大傳)」편에는 “禮, 不王不禘, 王者禘其祖之所自出, 以其祖配之.”라는 기록이 있는데, 이에 대한 정현의 주에서는 “王者之先祖皆感大微五帝之精以生. 蒼則靈威仰, 赤則赤熛怒, 黃則含樞紐, 白則白招拒, 黑則汁光紀.”라고 풀이하였다.

◎ 예사(禮食) : ‘예사’는 본래 군주가 신하들에게 음식을 베풀며 예(禮)로 대접을 해주는 것으로, 일종의 연회이다. 『의례』「공사대부례(公食大夫禮)」에 기록된 의례 절차들이 ‘예사’에 해당한다.

◎ 오계공(敖繼公, ?~?) : 원(元)나라 때의 학자이다. 자(字)는 군선(君善)・군수(君壽)이다. 이름이 계옹(繼翁)이었다고 하기도 한다. 저서로는 『의례집설(儀禮集說)』 등이 있다.

◎ 오복(五服) : ‘오복’은 죽은 자와 친하고 소원한 관계에 따라 입게 되는 다섯 가지 상복(喪服)을 뜻한다. 참최복(斬衰服), 자최복(齊衰服), 대공복(大功服), 소공복(小功服), 시마복(緦麻服)을 가리킨다. 『예기』「학기(學記)」편에는 “師無當於五服, 五服弗得不親.”이라는 기록이 있는데, 이에 대한 공영달(孔穎達)의 소(疏)에서는 “五服, 斬衰也, 齊衰也, 大功也, 小功也, 緦麻也.”라고 풀이했다. 또한 ‘오복’에 있어서는 죽은 자와 가까운 관계일수록 중대한 상복을 입고, 복상(服喪) 기간도 늘어난다. 위의 ‘오복’ 중 참최복이 가장 중대한 상복에 속하며, 그 다음은 자최복이고, 대공복, 소공복, 시마복 순으로 내려간다.

◎ 오속(五屬) : ‘오속’은 서로를 위해 상복(喪服)을 입어야 하는 친족을 뜻한다. 상복은 참최복(斬衰服), 자최복(齊衰服), 대공복(大功服), 소공복(小功服), 시마복(緦麻服)이 있는데, 친족들은 각각의 친소(親疎) 관계에 따라 위의 다섯 가지 상복을 착용하게 되므로, ‘오속’이라고 부른다.

◎ 오유청(吳幼淸) : =오징(吳澄)

◎ 오징(吳澄, A.D.1249~A.D.1333) : =임천오씨(臨川吳氏)・오유청(吳幼淸). 송원대(宋元代)의 유학자이다. 이름은 징(澄)이다. 자(字)는 유청(幼淸)이다. 저서로 『예기해(禮記解)』가 있다.

◎ 옥로(玉路) : ‘옥로’는 ‘옥로(玉輅)’라고도 부른다. 천자가 사용하는 다섯 가지 수레 중 하나이다. 옥(玉)으로 수레를 치장했기 때문에, ‘옥로’라고 부르게 되었다. 대상(大常)이라는 깃발을 세웠고, 깃발에는 12개의 치술을 달았으며, 주로 제사 때 사용하였다. 『주례』「춘관(春官)・건거(巾車)」편에는 “王之五路, 一曰玉路, 錫, 樊纓, 十有再就, 建大常, 十有

二祚, 以祀."라는 기록이 있고, 이에 대한 정현의 주에서는 "玉路, 以玉
飾諸末."이라고 풀이했다.

◎ 옥로(玉輅) : =옥로(玉路)

◎ 옥편(玉篇) : 『옥편(玉篇)』은 남북조시대(南北朝時代) 때 양(梁)나라 고
야왕(顧野王, A.D.519~581)이 편찬한 자서(字書)이다. 이후 송(宋)나
라 때 증보가 되어, 『대광익회옥편(大廣益會玉篇)』으로 간행되었다.

◎ 왕념손(王念孫, A.D.1744~A.D.1832) : 청(淸)나라 때의 학자이다. 자(字)
는 회조(懷租)이고, 호(號)는 석구(石臞)이다. 부친은 왕안국(王安國)
이고, 아들은 왕인지(王引之)이다. 대진(戴震)에게 학문을 배웠다. 저
서로는 『독서잡지(讀書雜志)』 등이 있다.

◎ 왕무횡(王懋竑, A.D.1668~A.D.1741) : 청(淸) 나라 때의 경학자이다. 자
(字)는 여중(予中)·여중(與中)이며, 호(號)는 백전(白田)이다.

◎ 왕숙(王肅, A.D.195~A.D.256) : =왕자옹(王子雍). 위진남북조(魏晉南北
朝) 때의 위(魏)나라 경학자이다. 자(字)는 자옹(子雍)이다. 출신지는
동해(東海)이다. 부친 왕랑(王朗)으로부터 금문학(今文學)을 공부했으
나, 고문학(古文學)의 고증적인 해석을 따랐다. 『상서(尙書)』, 『시경
(詩經)』, 『좌전(左傳)』, 『논어(論語)』 및 삼례(三禮)에 대한 주석을 남
겼다.

◎ 왕인지(王引之, A.D.1766~A.D.1834) : 청(淸)나라 때의 훈고학자이다. 자
(字)는 백신(伯申)이고, 호(號)는 만경(曼卿)이며, 시호(諡號)는 문간
(文簡)이다. 왕념손(王念孫)의 아들이다. 대진(戴震), 단옥재(段玉裁),
부친과 함께 대단이왕(戴段二王)이라고 일컬어졌다. 『경전석사(經傳
釋詞)』, 『경의술문(經義述聞)』 등의 저술이 있다.

◎ 왕후(王后) : '왕후'는 천자의 본부인을 뜻한다. 후대에는 황후(皇后)라
고 부르기도 하였다. 고대에는 천자(天子)를 왕(王)이라고 불렀기 때
문에, 천자의 부인을 '왕후'라고 부른 것이다.

◎ 외상(外喪) : '외상'은 대문(大門) 밖에서 발생한 상(喪)을 뜻한다. 즉 자
신과 같은 집에서 살고 있지 않은 친인척에 대한 상(喪)을 뜻한다.

◎ 외형제(外兄弟) : '외형제'는 성(姓)이 다르지만 서로를 위해 상복(喪服)
을 착용해야 하는 자를 뜻한다. 또 멀리 떨어져 살고 있는 형제를 뜻
하기도 하고, 부친은 다르지만 모친이 같은 형제를 뜻하기도 한다.

◎ 우제(虞祭) : '우제'는 장례(葬禮)를 치르고 난 뒤에 지내는 제사를 뜻한다.

◎ 웅씨(熊氏) : =웅안생(熊安生)

◎ 웅안생(熊安生, ?~A.D.578) : =웅씨(熊氏). 북조(北朝) 때의 경학자이다. 자(字)는 식지(植之)이다. 『주례(周禮)』, 『예기(禮記)』, 『효경(孝經)』 등 많은 전적에 의소(義疏)를 남겼지만, 모두 산일되어 남아 있지 않다. 현재 마국한(馬國翰)의 『옥함산방집일서(玉函山房輯佚書)』에 『예기웅씨의소(禮記熊氏義疏)』 4권이 남아 있다.

◎ 위문(闈門) : '위문'은 궁실(宮室)이나 종묘(宗廟)의 측면에 있는 작은 문을 뜻한다.

◎ 위소(韋昭, A.D.204~A.D.273) : 삼국시대(三國時代) 때 오(吳)나라의 학자이다. 자(字)는 홍사(弘嗣)이다. 사마소(司馬昭)의 이름을 피휘하여, 요(曜)로 고쳤다. 저서로는 『국어주(國語注)』 등이 있다.

◎ 유씨(庾氏) : =유울(庾蔚)

◎ 유울(庾蔚, ?~?) : =유씨(庾氏). 남조(南朝) 때 송(宋)나라 학자이다. 저서로는 『예기약해(禮記略解)』, 『예론초(禮論鈔)』, 『상복(喪服)』, 『상복세요(喪服世要)』, 『상복요기주(喪服要記注)』 등을 남겼다.

◎ 유원보(劉原父) : =유창(劉敞)

◎ 유창(劉敞, A.D.1019~A.D.1068) : =공시선생(公是先生)・유원보(劉原父)・청강유씨(淸江劉氏). 북송(北宋) 때의 경학자이다. 자(字)는 원보(原父)이다. 유학뿐만 아니라 불교와 도교에 대해서도 연구하였고, 천문(天文), 지리(地理) 등의 방면에도 조예가 깊었다.

◎ 유창종(劉昌宗, ?~?) : 자세한 이력은 남아 있지 않다. 동진(東晉) 때의 학자이다. 삼례(三禮)에 대한 주를 달아서 이름을 떨쳤다.

◎ 육농사(陸農師) : =산음육씨(山陰陸氏)

◎ 육덕명(陸德明, A.D.550~A.D.630) : =육원랑(陸元朗). 당대(唐代)의 경학자이다. 이름은 원랑(元朗)이고, 자(字)는 덕명(德明)이다. 훈고학에 뛰어났으며, 『경전석문(經典釋文)』 등을 남겼다.

◎ 육마(六馬) : '육마'는 천자가 사용하는 여섯 종류의 말을 뜻한다. 구체적으로는 종마(種馬), 융마(戎馬), 제마(齊馬), 도마(道馬), 전마(田馬), 노마(駑馬)를 가리킨다. 『주례』「하관(夏官)・교인(校人)」편에는 "校人, 掌王馬之政. 辨六馬之屬, 種馬一物, 戎馬一物, 齊馬一物, 道馬一物, 田馬一物, 駑馬一物."이라는 기록이 있다. 즉 '종마'는 종자가 좋은 말을 선별하여 암컷을 잉태시킬 때 사용하는 말이다. '융마'는 전쟁용 수레

에 사용하는 말이다. '제마'는 천자가 타던 금로(金路)에 사용하는 말
이다. '도마'는 천자가 타던 상로(象路)에 사용하는 말이다. '전마'는 사
냥용 수레에 사용하는 말이다. '노마'는 궁중에서 실시되는 노역에 사
용하는 말이다.

◎ 육원랑(陸元朗) : =육덕명(陸德明)

◎ 육전(陸佃) : =산음육씨(山陰陸氏)

◎ 육향(六鄕) : '육향'은 주(周)나라 때 원교(遠郊)에 설치된 여섯 개의 향
(鄕)을 뜻한다. 주나라의 제도에서는 국성(國城)과 가까이 있는 교외
(郊外)를 근교(近郊)라고 불렀고, 근교 밖을 원교(遠郊)라고 불렀다.
그리고 원교 안에는 6개의 향(鄕)을 설치했고, 원교 밖에는 6개의 수
(遂)를 설치했다.

◎ 율계(栗階) : '율계'는 계단을 오르는 방법 중 하나이다. 두 발을 모으지
않고, 좌우의 발을 교차하며 한 칸씩 성큼 성큼 올라가는 것이다. 『의
례』「연례(燕禮)」편에는 "凡公所辭皆栗階. 凡栗階, 不過二等"이라는 기
록이 있는데, 이에 대해 정현의 주에서는 "其始升, 猶聚足連步; 越二
等, 左右足各一發而升堂."이라고 풀이했다.

◎ 의려(倚廬) : '의려'는 상중(喪中)에 머물게 되는 임시 거처지이다. '의
려'는 또한 '의(倚)', '려(廬)', '악실(堊室)', '사려(舍廬)' 등으로 부르기
도 한다.

◎ 의복(義服) : '의복'은 본래 친속관계가 성립되지 않아서, 상복(喪服)을
착용해야만 하는 관계가 아닌데도, 도리에 따라 상복을 착용하는 것을
말한다.

◎ 의최(疑衰) : '의최'는 길복(吉服)에 가까운 복장으로, 일종의 상복(喪
服)에 해당한다. 천자의 경우, 대부(大夫)나 사(士)의 상(喪)에 착용했
던 복장이다.

◎ 이상(二祥) : '이상'은 대상(大祥)과 소상(小祥)을 뜻한다. '연상(練祥)'이
라고도 부른다. '소상'은 죽은 지 13개월 만에 지내는 제사이며, '대상'
은 25개월 만에 지내는 제사이다.

◎ 임천오씨(臨川吳氏) : =오징(吳澄)

◎ 자림(字林) : 『자림(字林)』은 고대의 자서(字書)이다. 진(晉)나라 때 학자인 여침(呂忱)이 지었다. 원본은 일실되어 전해지지 않고, 다른 문헌들 속에 일부 기록들만 남아 있다.

◎ 자최복(齊衰服) : '자최복'은 상복(喪服) 중 하나로, 오복(五服)에 속한다. 거친 삼베를 사용해서 만들며, 자른 부위를 꿰매어 가지런하게 정리하기 때문에, '자최복'이라고 부른다. 이 복장을 입게 되는 기간에도 여러 종류가 있는데, 3년 동안 입는 경우는 죽은 계모(繼母)나 자모(慈母)를 위한 경우이고, 1년 동안 입는 경우는 손자가 죽은 조부모를 위해 입는 경우와 남편이 죽은 아내를 입는 경우 등이다. 그리고 1년 동안 '자최복'을 입는 경우, 그 기간을 자최기(齊衰期)라고도 부른다. 또 5개월 동안 입는 경우는 죽은 증조부나 증조모를 위한 경우이며, 3개월 동안 입는 경우는 죽은 고조부나 고조모를 위한 경우 등이다.

◎ 장락진씨(長樂陳氏) : =진상도(陳祥道)

◎ 장락황씨(長樂黃氏) : =황간(黃幹)

◎ 장림(臧琳, ?~?) : 청(淸)나라 때의 학자이다. 자(字)는 옥림(玉林)이다. 경학(經學)에 뛰어났으며, 한당대(漢唐代)의 학문을 존숭하였다. 『상서집해(尙書集解)』, 『경의잡기(經義雜記)』 등을 지었다.

◎ 장상(長殤) : '장상'은 16~19세 사이에 요절한 자를 뜻한다. 『의례』「상복(喪服)」편에 "年十九至十六爲長殤."이라는 기록이 있다.

◎ 장의(長衣) : '장의'는 고대의 귀족들이 상중에 착용하는 순백색의 포로 된 옷이다. 『의례』「빙례(聘禮)」편에는 "遭喪將命於大夫, 主人長衣練冠以受."라는 기록이 있는데, 이에 대한 정현의 주에서는 "長衣, 純素布衣也."라고 풀이했다.

◎ 장자(張子) : =장재(張載)

◎ 장재(張載, A.D.1020~A.D.1077) : =장자(張子)・장횡거(張橫渠). 북송(北宋) 때의 유학자이다. 북송오자(北宋五子) 중 한 사람으로 칭해진다. 자(字)는 자후(子厚)이다. 횡거진(橫渠鎭) 출신으로, 이곳에서 장기간 강학을 했기 때문에 횡거선생(橫渠先生)으로 일컬어지기도 한다.

◎ 장횡거(張橫渠) : =장재(張載)

◎ 전제(奠祭) : '전제'는 죽은 자 및 귀신들에게 음식을 헌상하는 제사이

다. 상례(喪禮)를 치를 때, 빈소를 차리고 나면, 매일 아침과 저녁에 음식을 바치며 제사를 지내게 되는데, '전제'는 주로 이러한 제사를 뜻한다.

◎ 정의(正義) : 『정의(正義)』는 『예기정의(禮記正義)』 또는 『예기주소(禮記注疏)』를 뜻한다. 당(唐)나라 때에는 태종(太宗)이 공영달(孔穎達) 등을 시켜서 『오경정의(五經正義)』를 편찬하였는데, 이때 『예기정의』에는 정현(鄭玄)의 주(注)와 공영달의 소(疏)가 수록되었다. 송대(宋代)에는 『오경정의』와 다른 경전(經典)에 대한 주석서를 포함한 『십삼경주소(十三經注疏)』가 편찬되어, 『예기주소』라는 명칭이 되었다.

◎ 정사농(鄭司農) : =정중(鄭衆)

◎ 정중(鄭衆, ?~A.D.83) : =정사농(鄭司農). 후한(後漢) 때의 경학자이다. 자(字)는 중사(仲師)이다. 부친은 정흥(鄭興)이다. 부친에게 『춘추좌씨전(春秋左氏傳)』의 학문을 전수받았다. 또한 그는 대사농(大司農) 등의 관직을 역임하였기 때문에, '정사농'이라고도 불렀다. 한편 정흥과 그의 학문은 정현(鄭玄)에게 많은 영향을 주었기 때문에, 후대에서는 정현을 후정(後鄭)이라고 불렀고, 정흥과 그를 선정(先鄭)이라고도 불렀다. 저서로는 『춘추조례(春秋條例)』, 『주례해고(周禮解詁)』 등을 지었다고 하지만, 현재는 전해지지 않았다.

◎ 정지(鄭志) : 『정지(鄭志)』는 정현(鄭玄)과 그의 제자들이 오경(五經)에 대해서 문답을 주고받은 내용을 기록한 문헌이다. 『논어』의 형식에 의거하여, 정현의 제자들이 편찬하였다. 『후한서(後漢書)』 「장조정열전(張曹鄭列傳)」편에는 "門人相與撰玄荅諸弟子問五經, 依論語作鄭志八篇."라는 기록이 있다.

◎ 제복(除服) : '제복'은 소상(小祥)과 대상(大祥)을 지낼 때 입는 상복(喪服)을 뜻한다. 또는 상복을 벗는다는 뜻이다. 소상과 대상을 치르면서 상복의 수위가 낮아지게 되며, 대상까지 지내게 되면 실제적으로 복상(服喪) 기간이 끝나게 된다. 따라서 '제복'은 상복을 벗는다는 뜻이 되며, 소상과 대상을 지내면서 입게 되는 변화된 상복을 지칭하기도 하는 것이다.

◎ 제상(除喪) : '제상'은 상(喪)을 끝낸다는 뜻이다. 상을 치르는 일정한 기간을 끝내게 되면, 상중에 입고 있었던 상복(喪服)을 벗고, 평소에 입던 길복(吉服)으로 복장을 바꾸게 된다. 따라서 상복을 제거한다는 뜻에서, 상을 끝내는 것을 '제상'이라고 부르는 것이다. 또한 '제상'은

상복의 수위가 변화되는 것을 가리키는 용어로도 사용된다. 상복은 일정한 기간마다 그 수위가 낮아지게 되는데, 그 수위를 덜어낸다는 뜻에서 이러한 일련의 변화를 '제상'이라고 부르는 것이다.

◎ 제폐(制幣) : '제폐'는 고대의 제사 때 바치게 되는 비단을 뜻한다. 제물로 사용되는 비단에는 일정한 규격이 있었기 때문에 '제(制)'자를 붙여서 부른 것이다. 『의례』「기석례(旣夕禮)」편에는 "贈用制幣玄纁束."이라는 기록이 있는데, 이에 대한 정현의 주에서는 "丈八尺曰制."라고 풀이했다. 즉 1장(丈) 8척(尺)의 길이로 재단한 비단을 '제(制)'라고 부른다.

◎ 조복(朝服) : '조복'은 군주와 신하가 조회를 열 때 착용하는 복장을 뜻한다. 중요한 의식을 치를 때 착용하는 예복(禮服)을 가리키기도 한다.

◎ 조빙(覜聘) : '조빙'은 신하가 군주를 찾아뵙거나 서로 만나볼 때의 예법에 해당한다. 찾아갈 때 딸려오는 대부(大夫) 무리가 많을 때 그것을 '조(覜)'라고 부르며, 무리가 적을 때에는 '빙(聘)'이라고 부른다. 『주례』「춘관(春官)·전서(典瑞)」편에는 "瑑圭璋璧琮, 繅皆二采一就, 以覜聘."이라는 기록이 있고, 이에 대한 정현의 주에서는 "大夫衆來曰覜, 寡來曰聘."이라고 풀이했다.

◎ 조상(趙商, ?~?) : 정현(鄭玄)의 제자이다. 자(字)는 자성(子聲)이다. 하내(河內) 지역 출신이다.

◎ 졸곡(卒哭) : '졸곡'은 우제(虞祭)를 지낸 뒤에 지내는 제사이다. 이 제사를 지내게 되면, 수시로 곡(哭)하던 것을 멈추고, 아침과 저녁때에만 한 번씩 곡을 하게 된다. 그렇기 때문에 '졸곡'이라고 부르게 된 것이다.

◎ 종모(從母) : '종모'는 모친의 자매인 이모를 뜻한다.

◎ 종복(從服) : '종복'은 고대에 상복(喪服)을 착용했던 여섯 가지 방식 중 하나이다. '종복'은 남을 따라서 상복을 착용한다는 뜻으로, '종복'에도 속종(屬從)·도종(徒從)·종유복이무복(從有服而無服)·종무복이유복(從無服而有服)·종중이경(從重而輕)·종경이중(從輕而重)이라는 경우가 있다. '속종'은 친속 관계에 따라 상복을 착용하는 경우이다. '도종'은 공허하게 남을 따라서 친속 관계가 없는 자에 대해 상복을 착용하는 경우이다. '종유복이무복'은 상복을 착용해야 하는 자를 따라서 상복을 착용해야 하지만 실제로 상복을 착용하지 않는 경우이다. '종무복이유복'은 상복을 착용하지 않아야 하는 자를 따라서 상복을 착용하

지 않지만 실제로 상복을 착용하는 경우이다. '종중이경'은 수위가 높은 상복을 입는 자를 따라서 상복을 착용하지만, 수위가 낮은 상복을 착용하는 경우이다. '종경이중'은 수위가 낮은 상복을 입는 자를 따라서 상복을 착용하지만, 수위가 높은 상복을 착용하는 경우이다.

◎ **주식(朱軾,** A.D.1665~A.D.1735) : 청(淸)나라 때의 명신(名臣)이다. 자(字)는 약섬(若贍)·백소(伯蘇)이고, 호(號)는 가정(可亭)이다.

◎ **중문(中門)** : '중문'은 내(內)와 외(外) 사이에 있는 문을 뜻한다. 궁(宮)에 있어서는 혼문(閽門)을 뜻하기도 한다. 또 천자(天子)의 궁성(宮城)에는 다섯 개의 문이 있었다고 전해지는데, 가장 밖에 있는 문부터 순차적으로 나열해보면, 고문(皐門), 치문(雉門), 고문(庫門), 응문(應門), 노문(路門)이다. 이러한 다섯 개의 문들 중 노문(路門)은 가장 안쪽에 있으므로, 내문(內門)로 여기고, 고문(皐門)은 가장 밖에 있으므로, 외문(外門)으로 여긴다. 따라서 나머지 치문(雉門), 고문(庫門), 응문(應門)은 내외(內外)의 사이에 있으므로, 이 세 개의 문을 '중문'으로 여기기도 한다. 『주례』「천관(天官)·혼인(閽人)」편에는 "掌守王宮之中門之禁."이라는 기록이 있는데, 이에 대한 손이양(孫詒讓)의 『정의(正義)』에서는 "此中門實不專屬雉門. 當兼庫·雉·應三門言之. 蓋五門以路門爲內門, 皐門爲外門, 餘三門處內外之間, 故通謂之中門."이라고 풀이했다. 한편 정중앙에 있는 문을 '중문'이라고도 부른다.

◎ **중복(重服)** : '중복'은 복상(服喪) 중에 상(喪)이 겹치는 일 등이 발생하여, 본래의 상복(喪服) 위에 다른 상복을 겹쳐 입는 일을 뜻한다.

◎ **중상(中殤)** : '중상'은 12~15세 사이에 요절한 자를 뜻한다. 『의례』「상복(喪服)」편에 "十五至十二爲中殤."이라는 기록이 있다.

◎ **증(贈)** : '증'은 상사의 일을 돕도록 부의로 보내온 물건을 뜻한다. 죽은 자를 위해 보내온 물건으로, 외관(外棺) 안에 함께 부장하는 것을 뜻하기도 하며, 부의를 범칭하는 용어로도 사용된다.

◎ **지(咫)** : '지'는 길이의 단위이다. 주(周)나라 때에는 8촌(寸)의 길이를 1'지'라고 불렀다. 일반적으로 부인(婦人)들의 손 길이가 8촌이었는데, 이 길이를 '지'라고 불렀다. 『국어(國語)』「노어하(魯語下)」편에는 "有隼集于陳侯之庭而死, 楛矢貫之, 石砮, 其長尺有咫."라는 기록이 있는데, 이에 대한 위소(韋昭)의 주에서는 "八寸曰咫."라고 풀이했다. 한편 『설문해자(說文解字)』「척부(尺部)」편에는 "咫, 中婦人手長八寸謂之咫,

周尺也."라는 기록이 있다.

◎ 진상도(陳祥道, A.D.1159~A.D.1223) : =장락진씨(長樂陳氏)·진씨(陳氏)·진용지(陳用之). 북송대(北宋代)의 유학자이다. 자(字)는 용지(用之)이다. 장락(長樂) 지역 출신으로, 1067년에 과거에 급제하여 태상박사(太常博士) 등을 지냈다. 왕안석(王安石)의 제자로, 그의 학문을 전파하는 데 공헌하였다. 저서에는『예서(禮書)』,『논어전해(論語全解)』등이 있다.

◎ 진씨(陳氏) : =진상도(陳祥道)

◎ 진용지(陳用之) : =진상도(陳祥道)

大

◎ 참최복(斬衰服) : '참최복'은 상복(喪服) 중 하나로, 오복(五服)에 속한다. 상복 중에서도 가장 수위가 높은 상복이다. 거친 삼베를 사용해서 만들며, 자른 부위를 꿰매지 않기 때문에 참최(斬衰)라고 부른다. 이 복장을 입게 되는 기간은 일반적으로 3년에 해당하며, 죽은 부모를 위해 입거나, 처 또는 첩이 죽은 남편을 위해 입는다.

◎ 책양(磔禳) : '책양'은 또한 책양(磔攘)이라고도 한다. 희생물을 부위별로 갈라서 신에게 제사를 지내고, 이를 통해서 상서롭지 못한 기운을 제거하는 것이다.

◎ 책양(磔攘) : =책양(磔禳)

◎ 천묘(遷廟) : '천묘'는 대수(代數)가 다한 신주(神主)를 모시는 묘(廟)를 뜻한다. 예를 들어 천자의 경우, 7개의 묘(廟)를 설치하는데, 가운데의 묘에는 시조(始祖) 혹은 태조(太祖)의 신주(神主)를 모시며, 이곳의 신주는 다른 곳으로 옮기지 않는 불천위(不遷位)에 해당한다. 그리고 좌우에는 각각 3개의 묘(廟)를 설치하여, 소목(昭穆)의 순서에 따라 6대(代)의 신주를 모신다. 현재의 천자가 죽게 되어, 그의 신주를 묘에 모실 때에는 소목의 순서에 따라 가장 끝 부분에 있는 묘로 신주가 들어가게 된다. 만약 소(昭) 계열의 가장 끝 묘에 새로운 신주가 들어서게 되면, 밀려나게 된 신주는 바로 위의 소 계열 묘로 들어가게 되고, 최종적으로 밀려나서 더 이상 갈 곳이 없는 신주는 '천묘'로 들어가게 된다. 또한 '천묘'는 위에서 서술한 것처럼 신구(新舊)의 신주가 옮겨지게 되는 의식 자체를 지칭하기도 하며, '천묘'된 신주 자체를 가리키기

도 한다.

◎ 청강유씨(淸江劉氏) : =유창(劉敞)

◎ 체제(禘祭) : '체제'는 천신(天神) 및 조상신(祖上神)에게 지내는 '큰 제
사[大祭]'를 뜻한다. 『이아』「석천(釋天)」편에는 "禘, 大祭也."라는 기록
이 있고, 이에 대한 곽박(郭璞)의 주에서는 "五年一大祭."라고 풀이하
여, 대제(大祭)로써의 체제사는 5년마다 1번씩 지낸다고 설명한다. 그
러나 『예기』「왕제(王制)」에 수록된 각종 제사들에 대한 기록을 살펴
보면, 체제사는 큰 제사임에는 분명하나, 반드시 5년마다 1번씩 지내
는 제사는 아니었다.

◎ 초우(初虞) : '초우'는 장례(葬禮)를 치른 뒤에 빈소에서 거행하는 첫 번
째 우제(虞祭)를 뜻한다.

◎ 초주(譙周, A.D.201?~A.D.270) : 삼국시대(三國時代) 때의 학자이다. 자
(字)는 윤남(允南)이다. 『논어주(論語注)』, 『삼파기(三巴記)』, 『초자법
훈(譙子法訓)』, 『고사고(古史考)』, 『오경연부론(五更然否論)』 등의 저
술을 남겼다.

◎ 최씨(崔氏) : =최영은(崔靈恩)

◎ 최영은(崔靈恩, ?~?) : =최씨(崔氏). 남북조(南北朝) 때의 학자이다. 오경
(五經)에 능통하였고, 다른 경전에도 두루 해박하였다고 전해진다. 『모
시(毛詩)』, 『주례(周禮)』 등에 주석을 달았고, 『삼례의종(三禮義宗)』, 『좌
씨경전의(左氏經傳義)』 등을 지었다.

◎ 축호(祝號) : '축호'는 육축(六祝)과 육호(六號)를 뜻한다. '육축'은 신
(神)에게 제사를 지낼 때 사용하게 되는 여섯 종류의 기도문을 뜻하
고, '육호'는 신(神)이나 제수(祭需)를 부를 때 아름답게 꾸며서 부르는
여섯 종류의 호칭을 뜻한다.

◎ 측실(側室) : '측실'은 연침(燕寢)의 측면에 붙어 있는 실(室)이다.

◎ 치재(致齋) : =치제(致齊)

◎ 치제(致齊) : '치제'는 치재(致齋)라고도 부른다. '치제'는 제사를 지내기
이전 3일 동안 몸과 마음을 정숙하게 재계하는 의식이다. '치제' 이전
에는 '산제(散齊)'를 하여 7일 동안 정숙하게 한다. '치제'는 그 이후 3
일 동안 몸과 마음을 더욱 정숙하게 재계하여, 신과 소통할 수 있도록
준비하는 것이다. 『예기』「제통(祭統)」편에는 "故散齊七日以定之, 致齊
三日以齊之. 定之之謂齊, 齊者精明之至也, 然後可以交于神明也."라는

기록이 있다.

ㅌ

◎ 태뢰(太牢) : '태뢰'는 제사에서 소[牛], 양(羊), 돼지[豕] 3가지 희생물을
갖춘 것을 뜻한다. 『장자』「지악(至樂)」편에는 "具太牢以爲膳."이라는
기록이 있는데, 이에 대한 성현영(成玄英)의 소(疏)에서는 "太牢, 牛羊
豕也."라고 풀이하였다.

◎ 특생(特牲) : '특생'은 한 종류의 가축을 희생물로 사용한다는 뜻이다.
'특(特)'자는 동일 종류의 희생물을 한 마리 사용한다는 뜻이며, 특히
소를 사용할 때 사용하는 용어이기도 하다. 『춘추좌씨전』「양공(襄公)
9년」편에는 "祈以幣更, 賓以特牲."이라는 기록이 있고, 이에 대한 양백
준(楊伯峻)의 주에서는 "款待貴賓, 只用一種牲畜. 一牲曰特."이라고 풀
이했다. 그런데 어떠한 가축을 사용했는가에 대해서는 주석들마다 차
이가 있다. 『국어(國語)』「초어하(楚語下)」편에는 "大夫擧以特牲, 祀以
少牢."라는 기록이 있고, 이에 대한 위소(韋昭)의 주에서는 "特牲, 豕
也."라고 풀이했다. 또한 『예기』「교특생(郊特牲)」편에 대한 육덕명(陸
德明)의 제해(題解)에서는 "郊者, 祭天之名, 用一牛, 故曰特牲."이라고
풀이했다. 즉 '특생'으로 사용되는 가축은 '시(豕: 돼지)'도 될 수 있으
며, 소도 될 수 있다.

ㅎ

◎ 하상(下殤) : '하상'은 8~11세 사이에 요절한 자를 뜻한다. 『의례』「상
복(喪服)」편에 "十一至八歲爲下殤."이라는 기록이 있다.

◎ 하순(賀循, A.D.260~A.D.319) : 위진시대(魏晉時代) 때의 학자이다. 자
(字)는 언선(彦先)이다.

◎ 하실(下室) : '하실'은 건물에 대한 명칭으로, 내실(內室) 또는 내당(內
堂)을 뜻한다. 『의례』「기석례(旣夕禮)」편에는 "朔月, 若薦新, 則不饋于
下室."이라는 기록이 있고, 이에 대한 정현의 주에서는 "下室, 如今之
內堂."이라고 풀이했다.

◎ 하창(賀瑒, A.D.452~A.D.510) : 남조(南朝) 때의 학자이다. 남조의 제

(齊)나라와 양(梁)나라에서 각각 활동하였다. 자(字)는 덕연(德璉)이
다. 『예기신의소(禮記新義疏)』 등을 찬술하였다.

◎ 하휴(何休, A.D.129~A.D.182) : 전한(前漢) 때의 금문경학자(今文經學
者)이다. 자(字)는 소공(邵公)이다. 『춘추공양전해고(春秋公羊傳解詁)』
를 지었으며, 『효경(孝經)』, 『논어(論語)』 등에 대해서도 주를 달았고,
『춘추한의(春秋漢議)』를 짓기도 하였다.

◎ 학경(郝敬, A.D.1558~A.D.1639) : =학중여(郝仲輿). 명(明)나라 때의 학
자이다. 자(字)는 중여(仲輿)이고, 호(號)는 초망(楚望)이다. 경학에 능
통하여, 수많은 저서를 남겼다.

◎ 할형(割亨) : '할형'은 고기를 잘라서 삶는 것을 뜻한다.

◎ 함(含) : '함'은 부의를 보낸다는 뜻이며, 또한 부의로 보내는 특정 물건
을 가리키기도 하다. '함'은 시신과 함께 매장하게 될 주옥(珠玉)을 부
의로 보내는 것이다. 『예기』 「문왕세자(文王世子)」편에는 "族之相爲也,
宜弔不弔, 宜免不免, 有司罰之. 至于贈賵承含, 皆有正焉."이라는 기록
이 있는데, 이에 대한 진호(陳澔)의 『집설(集說)』에서는 "含以珠玉."이
라고 풀이했다. 또 '함'은 시신의 입에 곡식이나 화패 등을 넣는 것을
의미하기도 한다.

◎ 함매(銜枚) : '함매'는 본래 병사들에 입에 물리던 나무판이다. 이것을
입에 물림으로써 큰 소리를 내거나 잡답을 하지 못하도록 하였다. 『주
례』 「하관(夏官)·대사마(大司馬)」편에는 "群司馬振鐸, 車徒皆作, 遂鼓
行, 徒銜枚而進."이라는 기록이 있다.

◎ 함옥(含玉) : '함옥'은 고대의 상례에서, 죽은 자의 입에 넣는 옥을 뜻한
다. 『주례』 「천관(天官)·대재(大宰)」편에는 "大喪, 贊贈玉·含玉."이라
는 기록이 있고, 이에 대한 정현의 주에서는 "含玉, 死者口實. 天子以
玉."이라고 풀이했다.

◎ 혁로(革路) : '혁로'는 혁로(革輅)라고도 부른다. 천자가 사용하는 다섯
가지 수레 중 하나이다. 전쟁용으로 사용했던 수레인데, 간혹 제후의
나라에 순수(巡守)를 갈 때 사용하기도 하였다. 가죽으로 겉을 단단하
게 동여매서 고정시키고, 옻칠만 하고, 다른 장식을 하지 않았기 때문
에, '혁로'라고 부르는 것이다. 『주례』 「춘관(春官)·건거(巾車)」편에는
"革路, 龍勒, 條纓五就, 建大白, 以卽戎, 以封四衛."라는 기록이 있고,
이에 대한 정현의 주에서는 "革路, 鞔之以革而漆之, 無他飾."이라고 풀

이했다.

◎ 혁로(革輅) : =혁로(革路)

◎ 현관(玄冠) : '현관'은 흑색으로 된 관(冠)이다. 고대에는 조복(朝服)을 입을 때 착용을 하였다. 『의례』「사관례(士冠禮)」편에는 "主人玄冠朝服, 緇帶素韠."이라는 기록이 있다.

◎ 현주(玄酒) : '현주'는 고대의 제례(祭禮)에서 술 대신 사용한 물[水]을 뜻한다. '현주'의 '현(玄)'자는 물은 흑색을 상징하므로, 붙여진 글자이다. '현주'의 '주(酒)'자의 경우, 태고시대 때에는 아직 술이 없었기 때문에, 물을 술 대신 사용했다. 따라서 후대에는 이 물을 가리키며 '주'자를 붙이게 된 것이다. '현주'를 사용하는 것은 가장 오래된 예법 중 하나이므로, 후대에도 이러한 예법을 존숭하여, 제사 때 '현주' 또한 사용했던 것이며, '현주'를 술 중에서도 가장 귀한 것으로 여겼다. 『예기』「예운(禮運)」편에는 "故玄酒在室, 醴醆在戶."라는 기록이 있는데, 이에 대한 공영달(孔穎達)의 소(疏)에서는 "玄酒, 謂水也. 以其色黑, 謂之玄. 而太古無酒, 此水當酒所用, 故謂之玄酒."라고 풀이했다.

◎ 협제(祫祭) : '협제'는 협(祫)이라고도 부른다. 신주(神主)들을 태조(太祖)의 묘(廟)에 모두 모셔놓고 지내는 제사이다. 『춘추공양전』「문공(文公) 2년」에 "八月, 丁卯, 大事于大廟, 躋僖公, 大事者何. 大祫也. 大祫者何. 合祭也, 其合祭奈何. 毁廟之主, 陳于大祖."라는 기록이 있다.

◎ 호관(縞冠) : '호관'은 백색의 명주로 만든 관(冠)이다. 상제(祥祭)나 흉사(凶事) 때 착용했다.

◎ 호방형(胡邦衡) : =호전(胡銓)

◎ 호전(胡銓, A.D.1102~A.D.1180) : =여릉호씨(廬陵胡氏)·호방형(胡邦衡). 남송(南宋) 때의 정치가이자 문학가이다. 자(字)는 방형(邦衡)이고, 호(號)는 담암(澹庵)이다. 충신으로 명성이 높았다.

◎ 환구(圜丘) : '환구'는 원구(圓丘)라고도 부른다. 고대에 제왕이 동지(冬至)에 제천(祭天) 의식을 집행하던 곳이다. 자연적으로 형성된 언덕의 형상을 본떠서, 흙을 높이 쌓아올려 만들었기 때문에, '구(丘)'자를 붙여서 부른 것이며, 하늘의 둥근 형상을 본떴다는 뜻에서 '환(圜)' 또는 '원(圓)'자를 붙여서 부른 것이다. 『주례』「춘관(春官)·대사악(大司樂)」편에는 "冬日至, 於地上之圜丘奏之."라는 기록이 있고, 이에 대한 가공언(賈公彦)의 소(疏)에서는 "土之高者曰丘, 取自然之丘. 圜者, 象天圜

也."라고 풀이했다.

◎ **황간(皇侃, A.D.488~A.D.545)** : =황씨(皇氏). 남조(南朝) 때 양(梁)나라 의 경학자이다. 『주례(周禮)』, 『의례(儀禮)』, 『예기(禮記)』 등에 해박 하여, 『상복문구의소(喪服文句義疏)』, 『예기의소(禮記義疏)』, 『예기강 소(禮記講疏)』 등을 지었지만, 현재는 전해지지 않는다. 그 일부가 마 국한(馬國翰)의 『옥함산방집일서(玉函山房輯佚書)』에 수록되어 있다.

◎ **황간(黃幹, A.D.1152~A.D.1221)** : =면재황씨(勉齋黃氏)·삼산황씨(三山 黃氏)·장락황씨(長樂黃氏)·황면재(黃勉齋)·황직경(黃直卿). 남송(南 宋) 때의 학자이다. 자(字)는 직경(直卿)이고, 호(號)는 면재(勉齋)이 다. 주자(朱子)에게서 수학하였으며, 주자의 사위였다. 저서로는 『오경 통의(五經通義)』 등이 있다.

◎ **황면재(黃勉齋)** : =황간(黃幹)

◎ **황씨(皇氏)** : =황간(皇侃)

◎ **황직경(黃直卿)** : =황간(黃幹)

◎ **회장(會葬)** : '회장'은 장례(葬禮)에 참가하는 것을 뜻한다. 『춘추좌씨전』 「은공(隱公) 1년」편에는 "惠公之薨也, 有宋師, 大子少, 葬故有闕, 是以 改葬. 衛侯來會葬, 不見公, 亦不書."라는 용례가 나온다.

◎ **후직(后稷)** : '후직'은 전설상의 인물이다. 주(周)나라의 선조(先祖) 중 한 사람이다. 강원(姜嫄)이 천제(天帝)의 발자국을 밟고 회임을 하여 '후직'을 낳았는데, 불길하다고 생각하여 버렸기 때문에, 이름을 기(棄) 로 지어졌다 한다. 이후 순(舜)이 '기'를 등용하여 농사를 담당하는 신 하로 임명해서, 백성들에게 농사짓는 법을 가르쳤기 때문에, '후직'으 로 일컬어지게 되었다. 『시』「대아(大雅)·생민(生民)」편에는 "厥初生 民, 時維姜嫄. …… 載生載育, 時維后稷."이라는 기록이 있다. 한편 농 사를 주관하는 관리를 '후직'으로 부르기도 한다.

번역 참고문헌

- 『禮記』, 서울 : 保景文化社, 초판 1984 (5판 1995) / 저본으로 삼은 책이다.
- 『禮記正義』 1~4(전4권, 『十三經注疏 整理本』 12~15), 北京 : 北京大學出版社, 초판 2000 / 저본으로 삼은 책이다.
- 朱彬 撰, 『禮記訓纂』 上・下(전2권), 北京 : 中華書局, 초판 1996 (2쇄 1998) / 저본으로 삼은 책이다.
- 孫希旦 撰, 『禮記集解』 上・中・下(전3권), 北京 : 中華書局, 초판 1989 (4쇄 2007) / 저본으로 삼은 책이다.
- 服部宇之吉 評點, 『禮記』, 東京 : 富山房, 초판 1913 (증보판 1984) / 鄭玄 注 번역에 대해 참고했던 서적이다.
- 竹內照夫 著, 『禮記』 上・中・下(전3권), 東京 : 明治書院, 초판 1975 (3판 1979) / 經文에 대한 이해에 참고했던 서적이다.
- 市原亨吉 외 2명 著, 『禮記』 上・中・下(전3권), 東京 : 集英社, 초판 1976 (3쇄 1982) / 經文에 대한 이해에 참고했던 서적이다.
- 陳澔 注, 『禮記集說』, 北京 : 中國書店, 초판 1994 / 『集說』에 대한 번역에 참고했던 서적이다.
- 王文錦 譯解, 『禮記譯解』 上・下(전2권), 北京 : 中華書局, 초판 2001 (4쇄 2007) / 經文 및 주석 번역에 참고했던 서적이다.
- 錢玄・錢興奇 編著, 『三禮辭典』, 南京 : 江蘇古籍出版社, 초판 1998 / 용어 및 器物 등에 대해 참고했던 서적이다.
- 張撝之 外 主編, 『中國歷代人名大辭典』 上・下권(전2권), 上海 : 上海古籍出版社, 초판 1999 / 인명에 대해 참고했던 서적이다.
- 呂宗力 主編, 『中國歷代官制大辭典』, 北京 : 北京出版社, 초판 1994 (2쇄 1995) / 관직명에 대해 참고했던 서적이다.
- 中國歷史大辭典編纂委員會 編纂, 『中國歷史大辭典』 上・下(전2권), 上海 : 上海辭書出版社, 초판 2000 / 용어 및 인명에 대해 참고했던 서적이다.
- 羅竹風 主編, 『漢語大詞典』 1~12(전12권), 上海 : 漢語大詞典出版社,

초판 1988 (4쇄 1995) / 용어에 대해 참고했던 서적이다.

◆ 王思義 編集, 『三才圖會』 上·中·下(전3권), 上海 : 上海古籍出版社,
초판 1988 (4쇄 2005) / 器物 등에 대해 참고했던 서적이다.

◆ 聶崇義 撰, 『三禮圖集注』 (四庫全書 129책) / 器物 등에 대해 참고
했던 서적이다.

◆ 劉績 撰, 『三禮圖』 (四庫全書 129책) / 器物 등에 대해 참고했던 서
적이다.

역자 **정병섭(鄭秉燮)**

· 1979년 출생
· 2002년 성균관대학교 유교철학과 졸업
· 2004년 성균관대학교 대학원 유학과 석사
· 2013년 성균관대학교 대학원 유학과 철학박사

· 역서『譯註 禮記集說大全 − 王制, 附 鄭玄注』(학고방, 2009)
　　　『譯註 禮記集說大全 − 月令, 附 鄭玄注』(학고방, 2010)
　　　『譯註 禮記集說大全 − 曾子問, 附 正義·訓纂·集解』(학고방, 2011)
　　　『譯註 禮記集說大全 − 文王世子, 附 正義·訓纂·集解』(학고방, 2012)
　　　『譯註 禮記集說大全 − 曲禮上, 附 正義·訓纂·集解』1~2(전2권, 학고방, 2012)
　　　『譯註 禮記集說大全 − 曲禮下, 附 正義·訓纂·集解』(학고방, 2012)
　　　『譯註 禮記集說大全 − 禮運, 附 正義·訓纂·集解』(학고방, 2012)
　　　『譯註 禮記集說大全 − 禮器, 附 正義·訓纂·集解』(학고방, 2012)
　　　『譯註 禮記集說大全 − 檀弓上, 附 正義·訓纂·集解』1~2(전2권, 학고방, 2013)
　　　『譯註 禮記集說大全 − 檀弓下, 附 正義·訓纂·集解』1~2(전2권, 학고방, 2013)
　　　『譯註 禮記集說大全 − 郊特牲, 附 正義·訓纂·集解』1~2(전2권, 학고방, 2013)
　　　『譯註 禮記集說大全 − 內則, 附 正義·訓纂·集解』(학고방, 2013)
　　　『譯註 禮記集說大全 − 玉藻, 附 正義·訓纂·集解』1~2(전2권, 학고방, 2013)
　　　『譯註 禮記集說大全 − 明堂位, 附 正義·訓纂·集解』(학고방, 2013)
　　　『譯註 禮記集說大全 − 喪服小記, 附 正義·訓纂·集解』(학고방, 2014)
　　　『譯註 禮記集說大全 − 大傳, 附 正義·訓纂·集解』(학고방, 2014)
　　　『譯註 禮記集說大全 − 少儀, 附 正義·訓纂·集解』(학고방, 2014)
　　　『譯註 禮記集說大全 − 學記, 附 正義·訓纂·集解』(학고방, 2014)
　　　『譯註 禮記集說大全 − 樂記, 附 正義·訓纂·集解』1~2(전2권, 학고방, 2014)
　　　『譯註 禮記集說大全 − 雜記上, 附 正義·訓纂·集解』(학고방, 2014)
　　　(공역)『효경주소』(문사철, 2011)

예기집설대전 목록

譯註

禮記集說大全 雜記 下

編　陳澔(元)
附　正義 · 訓纂 · 集解

초판 인쇄　2014년　12월　15일
초판 발행　2014년　12월　30일

역　　자 ㅣ 정병섭
펴 낸 이 ㅣ 하운근
펴 낸 곳 ㅣ 學古房

주　　소 ㅣ 서울시 은평구 대조동 213-5 우편번호 122-843
전　　화 ㅣ (02)353-9907　편집부(02)353-9908
팩　　스 ㅣ (02)386-8308
홈페이지 ㅣ http://hakgobang.co.kr/
전자우편 ㅣ hakgobang@naver.com, hakgobang@chol.com
등록번호 ㅣ 제311-1994-000001호

ISBN　　978-89-6071-462-5　94150
　　　　978-89-6071-267-6　(세트)

값 : 37,000원

이 도서의 국립중앙도서관 출판시도서목록(CIP)은 서지정보유통지원시스템 홈페이지(http://seoji.
nl.go.kr)와 국가자료공동목록시스템(http://www.nl.go.kr/kolisnet)에서 이용하실 수 있습니다.
(CIP제어번호: CIP2014036639)